Daolu Jiaotong Yingji Qiangxian Qiangtong Jishu

道路交通应急抢险抢通技术

武警交通应急救援工程技术研究所 编著

人民交通出版社

内 容 提 要

本书主要介绍了突发公共事件及战争条件下，遭受损毁的道路、桥梁、隧道快速评估、抢修、抢建、抢通和保通等各种技术措施，应急交通领域新技术、新装备、新材料，道路交通应急抢修抢建工程实例，以及我国现行应急救援法律法规和部门规章。

本书可作为道路交通应急抢险培训的教材，也可供相关专业的设计、施工技术人员参考借鉴。

图书在版编目(CIP)数据

道路交通应急抢险抢通技术/武警交通应急救援工程技术研究所编著. --北京：人民交通出版社，2012. 12

ISBN 978-7-114-10245-5

Ⅰ. ①道… Ⅱ. ①武… Ⅲ. ①道路运输—突发事件—应急对策 Ⅳ. ①U491. 31

中国版本图书馆 CIP 数据核字(2012)第 292584 号

书　　名: 道路交通应急抢险抢通技术
著 作 者: 武警交通应急救援工程技术研究所
责任编辑: 吴有铭　刘　涛　李　农　丁　遥　李　洁
出版发行: 人民交通出版社
地　　址: (100011)北京市朝阳区安定门外外馆斜街 3 号
网　　址: http://www.ccpress.com.cn
销售电话: (010)59757973
总 经 销: 人民交通出版社发行部
经　　销: 各地新华书店
印　　刷: 北京市密东印刷有限公司
开　　本: 787×1092　1/16
印　　张: 30.75
字　　数: 776 千
版　　次: 2012 年 12 月　第 1 版
印　　次: 2012 年 12 月　第 1 次印刷
书　　号: ISBN 978-7-114-10245-5
定　　价: 110.00 元

编审委员会

序　言

改革开放以来,我国公路建设迎来了飞速发展的黄金时期。截至2011年底,全国公路通车总里程已达410万km,其中高速公路达8.49万km,有力地支撑了国民经济快速健康发展。

我国是世界上遭受自然灾害侵袭最严重的国家之一。特别是近年来,一些历史上罕见的重特大自然灾害频繁发生,灾害损失持续加重,尤为突出的是给受灾地区的道路交通设施造成了空前破坏,以致严重制约抢险救灾和灾后重建进程。如何在重大自然灾害乃至战争降临时快速抢通道路,确保应急运输保障快速、有效实施,最大限度地抢救生命、减少人员伤亡和财产损失,确保灾区社会稳定,加快恢复重建进程,是摆在各级政府交通运输管理部门面前的一个重大现实课题。

武警交通部队长期担负川藏、新藏公路的养护保通任务,先后参与了青藏、川藏、新藏、天山公路以及其他重要的国、省干线公路和高速公路建设,积累了较为丰富的道路交通建设和应急保障经验,并在四川汶川地震、青海玉树地震、甘肃舟曲泥石流、云南彝良地震等重大自然灾害的道路交通抢险中发挥了重要作用。随着部队被纳入国家应急救援力量体系,其职能转变为:主要担负因自然灾害、恐怖袭击和战争等因素导致损毁的公路、桥梁、隧道、机场、港口等交通设施抢修抢建任务,重要国(边)防公路养护保通和重要公路桥隧管护任务。对于如何将部队打造成国家专业化应急救援精锐之师、道路应急抢险保通的骨干力量,是交通部队面临的一项重大任务。鉴于此,迫切需要对道路交通可能面临的应急状态进行深入研究,形成一套相对完备的理论体系、技术方案和保障措施,从而更好地指导交通应急抢险工作。

《道路交通应急抢险抢通技术》一书,正是基于上述考虑,由武警交通指挥部策划,武警交通应急救援工程技术研究所负责实施,组织交通部队有丰富经验的相关技术人员,在军内外科研院所、院校的大力支持协助下编撰而成。本书主要介绍了突发公共事件及战争条件下,遭受损毁的道路、桥梁、隧道快速评估、抢修、抢建、抢通和保通等多种技术措施,应急交通领域新技术、新装备、新材料,道路交通应急抢修抢建工程实例,以及我国现行应急救援法律法规和部门规章，既吸收了交通行业的先进技术成果，又推广了军内外的先进技术装备，既可为道路交通应急抢险抢通提供技术参考，又可作为道路交通应急抢险培训的实用教材。希望本书的出版发行，能够顺应我国公路建设突飞猛进、日新月异的时代要求，填补道路交通应急抢险抢通技术方面的行业空白，提高道路交通应急保障的能力和水平，推动道路交通应急产业和应急技术的共同进步与发展，并能够为道路交通应急领域的管理决策者和技术人员提供有益的借鉴和参考。

武警交通指挥部主任 刘占魁

二〇一二年十月

前　言

本书在总结交通部队历代官兵担负重要国(边)防公路建设、参与市场经济建设和遂行重大应急救援行动经验的基础上，参阅了国内铁路桥梁抢修、军用道路桥梁和舟桥装备、装配式公路钢桥，以及近年来国内典型灾害情况下道路交通应急抢险等方面的大量技术资料编撰而成。本书既可作为部队遂行重大应急救援任务的技术指南，也可作为道路应急抢修抢建技术培训的实用教材。

全书共八章和两个附录。第一章介绍了道路交通应急的意义、地位和作用，我国道路交通应急管理的体制、机制，道路交通突发事件的特点以及应急抢修抢建应遵循的原则；第二章介绍了路基沉陷开裂、滑坡、泥石流、崩塌、雪灾、堰塞湖等典型灾害的抢通技术措施；第三章介绍了简易路面、机械化路面在雪害、沼泽、沙漠地带的应用；第四章介绍了桥梁典型破坏类型、破损桥梁的检测与评估方法以及维修加固技术措施；第五章介绍了垮塌桥梁基础和墩台抢建技术措施、装配式公路钢桥和木桥架设方法；第六章介绍了山地伴随桥、机械化桥、重型桁架桥、舟桥、装配式公路桥墩等制式应急装备的应用，新技术、新材料、新装备发展动态及前景；第七章介绍了隧道坍塌、涌水、火灾等灾害处置技术措施；第八章介绍了国内典型自然灾害和事故灾难应急救援案例。附录A介绍了我国现行应急救援法律法规和部门规章，为编制训练方案及应急预案提供参考；附录B介绍了国内外比较先进的工程施工、应急桥梁、应急路面、通信联络、生命搜救、后勤保障等装备、产品的生产厂家、产地、性能、联系方式，既利于训练掌握各类装备的性能，也便于快速查阅获取相关信息。

本书在编写过程中得到了石家庄铁道大学国防交通研究所、湖北华舟重工应急装备股份有限公司、解放军理工大学等单位的大力支持和帮助，参考了有关专家和同行业单位科技人员的著作，在此表示诚挚的谢意！

由于编者水平有限，在深度和广度上也许不能完全满足读者的需求，也难免存在诸多不足之处，敬请读者批评指正。

编　者

二〇一二年十月

前言

目　　录

第一章　绪　　论

一、道路交通应急的意义

近年来，世界范围内的地震、海啸、台风、火山爆发、洪水、暴雨、热浪、干旱等各种自然灾害频发。据统计，在过去的10年里，全球受到各种自然灾害影响的人数高达20亿之多，比前10年增加了两倍，是同时期受战争影响人数的35倍。

中国是世界上自然灾害最严重的国家之一，自然灾害种类多、分布范围广、发生频率高，并呈现出多灾并发、群发和集中爆发的特征，一些历史罕见的重特大自然灾害近年来也频繁发生，灾害损失持续加重，严重影响了经济发展和民生改善。《2012年中国民政统计年鉴》数据表明(表1-1)，近20年来，我国因遭受各种自然灾害平均每年受灾人口达4亿人次，紧急转移安置人员超过1 000万人次，死亡失踪人员8 265人，倒塌民房327万间，因灾直接经济损失占国内生产总值的1.70%，平均每年约有1/10的国内生产总值增长率因自然灾害损失而抵消。2008年以来，我国先后经受了南方特大雨雪冰冻、四川汶川特大地震、青海玉树地震、甘肃舟曲特大泥石流等一系列重大自然灾害的考验。这些灾害的成功处置，离不开道路交通应急抢通和应急运输保障，对于及时、有效开展各项应急救援工作，为灾区人民供应生活急需的各种物资，最大限度地抢救生命、减少人员伤亡和财产损失，保障救援人员战斗力，防止灾害扩大化，确保灾区社会稳定，加快恢复重建进程，发挥了重要作用。但我们也应该清醒地认识到，我国道路交通应急处置能力与发达国家相比还有很大差距，应急长效机制、意识、装备、技术还有待进一步发展提高。

中国近20年自然灾害损失情况表　　表1-1

年　份	人员方面			房屋倒塌(万间)	经济方面		
	受灾人口(万人次)	死亡失踪人员(人)	紧急转移安置人员(万人次)		直接经济损失(亿元)	当年GDP总量(亿元)	损失占比(%)
1992	37 174	5 741	303.6	196.6	853.9	26 923.5	3.17
1993	37 541	6 125	307.7	271.6	933.2	35 333.9	2.64
1994	43 799	8 549	1 054	512.1	1 876	48 197.9	3.89
1995	24 215	5 561	1 064	439.3	1 863	60 793.7	3.06
1996	32 305	7 273	1 216	809.0	2 882	71 176.6	4.05
1997	47 886	3 212	511.3	288.0	1 975	78 973	2.50
1998	35 216	5 511	2 082.4	821.4	3 007.4	84 402.3	3.56
1999	35 319	2 966	664.8	174.5	1 962.4	89 677.1	2.19
2000	45 652.3	3 014	467.1	147.3	2 045.3	99 214.6	2.06
2001	37 255.9	2 583	211.1	92.2	1 942	109 655.2	1.77
2002	37 841.8	2 840	471.8	175.7	1 717.4	120 332.7	1.43
2003	49 745.9	2 259	707.3	343.0	1 884.2	135 822.8	1.39

续上表

年份	人员方面			房屋倒塌（万间）	经济方面		
	受灾人口（万人次）	死亡失踪人员（人）	紧急转移安置人员（万人次）		直接经济损失（亿元）	当年 GDP 总量（亿元）	损失占比（%）
2004	33 920.6	2 250	563.2	155.0	1 602.3	159 878.3	1.0
2005	40 653.7	2 475	1 570.3	226.4	2 042.1	183 217.4	1.11
2006	43 453.3	3 186	1 384.5	193.3	2 528.1	211 923.5	1.19
2007	39 777.9	2 325	1 499.1	146.7	2 363	249 529.9	0.95
2008	47 795	88 928	2 682.2	1 097.7	13 547.5	314 045.4	4.31
2009	47 933.5	1 528	709.9	83.8	2 523.7	340 506.9	0.74
2010	42 610.2	7 844	1 858.4	273.3	5 339.9	397 983	1.34
2011	43 000	1 126	939.4	93.5	3 096.4	471 564	0.66
合计	803 095.1	165 296	20 268.1	6 540.4	55 984.8	3 289 151.7	
平均值	40 154.76	8 265	1 013.4	327.0	2 799.2	164 457.59	1.70

二、道路交通突发事件的应急管理

道路交通突发事件，指突然发生，造成或者可能造成交通运输设施损毁，交通运输中断、阻塞，需要采取应急处置措施，疏散或者救援人员，提供应急运输保障的自然灾害、事故灾难、公共卫生事件和社会安全事件。

道路交通应急，指国家为满足战争和应对突发事件的道路交通保障需求，有计划、有组织地提高道路交通系统的应变能力，由常态转入非常态所进行的一系列活动。

交通战备，指在交通方面所做的适应战争需要的准备，包括拟制战时交通保障计划，进行战场交通网和交通防护工程建设等。目前，国家对交通战备工作的总体目标是“战时应战，急时应急，平时服务”。

1. 归口管理

交通运输部是全国道路交通突发事件应急管理工作的主管部门，负责编制并发布国家交通运输应急保障体系建设规划，统筹规划、建设国家级交通运输突发事件应急队伍、应急装备和应急物资保障基地，储备应急运力，将相关内容纳入国家应急保障体系规划。具体而言，道路交通突发事件的应急管理归口于 2012 年 7 月刚刚成立的“交通运输部路网监测与应急处置中心”；交通战备工作的管理归口于“交通战备办公室”，机构设立于交通运输部综合规划司。

2. 应急处置原则

道路交通突发事件应对活动遵循属地管理原则，在各级地方人民政府的统一领导下，建立分级负责、分类管理、协调联动的交通运输应急管理体制。

3. 道路交通应急抢修抢建存在的主要问题

首先，道路交通应急抢修抢建专业技术人才匮乏，抢修抢建技术储备几乎是空白。截至目前，国内没有一本系统介绍道路交通抢修抢建技术的专业书籍；另外，道路交通抢修抢建装备器材严重不足。据了解，各省（自治区、直辖市）交通管理部门除了装备部分 321 轻型钢桥之外，其他如机械化桥、山地伴随桥、重型桁架桥、舟桥、装配式公路桥墩等快速专业化架桥、渡河器材几乎完全没有配备。一旦发生大灾大难，除了能够应对路基典型病害的处置之外，桥梁抢修抢建就得完全依赖于解放军工程兵部队。应急抢修抢建新材料、新装备，比如抢修用快凝、早强水泥，高强、轻型合金大跨度桥梁，水中快速桥墩，适用于特殊峡谷地带的大跨度斜拉桥、悬索桥，用于灾区灾情侦察的无人机、长航时滞空热气球等等相关技术研究还比较滞后。

三、道路交通应急的地位和作用

《中国统计年鉴(2011)》数据表明(表1-2)，在公路、铁路、水路、航空和管道5种运输方式中，公路交通在客运量、货运量、旅客周转量、货物周转量方面占据整个交通运输体系的首位。同时，公路是联系铁路、水路、航空、管道等其他运输方式的重要手段，其他运输方式的正常运转很大程度上要依赖公路运输来实现。公路交通覆盖范围广、通达程度深、机动灵活、可实现“门对门”直达运输，具有其他交通运输方式无可比拟的应急优势。因此，公路交通在综合交通运输体系以及交通应急保障中具有十分重要的地位和作用。

2010年交通运输总量统计表 表1-2

序号	运输类别	运量总计	铁路		公路		水运		航空		管道	
			运量	占比(%)	运量	占比(%)	运量	占比(%)	运量	占比(%)	运量	占比(%)
1	客运量(万人)	3 269 508	167 609	5.1	3 052 738	93.4	22 392	0.7	26 769	0.8		
2	旅客周转量(亿人公里)	27 894.3	8 762.2	31.4	15 020.8	53.8	72.3	0.3	4 039.0	14.5		
3	货运量(万t)	3 241 807	364 271	11.24	2 448 052	75.5	378 949	11.7	563	0.02	49 972	1.54
4	货物周转量(亿吨公里)	141 837	27 644.1	19.5	43 389.7	30.6	68 427.5	48.2	178.9	0.1	2 197	1.6
5	旅客运输平均运距(km)	85	523		49		32		1 509			
6	货物运输平均运距(km)	438	759		177		1 806		3 177		440	

《国家高速公路网规划》确定的中国高速公路网采用放射线与纵横网格相结合的布局形态，包括7条首都放射线、9条南北纵向线和18条东西横向线，简称“7918网”，形成“首都连接省会、省会彼此相通、连接主要地市、覆盖所有20万人以上重要县市”的总规模大约8.5万km的高速公路网络。该网直接服务区域GDP占全国总量的85%以上，建成后将实现东部地区平均30min、中部地区平均1h、西部地区平均2h抵达高速公路的总体目标。交通运输部《公路水路交通行业发展统计公报》表明(图1-1)，截至2011年底，全国公路总里程达410.6万km，公路密度为42.77km/百平方公里，国家高速公路网已经基本建成。但是与公路建设飞速发展、通达深度和服务水平进一步提升、有力支撑国民经济快速健康发展相比，道路交通应急能力的建设还相当滞后，比如：2008年的南方雨雪冰冻灾害和2012年北京地区的强降雨造成京石高速公路被淹等等，更体现加强道路交通应急能力建设的极端重要性和迫切性。

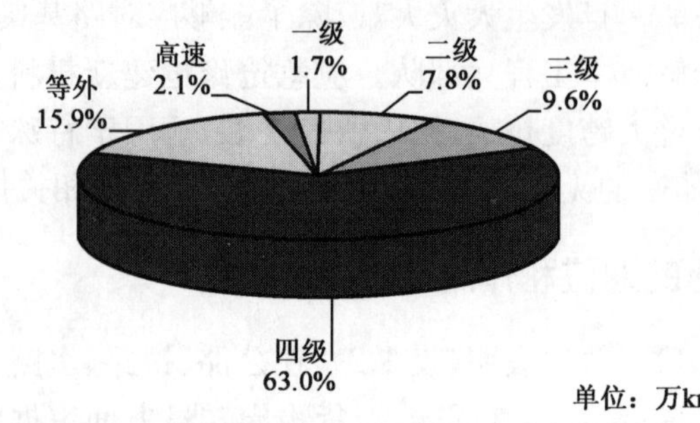

高速	一级	二级	三级	四级	等外
8.49	6.81	32.05	39.36	258.64	65.28

图 1-1　2011 年全国各技术等级公路里程构成

四、道路交通突发事件的特点及应急抢修抢建应遵循的原则

1. 道路交通突发事件的特点

除战争之外，能够对道路交通设施造成重大破坏的突发事件主要包括自然灾害（表1-3）、安全事故和恐怖袭击。安全事故主要是指道路交通设施在建设或运营过程中发生的各种生产安全事故，比如：营运车辆在隧道内起火、爆炸造成隧道结构破坏，桥梁垮塌等等；恐怖袭击主要是指恐怖分子对关键性桥梁、隧道实施的爆炸破坏。这些道路交通突发事件主要有以下特点：

道路交通常见灾害类型　　表 1-3

序号	灾 害 类 别	可能造成的损害
1	泥石流	①道路：坍塌、掩埋、防护和排水结构物损坏
		②桥涵：淤塞、移位、墩台基础垮塌、损毁
		③隧道：洞口和墙身冲毁、阻塞
2	地震	①道路： 路基沉陷、开裂、滑移、扭曲、隆起、挤压破坏等； 支挡、防护排水工程的坍塌、外倾、侧移、墙面鼓胀、基础脱空以及抗滑桩（或桩板墙）位移变形、锚杆（索）框架扭曲失效、主动防护网失效、挂网喷浆出现浅表层挤压破坏或剪切破坏等； 地震引起水位变化引发水毁
		②桥涵： 全桥损毁或部分垮塌； 主梁纵、横向移位及落梁，梁体破损开裂； 支座移位、脱空、损坏； 墩台挡块断裂或破损； 墩柱倾斜、破损、开裂、压溃、剪断，盖梁、系梁开裂； 拱桥拱圈变形、开裂，拱脚开裂、移位，拱上建筑损坏； 桥台墙体开裂、倾斜、移位、坍塌； 基础倾斜、沉陷、变形； 桥面铺装开裂，伸缩缝错位、破坏，护栏、人行道、灯具、管线破损

续上表

序号	灾害类别	可能造成的损害
2	地震	③隧道： a. 土建结构 洞口：边仰坡地表开裂、失稳、垮塌，支挡防护工程出现裂缝、倾斜、下沉，截排水沟开裂、沉陷； 洞门：洞门墙体开裂、下沉、倾斜、垮塌； 洞身：衬砌开裂、剥落、错台、垮塌、侵限、脱空、渗水； 路面：开裂、下沉或隆起、断裂、渗水； 检修道、电缆沟、预埋沟(槽、管)：开裂、错台。 b. 机电设施 供配电、照明、通风、消防、救援和监控等设施倒塌、脱落、损坏等。 c. 其他工程设施 洞口房建、污水处理设施、防雷接地装置损坏
3	滑坡	①道路：掩埋，支挡、防排水结构损毁
		②桥涵：掩埋、移位、错台、垮塌
		③隧道：洞口冲毁、阻塞
4	洪水	①道路：淤塞、掩埋、溃堤、损毁
		②桥涵：移位、垮塌
		③隧道：洞口洞门水毁、洞身墙体坍塌、突水突泥
5	冰雪	①道路：掩埋、移位，支挡、防排水结构损毁，融雪后的翻浆沉陷
		②桥涵：倾覆、垮塌、移位
		③隧道：坍塌、水毁
6	堰塞湖	①道路：水毁、掩埋、浸泡
		②桥涵：水位上升变化引起水毁
		③隧道：水毁、坍塌
7	溶洞、采空区、地下水	①道路：沉陷、坍塌
		②隧道：仰拱沉陷及坍塌、水毁

(1)突发性：是指对战争和突发公共事件造成的道路交通设施的损毁很难在事先进行准确预测，即发生时间的不确定性。

(2)随机性：是指对战争和突发公共事件造成的道路交通设施损毁的规模、程度、地点、类型的不确定性。

(3)时效性：是指对战争和突发公共事件造成的道路交通设施损毁的抢修抢建，具有很强的时效性，要求在极短的时间内必须予以恢复通行。

2. 道路交通抢修抢建应遵循的原则

由于道路交通突发事件具有很强的时效性，决定了道路交通抢修抢建必须遵循以下基本原则：

(1)快速：战争和突发公共事件对道路交通应急运输能力的需求和生命救援的要求，决定了道路应急抢通和交通设施抢修抢建应本着快速的原则。

(2)临时：采用工程机械、制式桥梁和渡河器材，以及其他临时性工程措施，疏通、修复壅塞道路，加固、修复和抢建损毁的桥隧和防护工程设施，以保障道路通行为根本目的，与正常状态下的道路交通设施施工生产有根本的区别。

(3)安全:在快速抢通的前提下,还要保障通行的安全要求。如采取临时支挡、临时桥梁等工程构筑物,荷载等级、通行速度等与原有道路技术指标相比可以降低,但必须满足基本的安全需求。

(4)先通后畅:在保证安全通行的前提下,首先采取各种工程技术措施和装备器材抢通道路,即"先通";然后在此基础上,边通行边采取加固、补强等技术措施对受损的桥梁、隧道等结构工程进行修复,采取拓宽、平整、压实、防护等技术措施提高道路的通行能力、安全性等各项技术指标,即"后畅"。

(5)因地制宜:应根据道路交通突发事件现场地形地貌、工程地质、灾害类型、毁损程度、毁损规模制订应急抢修抢建技术方案,充分利用既有道路、残存结构和就便器材,慎重选择桥梁、隧道坍塌后的改移桥位重建和绕行等技术方案,任何抢修抢建技术方案的制订和实施必须以减小工程量和缩短时间为根本前提。

第二章　路 基 抢 通

在战争和突发事件等因素影响下，经常发生道路交通中断的情况。为保证抢险救援各项工作展开所需的交通应急运输，必须对损毁道路实施快速抢通。本章主要介绍公路路基因战争、自然灾害等各种因素导致的坍塌、沉陷、掩埋等破坏情况下的抢通技术与方法。

道路抢通前，应对抢通环境进行评估，如风险过大应采取必要的安全防护措施，保证抢险人员和装备的安全。

道路抢通时，应充分利用履带式挖掘机或推土机适应各种复杂地形的优势，多点平行作业，加快抢通速度，再辅以装载机、平地机对粗通路段进一步整修。

在路基抢通过程中，以及粗通后危险性较大的地段(如挡墙基础部分脱空路段、边坡松散堆积体较高路段等)，应派专人负责安全警戒，并设置安全警示标志，加强交通管制。

第一节　路基沉陷处治

路基沉陷是指由于外力作用导致的路基不均匀下沉，并同时出现路基开裂，如图 2-1a)所示。

根据沉陷对路基及边坡稳定性影响的严重程度，可采取以下几种处理方案：

一、机械回填

适用于沉陷对路基整体稳定性影响相对较轻的路段，如图 2-1b)所示。

采用路基土石方机械对沉陷路段进行回填、整平、压实。

安装限速警示标识牌，采取交通管制措施。

a)路基沉陷开裂路段

b)路基沉陷较轻路段

图 2-1　路基沉陷路段

二、注浆加固

适用于裂缝已贯通形成圈椅状，错台高度大、边坡稳定性不足的路段，如图 2-2 所示。

采用路基土石方机械挖除路基错台，并进行整平、压实；同时，在路基严重开裂范围内进行注浆加固处理。其参数具体要求见表 2-1。

注浆加固处理参数表　　表 2-1

布孔形式	孔距(m)	孔深(m)	浆液类型	浆液配合比(质量比)	注浆压力(MPa)
梅花状	1×1	路基高度×1.5	双液浆	水∶水泥∶水玻璃=1∶1∶0.05	≤0.4

图 2-2　路基圈椅状开裂路段

安装限速警示标识牌,采取交通管制措施。

三、路基拓宽

适用于半填半挖路基纵向沉陷开裂,沉陷部分稳定性不足的路段。

采用路基土石方机械挖除部分上边坡,对路基进行拓宽。

安装限速警示标识牌,采取交通管制措施。

路基回填注意事项:当回填后路基承载力不能满足要求时,可使用两层木板(或钢板)夹树干(或粗壮树枝)形成简易路面进行减压处理。针对在车辆行驶过程中出现的路基较大沉降情况,可采用加铺树干等处理措施。

第二节　路基坍塌处治

路基坍塌是指路基在垂直方向产生严重下沉,与原路基顶面形成巨大高差,如图 2-3 所示。

根据坍塌程度及规模、现场条件,可采取以下处治措施。通车后应监测路基稳定性,随时采取放缓边坡或坡面稳定加固措施。

图 2-3　路基坍塌

一、填筑法

(一)全部填土

适用于坍塌体工程量不大、取土方便,现场人力、机械充足的情况。按原状修复,填土分层摊铺整平压实,紧急情况下可缩小路基宽度、加陡边坡。技术要求如下:

1. 宽度

双车道路基宽度不小于 7m,路面宽度 6m;单车道路基宽度不小于 4.5m,路面宽度 3.5m。

2. 边坡坡度

边坡坡度一般采用 1∶1.5,受水浸淹部分的边坡采用 1∶1.75～1∶2。路堑边坡坡度根据土壤的性质而定,一般采用 1∶0.5～1∶1.5。

3. 纵坡

纵坡一般不大于 10%。填土高度较大时,可采取土工格室加固。如车流量大,可进行土路改善或铺设简易路面。

(二)拦边填土

适用于坍塌体工程量大或取土困难的情况。使用各种就便材料或备置材料拦边构筑路基边坡,同时在其内填土,缩减路基宽度、加大边坡坡率,以减少回填土石方数量,争取抢通时间。各种拦边方式的应急边坡坡度见表 2-2,路基宽度参照全部填土方案。拦边填土可分为以下几类:

路堤边坡应急坡度参考值表　　表 2-2

拦边方式 \ 填土类别	一般细粒土(粉土类、黏土类)	粗粒土(砾石类、砂类)	最大高度(m)
袋装土及片石拦边	1∶0.2～1∶0.75	1∶0.3～1∶1.0	5
	1∶0.75～1∶1.0	1∶1.0～1∶1.25	10
石笼拦边	1∶0.3～1∶0.5	1∶0.4～1∶1.0	5

1. 袋装土(石)拦边

采用草袋、塑料编织袋或麻袋装土(砂、碎石)达其容量 60%左右,分层交错码砌,并逐渐收坡,底宽顶窄。路基面以下 3m 用单层,超过 3m 部分用双层。拦边厚度应随填土增高而加厚,如图 2-4 所示。

塌坍面积较小时,可直接用草袋装土(砂)填筑,分层交错堆积,使其成 1∶3 的侧坡,并用直径 5cm、长 1m 以上的木桩将草袋贯穿固定,坡脚处紧贴草袋打入固定桩,入土深度 1m 以上。顶端填土 15～20cm 并夯实,如图 2-5 所示。

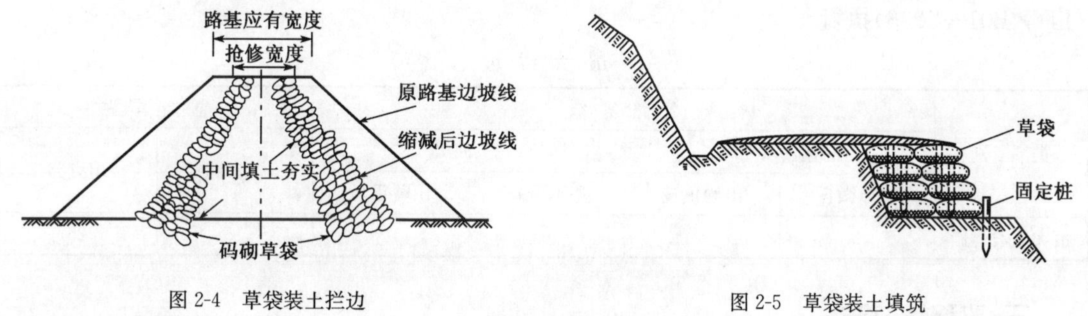

图 2-4　草袋装土拦边　　　　图 2-5　草袋装土填筑

2. 片石拦边

采用厚度不小于 0.15m 的片石分层干砌。片石应与地面大致平行,压缝码砌,有丁有顺,边砌边填土夯实。路基面以下 2m 片石厚 0.5m,超过 2m 部分片石厚 1.0m,如图 2-6 所示。

3. 石笼拦边

采用镀锌铁丝编织或用圆木拼制,也可用钢筋、角钢焊制成高、宽各 1.0m,长 1.5～2m 的方笼,或利用就便材料,采用铁丝笼、竹笼、荆条笼、木笼等。笼内装石,分层叠放。路基面以下 3m 石笼厚 1.0m,超过 3m 部分石笼厚 1.5m。抢修时,先确定笼子位置,然后平整基础,摆好笼子向内填石料,同时在路堤中间填土夯实。为了节省时间,应尽量采用备置的笼子。目前定型生产的石笼有多种规格且可折叠,运输方便。

4. 简易桩板墙拦边

先在路基坡脚打入木桩,桩距为 1～2m,桩头向内倾斜;然后在路基内打控制桩,用铁丝将木桩与控制桩连紧,并在木桩内侧密集设置小圆木或木板,同时填土夯实,如图 2-7 所示。

上述方法中，前三种施工较简单，修复方便，能减少填土数量，缩短抢修时间，抢修时可根据当地材料情况选用或混合选用，适用于取土困难，抢修时间紧迫，备有片石、草袋、编织袋、土工编织布、角钢、木笼等材料或半成品等情况，但拦边高度一般在5m以内。各种拦边施工时应注意基底整平夯实。

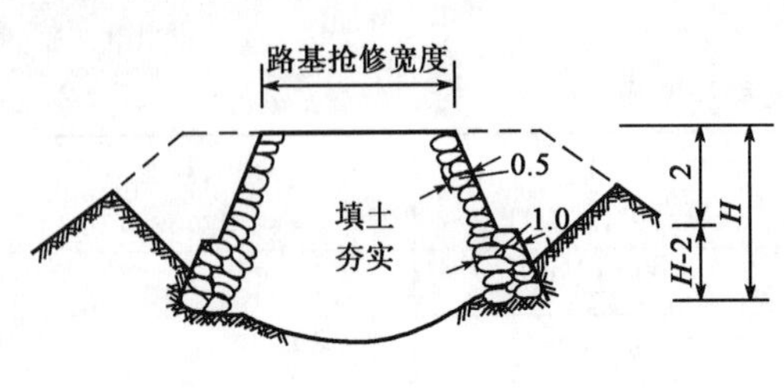

图 2-6　片石拦边(尺寸单位：m)

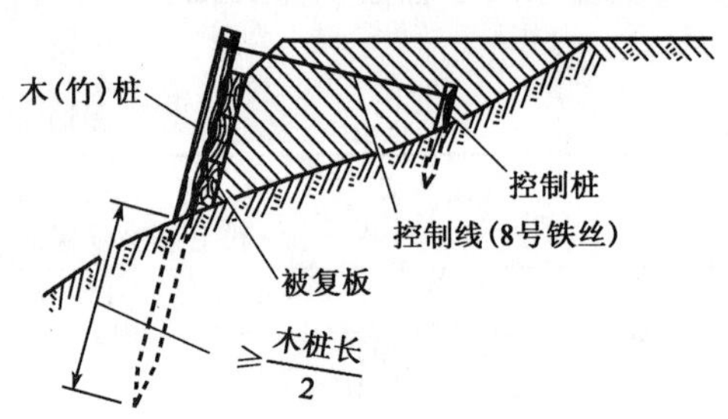

图 2-7　简易桩板墙拦边

二、凹形竖曲线通过法

如坍塌部分段落较长，且取土修复困难，可采用凹形竖曲线通过法：采用推土机将完好路基段土石方逐渐降低高程推运至坍塌部分，形成凹形竖曲线，新的路基顶面进行整平压实。当因车辆爬坡能力差、车辆载质量大、地面湿滑等原因，车辆不易通过缓坡时，可采取撒铺碎石、加铺捆扎圆木等措施，以提高地面承载力和抗滑能力，改善通行条件。凹形竖曲线通过法，上下坡最大坡度可参照表 2-3 执行，不同纵坡的最大和最小坡长可参照《公路工程技术标准》(JTG B01—2003)执行。

最 大 纵 坡　　　　表 2-3

类　别	公路等级				急造军路	
	高速，一、二级		三、四级		汽车路	坦克路
	平原微丘	山岭重丘	平原微丘	山岭重丘		
最大纵坡(%)	6	8	6	10	15	25

三、改移线位法

改移线位法适用于时间紧，滑坡崩坍地段和傍山地段内侧堑坡及其防护加固工程严重破坏，滑移侵入限界，有相应的拨道位置等情况，即向路基内侧(或靠山侧)改移路线，达到单车通行宽度。可采取的拓宽路基方法如下(图 2-8)：

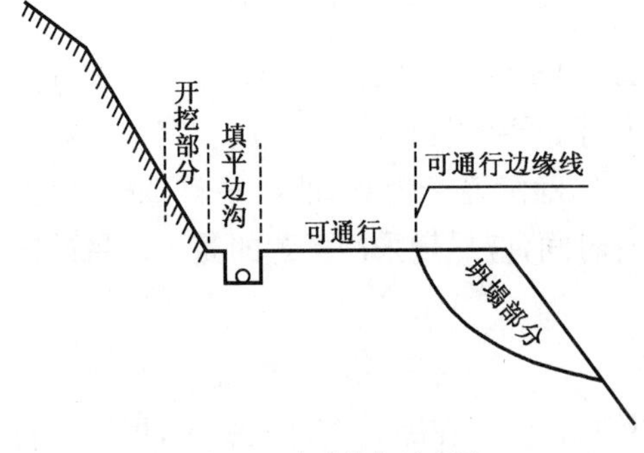

图 2-8　改移线位示意图

(1)填平靠山侧边沟作为部分路基宽度。为不影响边沟正常排水功能，填筑前可在边沟底铺设排水管道。

(2)清理靠山侧坍塌土石。如仍不能满足单车通行宽度，则对内侧边坡进行开挖。清理或开挖的应急边坡坡度见表 2-4。土质边坡使用机械开挖；石质边坡采用爆破法快速开挖；时间较为充足时可采用无声破碎剂 SCA(又称为膨胀剂、静态爆破剂、破石剂)。这种方法具有安全、环保的优点，且破碎效果稳定，一般可使被破碎物在0.5～24h以内发生破碎(反应时间可控)。开挖的土石方使用机械配合人工清理至下边坡。

路堑边坡应急坡度参考值表　表2-4

边坡类型	黏土、砂黏土、黏砂土，中粗砂、砾砂，黄土	碎石或角砾土、卵石或圆砾土	岩　石	最大高度(m)
新堑开挖	1∶0.1～1∶1.0	1∶0.3～1∶1.25	1∶0.1～1∶1.0	5
	1∶0.3～1∶1.25		1∶0.1～1∶1.0	10
原堑清方	1∶0.5～1∶1.25	1∶0.5～1∶1.5	1∶0.1～1∶1.0	5
	1∶0.75～1∶1.5		1∶0.1～1∶1.0	10

改移线位后，路面上应设置警示标志，防止车辆越界行驶。

四、半边桥法

适用于路基填方一侧坍塌，且坍塌面积大(路面宽度一半以上坍塌)，不能满足单车通行的情况，常见于半填半挖路基，此时因坍塌部分位于陡峭横坡上不易填筑，可采用半边桥法。方法是：沿坍塌段落长度方向密排工字钢，其上再铺设钢板构成临时路面。

五、321轻型钢桥法

适用于坍塌段较短(30m以内)的情况，可架设321轻型钢桥一跨通过，具体方法参见第五章“垮塌桥梁抢建”。

第三节　道路掩埋阻塞抢通

道路掩埋阻塞是指由于地震、泥石流、滑坡、崩塌、雪崩等灾害引起的，大量松散土石、雪或者泥，堆积、汇聚于道路上，造成交通中断的状况，如图2-9所示。

道路掩埋后可采用以下几种抢通措施：

一、全部清除

当阻塞物工程量不大且清挖后不会导致滑坍物进一步下滑时，可采用土石方工程机械全部清除。清挖常用机械为挖掘机、装载机、推土机、铲运机、挖掘装载机。清挖的阻塞物应就近弃堆。当掩埋阻塞路基下方有民居、河道或农田等不适宜就近弃土时，可采用挖掘机、装载机配合自卸车进行远运弃土。如果滑坍体清挖后会引起上边坡进一步垮塌时，应对上边坡采取防护措施，然后进行清挖整平，达到通车目的。

图2-9　道路掩埋阻塞

当半填半挖路基上边坡为稳固的石质边坡，且下边坡允许爆破飞石时，可采取抛掷爆破将阻塞物抛掷到路基下边坡一侧，配合机械清理，达到通车目的。

二、从阻塞物上通过

当阻塞物方量巨大且滑坍体清挖后会引起上边坡进一步垮塌时，应对上边坡进行加固处理，然后采取机械清挖整平、路基处治等措施，使机械、车辆从阻塞物上通过。具体方法如下：

(一)部分挖填

按照阻塞物的材质，分为以下几种情况：

1. 土方或不含大直径石块的石方掩埋阻塞

当阻塞物坡度小于60°，长几百米至几公里时，采用“先打通重机路，后多点分段作业”的方法，用挖掘机挖出一条重机可通过的便道，1台挖掘机和1台装载机或两台装载机为一组，多个工作面同时作业。这样可尽可能地发挥出每台设备的效能，缩短处理时间。

当阻塞物坡度大于60°时，采用与上述同样的方法，应采用挖掘机打通重机路。由于坡度较陡，堆积的厚度也较大，采用挖掘机爬到离原路面5m位置开挖，挖掘机工作臂尽量伸长，从远端向近端挖，每台挖掘机间隔距离不小于10m。当挖掘机清出重机路后，装载机可进行协助作业，向前推进。

重机路便道纵向坡度可达30°～40°，而后可进一步削顶形成缓坡供其他轮式车辆通行的简易便道，纵向坡度可达15°～20°。具体方法如图2-10所示。待大规模抢险救灾物资设施通过或者生命抢救的黄金时间过后，再考虑采用普通挖运方法清理阻塞物，恢复道路原有设计断面。

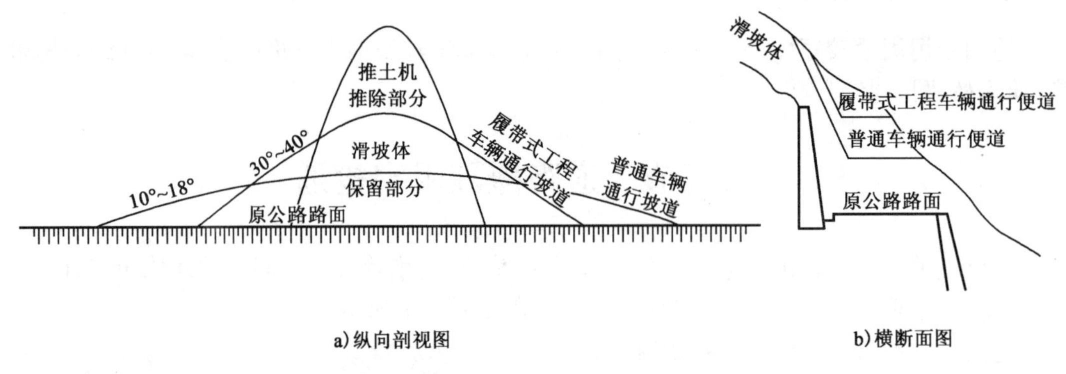

图2-10　滑坡体及简易便道示意图

2. 巨石阻塞

阻塞物方量巨大且含有大块岩石较多时，宜采用机械清理，同时沿崩塌体边缘进行回填，形成半挖半填便道。对须移走的大石块，采用两台以上挖掘机协同作业进行移除，不能移除的大块孤石且不具备避绕条件时，应对其进行破碎处理，具体方法见本章第五节。不具备破碎条件时，应对崩落巨石进行掩埋，在巨石前后填筑斜坡道路供抢险设备临时通行，如图2-11所示。

3. 雪崩掩埋阻塞

积雪是形成雪崩的物质基础。雪崩一般发生在高寒山区，具有突发性、区域性的特征。山坡积雪超过30cm的裸露坡面，当山坡坡度在30°以上时，极易产生雪崩，并导致道路断通、森林摧毁、河道堵塞、人员伤亡等灾害。

道路抢通前，对抢险路段进行调查，如雪崩有可能再次发生，应对其进行处理。一般采取人工引发雪崩的方法，采用炮击悬挂雪檐和集雪盆中较厚的雪层，人为引起小型雪崩，以避免大雪崩的发生，提前消除道路抢通作业中的危险源。

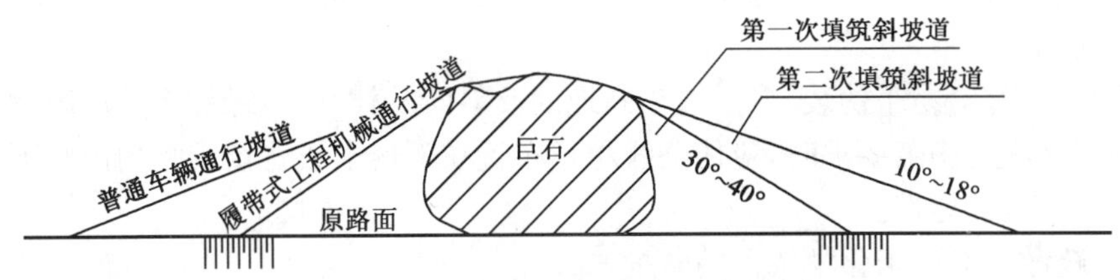

图 2-11　巨石前后填筑斜坡道示意图

危险源消除后，应首先使用装载机、推土机、挖掘机及自卸车等机械、车辆进行堆积雪的清理，先清理出可供单车通行的车道，随后再进行拓宽。待雪崩堆积主体清理结束后，采用推土机、平地机或除雪车等进一步清理。清理结束后可在路面上撒布融雪剂及防滑煤渣等，保证通行车辆安全。

(二)机械整平

当阻塞物方量巨大且较平缓时，应采用机械整平，整平机械可采用推土机、装载机、挖掘机、平地机组合使用，整平后选用现场机械对路基或车道进行碾压。

(三)路基表面处治

当路基进行挖填及整平后，如仍无法满足车辆通行要求，还应进行路基表面处治，以满足车辆通行要求。处治措施如下：

(1)土方路基可采用泥结碎石、石灰稳定土、水泥稳定土等措施。

(2)石方路基可采用泥结碎石路面、混凝土表面处治、灌浆处理等措施。

(3)大型泥石流除采取以上措施外，还可采用抛石处理、换填石渣、泥石流体表面快速固化等措施。大型泥石流抢通时，应保证泥石流体区域内排水通畅，可挖设排水沟，埋设圆管、波纹管回填以利排水。

(4)如初平后路基石块较大且嵌缝料较少，应采用碎石或土壤进行填隙，并进行整平、碾压。

(5)就近取材，采用秸秆、树枝、煤渣、建筑垃圾等铺设在沉陷或泥泞路段，保证车辆顺利通行。

(6)采用木板、铁皮、钢板、路基箱、机械化路面等铺筑临时路面，达到车辆通行的目的。

三、改线

当路基大面积滑坡、泥石流、崩塌，或者桥梁、隧道坍塌，难以在短时间内抢通时，可改线绕行。

(一)选线原则

道路选线应视灾害分布范围、破坏程度、地形、地质等综合因素而定。在路线各个控制点附近的较大区域内，结合当地情况确定出路线的方向和基本位置。

为降低工程投入，选线时还应力求做到：充分利用原有道路；尽量减少桥涵数；避免高填和深挖；便于就地取材筑路；尽量少占用耕地；避开重要建筑物。

1. 战争时期的选线

(1)符合作战意图

路线应力求短捷，便于机动，考虑平战结合，以便在满足作战的前提下，做到军民两用。

(2)力求隐蔽

路线应力求隐蔽，易于伪装，尽量选在高地的反斜面及林空、林缘等天然遮障物下，以使路线隐蔽。当不易满足隐蔽要求时，应使路线尽量布置在不透空或背景较暗的山脚下、土堤旁等便于实施人工伪装的地带。

(3)便于疏散和对原子化学武器的防护

路线应尽量避开居民地、城镇及隘路、水库堤坝等在战时易遭敌人破坏造成堵塞的地段，以便人员车辆的疏散。对易滞留毒气和造成感生放射的地段，应尽量设法绕避。

(4)合理布置路线，力求减少损失

路线与原有道路大致平行时，应根据地形情况，使之间隔 2～3km，以避免敌战术核武器袭击时，同时破坏两条路线或路线上的运动目标。

路线跨越大、中河流时，桥两端除应有便于行车、不小于 10m 的直线段外，路线还不应与桥轴线成一直线，以避免敌机沿直线路段捕捉和破坏桥梁目标。

路线的直线不宜过长，一般不大于 2km，以降低敌机沿直线段对运动目标跟踪攻击的命中率。

2. 山地选线

山地道路，按照路线所处位置的地形特征，通常分为沿河(溪)线、越岭线、山坡(腰)线、山脊线四种线形。

(1)沿河线

沿河线，是沿河谷岸布设的路线。纵坡较缓，路线隐蔽，易于伪装，沿线有丰富的砂、石和水源可供利用，但路线弯曲，桥涵多，易受洪水威胁。

①沿河线选线要综合考虑河岸选择、桥位选择和线位高度三个要点。

a. 河岸选择。路线应布设在台地长而宽、支谷小而少，地质、水文等条件良好的河岸上。路线原则上应尽量布设在同一岸，当遇到滑坡、碎落、雪堆和泥石流等不良地质地段时，应综合分析，权衡利弊，确定是否换岸布线。

b. 桥位选择。桥位是路线的控制点。选择时，通常应按“路线服从大桥，小桥服从路线”的原则进行。为与线形相配合，桥位应尽量选择在开阔地段，以便于桥头曲线选用较大的半径。在狭窄的河段，桥位一般宜高不宜低，跨径宜大不宜小。桥位轴线应尽量与河流正交。当必须斜交时，交角应大于 45°。必要时，可修斜桥、坡桥或弯桥。桥头引道的线形，应与桥上线形配合。

c. 线位高度。沿河线的线位高度，应根据岸边的地形、地质及水流等情况来确定。当地形、地质条件允许时，应尽量采用低线，即路线高出设计洪水位 0.5m 以上。当采用低线遇到悬崖、滑坡阻挡工程量太大，或容易遭受洪水威胁时，采用高线，将路线布设在半山腰，远高出设计洪水位。

②沿河线路线布设有宽谷布线和峡谷布线两种形式。

a. 宽谷布线。从河岸到山脚之间有较宽台地的河谷称为宽谷。宽谷布线通常有沿河布线、靠山脚布线和直穿田地布线三种方式。沿河布线，路线纵坡平缓，线形好，但易受洪水威胁，防护工程多；靠山脚布线，路线略有增长，纵坡有起伏，但路基稳定，路线隐蔽，易于伪装；直穿田地布线，线形标准高，但占用耕地多，若有稻田地，还需进行地基处理。

b. 峡谷布线。河谷两岸陡崖峭壁对峙且谷底狭窄的河段称为峡谷。峡谷布线一般有绕避岩壁、直穿峡谷和弯曲河道布线三种方式。绕避岩壁有两种方法：一是翻上陡崖顶部通过；二是另选过岭垭口。前者需要崖顶有可供布线的有利地形，后者需要附近有符合路线走向的低垭口。两种绕避方法的共同特点是路线上而复下，需要有适合布设过渡段的地形。当崖顶过高、峡谷不长时，不宜采用绕避方案。直穿峡谷有两种方法：一是侵占河床填路堤；二是硬开石壁构筑台口式或半隧道式路基。当河床较宽、水流不深、压缩部分河床不致引起洪水过大抬高时，路线可在崖脚下侵占部分河床通过。若河床较窄，则应清理河床，使路基占用河床的泄水面积从清理河床中得到补偿。当河床难以容纳并行的河与路时，可采用硬开石壁的方法通过，但须处理好硬开石壁所产生的大量废方对水位的影响。当两岸崖壁十分逼近时，不宜硬开石壁穿过，而宜建顺水桥通过。弯曲河道一般凹岸陡峭，凸岸多有一定宽度的浅滩，有时也有突出的山嘴。弯曲河道主要有两种布线方法：一是沿河岸自然地势，绕山嘴，顺河弯布线；二是裁弯取直布线。前者线形指标较低，易修建；后者线形指标较高，通常需建桥跨越，难度较大。

(2)越岭线

越岭线(图 2-12)是翻越山岭的路线。其特点是：路线克服的高差大，纵坡陡，往往需要"之"字形展线，路线迂回曲折。选择越岭线应重点控制纵坡，着重解决垭口的选择和垭口两侧路线的布设。

①垭口的选择

选择越岭垭口时，应着重考虑以下几个条件：

a. 垭口的方向应符合路线的基本走向，以缩短路线。

b. 选择高程较低的垭口，尽量采用浅挖的方式或直接通过，以减少工程量。

c. 垭口两侧的山坡较缓，便于布线。

d. 垭口处的地质要稳定，对有断层破碎带、滑坡等地质不良的垭口应放弃。否则，须采取相应的防护措施，以保证路基稳定。

②越岭展线

越岭展线的方式主要有自然展线、回头展线和螺旋展线三种。

a. 自然展线(图 2-13)是以适当的纵坡依照自然地形顺山坡，绕山嘴，沿侧谷布置路线。当山坡坡面等齐，坡度较缓时，可从山脚以平均纵坡升至垭口。此方案路线短捷顺直，纵坡均匀。当垭口较低且山坡不陡时，可采用这种方式布线。在展线时，亦可先沿溪或在山脚以平缓的纵坡布线，再调整纵坡升至垭口。

图 2-12 越岭线

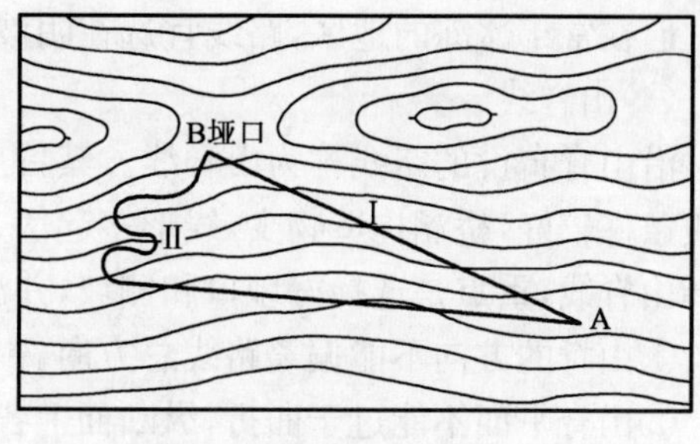

图 2-13 自然展线(I)与回头展线(II)

b. 回头展线(图 2-13)是采用在山脚与垭口之间设置回头曲线的方式布置路线。当垭口较高、山坡较陡、靠自然展线无法取得需要的距离以克服高差时,可进行回头展线。回头展线可以争取距离克服高程,避让不良地形、地质地段和工程难点,但路线在同一坡面上迂回曲折,上下线相距较近,一旦遭破坏则修复困难,对施工、维护及行车都不利。然而,在山地选线,回头展线往往又是不可避免的。

回头地点对于回头曲线工程量大小和使用质量影响很大,应慎重选择。一般利用直径较大、横坡较缓、相邻较低鞍部的山包或平坦的山脊,或者地质、水文条件良好的平缓山坡,以及地形开阔、横坡较缓的山沟或山坳等地形设置。

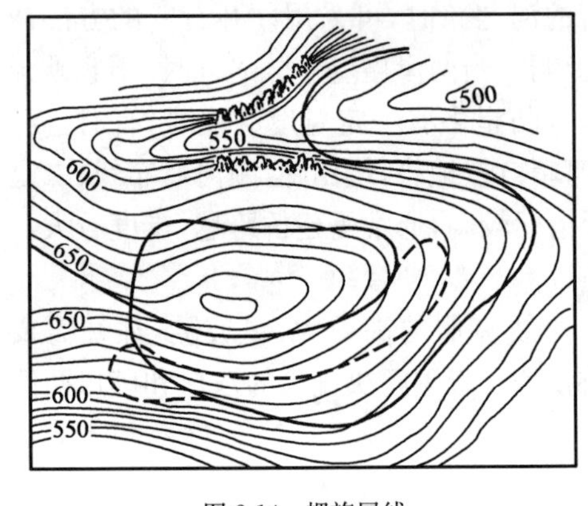

图 2-14 螺旋展线

c. 螺旋展线(图 2-14)。当路线受地形等条件限制,需在有限地段内急剧地提高或降低较大高度,才能充分利用前后有利地形时,方可采用螺旋展线。螺旋展线一般多在山脊利用山包盘旋,以旱桥或隧道跨线;也有的在峡谷内,路线就地迂回,利用建桥跨沟布线。螺旋展线是回头展线的变形,在某种地形条件下可用以替代回头展线。螺旋展线虽比回头展线线形好,并能避免路线重叠,但因需建隧道或高桥、长桥,造价较高,因而较少采用。当必须采用时,应根据路线的性质和任务,与回头展线的方案比较后确定。

(3)山坡线

沿山坡布设的路线称为山坡线。其特点是:线位高,受洪水威胁少,一般纵坡较大,路基边坡较陡,易产生坍塌,防护工程多。山坡线往往是越岭线的一段,或是沿河线为绕避障碍升高线位的一段。在选择山坡线时,应与选择越岭线或沿河线综合考虑,注意把握以下几点:

①山坡的地形

路线应选择在山坡平面弯曲少,纵面起伏小,横坡平缓的地形上。当遇到难以避让的沟谷、凹地、鸡爪地形等,应根据实地情况,使路线沿地形弯曲面布设或切嘴填谷直线穿过。

②山坡的地质

路线应布设在地质稳定的山坡上。凡有滑坡、岩堆、崩崖、泥石流及岩层倾斜方向与路基边坡方向一致的山坡,都不宜布置山坡线。当难以避让时,应采取防护措施。

③山坡的坡面

为了有利于路线的隐蔽和路基的稳定,路线一般应布置在山地的反斜面上,并以阳坡为好。但在常年冰冻的地区,路线宜选在阴坡上。

(4)山脊线

沿山脊布设的路线称为山脊线。其特点是:路基边坡不陡,排水良好,工程量较小,水文和地质条件较好,桥涵构造物少,线形多起伏、曲折,路线暴露,不易隐蔽和伪装,空袭目标明显。选择山脊线,重点是选择好垭口和侧坡,并满足以下条件:

①山脊的方向不能偏离路线总方向。

②山脊平面不能过于曲折,纵断面上各垭口之间的高差不过于悬殊。

③控制垭口间的山坡地质情况较好,地形不陡峻零乱。

④上下山脊的引线有合理的地形可以利用。

总之，选择山脊线应根据山脊可利用的纵向长度、横向宽度、上下山脊时布设引线的地形及工程量大小等条件综合考虑确定。

(二)道路线形要求

应急道路选线时应主要考虑道路纵坡、坡长、曲线半径等因素，既要确保应急使用期间车辆行驶安全，也要尽量使应急道路在以后的改建过程中能够被充分利用。

1. 纵坡

(1)纵坡坡度

纵坡最大坡度可参考表 2-3 执行。

①越岭路线连续上坡或下坡路段，相对高差为 200～500m 时，平均纵坡不应大于 5.5%；相对高差大于 500m 时，平均纵坡不应大于 5%。任意连续 3km 路段的平均纵坡不应大于 5.5%。

②回头曲线半径小，汽车转弯时所遇阻力较大，其最大纵坡宜控制在 4%以下，特殊情况下也可放宽至 4.5%。

(2)纵坡长度

①最小坡长

纵坡的最小坡长应符合表 2-5 的规定。

最小纵坡长度 表 2-5

类别	公路等级			
	高速，一、二级		三、四级	
地形	平原微丘	山岭重丘	平原微丘	山岭重丘
最小坡长(m)	150	100	100	60

②最大坡长

不同纵坡的最大坡长应符合表 2-6 的规定。连续上坡或下坡时，两个陡坡之间设置缓和坡段，其纵坡应不大于 3%，其长度应符合纵坡长度的规定。

不同纵坡最大坡长 表 2-6

纵坡坡度(%)	设计速度(km/h)						
	120	100	80	60	40	30	20
3	900	1 000	1 100	1 200	—	—	—
4	700	800	900	1 000	1 100	1 100	1 200
5	—	600	700	800	900	900	1 000
6	—	—	500	600	700	700	800
7	—	—	—	—	500	500	600
8	—	—	—	—	300	300	400
9	—	—	—	—	—	200	300
10	—	—	—	—	—	—	200

2. 曲线半径

在山岭重丘区及其他路线曲折的地区，道路选线时应对道路圆曲线进行控制，圆曲线最小半径和回头曲线极限指标应符合表 2-7 和表 2-8 的规定。

圆曲线最小半径 表 2-7

类别		公路等级				急造军路	
		高速,一、二级		三、四级		汽车路	坦克路
		平原微丘	山岭重丘	平原微丘	山岭重丘		
设超高的	极限最小半径(m)	125	30	60	15	15	—
	一般最小半径(m)	200	65	100	30	20	—
不设超高的最小半径(m)		1 500	350	600	150	150	—

回头曲线的极限指标 表 2-8

类别	公路等级		急造军路
	高速,一、二级	三、四级	汽车路
主曲线最小半径(m)	20	15	15
缓和曲线或超高缓和段最小长度(m)	25	20	20
超高横坡(%)	6	6	6
双车道车行道加宽值(m)	2.5	3	3
最大纵坡(%)	4	4.5	4.5

第四节 涉水路段抢通

本节主要介绍有过水要求的路基抢通处理方案。当涉水路段较长时,在制式桥梁数量足够的前提下,优先采用桥梁进行跨越以达到快速通车的目的。

一、治水原则

以疏为主,疏堵结合。

二、抢通措施

涉水路段的抢通按水流流速、流水面高程不同,可采取的抢通措施包括疏导法、透水路堤法、桥梁法。

1.疏导法

第一步,在坍塌缺口处设置简易导流坝(简易导流坝具体布置详见本章第七节“路基加固与防护”中相关内容),防止水流继续冲刷路基导致坍塌情况进一步恶化;第二步,在路基坍塌缺口处埋设圆管,利用袋装(砂砾)土进行回填压实;第三步,在回填土顶层满铺钢板(材料不足条件下也可选择束柴路面)提高通行能力。

简易导流坝应选择袋装(砂砾)土木笼围堰(或草木围堰)导流坝或者钢筋石笼导流坝。当水流流速较缓、对河岸或临时路基的冲刷作用较弱时,可不设置简易导流坝。

圆管在安装前先利用袋装(砂砾)土对基础进行回填整平,整平可采用相对高差法进行测量。

2.透水路堤法

直接采用条石、块石等大体积材料填筑透水路堤(包括新修透水路堤及在原路基上加铺透水路堤层),并在透水路堤两侧安装醒目标志。

3. 桥梁法

架设桥梁通过(图 2-15),具体架设条件、方法及要求参考桥梁抢通相关内容。

当路基坍塌段落较长时,视现场条件可将上述几种方法结合应用。

如图 2-16 所示的情况,可采用的抢通方法有:

1. 直接采用透水路堤法进行抢通

直接在原路基上加铺一层透水路堤,其高程必须高于流水面高程。

2. 疏导法与透水路堤法混合应用

(1)从过水断面与原路基断面结合部位开始填筑透水路堤 30m。

(2)采用疏导法埋设圆管涵。

(3)重复填筑透水路堤及埋设圆管涵直至与原路基相连接。

3. 透水路堤法与桥梁法混合应用

参考疏导法与透水路堤法混合应用,使用桥梁代替圆管涵。

图 2-15 桥梁法抢通被冲毁的高填方路基

图 2-16 流水面高于原路基的涉水路段

三、防护措施

当被冲毁的路基边坡为高陡边坡时,在高边坡一侧应先施工防护措施,再参考以上方案进行抢通作业。防护措施可根据现场材料、机械等条件进行选择。

(1)采用速强混凝土浇筑挡土墙、护脚墙。

(2)采用浆砌片石砌筑挡土墙、护脚墙。

(3)打入木桩或钢管桩,间距 20cm,再码砌片石或袋装土,或直接回填土石混合料,用小型平板夯夯实(机具不足条件下可采用挖掘机斗进行压实),形成简易桩板墙。

以上防护措施可根据现场需要施工多道防护线,每级边坡(10m)设置一道防护线。

第五节 巨石、危石破碎及松散堆积体爆破处理

道路抢通过程中,往往会遇到巨石及其松散堆积体阻塞道路、边坡危石造成安全威胁等情况。本节专门对这种情况下的爆破处理进行介绍。

一、巨石处理

巨石阻断道路的情况如图 2-17 所示。此类情况可采用天然巨石爆破法、大块岩石爆破法、非炸药安全破碎器破碎、静态破碎、机械破碎、单兵火炮打击等方法进行处理。

a)大块孤石阻塞道路

b)大量巨石阻塞道路

图 2-17　巨石阻塞道路

(一)天然巨石爆破法

天然巨石爆破法适用于爆破未经破碎的天然巨石。其具体爆破方法及要求见表 2-9。

天然巨石爆破法　　表 2-9

项目	裸露于地表的巨石	埋在土中的巨石	裸露爆破破碎巨石
示意图			
爆破布置要求	完全裸露于地表面的巨石，一般需要 0.1kg/m³ 的装药量。在同一块巨石上有几个炮孔时，应使用即发爆破，炮口应适当填塞。在邻近建筑物并不太远的情况下，装药量可从 0.1kg/m³ 减至 0.08kg/m³ 左右	全部或部分埋入土中的巨石，比完全裸露于地面上的巨石，往往较难破碎。对完全埋入土中的巨石，装药量要增加到 0.2kg/m³，炮孔深度增加到 0.6 倍巨石厚度	裸露爆破的药包应与巨石表面接触良好，其外面还必须用湿泥或土砂等材料覆盖、封涂，覆盖层高度应大于药包高度，并妥善放置炸药，固定好导火索的雷管装置。近城镇或建筑区，裸露爆破不适用

巨石爆破炮孔装药量		巨石体积(m^3)	厚度(m)	炮孔深度(m)	炮孔个数(个)	装药量(kg/孔)
	裸露巨石	0.5	0.8	0.44	1	0.05
		1	1	0.55	1	0.10
		2.0	1.0	0.55	2	0.10
		3.0	1.5	0.87	2	0.15

巨石爆破炮孔装药量		巨石体积(m^3)	厚度(m)	被埋深度(m)	炮孔深度(m)	炮孔个数(个)	装药量(kg/孔)
	埋入土中巨石	1.0	1.0	0.5	0.6	1	0.15
		1.0	1.0	1.0	0.6	1	0.2

注：估算装药量时，对巨石被埋入土中的程度必须予以考虑，表列参数可供参考。对埋在土中的巨石，也可把炸药放在巨石底下，将巨石下面土中挖出的药室用 1/4～1/2 炸药包加以扩大，以使装药工作更为方便。

(二)大块岩石爆破法

大块岩石爆破是指对爆破产生的过大石块，进行再次破碎的爆破，所以又称为“二次破碎”。当巨石体积较大，一次爆破未完全破碎时，可以采用大块岩石爆破法进行破碎，具体方法及要求见表 2-10。

大块岩石爆破法 表 2-10

<table>
<tr><th>项目</th><th>裸露爆破法</th><th>炮孔装药法</th></tr>
<tr><td>示意图</td><td>覆盖物
炸药
导火索
大块岩石</td><td>导火索
大块岩石
$H=1.1d$
$2\times d$</td></tr>
<tr><td>方法与特点</td><td>亦称表面爆破法，通常警戒半径至少在 400m 以上。实践表明，在这种爆破 1km 远处也会由于空气冲击波的压力产生不良影响，因此接近城镇或建筑物场合不宜采用</td><td>亦称装药爆破法，采用比较广泛，但炮孔深度、位置要适应大块岩石形状。当石块很大时，可能要钻几个炮孔，以便均匀分配装药量进行起爆</td></tr>
<tr><td>裸露爆破药包及炮孔爆破装药量</td><td>裸露药包用药量一般为炮孔法的 4～5 倍，有时甚至更多。圆形大块岩石、较大而薄的大块岩石更难破碎，按简单经验法，耗药量可达 1.0kg/m^3。
药包应放在石块凹处或裂隙处，并应事先清除岩石表面的土、砂、杂物等，药包放置后覆盖厚度要大于药包高度，并不得用坚硬卵石等覆盖，以防飞石过远，发生意外。
只有干燥天气条件下才可使用散装硝铵炸药，带导线的雷管应牢固地装在药包中间</td><td>
<table>
<tr><th colspan="5">爆破大块岩石的炮孔装药量</th></tr>
<tr><td>大块岩石体积(m^3)</td><td>0.5</td><td>1.0</td><td>2.0</td><td>3.0</td></tr>
<tr><td>厚度(m)</td><td>0.8</td><td>1.0</td><td>1.0</td><td>1.5</td></tr>
<tr><td>炮孔深度(m)</td><td>0.44</td><td>0.55</td><td>0.55</td><td>0.83</td></tr>
<tr><td>炮孔数目(个)</td><td>1</td><td>1</td><td>2</td><td>2</td></tr>
<tr><td>装药量(kg/孔)</td><td>0.03</td><td>0.06</td><td>0.06</td><td>0.09</td></tr>
</table>
装药量应与爆破地点相适应，表列系不允许产生飞石的大块岩石爆破数据。耗药量按 0.06kg/m^3 计，炮孔深度为 1.1×厚度之半＝1.1d</td></tr>
</table>

(三)非炸药岩石安全破碎器法

非炸药岩石安全破碎器是一种安全而独特的不依靠传统炸药或雷管的大块固体分离破碎工具，能够快速安全地对岩石、钢筋混凝土等进行分离破碎，有外形小巧、性价比突出、便于携带、操作简单、快速高效、使用安全、非爆炸原理、无须审批、不污染环境、可用于水下清障作业等诸多优点，能够在应急抢通中发挥独特的作用。其操作步骤如图 2-18 所示。

a)在岩石上钻孔

b)在孔中注满水

图 2-18

c)将引爆装置的底座放到钻孔中

d)将防护垫覆盖在底座上，
将冲击波管放入底座中

e)将引爆装置和底座拧在一起

f)将引爆拉绳连接好

g)退后到安全距离以外

h)碎石原理示意图

i)石头被分离破碎

图 2-18　非炸药岩石安全破碎器破碎巨石操作步骤

(四)静态破碎技术法

静态破碎又叫无声破碎或无震破碎，属于化学物理破碎法范畴。这种破碎法是在被破碎体(岩石或混凝土)上钻孔，将经过水处理的非爆炸性破碎剂填入孔中静置，随着水化反应的进行，膨胀与硬化同时发生，产生膨胀压力、对孔壁施压，使被破碎体开裂、破碎。从充填破碎剂到被破碎体开裂所需的时间，取决于破碎剂的性能，被破碎体的性质、温度和约束状况，以及钻孔参数，需 0.5～24h。由于它所用的药剂化学反应慢、体积变化小，被破碎体破裂过程进行得平静且无声，因此不产生震动、噪声、飞石和粉尘，又由于化学反应过程中不产生有害气体，因而是一种安全、无污染的破碎方法，应急抢通中适用于边坡不稳定地段、人口聚居地及其他不适宜采用传统爆破工艺的情况。静态破碎相比炸药爆破有以下优点：低压、慢速、无公害、施工简便、安全可靠。

1. *破碎机理*

岩石的特点是抗压强度高、抗拉强度低、极限拉应变小，其抗压强度一般为 100～120MPa，而抗拉强度只有 5～10MPa。静态破碎法就是利用脆性物体抗拉强度低、极限拉应变小这一特点，利用充填于钻孔中的破碎剂在水化过程中产生的膨胀力，使其破碎。

破碎剂用适量水拌和后，随着化学反应的进行而发生膨胀，体积可增大到原体积的 3～4 倍。破碎剂的这种体积膨胀，如果不受约束，当膨胀结束时能量便完全消失。但在钻孔中，破碎剂的膨胀受到孔壁的约束，积聚的能量产生膨胀压力，作用于孔壁，使被破碎体破裂。

2. *破碎剂种类及性能*

静态破碎剂按性能分为普通型和速效型两类。普通型破碎剂从充填到被破碎体破碎需 12～24h，而速效型破碎剂可将此时间缩短至 1h 以内。应急抢通中应优先选用速效型静态破碎剂。表 2-11、表 2-12 分别列举了日产普通型和速效型静态破碎剂的生产厂家及适用范围。

静态破碎剂（普通型）制品一览表

表 2-11

形状	商品名称（制造商）	种类（被破碎体适用的温度）	适用孔径（mm）	使用水的温度范围（℃）	使用方法	龟裂发生的标准时间（h）
粉状	S-买特（住友水泥）	B（15～35℃） A（5～20℃） S（－5～10℃） 其他用于大孔径	30～40 55～65	≤20	将粉状制剂加水搅拌后灌入孔内充填（混合搅拌后 5min 内充填）	12～24
	布莱斯塔（小野田）	100（15～35℃） 150（10～20℃） 200（5～15℃） 300（－5～5℃） 其他用于大孔径	38～50 50～80	≤30 ≤15 ≤10 ≤5		
	劈裂剂（吉泽石灰）	蓝色（20～35℃） 绿色（10～25℃） 橙色（15℃以下） 其他用于大孔径	34～48 50～60	≤25	将粉状制剂用水混合搅拌注入孔中堵塞（混合搅拌后 10min 内充填）	
	静态买特（日本水泥 日本油脂）	S 型（20～35℃） M 型（10～25℃） W 型（0～10℃） L 型（－5～5℃） 其他用于大孔径	30～50 50～70	≤25 ≤20 ≤10 ≤5		

续上表

形状	商品名称（制造商）	种　类（被破碎体适用的温度）	适用孔径（mm）	使用水的温度范围（℃）	使用方法	龟裂发生的标准时间（h）
粉状	开米阿库斯（电气化学）	25号（25～40℃） 15号（10～30℃） 5号（5～15℃） 其他用于大孔径	30～50 50～80	≤30 ≤25 ≤15	将粉状制剂用水混合搅拌注入孔中堵塞（混合搅拌后10min内充填）	12～24
剂包状	布莱斯塔堵塞（小野田）	100（15～35℃） 150（10～20℃） 200（5～15℃） 300（－5～5℃）	38～46	≤30 ≤15 ≤10 ≤5	药包浸水塞入孔中	12～24
	静态买特胶囊（日本水泥日本油脂）	S型（20～35℃） M型（10～25℃） W型（0～10℃） L型（－5～5℃） 其他用于大孔径	34～40	≤25 ≤20 ≤10 ≤5		
	S-买特胶囊（住友水泥）	B型（15～35℃） A型（5～20℃） S型（－5～10℃）	38～42	≤20		

静态破碎剂（速效型）制品一览表　　表2-12

形状	商品名称（制造商）	种　类（被破碎体适用的温度）	适用孔径（mm）	使用水的温度范围（℃）	使用方法	龟裂发生的标准时间（min）
颗粒状	超强布莱斯塔1000（小野田）	1000（0～35℃）	42～67	5～25	孔内灌水，然后使用粗细均匀的棒，直接将颗粒塞入孔中	30～60
剂包状	超强S-买特（住友水泥）	B型（20～35℃） A型（10～20℃） S型（0～10℃）	38～42	≤20	剂包浸水塞入孔内	30～60
	超强劈裂剂（吉泽石灰）	S_1 孔径40、50mm 20～35℃；孔径65mm 10～35℃	40～65	≤25	剂包浸水塞入孔内	
		S_2 40mm 10～20℃；50mm 5～20℃；65mm 0～10℃	40～65			
		S_3 40mm 0～10℃；50mm 0～5℃	40～50			
	超静买特30（日本水泥日本油脂）	S型（20～35℃） W型（0～20℃）	38～42	≤30 ≤20	剂包浸水塞入孔内	30～120
	高效阿斯塔库（旭化成）	2035型（20～35℃） 1020型（10～20℃） M10型（0～10℃）	38～42	10～40 10～40 0～30	剂包浸水，用机械打入孔内填塞	10～30

国产高效无声破碎剂具体参数见表 2-13。

国产高效无声破碎剂(HSCA)产品一览表 表 2-13

破碎剂型号	使用温度范围(℃)	使用孔径(mm)
HSCA-1	25～40(夏型)	30～50
HSCA-2	10～25(春秋型)	30～50
HSCA-3	−5～10(冬型)	30～50

注:HSCA 用塑料袋包装,每袋 5kg,外用防潮厚纸箱包装,每箱 4 袋,净重 20kg。HSCA 储存在干燥场所,有效期一年。

表 2-14 列出了不同硬度的孤石进行静态破碎的网孔参数及单耗,抢通过程中应视破碎对象硬度采用不同参数。

静态胀裂剂网孔参数与单耗表 表 2-14

破 碎 对 象		孔径(mm)	孔距(cm)	孔深(cm)	单耗(kg/m^3)
孤石	软石	30～42	50～60	0.7～0.75H	3～5
	中硬石	30～42	40～50	0.75～0.95H	4～6
	硬石	39～50	30～40	0.9～0.95H	5～7

注:H 表示被破碎物体的高度。

3. 操作步骤

静态破碎操作分为钻孔、拌和破碎剂、装填、等待岩石破碎等步骤,如图 2-19 所示。

a)钻孔

b)破碎剂与水拌和

c)装填破碎剂

d)岩石碎裂

图 2-19 巨石静态破碎操作步骤

4. 注意事项

(1)填孔之前,必须将孔清理干净,不得有水和杂物。

(2)钻孔孔径应严格按照破碎剂型号进行选择,避免破碎剂喷出现象。

(3)人工拌和时应戴上胶皮手套,控制浆体的流动度在170～190mm。拌制好的浆体,要在10min内使用完毕。

(4)在装填孔时,作业人员必须戴防护眼镜,灌浆后到裂纹发生前不得对孔直视,以防发生喷出时伤害眼睛。

(5)操作过程中应注意选用与环境温度相适应的静态破碎剂及合适的破碎方法,严格控制水灰比,防止静态破碎剂失效或碎裂时间过长。

(五)机械破碎法

应急抢通中在机械可到达的地点可采用机械破碎巨石的方法,具体破碎巨石的机械种类及使用方法如下:

1. 大型镐头机

可采用专用的大型镐头机,也可采用挖掘机将铲斗更换为液压锤进行破碎作业。

2. 液压劈裂机

液压劈裂机是根据岩石脆硬性特点,利用楔块原理设计的,在最狭窄的孔中向外能够释放出极大的分裂力的一种岩石开凿机具。其具体操作过程如下:在被分裂的物体上钻一个特定直径和深度的孔,将液压劈裂机的楔块组(一个中间楔块和两个反向楔块)插入孔中,中间楔块通过液压压力的作用在两个反向楔块之间向前运动,由内向外释放出极大的能量,使被分裂的物体在几秒钟之内按预定方向裂开,如图2-20所示。

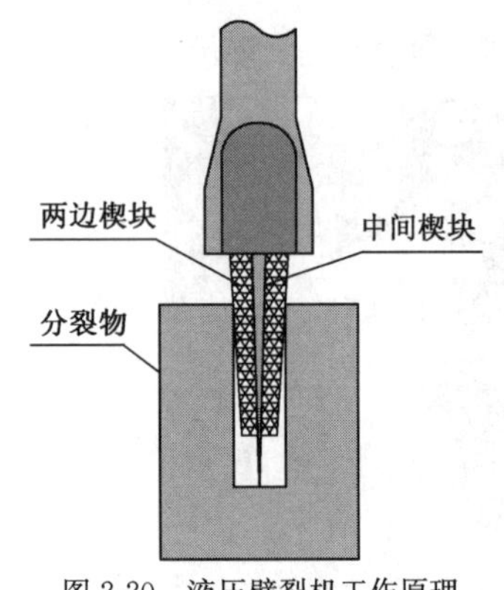

图2-20　液压劈裂机工作原理

液压劈裂机利用液压油不可压缩及可流动性的物理特性,加以静态推力,实现静态可控性的工作。因此无须采取复杂的安全措施,不会像爆破和其他冲击性拆除、凿岩设备那样,产生安全隐患。液压劈裂机的人性化使用设计,具有体积小、重量轻、结构紧凑等特点,确保了其使用方法简单易学,仅需单人操作,在狭窄场地也可十分方便地进行拆除分裂,同时还可以在水下作业。

(六)单兵火炮打击

巨石破碎可采用军队现有可对岩石进行破碎的轻型武器,如采用便携式单兵火箭筒发射炮弹破碎岩石。在巨石所处位置机械难以到达、人工钻孔困难的情况下,可采用此方法处理巨石。

二、危石处理

山区道路的应急抢通中往往伴随着各种安全隐患,地震诱发山体崩塌、滑坡最为常见,其次还伴随着山体崩塌不完全留有危岩体、边坡残留悬石、崩塌区形成不同程度的裂缝等安全隐患,如图2-21所示。

这些安全隐患如不及时排除,势必对道路抢通人员和装备以及交通应急运输车辆造成严重威胁。对危岩体的处理有多种技术措施,如打抗滑桩、喷锚支护、砌体支撑、钢丝网固定、爆破处理等。由于受地质条件、地形地貌特征、道路抢通时间、应急交通运输等因素的制约,在道路抢通初期一般选择具有施工灵活、受自然条件约束较少、处理彻底的爆破法对危岩进行处理。其需要注意的问题及技术方案如下：

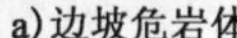
a)边坡危岩体

b)边坡悬石

图 2-21 边坡危石

(一)危岩爆破法需要注意的问题

危岩爆破的目的是从根本上清除危险源，使边坡安全、稳定，在选择爆破法时要考虑以下几个因素：

1.爆破成本

发生地质灾害的区域，交通设施极易遭受破坏，道路运输功能受损，大型钻孔和清渣设备无法及时运抵现场，只能使用小型设备，因此与一般爆破相比其成本较高。

2.抢通时间

生命救援的黄金时间是72h，道路抢通一般应在该时间段内完成。道路抢通时间越长，对灾区抢险救援工作的影响就越不利，人员伤亡、财产损失就越大，因此危岩爆破处理的时间越短越好。

3.作业安全

危岩爆破处理须保证作业安全，防止爆破产生的飞石、滚石引发安全事故，特别是要防止在施工过程中产生二次崩塌造成人员伤亡事故。因此，所采用的爆破施工技术方案必须经过科学论证。

4.爆渣清理

多次爆破相对于一次爆破需要清理更多的爆渣，影响抢险进度，并且多次大爆破作业将增加施工危险程度，因此应尽量避免使用多次爆破。

5.爆破形成新的不稳定体

爆破可能破坏母岩的稳定性，从而形成新的危岩体，因此爆破的规模及处理的区域必须进行有效控制。

(二)危岩爆破技术措施

对于应急抢通中的危石爆破处理，一般可采用裸露爆破、浅孔爆破、深孔爆破三种爆破方法。具体方法的选用应根据处理区域的地形地貌、周围环境、危岩体的形成原因和现状、交通条件、所能采用的机械设备等因素而定。

1.裸露爆破

当危岩体主要为悬石或体积不大且有多条裂缝的孤石时，不能进行钻孔爆破，因为凿岩机钻孔时产生的机械震动或施工人员的重力荷载都极有可能造成危岩体垮塌，这时可采用裸露爆破技术处理。裸露爆破技术操作简单，时间短，成本低，是目前处理边坡悬石和孤石的主要技术措施。具体有以下三种爆破方式：

(1)药包直接接触危岩体爆破

施爆人员在确保安全的前提下，可以借助安全绳、竹竿、木棍等器具把已加工好的药包(药包表面要有封泥)直接放在危岩体的表面或把药包送到裂缝内(裂缝宽度大于15cm时)，使炸药能量直接作用于危岩体致其破碎并垮塌。

(2)危岩体支撑部分爆破

在很多情况下，危岩体未垮塌或垮塌不完全，其主要原因就是底部有支撑岩体。这时把裸露药包敷设在支撑体表面，通过破坏支撑体从而使危岩体失稳垮塌。

(3)借助爆破震动效应

当危岩体不大又不能在其上面直接安设裸露药包时，可以在离危岩体最近处的硬质岩体上安放裸露药包，通过裸露药包爆破时产生的冲击波，使危岩体产生震动效应而垮塌。

2.浅孔爆破

地质灾害造成边坡岩体拉伸、错位，在垮塌面形成多条横向或纵向裂缝从而形成危岩体，在雨水侵蚀、工程活动或余震等因素影响下，有可能产生新的灾害。这种情况下，通常采用浅孔爆破技术自上而下把边坡修成台阶状或缓坡状。

钻孔时，应按照技术设计的坡顶线从稳定的母岩上施作。钻孔机械可采用手动凿岩机或小功率的风动凿岩机。采用浅孔爆破处理地质灾害一般不能一次爆破到位，需经过多个钻孔、爆破、清渣、修边循环作业，应精心组织，各工序紧密衔接。

3.深孔爆破

当危岩体工程量巨大，垂直高度在7～15m，水平宽度在3～10m(过高或过宽会影响抛掷效果)，临空面较好，没有裂缝或裂缝发展缓慢时，只需卸载就可以确保边坡稳定。如经过观察，危岩体在短期内不会崩塌且简易潜孔钻机可运送到工作面，这时可采用深孔爆破技术一次性处理危岩体。其优点是一次爆破至设计台阶面，减少作业循环次数，有利于抢险组织和安全管理。实际操作中要注意四个方面的问题：

(1)必须根据危岩体的最大处理高度、水平厚度和钻孔面的自然坡面角度合理设计台阶高度并据此确定每排孔中每个孔的钻孔深度，设计爆破后形成的坡面为阶梯状。

(2)按抛掷爆破合理设计网孔参数和确定单耗，确保95%以上的爆渣抛掷或垮落，因为爆破后如大量爆渣残留在工作面，人工清渣的工作量将会很大，增加清渣的困难性和危险性。

(3)对最后排孔采用预裂爆破，因为深孔爆破的总装药量大，产生的爆破震动大，必须确保爆破后边坡的整体稳定性，不能在爆破后形成新的危岩体。

(4)在深孔爆破后，边坡面上可能存在悬石或松散岩体，在确认边坡整体稳定后要立即组织人工自上而下清理危岩体。

三、松散堆积体爆破

当道路因自然灾害、战争等突发事件被掩埋时，一般情况下掩埋体组成物质比较松散破碎，实施爆破清障具有成孔难、不易形成爆轰作用等特点，同时考虑到堆积体周围地质地貌受地震作用已遭破坏，为了减小爆破冲击波的影响，减少对周边山体及边坡的扰动，宜采用微振爆破方法。

(一)松散堆集体性质

由未经胶结的漂石、块石、卵石、碎石、砂和泥土等组成的堆积体,称为松散堆集体,下面以碎石土为例介绍其分类和简易鉴别方法(表 2-15、表 2-16)。

碎石土分类 表 2-15

土的名称	颗粒形状	颗粒级配
漂石	圆形及亚圆形为主	粒径大于 200mm 的颗粒,质量超过总质量的 50%
块石	棱角形为主	
卵石	圆形及亚圆形为主	粒径大于 20mm 的颗粒,质量超过总质量的 50%
碎石	棱角形为主	
圆砾	圆形及亚圆形为主	粒径大于 2mm 的颗粒质量,超过总质量的 50%
角砾	棱角形为主	

注:定名时,应根据颗粒级配由大到小以最先符合者确定。

碎石土密实度野外鉴别方法 表 2-16

密实度	骨架颗粒含量和排列	钻孔坍塌情况	挖掘塌落情况
松散	骨架颗粒质量小于总质量的 60%,排列混乱,大部分不接触	钻进较易,钻杆稍有跳动,孔壁易坍塌	锹镐可以挖掘,井壁易坍塌,从井壁取出大颗粒后,立即塌落
中密	骨架颗粒质量等于总质量的 60%~70%,呈交错排列,大部分接触	钻进较困难,钻杆、吊锤跳动不剧烈,孔壁有坍塌现象	锹镐可以挖掘,井壁有掉块现象,从井壁取出大颗粒处,能保持凹面形状

(二)松散堆积体成孔工艺

在这种松散破碎堆积体中成孔是爆破的基础,传统的凿岩机成孔工艺和方法有局限性。根据堆积体组成的不同,应采用以下几种成孔工艺和方法。

1. *振动成孔*

振动成孔工艺适用于由松散小粒径且颗粒级配良好的卵石、碎石和砂、土组成的松散堆积体。该工艺原理是利用振动机械的强迫振动,激发松散颗粒发生共振,从而使其发生局部破坏,并利用振动装置产生的垂直定向振动及其自重对护壁套管加压使套管沉下去,达到成孔的目的,例如振动机械选用 WZJ 小型振动沉管机(图 2-22),其孔径可在 60~110mm,孔深 12m 以内。

振动成孔具有成孔速度快、方便灵活等特点。

2. *冲击成孔*

对于卵砾石含量较高、粒径较大的松散或中密堆积体,宜采用冲击成孔的工艺和技术。该工艺利用潜孔锤在套管上部的冲击和钻机自身对套管的静压,将护壁套管下入孔内,从而达到成孔的目的。根据具体的地质情况和孔径大小,可选取小型轻便钻机和 FC 系列潜孔锤。

3. *凿岩成孔*

对于堆积体中存在粒径很大的块石,可以采用凿岩成孔工艺。它以高压空气为动力,具有进尺速度快、效率高、重量轻、成孔效果好等特点,且操作简单、使用方便。如选用 YT28 型气腿凿岩机(图 2-23)。

(三)微振爆破控制技术

为减小爆破对周围环境的振动影响，避免因扰动而带来次生灾害，控制爆破振动速度，可采取以下方法。

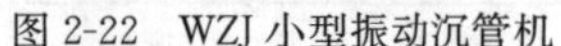

图 2-22　WZJ 小型振动沉管机

图 2-23　YT28 型气腿凿岩机

1. 最大分段装药量

最大分段装药量按萨道夫斯基经验公式进行计算：

$$Q = R^3 (v/K)^{3/a} \tag{2-1}$$

式中：Q——最大一段装药量(kg)；

R——爆心距(m)；

v——爆破安全振动速度值(微振爆破一般取 v<3cm/s)；

K——与岩石性质、地质条件、爆破规模等综合因素有关的系数；

a——振动衰减系数。

一般情况下，介质系数和振动衰减系数 K、a 的值应由现场爆破试验确定。如果没有相关的 K、a 的试验值，其取值按《爆破安全规程》(GB 6722—2011)中的建议值选取。

2. 降低爆破振动措施

(1)采用分部、分台阶开挖、多次装药的爆破技术，限制一次爆破的炸药用量，从而降低爆破振动速度。

(2)采用能最大程度减振的掏槽眼布置形式，使掏槽区尽量靠近爆破区底部，以增大掏槽爆破时爆源至地表的距离，减轻掏槽爆破对周围环境的振动影响。

(3)采用非电毫秒或数码雷管起爆，应严格控制单段起爆的最大药量，避免产生振动叠加现象。必要时炮孔内采用间隔装药，中间用砂土或炮泥隔开，实行毫秒延时爆破。

(4)在炮孔底设置一定高度的柔性垫层，如锯末、泡沫塑料、空气间隔等材料，利用其可压缩性及对空气冲击波的阻滞作用，以减小爆炸对孔底以下岩石的冲击破坏作用。

(四)松散堆积体爆破注意事项

(1)在交通完全中断、时间非常紧迫的情况下，无论是块石堆积体还是土质堆积体，都可以采用爆破的方法清除其堆积物，以达到快速抢通的目的。

(2)在块石堆积体中进行裸露接触药包设置时，应尽量掏坑，即使是一个很小的坑，其爆破效果都将大大改善。

(3)在块石堆积体中进行裸露接触爆破时，应当对药包进行覆盖，其爆破效果会更好。

(4)为了保证爆破效果和爆破网路本身的安全，同一网路不能分段。但如果药量太大，则必须分多次起爆。

第六节　沙害、冰雪灾害中的道路抢通

沙害及冰雪灾害的发生具有地域性、持续性、范围性等特点，灾害发生后导致交通完全中断或承运能力大大下降，危害人民群众生命财产安全。本节介绍这两种灾害发生后的道路抢通措施。

一、沙害中的道路抢通

沙漠地区风沙对公路的危害有两种，即路基风蚀和沙埋。风蚀侵蚀路基较为缓慢，在应急抢通中不予考虑。沙埋即风沙掩埋道路，如图 2-24 所示。按积沙形式，可分为片状积沙、舌状积沙、堆状积沙三种类型。片状积沙的特点是积沙面积大、范围广，积沙成片相连；舌状沙害的掩埋地段不长，为数米至十几米；堆状积沙的成因是主风上风侧的立式阻沙栅栏已被毁坏或被流沙埋没，因此其外的新月形沙丘或新月形沙丘链，前移到立式阻栏位置后不是以风沙流形成通过，而仍是以沙丘移动方式通过，并逐渐掩埋公路。

图 2-24　道路沙埋

沙埋路段的应急抢通分为机械清沙、铺设机械化路面、工程防沙三种方法。

（一）机械清沙

机械清沙适用于积沙量大的堆状积沙，可采用的机械及清沙方法如下：

1. 沙漠公路清沙车清沙

沙漠公路清沙车的主要性能如下：连续工作时每小时清除积沙能力超过 100t；在沙漠公路上非作业平均行驶速度每小时 50km 以上；推沙铲下部装有两组刀片，其特殊结构可使清沙车在最热的天气里进行作业，保证对路面无任何伤害；清沙车设有一套风力清沙装置，该装置能将路面残沙吹净，也可用来清扫路面。

2. 推土机清沙

将路面积沙推至公路下风侧 50～60m 外摊平，同时修筑公路两侧 30～60m 范围平整带。优点是清沙质量高，效果好，保持时间长，速度快，能及时保证公路畅通。缺点是履带式推土机会对路面造成破坏，不适宜上路行驶和作业，而且行进速度慢，不适宜远距离调动。

3. 装载机清沙

将路上积沙运至路基两侧 10～20m 外摊平，优点是灵活、方便、效率高，能及时保障公路畅通，占用辅助工作时间短。缺点是清运范围较小，不适宜下路作业，特别是沙丘前移埋压公路时清沙效果较差，易造成“二次积沙”。

4. 平地机清沙

当埋沙厚度较薄时，宜采用平地机沿线进行清理，当沙埋厚度较厚时，可采用多台平地机梯队式作业，直至清理出原路面为止。选用平地机时，优先选用沙漠型平地机。如徐工集团生产的 GR180H 高原沙漠型平地机，采用高原沙漠型柴油机、优化冷却系统，具有低温启动能力，具备风沙防护技术，特别适合各种地域内沙埋地段抢通作业。

(二)铺设机械化路面

采用机械化路面作为应急救援车辆的临时道路。铺筑机械化路面时，做好防护带设置，保证应急路面不被流沙掩埋，当使用轻质可卷式路面后，应做好其固定措施，防止大风导致路面移动。此方法适用于埋沙层较厚，机械清理较为困难，且起伏不大的沙害路段。

(三)工程防沙

应急抢通中为保证机械清沙成果，应在机械清沙后进一步防沙。

1. 化学固化剂固沙

可以用于公路沙害防治的新材料有土壤凝结剂、土工编织袋等。土壤凝结剂的使用方法有两种：一种是用凝结剂全面封固沙面；一种是先将沙子堆成沙埂，再喷洒化学固化剂形成沙障。

固化剂固沙的方法是用刮耙把沙子筑成方格再喷洒固化剂，筑成沙子方格沙障，垄底宽30cm，高15～20cm，网格为1.0m×1.0m，垄上喷洒30%浓度土壤凝结剂，结皮厚度1.5～2mm，设置于迎风坡。其固沙效果不亚于任何一种方格沙障，而且原材料丰富，优点十分明显。同时，公路沙害的发生有明显的季节性和爆发性，沙尘和大风的连续出现会给公路带来很大的危害，为了避免连续积沙，最好的办法就是迅速控制沙源，但由于受人力物力等条件的限制，大量调用修筑沙障使用的原材料很困难，这时候使用固化剂喷洒沙面可以立即见效，而且固化剂用量少，不需要用大型机械，施工方便，是一个比较理想的应急方法。

2. 袋装沙障防止公路被再次沙埋

沙袋沙障在公路沙害防治中有比较理想的效果。例如，在新疆库布齐沙漠穿沙公路K90处布设了沙袋沙障，沙袋为防老化袋，规格有100g/m^2(指袋的质量)和150g/m^{2}两类，其中，100g/m^{2}有10cm×210cm(粗×长)、15cm×210cm、20cm×210cm三种。方法是将袋中装上沙子，分别摆成100cm×100cm、200cm×200cm规格的方格，将100cm×40cm的粗袋装满沙子立起摆放或者躺倒叠放，就做成了高立式沙障(叠放时按60%～70%装沙，摆3层，高度约为100cm)。这种沙障的特点是见效快，原材料丰富，设置技术简单。本方法在应急抢通中机械、人工充足的情况下非常适用。

3. 土工方格沙障在沙害应急抢通中的应用

土工方格沙障抗环境不利因素的作用强，可重复使用，而且安装方便、见效速度快，适合在逼近公路的沙丘上使用，并与其他应急抢通手段结合使用。

4. 土工尼龙网覆盖

土工尼龙网覆盖设置于防护体系中部或公路边坡，铺设方便、见效速度快，适合快速短期防止公路沙害。铺设土工尼龙网过程中应做好相应的固定措施，防止大风将其吹走。

二、冰雪灾害中的道路抢通

冰、雪导致道路断通的情况一般由冻雨或雪灾引起，如图2-25所示。应急抢通中一般采用机械清理、化学法清理或人工清理。

(一)机械清理

机械清理冰雪是通过机械装置对道路积冰和压实雪直接作用，去除冰雪危害的一种方法。清除方式有很多种，可采用推土机、平地机、小型除雪车、装载机、推雪机、装雪机、融雪车、冰层处理车、雪帽处理车、扫雪车、压雪车、手扶式除雪车，适用于积雪路段长、人工除雪不能满足要求的情况。

1. 不同情况下冰雪覆盖道路处理方法及采用的机械

(1)除浮雪设备(快速除雪设备)

通常采用在货车底盘上安装除雪铲,主要用于清除未经压实的浮雪,作业速度一般在60～90km/h,适用于大面积除雪作业,清理效率高,但不适宜清理厚重积雪。除一般浮雪也可采用推土机、除雪车、平地机、装载机等机械。

a)结冰导致道路断通

b)积雪导致断通

图 2-25　冰雪灾害导致的道路断通

(2)除压实雪设备

应急抢通中采用平地机、除雪犁等清除已经被压实的道路积雪。平地机除雪适用于道路平缓的地区,主要用于压实雪的破碎及清理。履带式除雪犁可应用于地形起伏较大的路段。

(3)除厚雪设备

通常是在装载机上加装推雪铲和轮式推土机,主要用于清除较厚的积雪。常见的除厚雪设备还有抛雪器、雪犁等。

(4)吹雪设备

吹雪设备是利用高压气流将积雪吹向一侧的设备,常用的有吹雪机(又称抛掷式除雪机)、除雪车等设备。

(5)扫雪设备

扫雪设备利用滚刷或刮板刷将积雪清除,主要用于较薄积雪的清理。

2. 除雪机械种类及使用方法

(1)推土机除雪

在雪灾发生后,推土机可进行各种路段的除雪作业。推土机除雪作业时可多台并列作业,提高除雪效率。如用推土机除雪应将推土机的一字形刀片调整成一个倾斜角度后沿道路纵向推雪,分段落进行。推土机刀片一般情况下都低于 80cm,当积雪较厚时,可适当加高推土机刀片高度,充分发挥其效能。

(2)平地机除雪

一般土方工程用的机动平地机都可以直接用其机体下方的刮土器来刮削积雪。为了扩大除雪功能,除雪平地机一般还装有前置的 V 形犁或侧置的翼板。这类除雪机械使用广泛,适宜在应急抢通中大量使用。但由于平地机均为轮胎式,所以不适宜山区险峻路段的冰雪清理作业。

(3)小型除雪车除雪

小型除雪车可供狭小地带除雪作业,当其他大型机械清理不方便时,可采用小型除雪车进行道路除雪作业。这些小型除雪车的长度一般在3.5～4.5m之间，宽度在1.5m左右。按行走装置分为轮胎式和履带式，按除雪装置分为犁板式、旋切式。除雪作业中如需采用履带式除雪车，其行走装置宜选用不易损坏路面的橡胶履带板。

(4)推雪机除雪

在一般推土机或拖拉机底盘上安装各种犁板式推雪装置就成了推雪机。它是应用最早的除雪机械。

(5)装雪机配合自卸车除雪

雪的运输一般都使用自卸货车，向货车上装雪的机械称为装雪机。装雪机可分为三大类：传送带式、铲斗式、旋切式。

(6)融雪车除雪

前述的装雪和运雪机械有两方面不足：一是难免影响正常交通；二是需要较大的堆雪场地。自行式融雪车就可以克服上述缺点，融雪车前方用旋切装置将地面上的积雪收集起来通过传送装置送到车辆后部的融雪槽中，积雪在这里被加热融化成水。融解水通过管道排出，在城市一般将雪水直接排往下水道。融雪车需人工将排水管道引入路面排水系统，在有排水沟的道路能发挥更大的作用。

(7)雪帽处理车清除雪帽

在山区及河湖沿岸路旁的山石上，常常悬空积存厚雪并且越积越大而形成雪帽。最后由于重力作用或者其他冲击作用而崩落。这种现象一旦发生，不仅会堵塞交通，而且往往会诱发雪崩等灾害，所以必须及时消除雪帽。雪帽处理车分为削刀式和钢索式两种，车上装有类似于起重吊车吊臂的超长杆臂，杆臂上装有除雪器具。削刀式雪帽处理车使用的除雪器具是长刃削刀，可以清除高达6.5m处的雪帽。钢索式雪帽处理车用绷紧的钢索刮削高空雪帽，作业高度可达11m。待阻塞段落雪帽处理结束后，方可进行道路积雪处理。

(8)扫雪车除雪

扫雪车在20世纪60年代末已开始使用。最初的扫雪车只是靠其特制的刷子单纯地进行扫雪作业，在条件较好时能够较彻底地清除积雪。早期的刷子是竹制的，不抗磨并且容易折损，作业10h折损率就达20%，所以后来的刷子都改用钢丝制造。现代化的扫雪车一般都配有高压空气帮助吹雪。这种扫雪车最适合在机场跑道和高速公路上进行“无残雪”除雪作业，即使路面凹凸不平，也能将雪和水完全清除。

(9)机械压实积雪

在除雪机械不足时，可利用一般推土机或拖拉机对积雪进行反复碾压，将积雪压实以利车辆通行。在降雪期长的地区，为保证道路积雪能得到充分的压实，每2km就应当配备一台压雪车。

(10)手扶式除雪机除雪

即采用手扶自行式除雪机等小型机械清理道路积雪。手扶自行式除雪机根据行走装置可分为轮胎式和履带式，按除雪部件结构分为转子式和刷式。

(11)除雪犁清除冰雪

除雪犁也称推雪板，是一种较常用的扫雪工具。这种除雪装备的设备结构简单，装换容易、机动灵活、效率高，适宜清除有一定厚度的雪。它通过牵引装置悬挂于汽车、装载机、平地机等动力机械上即可完成除雪或除冰作业，如图2-26所示。

(12)冰层处理车除冰

未能及时清除的积雪经过车辆的反复碾压就形成牢固的冰层，这时很难用常规机械清除。

专用冰层处理车对于这种冰层具有较好的处理效果,如图 2-27 所示。冰层处理车还可以采用松土式冰层破碎装置(图 2-28),安装于工程车辆后部,其移动幅度为 300mm。这种装置作业比较灵活,而且质量分配有利于冰层破碎作业。

图 2-26 除雪犁

(13)除冰机除冰

特别厚的冰层清除较困难,为保证除冰过程中路面不受损伤,需要使用相应的除冰机。

拖式的滚切除冰机行驶时由牵引车牵引。滚切除冰机由一个滚切轮和刮刀组成,滚切轮由液压机构升降。作业时滚切轮贴近冰面,在设备重力作用下,滚切轮对冰面产生一定的压力,随着除冰机前行滚切轮将冰面切碎,破碎的冰由刮刀清除。

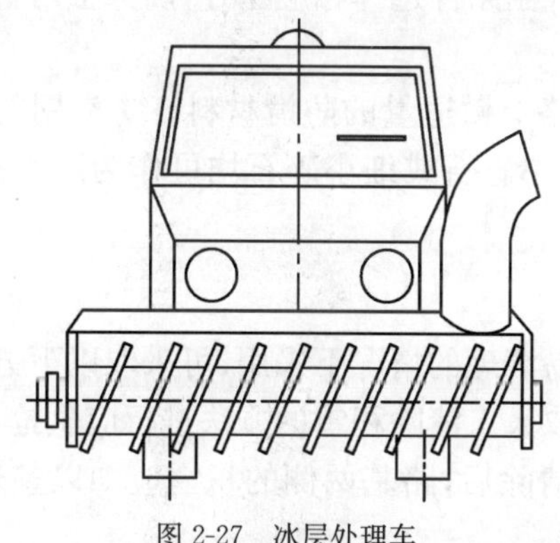

图 2-27 冰层处理车

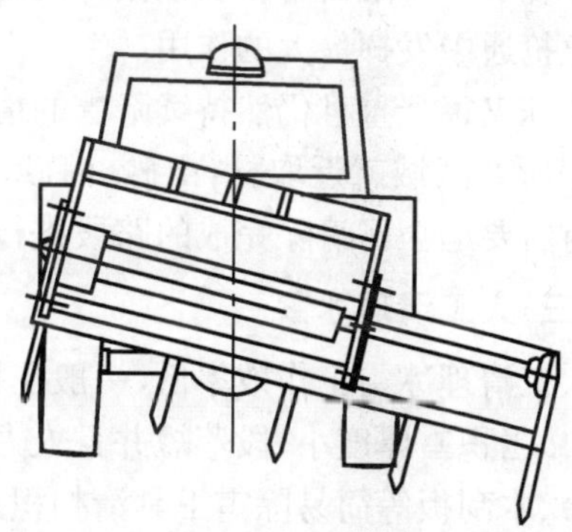

图 2-28 冰层破碎装置

冲击式除冰机的除冰转子由发动机驱动,通过液压机构升降,可调节其与冰面的距离。冲击除冰转子上安装有冲击除冰器,每个冲击除冰器的本体由钢丝绳组成,在钢丝绳的两端铆接有冲击头,内侧用板固定于冲击除冰转子轴上。冲击除冰转子转动时冲击头敲击冰面,路面上的冰面被敲击破碎。

(14)微波除冰车除冰

微波除冰车分为简易型微波除冰车和综合型微波除冰车,如图 2-29 所示。冰层基本不吸收微波,所以微波可以穿过冰层,加热沥青路面,路面吸收微波,温度升高,热量传递给冰层,首先融化冰与路面结合处的冰层,降低冰层与路面的结合力,然后,再用机械装置破碎冰层,便能轻松实现道路快速除冰。

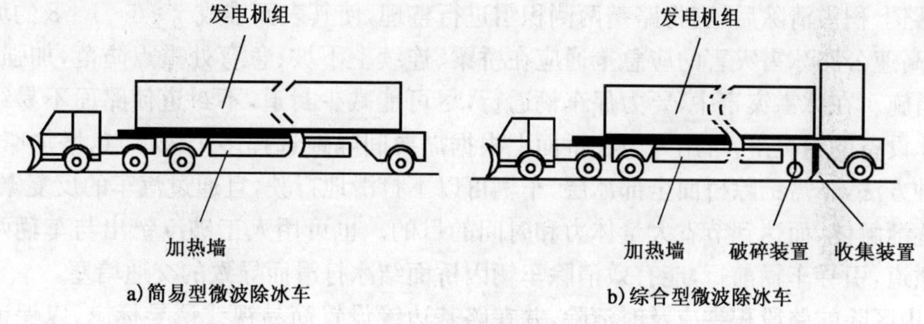

a)简易型微波除冰车　b)综合型微波除冰车

图 2-29 微波除冰车

(二)化学法清理道路冰雪

化学法去除道路冰雪主要是用化学药剂来降低冰雪的融点,并配合防滑物的撒布达到车辆安全通行的目的。其不仅使用方便,而且能防冻,但化学法易对路面造成侵蚀,所以在机械法可以抢通道路时应避免使用化学法。

化学法使用的撒布设备,是能够控制撒布宽度和撒布量的机械,专用的药剂撒布车采用漏斗式的撒布装置,可向路面撒布药剂或干砂等,药剂的输送用漏斗内的螺旋装置来进行。应急抢通中通常将散播器安装在货车上作为撒布设备。散播器是一种散播盐水、固体盐和混合料的融雪装置。散播器喷洒作业时由液压驱动旋转,将散播料均匀地喷洒在路面上,达到抢通道路的目的。部分除雪车配备有融雪剂撒布装置,也可进行融雪剂撒布作业。在紧急情况下,也可采用洒水车洒布盐溶液消除路面积雪。

融雪材料的选择应优先考虑环境友好型融雪材料,以减少对道路、桥梁、植物及环境的破坏。环境友好型融雪材料应根据不同道路结构、不同气温条件选择相应型号,确保融雪材料能在应急抢通中发挥最大的作用。

冰冻灾害严重且仍然持续降雪的情况下,应在道路上撒适量的防滑材料。防滑用的材料可根据所处区域就近取材,山砂、河砂、炉渣、矿渣、细小砾石或细小碎石均可作为防滑材料。防滑材料要运至已清除完成的路段进行撒布。

(三)人工清理冰雪

人工清理冰雪工作效率低,一般在机械不足或不易清理的情况下采用,可采取以下方法:

(1)当积雪厚度小、段落短并且人力充足时,可采取人工清除积雪的方法进行应急抢通,配合扫帚、木刮板等简易除雪工具清扫积雪。路上积雪清除后,路基两侧的积雪应加以整理,使其表面堆成 1∶6~1∶8 的坡度。

(2)当积雪经车辆行驶形成压实雪或路面有结冰时,人工清除时可采用镐铲、破冰锥等器械。

(3)采用人工撒布融雪剂消除路面冰雪。

(四)冰雪灾害中的应急抢通注意事项

(1)应急抢通过程中如遇连续降雪天气,应保证路面积雪清理完成后持续保持路面通行状况。当道路上的积雪厚度超过 5cm 时,即应进行扫除工作。

(2)积雪厚度在 20cm 以下时,可用镐铲或刮板等简易除雪工具扫除;厚度在 20cm 以上时,用扫雪机、平地机、推土机等机械予以清除。当机械缺乏时,可采用畜力拖带木质刮板代替,再辅以人工清除残雪。

(3)路上积雪清除后,宜将路基两侧积雪进行整理,使其表面堆成 1∶6~1∶8 的坡度。

(4)高速公路冰雪灾害的应急抢通应在桥梁、连续上下坡、急弯处重点防范,加强监测,增强安全措施。在冰雪灾害中,要力保车辆通行,尽可能减少封道,不封道使路面不易结冰。在缺乏除冰设备的情况下,可用人力在桥面上根据需要间隔地选择多个破冰点,增加摩擦系数。采取这种方法,不需铲除桥面全部冰层,车辆可以不打滑地行驶,且通过汽车的反复碾压后,可使冰层逐渐解体,而达到节省大量体力和时间的目的。也可用人工破冰铲出与车辆两轮同等宽度的辙道,引导车辆前行,能有效消除车辆因桥面结冰打滑而导致的交通堵塞。

(5)山区险峻路段积雪应及时清除,并在路基边缘设置简易视线诱导标志,以保证行车安全;高寒地区也可采用积雪做成雪墙护栏(图 2-30),并设安全警示标志。路堑段积雪量过大时宜推至或运至路堑段落以外，防止后续保通过程难以持续。

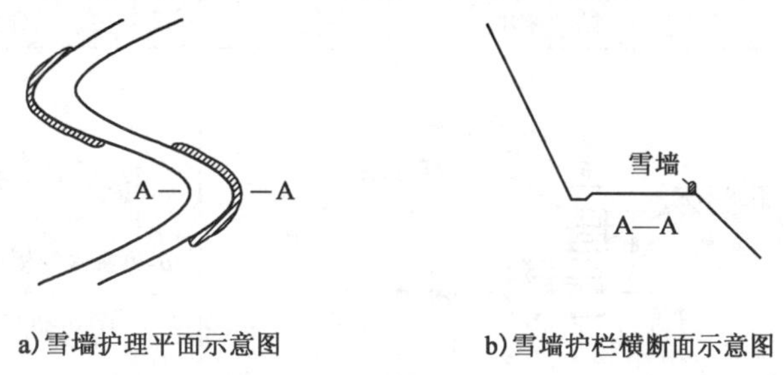

a)雪墙护理平面示意图　　b)雪墙护栏横断面示意图

图 2-30　雪墙护栏示意图

第七节　路基加固与防护

应急抢通中路基抢修加固与防护措施分为：挡土墙加固、路基加固、新建挡土墙、边坡防护、涉水路基防护等。

一、挡土墙加固

（一）挡土墙分类

挡土墙的作用是支撑天然边坡或人工填土边坡，以保持土体稳定，公路中主要用于支撑路堤、路堑、隧道洞口、桥梁两端及河岸壁等。

挡土墙有多种分类方法，按设置位置分为路堤墙、路堑墙、山坡墙、路肩墙四类，其具体形式如图 2-31 所示。

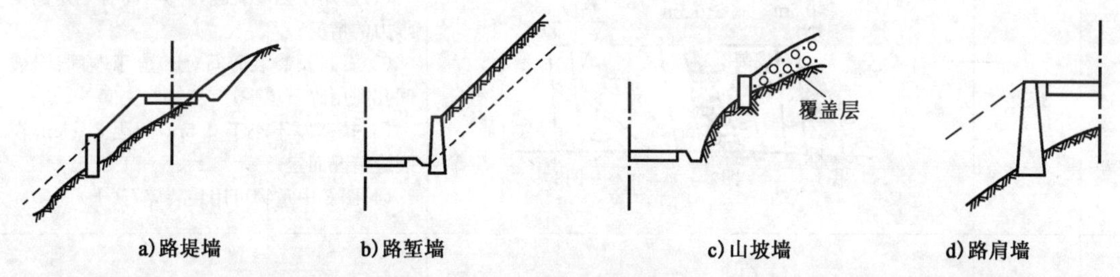

a)路堤墙　b)路堑墙　c)山坡墙　d)路肩墙

图 2-31　挡土墙类型

（二）挡土墙抢修措施

挡土墙的主要破坏形式有开裂、外倾、侧移、墙面鼓胀、缺口、基础脱空、垮塌等。挡土墙遭到严重破坏后，往往造成路堤坍塌或路堑堵塞。针对其破坏形式，挡土墙的抢修主要分为三个方面：对墙体进行加固处理，防止挡墙变形继续发展导致垮塌；对挡墙缺口处进行修补，避免土体通过缺口流动；对基础严重脱空的路段采用片块石嵌补、混凝土支撑墩的处理措施。挡土墙加固的具体措施见表 2-17。

二、新建挡土墙

如路基原有挡墙垮塌不易修复，或填筑受地形限制（如陡斜坡）不能放坡，或为节省填土时间，可以考虑新建挡土墙。

挡土墙加固措施 表2-17

序号	措施	图示	适用条件及要求
1	钢或木笼挡土墙	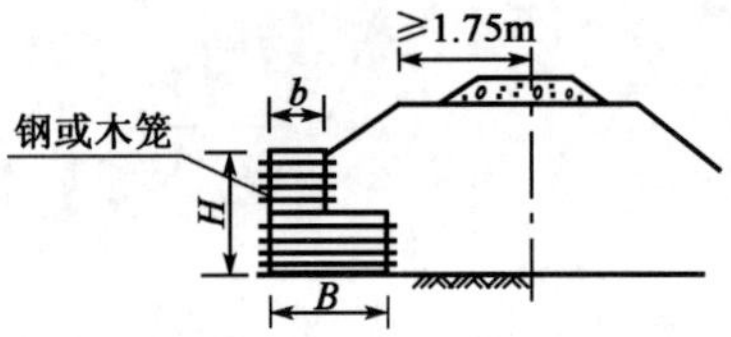 ≥1.75m；b；钢或木笼；H；B	H≤2m时，用单级，b≥1.0m； H>2m时，应分为两级，下级宽度B≥2b，可将木笼横放，或双排并放
2	石笼挡土墙	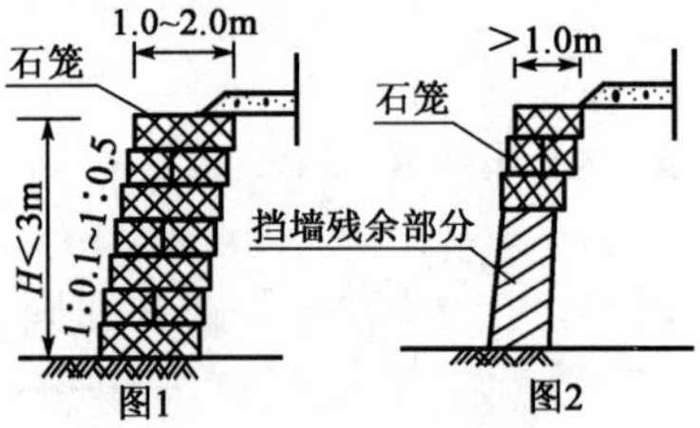 1.0~2.0m；石笼；H<3m；1:0.1~1:0.5；图1 >1.0m；石笼；挡墙残余部分；图2	(1)既有挡墙全部或局部破坏； (2)石笼长度应不小于墙顶宽，最上一层长边应垂直于路线； (3)既有挡墙残余部分必须完整无裂缝方可用石笼接高(图2)
3	袋装砂石挡墙	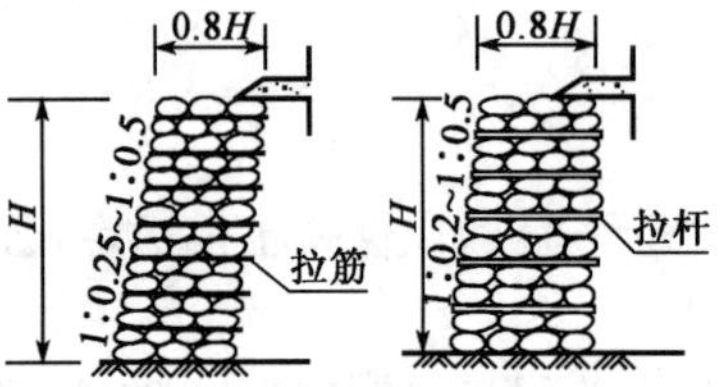 0.8H；H；1:0.25~1:0.5；拉筋 0.8H；H；1:0.2~1:0.5；拉杆	(1)适用于挡墙较高，面坡较陡情况； (2)拉筋可采用土工网格、土工编织布等，每1～2层袋装砂石压铺一层； (3)拉杆布置，竖向每两层一根，横向0.6～0.7m一根，互相交错布置； (4)拉杆可采用枕木、圆木等，头部探出10～20cm
4	扶壁	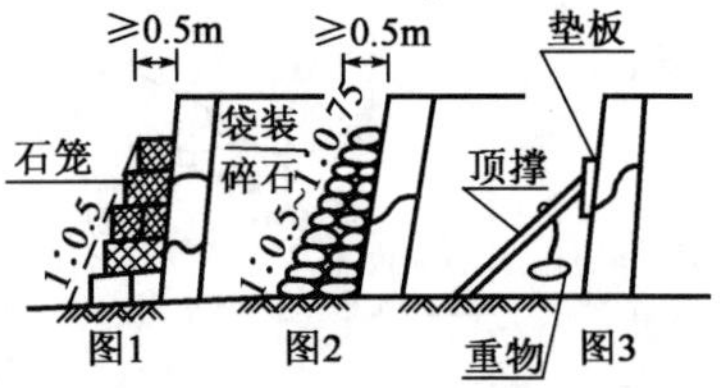 ≥0.5m；石笼；1:0.5；图1 ≥0.5m；袋装碎石；1:0.5~1:0.75；图2 垫板；顶撑；重物；图3	(1)适用于挡墙裂缝，外倾，尚有一定的支承力的情况； (2)石笼及袋装碎石(土)应丁顺间铺，袋间孔隙用碎石填平； (3)扶壁厚不小于0.5m，间距3～5m，视裂缝情况而定； (4)图3中重物可用袋装碎石(土)
5	桩锚挡土墙	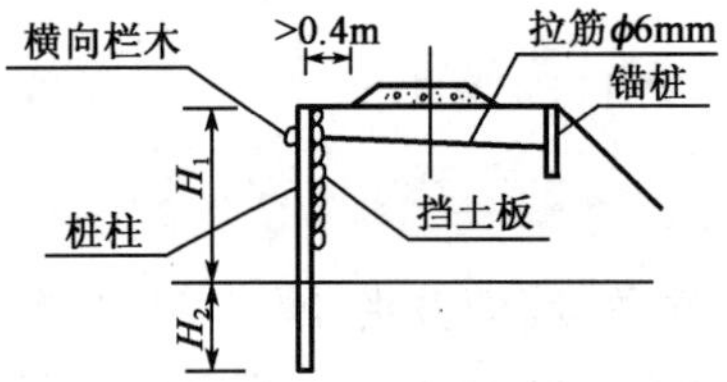 横向栏木；>0.4m；拉筋ϕ6mm；锚桩；H_1；桩柱；挡土板；H_2	(1)桩柱间距0.5～1.0m，视挡土板及桩柱的强度而定； (2)挡土板可用木板、细圆木、枝条束、枕木等； (3)锚桩可用打入桩； (4)桩柱入土深度H_2视H_1及土质而定
6	插板挡土墙	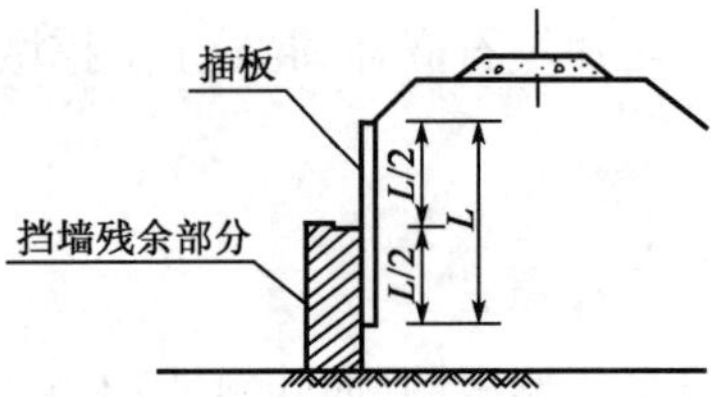 插板；挡墙残余部分；$L/2$；$L/2$；L	(1)适用于既有挡墙下部残余部分完整、无裂缝的情况； (2)插板密排，可用木板或枕木； (3)当插板外露高度较大时，可用桩锚挡土墙，将桩柱打入墙背

续上表

序号	措施	图　示	适用条件及要求
7	钢木骨架墙	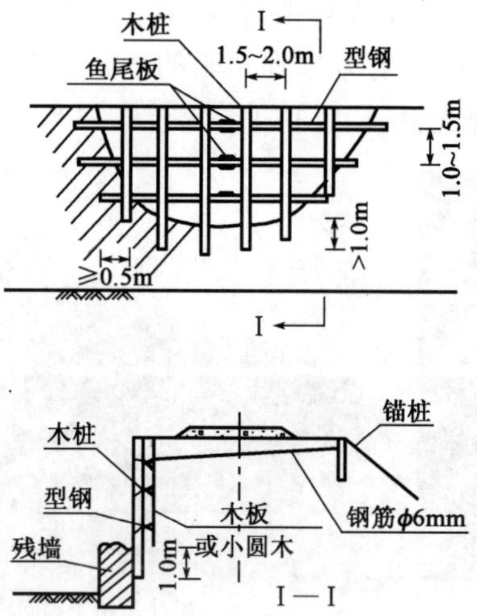 木桩 1.5~2.0m 型钢 鱼尾板 1.0~1.5m >1.0m ≥0.5m I—I 木桩 锚桩 型钢 木板或小圆木 钢筋φ6mm 残墙 1.0m	(1)适用于混凝土挡墙缺口,墙的残余部分稳固、无裂缝的情况; (2)当为浆砌片石挡土墙时,枕木、木桩插入土中均不小于1.0m
8	钢管桩加固	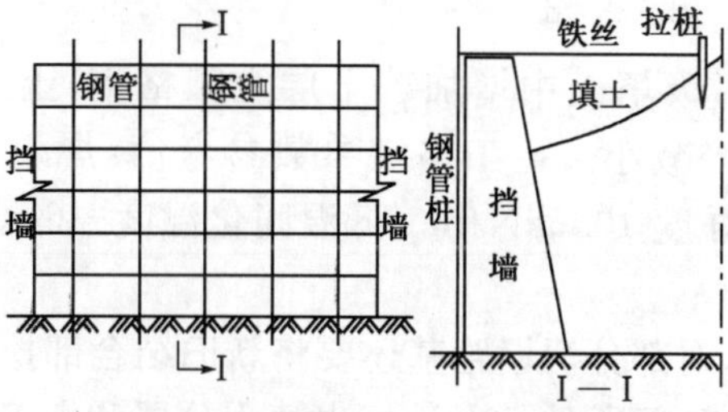 钢管 钢管 挡墙 挡墙 铁丝 拉桩 填土 钢管桩 挡墙 I—I	(1)适用于各种挡土墙外倾、滑移; (2)竖向钢管桩打入土中,与水平钢管用扣件连接; (3)原路基打入拉桩,与钢管用8号铁丝连接; (4)地形条件允许时,在钢管桩外侧增加斜撑
9	锚杆加固	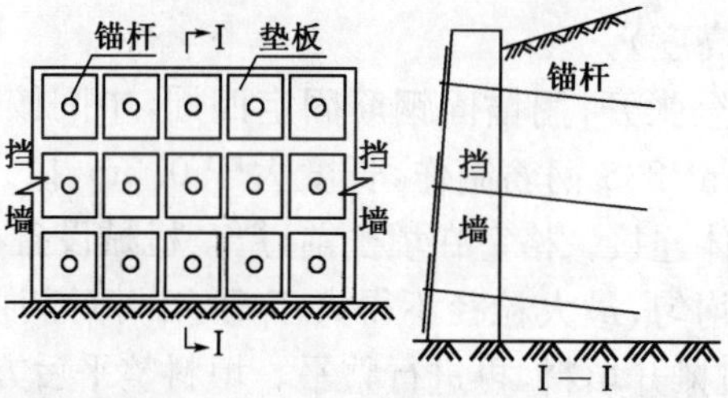 锚杆 垫板 挡墙 挡墙 锚杆 挡墙 I—I	(1)适用于岩质边坡挡墙外倾、滑移,通过锚杆增加水平约束; (2)锚杆一端锚固于稳定岩层中,另一端穿过挡墙固定于墙面; (3)墙面锚固点下设置垫板,保证墙面整体受力,以基本铺满墙面为宜; (4)钻机穿透挡墙打孔,插入φ25mmHRB335钢筋,灌浆

(一)简易桩板墙

简易桩板墙由打入桩、挡土板、拉桩等构成,具体结构见路基坍塌处治中“简易桩板墙拦边”。它既可作为拦边填土的措施,也是一种简易挡墙形式。

(二)重力式挡土墙

重力式挡土墙的构造与施工可参照常规施工,区别之处在于抢修时为节省时间,使用快速拼装模板和速强混凝土。

三、路基加固

在路基抢通中可采取土工格室、注浆法等加固措施,以下分别对两种方法进行简介。

(一)土工格室加固路基

需填筑坍塌路基时,特别是高填、陡斜坡路基,为增加路基稳定性,减轻路基变形和沉降,填土时可采取土工格室加固。

土工格室(图 2-32)是由高强度的 HDPE 或 PP 共聚料宽带,经过强力焊接或铆接而形成的一片网状格室结构。它伸缩自如,运输时可缩叠起来,使用时张开并又充填土石,构成具有强大侧向限制和大刚度的结构体,能够防变形、有效增强路基的承载能力和分散荷载。其分类与结构、规格系列等参见《公路工程土工合成材料》(JT/T 516—2004)。

a)土工格室大样

b)土工格室加固路基

图 2-32　土工格室

土工格室加固路基的方法是在每级填土中增加若干层土工格室,土工格室层间距约 1.0m,随填土高度增加,层间距可适当减小。土工格室参数参考值:焊距 80cm,格室高度 20cm,格室壁厚 1.2mm,焊缝处抗拉强度 10.6kN/m。低温脆化温度－60℃,维卡软化温度 125℃。其施工要点如下:

(1)旧路基整平:将坍塌路基整平,对部分坍塌路基还要将新旧结合部挖成阶梯状以利搭接,搭接长度约 2m。在填筑边界打边桩(间距约 50m),标出填土分层和土工格室的位置。每层填料虚填厚度约 0.5m(含土工格室高度)。

(2)铺设土工格室:将土工格室完全张开,用锚固钢筋固定四周,中间按 2m×2m 间距采用锚固钢筋固定;锚固钢筋可用 ϕ18mmR235 钢筋制作,长度大于 0.5m,插入格室下土层中。相邻土工格室板块采用合页式插销整体连接。格室在填土前,严禁机械设备在其上行驶。

(3)填土:格室填料要求颗粒大小均匀,最大粒径不得大于 5cm。摊铺时以边桩标记控制填土厚度和位置,先由推土机或平地机摊开填料,再进行整平。填料整平后方可碾压。格室上填土应从两边向中间进行。

(4)碾压:应遵循先轻后重、先稳后振、先低后高、先慢后快以及轮迹重叠等原则,由两边向中间纵向进退式进行,横向接头一般重叠 1/3 轮迹,前后相邻区段应纵向重叠 1.0～1.5m。做到无漏压、无欠压、无死角。

(二)双液注浆法加固路基

1.注浆法分类与原理

注浆法按作用原理可分为静压注浆法、喷射注浆法。静压注浆是利用液压、气压或电化学原理,通过注浆管将浆液均匀地注入地层中,浆液以充填、渗透和挤密等方式占据土粒间或岩石裂缝中的空间,经人工控制一定时间后,浆液将原来松散的土粒或裂隙胶结成一个整体,形成一个结构新、强度大、防水性能高和化学稳定性良好的"结合体"。喷射注浆是把带有喷嘴的注浆管插至土层的预定位置后,以高压设备使浆液成为 20MPa 以上的高压射流,从喷嘴中喷射出来冲击破坏土体,并与土体混合构成新的固结体。注浆的目的是防渗、堵漏、加固和纠正偏斜。

常用的静压注浆法又可分渗透注浆、劈裂注浆和压密注浆三类，注浆原理如图 2-33 所示。

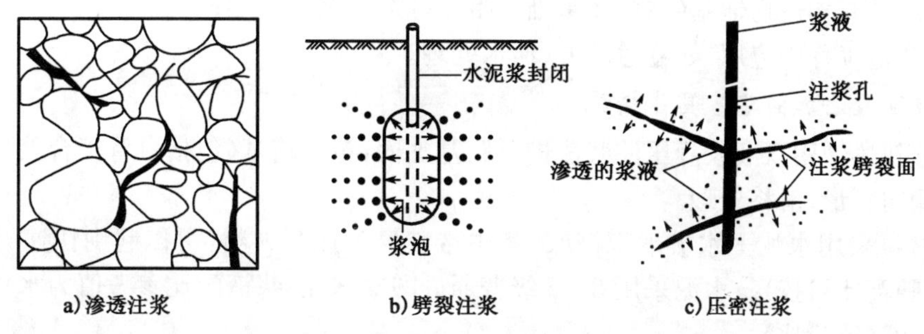

图 2-33 注浆法原理示意图

(1)渗透注浆

在注浆压力作用下，浆液克服阻力渗入孔隙和裂隙，压力越大，吸浆量及浆液扩散距离就越大。在注浆过程中地层结构不受扰动和破坏，所用的注浆压力相对较小，浆材颗粒尺寸必须至少小于孔隙尺寸。渗透注浆一般用于中砂以上的砂性土、卵(砾)石和有裂隙的岩石，注浆压力可由小到大，控制为 0.5～1.5MPa。对于黏性土路基，由于渗透性小，难以奏效。

(2)劈裂注浆

在注浆压力作用下，浆液克服地层初始应力和抗拉强度引起土体结构的破坏和扰动，浆液似利斧劈入土层，劈裂路线呈纵横交叉的脉状网络，浆液在劈入过程中不与土体混合，而是相互独立存在，同时产生充填、挤压、扩散等加固效应。适用于黏性土类路基，一般压力范围为 1.0～4.0MPa。

(3)压密注浆

用一定压力注入浓浆，随着土体压密和浆液挤入形成浆泡，并不断膨胀挤压使一定范围土体被挤密，浆泡本身凝结后也最终形成硬质块体存在于土体中，凝固形状多为柱体或球体。

实际注浆过程中，一般不存在由单一某种方式形成的固结体，几种作用同时存在，只不过是以某一种方式为主。

2. 注浆材料

注浆材料分为粒状浆材和化学浆材两大类。粒状浆材中应用最广的是普通硅酸盐水泥浆液，在某些特殊条件下也可采用矿渣水泥、火山灰水泥和抗硫酸盐水泥等品种。有时需要提高水泥颗粒细度，掺入各种附加剂以改善浆液性质，提高其可注性、稳定性。有时为了节省材料，降低成本，在水泥浆液中掺入黏土、砂和粉煤灰等廉价材料。化学浆材呈溶液状态，较粒状浆液可注性好，可注入细小裂隙或孔隙中；其缺点是造价高，而且不少化学溶液具有一定毒性，易造成环境污染。

3. 注浆法的应用

在道路桥梁工程病害处理中，注浆法有以下用途：

(1)对软土、湿陷性黄土地基、岩溶、地下采空区等不良地基加固处理；

(2)对路基沉陷、桥涵台背接合部沉陷、路基边坡侧向变形加固处理；

(3)用钢管压力注浆型抗滑挡墙治理滑坡；

(4)注浆法处理灌注桩桩身缺陷、提高桩侧摩阻力和桩底端阻力；

(5)注浆法形成防渗墙，对河堤公路路基防渗加固；

(6)处理既有构造物地基(如挡墙基础)，阻止构造物沉降变形；

(7)在隧道工程中应用，如隧道塌方、涌水处理。

4. 双液注浆法加固路基具体措施

本部分叙述使用双液浆静压注浆法进行路基加固，包括路基(包括台背接合处)沉陷处理，路基边坡侧向变形、滑移处理。

注浆材料采用水泥＋水玻璃双液浆，其中水玻璃为速凝材料，可以起到快速凝结的作用(凝固速率随配比可控)。水泥采用32.5级普通硅酸盐水泥，浆液配比参考值为水∶水泥∶水玻璃＝1∶1∶0.05(质量比)。

(1)注浆参数

注浆参数包括浆液扩散半径r、容许注浆压力、孔位布置等。

注浆压力是保证注浆质量的重要因素之一，如果压力过小，浆液射流达不到预计范围内，扩散半径小，易形成空白区；如果压力过大，则会破坏路基原结构、抬升路面或冲垮边坡，使浆液沿路基薄弱部位冲出。由于浆液的扩散能力与注浆压力的大小密切相关，对不同填料及形态的路基采用多大压力，主要取决于路基的密实度、强度、初始应力、钻孔深度、注浆位置及顺序等，而这些因素又难以准确预知，故必须通过现场试验确定。

进行注浆试验时，一般采取逐步提高压力的办法，求得注浆压力与注浆量的关系曲线，当压力升高至某一数值，而注浆量突然增大时，表明地层结构发生破坏或空隙尺寸已被扩大，可把此时的压力值作为确定容许注浆压力的依据。

钻孔数量和距离依受损路基长度和损害严重程度而定，要完全覆盖土体沉陷区或被拉裂区。根据路基的强度要求，结合固结注浆的特点、路堤形态等因素考虑，遵循既要充分发挥注浆孔的效率，又能保证浆液留在路堤有效范围以内的原则。一般采用等距离梅花方格网布孔，注浆孔距L取值范围在$r \leqslant L \leqslant 2r$之间，常用值1～2m。孔深当用于处理路基沉陷时为填土高度的1.5倍，当用于处理边坡变形时为穿过土体被拉裂位置至少2m。

(2)设备配备

主要设备有砂浆搅拌机、双液注浆机、注浆泵、注浆管、钻孔机、发电机等。

(3)施工工艺

施工工艺主要分为“布孔、成孔、注浆”三个阶段。

①布孔：按前述确定的参数进行布孔。用于处理路基沉陷和边坡变形时，具体布孔形式如图2-34所示。

②成孔：成孔必须是干法钻进，不允许加水，防止土经水浸泡成浆，出现坍孔，抽取钻头后出现闭孔，影响注浆管埋置，同时避免饱水状态时土质影响浆液渗透。尽量选用小型潜孔钻，其优点是进尺快、易搬动、操作简单、钻进成本低。

③注浆：注浆花管根据钻机钻孔的孔径与孔深而定，操作方法应简单易行。注浆结束后注浆花管宜留在路基中，一般注浆花管很难拔出，如果强行拔出可能会破坏路基；另一方面，注浆花管留在路基中可作为非预应力锚杆起到锚固或阻滑作用，且有利于提高路基强度。处理边坡变形时，注浆管必须留在路基中不拔出。

注浆过程要控制好注浆顺序、压力等。注浆顺序是指注浆孔的受注顺序，一般以2～3次注浆为宜，事先按孔位平面布置设计好注浆顺序。采用间歇多次注浆，注浆压力逐次提高。多次注浆目的是提高浆体的强度和约束性，防止在注浆过程中发生附加沉降和邻孔串浆。在规定的注浆压力下，稳定5～15min浆液不再下沉即可停止注浆。如发现地面隆起或其他结构物变形及附近某处冒浆等现象，应立即停止注浆。

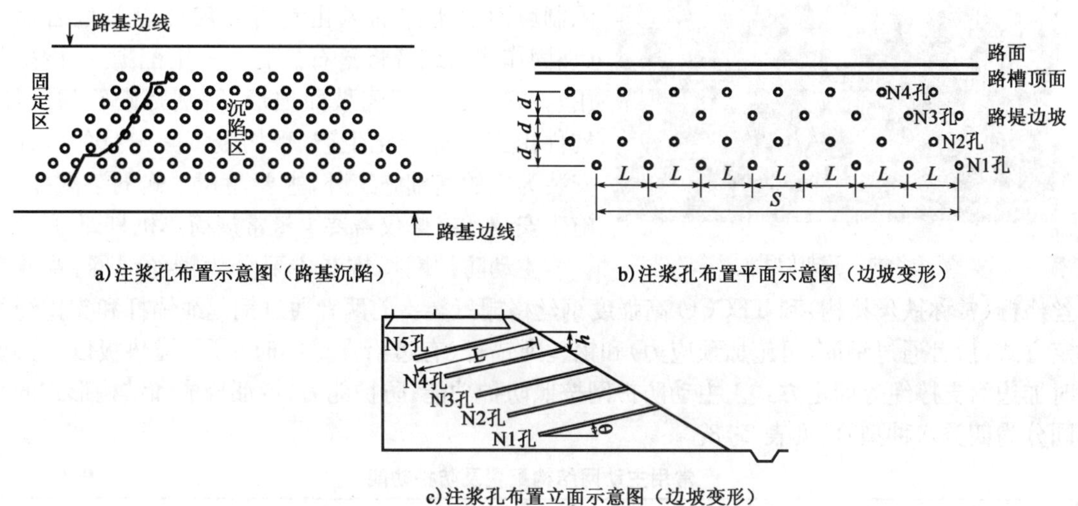

图2-34　注浆孔布置示意图

(4)双液注浆法异常情况处理

①双液注浆时，注浆压力突然升高，应停注水玻璃，只注水泥浆，待泵压恢复正常后再进行双液注浆。

②若进浆量很大，压力长时间不升高，则应调浓浆液或调整配合比，或采用双液间歇注浆，或进行小泵量、低压力注浆，使浆液在裂隙中有相对停留的时间，以便凝胶。

③发生串浆时，应加大两次注浆的孔间距；适当延长两次注浆施工的时间间隔，使前一次序孔浆液基本凝固或具有一定强度后，再开始后一次序钻孔。

(5)注浆过程注意事项

①注浆施工时，孔口采用止浆塞封闭，浆液搅拌均匀，随拌随用，严防石块杂物混入浆液，确保连续灌注并在灌注前进行过筛处理，以防发生堵管。

②注浆花管连接时应避免处于同一平面上的钢管接头过多，以防剪切破坏。

③边坡上钻孔时先从坡脚逐排往上进行，最后施工靠近边坡顶部的孔。

④如失稳的边坡较高，单纯对边坡进行注浆加固不能保证路基稳定时，同时在坡脚和分级平台上进行竖向注浆，以提高坡体和坡脚的抗滑移能力。

四、边坡防护

边坡防护是为应对路堑边坡、靠近路基山坡安全威胁采取的措施，在道路交通路基边坡应急抢通中边坡防护形式主要有SNS柔性防护网（主动和被动）、简易边坡防护、喷射混凝土。

（一）SNS柔性防护网

SNS意为柔性安全防护网系统，是一种新型的边坡防护形式，以覆盖（主动防护）和拦截（被动防护）两大基本类型来防治各类斜坡坡面地质灾害和雪崩、岸坡冲刷、爆破飞石、坠物等危害。

图 2-35 主动防护网

1. 主动防护网

主动防护网(图 2-35)是将以钢丝绳网为主的各类柔性网覆盖或包裹在需防护的斜坡或岩石上，以限制坡面岩土体的风化剥落或破坏以及危岩崩塌(加固作用)，或者将落石控制于一定范围内(围护作用)。它可适应任何坡面地形，特别是破碎的山体，构件由工厂标准化生产，现场施工除少量的以锚杆安装为主的基础施工外，主要为积木式的装配作业，施工安装和维修仅需要少量常规简单机具即可。

主动防护网按构造主要分为钢丝绳网、普通钢丝格栅(常称铁丝格栅)和 TECCO 高强度钢丝格栅三类。前两者通过钢丝绳锚杆和支撑绳固定方式，后者通过钢筋(可施加预应力)和钢丝绳锚杆(有边沿支撑绳时采用)锚垫板以及必要时加边沿支撑绳等固定方式。主动防护网按照防护功能、防护能力、特征构成和结构形式的不同分为四类八种型号，见表 2-18。

常用主动网结构配置及防护功能 表 2-18

型号	网 型	结 构 配 置	主要防护功能
GAR1	DO/08/300	边沿(或上沿)钢丝绳锚杆＋支撑绳＋缝合绳	维护作用，限制落石运动范围，部分抑制崩塌的发生
GAR2	DO/08/300	系统钢丝绳锚杆＋支撑绳＋缝合绳，孔口凹抗＋张拉	坡面加固，抑制崩塌和风化剥落、溜坍的发生，限制局部或少量落石运动范围
GPS1	DO/08/300＋SO/2.2/2.25×10.2	同 GAR1	同 GAR1，有小块落石时选用
GPS2	DO/08/300＋SO/2.2/2.25×10.2	同 GAR2	同 GAR2，有小块危石或土质边坡时选用
GER1	钢丝格栅	同 GAR1，但用铁丝缝合	同 GAR1，但落石块体较小且寿命要求较短时选用，以碎落防护为主
GER2	钢丝格栅	同 GAR2，但用铁丝缝合	同 GAR2，但落石块体较小且寿命要求较短时选用
GTC-65A	高强度钢丝格栅	预应力钢筋锚杆＋孔口凹坑＋缝合绳(根据需要选用边界支撑绳和钢丝绳锚杆)	同 GAR2，能满足可达 100 年的更长的防腐寿命的要求，但其加固能力仅为其 70%～80%，不适合于体积大于 1m³ 大块孤危石加固
GTC-65B	高强度钢丝格栅	同 GAR1	同 GAR1，能满足可达 100 年的更长的防腐寿命的要求，但不适合于体积大于 1m³ 大块落石防护

SNS 主动防护网及其安装流程如图 2-36 所示。

(1)预先对坡面防护区域的浮土、浮石进行清除，从防护区域下沿中部开始向上和两侧放线测量确定锚杆孔位。

(2)打钢丝绳锚杆孔，坡体边沿孔深达到 3m，平均坡体中部孔深达到 2m。钢丝绳锚杆由 ϕ16mm 钢丝绳中部对折套穿马蹄形环套组成。按要求的深度钻孔并清孔，孔深应比钢丝绳锚杆长度长 50mm 以上，孔径为 45mm，插入钢丝绳锚杆并注浆。

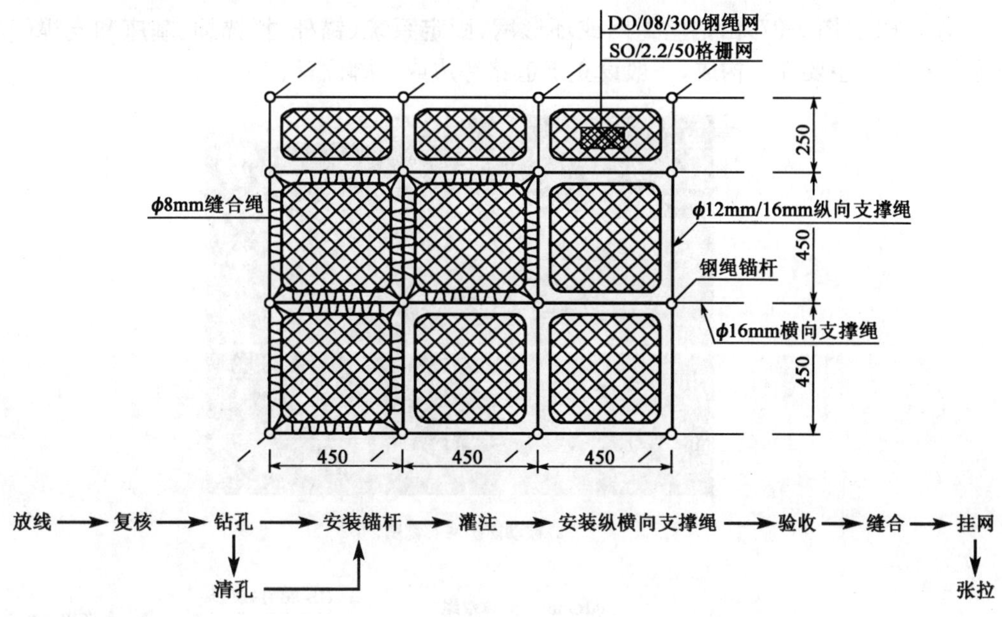

图 2-36 SNS 主动防护网安装流程(尺寸单位:cm)

(3)构架支撑绳结构，采用 ϕ12mm 的纵向钢丝绳和 ϕ16mm 的横向钢丝绳组成 4.5m×4.5m正方形模式的支撑绳结构，与锚杆相联结。

(4)构架格栅网和钢绳网，在支撑绳构成的每个 4.5m×4.5m 网格内铺设一张 4m×4m 的 DO/08/300(ϕ8mm、网孔间距 300mm)型钢绳网，并在两个网格内并排铺设两张 SO/2.2/50 格栅网(网孔间距 50mm)。

(5)缝合与张拉，在每张钢绳网与四周支撑绳间用 ϕ8mm 钢丝绳缝合联结，并进行张拉，使柔性防护系统对坡面施以一定的预紧压力。从而提高表层岩体的稳定性，以防止崩塌落石的发生。

(6)安装后的纵横向 ϕ16mm 支撑绳，张拉紧后(用拉紧力不小于 5kN 的紧线器或手动葫芦)两端各用两个绳卡与锚杆外露环套固定联结。从上向下铺挂格栅网，网与网重叠宽度不小于 10cm，两张格栅网间缝合用直径不小于 1.2mm 的铁丝扎结，格栅网与支撑绳间缝合用直径 2.2mm 的铁丝扎结，扎结点间距不大于 1m。格栅网铺设的同时，从上向下铺设钢绳网并用直径为 8mm 钢绳缝合，每张钢绳网均用一根长 31m 的缝合绳与四周支撑绳进行固定联结。

施工主要机械设备见表 2-19。

SNS 主动防护网施工主要机械设备 表 2-19

序　号	名　称	型　号	数　量	用　途
1	潜孔钻	ϕ45mm	2 套	钻孔
2	卷扬机	3t	2 台	材料吊运
3	紧绳器	1t	2 只	张紧缝合绳
4	压浆机	10MPa	1 台	压浆
5	搅浆机	J300	1 台	搅拌水泥浆
6	钢绳切断机	GJ40	1 台	加工钢绳锚杆
7	空压机	$9m^3$	1 台	钻孔
8	手动葫芦	5t	1 台	紧固支撑绳

2. *被动防护网*

被动防护网(图 2-37)由钢丝绳网或环形网、固定系统(锚杆、拦锚绳、基座和支撑绳)、减压环和钢柱四个主要部分构成,一般设立于道路旁边或坡脚位置。

a)被动防护网实物图

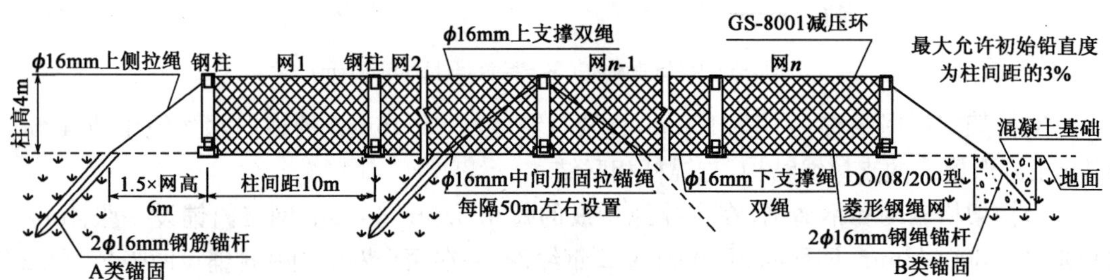

b)被动防护网示意图

图 2-37　被动防护网

被动系统根据其防护能量、结构形式和特征构成的不同分为三类型号(具体参数见表 2-20),最常用的为 RX-050 型(具体参数见表 2-21)。

常用被动网结构配置及防护功能　　表 2-20

型　号	网　型	结 构 配 置	主要防护功能
RX-025	DO/08/250	钢柱+支撑绳+拉锚系统+缝合绳+减压环	拦截撞击能 250kJ 以内的落石
RX-050	DO/08/200	同 RX-025	拦截撞击能 500kJ 以内的落石
RX-075	DO/08/150	同 RX-025	拦截撞击能 750kJ 以内的落石
RXI-025	R5/3/300	钢柱+支撑绳+拉锚系统+缝合绳	同 RX-025
RXI-050	R7/3/300	同 RXI-025	同 RX-025
RXI-075	R73/300	同 RX-025	同 RX-025
RXI-100	R9/3/300	同 RX-025	拦截撞击能 1 000kJ 以内的落石
RXI-150	R12/3/300	同 RX-025	拦截撞击能 1 500kJ 以内的落石
RXI-200	R19/3/300	同 RX-025	拦截撞击能 2 000kJ 以内的落石

注:表中型号后数字代表能量吸收能力。如"050"表示系统最大能量吸收能力为 500kJ,"150"表示系统最大能量吸收能力为 1 500kJ,以此类推。

RX-050 型防护系统构成 表 2-21

名称	有关技术指标		材料特性
钢柱	柱高	2～7m，按系统高度选用	工字钢，防锈漆表面防腐处理
	规格	16～25mm	
钢丝绳网	型号	DO/08/200	6×7＋IWS 热镀锌钢丝绳，镀锌量不小于 $70g/m^2$，钢丝绳网最小破断拉力 40.6kN
	规格	5m（长）×4m（宽）	
	网孔	200mm×200mm	
	钢丝绳直径	8mm	
	单位质量	$3.49kg/m^2$	
上、下支撑绳	钢丝绳直径	16mm	6×19＋IWS 热镀锌钢丝绳，镀锌量不小于 $70g/m^2$，钢丝绳网最小破断拉力 150kN
	单根长度	按计算截取，一般 40～60m 截取	
	减压环	每根支撑绳上两根钢柱之间安装一个 GS-8001 减压环	
上、侧拉锚杆	规格	2×ϕ16mm（ϕ16mm）钢丝绳锚杆	镀锌钢丝绳，抗拔力 150kN
	长度	一般 1.5～3m	
上、侧拉锚绳	钢丝绳直径	14mm	镀锌钢丝绳
	长度	一般 10m 左右	
铁丝格栅	网孔	50mm×50mm	
	直径	2.2mm	
	单位质量	$1.1kg/m^2$	

施工安装流程为：

测量定位→基底开挖→基座安装→钢柱及上侧拉锁绳安装→侧拉锚杆安装→上下支撑绳安装→验收→格栅安装→拉网。

(1)结合施工现场地形对钢柱和锚杆基础测量定位。

(2)基座锚固。

①基座平面与地面保持水平，钻凿锚杆孔和锚杆安装灌注。

②将基座套入地脚螺栓并用螺栓拧紧。

(3)钢柱及上拉锚绳安装。

①将钢柱底部放于基座处，将上拉锚绳的挂环挂于钢柱顶端，另一端与对应的上拉锚杆环套连接并用绳卡暂时固定。

②将钢柱底部插入基座并固定，通过上拉锚杆按设计方位调整钢柱角度，拉紧上拉锚绳用绳卡固定。

③上拉锚绳安装完毕后，进行侧拉锚绳的安装。

④上支撑绳安装：将一根支撑绳的挂环暂固定在每段起始钢柱的底部，在距钢柱 50cm 处，对称布置减压环，并调节就位；然后将支撑绳的挂环挂于终端钢柱顶部的挂座上；在第二根钢柱处，用绳卡将支撑固定于挂座的外侧，此时仅用 30％的标准紧固力，在第三根钢柱处，将支撑绳放在挂座的内侧，依次相间将支撑绳挂好，直至本段最后一根钢柱，并向下绕至基座的

挂座上,用绳卡暂时固定;检查调整减压环位置,全部正确就位后拉紧支撑绳并用绳卡固定。第二根上支撑绳与第一根的安装方法相同,方向相反。在距减压环 40cm 处用绳卡将两根上支撑绳相互连接(仅用 30%的紧固力),在同一挂座处形成内侧和外侧两根交错的双支撑绳结构。

⑤下支撑绳的安装方法同上支撑绳。

⑥钢丝绳网安装:将钢丝绳网在钢柱之间按对应位置展开;将钢丝绳网暂时挂到上支撑绳上,并侧向调整钢丝绳网位置使之正确;将缝合绳的中间固定在每张网的上缘中点,从中点开始用一半缝合绳分别向左向右将网与支撑绳缠绕在一起,直到跨越钢丝绳网下缘中点,使左右侧的缝合绳端头重叠 1.0m 为宜,最后用绳长将缝合绳与钢丝绳网固定在一起,绳长放在离缝合绳末端 0.5m 的地方。

⑦格栅安装:格栅铺挂在钢丝绳网的内侧,并叠盖在钢丝绳网上缘,用扎丝固定在网上;格栅底部沿斜坡向上敷设 0.2~0.5m,将底部压紧;每张格栅叠盖 10cm,每平方米在网上固定 4 处。

(二)简易边坡防护

即使用各种就便材料构造简易边坡防护,缺点是防护能力较低,适合小块落石防护。

1. 主动防护

使用各种化纤或金属编织网作为防护网,直接用锚杆固定于边坡上作为主动防护。锚杆采用楔缝式锚杆(图 2-38)或倒楔式锚杆。这种锚杆依靠锚杆和孔壁的摩擦力起到锚固作用,类似于膨胀螺栓,安装迅速,不需灌浆,可即时达到承载力,可二次张紧,倒楔式锚杆还可以回收。其缺点是锚固力一般偏低,适用于中等稳定以上的岩层条件。网目要求小于落石粒径,锚固点分布尽量均匀。为增强防护能力,可以铺多层防护网、加密锚固点。

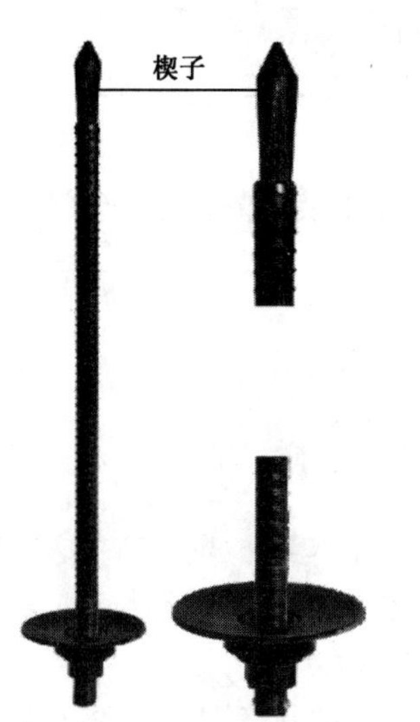

楔缝式锚杆:

楔缝式锚杆有楔缝式点锚系统,一般与锚固剂共用起到永久支护的作用。

原理:

在楔缝式锚杆的末端,锻造一个十字形的缝隙,用来插入楔子,另一端配套托盘、垫圈、螺母。钻孔后,安装楔子到楔缝中,驱动螺母和螺纹杆,确保楔子抵触到钻孔末端,然后用钻机冲击锚杆外端,楔子胀开楔缝,这样就在岩石和锚杆之间产生一个锚固力。

楔缝锚杆特性:

(1)楔缝系统提供点锚。
(2)一般与锚固剂共用起到永久支护的作用。
(3)尖端可以轻易打开锚固剂,加快安装。
(4)与球垫共同使用,可以提供友好角,用于倾斜岩层。

图 2-38 楔缝式锚杆

2. 被动防护

被动防护由立柱和防护面构成。立柱使用型钢、钢管等,如地面坚硬不易打入,配合钻孔机钻孔,立柱间距约 2~3m。防护面使用各种金属编制网面和薄钢板、彩钢板、木板等板件。网目较大时,加设一层密目化纤安全网。立柱与网(板)采用螺栓、挂钩、铁丝绑扎等方式连接。

为增强防护能力，可以在立柱间增加斜撑、横梁，在立柱外侧增加斜撑，加密立柱间距。施工中常用的彩钢板围墙和厂家生产的道路隔离护栏（一般都是网面与立柱配套，带有连接结构），可用做临时被动防护，如图 2-39 所示。

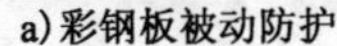
a)彩钢板被动防护

b)隔离栅被动防护

图 2-39 简易被动防护

(三)喷射混凝土

采用专用机械，将配制好的混凝土喷射于坡面之上，施工方法参照常规施工进行。施工作业前进行试喷，选择合适的压力自下而上进行喷射。喷射混凝土防护的厚度不小于 8cm，分 2～3 层喷射完成。

五、涉水路基防护

(一)抛石、石笼防护

涉水路段抢通时，抛石、石笼防护可设置于进水侧桥台锥坡位置，防止泥石流、水流等冲刷破坏路基。

1. *抛石防护*

抛石防护坡度和宽度如图 2-40 所示，抛石粒径根据水深、流速和波浪情况确定，一般应大于 30cm，并宜用大小不同的石块掺杂抛投。抛石厚度宜为粒径的 3～4 倍，当采用大粒径时也不得小于 2 倍。石块优先选用质地坚硬、不易风化崩解的岩石。缺乏大石块时，也可把混凝土预制块作为抛投材料。采用自卸汽车、铲运车和推土机由陆上直接抛填。

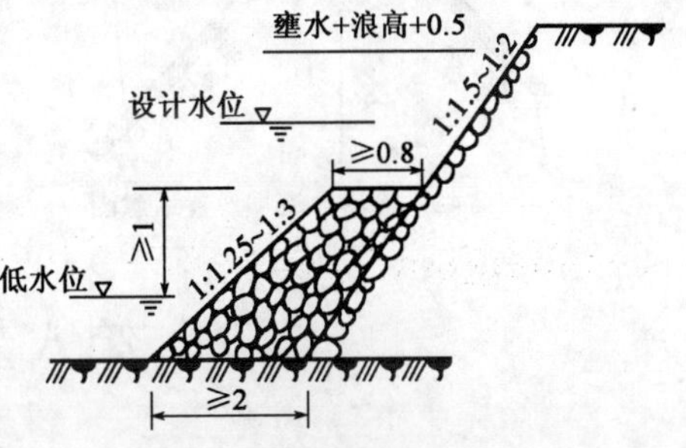

图 2-40 抛石防护(尺寸单位:m)

2. *石笼防护*

水流较急、水深较大时可使用赛克格宾（又称石笼网袋或合金网兜），如图 2-41 所示。它是由机编双绞合六边形金属网面构成的圆柱形工程构件。可按设计意图，工厂制作出半成品，施工现场进行组装定型，操作简便，受气候干扰小，且适宜于机械化操作，既可保证施工质量又可加快工程进度。赛克格宾由厂家规格化生产，也可定制。

(二)简易导流坝

涉水路段抢通时，当采用桥梁或管涵跨越时，可在泥石流或水流上游适当位置设置若干简易导流坝，控制流动方向，迫使其从桥孔下通过。简易导流坝可采用木排桩或钢筋石笼导流坝等形式。简易导流坝设置如图 2-42 所示。同时，在进水侧桥台锥坡位置采取冲刷防护（草袋、石笼等）；当制式桥梁数量不足必须采用多孔进行跨越时，应采取防撞措施对临时墩或基础进行保护（石笼、捆绑圆木等）。

图 2-41　赛克格宾（石笼网袋）

1. 木排桩导流坝

木桩桩径约 20cm，桩头用 8 号铁丝缠绕防止锤击开裂，桩端削尖，用重锤将桩逐根打入土中至不再下沉为止。打入后桩应牢固不易晃动，桩顶在最高水位面以上约 20cm。在桩内侧（迎水面）码砌草袋装土挡水，桩间距应保证在每个土袋后有两根桩，上下层草袋错缝码砌。木桩可用钢管代替。

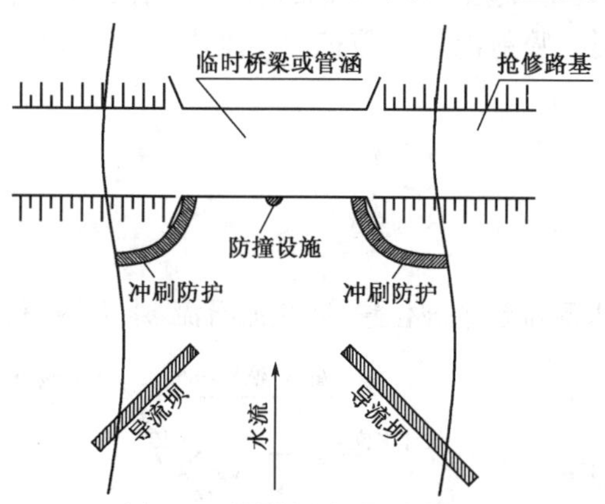

图 2-42　简易导流坝设置示意图

2. 钢筋石笼导流坝

钢筋笼长 5～10m，具体可视起吊能力而定，宽 1m，高度超过最高水位约 20cm。用吊车将笼吊入预定位置，沿坝长排满钢筋笼，然后用石料填满笼子。

第八节　堰塞湖处治

堰塞湖是由火山熔岩流、冰碛物或由地震引起的山崩滑坡体、泥石流等堵截山谷、河谷或河床后贮水到一定程度而形成的湖泊，如图 2-43 所示。

图 2-43　堰塞湖

堰塞湖的堵塞物（即堰塞体）不是固定不变的，它们受到冲刷、侵蚀、溶解、崩塌等影响，一旦堵塞物被破坏决口，湖水便漫溢而出，倾泻而下，形成洪灾，极其危险。伴随次生灾害如余震、崩塌、强降水、上游小型堰塞湖的溃决等不断发生，堰塞湖水位可能会迅速上升，随时可发生重大洪灾，所以，通常对堰塞湖要及时处治。

一、堰塞湖的类型及危险性评估

(一)堰塞湖的类型

按其规模和危险程度可分为:

(1)小型堰塞湖

小型堰塞湖,是指蓄水量相对较小的单个堰塞湖。其危险程度受许多不确定因素影响,它的溃决与堰体结构及其地质构成有关系,同时还和天气变化——主要是降水导致湖内的水位变化有关系。

(2)大型堰塞湖

堰塞体以粒径较小、结构松散的土石为主的大型堰塞湖,相对容易溃决。与之相比,物质组成块石多一些的堰塞湖,比较稳定,近期相对来说风险较小,给后期处理留下了时间。

(3)串珠状分布的堰塞湖

串珠状分布的堰塞湖是由一连串大小不等的堰塞湖组成,只要其中一个溃决,很可能在巨大洪水冲击下,形成一连串的溃决。一连串溃决之后就有物质和能量的放大效应,越到后面越危险。串珠状分布的堰塞湖,坝体像多米诺骨牌那样接连垮塌,其破坏作用不可估量。汶川大地震中川北县境内湔江河段形成的唐家山、苦竹坝、北川县城附近等的五个堰塞湖群,就属于典型的串珠式堰塞湖,一旦出现溃堤,必将造成巨大的灾难损失。

(二)堰塞湖的危险性评估

在对堰塞湖进行处理前首先要进行堰塞性质判断和危险性评估。

堰塞湖一般有两种溃决方式:逐步溃决和瞬时全溃。逐步溃决的危险性相对较小,但是,如果一连串堰塞湖发生逐步溃决的叠加,位于下游的堰塞湖则可能发生瞬时全溃,危险性极大。可根据堰塞湖的数量、距离,堰塞体的规模、结构,堰塞湖的水位、水量等对其危险程度进行判断。对堰塞体稳定性的初步评判可用无量纲堆积体指数法(DBI 法),其公式如下:

$$\mathrm{DBI} = \lg\left(\frac{A_{\mathrm{a}}}{V_{\mathrm{d}}/H_{\mathrm{d}}}\right) \tag{2-2}$$

式中:A_{a}——流域面积(m^2);

V_{d}——堰塞体体积(m^3);

H_{d}——堰塞体坝高(m)。

DBI$\leqslant$2.75,则堰塞体稳定;DBI$\geqslant$3.08,则堰塞体不稳定;2.75$<$DBI$<$3.08,则堰塞体介于稳定与不稳定之间。

对于存在危险的堰塞湖,可通过降低湖水水位、减少湖中水量来提高堰塞体稳定性,应以挖掘、爆破、拦截等方式引流,逐步降低堰塞体坝前水位,以免造成洪灾。

在排险的同时,应立即开展对危害严重、情况危急的堰塞湖现场调查评估,进行动态监测,预测堰塞湖溃决时间及泛滥范围,撤离居住在泛滥范围内的居民,安置抢险救援人员的临时驻扎场所,并制订下游危险区的临灾预案。

二、堰塞湖处治措施

堰塞湖的治理措施包括:疏通引流、顺沟开槽、深挖控高、护坡填脚,具体治理方案有爆破控制泄流、安全排水渠泄流、固堤防坝等。

(一)爆破控制泄流

爆破控制泄流是在最紧急情况下(下游城市将面临灭顶之灾)和人员已经被成功转移的前提下才实施的。爆破控制泄流一般是采用人工在堤坝上装埋炸药完成的,是及时解决堰塞湖危机的方案。

采用美国气象部门推荐的溃坝简化计算模型(SMPDBK)可以估算出堰塞湖溃坝最大流量和下游最大水深,同时能够进行下游河段的洪水演算。

溃坝水力计算需要考虑的主要因素有:坝高、最大蓄水量、溃决的时间和溃决断面的形状与尺寸。这些因素的估算,可以参考表2-22土坝溃口经验数据。

堰塞湖溃坝时的参数确定范围 表2-22

参数		范围
溃口深度 H(m)		与坝高相当
最终溃口宽度 B	(1)土坝	3倍溃口宽度
	(2)混凝土重力坝	1/4～1/2坝长
	(3)拱坝	与总坝长相当
溃坝历时 t	(1)土坝	0.5～4h
	(2)混凝土重力坝	0.1～0.5h
溃决时的库水位	(1)土坝	$H/3$或超出坝顶0.3～1.5m
	(2)混凝土坝	超出坝顶3～15m

常规的堰塞湖溃坝计算需要复杂的微分方程解算,难以普及计算。然而,一般堰塞湖溃坝计算精度要求并不太高,用溃坝简化计算方法基本可满足要求。下面介绍基于经验公式的简化计算模型。

1.堰塞湖溃坝缺口宽度 b 估算

根据黄河水利委员会的经验公式:

$$b = 0.1KW^{\frac{1}{4}}B^{\frac{1}{4}}H^{\frac{1}{2}} \tag{2-3}$$

式中:W——堰塞湖溃坝时的下泄水量(m^3);

B——主坝长度(m);

K——堰塞湖溃坝流量经验计算系数,黏土类坝体取0.65,壤土类坝体取1.30;

H——堰前水头或最大坝高(m)。

2.堰塞湖溃坝最大泄流量 Q_{max} 估算

采用肖克列奇公式:

$$Q_{max} = \frac{8}{27}g^{\frac{1}{2}}\left(\frac{B}{b}\right)^{\frac{1}{4}}bH_0^{\frac{3}{2}} \tag{2-4}$$

式中:H_0——水库坝前淤积面以上水深(m);

g——重力加速度,取9.8m/s;

其他符号意义同前。

3.堰塞湖溃坝演进沿程最大流量 Q_t 估算

采用公式:

$$Q_t = \frac{W}{\frac{W}{Q_{max}} + \frac{L}{v_{max}K}} \tag{2-5}$$

式中：L——控制断面（下游控制破坏流量下线位置）到水库坝址的距离（m）；

K'——经验系数，山区取 1.1～1.5，丘陵取 1.0，平原取 0.8～0.9；

v_{max}——特大洪水最大流速（m/s），无资料时，山区取 3.0～5.0，丘陵取 2.0～3.0，平原取 1.0～2.0。

4. 堰塞湖溃坝洪水传播时间

堰塞湖溃坝之后，堰塞湖溃坝洪水多长时间会到达下游各个断面对防汛十分重要。堰塞湖溃坝洪水比一般洪水的传播要快得多，其波速在坝址附近最大，距坝址越远，波速削减越快。黄河水利委员会水科所根据试验求得堰塞湖溃坝洪水起涨时间简化计算公式如下：

$$t_1 = \frac{k_1 L^{1.75}(10 - h_0)^{1.3}}{W^{0.2} H_0^{0.35}} \tag{2-6}$$

式中：h_0——下游计算断面基流平均水深（m）；

t_1——下游计算断面堰塞湖溃坝洪水起涨时间（s）；

k_1——经验系数，其取值区间为 0.65～0.75，一般可取平均数 0.70。

需要指出的是，下游计算断面起涨时间的堰塞湖溃坝洪水流量并不是该断面的最大堰塞湖溃坝洪水流量，最大堰塞湖溃坝洪水流量到达时间 t_2 要比起涨时间 t_1 滞后，其简化计算公式如下：

$$t_2 = \frac{k_2 L^{1.4}}{W^{0.2} H_0^{0.5} h_m^{0.25}} \tag{2-7}$$

式中：k_2——经验系数，取值区间为 0.8～1.2；

h_m——最大流量时的下游平均水深（m）；

其他符号意义同前。

具体实施步骤参考第八章“道路交通应急抢修抢建实例”中小岗剑堰塞湖应急处治实例。

（二）安全排水渠泄流

经过地质勘察及历史考证，如果堰塞体相对比较坚固，在雨季来临之前水量未迅速增大、下游人员转移相对困难及重建难度较大的情况下，为减小洪水对城镇的破坏，可以使用安全排水渠泄流。

安全排水渠泄流的原理是疏导水流，控制堰塞湖水位，适用于处治分散、水位较低、流量较小的中小型堰塞湖，宜在灾害晚期、重建工程开始的情况下采用。水位高度警界线的测定是该方案实施的最大变量。安全排水渠法强调人力资源及主观能动性的投入，对湖水自然溢出采取了严格控制，即“洪水是顺着人的思路被动流入下游”，而不是自然溢出。具体实施步骤参考第八章“道路交通应急抢修抢建实例”中易贡山体滑坡堰塞湖处治实例。

（三）固堤防坝

在地质状况、下游人员疏散情况及下游物资价值不明的条件下，通过加固坝体等措施，使坝体的稳定性加强，为下一步采取治理措施争取时间。

对于少数稳定性相对较好的堰塞湖，可以进行综合治理利用。通过灌浆和坝体夯实等措施，同时采用坝坡防护或其他手段，使坝体的稳定性进一步加固，可以作为水利水电资源或旅游观光景点等。

第三章　路面抢修

路面断通一般与路基断通同时出现，形成断通的主要因素与路基断通基本一致。根据路面抢通过程采用的方法不同，本章主要对简易路面和机械化路面进行介绍。

第一节　简易路面

在路面抢修时，要求快速抢通，车辆行驶顺畅，安全舒适度低，一般可采用土路面。为增强路面强度和稳定性，提高其通行能力，可就地取材进行土路改善。最简单的改善方法是在路基上撒布碎石、碎砖瓦、炉渣等就便材料，提高承载力。另外，在克服松软、泥泞及水稻田等不良地段时，也可按照就地取材、制作简便的原则，铺设各种简易路面，如：束柴路面、圆木路面、木板车辙道路面等。必须改道绕行时，也可以采用泥结碎石等路面形式。

一、土路改善

为了提高土路的通行能力，当情况允许时应就地取材对土路进行改善。土路改善所使用的材料，有黏土、砂、砾石、炉渣、碎砖瓦、姜石和贝壳等。改善用料的最大粒径与配合比见表3-1与表3-2。土路改善的厚度，应根据土壤性质、材料种类及交通量等而定，通常为15～20cm。改善黏土路可采用层铺法或拌和法，改善砂土路只适宜采用拌和法。

改善土路用料的最大粒径　　表3-1

材料名称	砾石	碎石、炉渣	碎石、姜石	碎砖瓦
最大粒径(cm)	4	5	6	7

改善土路用料配合比　　表3-2

材料	配合比(体积比,%)
砂与黏土	砂60～70、黏土30～40
炉渣、贝壳与黏土	炉渣、贝壳60～70、黏土30～40
碎砖与黏土	碎砖80～85、黏土15～20
风化碎石与黏土砾石、砂与黏土	风化碎石80～90、黏土10～20
砾石、砂与黏土	砾石50～55、砂30～35、黏土15～20

(一)层铺法

层铺法是将改善用料分数次铺撒成薄层并碾压。采用层铺法时，粒料的最大粒径一般应小于5cm。步骤和方法如下：

(1)在路旁或路上备料。

(2)清除土路上的污泥杂物，并修成2%～3%的路拱横坡。

(3)在土路上均匀洒水，使土壤湿润。

(4)在行车道或车辙部分均匀地撒铺一层厚 3～5cm 的粒料。

(5)用压路机或行车碾压。

(6)在第一层粒料压入土中后，再铺第二层粒料并洒水、压实。以此类推，铺至预定改善厚度。当用碎石作骨料改善厚度较大时，在铺粒料后应撒厚 1～2cm 的黏土，然后压实。

(7)铺粗砂或石屑罩面。

(二)拌和法

拌和法是将改善用料按配合比均匀摊铺，用机械或人工拌和并压实。采用拌和法时，粒料含量宜控制在 65%以上。当改善厚度超过 15cm 时，应分两层铺筑。步骤和方法如下：

(1)在路旁或路上备料。

(2)整修土路表面，并修成 2%～3%的路拱横坡。若采用槽式或车辙式断面，应先构筑路槽，并进行平整、夯实。

(3)先铺粗粒料(砾石、碎砖瓦等)，洒水湿润，再撒黏土。若黏土从土路表面取得，则应先翻松土路表面，翻松厚度为改善路面厚度减去添加料厚度。

(4)先干拌 1～2 遍，再边洒水边拌和，直至拌和均匀为止。

(5)将拌和好的路段筑成 3%～4%的路拱横坡，然后由两侧向中央依次压实。

(6)铺粗砂或石屑罩面。

二、束柴路面

(一)材料

束柴路面材料包括：树枝、细竹竿、高粱秆等就便材料及铁丝(或绳索)。将就便材料捆扎成束柴，直径约为 30cm，长度根据需要而定，每隔 1.0m 用绞棒绞紧并用铁丝或绳索扎牢。束柴制作时应先设置作业架，将材料大小头交错放置在作业架上制作。

(二)铺设方法

(1)平整地面，如有积水先挖沟排水。

(2)铺设纵础材：挖纵础材沟，间距 0.5～1.0m，沟内铺设纵础材，表面与地需平齐，前后搭接 0.75m，并交错排列。在两外缘础材下每隔 2～3m 放一段铁丝或绳索，以便与缘材固定。

(3)铺横向束柴：横向束柴密集铺设在纵础材上，两侧缘材与纵础材固定。

(4)铺沙土：横向束柴上铺设沙土，厚度约 10～15cm。

为了提高铺设速度，可先将数捆束柴连在一起构成束柴路面构件，再用机械吊装铺设。可铺设双层束柴路面以提供更大承载力，两层间进行连接，如图 3-1 所示。

三、圆木路面

(一)材料

圆木路面的材料包括：圆木、铁丝(或铁钉)、木板。

(二)铺设方法

可参照束柴路面的铺设方法，先铺设纵础材，再在其上铺设横向圆木。

(1)铺设纵础材：间距 0.5～1.5m，接头处搭接 0.75m，两外缘础材各切削一半平接配置。

(2)铺设横向圆木：在础材上密铺圆木，并用铁丝或铁钉与缘材固定。

与束柴路面类似，为了提供更大承载力，可以铺设双层圆木，条件允许时可在圆木上加铺车辙板（木板），如图 3-2 所示。

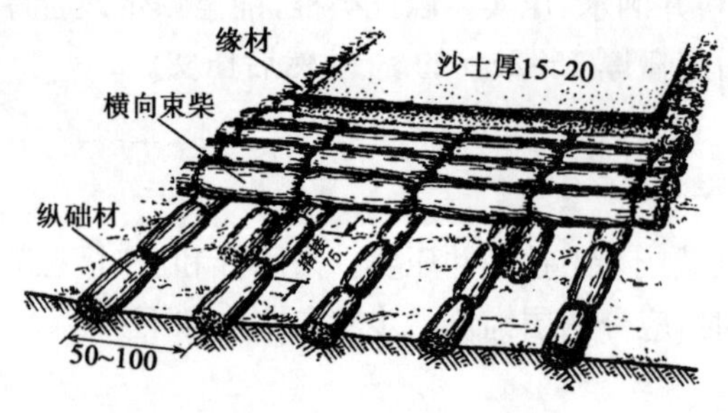

图 3-1　束柴路面（尺寸单位：cm）

图 3-2　圆木路面（尺寸单位：cm）

四、木板车辙道路面

（一）材料

木板车辙道路面由木板、木桩、圆木（或半圆木）组成。木板长 3～4m，断面 20cm×6cm，拼接成车辙道板构件。

（二）铺设方法

（1）标定路线方向，平整地面。

（2）铺设车辙板：将车辙道板构件铺在车辙处，两车辙道内缘距离 0.7m。

（3）木桩固定：在两车辙道构件两侧相隔一定距离打入木桩固定，保证木板车辙道路面的稳定性，不易发生移位。

为提高承载能力可采取以下措施：制作成整体构件式路面，两侧车辙道连接成一个整体，如图 3-3 所示；将木板车辙道构件铺设在圆木或半圆木构筑的枕材上。

五、泥结碎石路面

道路抢通时，泥结碎石路面主要作为临时便道。泥结碎石路面是以碎石为骨料，泥土作为填充料和黏结料并经碾压，依靠碎石的嵌锁和黏土的黏结作用形成的路面，如图 3-4 所示。

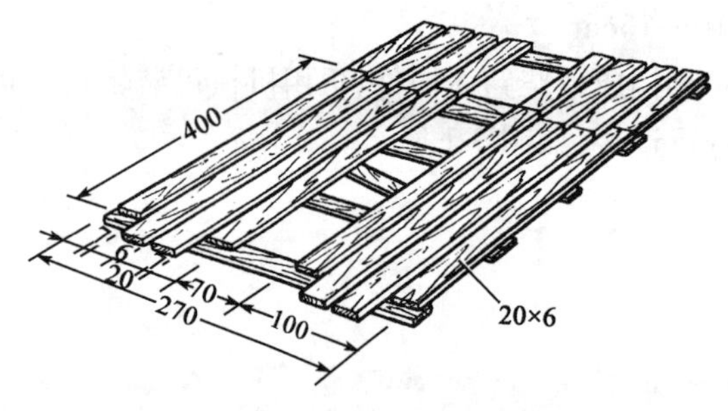

图 3-3　木板车辙道路面（整体式）（尺寸单位：cm）

图 3-4　泥结碎石路面

（一）主要材料

石料：采用轧制的碎石或天然碎石，可为质地坚韧、耐磨、轧碎花岗岩或石灰石，碎石粒径为 2～4cm，碎石应呈多棱角块体，长条、扁平状颗粒不宜超过 20%，不能含有其他杂物。不产石料地区，也可采用卵砾石、姜石或碎砖等材料。碎砖粒径宜稍大，一般为路面厚度的0.8倍。

黏土：应具有较高的黏性，不得含有机质、淤泥质土。黏土用量一般不超过碎石的15%（以质量计）。

（二）泥结碎石路面施工

按照以下基本程序进行：推土机推土或原路基修整→泥结碎石面层施工。

1. 推土机推土或原路基修整

推土机辅以人工，保持场地平整。

2. 泥结碎石面层施工

泥结碎石面层厚度为8～20cm，施工方法用拌和法，基本程序为：摊铺碎石→铺土→拌和整型→碾压。

（1）摊铺碎石：按松铺厚度用平地机或人工摊铺碎石，并洒水，使碎石全部湿润。

（2）铺土：将规定用量的土均匀地摊铺在碎石表层上。

（3）拌和：采用机械或人工拌和，拌和一遍后边拌边洒水，翻拌3～4遍，至黏土成浆与碎石黏结在一起为止。

（4）整型：用平地机将路面整平，符合路拱要求。

（5）碾压：整型后用6～8t压路机洒水碾压，使泥浆上冒，至表层石缝中有一层泥浆即停止碾压；稍干后再用10～12t压路机进行收浆碾压1遍，随即撒嵌缝料，再碾压2～3遍，至表面无明显轮迹为止。

六、手摆片石路面

道路抢通时，手摆片石路面主要作为临时便道。手摆片石路面是把上大下小接近截锥体的石块，用人工铺砌再用碎石嵌缝，经碾压密实而成，如图3-5所示。这种路面的强度主要依靠石块间的相互挤紧及土基的支撑作用，具有坚固耐久、粗糙度较好、能提高抗滑能力的优点，主要缺点是用手工铺砌，难以实现机械化施工，块料之间容易出现松动，铺筑速度慢。手摆片石路面的厚度为16～25cm。

a）排砌片石

b）路面碾压

图3-5 手摆片石路面

（一）材料

片石材料要求使用不易风化的坚硬石料，厚度以20～25cm为宜。

(二)手摆片石路面施工

按照以下基本程序进行:整平→铺砌→嵌缝压实。

(1)地基整平:便道地基用机械整平,然后用轻型压路机略加滚压。整平可与排砌进度配合,保持在铺砌工作面前至少 8～10m。

(2)排砌片石:在路面全宽进行,片石应小头向下,垂直嵌入地基层一定深度,片石相互之间必须嵌紧、错缝、表面平整,且石料长边应与行车方向垂直。铺砌中,片石与片石之间产生的空洞、缝隙用小片石填塞,并用石工锤敲击密实。在陡坡和弯道超高路段,应由低处向高处铺砌。遇有过大石料,用石工锤改制成 20～25cm 才能使用。

(3)嵌缝压实:铺砌完成后,可用废石渣及土加固路肩,并予以夯实。路面铺撒 5～15mm 石屑嵌缝,然后用振动压路机压实,直至稳定无显著变形为止。

七、钢板路基箱

图 3-6　钢板路基箱

(一)钢板路基箱简介

钢板路基箱主要由骨架体组成,骨架体由纵向主筋(如槽钢)骨架和横向骨架构成,骨架体的表面封有一层花纹防滑钢板,反面则封有平板钢板,整体形成一个箱体,如图 3-6 所示。它主要用来铺设在松软、泥泞地面上作为临时路面,提高承载力。优点是安装、拆除方便快捷,可重复使用,节省路面修筑材料,对车辆的磨损程度小。

某厂家生产的钢板路基箱主要技术参数见表 3-3。

钢板路基箱主要技术参数(1 块)　　表 3-3

项　目	技术参数	项　目	技术参数
质量(t)	3	面积(m^2)	9
尺寸(长×宽×高)(m)	6×1.5×0.224	载重量(kN)	200

(二)钢板路基箱的使用

在铺设钢板路基箱时,用吊机将钢板路基箱起吊,或采用专用夹具,夹起钢板路基箱,一块块按序排列。设备缺少时,也可用两台挖掘机配合,分别将挖掘斗和路基箱一端拴牢,共同吊装就位。

由于地基的沉降性,钢板之间易出现缝隙,且逐渐增大,对车辆和人员造成安全隐患,因此在实际操作中,可使用铁链将相邻的两块钢板进行链接,使多块钢板形成一个整体,降低单块钢板因受力不均而导致的沉降和移位。在预计沉降较为严重路段,可在路基箱下事先加铺一块钢板,以减缓沉降。

在通车过程中,应注意经常清扫钢板面上的杂物,防止车辆打滑,同时延长钢板使用寿命,必要时也可在板上加焊防滑条。

第二节　机械化路面

机械化路面是一种可快速铺设、撤收并反复使用的制式路面器材,主要用于在沙滩、泥泞、雪地、沼泽、岸滩等低承载能力的地段铺设临时路面,保障轮式或履带式装备顺利通过。

一、GLM120 型机械化路面

一套 GLM120 型机械化路面由 1 辆路面车、2 辆单运路面车组成。路面车装载有随车路面 1 组 32 块(长 33.5m),可直接利用路面作业车进行铺设、撤收;单运路面车装载有单运路面 1 组 22 块路面板(长 23.1m),由专用运输车运输,铺设和撤收仍利用路面作业车进行,但铺设前需用吊装设备将单运路面连同路面运输架转移到路面作业车,撤收后将单运路面连同路面运输车从路面作业车吊出到专用运输车上。随车路面和单运路面区别仅在于所包含的路面板块数不同。

该装备主要性能参数见表 3-4。

GLM120 主要性能参数 表 3-4

项　目	性 能 参 数
一套装备铺设长度(m)	80(1×33.5+2×23.1)
路面宽度(m)	4.0
路面载重量(kN)	履带式 LD-60(总重 600) 轮式 LT-20(最大轴压力 130)
单车铺设时间(min)	≤10
作业人员(名)	3(含驾驶员)
适应地基条件	软土深 0.5m 以内,地基允许承载力不小于 45kPa
适应坡度(%)	纵坡不大于 25,横坡不大于 6

二、GLM121 型机械化路面

GLM121 型机械化路面以单车为配套基础,如图 3-7 所示。每 4 辆车选配 1 台用于测试地基承载力的 CLD-255 手压式静力触探仪,每车配备 1 台用于清洗路面上泥土的 PX-40E 喷射清洗机,单车可以铺设单排路面 16.2m。

该型路面车是在越野底盘车的基础上改装而成的,它包括专门设计的作业机构及其运载的长 16.2m、宽 3.5m 的路面段。运输时路面段卷绕在卷筒上,作业开始时,卷绕路面段的卷筒和支架可在回转液压缸的带动下,绕铅垂轴转动 90°,然后通过安装在卷筒一端的卷绕液压马达的驱动和引导架的的作用,使路面段一端压在汽车后轮下,最后利用路面车倒车和卷筒随动,完成路面的铺设。

图 3-7　GLM121 型机械化路面

该装备主要性能参数见表 3-5。

三、GLM120A 型机械化路面

GLM120A 型机械化路面主要由底盘车、作业装置、路面段和附属设备等组成。器材的底盘车由越野车改装而成,整个器材包括专门设计的作业机构及其运载的长 40m、宽 4m 的路面段。运输时路面段卷绕在卷筒上;作业开始时,卷绕路面段的卷筒和支架首先在回转液压马达的带动下通过回转支承绕铅垂轴转动 90°,然后通过安装在卷筒两端的卷绕液压马达的驱动和引导架的辅助，将路面段首端引导至底盘车后轮下，最后利用路面车倒车的动力，完成路面的铺设。

GLM121 主要性能参数 表 3-5

项 目	性 能 参 数
单车铺设长度(m)	16.2
路面宽度(m)	3.5
路面载重量(kN)	履带式 LD-60(总重 600) 轮式 LT-20(最大轴压力 130)
单车作业速度(完成铺设所需时间,min)	≤10
作业人员(名)	3(含驾驶员)
适应地基条件	软土深 0.5m 以内,地基允许承载力不小于 70kPa
适应坡度(%)	纵坡不大于 15,横坡不大于 5

路面段材料为低碳高强贝氏体钢(18Mn2CrMoBA)，由 98 块中间路面板和 2 块端路面板构成，单块路面板的平面尺度为 4m×0.4m，相互间通过 4 个销轴连接。运输时路面段卷绕在卷筒上，使用时可构成一条长 40m、宽 4m 的行车道。路面段铺设到地基上后，四角分别用系留装置固定。

该装备主要性能参数见表 3-6。

GLM120A 主要性能参数 表 3-6

项 目	性 能 参 数
单车铺设长度(m)	40
路面宽度(m)	4.0
路面载重量(kN)	履带式 LD-60(总重 600) 轮式 LT-20(最大轴压力 130)
单车作业速度(完成铺设所需时间,min)	≤10
作业人员(名)	3(含驾驶员)
适应地基条件	软土深 0.5m 以内,地基允许承载力不小于 70kPa
适应坡度(%)	纵坡不大于 15,横坡不大于 5

四、软路面铺设车

该车主要由底盘车、路面器材、铺设与撤收机构、液电控制系统等组成，采用单卷筒机械化前后铺设、后撤收的作业方式。

该装备主要性能参数见表 3-7。

软路面铺设车主要性能参数 表 3-7

项 目	性 能 参 数	项 目	性 能 参 数
路面器材长度(m)	100	作业人员(名)	4(含驾驶员)
路面器材宽度(m)	4.2	地基承载能力(MPa)	≤0.08
轮式荷载轴压力(kN)	130	最大爬坡度(%)	60
作业时间(min)	≤30	涉水深度(铺设时)(m)	≤0.5

软路面铺设车及其铺设过程如图 3-8 所示。

a）软路面铺设车

b）软路面铺设

c）软路面撤收

图 3-8　软路面铺设车及其铺设过程

第四章　破损桥梁抢修

桥梁是道路交通网络中的关键性节点，战争和突发事件对桥梁结构的破坏，将直接影响战争胜负、应急救援和灾后重建。对受损桥梁进行快速检测、评估及应急抢修、保通是交通应急保障和交通战备工作的重要内容和关键环节。

从抢修抢建的角度，将桥梁遭受的破坏分为两类：第一类为虽遭受破坏但尚未发生“落梁”，此类称作“破损桥梁”；第二类为已发生“落梁”破坏的桥梁，此类称作“垮塌桥梁”。本章只研究“破损桥梁”的状态评估与应急修复，且暂不考虑永久性修复。

地震作为一种典型的、突发性自然灾害，具有发生时间短、波及面广、灾害程度严重等特点，同时也可能引发较为严重的次生灾害，极具代表性和典型性。本章将以地震灾害陈述为主，其他灾害对桥梁造成损伤的，也可参考本章内容。

桥梁应急抢修技术突出“短期安全性”和“快速通过性”，与正常状态下的设计方法、标准、原则、设备、加固材料都有所不同，应遵循以下原则：

(1)就地取材、因地制宜的原则；

(2)施工工艺快捷，减少湿作业的原则；

(3)施工机具简单，便于运输、移动的原则；

(4)采用组装、装配式的轻便的、安装迅速的临时桥梁、便道系统；

(5)机具和临时桥梁系统应具有一定的地震安全性，具有抵御余震的能力。

第一节　桥梁典型破坏类型

桥梁典型灾害就震害来说主要表现为四个方面：上部结构的破坏；支承连接部位的破坏；下部结构的破坏；桥梁基础的破坏。

一、上部结构的破坏

上部结构自身因直接受地震力而破坏的现象极为少见，但因支承连接件失效或下部结构失效等引起的落梁现象，在破坏性地震中常有发生。

在落梁破坏中，顺桥向的落梁占绝大多数。梁在顺桥向发生坠落时，梁端撞击下部结构常常使桥墩受到很大的破坏，如图 4-1 所示。

二、支承连接部位的破坏

支座、伸缩缝等支承连接件在桥梁工程造价中所占比重很小，因而往往未能引起工程技术人员的足够重视。桥梁支座、伸缩缝、锚栓和防震挡块等是桥梁结构中的薄弱环节，往往在地震中破坏较为普遍，如图 4-2 所示。

图 4-1 桥梁上部结构的破坏

图 4-2

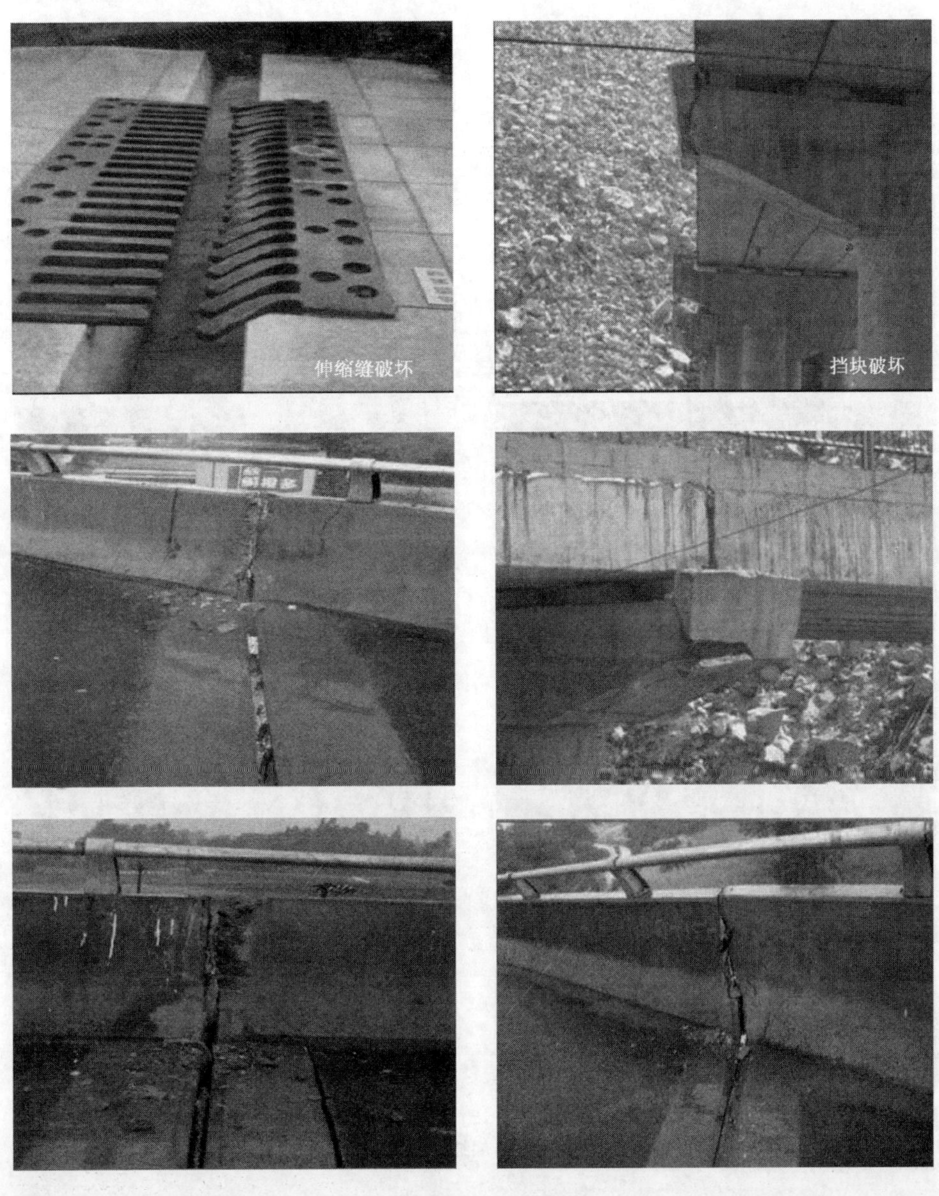

图 4-2　支承连接部位的破坏

三、下部结构的破坏

对于钢筋混凝土桥台或桥墩，破坏现象包括混凝土保护层剥落、墩台身开裂和纵向钢筋屈曲等。严重的破坏现象还包括墩台的严重倾斜、剪断（折断）、倒塌等。钢结构的桥墩及受压构件（柱），可能会发生严重的屈曲而失稳，从而丧失承载能力，如图 4-3 所示。

四、基础的破坏

扩大基础的破坏主要是由于地质条件不良而出现沉降、滑移和倾斜等；桩基础的破坏现象则时有发生，而且不易及早发现，如图 4-4 所示。

图 4-3　下部结构的破坏

图　4-4

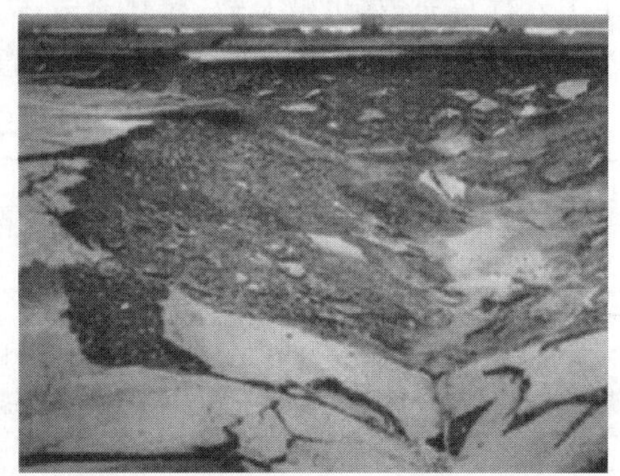

图 4-4　基础的破坏

第二节　破损桥梁检测与评估

在汶川大地震的道路交通应急保障工作中，通过探索、实践，初步形成了我国震后公路桥梁快速检测与评估体系。

一、灾后桥梁可行性与可靠性的分级评估体系

震后桥梁快速检测评估的原则、标准与一般的检测评估不同。安全评估以短期内满足桥梁基本通行为前提，震后桥梁快速检测评估注重“短期安全性”。借鉴《震后交通基础设施重建技术系列指南之四》——《公路桥梁抗震性能评价及抗震加固技术指南》的基本构架，在汶川地震救援工作过程中，初步形成了“可行性”与“可靠性”的两级评价体系，如图 4-5 所示。

（一）一级评估——现场“可行性”评估

“可行性”评估以宏观控制为主，以公路桥梁震害调查结果为基础，依靠目测和简易工具，针对桥墩（台）、支座、梁部、基础和场地的表观情况进行评价，根据综合评分后的结果划分等级，见表 4-1。根据表 4-1 调查结果，得出可行性评价的结论，分为“A 可以正常通行”，“B 限制条件下通行”，“C 需要立刻抢修方能通行”三个级别。

A 可以正常通行：各项目评价结果都为良好；

B 限制条件下通行：大多数项目评价结果为较好以上，少部分项目定性评价结果为较差；

C 需要立刻抢修方能通行：有一个或一个以上项目评价结果为很差。

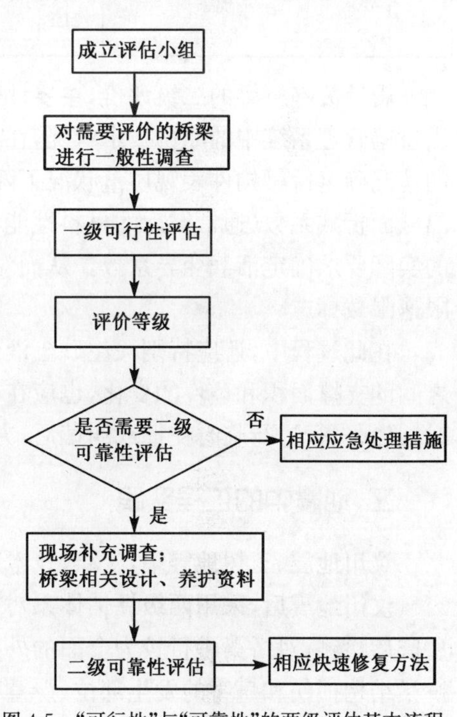

图 4-5　“可行性”与“可靠性”的两级评估基本流程

（二）二级评估——“可靠性”评估

常规条件下的桥梁承载能力检测评定方法是在桥梁现状检查的基础上，依据桥梁材质状况检测结果、结构固有模态参数测定以及荷载调查分析情况

等，确定引入检算系数、折减系数、恶化系数以及活载影响修正系数，通过结构检算分析进行桥梁承载能力的评定。上述评定方法是基于检查和检测结果的、以检算分析为主的评定方法。

一级评估项目划分及评价结果分类表 表 4-1

评价结果	设防标准情况	场地情况	地基、基础状况	桥台状况	桥墩状况	支座、伸缩缝状况	梁部状况
良好	不低于现行规范的要求	不会发生液化现象	地基及基础状况完好	桥台各部分完好	桥墩各部分完好	各部分清洁完好，活动支座正常	结构完好，次要部位有少量细裂缝
较好	略低于现行规范的要求	可能发生液化现象，但不严重	地基和基础状况基本完好，无明显冲蚀现象	桥台基本完好，3%以内表面开裂，但裂缝宽度小于限值	桥墩基本完好，3%以内表面开裂，但裂缝宽度小于限值	略有腐蚀，活动支座干涩，伸缩缝局部螺帽松动	结构基本完好，3%以内表面开裂，但裂缝宽度小于限值
较差	不符合现行规范的要求	可能发生较严重的液化现象	基础有局部冲蚀现象，桩基顶段磨损	桥台 10%的表面开裂，裂缝宽度大于限值，风化、露筋	桥墩 10%的表面开裂，裂缝宽度大于限值，风化、露筋	支座松动、老化，有腐蚀，伸缩缝普遍缺损	梁部 10%的表面开裂，裂缝宽度大于限值，风化、露筋
很差	严重不符合现行规范的要求	可能发生很严重的液化现象	基础冲蚀大于设计值，桩基顶段被严重侵蚀	大面积裂缝、风化、露筋，桥台下沉、倾斜	大面积裂缝、风化、露筋，桥墩下沉、倾斜	支座开裂、错位、变形，伸缩缝严重损坏	大面积裂缝、风化、露筋，结构存在永久变形

震后关键桥梁的二级评价，主要评价其承载力和抗余震能力的可靠度。首先，评价时应调出桥梁管理系统中的原桥技术状况，在此基础之上，根据检测人员填写的震后快速检测表格中的情况确定桥梁构件表观质量状况下降程度，从而模拟出检算系数，再根据构件损伤程度模拟出截面折减系数(通常震后的材料性能与耐久性状况系数不会下降)；然后根据应急救援车辆的实际要求确定活载变异系数。从而对抗力和荷载进行分析，确定桥梁的实际承载能力，制定限速限载标志。

在此过程中，还应特别关注砂土液化等带来的基础承载能力降低，在地震作用下桥梁构件之间的支撑面积和条件的变化，也应在模型中进行真实的模拟，构件之间的支撑面积严重不足时，必须先行进行临时支撑或纠偏后，方能进行承载能力评价。

二、地震中的工程实践

汶川地震、玉树地震中，专家、技术人员在现场进行震害调查与评估，如图 4-6 所示。

汶川地震后，采用两级评估体系对四川省绵阳市 6 座人行天桥进行了承载能力检测。通过震后检测，对桥梁进行较为全面的外观检查和必要的测试，掌握桥梁震后实际工作状态，对桥梁结构损伤和病害的发生部位、严重程度、分布数量等进行详细的调查、检测测试和描述记录，分析其对结构造成的不利影响及其产生的原因，确定桥跨结构震后的损伤破坏程度，评价结构地震受损后的整体健康状况，根据检测结果通过必要的计算分析对桥梁承载能力做出评定，并提出相应的处治措施建议，为桥梁的震害处理和加固改造设计提供依据，为桥梁震后的维修、管理提供技术依据。

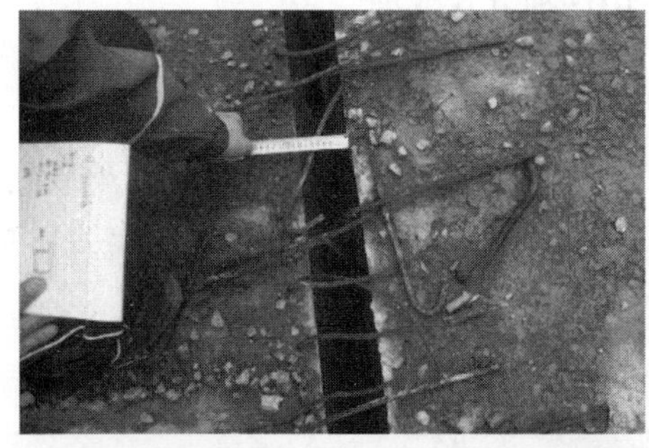

a)汶川地震后技术人员现场勘测

b)玉树地震后专家组对桥梁进行评估

图 4-6　现场震害调查与评估

第三节　破损桥梁快速抢通

本阶段的首要目标是“通”，特点是“快”，可以限载限宽通行。其加固措施必须以最简单的方式、最快捷的方法实施，并能在最短的时间内完成。该阶段所承担的安全风险最大，必须分段逐点实施交通管制。

本阶段必须派出有经验的桥梁工程师开展现场调查，依据《公路桥梁抗震性能评价及抗震加固技术指南》，正确评估桥梁的损毁程度，及时判断桥梁能否通行、限载通行，及时提出抢通措施和加固方案。该阶段一般不动用检测仪器和设备，也没有大型装备，以目测和简单的丈量为主。

评估为“中等破坏”、“严重破坏”的桥梁，应采取快速加固或临时支撑的方式以解决临时通车的需要。

针对有不同程度损伤可利用的桥梁，抢通技术措施可归纳为如下几类：

一、降低标准、半幅限行

对于个别或部分部件不能满足设计建造的技术指标，结构的安全性和使用性能受到影响，在降低通行标准或应急修复加固后其结构安全性和使用性能很难恢复原有技术标准的桥梁，可降低通行标准后通行。

当上部梁体发生严重移位，难于保证全幅通行安全时，可采取隔离措施单车道半幅通行，还可起限载作用。极重灾区许多受损桥梁初期采用这种方式处理。

二、桥上架桥

当上部梁体发生严重纵向移位，但未落梁，而桥墩基本完好，偏移小，有足够承载能力时，一般可用公路战备钢桥跨越严重移位的桥跨，在梁底附着桥墩设临时支撑，防止通行车辆振动，导致落梁发生。

三、防落装置设置

可于灾后增设临时支承座或增设临时防落挡板等防落装置，作为紧急维修，以避免落梁情况发生。

四、应急修复与临时加固

1. 钢板表面粘贴修补法

钢板表面粘贴修补法是在已裁切完成的钢板与构件裂缝间，涂敷环氧树脂黏着剂，以达到构件修复的目的。混凝土构件表面的灰尘、油污浮浆、化学药剂或旧有的修补材料等，于钢板粘贴前必须先进行清理处理，以提高钢板与构件间的黏着能力。

2. 千斤顶及临时支撑法

千斤顶及临时支撑法可于地震灾害发生后迅速提高受损桥梁的稳定性及安全性，以降低二次灾害发生的可能性。具体方法是：在受损构件处架设临时性支撑稳定桥梁结构，对于上部结构位移或支承失去功用的情况，可采用千斤顶设施来扶正偏移的上部结构或恢复支承原有功能。

3. 铺设临时覆盖板法

当发生桥面落差、伸缩缝错开分离或桥面磨耗层受损时，可用大面积的钢板覆盖于受损的桥面上，以迅速恢复交通及提高行车的安全性。

4. 纤维增强高分子复合材料补强法

纤维增强高分子复合材料补强法是利用复合材料中的高强度纤维及树脂涂料对受损构件所进行的补强措施，常用于桥墩柱的补强方式有贴片补强法、缠绕补强法、预铸薄壳补强法。

第四节　破损桥梁抢修与加固

本阶段应利用仪器设备对桥梁进行全面检测评估，提出的加固方案尽可能兼顾后期的恢复重建。桥梁抢修加固技术措施见表 4-2。

一、一般要求

(1)选择加固技术措施应考虑结构的整体承载能力，最大限度地降低桥梁结构发生倒塌或严重损坏的可能性。加固分为以下四类：

桥梁抢修加固技术措施适用表

表 4-2

加固技术	适用单元	适用范围	适用损坏形式	材料种类	材料易取性	施工速度	场地限制性	使用年限（年）	强度需求
表面修补法	主梁、桥面板、横隔梁、盖梁、桥台、墩柱、基础、支承、防落装置	适合小断面的修复	裂缝、混凝土剥落、钢筋外露	水泥砂浆、环氧砂浆、沥青、甲基丙烯酸脂类、防锈材	极易	快，视现场环境而定	低	5～10	恢复构件单元外观及维持原构件单元强度
压力灌浆法	主梁、桥面板、横隔梁、盖梁、墩柱、桥台、基础、支承、防落装置、伸缩缝	适合裂缝的修复，抑制裂缝扩大	裂缝、破裂、混凝土剥落、钢筋外露	水泥、环氧树脂、甲基丙烯酸脂类	易	3.5～5.5 m/工作天	低	5～10	恢复构件单元外观及维持原构件单元强度
重新浇筑法	主梁、桥面板、横隔梁、帽梁、基础构造、桥台	将构件部分或全部拆除，重新浇筑混凝土或针对混凝土构件局部剥落而修复	裂缝、破裂、变形、压碎	水泥砂浆、混凝土	易	快，视现场环境而定	中	10～25	维持原构件单元强度及耐久性
防落装置设置法	主梁、桥面板、横隔梁	主梁位移有落梁的可能、帽梁支承处破损产生高差	倾斜、位移、沉陷、隆起	混凝土、环氧树脂黏着剂、钢制托架、防落装置	可	2 工作天/块	中	5～10	无明确需求规定
钢板表面粘贴修补法	主梁、桥面板、横隔梁、帽梁、桥墩柱、桥台	修补裂缝、增强结构强度与刚度	裂缝、破裂、混凝土剥落、钢筋外露	环氧树脂黏着剂、钢板材料	可	快，视现场环境而定	低	5～10	维持原构件单元强度
千斤顶及临时支撑法	主梁、桥面板、横隔梁、帽梁、桥墩柱、基础构造、支承、防落装置、桥台	单元结构损伤变形，承载力降低	裂缝、破裂、变形、压碎、倾斜、位移、混凝土剥落、钢筋外露	千斤顶、型钢构件	可	5 工作天/座	中	<5	使构件单元复位，提升桥梁单元结构稳定性

续上表

加固技术	适用单元	适用范围	适用损坏形式	材料种类	材料易取性	施工速度	场地限制性	使用年限（年）	强度需求
铺设临时覆盖板法	桥面板、引道、伸缩缝	桥面板产生高差、伸缩缝开口	裂缝、破裂、变形、沉陷、隆起	钢面板	易	快，视现场环境而定	低	<5	无明确需求，旨在提升行车稳定性
桥面加铺加固法	桥面板	混凝土铺装破损	裂缝、破裂、变形	混凝土或钢筋混凝土	易	慢，视现场环境而定	低	5～10	增加梁板的抗弯能力，改善荷载横向分布
钢板补强法	主梁、横隔梁、帽梁、墩柱	以承受临时性荷载为主	裂缝、破裂、混凝土剥落、钢筋外露	环氧树脂黏着剂或板材料	可	慢，视现场环境而定	中	10～25	提高抗震能力，增强抗剪、抗弯及承重能力
纤维增强高分子复合材料法	主梁、桥面板、横隔梁、帽梁、桥墩柱、基础构造、桥台	材料具高强度、高抗腐性、重量轻、剪裁容易、造价较高，应用范围广	裂缝、破裂、变形、沉陷、隆起	纤维材料(碳纤维、玻璃纤维、芳纶纤维)、环氧树脂	不易	60m/工作天	高	25～50	提高抗震能力，增强抗剪、抗弯及承重能力
增主梁截面法	主梁、横隔梁、帽梁	当梁构件强度、刚度、稳定性及抗裂能力不足时	裂缝、破裂、变形	混凝土或钢筋混凝土、环氧树脂黏着剂	易	慢，视现场环境而定	中	10～25	提高抗震能力，增强抗剪及抗弯能力
钢筋混凝土包覆法	墩柱	主要用于增加桥柱的强度及主筋截断部位补强	裂缝、破裂、混凝土剥落、钢筋外露	钢筋、混凝土	易	慢，视现场环境而定	中	10～25	提高抗震能力，增强抗剪、抗弯及承重能力
扩大基础法	基础	稳固基础及提高基础垂直及侧向承载力	裂缝、破裂、变形、压碎、混凝土剥落、钢筋外露	钢筋、混凝土	易	慢，视现场环境而定	中	25～50	增强垂直及侧向承载力

续上表

加固技术	适用单元	适用范围	适用损坏形式	材料种类	材料易取性	施工速度	场地限制性	使用年限（年）	强度需求
增桩补强法	基础	稳固基础及提高地基承载力	裂缝、破裂、变形、压碎、折断、倾斜、位移	钢壳桩杧、预铸桩材、型钢材、混凝土	可	慢，视现场环境而定	高	25～50	增强垂直及侧向承载力
增设连续壁法	基础	增强基础刚性，施工空间受限、施工时间长	裂缝、破裂、压碎、变形、折断、倾斜、位移、沉陷、隆起、混凝土剥落、钢筋外露	稳定药液、钢筋、混凝土	可	慢，视现场环境而定	高	25～50	提升基础刚性
加劲挡土墙法	桥台	抑制桥台倾斜、位移或沉陷	裂缝、破裂、变形、沉陷、隆起、倾斜、倾倒、混凝土剥落、钢筋外露	碎石材、加劲材、混凝土	可	慢，视现场环境而定	高	25～50	增加墙身抗弯、抗剪能力，稳定背填土，防止侧向位移
地锚补强法	桥台	抑制桥台倾斜、位移或沉陷	裂缝、破裂、变形、混凝土剥落、钢筋外露	预应力钢材、水泥砂浆	可	慢，视现场环境而定	高	25～50	增加墙身抗弯、抗剪能力，稳定背填土，防止侧向位移
置换伸缩缝法	伸缩缝	伸缩缝有错位或变形时应予以更换	破裂、变形、沉陷、隆起	伸缩缝装置	可	快，视现场环境而定	中	10～25	恢复伸缩缝原有功能
置换/修补支承法	支承	支承有裂纹或变形时应予以更换	裂缝、破裂、变形、压碎、位移、脱落	无收缩水泥砂浆、支承装置	可	快，视现场环境而定	中	10～25	恢复支承原有功能
地基改良法	基础	以灌浆固结、降低地下水位或置入加劲材提高土层承载力	沉陷、隆起、位移、倾斜	灌浆/止水药液、水泥砂浆、砂料、生石灰	可	慢，视现场环境而定	中	25～50	稳定软弱土层、提高承载力

①按照交通运输主管部门要求，加固桥梁的承载能力水平高于现行抗震设计规范要求的性能水平。

②以现行规范为标准，加固桥梁的承载能力水平与现行抗震设计规范的性能水平相同。

③按照交通运输主管部门要求，综合考虑加固难度和抢修时间，加固桥梁的承载能力水平低于现行抗震设计规范的性能水平，但应加强对桥梁的养护和监测。

④按照交通运输主管部门要求，综合考虑加固难度和抢修时间，不采取加固措施，但应加强日常养护，随时监测桥梁运营情况。

(2)如果单个构件的破坏可能导致结构发生倒塌，就必须加固该构件；如果构件破坏可能导致桥梁的使用功能有所损失，即不满足结构承载性能要求，就必须加固该构件；如果该构件的破坏不会导致不可接受的后果，可根据实际情况来判定是否需要对该构件进行加固。

(3)应对经加固后的桥梁结构整体性能进行重新评价，判断其承载性能是否得到改进，是否满足预期的性能要求。

(4)选择加固方案时应该考虑抢修和维护的难度，加固的效果应经过试验研究，证实其有效性。

二、基础修复加固技术措施

(一)扩大基础加固法

1. 特点及适用条件

扩大基础加固法，是指扩大桥梁基础底面积的加固方法。此法适用于基础承载力或埋深不足，而墩台又是圬工砌体或混凝土刚性实体的情况。当构造物基础具有较大的不均匀沉降，或者已经造成墩台偏斜时，可采取在刚性实体式基础周围施作圬工砌体或混凝土以扩大基础的承载面积(图 4-7)，或在基础周边打入一定数量的桩以提高地基承载力，桩的数量根据地基变形计算来加以确定。

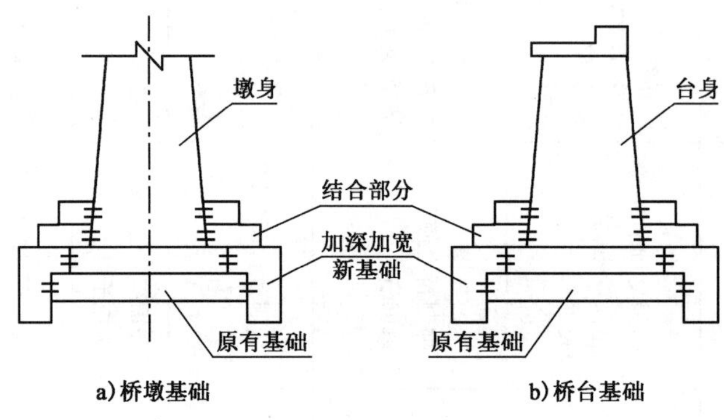

图 4-7　墩台扩大基础加固法

2. 附加影响

需要对基础所在位置进行开挖，开挖需要采取得力措施，确保墩台基础的稳定。

3. 力学特点

新老基础联结在一起，构成一个整体共同受力。

4. 设计计算

扩大基础底面积可由地基强度验算确定。根据《公路桥涵地基与基础设计规范》(JTG

D63—2007)规定，经过多年压实未受破坏的旧地基，其地基承载力按原有承载力的 1.5 倍进行计算。在扩大基础面积后，应能使墩台基底的单位压力减小到地基所能承受的允许应力范围之内。当地基强度满足要求而缺陷仅仅表现为不均匀沉降变形过大时，采用扩大基础底面积的加固措施，主要由地基变形计算来加以选定。

5. 工艺流程

墩台扩大基础加固的施工顺序如下：

(1)在加宽的范围内打板桩围堰，并对围堰进行加固；

(2)在围堰内基础外侧，开挖至必要的深度(注意墩台的安全)；

(3)把围堰内积水抽干；

(4)按照设计要求，在原墩台及其基础侧面凿孔并植入锚固钢筋；

(5)立模，浇筑混凝土并养生至设计强度。

6. 构造措施

扩大基础加固法应注意新老基础结合牢固，以防止发生裂缝，并且能使加固后的扩大基础能与原结构共同受力。其具体措施如下：

(1)将旧墩基础混凝土侧面凿毛，然后再浇筑新加部分的混凝土。

(2)若原墩台身为浆砌片石砌体，则可将原墩身对应于新加部分的一面拆除表层的一部分石块，然后再砌新砌体，使新旧砌体犬牙交错，互相咬码。

(3)有条件的情况下，可制作一个强劲的钢筋混凝土箍把新旧两部分统一箍紧。在其新旧结合处附近局部加设加强钢筋，以保证该处不会产生裂缝。

(4)对于拱桥，可在桥台两侧加设钢筋混凝土实体耳墙，并将耳墙与原桥台用钢销联结起来，从而达到增大桥台基础面积，提高桥台承载力的目的。加固后耳墙与原桥台联结在一起，因此，既增加了竖向承压面积，又由于耳墙的自重而增加了抗水平推力的摩阻力。

7. 综合特点

扩大基础加固法，施工比较简单。缺点是它必须使新老基础联结成一体共同承受上部荷载，故其加固费用较高，而且加固效果也不易控制。

(二)增补桩基加固法

1. 特点及使用条件

增补桩基加固法，是指在桩式基础的周围补加钻孔桩或打入钢筋混凝土预制桩并扩大原承台，并将承台与桩顶联结在一起，使墩台的压力部分传递至新桩基，以此提高基础承载力，增加基础稳定性，如图 4-8 所示。这种加固方法的优点是不需要抽水筑坝等水下施工作业，且加固效果显著。其缺点是需搭设打桩架和开凿桥面，对桥头原有架空线路及陆上、水上交通均有一定影响。

增补桩基加固法适用于以下情形：

(1)采用桩基础的改造拓宽项目，通过增加桩的数量，扩大承台面积，提高桥梁基础承载力；

(2)桥梁墩台基底下有软弱层，墩台发生沉陷，而桩的深度不足；

(3)由于风蚀、水蚀或冲刷等原因使桩基外露或发生倾斜时。

对于单排架桩式桥墩可采用打桩(或钻孔灌注桩)加固法，如原有桩距较大(为 4～5 倍桩径时)，可在桩间插桩；如原有桩距较小且通航净跨允许缩小时，可在原排架两侧增加桩数，成为三排式的墩柱。

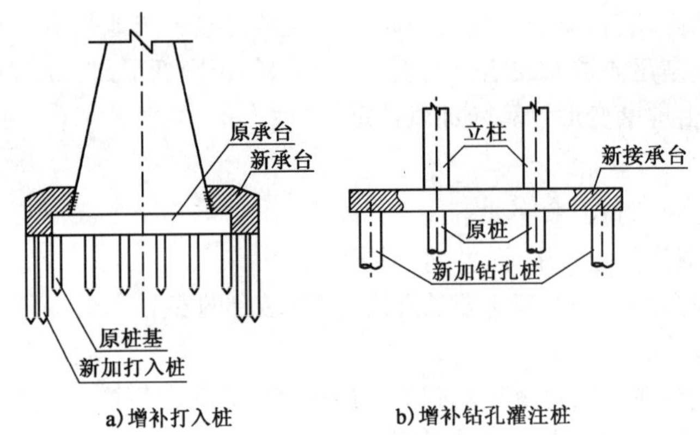

图 4-8 增补桩基加固墩台基础

当桥台承载力不足时，一般可在台前增加一排桩并浇筑盖梁，以分担上部结构传来的压力。打桩(或钻孔桩)时可利用原有桥面做脚手架，在桥面上开洞插桩。增浇的盖梁可单独受力，也可联结在一起，使旧盖梁、旧桩及新桩一起受力。

在对一些结构良好的老桥采用增补桩基实施下部结构的加固时，往往受桥下净空影响，不能满足常规机械的进入，可利用老桥的上部结构自重，以手动大吨位千斤顶，将预制桩无振动无噪声地嵌入土中。压入桩的承台与施工反梁合二为一，既有为静压施工传递上部恒载的反梁，又为加固的桥墩提供一个新老桩基共同受力的承台。

2. 附加影响

(1)增加的桩基会引起河床过水断面面积的减少，从而引起水流速度加大，这样将会加剧原有桩基的冲刷。

(2)通航净跨由于增加桩基而缩小。

(3)在桩间加桩时，较小的桩基中距，对桩基的承载力有一定影响。

(4)基础的整体性由于新旧桩基及承台的联结将有所降低。

3. 力学特点

桥梁荷载通过桩基础传递给地基，垂直荷载一般由桩底土层抵抗力和桩侧与土产生的摩阻力来支承。由于地基土的分层和其物理力学性质不同，桩的尺寸和设置在土中方法不同，都会影响桩的受力状态。从桩的受力上分析，增补桩基加固法常采用摩擦桩和嵌岩桩两种桩基形式。

摩擦桩在设计范围内总是桩周摩阻力首先充分发挥作用，而这时桩尖阻力仅占很小的一部分。桩侧极限摩阻力的大小不仅与桩侧土层和成桩工艺有关，而且与桩的入土深度有关。当桩的入土深度超过一定深度后，侧阻不再随深度增加而增大，呈现临界深度，临界极限摩阻力大约在 25m 深度处发生。

嵌岩桩是指桩底直接支承在基岩上的桩，桩的沉降甚微，桩侧摩阻力可忽略不计，全部垂直荷载由桩底岩层抵抗力承受。

4. 构造措施

(1)桩的构造、布置和中距

①钻孔桩设计直径(即钻头直径)不宜小于 80cm。

②混凝土强度等级，钻孔桩不低于 C15，水下混凝土不低于 C20，打入桩不低于 C25。

③钢筋混凝土沉桩的桩身应按运输、沉入和使用各阶段内力要求通长配筋。桩的两端或接桩区箍筋或螺旋筋的间距需加密。

④加桩与原桩可采用对称布置。

⑤采用摩擦桩时，钻孔桩中距不得小于成孔直径的 2.5 倍，打入桩在桩尖处的中距不得小于桩径(或边长)的 3.4 倍，且在承台底面处的中距均不得小于桩径(或边长)的 1.5 倍。

⑥采用嵌岩桩时，桩基中距不宜小于桩径(或边长)的 2.0～2.5 倍。

⑦边桩外侧与承台边缘的距离，对于直径(或边长)小于或等于 1m 的桩，不得小于 0.5 倍桩径(或边长)并不小于 25cm；对于直径(或边长)大于 1m 的桩，不得小于 0.3 倍桩径并不小于 50cm。

(2)混凝土承台的新旧连接

加桩时，可扩大原有承台尺寸或在原有承台上再加一层新承台，把上部传来的荷载通过新承台传递到新桩。为使上部荷载由墩身很好地传递给新建承台，可在新建承台与既有承台接触范围内，将原承台凿成锯齿状剪力键，设置钎钉；也可采用植筋法连接新老承台，即通过植入的钢筋承接和传导弯矩及剪力，并使新旧混凝土形成有机整体，以达到扩大原承台尺寸的目的。

为加强新旧混凝土的结合，应把原承台有蜂窝或空洞缺陷部分尽可能凿除，并对新承台下的加桩顶部分进行凿毛处理，使之露出新鲜混凝土，让混凝土表面保持湿润、清洁。在完成以上工作后，立即在钢筋及其周围的混凝土上涂抹一层水泥浆液或其他胶黏剂，把浆液仔细地刷进混凝土内并均匀地刷到钢筋上；同时，在浆液涂抹尚未凝固时，立即浇筑新的混凝土。

5. 综合特点

采用增补桩基加固法提高基础承载力及增加基础稳定性是比较可靠的方法，但在施工过程中，往往涉及水中施工，使得桩基础、新旧承台连接施工难度加大，施工期需部分中断交通。

(三)高压旋喷注浆加固法

1. 特点及适用条件

高压旋喷注浆加固法，是指利用钻机把带有喷嘴的注浆管钻入土层的预定位置，旋转并以一定的速度提升，同时将浆液或水以高压流的形式从喷嘴里射出，冲击破坏土体，高压流切割并搅碎土层，使其呈颗粒状分散，一部分被浆液和水带出钻孔，另一部分则与浆液搅拌混合，随着浆液的凝固，形成具有一定强度和抗渗能力的固结体，从而对地基进行加固的一种加固方法。高压旋喷注浆法加固墩台基础的情况如图 4-9 所示。

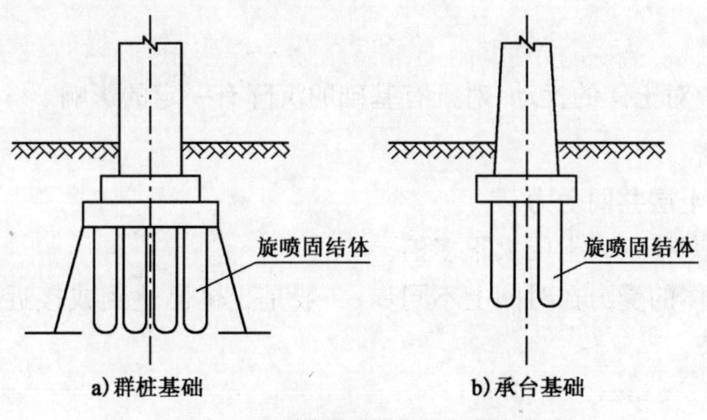

图 4-9　高压旋喷注浆加固墩台基础

高压旋喷注浆加固法的特点如下：

(1)使用范围较广，既可用于工程新建之前，又可用于工程修建之中，特别是用于工程落成之后。

(2)施工简便。

(3)浆液集中，流失较少。旋喷时，除一小部分浆液由于采用的喷射参数不适，沿着管壁冒出地面外，大部分浆液均聚集在喷射流的破坏范围内，很少出现在土中流窜到很远地方的现象。冒出地面的浆液经沉淀、去砂和析出清水过滤后，可重复使用。

(4)固结体形状可控制。为满足工程需要，在旋喷过程中，可调整旋喷速度和提升速度，增减喷射压力或更换喷嘴孔径改变流量，使固结体成为设计所需要的形状。

(5)确保固结体强度。采用不同的浆液种类和配方，即可获得所需的固结体强度。

(6)有较好的耐久性。在一般软弱地基中加固，和其他工艺相比，因其加固结构和适用范围不同，加固效果虽不能一概而论，但从使用的浆液性质来看，能预期得到稳定的加固效果并有较好的耐久性能。

(7)使用材料来源广，价格低廉。喷射的浆液以水泥为主，化学材料为辅。除在要求速凝超早强时使用化学材料外，一般的地基工程中均使用料源较广、价格低廉的32.5级或42.5级普通硅酸盐水泥。此外，还可在水泥中加入一定数量的粉煤灰，既利用了废料，又降低了注浆材料的成本。

(8)设备简单，管理方便。旋喷的全套设备均为国产定型产品，结构紧凑、体积小、机动性强、占地少，能在狭窄和低矮的现场施工，施工管理简便。在旋喷过程中，通过对喷射的压力、吸浆量和冒浆情况的量测，即可间接地了解旋喷的效果和存在的问题，以便及时调整旋喷参数或改变工艺，保证固结质量。

(9)生产安全。高压设备上有安全阀或自动停机装置，当压力超过规定时，阀门便自动开启泄浆降压或自动停机，不会因堵孔升压造成爆炸事故。

(10)旋喷注浆使用的机具振动小，噪声低，不会对周围建筑物带来不良影响。此外，注浆材料以水泥为主，更不存在污染水域、毒化饮用水的问题。

高压旋喷注浆法适用于处理淤泥、淤泥质黏土、黏性土、粉土、黄土、砂土、人工填土和碎石土等地基，但对于土中砾石直径过大、砾石含量过多及有大量纤维质腐殖土的情况，则应根据现场试验结果确定其适用程度。该方法主要用于增加地基强度、挡土围堰及地下工程建设、增大土的摩擦力及固结力、减小振动防止砂土液化、降低土的含水量、防止洪水冲刷和防渗帷幕等七类工程。

2. 附加影响

旋喷注浆过程中对土体的扰动，对既有基础的沉降有一定的影响。

3. 力学特点

(1)固结体和原土层共同受力。

(2)固结体的形变模量较土层大很多倍。

(3)固结体和土体的受力在时间上不同步，一般是土体已达到或接近其极限强度以后，固结体才进入工作状态。

4. 综合特点

高压旋喷注浆加固法，用途广泛，加固地基的质量可靠、效果好，成本低，加固效果明显，且施工便捷，目前已逐渐成为我国常用的对桥梁墩台基础处理方法之一。

三、墩台修复加固技术措施

墩台修复加固主要采用外包钢加固法进行，现简介如下：

1.特点及适用范围

外包钢加固法施工简便、效果直观明显、对环境影响小、成本低，不显著增大原构件截面尺寸和自重，但可大幅度提高其承载能力。

外包钢加固法用于提高以受压为主构件（桥墩、拱肋、桁架杆等）的承载力、刚度及延性，适用的环境温度在－20～60℃范围内，适用于相对湿度不大于70％且无化学腐蚀的地区。

2.附加影响

(1)须对结合面进行处理，并钻埋螺栓孔，对原结构有一定损伤。

(2)钢材需作防腐处理，增加了日后养护的费用。

3.材料要求

(1)钢材

外包钢采用的型钢、钢板、扁钢和钢管，以3号钢、16号锰钢为宜；钢材、连接螺栓及焊缝的强度设计值，应按现行钢结构设计规范规定采用。

(2)混凝土

被加固构件混凝土强度等级不宜低于C20，表面应凿除疏松杂质，露出新鲜密实混凝土。

(3)连接材料

①湿式外包钢法中，当采用化学浆液灌浆连接时，其浆液组成在工程应用前应进行试配，选择可灌性好、收缩性小、黏结强度高、固化时间可调整、耐久性好，且材料是无毒或低毒的浆液。

②外包钢材与原混凝土宜采用膨胀螺栓或植入钢筋连接，以保证两者协同工作，其质量应符合有关技术标准的规定。

4.力学特点

干式外包钢加固法受力简单直观，外包钢可以按刚度比分担原结构的荷载，加固效果明显。

湿式外包钢加固法除角钢可以分担原结构的荷载外，外套扁钢箍可以对核心混凝土产生约束作用，提高其受压强度，加固效果要比干式外包钢加固法好。

5.工艺流程

(1)构件表面处理

刷除构件表面油垢污物，然后对黏合面打磨，直到完全露出新鲜密实混凝土，并用压缩空气去除粉尘。

构件表面打磨平整后，涂刷环氧树脂浆，或填抹乳胶水泥、水泥砂浆等找平材料。

对于龄期在3个月以内，或湿度较大的混凝土构件，外包钢加固前须进行人工干燥处理。

钢材黏合面处理，对钢材表面进行除锈打磨，直至出现金属光泽。打磨粗糙度越大越好，打磨纹路尽量与钢板受力方向垂直。然后用脱脂棉蘸丙酮擦拭干净。

(2)固定

在处理好的柱角处涂抹乳胶水泥、水泥砂浆，厚度5mm；并立即将角钢粘贴上，然后用夹具在两个方向将柱四角角钢夹紧，夹具间距600mm左右，再将扁钢箍与角钢焊接。整个焊接过程应在胶浆初凝前完成。

(3)填塞胶泥

对于湿式外包钢加固法，应在型钢与原结构之间填塞胶泥，使二者结合密实。

(4)防腐处理

按设计要求进行防腐处理。

(5)工序质量控制

工序质量控制以目视和锤击检查为主，重点检查结合面处理、预埋件、固定等工序。要求对外包钢的粘贴性能进行试验，以确保外包钢能够与原结构共同受力。

6. 综合特点

(1)外包钢加固法可以直观地提高构件的承载力。

(2)施工方便简单。

(3)从技术经济角度讲，外包钢加固法用于受压构件最为合理，受弯构件次之。

四、梁板修复加固技术措施

(一)粘贴纤维加固法

1. 特点及适用条件

碳纤维(CFRP)片材具有轻质高强、操作简单、易于粘贴、不锈蚀的优点，可用于抗弯、抗剪、抗压(偏心受压)及抗震等多种形式的加固。

该方法适用于混凝土梁桥、板桥的抗弯和抗剪加固。对于配筋率较低或钢筋锈蚀严重的旧桥，加固效果尤为显著；也适用于混凝土墩柱的抗剪、抗压补强，抗震延性补强以及地震破坏后的修复等。其适用性见表4-3。

CFRP片材对于各种加固类型的适用性 表4-3

加固类型		CFRP板	CFRP织物
梁桥加固	抗弯	最佳适用	适用
	抗剪	适用	最佳适用
板梁加固	抗弯	最佳适用	适用
	抗剪		
墩柱加固	抗剪	适用	最佳适用
	抗偏压	适用	最佳适用
	抗震		适用
薄壁墙加固	抗弯	最佳适用	适用
	抗剪		最佳适用
	抗震	适用	适用

需要注意的是，在采用该技术加固时必须严格遵守材料商提供的对碳纤维片材和黏结剂等的环境要求(如温度、湿度等)。

2. 力学特点

碳纤维片材受拉时呈线弹性关系直至破坏，其脆性性能与钢筋的延性有明显的区别：一方面碳纤维片材不具备钢筋所拥有的延性,加固后结构的延性将受到限制;另一方面由于碳纤维片材的延性缺乏,构件中的应力重分布将受到约束。因此,在粘贴碳纤维片材的结构设计中不能简单地将碳纤维片材作为钢筋的替代物,必须考虑碳纤维片材的脆性特点。

3.设计原则

(1)混凝土桥梁结构自重大,加固时不能完全卸载,必须考虑二次受力。

(2)混凝土桥梁结构尺度大,由试验室条件下得到的经验公式不一定都能适用于桥梁结构的加固,因此必须对这些公式进行修正,如修正安全系数等。

(3)加固设计计算时,所有的设计状况和荷载组合都必须考虑到,计算过程包括承载能力极限状态和正常使用极限状态的验算。一般情况下,正常使用极限状态将控制加固设计。

(4)承载力极限状态的验算中要考虑到可能发生的各种破坏形态。通常将破坏模式分为两大类,即粘贴碳纤维片材后能整体工作的构件与不能整体工作的构件(如发生片材脱落等早期破坏的情况)。

(5)正常使用极限状态的验算包括:应力的限制以避免钢筋的屈服、混凝土的破坏或过度徐变和 CFRP 的断裂;变形的限制;开裂的限制(包括黏结界面),以保证结构的耐久性与黏结的完整性。

(6)意外的设计情况(即特殊的设计)应考虑由于撞击、故意破坏或火灾等引起的碳纤维片材的脱落。

4.工艺流程

粘贴 CFRP 片材加固的工艺流程如图 4-10 所示。

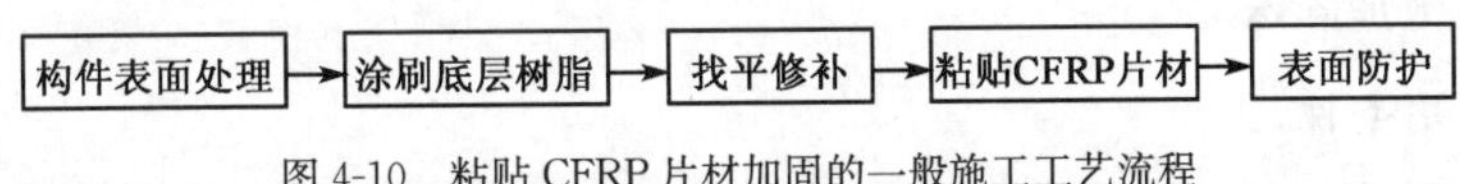

图 4-10 粘贴 CFRP 片材加固的一般施工工艺流程

5.工序质量控制与加固工程质量检验方法

(1)工序质量控制

工序质量控制以目视检查和锤击为主,重点检查缺陷修补、构件表面处理、涂刷底层树脂和粘贴 CFRP 片材等工序。

①CFRP 片材在运输、储藏中不得受挤压,以免 CFRP 片材受损。也不得直接日晒和雨淋。黏结材料应阴凉密闭储存。

②各工序的质量控制,在每一道工序完成后督促操作小组自检,确认合格并提请技术员检查认可后才能进行下道工序,否则必须返工至合格为止。

(2)加固工程质量检验方法

①基本要求

所有进场材料,包括 CFRP 片材和黏结材料,应符合质量标准,并具有出厂合格证,其各种性能指标及技术参数均应符合设计和相关规范的要求,适合现场温度、湿度条件。

应严格按有关规范进行各工序隐蔽工程检验与验收,如质量不能满足相关条款要求时,应立即采取补救措施或返工。

CFRP 片材实际粘贴面积、搭接长度等符合设计要求。

必要时可对 CFRP 片材和配套树脂黏结材料进行现场取样检验。

CFRP 片材与混凝土之间的黏结质量可用小锤轻轻敲击或手压 CFRP 片材表面的方法来

检查，总有效黏结面积不应低于95%。当CFRP片材的空鼓面积小于10 000mm^{2}时，可采用针管注胶方式进行补救；当空鼓面积大于10 000mm^{2}时，宜将空鼓处的CFRP片材切除，重新搭接贴上等量的CFRP片材，搭接长度应不小于100mm。

②实测项目

实测项目参照《公路工程质量检验评定标准　第一册　土建工程》(JTG F80/1—2004)相关规定进行检验评定，特殊实测项目见表4-4。

特殊实测项目　　表4-4

项　次	检验项目	合格标准	检验方法	频率(%)
1	构件表面处理	满足设计要求	目测	100
2	粘贴位置	偏差小于10mm	用尺量	100
3	粘贴质量	有效黏结面积≥95%	指压和敲击	20
4	现场取样检验	混凝土破坏	取样机	2～3

6. 综合特点

(1)粘贴CFRP片材加固混凝土桥梁，对于配筋率较低或钢筋锈蚀严重的梁、板进行抗弯和抗剪加固，可以取得很好的效果；对于配筋率较高的梁、板，仅采用粘贴CFRP加固往往达不到要求的加固效果，此时可以考虑采用混合加固方法。

(2)对于混凝土墩柱，粘贴CFRP片材进行抗压或抗震加固效果显著，对震后墩柱的修复也有较好的效果。

(二)粘贴钢板加固法

1. 特点及适用条件

主梁承载力不足，或纵向主筋出现严重的锈蚀，或梁板桥的主梁出现严重横裂缝，可用黏结剂及锚栓将钢板粘贴锚固在混凝土结构的受拉缘或薄弱部位，使其与结构形成整体，以钢板代替增设的补强钢筋，提高桥梁的承载能力。

粘贴钢板加固适用于受弯、受剪和受拉构件，适用的环境温度在－20～60℃范围内，适用于相对湿度不大于70%且无化学腐蚀地区。

2. 附加影响

(1)须对结合面进行处理，并钻埋螺栓孔，对原结构产生损伤。

(2)钢板需作防腐处理，增加了日后养护的费用。

3. 力学特点

在适筋范围内，随着荷载的增加，原梁中钢筋屈服，钢板随着也达到屈服，随即混凝土被压碎而破坏。

对粘贴钢板加固受弯构件，破坏前外贴钢板与混凝土之间具有较好的粘贴性能，可以保证钢板与被加固构件间的共同工作，并保证钢板达到屈服强度。但是，进入破坏阶段后，多数构件钢板与混凝土之间发生局部剥离，沿板与混凝土交界面出现较长的顺筋裂缝，混凝土被撕裂，因此导致构件破坏。

对粘贴钢板加固受剪构件，构件的破坏类似于普通钢筋混凝土受剪构件，首先出现斜裂缝，然后裂缝不断发展，钢板应力明显增大，最后构件破坏。但是，在构件受力过程的后期，明显可以观察到锚固端的局部损伤，甚至剥离。

4. 工艺流程

(1)加固构件结合面处理

对很旧很脏的混凝土构件的黏合面,应先用硬毛刷蘸高效洗涤剂,刷除表面油垢污物后用冷水冲洗,再对黏合面进行打磨,除去 2～3mm 厚表层,直至完全露出新鲜面,并用压缩空气除去粉尘。处理后,若表面严重凹凸不平,可用环氧树脂砂浆修补。

如果混凝土表面不是很脏很旧,则可直接对黏合面进行打磨,去掉 1～2mm 厚表层,用压缩空气除去粉尘,用脱脂棉蘸丙酮擦拭表面。

对于新混凝土黏合面,先用角磨机将黏合面磨平,再用钢丝刷将表面松散浮渣刷去,用脱脂棉蘸丙酮擦拭表面。

对于龄期在 3 个月以内,或湿度较大的混凝土构件,粘贴前须进行人工干燥处理。

(2)钢板黏合面处理

如钢板未生锈或轻微锈蚀,可用喷砂、砂布或平砂轮打磨,直至出现金属光泽。打磨粗糙度越大越好,打磨纹路尽量与钢板受力方向垂直。然后用脱脂棉蘸丙酮擦拭干净。

如钢板锈蚀严重,须先用适度盐酸浸泡 20min,使锈层脱落,再用石灰水冲洗,中和酸离子,最后用平砂轮打磨出纹道,再用丙酮擦拭干净。

(3)卸荷

为了减轻粘贴钢板的应力、应变滞后现象,粘贴钢板及胶液固化期间应封闭交通。

(4)配胶

黏结剂中最常用的是环氧类黏结剂。环氧类黏结剂分为甲、乙两组,使用前应进行现场质量检验,合格后方能使用。

(5)粘贴

黏结剂配制好后,用抹刀同时涂抹在已处理好的混凝土表面和钢板上,厚度 1～3mm,中间厚边缘薄。然后将钢板贴于预定位置,若是立面粘贴,为防止流淌,可加一层脱蜡玻璃丝布。粘好钢板后,用手锤沿粘贴面轻轻敲击钢板,如无空洞声,表示已粘贴密实,否则应剥下钢板补胶,重新粘贴。

(6)固定与加压

钢板粘贴好后立即用特制 U 形夹具夹紧或用木杆顶撑,压力保持为 0.05～0.1MPa,以使胶液刚从钢板边缝挤出为度。若用膨胀螺栓固定,膨胀螺栓一般是钢板的永久附加锚固,其埋设孔洞应与钢板一道于涂胶前钻成。

(7)固化

环氧类黏结剂在常温下固化,保持在 20℃以上,24h 即可拆除夹具或支撑,若低于 15℃,应采用人工加温,一般用红外线灯加热。固化期间不得对钢板有任何扰动。

5. 构造措施

(1)混凝土强度等级不应低于 C20。

(2)钢板厚度以 2～6mm 为宜,一般取 4mm。

(3)粘贴钢板的锚固长度对于受拉区不得小于 $200t$(t 为钢板厚度),亦不得小于 600mm;对于受压区,不得小于 $160t$,亦不得小于 480mm;对于大跨度结构或可能经受反复荷载的结构,锚固区宜增设 U 形箍板或螺栓等附加锚固措施。

(4)钢板及其邻接的混凝土表面,应进行密封防水防腐处理。如采用 M15 水泥砂浆抹面,其厚度对于梁不应小于 20mm,对于板不应小于 15mm。

6. 工序质量控制与加固工程质量检验评定方法

(1)工序质量控制

工序质量控制以目视和锤击检查为主,重点检查结合面处理、植埋螺栓、粘贴、固化等工序。要求对粘贴后的钢板进行粘贴性能试验,以确保粘贴后的钢板能够与原结构共同受力。

(2)加固工程质量检验评定方法

①基本要求:

a. 粘贴钢板加固所用材料类别、规格及质量应符合有关规范及设计要求;

b. 按规定的程序施工,加压及固化时间应符合设计要求;

c. 锚固螺栓数量、规格及钢板的搭接长度不得小于设计值;

d. 按设计要求进行防腐处理。

②实测项目:参照《公路工程质量检验评定标准　第一册　土建工程》(JTG F80/1—2004)相关规定进行检验评定,特殊实测项目见表 4-5。

特殊实测项目 表 4-5

项　次	检验项目	合格标准	检验方法	频率(%)
1	加固构件结合面处理	满足设计要求	目测	100
2	钢板粘贴结合面处理	满足设计要求	样板、目测	100
3	钻孔深度、孔径、螺栓植入深度	满足设计要求	用尺量	20
4	粘贴	锚固区黏结面积≥90% 非锚固区黏结面积≥85%	超声探测或敲击	20

③外观鉴定:所有钢板、螺栓表面应无铁锈,钢板周围应有胶液挤出。

7. 综合特点

(1)粘贴钢板由于重量轻,操作便利,易于控制工程质量。

(2)钢板由于拉压强度均很高,加之粘贴后的钢板主要承受活载,对于受弯、受剪和受拉构件,其补强效果优于加大混凝土截面。

(3)结合面处理和钻埋螺栓孔对原结构有一定损伤,因此施工过程中应严格按照设计要求进行施工,将损伤程度降到最低。

(三)预应力加固法

1. 特点及适用条件

(1)特点

①施工工艺简单、干扰交通少、所需设备简单、人力投入少、工期短、经济效益明显。

②能较大幅度提高或恢复桥梁的承载能力。

③对原结构损伤小,可以做到不影响桥下净空、不增加路面高程。

④预应力加固需要可靠的防腐设计。

(2)适用条件

①适用于正截面受弯承载能力不足或正截面受拉区钢筋锈蚀的情况。

②适用于梁抗弯刚度不足导致的梁挠度超过规范规定或由于刚度太小导致梁的受拉区裂缝宽度超过规范规定的情况。

③适用于梁斜截面受剪承载能力不足的情况。

2. 附加影响

预应力加固法，实际上是改变了梁体原有受力体系，结构加固以后，新的受力体系在荷载作用下的力学特性与原来的结构是有差异的。预应力加固完成后，由于预应力的作用，原来的受力结构会出现不同程度的卸载现象，导致原结构发生内力重分布。

由于预应力筋转向块和锚固点存在着巨大的集中力，这一区域的受力比较复杂。

由于预应力加固梁桥时预应力筋布置在梁截面外部，易受环境（如温度、酸性气体等）的影响。

3. 力学特点

预应力加固法实际上是使被加固结构成为一个带柔性拉杆的超静定结构，与其他预应力结构或其他加固方法不同的是：加固前桥梁所受荷载由恒载和活载组成，预应力筋的张拉控制值是在上部结构的恒载作用下读取的，即带载加固。因此在计算预应力筋荷载作用下的应力增量时，应仅考虑活载的作用。根据上述受力特点，可将预应力加固梁桥结构分为施加预应力与活载作用两个阶段进行受力分析。

4. 工艺流程

(1)原梁体钢筋位置探测

体外索加固需对上锚固点、滑块垫板及跨中预应力钢筋固定支座的位置进行准确的放样定位。由于梁的顶板和腹板中均有钢筋存在，特别是受力钢筋，一般要适当调整以避开这些钢筋。位置调整后应对体系重新进行检算。

(2)加固材料及现场准备

加工好体外预应力筋、准备好锚固器材和施加预应力的机械设备，需要在锚固端设置横梁来锚固体外预应力筋，制备用来粘贴锚固和支承钢垫板的高强黏结剂，设置锚固点，锚栓孔打眼。

(3)滑块及垫板施工

根据放样的转向块位置，将转向块部位的混凝土凿除 2cm 左右，涂环氧胶液后用环氧砂浆找平，把支承板粘贴在转向点。转向块需设置锚栓锚固，以确保安全。

(4)预应力筋的安装及张拉

检查完施工机具和预应力锚具、夹具后，按照加固设计安装预应力筋。张拉工艺流程为：初张力(10%)→逐步加荷至超张拉(105%)→稳压 2min 后降荷至设计预拉力(100%)→锚固→卸荷。

(5)防腐处理

加固体系中的主要金属构件如水平筋、斜筋、钢丝束、滑块(支承座)、垫板、锚固座等均应进行防腐处理。高强钢丝、钢绞线应采用热挤 PE 套管防腐。防腐工作应尽可能在施工准备阶段完成，条件不具备时也要在预应力张拉后尽早完成。

5. 构造措施

(1)平筋

平筋亦称水平拉杆，多由高强螺纹粗钢筋、钢丝束或钢绞线组成，其作用是在梁受拉部位施加纵向预应力，从而使梁截面承载能力提高。

(2)斜筋

斜筋亦称斜杆，多由高强粗钢筋或槽钢做成。斜杆一端通过转向块与水平筋连接，一端锚固于梁端上部或梁端腹板处。斜杆的作用是提供梁端部位的负弯矩和预剪力。

(3)锚固点或锚固横梁

根据锚固位置和锚固方法的不同,锚固点的构造是不同的,加固设计时,应当根据被加固梁的实际情况做个别设计。

(4)转向块

转向块又称竖向支撑。当斜筋与水平钢筋非同一根钢筋时,通过转向块使两者连接为一体。当斜筋与水平筋为同一根钢筋时,体外力筋通过转向块转向。

6. 综合特点

预应力加固法是一种主动加固法,能较大幅度地提高构件的承载能力,且施工简单、方便,在加固方法选择过程中,宜优先考虑。

(四)增大截面和配筋加固法

1. 特点和适用条件

在构件表面加大混凝土尺寸,增加受力钢筋,使其与原结构形成整体,从而增大构件有效高度和受力钢筋面积,增加构件的刚度,提高桥梁整体承载能力,这种加固方法广泛应用于梁(板)桥及拱桥拱肋的加固。

2. 附加影响

加大构件截面时,会使上部结构恒载增加,对原结构及基础承载力有一定影响。

3. 材料要求

(1)优先选用早强砂浆和早强混凝土,或膨胀混凝土。

(2)配制混凝土用的石子宜用坚硬耐久的卵石或碎石,其最大粒径不宜大于20mm。

(3)当采用钢筋补强时,纵向受力钢筋的直径不宜小于12mm;封闭式箍筋直径不宜小于8mm。U形箍筋直径宜与原有箍筋直径相同。

(4)当采用型钢和钢板补强时,应将其和原结构的钢筋进行连接,或采用锚栓与原结构联系,切实保证力的有效传递且能够参与原结构共同受力。

4. 力学特点

(1)增大主梁混凝土截面和增加配筋后,使主梁成为二次受力的叠合构件,原主梁的混凝土和钢筋除了已有的应力外,还需要承受后期恒载和活载产生的应力。因此需按二次受力的叠合梁进行承载能力极限状态和正常使用极限状态的验算。

(2)如果桥面铺装部分得到加固,可适当考虑部分铺装层参与受力。

5. 工艺流程

(1)为了加强新、旧混凝土的结合,应对原构件混凝土存在的缺陷清理至密实部位,并将构件表面凿毛,要求打成麻坑或沟槽,沟槽深度不宜小于6mm,间距不宜大于箍筋的间距或200mm。

(2)当采用三面或四面外包方法加固旧桥构件时,应将构件的棱角敲掉,同时应除去浮渣、尘土。

(3)原有混凝土表面应冲洗干净,浇筑混凝土前,原混凝土表面应以水泥浆等界面剂进行处理,以加强新、旧混凝土的结合。

(4)对原有和新设受力钢筋应进行除锈处理;有条件时,在受力钢筋施焊前采取卸荷或支顶措施,并逐根分区分段分层进行焊接,以减少原受力钢筋的热变形,使原结构的承载力不致遭受较大影响。

(5)外包混凝土加固法施工不如整体现浇混凝土构件方便,必须采取措施,保证模板搭设、钢筋安置以及新混凝土的浇筑和振捣的质量,以达到混凝土密实要求。同时,应加强新浇混凝土的养护,养护期最好达 14d 以上。

(6)增焊主筋法:当结构因主筋应力超过容许范围而又受到桥下净空限制不宜加大截面高度时,可采用只增焊主筋的方法进行加固。其要点如下:

①增焊主筋。首先凿开梁的混凝土保护层,露出主筋,将原箍筋切断拉直,再把新增钢筋焊在原主筋上,增焊钢筋的断头宜设在弯矩较小的截面。为减少焊接时的温度应力,采用断续双面焊缝,从跨中向两端依次施焊。

②增设箍筋。如果原桥梁的箍筋不足,梁腹出现剪切裂缝,则加固过程中,在增焊主筋的同时,应在梁的侧面增加箍筋。具体做法是在梁腹上埋上锚钉,把补充的箍筋固定起来,并把箍筋上端埋入桥面板中。

③卸除部分恒载。加固时为了减小原结构的截面应力,使新增加的钢筋充分发挥作用,有条件时应采取多点起顶措施,将梁顶起,或凿除部分桥面铺装,然后再进行加固(起顶位置和吨位由计算来确定)。

④恢复保护层。钢筋焊接好并接长箍筋后,应重新做好保护层。材料最好是用环氧树脂小石子混凝土(砂浆)或膨胀水泥混凝土(砂浆)。修复保护层,通常有三种可供选择使用的方法:涂抹法、压力灌注法、喷护法。采用喷护法时,应采取分层喷护水泥砂浆,每次喷涂厚度以 1～3cm 为宜,待砂浆达到一定的强度后进行表面整修。

6. 构造措施

(1)采用增大混凝土截面法加固桥梁时,新浇混凝土的最小厚度不应小于 40mm,用喷射混凝土施工时不应小于 50mm。

(2)加固的受力钢筋与原结构的受力钢筋间的净距不应大于 20mm,并采用短筋焊接连接;箍筋应采用封闭式或 U 形箍筋。

(3)当加固的受力钢筋与构件的受力钢筋采用短筋焊接时,短筋的直径不应小于 20mm,长度不小于 $5d$(d 为新增纵筋和原有纵筋直径的小值),各短筋的中距不大于 50mm。

(4)当用单侧或双侧加固时,应设置 U 形箍筋。U 形箍筋应焊在原有箍筋上,单面焊缝长度为 $10d$,双面焊缝为 $5d$(d 为 U 形箍筋直径)。U 形箍筋还可焊在增设的锚钉上,或直接伸入锚孔内锚固,锚钉直径 d 不应小于 10mm,锚钉距构件边沿不小于 $3d$,且不小于 40mm。锚钉锚固深度不小于 $10d$,并采用环氧砂浆或高强度等级水泥砂浆将锚钉锚固于原构件内,钻孔直径应大于锚钉直径 4mm。

7. 综合特点

采用该加固方法,主梁的受力明确,计算简单方便,加固后主梁的强度、刚度、稳定性得到明显提高,裂缝可以得到修补。加固效果显著,且施工方法便利,能在桥下施工,基本上不影响交通,加固工作量小,不影响原有桥梁的整体效果。但现场作业、养护期较长,加固初期需适当中断交通,桥下净空有所减小。

五、桥面修复加固技术措施

桥面修复加固,广泛采用桥面补强加固法进行。现简介如下:

1.特点及适用条件

桥面补强加固法是通过在桥面板(主梁顶面)上加铺一层钢筋混凝土层,使其与原有结构形成整体,从而达到增大桥面板或主梁有效高度和受压截面,增加桥面整体刚度,提高桥梁承载能力的一种常用且有效的加固方法。

主梁或桥面板承载力不足,刚度不够,或铰接梁、板的铰缝不能有效传力时,可采用桥面补强加固法进行加固。受桥面补强层厚度的限制,这种加固方法主要适用于中小跨径的桥梁。

2.附加影响

采用桥面补强进行加固,桥面板或主梁恒载将有所增加,应通过计算判断桥面增厚后是否可以提高桥梁的有效承载能力。若恒载的增加影响较大,则应考虑采用其他加固方法或与其他方法综合运用。同时,加铺补强层后,桥面高程也将受到影响,连接路面或桥面纵坡应予调整。为减少补强层增加的恒载,往往必须先将原有的桥面铺装层凿除,并要求对伸缩缝进行改造。

3.材料要求

(1)钢筋

补强层中通常布设两类钢筋:一类为加固补强层与原结构的联结而设置的结合钢筋,一端植埋于原结构中,一端伸入补强层中,因锚固长度短,应采用螺纹钢筋以增加握裹力,保证新旧混凝土的有效结合。

另一类是在补强层中布设的构造钢筋。补强层位于构件计算截面受压区,一般不设受力钢筋,因而钢筋直径不应过大。为加强与混凝土的联结,也宜选用螺纹钢筋。

(2)混凝土

补强层混凝土除应具有黏结力强、收缩小、抗裂性能高的特点外,还应具有足够的韧性、抗冲击能力和抗渗性。可以从施工工艺上采取适当的措施,改善混凝土的使用性能。

使用外加剂,如防水剂,可提高混凝土密实性、抗渗性;掺入膨胀剂可使混凝土产生适度膨胀,提高密实性,或配制补偿收缩混凝土,减少干缩裂缝,提高抗裂防渗能力等。使用外加剂应注意合理选择品种,进行必要的试验,施工时必须按产品说明书要求采用正确的掺入法,严格控制掺量,并适当延长搅拌时间和加强养护。

纤维混凝土具有抗裂性、韧性好,延伸率、抗冲击力和抗渗能力高等特点,适合用于桥面补强加固。纤维一般采用合成纤维和钢纤维,合成纤维具有耐酸碱、强度高、变形能力强、低导热、抗老化、无吸水性和腐蚀性等优点,施工时不易结团,分散均匀,操作方便。钢纤维宜采用波形钢纤维,长径比在60～80之间,掺量不应小于0.5%,也不宜超过3%。

采用钢纤维时应注意纤维腐蚀、生锈引起的桥面污染,以及纤维暴露时对车辆轮胎的损害作用。

(3)植筋胶

植筋胶应具备黏结力强、耐久性好、快硬性和低毒、无害等特性,一般可采用环氧树脂类黏结材料。

(4)界面剂

由于旧混凝土表面的吸水特性,引起新旧混凝土界面不易黏结,采用界面剂可以增强它们之间的黏结力。界面剂应对混凝土黏结力强,抗化学腐蚀,强度高,可用于潮湿表面,并有适当的操作时间。

(5)力学特点

采用桥面补强加固法时，加固结构属二次受力结构，加固前原结构已经受力，补强层在加固后并不立即受力，而只有在新增荷载下，即第二次加载情况下才开始受力。另外，加固结构存在补强层与原结构整体工作、共同受力的问题，混凝土结合面上的强度较整体浇筑的强度要低，必须采取构造措施克服这一弱点。

当混凝土结合面的强度可以保证补强层与原有梁(板)的整体受力工作性能时，所形成的加固构件就是组合梁(板)，也就具有组合构件的分阶段受力的特点，相应具有“受拉钢筋应力超前”、“后浇混凝土受压应变滞后”和“荷载预应力”等力学特征。

补强层与原有梁(板)的结合面处于复合应力状态。对配置结合钢筋，表面加工成凹凸糙状时，结合面开裂主要是结合面上作用的剪力增大到一定程度而使混凝土中的主拉应力达到其抗拉强度时，沿结合面出现局部水平裂缝。在斜裂缝发展至结合面引起局部水平裂缝后，随着结合面相对滑移的增大，结合面的裂缝宽度也相应增大，因而使穿过结合面的结合钢筋产生拉应力，而其所产生的反作用力对结合面形成了约束作用，使结合面的裂缝开展受到了抑制，剪力得以通过结合面上混凝土的集料咬合摩阻力和结合钢筋的销栓作用来传递。

4. 施工工序

(1)工艺流程

在开展桥面补强层加固施工之前，应做好各项准备工作，必要时应对桥梁质量进行核查，重点查明桥梁主要病害的发展、变化情况和其他隐患，检查结构现状与设计计算所采用的参数、假定等是否相符，若差异显著，则应重新进行计算、分析。其施工工艺流程如图 4-11 所示。

(2)桥面板(主梁)结合面处理

结合面处理对保证新旧混凝土整体受力、共同工作具有重要作用。结合面应凿除原结构表面浮浆，使骨料外露，形成 4～6mm 自然凹凸粗糙面或用机械刻槽形成粗糙面，并彻底清扫干净。处理时不得损坏原结构混凝土，不应有局部光滑结合面。对存在缺陷的部位，应进行修补(如空洞)，在凿除疏松部分混凝土后，用强度高一级的细石子混凝土填筑密实；出现钢筋锈蚀引起混凝土胀裂时，先剔除松动开裂的混凝土，再进行钢筋表面除锈和防护等。

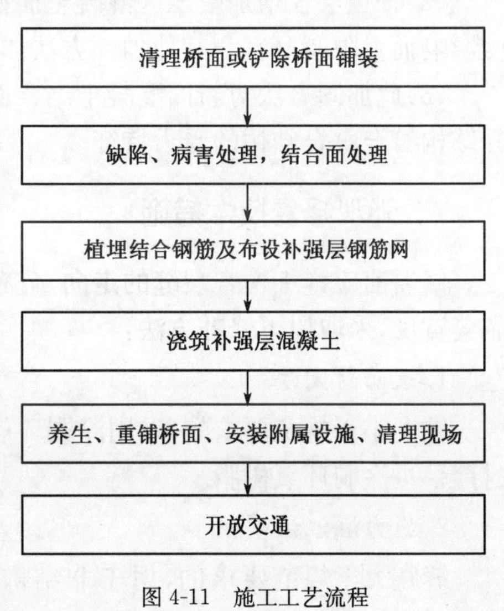

图 4-11　施工工艺流程

5. 构造措施

(1)桥面板(主梁)表面应做成凹凸不小于 4～6mm 粗糙面，无表面浮浆，骨料外露清晰，亦可在表面涂刷界面剂以加强新旧混凝土的黏结。

(2)补强层宜选用较高强度等级混凝土，其强度不应低于 C30 及主梁混凝土强度等级，厚度不宜小于 10cm。

(3)结合面应设置结合钢筋，结合钢筋宜用螺纹钢筋，直钢筋末端弯成直钩，纵向设置间距不应大于 50cm，直径不应小于 8mm，也不应大于 20mm。结合钢筋植埋于桥面板(主梁)的深度应符合胶黏材料的要求，伸入补强层的直线长度不宜小于 5d(d 为结合钢筋直径)并大于 6cm。

(4)补强层与原结构混凝土龄期一般相差较大，为减少和避免补强层出现收缩裂缝，补强层中须设构造钢筋，其间距应不大于20cm，直径宜在6～16mm之间。

6. 工序质量控制与加固工程质量检验评定方法

(1)工序质量控制

质量控制以目视检查为主，重点检查缺陷修补、接合面处理、结合钢筋植埋、补强层混凝土浇筑等工序。要求缺陷修补后结构尺寸基本恢复，外观接近原样；结合面应干净、粗糙，粗糙度符合构造要求；结合钢筋植埋孔径、孔位、孔深合适，钢筋与接合面垂直，外露端高度与埋入段长度符合设计要求；在结合面充分湿润，或界面剂涂刷好后，方可浇筑补强层混凝土，严格控制混凝土的质量，振捣合理，并及时养护。

(2)加固工程质量检验评定方法

①补强层加固所用材料的种类、型号、规格、数量和质量应符合设计要求。

②按规定的程序施工，胶黏材料的配置、使用时间应严格按产品说明进行控制。

③结合面处理不得破坏原结构的混凝土强度，钻孔应避让混凝土中的预应力筋束和普通钢筋。

④补强层不得出现露筋和空洞现象。

⑤按设计要求对缺陷进行修补。

7. 综合特点

(1)桥面补强加固法操作便利，易于控制工程质量。

(2)补强层仅增加受压区混凝土面积，承载能力提高幅度受原结构受拉区钢筋的面积和强度影响而受限制。宜与其他加固方法如粘钢板、贴碳纤维等结合使用，补强效果更加明显。

(3)此加固方法对新旧混凝土结合面和收缩差动变形提出了特殊构造要求，以保证实现加固结构符合叠合结构的受力特征。

六、外观修复技术措施

修复前应详细检查裂缝的走向、分布、缝宽及深度、数量，并进行分类、标记和记录。根据裂缝宽度，采取以下修补方法：

1. 表面封闭法

缝宽小于规范要求的，采用涂刷环氧树脂进行表面封闭。施工工艺是先清理混凝土表面(打磨)再涂刷环氧树脂。

2. 压力灌注法

缝宽大于规范要求的，属于非结构受力裂缝，则采用压力灌注处理。其工艺如图4-12所示。

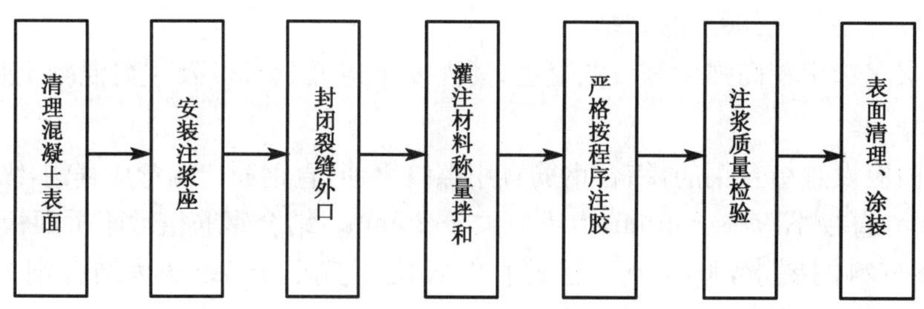

图4-12　压力灌注法施工工艺图

七、整桥改变结构体系修复加固技术措施

(一)综述

改变结构体系加固旧桥通常是指增设附加构件和进行技术改造,使桥梁的受力体系和受力状况发生改变,从而起到减小承重构件的应力,改善桥梁性能,达到提高承载能力的目的。

1.常使用的方法

(1)简支转连续法;

(2)将多跨简支梁改造为桥面连续简支梁体系;

(3)增加辅助墩法;

(4)八字支撑法;

(5)将梁式桥转换为梁拱组合体系;

(6)改桥为涵洞加固;

(7)钢索斜拉加固。

其中(3)～(7)加固方案形式各异,有不同的要求,但加固实质相同,即均是为所加固的桥梁加入新的支撑点,缩短梁的计算跨径。

2.一般规定与注意事项

(1)加固时往往需要在桥下操作,设置永久设施,影响桥下净空,所以必须考虑对通航及排洪能力的影响。

(2)加固时改变了受力体系,使原本只承受正弯矩的简支梁在部分位置出现负弯矩,所以要注意加强梁上缘配筋。

(3)应注意由各种方法带来的一些其他不利的附加影响。

(二)多跨简支梁改造为桥面连续简支梁体系

1.适用条件及技术特点

适用于桥面铺装破损较严重,且伸缩缝处不平整的简支梁桥。

将桥面连续可以提高行车的舒适性和减少桥面不平整时车辆荷载对桥梁的冲击影响,也可使荷载横向分布趋于合理。

2.附加影响

(1)连续未处理好,或伸缩缝处所预留的伸缩量不足,或养护不及时伸缩缝被杂物嵌牢,均易使连续桥面连接点处在温度升高时发生拱起,引起桥面破坏。

(2)桥面连续必将拆除部分伸缩缝,而剩余伸缩缝将因伸缩量不足而需要更换,伸缩量需要重新计算。更换伸缩缝时位于伸缩缝两侧后浇筑的混凝土铺装必须有一个养生时间,使其达到设计强度。

(3)因为伸缩缝与支座的影响,建议连续跨数不超过6跨,最好为3～5跨一联,具体要依据伸缩缝与支座进行计算。

3.力学特点

(1)受力体系未发生本质改变,但使得过于集中的荷载分布趋于合理,梁体在横向共同受力,减小每片梁荷载横向分布。

(2)减少了不必要的车辆冲击力。

(3)由于桥面铺装参与结构受力，结构截面高度提高，提高了抗弯刚度与抗弯能力。

4. 设计计算

改造加固后，仅仅是桥面连续的简支梁体系，恒载及活载内力计算还是按简支梁的要求来计算。

5. 工艺流程

(1)凿除桥面铺装，梁顶凿毛。

(2)每片主梁梗肋上方开两道槽，用来布置连接筋。

(3)每片主梁上布置 2 根直径为 20～25mm 的钢筋，做好钢筋在梁端支点处的垫层。

(4)重新浇筑桥面铺装。

6. 构造措施

(1)梁端两支点长度范围内的钢筋包扎上柔性垫层，垫层特性要求具有良好的防腐蚀性，并可使钢筋与混凝土隔开，钢筋不承受轮重压力。

(2)桥面现浇层中布置的钢筋网在接缝处不断开。

(3)为使桥面平整、美观，在混凝土桥面上铺一层 3cm 左右的沥青混凝土面层作磨耗层，可使假缝处产生的裂缝不致明显地反映到面层上，还可提高桥面的使用质量。

7. 综合特点

内力计算与截面设计计算简单，加固后加强了横向联系，对结构承载能力略有提高，并使行车更舒适。从某方面说起到了桥面铺装养护作用，对桥下净空、墩台及原桥景观无影响。但要凿去桥面铺装及桥端混凝土，且在施工期需全过程中断交通。

(三)加辅助墩法

1. 特点及适用条件

增设支点后，改变了结构体系，减小梁的跨径及荷载作用下跨中的弯矩，从而能较大幅度地提高承载能力，并能减小和限制梁板的挠曲变形。

适用于梁(板)挠度过大、承载能力明显不足的钢筋混凝土梁桥或要求通行重载而要加固的桥，此加固方案同时可减轻下部结构及基础的受力，但要求不受桥下净空及排洪影响，如图 4-13 所示。若桥下净空较大，或有常年流水，则此方法不经济也不可行。

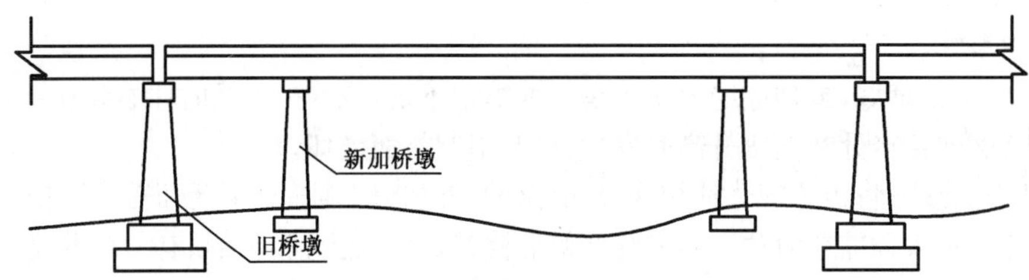

图 4-13　增加辅助墩改变桥梁结构体系示意

2. 附加影响

(1)新墩柱占用了桥下净空、影响了排洪或通行。

(2)新加设墩处预加顶升力值不易求得，应根据实际情况适当加力，仅以改善原梁非弹性变形及使新墩与梁紧密结合即可，预加力宁小勿大。

(3)新加设墩支点处组合弯矩难以保证为正弯矩，为确保安全，支点处上缘应适当采用其他方法补强加固。

(4)新墩柱上需要设新支座，要求为活动支座。

(5)若桥下净空过高，加设墩修筑费用加大。

3.力学特点

(1)原结构自重产生的内力，仍由原梁结构自行承受。

(2)新加设墩上的预加顶升力只是改善原梁非弹性变形，并使新墩与梁紧密结合，可不考虑其对主梁恒载的卸载作用，即新墩不承受恒载作用。

(3)活载是由新墩与梁组成的连续梁体系承受。活载内力由于是连续梁体系承受，使跨中弯矩减小，支点处出现活载负弯矩，要求新加设墩支点处的活载负弯矩与恒载正弯矩组合为正弯矩。

4.设计计算

计算时将立柱新增支点按刚性支点考虑，即支柱十分刚强，以致被加固结构构件的新支点在外荷载作用下没有竖向变位或很小可以忽略，所受荷载直接传给立柱。内力组合步骤如下：

(1)恒载在改变体系前为简支体系下的内力。

(2)活载内力按三跨连续梁计算，算出活载对立柱的最大竖向力 N。

(3)对(1)、(2)工况进行内力组合。计算简图及内力叠加如图 4-14 所示。

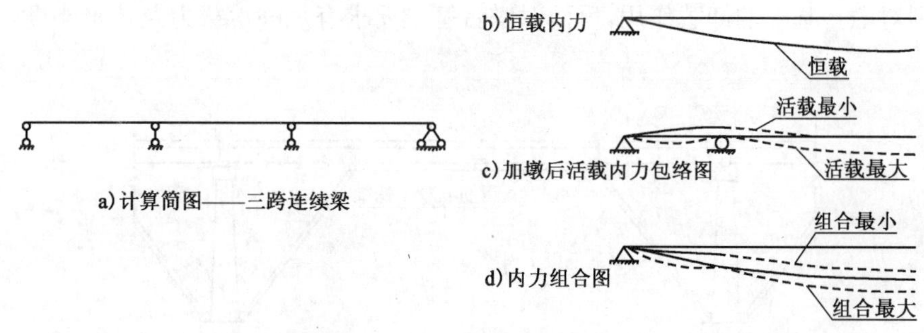

图 4-14　计算简图与内力叠加图(半跨)

(4)检验比较看新支点截面是否出现过大负弯矩值，如是则适当调整支点位置；同时检验跨中弯矩是否减小到满足截面强度要求；若上述两项均难以满足，则此方法不适宜加固此类桥梁。

(5)计算新支点处抗弯、抗剪强度，若不满足要求，可采取粘贴钢板等其他加固方法。

(6)对支柱的设计计算，由计算所得竖向力 N 按公路工程桥梁设计规范中钢筋混凝土构件的轴心受压构件来计算，支柱下的地基加固计算按一般基础设计来计算。

5.工艺流程

(1)根据地质条件与原桥墩台基础情况修筑新墩基础。

(2)采用如粘贴钢板等方式对支点梁上缘进行补强加固。

(3)修筑新墩及墩帽至梁底面。

(4)在墩帽上用千斤顶顶升主梁，仅用于消除主梁部分非弹性变形引起的过大挠度，并为放置支座提供空间。

(5)设置支座，除去千斤顶。

6. 构造措施

(1)新加设墩基础要求不能破坏原桥墩台基础。

(2)新桥墩形式一般要与原桥墩形式相同,或用构造更简单更符合景观要求的桥墩形式。

7. 综合特点

内力计算与截面设计计算简单,加固后体系改变,减少了原结构在荷载作用下产生的内力,加固效果显著。如果设计合理则无须对原梁上缘进行补强加固,且施工期部分中断交通,否则将加大施工难度及延长中断交通时间。要增设桥墩,新建桥墩基础,工程量大,影响桥下净空及排洪,使桥梁景观受到影响。

(四)八字支撑法

1. 特点及适用条件

在简支梁桥孔增设八字支撑,为原桥上部结构提供两个弹性支撑,从而使原来的一跨简支梁变为三跨连续梁。结构体系的这一改变使结构受力状况得到改善,减小梁的跨径及荷载作用下跨中的弯矩,从而可以提高承载能力。

适用于梁(板)挠度过大、承载能力明显不足的钢筋混凝土梁桥或要求通行重载而要加固的桥。因增加的斜支撑可直接支撑在原墩台基础上或抗推能力强的墩身或台身上,是对增加辅助墩法的一种补充,弥补了对于桥下净空大,或有常年流水不易增加辅助墩的缺点,但此方法不能起到对墩台基础的卸载作用,反而对墩台基础要求有足够承载力及抗推刚度,如图4-15所示。

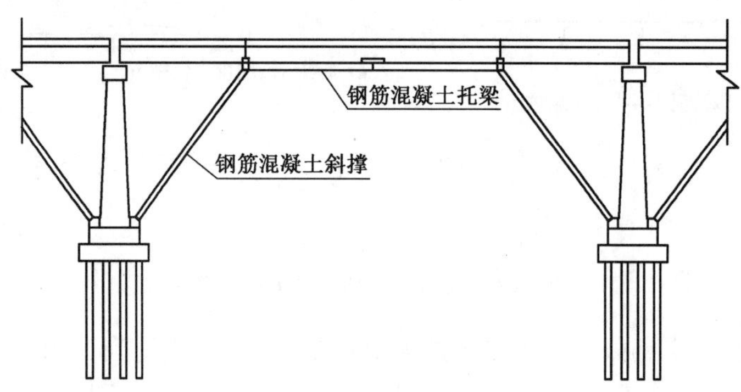

图 4-15　八字支撑法加固示意

2. 附加影响

(1)八字撑架,占用了桥下净空,对排洪或通行有一定影响。

(2)撑架支点处组合弯矩难以保证为正弯矩,为确保安全,支点处上缘应适当采用其他方法补强加固。

(3)要求设置四氯板式橡胶支座,用以提供无水平阻力的弹性支撑。

(4)钢筋混凝土撑架因收缩徐变,会与梁体接触不紧密,应提前预制受压,使其收缩徐变完全。

(5)撑架支撑于墩台基础上,对同一桥墩撑架位置最好对称布置用来相互抵消对墩的水平推力,对于桥台则应适当加固。

(6)斜撑构造比墩柱轻细,但每片主梁下均有斜撑,数量较多。

3. 力学特点

(1)同增加辅助墩加固力学特点相似,即:原结构自重产生的力,由原梁结构自行承受,撑架不承受恒载作用。

(2)活载由撑架与梁组成的连续梁体系共同承受,活载内力由于是连续梁体系承受,使跨中弯矩减小,支点处出现活载负弯矩。要求新墩支点处的活载负弯矩与恒载正弯矩组合为正弯矩。

4. 工艺流程

(1)改造原桥墩台基础或承台顶面作为支撑基础。

(2)采用如粘贴钢板等方式对每片梁支点上缘进行补强加固,同时主梁支点下缘安装活动支座。

(3)各片梁下安置预制好的斜支撑,支撑上支点与支座紧密接触。

(4)安置主梁下缘水平撑及各斜撑间的横系梁。

5. 构造措施

(1)基础主要利用原桥良好的基础,只需砌筑或开凿出放置支撑下支点的沟槽即可,放置斜支撑后浇筑混凝土封死。

(2)斜支撑截面积一般用正方形截面,水平撑、横系梁,要求与支撑截面尺寸相同或相近。

(3)斜支撑、水平撑及横系梁配筋要满足构造及设计要求。

(4)斜支撑长度不宜超过 8m。

(5)支座是固定在主梁下缘的,即颠倒安置;选用高度低的活动支座如四氯乙烯活动支座。

6. 综合特点

内力计算简单,加固后体系减小了桥梁跨径,大大减少了原结构所承受的内力,加固效果显著。如果设计合理则无须对原梁上缘进行补强加固,且施工期部分中断交通,否则将加大施工难度及延长中断交通时间。影响桥下净空及排洪,使桥梁景观受到一定影响。

(五)斜拉加固法

1. 特点及适用条件

此方法是依靠原桥墩在桥墩两侧修筑矮塔,支柱(支柱用钢筋混凝土钢管或预制混凝土柱)顶面布置刚性或柔性拉索,拉吊起桥底已布置的钢梁或加强后的梁横隔板,为原桥上部结构提供一个或几个弹性支撑,使原简支梁变为连续梁。结构体系的这一改变使结构受力状况得到改善,从而提高结构承载能力。

适用于梁挠度过大、承载能力不足的情况,特别适用于简支跨多、墩低的梁桥,在墩侧重新修筑基础建造矮塔,或利用桥墩伸出的墩帽在墩帽上修筑矮塔,如图 4-16 所示。由于横向联系的原因,此方法适用于窄桥,梁数不超过 5 片。

2. 附加影响

(1)为给矮塔提供空间,需要凿除部分边梁梁端翼板及其上部的附属构造,拉索穿过翼板的地方要凿孔。

(2)加固所用索、塔均在桥面系上部,加固迹象明显。

(3)梁底部支点要成对出现,而塔是对称布索,靠近桥台边跨的一支点必须由辅助墩来组成。

(4)对于柱式墩要对墩帽适当加固。

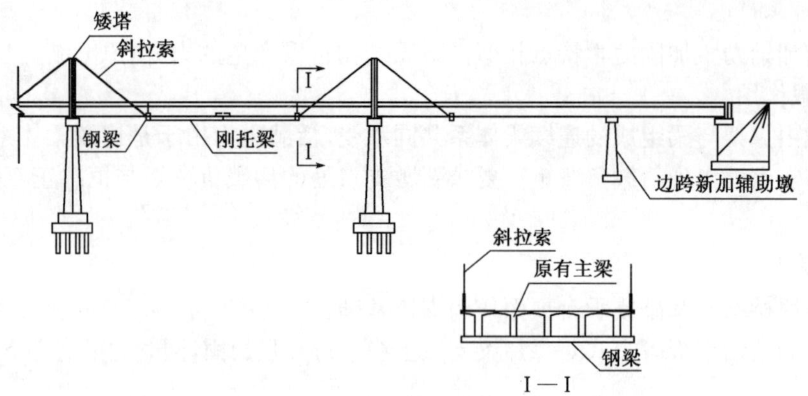

图 4-16　斜拉加固法示意

3. 力学特点

与增加辅助墩加固力学特点相似,即:

(1)原结构自重产生的力,由原梁结构自行承受。

(2)支点处预加拉力只是改善原梁非弹性变形,并使撑架与梁紧密结合,可不考虑其对主梁恒载的卸载作用,即拉索不承受原梁恒载作用。

(3)活载由斜拉索与梁组成的组合体系共同承受,活载内力由组合体系承受使跨中弯矩减小,支点处出现活载负弯矩。要求支点处的活载负弯矩与恒载正弯矩组合为正弯矩。

4. 施工工序

(1)凿除墩顶处梁端翼缘板或墩顶处人行道板为矮塔留出空间。

(2)原桥墩帽作为矮塔基础,设置栓钉或嵌入钢筋,修筑矮塔。

(3)采用如粘贴钢板的其他方式对支点梁上缘进行补强加固。

(4)对于柱式墩要对墩帽适当加固。

(5)布置斜拉索并施加预应力锚固于已设置的钢横梁或加强后的梁横隔板。

5. 构造措施

(1)根据景观要求,矮塔高度应低于路灯高度或略高于栏杆,可设为 2m 左右。

(2)斜拉索可用钢丝绳、钢绞线或粗钢筋,需作防锈防腐处理。

(3)拉索贯穿过塔顶,在塔顶不固定,塔顶部用 U 形承托或滑轮,使拉索在塔顶无水平拉力。

(4)施加预应力主要消除梁体部分塑性变形,并使钢梁与梁底结合密实。

(5)为消除钢梁跨中产生的挠曲,钢梁做成鱼腹式或跨中与中部主梁相接处加厚支座。

(6)支座采用板式橡胶支座。

(7)托梁与钢梁或加强的横隔板应锚固或焊接。

(8)拉索两端可做成一端锚固一端可调。

6. 综合特点

加固效果明显,工程量不大,但施工复杂,施工期需中断交通,对桥下净空无影响,因桥面上新加立柱,改变了原桥景观。

第五章　垮塌桥梁抢建

当桥梁遭到破坏，无其他桥渡可迂回通车，且应急抢建便桥、架设浮桥或开设轮渡的条件及时间均不允许时，应贯彻先通后善的原则，先以低标准、临时结构抢通桥梁。

本章将分别从桥梁基础、桥梁墩台和桥梁上部结构等几方面介绍垮塌桥梁抢建的各种技术措施，并对就地采用木材架设桥梁进行阐述。

第一节　桥梁基础的抢建

桥梁基础抢修工作量大，消耗材料多，特别是水中基础，受水深流急、地质不良的影响，增加抢修的难度和时间，故基础抢修通常是桥梁抢修的关键。

基础抢修有原桥基础的加固、抢修和新基础的抢建两类，桥梁损毁后经常的、大量的抢修工作是新基础的抢建。通常采用临时性基础，常用的有：卧木基础、片石基础、草袋基础、笼石基础、桩基础等，这些基础具有结构简单，施工方便，便于就地取材的特点，适合于快速抢建；对深水基础，实践中还采用过钢管桩基础、水下混凝土基础、钢板桩管柱基础等。现将抢建方法分别介绍如下。

一、卧木、片石、草袋基础

卧木、片石、草袋基础具有施工方便、取材容易、适于快速抢建的特点，通常用于地基较好（紧密的土、砂、卵石等地基）、无水（卧木）或浅水（片石、草袋）、跨度较小、高度不大的桥梁基础，如便桥的桥台或浅水部分的桥墩基础。缺点是易受水流冲刷，渡洪能力低，故一般不用于渡洪便桥。

（一）卧木基础

卧木基础是一种最简单的基础。在整平夯实的地基上，用枕木、半截枕木或两面砍平的圆木，摆平，并用扒钉钉牢，即可作为排架墩台的基础。

卧木的排列形式，根据基底土质的承载力来确定，承载力高的可以只在排架的每根立柱下铺 2～3 根卧木，承载力低的可以密铺，或者铺两层卧木，如图 5-1所示。

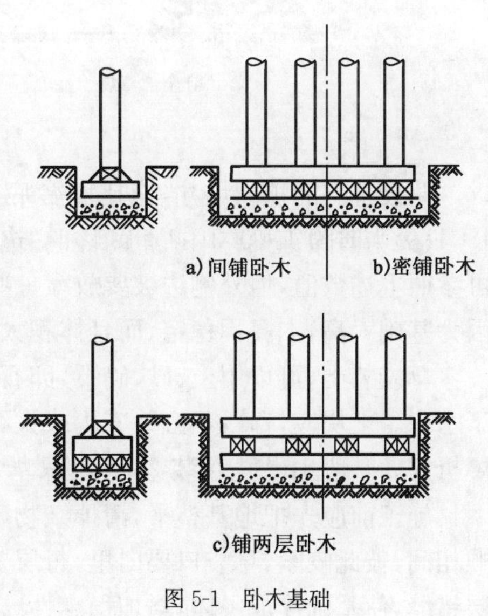

图 5-1　卧木基础

为了提高基础抗洪能力，可将地基下挖 1.5～2m 深，做好卧木基础，立好排架，在其上回填片石或卵石。

卧木基础施工简单，通常先将地基整平，夯一层厚 10～20cm 的碎石或卵石，就可以在上面铺卧木。施工时要注意控制高程（因排架高度已经固定）；卧木要顶平底实;扒钉要钉成八字形,这样卧木不易松动。

(二)片石基础

片石基础(图 5-2)是用片石或大卵石堆砌而成的基础。它分投石、干砌、浆砌三种。反轰炸抢修中,为了争取时间通常采用投石形式,或等通车后的维修时期,再用干砌或浆砌把基础四周围护起来。片石基础沉陷量较小,可用于浅水中,但坡脚太远,需用的片石多、阻水的面积大,所以基础高度受到限制,一般小于 2m。

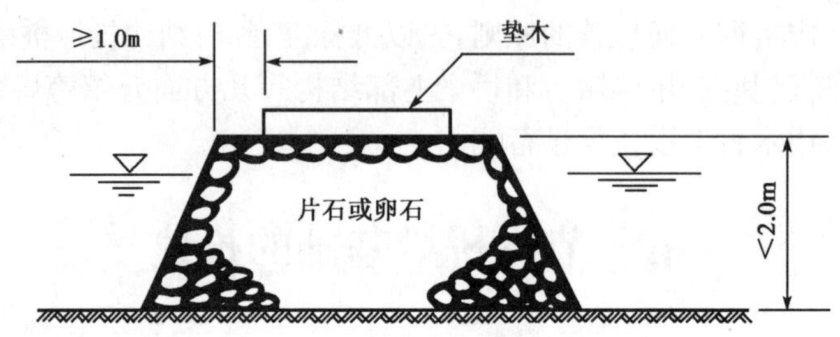

图 5-2 片石基础

片石基础的顶面尺寸,应比墩台底部垫木周边各宽 1.0m。其边坡坡度:抛投时为 1∶1,干砌时为 1∶0.5。

(三)草袋基础

草袋基础(图 5-3)是用草袋装土码砌而成的临时性基础。它又分为全部使用草袋和四周草袋拦边两种。后者可以节省草袋用量,但边坡较缓,增大阻水面积,同时因中间填土,沉陷量大,不宜用于有水基础。

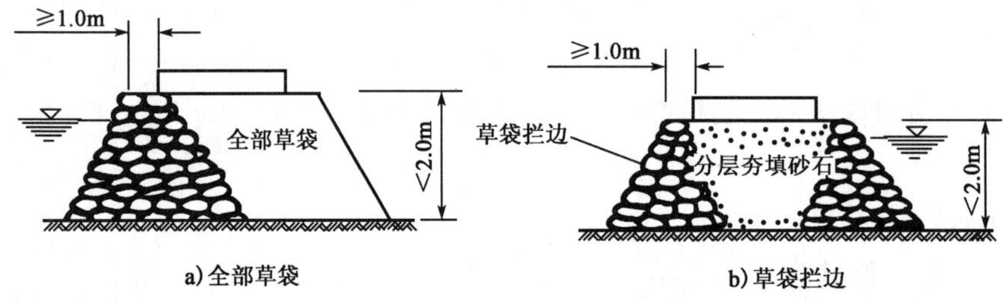

图 5-3 草袋基础

草袋基础的顶面尺寸,应比墩台底部垫木周边至少各宽 1.0m。其边坡坡度:有水时为 1∶1;无水时为 1∶0.3～1∶0.5。拦边草袋顶宽为 1～3 只草袋,砌成上小下大的梯形,边坡可参照上述数值,但外侧边坡要放缓一些,以免被填心土挤垮。草袋基础的高度一般小于 2m,因为基础太高,本身不稳定,而且体积太大,会堵塞桥孔过水。

草袋装土,可以用土、砂、碎石、卵石或它们的混合物,但土和细砂遇水后容易流失,不宜用于水中。土块应打碎,不宜装冻土或大石块。每只草袋一般只装 50%～60%,不必缝袋口,但要折好。一般 $1m^3$ 土可装 25～30 只草袋。

施工前应先把地基整平,清掉杂物,然后按设计尺寸和形状,分层码砌。码砌时,草袋要丁顺相间,彼此咬紧,草袋口要向里,每层要大致码平,码好后用砂石填缝。码上层时要注意和下层错缝,使基础连成一体,增加稳定性。四周用草袋拦边的作业方法与上述方法相同,但每砌好一层草袋即应填满一层土、石并夯实，再砌上一层，这是保证质量的关键。

二、笼石基础

笼石基础是用木料或钢料做笼，内填片石或卵石的一种临时性基础。它具有结构简单、抗炸性和稳定性较强、可渡洪水的优点；但阻水面积大，基底易被冲刷，洪水期常需在外围抛石围护。笼石基础也可以作为墩台基础的围护，用途较广，抢修中采用较多。

根据笼的用料不同，分为木笼和钢笼基础两种。

(一)木笼基础

用圆木或方木做成一个空的木框，中间填满片石或卵石，顶部铺上卧木，这种基础叫木笼基础。

木笼基础可用于无水或有水的河床上。当水深不超过 5m 时，采用单层木笼；水深 5～10m 时，采用双层木笼(图 5-4)；水深超过 10m 时，因其体积庞大，下沉不易则不宜采用。木笼也可以用于较软的地基上，但使用中因下沉量大，需随时起梁垫平木笼，加大维护工作量。

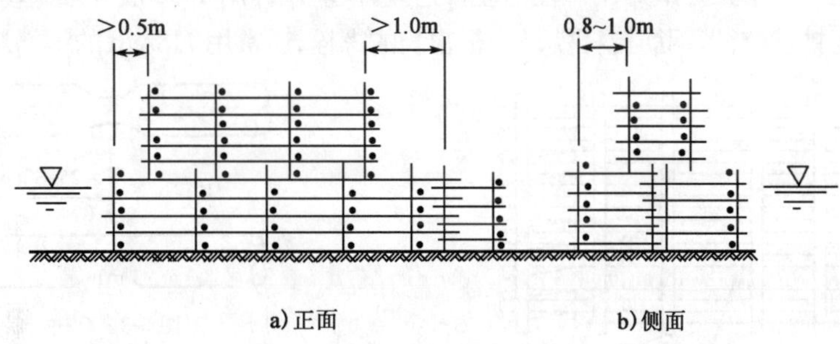

图 5-4　双层木笼基础

1. 木笼的种类

木笼可按其有底、无底，分为有底木笼和无底木笼两种。有底木笼是用木料或铁丝制成笼底，以便装石压木笼下沉。它多用于水深处。无底木笼需在顶部加压下沉，故只适用于浅水或无水处。

木笼又可以按其外形，分为无分水尖、一端有分水尖和两端有分水尖三种(图 5-5)。在无水或浅滩处，用无分水尖木笼；在一般流水处用一端有分水尖木笼；在急流或受潮水影响处，使用两端有分水尖的木笼。

当水的流向与桥墩斜交时，为了适应水流方向减少冲刷，应把木笼做成平行四边形或方形(图 5-6)。

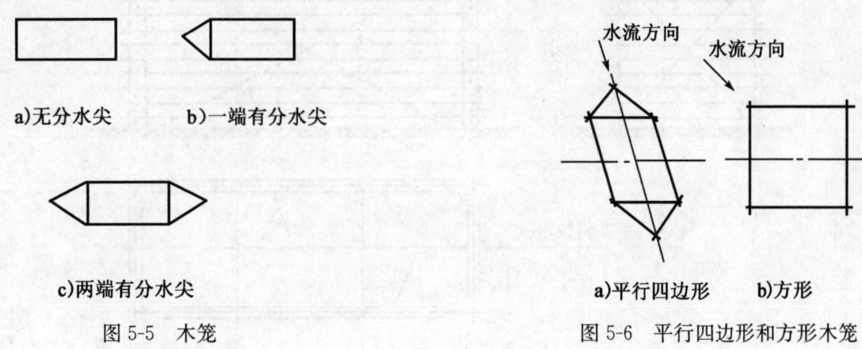

图 5-5　木笼

图 5-6　平行四边形和方形木笼

2. 木笼的构造

木笼由框杆、立杆和拉杆组成(图 5-7)。通常采用圆木,木材直径随木笼大小而异,小木笼用 10～15cm,大木笼用 15～20cm。如所备木料直径较大,可改成半圆木。框杆是木笼周围平放的木杆,它承受填料产生的侧压力,并框住填料,不让它漏出来。框杆都是一层一层叠放上来的,它们交叉处大都不加处理。但有时,为了减少框杆间的空隙和增强木笼的连接,亦有在交叉处刻槽的。刻槽有一面刻槽和两面刻槽两种,如图 5-8 所示。

立杆是木笼周围直立的木杆,它的作用是支持框杆,避免被填料挤鼓。所以,立杆(单根时)应放在框杆外侧。立杆分单根、双根两种。双根立杆用于分水尖和木笼拐角处,其余直段部分则每隔 2m 左右设置单根立杆一根(图 5-7),这种单根立杆都须配用拉杆,以拉住立杆。

拉杆的作用是拉住立杆,使其不被填料挤鼓,所以拉杆必须拉在立杆上。横拉杆的平面布置,如图 5-9a)所示,但木笼太宽时应增加纵拉杆或斜拉杆,以拉住上、下游侧的立杆,如图 5-9b)、c)所示。拉杆在平面上的间距应与立杆配合,在立面上的间距,一般为隔 1m 拉一道。拉杆可用木拉杆、铁丝拉杆或钢筋拉杆。木拉杆最好用螺栓与立杆连接;铁丝拉杆用 4～6 股 8 号铁丝,围绕两对应的立杆拉紧后便成为铁丝拉杆;钢筋拉杆就是一根很长的螺栓,通常用 ϕ18mm 的钢筋制成。

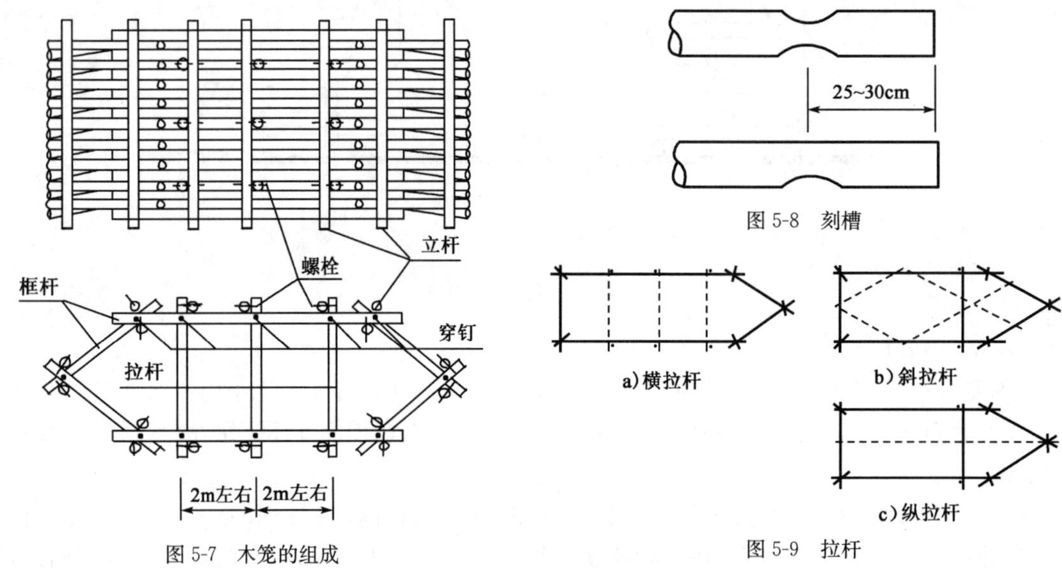

图 5-7 木笼的组成

图 5-8 刻槽

图 5-9 拉杆

较高的木笼,为了增加木笼的整体性,可在木笼四壁增加斜拉木(图 5-10)。这样处置后,可以防止木笼歪斜。

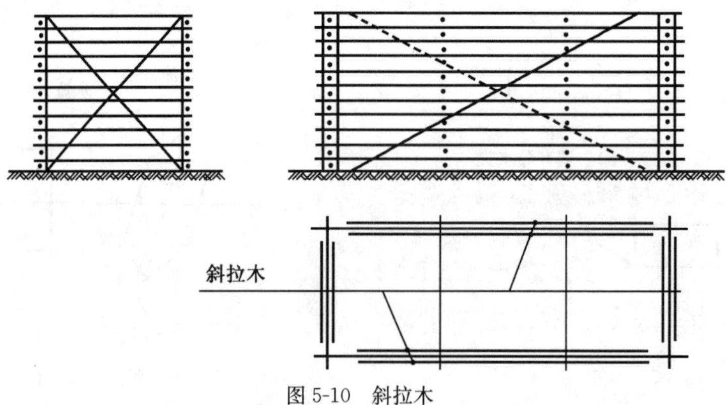

图 5-10 斜拉木

木笼的连接通常用 8 号铁丝或 ϕ10～16mm 的穿钉。这种连接方法简便，但重要部位或高大的木笼应以螺栓连接。纵横框杆应在每个交叉处用铁丝或穿钉连接(因铁丝不易绑紧，如用铁丝连接时最好加用一部分穿钉)。框杆与立杆应每隔 3～5 层用螺栓或穿钉连接一次。立杆与木拉杆最好用螺栓连接。

确定木笼的尺寸，应当考虑以下因素：河床地质的承载力，笼本身的稳定性，木笼上部墩台身的尺寸。一般情况下，如木笼不高，地质不是很差时，大都根据墩台身尺寸来确定，即木笼尺寸比墩台身底部尺寸每端各宽出 0.8～1.0m。木笼高度应高出水面 0.5m，但在矮桥中，也可用木笼作墩台身，即基础和墩台身同为一个木笼。

3. 木笼制作

在平地上，选好木料，按设计尺寸下料，然后把木杆按图纵横交叉地叠放起来，交叉处用铁丝或穿钉连接，组成框杆，木杆大小头应互相错开，使框杆保持水平；因框杆外侧有立杆，故遇弯曲圆木，勿使其凸向外侧；如框杆需要接长，应在接头处用立杆夹住，并用铁丝捆牢，接头相互错开。木笼的拉杆，应随木笼拼高一同连接在立杆上，使木笼连成整体。这样，框杆一层一层往上捆扎就制成木笼。

战时抢修，木笼可预先制作，使用时，用人力或机械运到现场安装。为了减轻木笼重量，便于搬运，木笼应分节预制。每节高度随木笼大小而异，一般为 1m 左右。上下节木笼的连接可以用铁丝将框杆绑住，或另用长立柱把各节木笼连接起来。

在应急抢修时，为了争取时间，浅滩部分木笼分水尖可以后加。即木笼先做成长方形，待通车后补加分水尖。

4. 木笼的架设

无水、浅水处木笼架设较简便，通常用人力抬运，如有吊车，亦可用吊车吊运。冰上下木笼可利用冰面作支撑，就地拼组木笼，凿开冰面，加石下沉；亦可利用冰面当滑道，将木笼拖到桥位，加石下沉。抢修中，困难的是深水木笼的架设。下面介绍几种常用的木笼架设方法。

(1)利用脚手下木笼

通常用于水深不超过 2m 处。脚手常用木马，木马上搭圆木组成平台，在其上拼组木笼，至高度超过水深后，撤掉圆木，使木笼下沉(图 5-11)。水深不超过 1.3m 时，木马可用人工搬运；超过 1.3m 时用船运送，至墩位处用人力拉下水。深水木马底部应加重物压重，以免木马浮起。

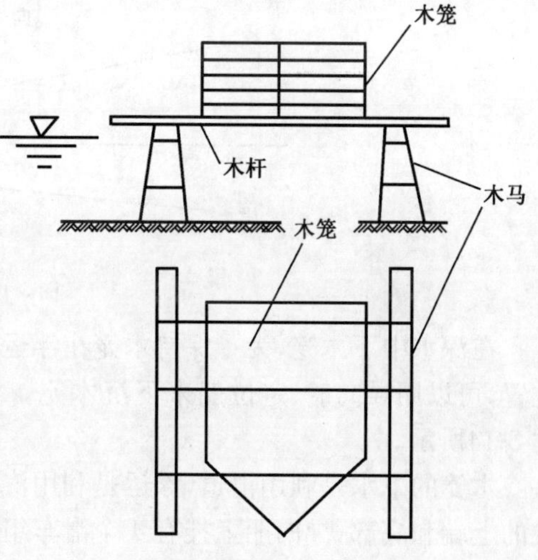

图 5-11　撤掉圆木，木笼下沉

(2)吊船下木笼

利用吊船将木笼吊至墩位处下沉。吊船的形式很多，图 5-12 所示是其中一例。两船分开的距离以能容纳木笼即可。在船后放 4 根 ϕ20cm 的圆木，用钢丝绳通过船底将船与圆木捆紧，使两船组成一体。圆木上搭 3 个平台，在其上立扒杆安装绞车，其起重能力应超过木笼重量。木笼可以在吊船上拼组，亦可在岸边拼组，利用别的吊车吊上船。吊船的就位可以用下面浮运中拦江绳的方法，亦可以用拖轮拖至桥位，然后抛锚利用锚来定位。

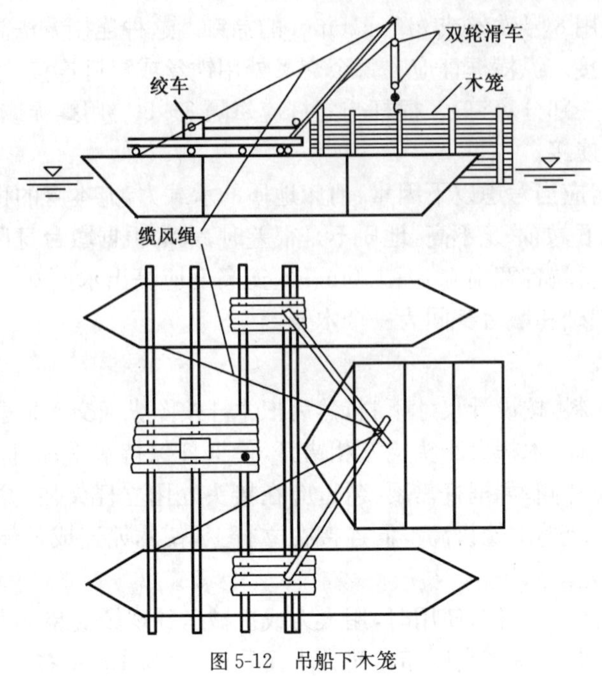

图 5-12　吊船下木笼

(3)浮运

利用水的浮力将木笼浮运至墩位下沉。其施工布置如图 5-13 所示。在桥位上游约 40m 处拉一根拦江绳,并挂滑车 1 个,两岸各设两部绞车。木笼顺拦江绳推下水后,用 ϕ12mm 钢丝绳与拦江绳上滑车及两岸绞车连接。利用绞车使木笼就位,投石下沉。钢丝绳用小船过江。

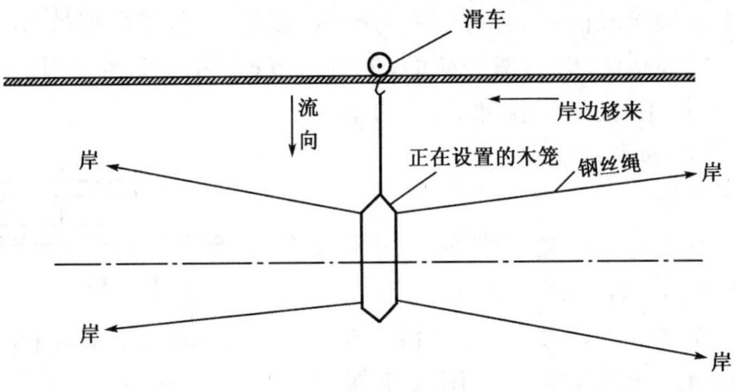

图 5-13　施工布置图

在深水中下木笼,为了保持木笼在浮运过程中的稳定,以及木笼在下沉过程中便于控制其位置,可以用导向船、定位船来下沉木笼。实践中,在水深 6m 条件下曾用过此法,其布置如图 5-14所示。

木笼的下水是利用滑道,浮运是利用汽艇推送。定位船上两根钢丝绳分别拴在木笼分水尖的上端和底部,导向船上挂有 4 个滑车组,吊住木笼的四角,所有这些都是用来保证木笼下沉位置的正确。

5. 木笼的填石

木笼填石时,大小块应搭配好,以减少空隙,但周围与底部应填大石块,以防冲走或漏出。抛投时,要防止打坏拉杆。在填到顶部时应用碎石找平,以便铺卧木。

如果河底不平,可用两种方法处理:一是先把河底用大石块填平,然后再下木笼;二是预先把河床断面测好，然后把木笼做成与河床断面相符合的形状，以适应河床断面。

为了便于木笼的下沉，以及防止木笼填石被冲走，可将铁丝网钉在木笼底部框杆上，或在木笼底部加底。

6. 木笼基础的加固

当木笼基础被炸坏或遭受冲刷时，一般可按下列方法加固：

(1)木笼上半部被炸坏时，可拆除被破坏部分，整平后，接高木笼或改立较高排架。

(2)木笼的一角或一边被炸坏，部分框杆折断，应先清除妨碍作业的石块，然后更换或拼接炸断的框杆，加填片石，原样修复。

(3)木笼被破坏较严重，大部分框杆折断或松散变形，原样修复有困难时，可另外套木笼，填石加固。

(4)木笼底部炸有缺口或被水冲空时，可先在木笼外侧抛填片石、草袋装石或铁丝石笼(流速大时)，随后撬动木笼上部填石，将石块撬下，填补空隙，并在上部加石找平。

(二)钢笼基础

钢笼基础是在实践中发展起来的一种笼石基础。它的结构基本与木笼相似，但是用钢料代替木料，用焊接代替栓接。与木笼比较，钢笼有以下的优点：①抗炸、防腐性能较好；②可以做成矩形，亦可以做成圆形，圆形钢笼内部无须拉杆，可以套在残墩外面，对于加固深水基础非常有利；③钢料强度较高，能承受较大的侧压力，故在同样水深条件下，钢笼尺寸较小，减少了阻水面积和片石用量。但钢笼亦有缺点，如圆形钢笼加工比较麻烦，并且自重较大，只能在墩位处拼组下沉或借助吊车安装就位。

钢笼按骨架材料不同分为钢筋笼、角钢笼等。

1. 钢筋笼基础

用钢筋做骨架的称钢筋笼，一般用于较矮的中小桥，既作为基础，又作为墩台身。骨架要用粗钢筋，直径不应小于 20mm，立筋间距为 1m 左右，围箍间距为 20～40cm，围箍间用 8 号铁丝编成网，网眼大小为 10cm，用以维护填石，勿使其漏出(图 5-15)。

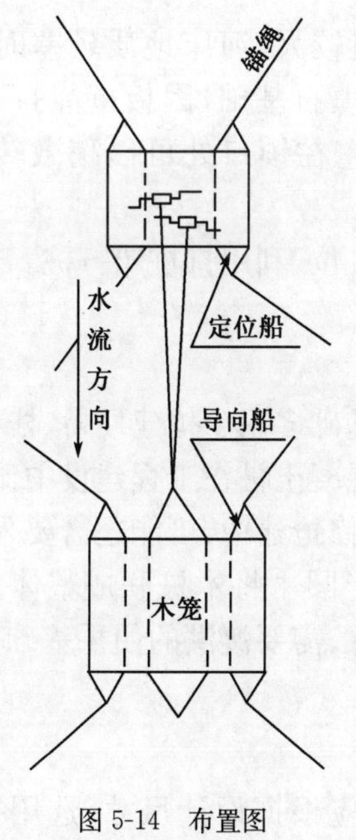

图 5-14　布置图

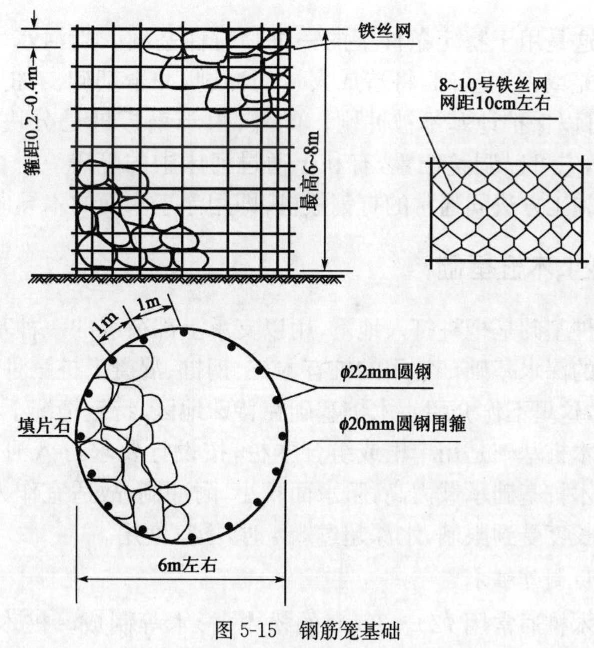

图 5-15　钢筋笼基础

钢筋笼大都分节预制，电焊连接。每节高 2m 左右。组装时用人力抬至墩位，下一节，焊一节，逐层接高。亦可用收台阶的方法(图 5-16)加高钢筋笼。

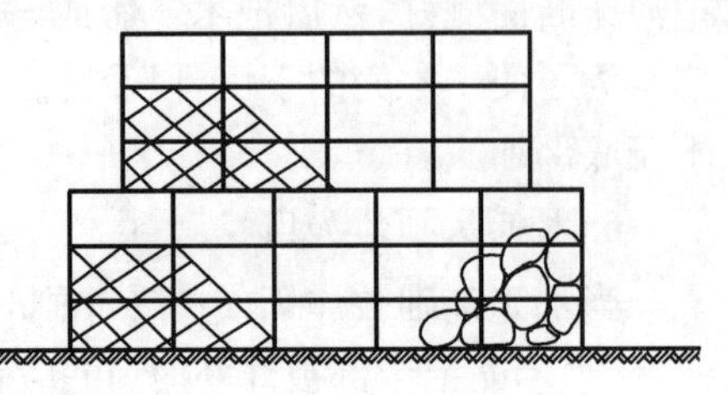

图 5-16　收台阶法

2. 角钢笼基础

用角钢做骨架的称角钢笼。抢修中常用的是 75×75 小型角钢。角钢强度比钢筋大，所以它的间距可再放大。通常立柱间距为 1m，围箍间距亦为 1m。矩形角钢笼还需加拉杆，每 1m 高设一层。为了便于编织铁丝网，围箍间尚应加一道钢筋围箍，以缩小其间距(图 5-17)。

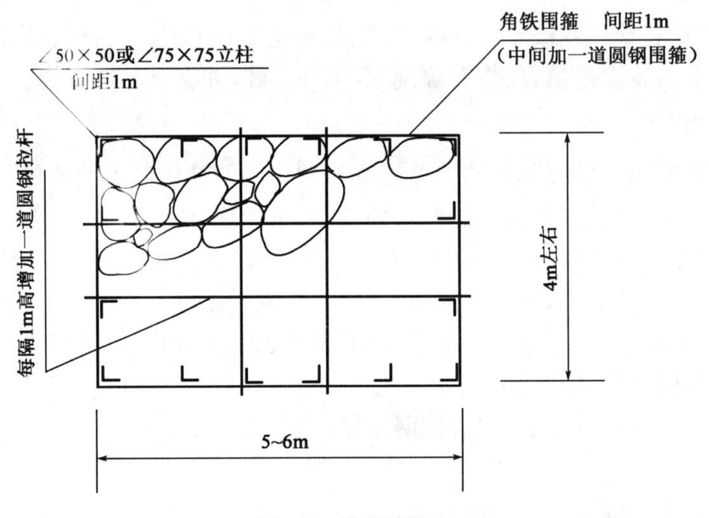

图 5-17　角钢笼基础

三、钢板桩填石基础

这是用于特定条件下的一种临时性基础。当河水较深，流速较大，河床地质较差时，如用木笼或钢笼基础，将造成大量的冲刷，冲歪基础。如用钢板桩填石基础，因板桩能打入地层，可以保护地基不被冲刷。此外，由于钢板桩是分块插打的，它在锁口处可以稍微转动，因此，它可以调整位置，有利于通过河床中的障碍。

施工方法同通常的打钢板桩，即用浮于水面的木导向环控制桩位，利用打桩船打桩。

四、木桩基础

桩基础是把桩打入地下，用以支承上部荷载的一种基础。桩基础多用于抢建便桥、栈桥及正桥的深水基础。常用的桩有木桩、钢桩、混凝土桩三种。钢桩、混凝土桩在工程建设中比较、常见，这里不作介绍。木桩基础在特殊地区、特定情况下的应急抢修抢建中，可能还需要采用。

木桩基础是用单根或组合木桩，按设计要求打入河床，再用半圆木将木桩联成整体的基础。木桩基础承载力高，阻水面积小，耐冲刷，故适宜作为地质松软、需要渡洪的便桥基础。但木桩长度受到限制，水深超过 5m 时，不宜使用。

1. 制作桩木

木桩通常用 ϕ20～32cm 的松木、杉木等制成。桩木的选择，应根据设计尺寸，选用挺直的、节疤少、无腐蚀、无空心、大小头直径相差较小的木料。如无大直径圆木，也可用 3～4 根圆木组成的组合桩(图 5-18)代替。桩木必须去掉树皮。

木桩的制作长度应比设计长度长一些，以便在打桩过程中桩顶损坏时可以锯掉。

桩尖应削成三棱或四棱锥形，其尖头应在桩轴线上。桩尖长度根据土质软硬而定：打入较松土层时，可为直径的 1～1.5 倍；打入较硬土层时，可为 2 倍。尖端宜为钝尖(图 5-19)；打入软土层时可用平尖；打入硬土或砾石、卵石层时，桩尖应安设铁桩靴(图 5-20)。

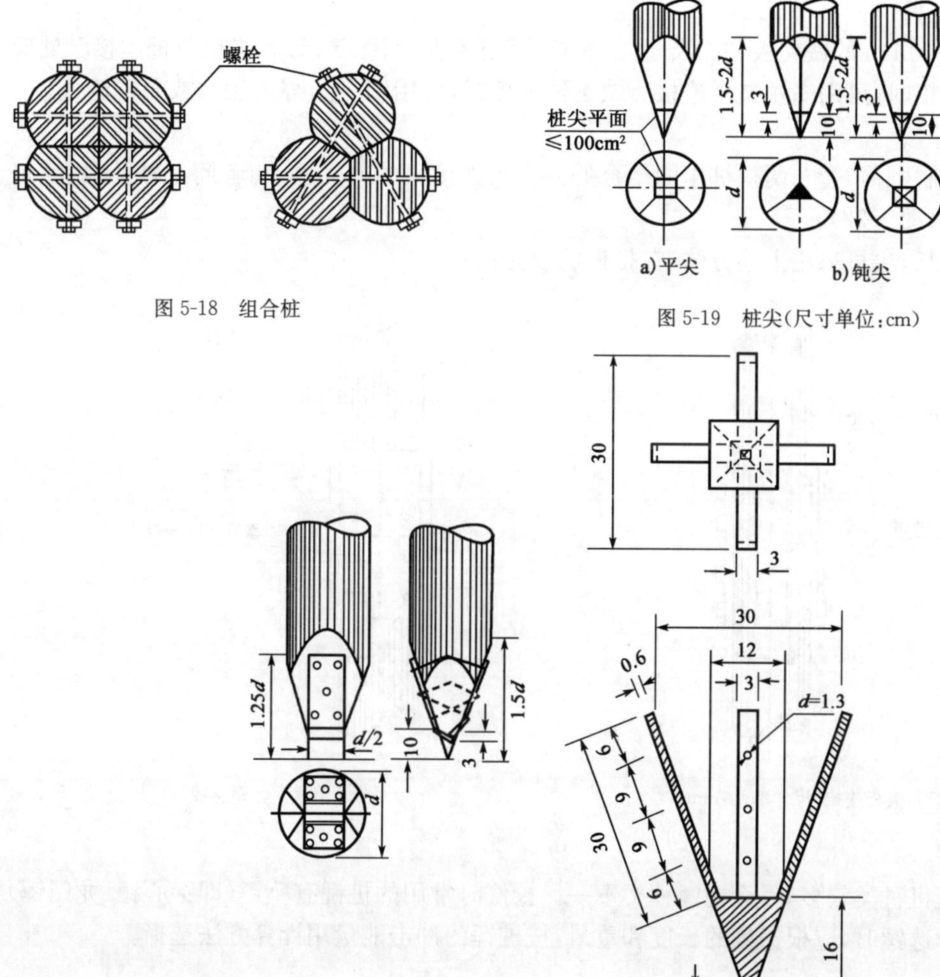

图 5-18 组合桩

图 5-19 桩尖(尺寸单位:cm)

图 5-20 铁桩靴(尺寸单位:cm)

桩顶应锯切平正，垂直于桩的轴线。木桩桩顶应加设铁制桩箍，其厚度至少为 8mm，宽至少为 50mm，箍的内径略小于桩顶，并且上小下大，略呈截锥形。安装时，桩顶周围应先削去少许，锤击箍紧。在缺乏桩箍的情况下，可用铁丝将桩顶缠绕长 40～50mm，将桩顶箍紧。

如使用带有窝形锤垫的柴油机锤打桩时，木桩顶不设桩箍，仅削成与锤垫套合的形状。如用穿心锤打桩，桩顶中央应凿一插桩钎的圆孔。

桩木制好后，应沿桩身以分米为单位，用油漆标明其长度，以便在打桩过程中计算桩的入土深度和沉入度。

2. 接桩

桩木不够长时，可在制作或打桩过程中，用同直径的圆木接长。接头是桩基中最薄弱的部位，其位置要求如下：①接头应在局部冲刷线以下至少 1m；②相邻桩的接头应上下错开，其错开的距离不应小于 0.75m；③在一个墩台中，同一水平面内(两接头的高差在 0.75m 以内均视为同一水平面)的接头数不应超过全部桩数的 25%。

接桩时最好采用对接，接头须严密，上下桩木的轴线应在同一条直线上。其连接法有：

(1)夹板连接

用 4 块厚 10mm 的铁夹板和 ϕ18mm 的螺栓，将桩木夹紧(图 5-21)。夹板与桩木接触处应削平。桩木较粗时，可用 6 块夹板连接。缺乏铁夹板时，可用 7.5cm 厚的硬木或角钢连接。

(2)套筒连接

用一段铁制圆筒，套在两根桩木的结合处。为增强接头的牢固性，在套筒上钻孔，用铁钉或回刺钉钉牢(图 5-22)。

组合桩接长，也可采用上述方法，在打桩前预先接好。

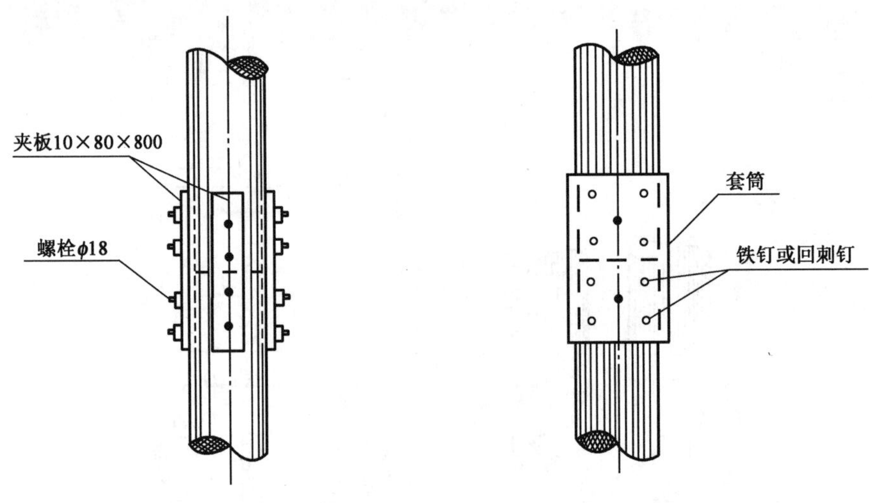

图 5-21 夹板连接(尺寸单位：mm)

图 5-22 套筒连接

3. 选桩锤

由于打桩机种类较多，因而桩锤种类不一。抢修时常用的桩锤有坠锤(即穿心锤、龙门锤)和柴油机锤。选锤时，应根据桩的长度和重量，按桩锤的冲击能量用计算方法选择。

4. 打桩架

柴油打桩机配有制式桩架。使用坠锤，应根据桩的长度和数量，就地拼组简易打桩架。

简易打桩架，通常用木料组成。常用的有三脚打桩架(图 5-23)、人字打桩架(图 5-24)和龙门式打桩架(图 5-25)等。三脚打桩架和人字打桩架，适于用穿心锤打桩。三脚打桩架使用灵活，宜于在斜坡上及地面不平处打 6.5m 以下的零星木桩，但每打一根桩须移动桩架一次。人字打桩架稳定性好，使用较广，适于打群桩和较长的桩。龙门式打桩架，结构较复杂，使用上不如以上两种灵便，多在打长桩和在船上打桩时采用。

5. 打桩船

深水中搭脚手架困难时，应根据情况组装简易打桩船进行打桩。

(1)船头安设打桩架的打桩船

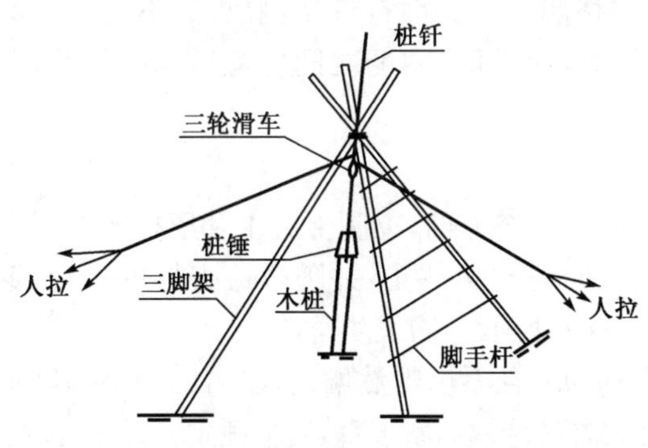

图 5-23　三脚打桩架

图 5-24　人字打桩架

根据桩排宽度和打桩方法，可组成窄距打桩船(图 5-26)和宽距打桩船(图 5-27)。

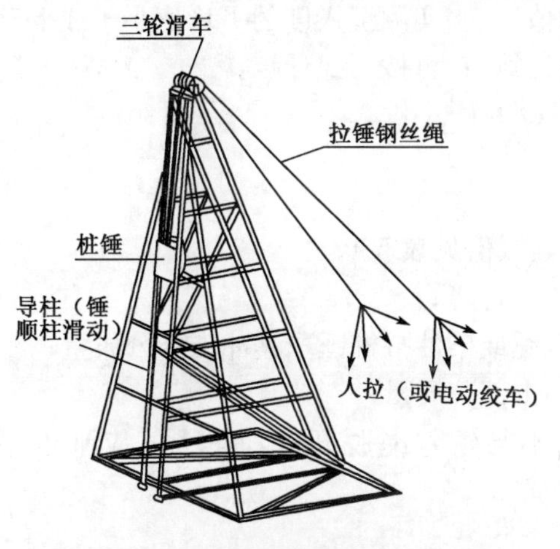

图 5-25　龙门式打桩架

图 5-26　窄距打桩船

窄距打桩船，每打一根桩，需移动船一次。打桩时，船身顺水流方向，受水流冲击的影响较小，容易定位，可用于急流中。但不能施打排桩间距小于打桩船宽之半的排桩。

宽距打桩船，每打完一排桩，移动船一次，适于打多排的桩基。但在打外侧桩时，因桩架压在船身一侧，容易倾斜，必须以平衡重调节。

(2)一侧安有打桩架的打桩船(图 5-28)

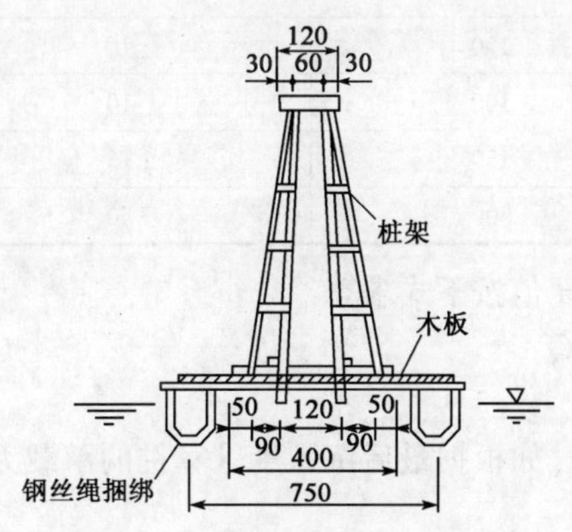

图 5-27　宽距打桩船(尺寸单位：cm)

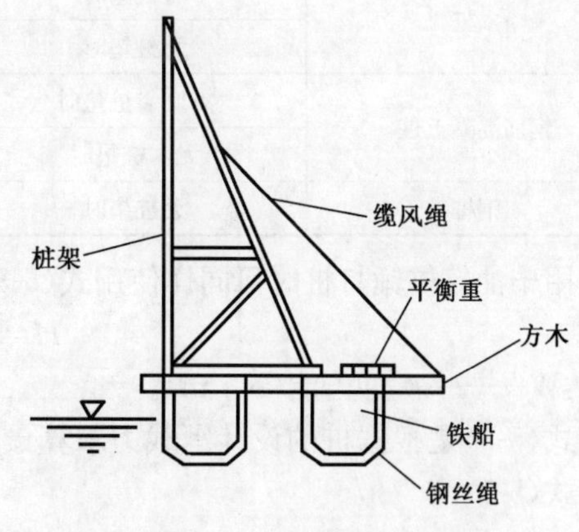

图 5-28　一侧安有打桩架的打桩船

打桩时，沿水流方向逐根施打，每打完一根桩须移船一次。因打桩架侧放，故不受桩排间距的限制，但船身偏重，倾斜较大。为了克服这个缺点，组船时，两船之间应有适当的间距，并须用平衡重调节。

6. 打桩注意事项

(1)桩要插准立直，若桩木略有弯曲，应使其弯向上下游方向，以利上夹木和压桩木。

(2)在打桩过程中，必须保持桩木正直，边锤击、边检查、边纠正，并随时检查打桩平台、钢丝绳、滑车、桩架、缆风绳等，发现有不正常情况，应及时处理，以防发生危险。

(3)用坠锤打桩时，头几锤的升坠高度不应大于0.5m，且不可骤然增高，以后的升坠高度不得超过2.0m，以免脱钎或打坏桩木。用穿心锤打桩时，桩钎要掌稳、掌直，使桩锤垂直锤击桩木。

(4)锤击时，应随时注意桩入土的情况，如有不正常现象，应立即停止锤击，及时采取措施。

(5)桩的入土深度达到设计要求时，应在锤击过程中，测量最后阶段桩的沉入度(坠锤为最后10锤的每锤平均值；机锤为最后1min每锤的平均值)。当实测沉入度的平均值小于或等于最后沉入度计算值时，即可停止打桩。最后沉入度的计算值，可按下式计算：

$$e=\frac{nQFH}{mP(mP+nF)}\times\frac{Q+K^2q}{Q+q} \tag{5-1}$$

式中：e——最后沉入度的计算值(cm)；

n——根据基桩材料和打桩方法所确定的系数，其数值见表5-1；

F——桩的横断面积(cm^2)，如系单根木桩应以中径计算；

Q——桩锤质量(kg)，坠锤取其全部质量，单打汽锤或柴油打桩锤取其冲击部分质量；

q——桩的质量(kg)，包括送桩、桩帽及桩锤非冲击部分质量；

H——落锤高度(cm)(用钢丝绳吊锤，落下时，不与钢丝绳脱开者，其H值应乘以系数0.7～0.8)；

P——桩的安全承载质量(kg)；

m——安全系数，临时建筑物用1.5，永久建筑物用2；

K——锤击系数，铁锤打木桩、木送桩或木桩帽时，$K=0.45$，$K^2=0.2$。

根据基桩材料和打桩方法所确定的系数 表5-1

桩的材料	打桩方法	n	
		N/cm^2	kgf/cm^2
木桩	有桩垫时	80	8
	无桩垫时	100	10
钢筋混凝土桩	有麻袋桩垫时	100	10
	无木桩垫时	150	15
钢桩	无桩垫时	500	50

用柴油打桩锤打桩时可同样使用式(5-3)，只有H值按下式求算：

$$H=1\,000W/Q \tag{5-2}$$

式中：W——一次冲击能(N·m)。

式(5-3)是根据桩的设计承载力求算最后沉入度，如根据最后沉入度求算桩的承载力，则可用式(5-5)。

$$P=\frac{1}{m}\left[\frac{nF}{2}+\sqrt{\left(\frac{nF}{2}\right)^2+\frac{nFQH}{e}\times\frac{Q+K^2q}{Q+q}}\right] \tag{5-3}$$

符号意义同上。

式(5-3)、式(5-5)宜在不超过下列限度时应用：

(1)$\frac{mP}{F} \leqslant 700\text{N/cm}^2$；

(2)使用坠锤或单打汽锤时，$h \leqslant 0.04H$，h 为锤击时锤的反跳高度(cm)；

(3)$e \geqslant 1 \sim 2\text{mm}$。

7. 打桩过程中异常现象的处理办法

(1)在锤击过程中，如桩发生歪斜，可边锤击、边用木棍撬正或用绳索拉正。

(2)桩入土达一定深度，突然停止不进，锤击时发生异声和跳动现象，说明桩木遇到障碍物，如大块孤石等。若桩的入土深度相差较多时，可采用草袋片石或木笼围护，或增打加桩；若接近设计要求时，可不再继续锤击，作为有效的基桩使用。

(3)打桩遇到硬土层或砂卵石层，桩入土进度极缓时，可采用高锤硬打，或改换重锤施打，但须防止桩身被打裂。

(4)桩屡打不进，稍后，又突然下沉较快，并产生倾斜现象时，多由于桩被打断所致。可根据情况，拔出断桩，换新桩移位重打，或在断桩旁边补打一根桩加强。

8. 桩木的连接

当桩木打完后，应用半圆木将各桩木联成整体。若桩木不在一条线上，而略有错位，可用倒链滑车等校正桩位，然后上夹木联结，锯平桩顶，再上压桩木。桩木的水下联结，需由潜水员在水下操作，往往不易保证质量。最好采用外套木笼或钢笼，以代替水下联结系，虽阻水增大，但稳定性较强，又可提高抗炸能力。

9. 木桩基础破坏后的加固

(1)嵌补法

桩木炸伤，伤痕的深度超过桩直径的 1/3，而小于 1/2 时，可将伤口锯成缺口，嵌入同样大小的木块，用扒钉钉牢(图 5-29)，也可改用木夹板或铁夹板用螺栓将嵌补处夹牢。

(2)截接法

桩木伤痕的深度超过桩直径 1/2 或炸断时，可将伤痕以上的一段桩木锯掉，改换一段新桩木，用夹板和螺栓与原桩木连接牢固。如相邻两根或多根桩木断裂时，可将断桩按同一水平面锯齐，上加横木，横木上再安立柱(图 5-30)。

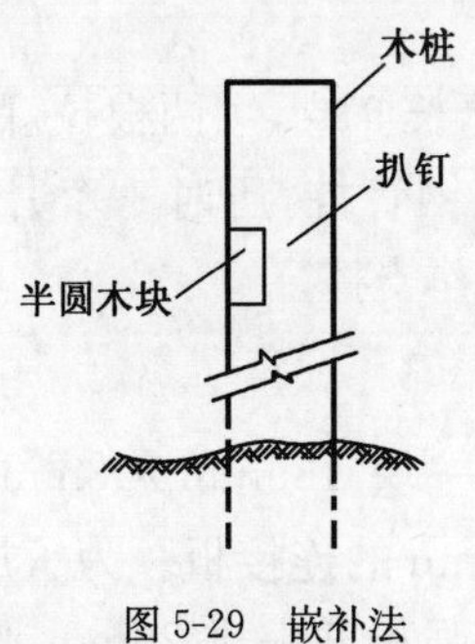

图 5-29　嵌补法

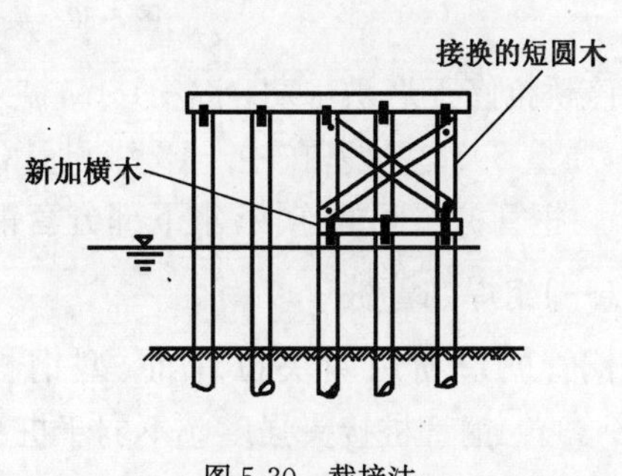

图 5-30　截接法

(3)补桩法

断桩在水面下，无法截接时，可在断桩的前后各打一根桩，上安短横木，用短横木托住压桩木(图 5-31)。

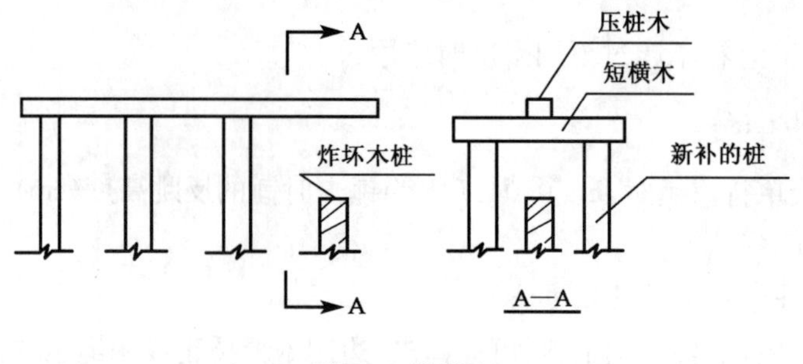

图 5-31　补桩法

五、钢管桩基础

钢管桩基础是深水基础的一种形式。在抢修桥梁时，遇到水深超过 10m、覆盖层很厚的河流，可采用钢管桩作基础。钢管桩有圆形钢管桩和用各种型钢组成不同断面形状的型钢组合桩。圆形钢管桩系利用工厂制造的焊接钢管，工地不需加工；型钢组合桩则由工地利用既有的型钢加工改制。

下面以实践中某正桥抢建实例介绍钢管桩构造与施工(图 5-32)。

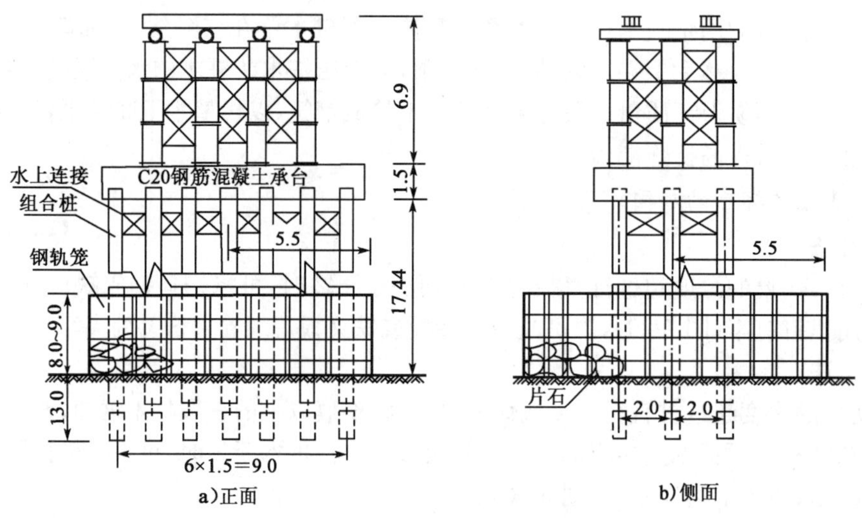

图 5-32　某正桥抢修实例(尺寸单位：m)

该桥抢修正遇洪水期，水深 18m，桩入土深 13m，每根桩总长 31m，用两根拉森Ⅲ$_A$钢板桩组合，质量 3.5t。墩基按中—13 级设计，一个墩共打了 21 根钢管桩，历时 1 个月，用钢板桩 550m。钢管桩之间的连接，水下部分套钢笼，水上部分用角钢作支撑。

(一)组焊钢管桩

钢管桩系利用两块拉森Ⅲ$_A$型钢板桩制成，每侧各用一块 135mm×8mm 钢板焊接(图 5-33)。钢管桩接头强度应不弱于桩身，故用了 8 块厚 14mm 的连接板。为了加强桩顶和桩尖，在该两处都加焊了 250mm×12mm 的加强板，桩尖处加强板并缩进 20mm，使桩尖钢板略成楔形，以利打入河床。

钢管桩系在平台上焊成，组焊时，为固定钢管桩位置，每隔 3～4m 上打一道夹紧器，如图 5-34所示。

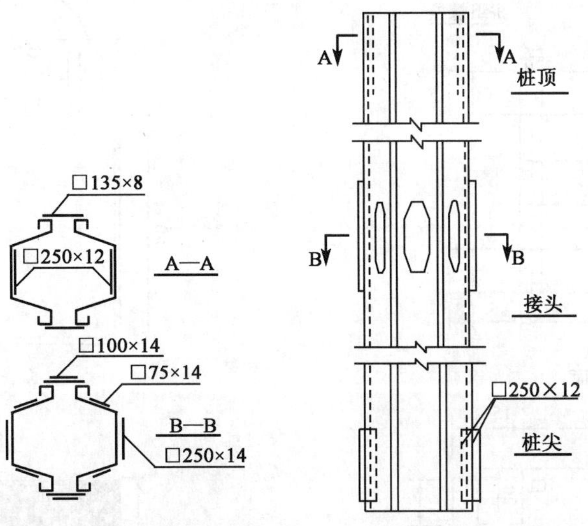

图 5-33 组焊钢管桩(尺寸单位:mm)

(二)组拼打桩设备

1. 桩锤和桩帽

钢管桩是用电动绞车带动 1.5t 坠锤施打的。坠锤系工地自制,有铸铁组合桩锤(图 5-35)、焊桩锤(图 5-36)两种。铸铁锤可以分块搬运,运输较方便,但拼组螺栓和耳朵容易损坏,不如钢锤坚固。

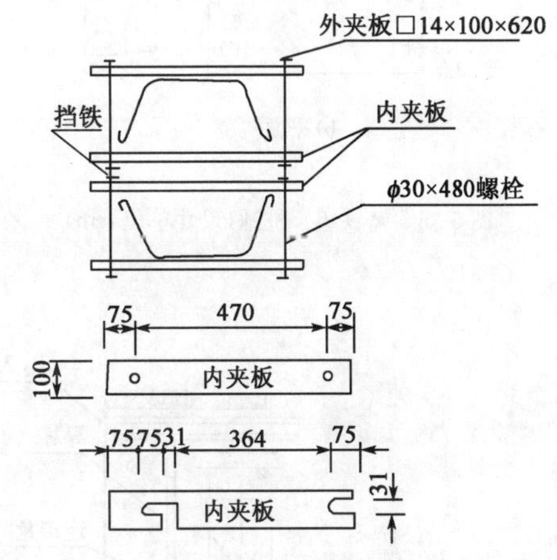

图 5-34 夹紧器(尺寸单位:mm)

2. 打桩船

打桩船用 8 只 K-C_3 浮箱组成(图 5-37),浮箱上立排架,架工字梁组成龙门架,龙门架上安装两台轻型台车用以吊挂桩锤,进行打桩(两根桩可以同时施打)。导杆用两根 43kg 钢轨制成,悬挂在工字钢梁下,桩锤沿导杆移动,借以保持锤的正确移动方向。水下挂有稳桩架一个,用以稳桩。稳桩架用型钢拼组(图 5-38),用螺栓悬挂在浮箱上,船移动时,如桩挡碍,只需松开支撑角钢,将稳桩架提起即可。船头尚装有一组扣轨梁,用枕木垛加高(运桩船要在扣轨梁下通过),扣轨梁上挂有一组滑车,作为吊桩时的下吊点。

3. 运桩船和溜桩船

因水比较深,第一节钢桩较长且质量较大(15～21m,质量 2～2.6t),故需要用特设的运桩船运桩。运桩船用 8 只铁皮船拼组(图 5-39),一次可运两根桩。运桩时船要进入打桩船的空当,为防止碰撞,在墩位上游处设一只浮箱,作溜桩船。运桩船到墩位后,利用浮箱作锚,挂上钢丝绳,就可以控制运桩船,使其平稳地进入空当。

(三)打桩

1. 打桩顺序

打桩从下游开始,每排 3 根桩,先打中间一根,再打两侧,以保证平行作业。打完一排后再移船打上游一排。运桩船从打桩船上游空当中进入,互不干扰。

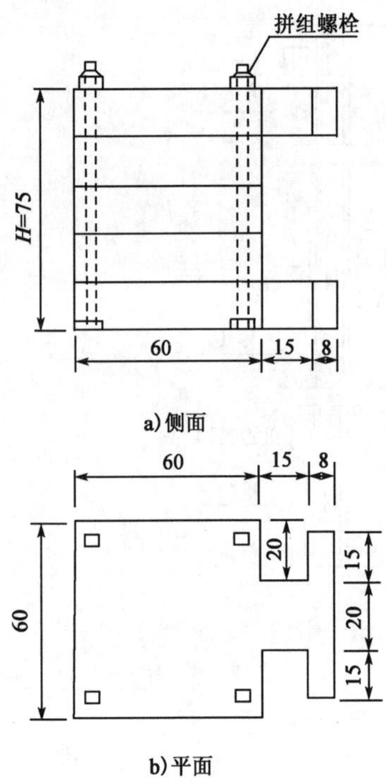

图 5-35 铸铁组合桩锤(尺寸单位:cm)

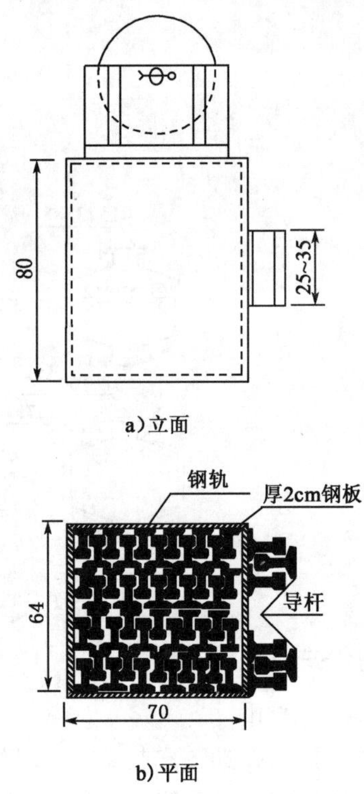

图 5-36 焊桩锤(尺寸单位:cm)

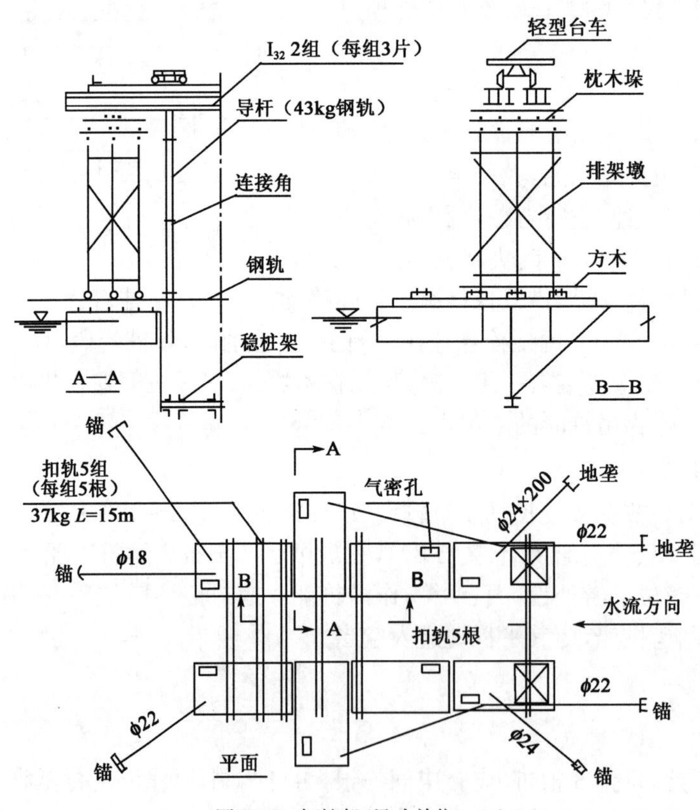

图 5-37 打桩船(尺寸单位:mm)

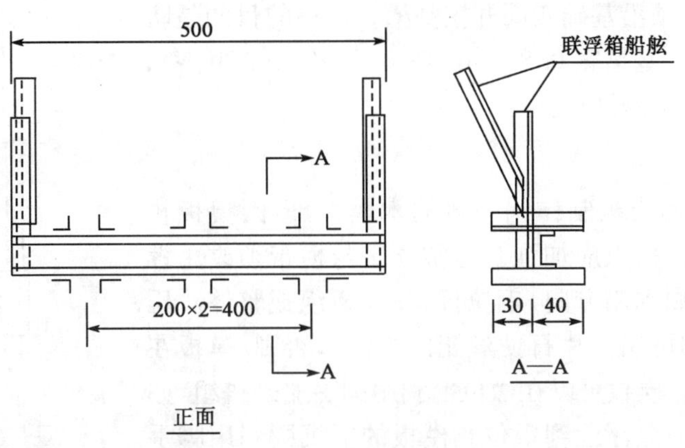

图 5-38 稳桩架(尺寸单位:cm)

2. 吊插桩

第一节钢管桩较长,要用两个吊点起吊。钢管桩上焊有吊点两处,如图 5-40 所示。下吊点用打桩船前端扣轨梁的滑车组起吊,上吊点则利用龙门架上的滑车组起吊。钢桩吊起后,要用溜绳溜梢,使其慢慢竖直,当桩靠上稳桩架对好位置后,即可插入河床。

其余各节钢管桩较短,可以用一个吊点起吊。

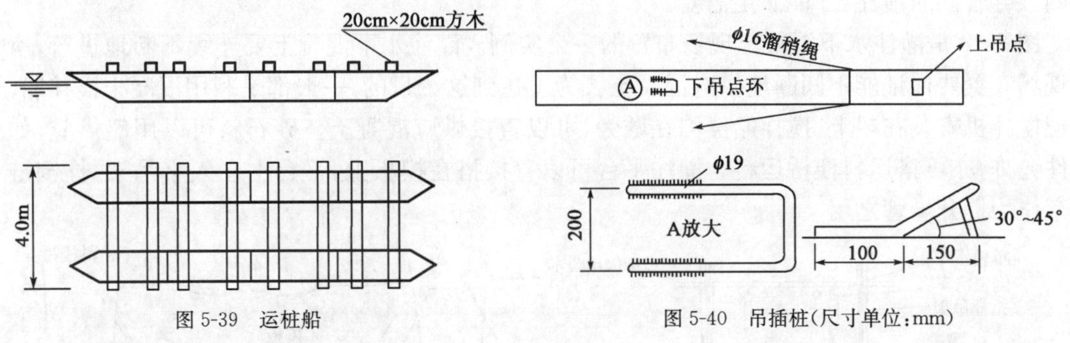

图 5-39 运桩船

图 5-40 吊插桩(尺寸单位:mm)

3. 打桩

坠锤用 DJ11.4 型(1t)电动绞车带动,打桩的方法同一般的打桩,不再赘述。打桩速度由接头电焊控制,一个接头焊缝总长 6m,用两把电焊钳同时施焊,约需 2h。平均速度为每天打 1 根桩。

打完一两排桩后尚需用高压水在桩内冲洗,清除淤泥,直到排出清水为止;然后再灌水下混凝土,将桩身填满。

六、水下混凝土基础

水下混凝土基础是一种清基和灌注混凝土都在水下进行的基础。它适宜用于中等水深、流速较缓、河床地质较好、不易冲刷的河流。

它的施工步骤分为清基挖槽、水中下模板、灌注水下混凝土三部分。

(一)清基挖槽

清基是将基础部位的软弱层清除,通常用空气吸泥机来进行。

吸泥机由泥浆混合器、排泥管、高压风管三部分组成(图 5-41)。空气吸泥机依靠管内泥浆混合体与管外水的压力差来吸泥，故水愈深，吸泥效率愈高。

泥浆基本清除后，须沿基础四周开挖基槽。挖槽的目的是防止基础沿河床面滑动。基槽宽 0.8～1m，深 0.2～0.4m，由潜水员用风镐、风钻和水下爆破开挖。

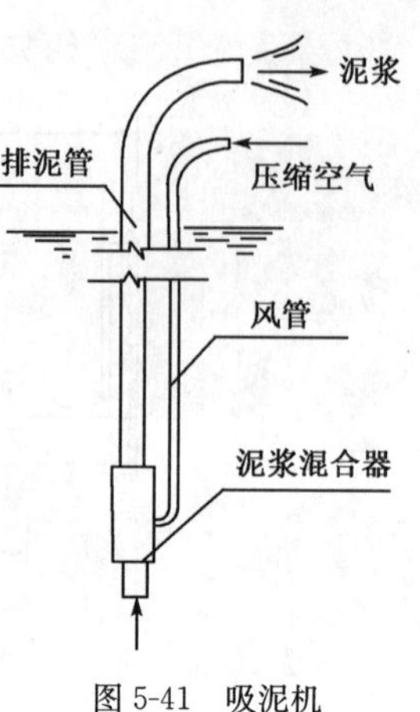

图 5-41　吸泥机

(二)水中下模板

水下混凝土基础的模板制作同一般的木模板，但因模板较高，并需整体起吊，故连接点应加强。通常立带与横带须改用螺柱连接，并增加横向(顺水流方向)钢拉杆，使模板组成整体。压重应加在模板底部(亦可用挂片石铁丝笼的方法)，否则，模板在下沉过程中容易翻倒。模板可以在墩位上利用脚手船来拼组，亦可在岸边拼组后用导向船浮运到墩位。模板的下沉则利用脚手船或导向船上的吊架来进行。

模板与河床面接触不会严密，所以放下模板后，尚需由潜水员沿模板四周码一圈草袋，将缝隙堵好。模板顶部四角尚须用钢丝绳拉住，防止被水流冲动。

(三)灌注水下混凝土

一个基础需要几根导管，导管高出水面的高度应经过计算来确定。导管数量不够，高度不足，都会影响混凝土的扩散，甚至会卡住管口，不能继续灌注。通常一个 4m×7m 的基础，需要两根导管同时灌注，才能满足需要。

图 5-42 是灌注水下混凝土现场布置的一个实例。灌注水下混凝土要连续不断地进行，所以现场布置要保证能不间断地供应混凝土。为了达到这个目的，一般都是利用混凝土搅拌船，即把搅拌机安装在船上，搅拌船停泊在墩旁，可以直接供应混凝土。砂石料可以用船供应，如条件允许，亦可搭运料便桥运料。灌注平台可以直接搭在模板上，平台上立人字吊架，挂倒链滑车作为提升导管之用。

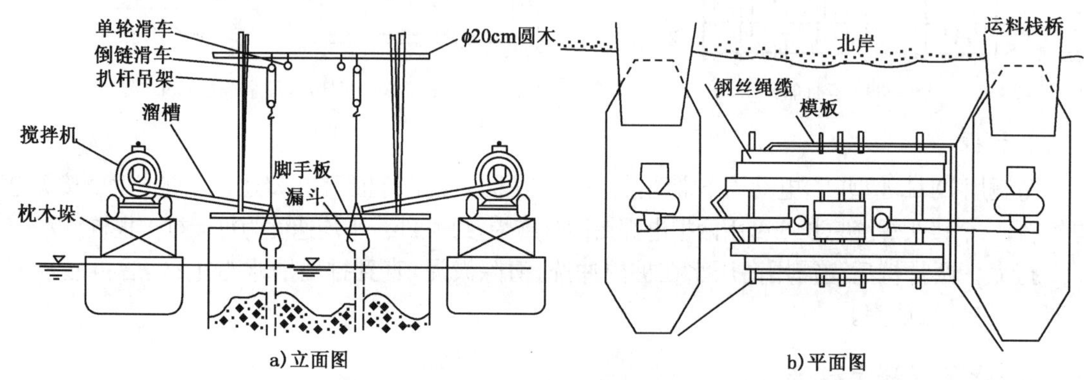

图 5-42　灌注水下混凝土现场布置实例

七、钢板桩管柱基础

利用钢板桩作为外壁，水下混凝土作为填心的管柱叫钢板桩管柱，用这种管柱作基础即钢板桩管柱基础。钢板桩管柱直径大(可以做到 3～4m)，稳定性好，所以在水很深，而覆盖层又薄的河段上，为了保证基础的稳定性，有时要用这种基础。与钢管桩基础相似，它亦具有消耗钢料多、工期长的缺点。基于实践，采用钢板桩管柱抢修某墩的施工过程介绍如下：

(一)拼组钢板桩管柱

钢板桩管柱直径为3.57m,长22m,用28块拉森III_A型钢板桩围成。管桩内有6道支撑骨圈,骨圈用∠100×100角钢弯制,用电焊连接,骨圈外形须按照管柱内径尺寸做成一个28等边多边形(图5-43),尺寸要求准确,否则钢板桩与骨圈不易密贴,不好连接。骨圈与钢板桩的连接在第一道用螺栓,其余5道因在水下,不易拆卸,故用点焊连接。当打桩时,由于桩锤的锤击,可以将焊缝震脱。

管柱须在预拼场拼组。场地应选在进料、上船方便,地势平坦,不受洪水影响的岸边。场地布置如图5-44所示。

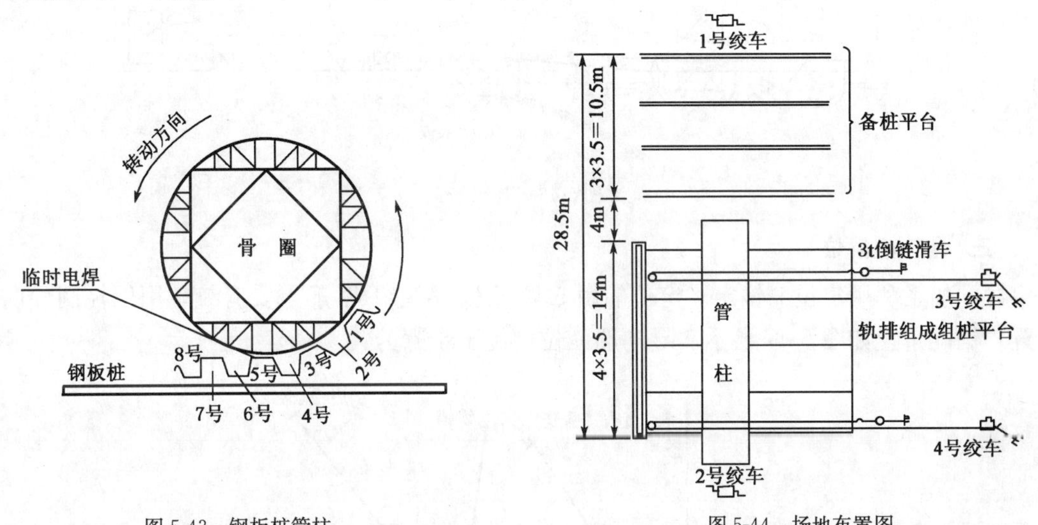

图5-43 钢板桩管柱

图5-44 场地布置图

钢板桩锁口应先调直、涂油,堆置在备桩平台上;利用1号、2号绞车在组桩平台上穿插好1～5号钢板桩;用木三角架吊立6道骨圈,并用电焊将骨圈与插穿好的钢板桩连上;利用1号、2号绞车的牵引,继续穿插6号以后的钢板桩,边穿插边滚动骨圈(用3号、4号绞车)直到合拢。合拢尺寸与板桩尺寸不合时,可将钢板桩纵向割并,分别插入两侧的钢板桩中,再用钢板条将断缝焊住。

(二)管柱上船

一根管柱质量40t,故需要用导向船来运输(图5-45)。导向船用两只120t铁驳组成,船上立有六五式军用桥墩拼组的龙门吊架两座,承托管柱的垫梁两根,各种绞车8台。

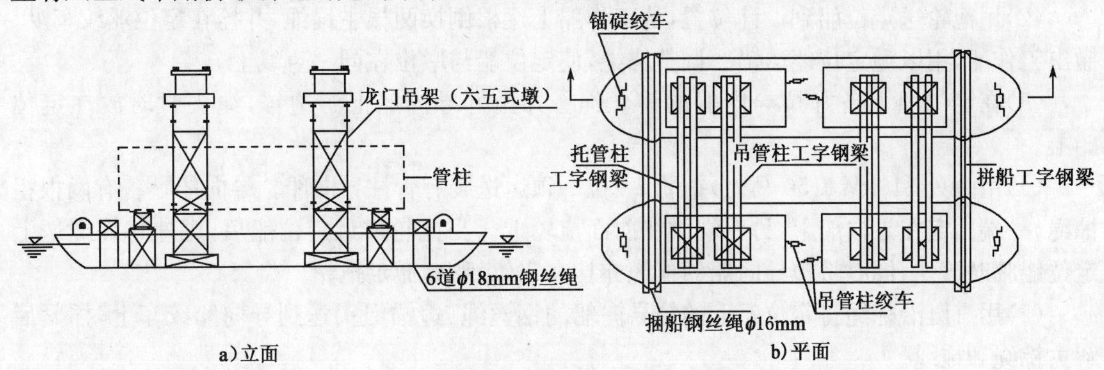

a)立面 b)平面

图5-45 管柱上船

管柱系利用绞车横向拖拉、滚动上船。导向船上绞车作牵引，岸上绞车作溜梢(图 5-46)，钢丝绳一端拴在牵引绞车上，绕管柱数圈后，再将另一端拴在溜梢绞车上。上船时，紧牵引绞车，松溜梢绞车，即可带动管柱，慢慢上船(靠岸侧龙门架须待管柱上船后，才能拼组)。

上船的下滑道系用工字钢纵向铺成，跳板梁则用 55 号工字钢组成。

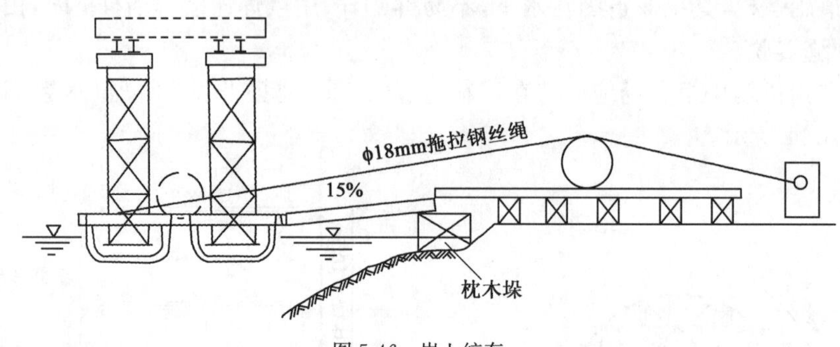

图 5-46　岸上绞车

(三)导向船就位

导向船系利用定位船锚定。定位船由 5 只 K-C_3浮箱组成，船上安有绞车用以控制导向船位置。锚碇布置如图 5-47 所示。导向船就位的施工步骤为：

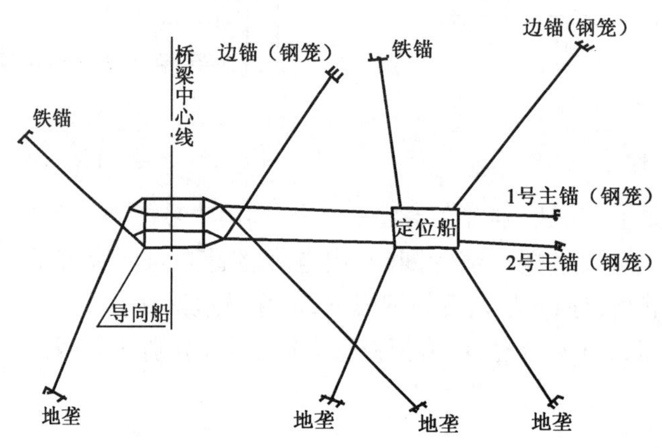

图 5-47　锚碇布置

(1)用抛锚船抛好 1 号、2 号主锚，绳头留在工作船上。

(2)用拖轮送定位船到设计位置，从工作船上逐根倒换两根主锚绳，并拴在定位船绞车上。撤出工作船，用以抛定位船边锚。调整锚绳，使定位船与墩位在同一直线上。

(3)在定位船上备好拉导向船的钢丝绳。并抛好导向船上游边锚，绳头暂时放在定位船上。

(4)用两只 110kW(150 马力)拖轮，一拉一顶运送装有管柱导向船。导向船上备有两根粗棕绳，一端固定在导向船上，另一端放在前面拖轮上。当拖轮靠近定位船后，迅速将棕绳送上定位船临时拴住，同时将拖导向船的拖缆亦挂在定位船上，撤走拖轮。

(5)用汽艇沿棕绳将定位船上的拉导向船的钢丝绳、边锚绳头送到导向船绞车上，摇紧后解去棕绳和拖缆。

(6)抛导向船下游边锚，引上绞车，并调整各锚绳，使导向船就位，完成导向船定位工作。

(四)下管柱

导向船就位后,下一步工作是下管柱(图 5-48):

(1)事先在距离管柱底端 3m 处用钢筋焊两个环,钢丝绳兜柱身半周,穿环而过,将两绳头固定在定位船绞车上。

(2)先起吊下吊点,将柱脚吊起,移开垫梁,慢松钢丝绳,放下柱脚。上吊点(吊管柱头)可视情况适当下放,使柱顶不碰横梁为限。

(3)继续慢松下吊点钢丝绳,使管身在水中垂直。然后松开导向船锚绳,移动导向船,当管柱中心正对测量中心的垂球时,快松上吊点钢丝绳,放管柱沉底,靠自重插入河床,直到不再下沉为止。由潜水员下水解开下吊点钢丝绳,结束下管柱工作。

(4)下沉管柱时,上吊点横梁受到很大的水平拉力,为保证横梁不在水平方向弯曲,应在相反方向拉缆风绳,用倒链滑车收紧。

(五)打钢板桩

利用导向船做平台,立木桩架,配一台电动绞车和 500kg 的坠锤打钢板桩(图 5-49)。

(1)先切除管柱顶端第一层骨圈,以便单片板桩戴帽打桩。

(2)在管柱周围先对称地打几块板桩作定位桩以固定管柱。此时吊架滑车组尚处于受力状态,可用来调整管柱,保持管柱的正直。

(3)定位桩打好后,就可以解开吊管柱的千斤绳,继续打桩,直至打完。如板桩一次打不到设计高程,可待吸泥清基后补打,这比一次打到要求深度要快。

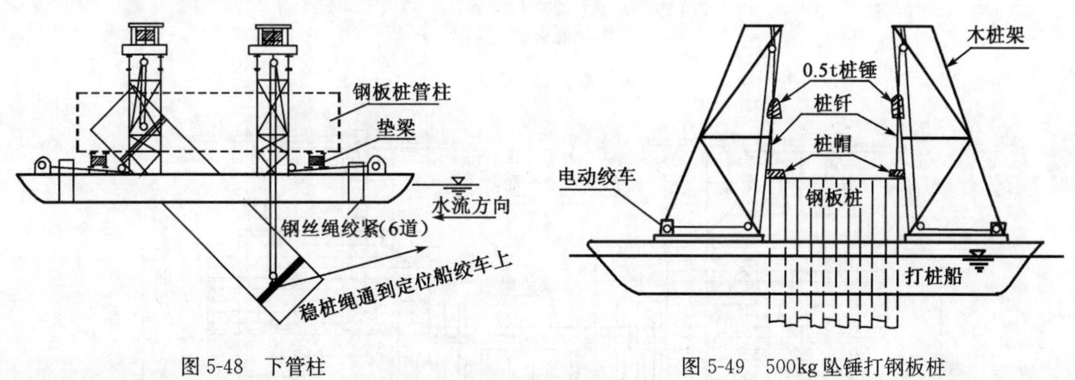

图 5-48 下管柱　　图 5-49 500kg 坠锤打钢板桩

八、预沉式浮墩基础

预沉式浮墩是利用预沉设备,先向浮箱施加压力,使它预沉一定深度,产生向上的预浮力。由于预浮力的作用,故车辆上桥或水位变化时不会引起浮墩的升降,避免了一般浮墩使用上的缺点。但这种基础设备复杂,工序烦琐,易炸难修。

(一)浮墩的结构

预沉式浮墩由浮箱、墩身、预沉设备和锚碇设备等四个主要部分组成。浮墩布置如图 5-50所示。

1. 浮箱

浮箱的本体由 14 个 K-C_3浮箱拼组而成,尺寸为 14.4m×25.2m,高 1.8m,自重 1 050kN,联结系重 80kN,共重 1 130kN,总浮力(浮箱全部沉入水中时)为 6 300kN。浮箱顶部设有支承墩身的垫梁，控制锚绳和起落钢梁的绞车，如图5-51所示。

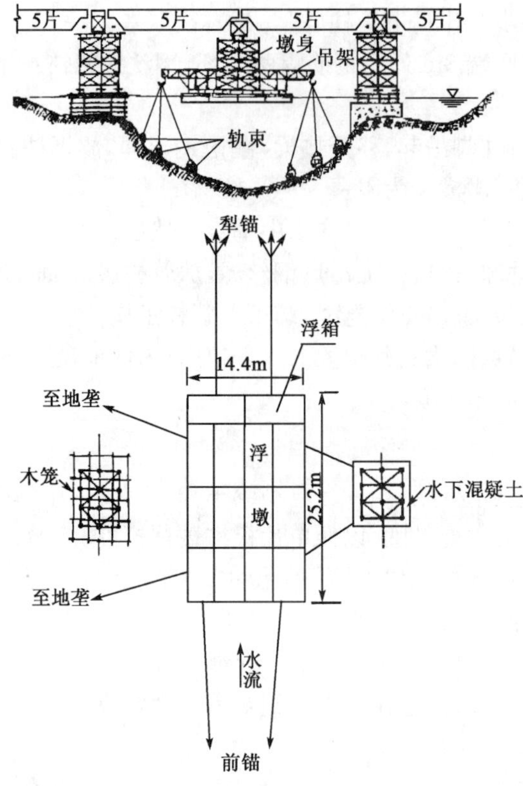

图5-50 浮墩

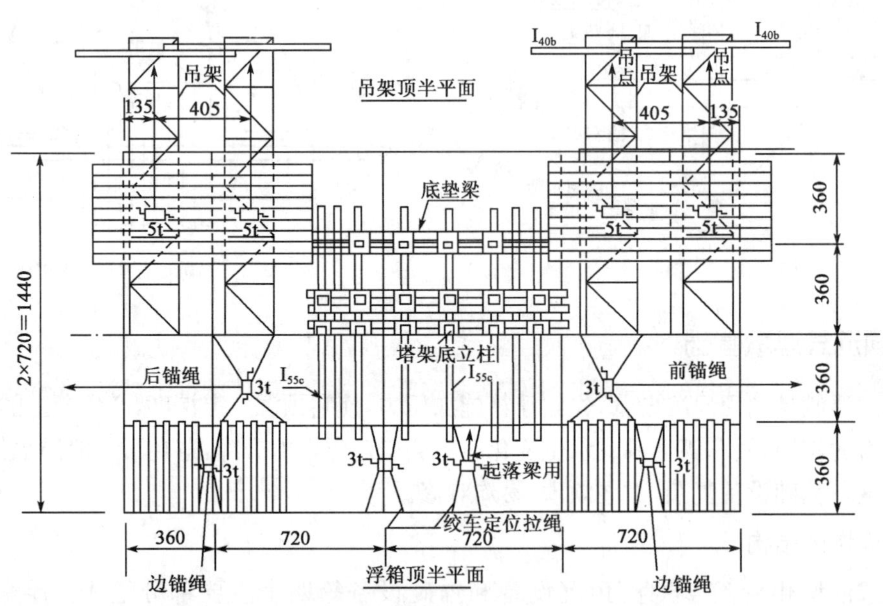

图5-51 浮箱（尺寸单位：cm）

2. 墩身

由英式T形塔架组成，支承于浮箱顶部的工字钢垫梁上，墩顶搭有2.72m高的枕木垛一座，架设32m六四式铁路军用梁。轨顶高出浮箱顶面14.43m。墩身部分重量为740kN。

3. 预沉设备

预沉设备包括生根轨束、吊架和起重设备，如图 5-50、图 5-51 所示。生根轨束事先沉于河底，钢丝绳通过吊架上滑车组与生根轨束连接，摇动绞车就可迫使浮箱预沉。所施加于浮箱上的压力不应大于轨束在水中的重量，否则轨束会被吊起。生根工字钢共有 4 组，每组由 9 捆轨束组成。每组重 800kN，4 组共重(包括钢束笼)3 440kN，扣除水的浮力，在水中重为 3 000kN。吊架由万能杆件拼成(图 5-52)，共有吊架 4 座。起重设备和吊架共重 1 630kN。

4. 锚碇设备

浮箱上设有控制锚绳的绞车 8 台。前锚及左边锚利用地垄，最大受力 180kN，后锚为工字钢犁锚，受力 150kN，右边锚利用邻孔桥墩生根。

考虑水位涨落过大，可能超过浮箱预浮力的调节范围，故墩顶设有升降塔 1 座，以便水位涨落过大时调整坡度(图 5-53)。

浮墩顶部桥面还设有短轨 1 根，在桥面坡度变化时，用来调节轨缝。

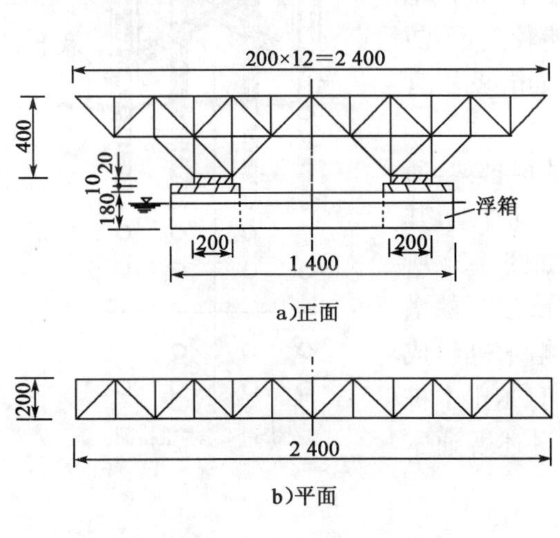

图 5-52　万能杆件拼组的吊装(尺寸单位：cm)

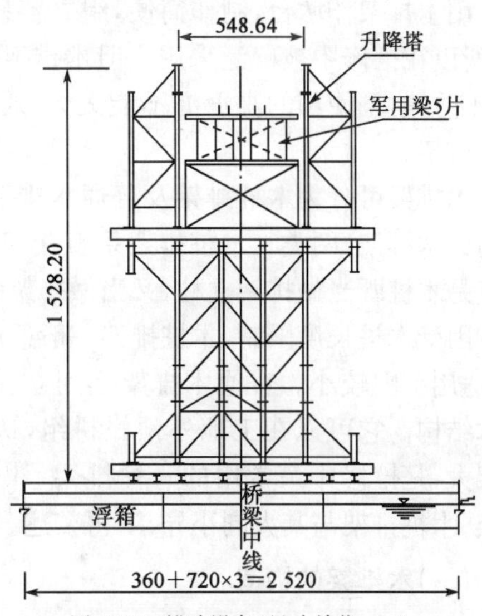

图 5-53　锚碇设备(尺寸单位：cm)

(二)浮墩的施工

1. 拼组浮箱

浮箱下水前，应逐个进行气压检查，检查气密孔和箱体有无漏气现象，以保证密封可靠。14 个浮箱在河滩上拼组联成一整体，下铺工字钢滑道用绞车拖拉和推土机推送下水。

2. 组立塔架墩和吊架

浮箱拼组下水后，在其上拼组钢塔架墩；并由潜水员摸清墩位河床地质情况，确定轨束设放位置和吊架伸臂长度，同时用水下爆破处理礁石，以免影响预沉；然后用万能杆件拼组预沉设备的吊架。

3. 浮墩就位

铁锚系事先用抛锚船抛好，将绳头留在浮筒上。浮墩用前锚绳牵引(汽艇辅助顶推)就位。到达墩位后，挂上其余的锚绳，利用锚绳，前后左右移动浮墩，使到达正确的位置。

4. 预沉

因预沉设备能力不够，故分两次预沉：第一次在浮墩就位后进行；第二次在架梁后进行。

第二节 桥墩、桥台的抢建

桥梁的基础完成之后，应在基础上部快速抢建桥墩、桥台。在交通应急工程中，常用的主要有木排架墩台、装配式公路钢桥桥墩和八三式铁路轻型军用墩。木排架墩台具有架设方便、取材容易，无须大型机械设备等优点；装配式公路钢桥桥墩作为最新研制的一种新型设备，具有自带扒杆、单个构件轻、适应范围广等优点；八三式铁路轻型军用墩是曾在铁路系统和桥梁建设中广泛应用的一种重型桥墩，技术成熟，并在全国范围内具有一定的储备量。

一、木排架墩台

木排架系采用圆木、方木、半圆木等以铁件组成的临时结构。用木排架作墩台，制作简便，组立容易，沉落量小，可预施工，所以在抢修中被广泛采用。但木排架抗炸性能较差，不防火、不防撞，且使用的高度亦不能太大，通常超过 15m 就不宜用木排架。

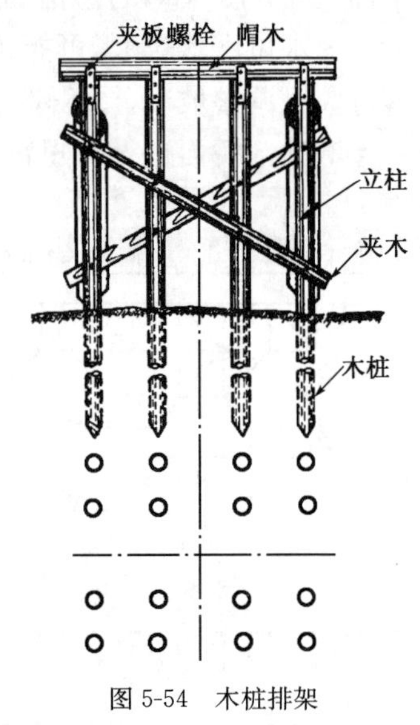

图 5-54 木桩排架

木排架可分为木桩排架及普通木排架（又叫结构排架，通常简称木排架）两类。木桩排架系直接利用木桩组成排架，其特点是木桩既当做排架立柱，又当做排架的基础，如图 5-54 所示。因受木桩长度限制，木桩排架一般适用于高 5m 以下的墩台，适用范围较小。普通木排架是用立柱、底木、帽木等组成的木结构。它可以在工地外预先拼组，适用的高度亦比木桩排架大，是抢修中最常用的一种排架。以下主要讲述普通木排架，木桩排架与其大同小异，不再赘述。

（一）木排架的构造

1. 木排架的形式和用料规格

普通木排架的形式，因立柱数目的不同，有四柱、五柱、六柱等几种（图 5-55）。高度低、梁跨小的排架常用四柱；反之，须用五柱或六柱。木排架还因高度不同，有单层、多层的不同形式，通常高度 8m 以下的用单层，8～15m 用双层，超过 15m 就很少使用。

不管哪种形式，木排架基本上是由立柱、帽木、底木、斜夹木、平夹木五部分组成。

立柱木料直径一般为 22～26cm。为了增加排架的横向稳定性，边立柱都做成斜向内侧的斜柱，对四柱排架，其坡度为 1∶0.2～1∶0.25；对五或六柱排架，最外两根边柱坡度为 1∶0.2～1∶0.25，靠里两根边柱坡度为 1∶0.1～1∶0.125。帽木和底木，通常用 30cm×30cm～25cm×25cm 的方木，或相当的鼓形木，如木料较小，用螺栓连接，组成双帽木或双底木，以代替大料。斜夹木常用 ϕ20cm/2～ϕ24cm/2 的半圆木。它的作用之一是传递横向水平力。所以，斜夹木与地面夹角不能太大（一般不超过 60°），过陡的夹木将失去传力的作用。通常高度 6m 以下的排架，用一组十字交叉的斜夹木就够了，高度超过 6m 的排架，就要根据情况布置成两组或两组以上的斜夹木。平夹木亦用 ϕ20cm/2～ϕ24cm/2 的半圆木，通常低排架都不用，但高度超过 4m 的排架就必须用平夹木将立柱连成一个整体。

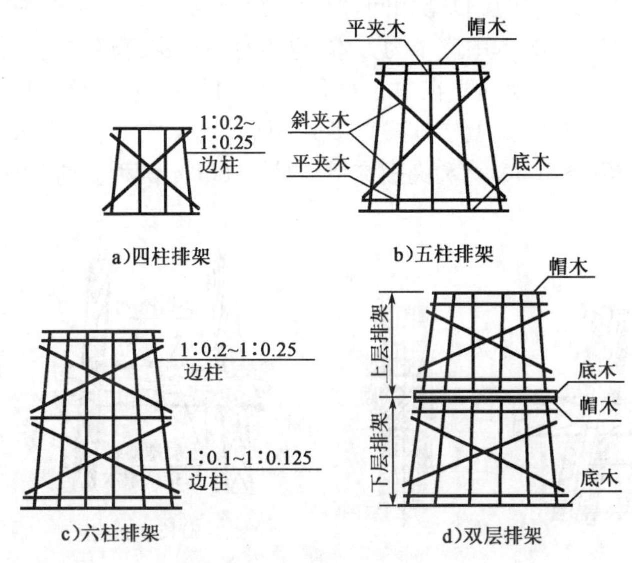

图 5-55　木排架

2. 木排架的细部连接

(1)立柱与底、帽木的连接

立柱与底、帽木的连接一般是用三眼夹板(厚 6mm),并穿 ϕ18mm 螺栓,但在紧急抢修时,可简化连接方法。

①8m 以上的单层高排架和曲线桥、坡道桥所用的排架,仍用夹板和螺栓连接,以资坚固。

②其他情况下则可用穿钉代替螺栓,在材料缺乏时,也可在立柱的一面用穿钉夹板,另一面打扒钉(图 5-56)。

③也有的在边柱上用夹板螺栓,中间立柱上用扒钉,并在帽木上打穿钉(图 5-57)。3.5m 以下排架,则中间立柱可以只用扒钉或穿钉一种。

④2m 以下的排架,可全部用扒钉连接,再由底、帽木上钉穿钉(图 5-58)。

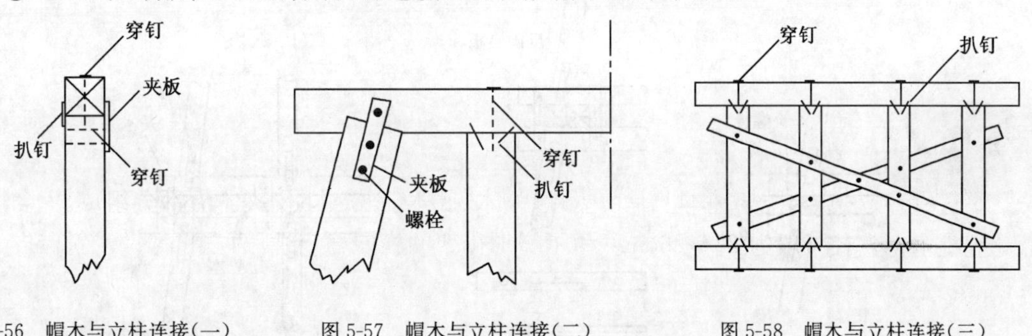

图 5-56　帽木与立柱连接(一)　　图 5-57　帽木与立柱连接(二)　　图 5-58　帽木与立柱连接(三)

(2)夹木与立柱的连接

夹木与立柱的连接,一般用 ϕ18mm 螺栓,与木料接触处各加铁垫圈一块。在紧急抢修时,除高排架或坡道桥、曲线桥所用的排架仍全部用螺栓外,一般均系四角用螺栓,中间立柱用穿钉。

但所有未用螺栓连接的地方,通车后,宜再用螺栓更换过来,以资坚固。

(3)双层排架的上下连接

双层排架的结构形式与单层排架相同，但上下层排架的连接方法，有几种不同的形式。

①中底木连接(图 5-59）。中底木为方木，组拼时先以穿钉将中底木钉在下层立柱上。吊立时，先立下层排架，上层排架即立在中底木上，然后用长夹板、螺栓连接。

②底帽木连接(图 5-60）。上层排架直接放在下层排架上，将其底木与帽木连接起来。连接方法有：长螺栓连接[图 5-60a)]和夹板穿钉连接[5-60b)]两种。前一种钻眼太深，不如后一种方便。

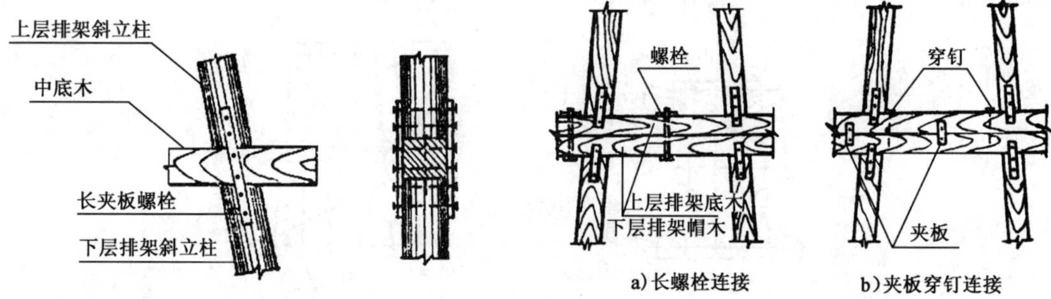

图 5-59　中底木连接　　图 5-60　底帽木连接

中底木和底帽木的连接方法都存在整体性差，排架尺寸做得不准，从而造成连接困难的缺点，故较少采用。如用这些方法，必须在连接处用斜夹木加强(图 5-61)，以确保其安全。

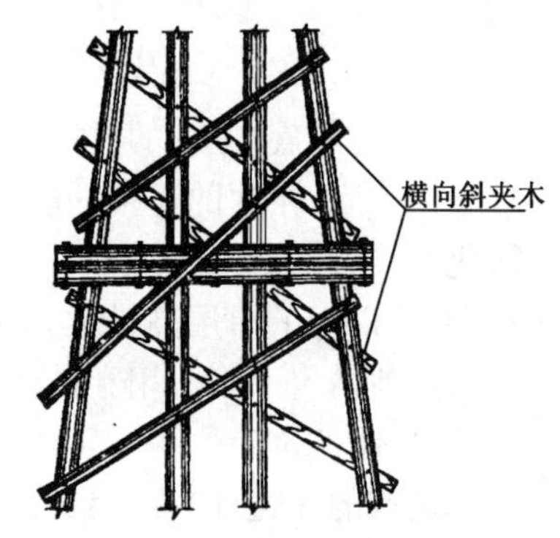

图 5-61　连接处增加横向斜夹木

③加垫木连接(图 5-62)。在下层排架顶部，垫一层纵向方木或鼓形木，组成一个平台，在其上立上一层排架。因有垫木的调节作用，不但增加排架的整体性，而且施工亦较方便。上下层的连接方法有长螺栓连接[图 5-62a)]、特制反向铁夹板连接[图 5-62b)]、夹木(半圆木或偏方木)连接[图 5-62c)]等三种。

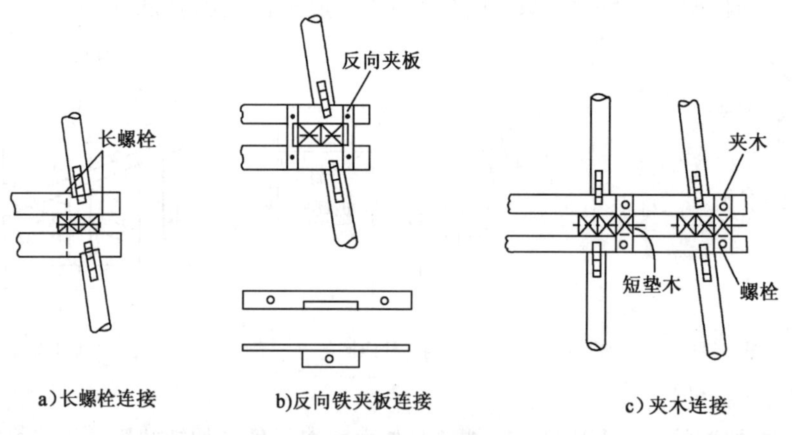

图 5-62　加垫木连接

(4)立柱接长

如立柱长度不够，则需要接长。可采用的接长方法有夹板螺栓连接[图 5-63a)]与半圆形套筒连接[图 5-63b)]两种。半圆形套筒用 8mm 钢板围成，其内径应与立柱直径相适应，两半圆形套筒用 8 个 ϕ18mm 的螺栓连成一体。

接头是立柱最薄弱的部位，故接头应错开一定距离。

(二)木排架的制作

先按设计尺寸选好木料，并扒去树皮，砍平大节，以便画线。其制作程序为：

1. 搭平台

搭 4 个小枕木垛，高度以便于操作为宜，再在垛上横放两根方木或半圆木，如图 5-64 所示。

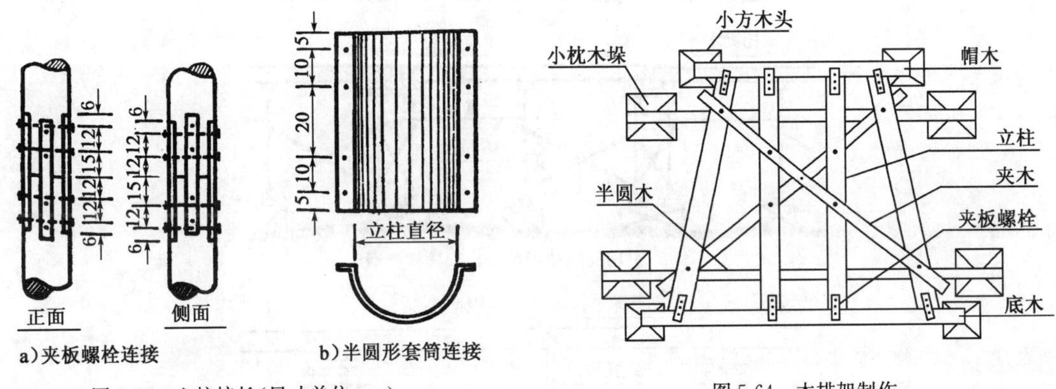

图 5-63 立柱接长(尺寸单位：cm)

图 5-64 木排架制作

2. 放样

在平台横木上，按设计图将立柱的间距标出，随即将立柱放上摆正，用扒钉固定，然后按设计高度放线截锯。放线要校对排架对角线是否相等，以保证排架方正。截锯立柱要注意锯正锯平，以保证接缝密贴。

3. 上帽、底木

按立柱长度，再搭 4 个小枕木垛(亦可用方木)，用来放帽、底木。在帽、底木与斜边柱的接合处，按设计刻好斜槽，把帽、底木抬上摆好，并检查每个柱头的接缝是否密贴，如有离缝现象，应以帽、底木为依托，加以锯平、锯齐进行修正，直到所有柱头接缝完全密贴为止。然后以扒钉固定，按铁夹板孔眼钻眼上螺栓。

4. 上夹木

如有平夹木，则应先上平夹木，后上斜夹木。排架底面的斜(平)夹木，需将排架抬起塞入摆好，用扒钉固定，然后钻眼上螺栓。当在基础旁边制作排架时，也可只上一面斜夹木，等排架立好后再上另一面斜夹木。

(三)木排架墩台的构造

1. 木排架墩

(1)木排架墩的形式

木排架墩，可以用单、双排和多排排架组成。单排架墩承载力小，而且因顶面太窄，难以支承两孔相邻的梁，故只能配合木梁(木梁可临时锯短)、扣轨梁(采用竹节式、八字式布置)等短跨梁使用[图 5-65a)]。双排架墩单独使用的情况较少，它主要配合单排架墩用以解决梁接头处的支撑问题，例如用单片工字梁时，在梁接头处改用双排架墩[图 5-65b)]。多排排架墩[图 5-65c)]都配用跨度较大的梁，如工字钢梁、军用梁、拆装式桁梁等，因两墩间距离较大，无法用拉木连接，故它本身应具有足够的承载力和稳定性。多排排架墩的宽度和需要的排架数量应根据梁的跨度及墩的高度来选择，表 5-2 是墩台高度 4～8m、梁跨度 8～33.5m 的多排排架墩的尺寸表，可供参考。

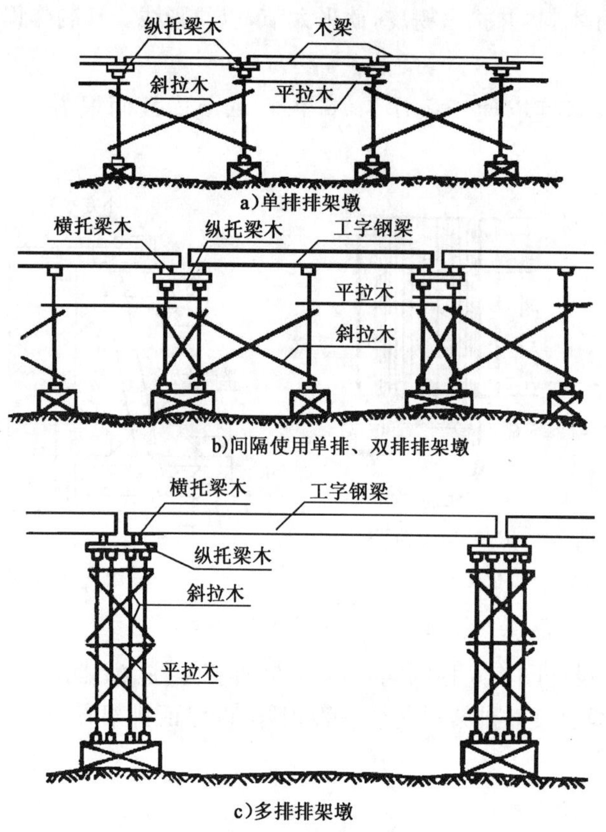

图 5-65　木排架墩布置

各种跨度木排架墩高度和尺寸表

表 5-2

梁跨(m)	排架高 H(m)	排距(cm)			桩距(cm)				
		a	a_1	a_2	b	b_1	b_2	b_3	b_4
8～13	4.0	140	60	—	110	145	70	—	—
	5.0	140	60	—	110	165	70	—	—
	6.0	190	60	—	110	185	70	—	—
	7.0	190	60	—	110	205	70	—	—
	8.0	240	60	—	110	225	70	—	—
16～22.3	4.0	140	60	—	80	97	60	97	60
	5.0	140	60	—	80	107	60	107	60
	6.0	190	60	—	80	117	60	117	60
	7.0	190	60	—	80	127	60	127	60
	8.0	240	60	—	80	137	60	137	60
25～33.5	4.0	100	50	50	80	97	60	97	60
	5.0	100	50	50	80	107	60	107	60
	6.0	150	50	50	80	117	60	117	60
	7.0	150	50	50	80	127	60	127	60
	8.0	200	50	50	80	137	60	137	60

(2)木排架墩的细部结构

①纵、横托梁木

木排架墩顶须设置托梁木，以扩大支座处的承压面积，均匀分布梁上的载荷。单排架墩配木梁时只设纵向托梁木[图 5-65a)]，用螺栓或穿钉与木梁连接。多排排架墩需设纵、横托梁木，托梁木规格大都用 20cm×20cm～25cm×25cm 方木，其本身须先用螺栓连成一体，再用穿钉将纵、横托梁木，纵托梁木与排架帽木连接起来。在紧急抢修时，可以简化连接方法，纵、横托梁木本身不必相连，仅用穿钉或扒钉将纵托梁木钉在排架帽木上，将横托梁木钉在纵托梁木上即可，这样连接还可以减少梁与墩的牵连，有利于减轻轰炸的破坏量。

②间梁

多排排架墩纵向较宽，两梁端空当较大，故墩顶须加间梁。配用工字钢梁时，因工字钢梁下翼缘随处都可作支点，通常都将工字钢梁向中间延伸，形成悬臂梁，取消了间梁[图 5-66a)]。配用军用梁或拆装式桁梁时，梁上支点位置已固定，故须另加间梁。间梁的形式有两种：一种是在纵托梁木上搭一个小木垛[图 5-66b)]，施工较简便，但纵托梁木应加强；另一种方法是在梁端空当内立两个小排架，架木梁将桥面连接起来[图 5-66c)]。

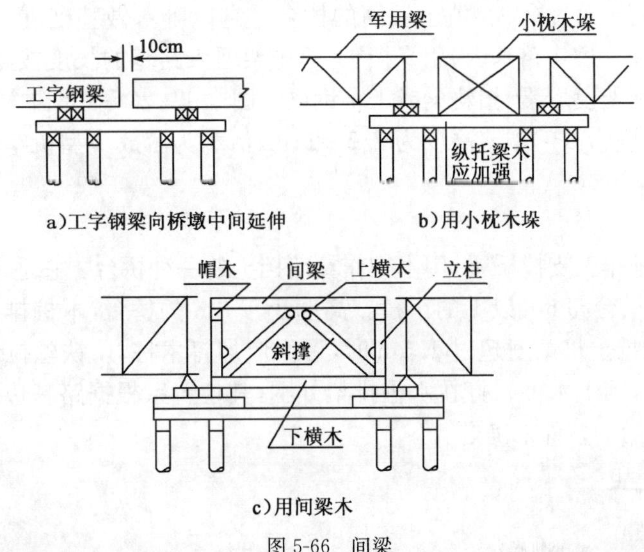

图 5-66 间梁

③木排架墩的连接

为了抵抗纵向的水平推力，各排架墩应用拉木互相连接起来。单排排架墩每两排用斜拉木连成一组，组与组间尚须用平拉木连牢[图 5-65a)]。双排架墩除本身须用平、斜拉木连成一体外，尚须用平或斜拉木与邻墩连成一体[图 5-65b)]。多排排架墩本身应用平、斜拉木连成一体，除曲线桥、坡道桥外，墩与墩间一般不加拉木[图 5-65c)]。

拉木用 ϕ20cm/2～24cm/2 的半圆木，用 ϕ18mm 的螺栓连接。

④排架墩与基桩的连接

排架墩与基桩的连接大都需加垫木，即正对基桩架立柱之间加长垫木一根，长度应能跨过全部排架，长垫木两侧绑短垫木 1～2 根，短垫木长度以能跨过两个排架即可。垫木本身用螺栓连在一起，并用长螺栓将排架底木、垫木与压桩木连在一起，如图 5-67 所示。

2. 木排架桥台

木排架桥台有卧木排架桥台、木桩桥台两种。

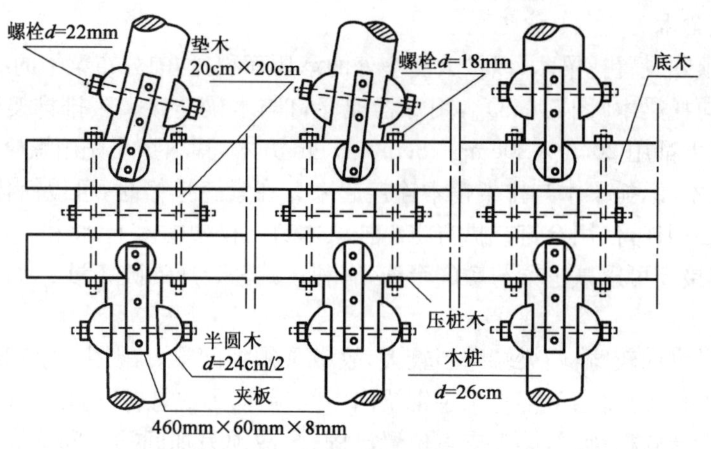

图 5-67　排架墩与基桩的连接

(1)卧木排架桥台

卧木排架桥台用于跨度较大、填土较高的桥台。它以卧木做基础,前面有双排架支承桥梁,后面用单排架,埋入桥头路基内,用来挡土(单排架埋入路基的长度按路堤边坡 1∶1.5 来确定),台身顶部则须架设木梁、扣轨梁或工字钢梁。图 5-68、表 5-3 是卧木排架桥台主要尺寸和结构形式,适用跨度为 8～24m,高度为 2.5～12m,活载为解放 1 型机车加挂 60kN/m 的均布荷载。

(2)木桩桥台

木桩桥台是用桩排架支撑桥梁,用木桩作翼墙挡土的一种桥台。它适用的范围很小,只能用于跨度 4.5m 以下、台高 6m 以下的小桥。高度小于 3m 的桥台,木桩排架立柱须用撑木撑在对方桥墩上,翼墙挡土桩高度超过 1.5m 时,后面应加打木桩,用铁丝拉住,以免被土挤垮。高度 3～6m 的桥台,挡土木桩系打在木桩排架外围,其位置系根据路基边坡和挡土桩高出地面不超过 1～1.5m 两个条件来确定。

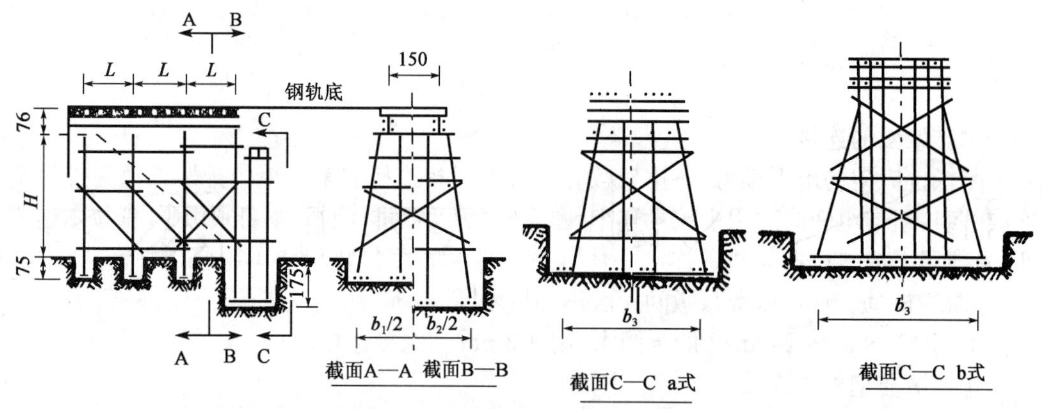

图 5-68　卧木排架桥台(尺寸单位:cm)

(四)木排架墩台的组立

组立木排架墩台的方法较多,一般都是根据地形、水深、流速及起重设备等情况确定的。常用的方法有以下几种:

卧木排架桥台主要尺寸表　　表 5-3

桥孔跨度(m)	台高 H(m)	木梁跨度 L(m)	木梁孔数 N	排架底宽(cm)			截面 C—C 形式
				b_1	b_2	b_3	
8	2.5	2	2	360	420	360	a 式
	4	3	2	410	486	360	
	6	3	3	560	618	420	
12	4	3	2	390	436	360	a 式
	6	3	3	480	526	420	
	8	3	4	580	626	490	
	10	3	5	680	726	560	
16	4	3	2	390	436	360	a 式
	6	3	3	480	526	420	
	8	3	4	580	626	490	
	10	3	5	680	726	560	
20	6	3	3	430	468	660	b 式
	8	3	4	500	538	860	
	10	3	5	580	618	1060	
	12	3	6	650	686	1220	
24	6	3	3	430	468	660	b 式
	8	3	4	500	538	860	
	10	3	5	580	618	1 060	
	12	3	6	650	686	1 220	

1. 就地搬起法

此法施工比较简便，宜在无水或浅滩处，且附近有供拴滑车的地方使用。其方法如下：

(1)搭平台。在基础附近先搭一个承托排架的小平台，平台高度与基础相同，位置最好选在桥孔内(图 5-69)；如桥孔无足够的空位时，平台可搭在桥孔外(图 5-70)。平台搭好后，即可将排架抬来、放好。

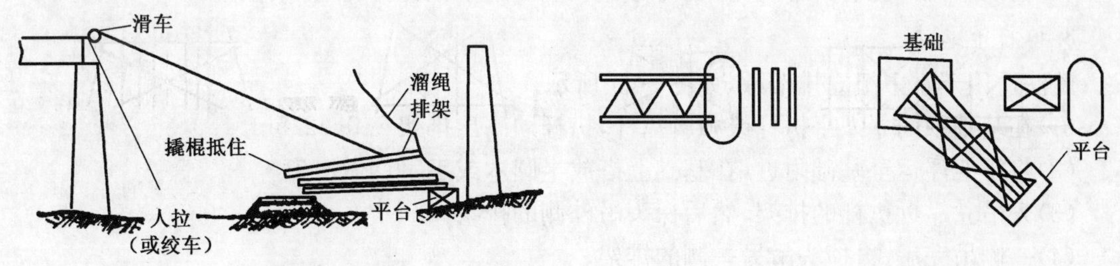

图 5-69　平台搭在桥孔内　　图 5-70　平台搭在桥孔外

(2)拴滑车。利用邻近的墩顶或梁端，拴滑车穿钢丝绳，绳的一端连于排架帽木的中心或中间立柱上，另一端连在绞车上，并在排架帽木上拴溜绳，以防止排架被拉翻。

(3)固定底木。在立排架前，须先将底木固定，防止在搬起过程中排架移动。固定底木的方法，可以用木杆支顶(图 5-71)；亦可将叠放在一起的排架底木捆住(图 5-72)，绳索不要捆得太紧,应使排架底木只能转动,以不能移动为宜。

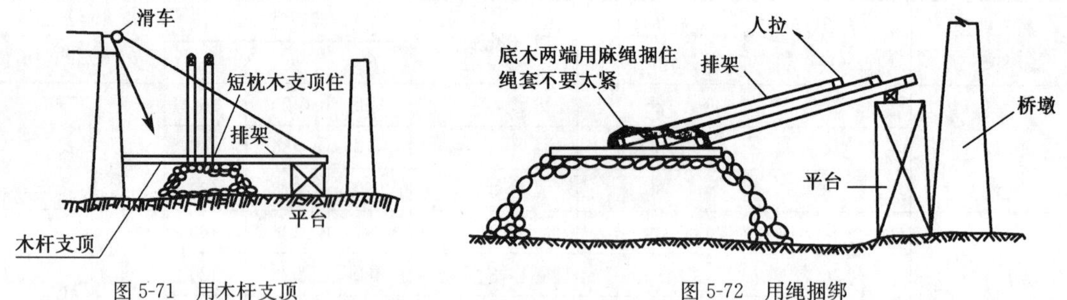

图 5-71 用木杆支顶　　　图 5-72 用绳捆绑

(4)扳起排架。利用绞车或人力搬起排架。要注意掌握溜绳,防止排架拉翻。

2. 扒杆搬起法

此法能一次搬起 2～4 排较高的排架,速度较快,用于浅水或无水处组立排架。方法如下(图 5-73):

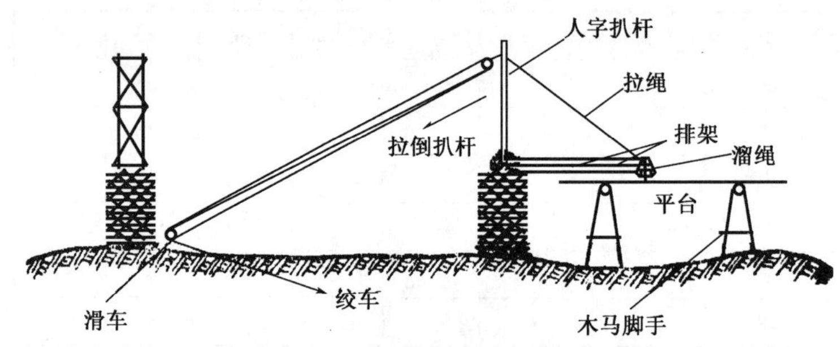

图 5-73 扒杆搬起法

(1)在基础附近搭平台,将全墩所用的排架重叠搭放在基础和平台上。

(2)用麻绳分别捆住排架的底木和帽木,并在帽木上拴两根溜绳。

(3)在排架底木上,组立人字扒杆,扒杆根部固定在排架底木上,使扒杆与排架成 70°～90°角,扒杆高度可略低于排架。

(4)在扒杆的顶部与排架帽木之间,拴以固定长度的拉绳,并在扒杆的另一侧拴滑车,穿钢丝绳连于绞车上。

(5)摇绞车,拉倒扒杆,带起排架。排架立起后,解下扒杆,拨正排架位置。

3. 扒杆吊立法

此法适用于水中组立排架墩,如图 5-74 所示。

(1)在基础中间立人字扒杆或独脚扒杆,扒杆须高出排架 2.0～2.5m。

(2)将排架浮运至基础附近,在基础上搭放半圆木或工字钢做滑道。

(3)先吊立靠近扒杆的排架,然后探头吊外侧的排架。

(4)一侧吊完后,再掉头吊另一侧的排架。

此法也可用于组立双层排架墩的顶层排架。使用时,应在底层排架顶部的垫木上立扒杆,再按上述方法吊立。

4. 天线吊立法

这种方法不受水深和桥高的影响,能整墩吊立,但使用的工具和准备工作较多。一般用于高桥组立多层排架墩,如图 5-75 所示。

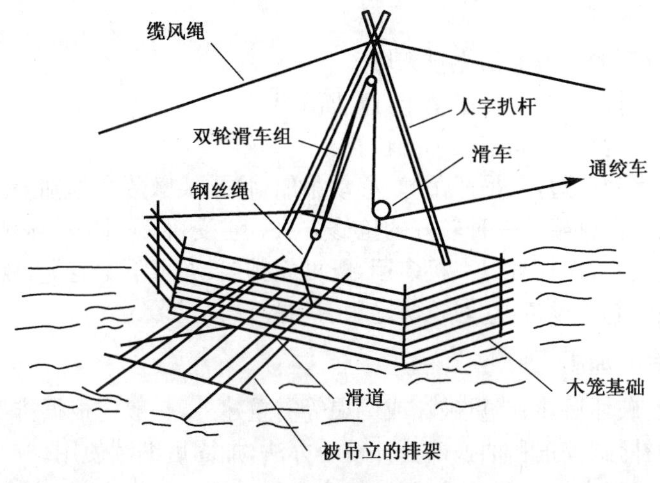

图 5-74　扒杆吊立法

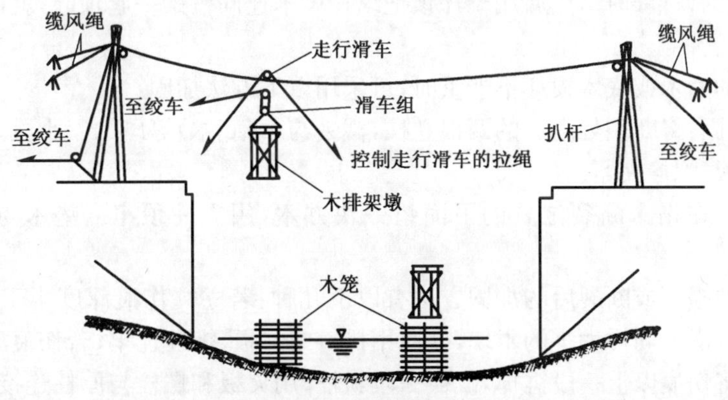

图 5-75　天线吊立法

(1)在桥台(墩)上各立一副人字扒杆,用缆风绳固定好。

(2)用粗钢丝绳做天线,穿过扒杆顶上的滑车,一端固定在地垄上,另一端连于绞车上,用以调整天线的垂度。

(3)在天线上倒挂单轮滑车,滑车前后各拴一根拉绳,用以移动滑车。

(4)在倒挂滑车的下面,另拴一组滑车,用以吊排架。

(5)移动天线上的单轮滑车到停放排架墩的位置,摇动吊重滑车组的绞车,吊起排架墩,再移动单轮滑车至基础的上方,落下排架墩。

5.吊车吊立法

这种方法是利用工地拼组的吊车来吊立排架。若吊车吊距不够,吊立整墩时,可在墩旁搭脚手平台,平台与基础间铺工字钢做滑道,先将排架墩吊放在滑道上,然后滑移到墩位。吊立单排架时,可在排架底木和帽木的两端各拴麻绳一根,当排架落到适当高度时,利用底木上的麻绳,拖拉排架到基础上,同时用帽木上的麻绳将排架拉正,如图 5-76 所示。但需注意,不要拉翻吊车。

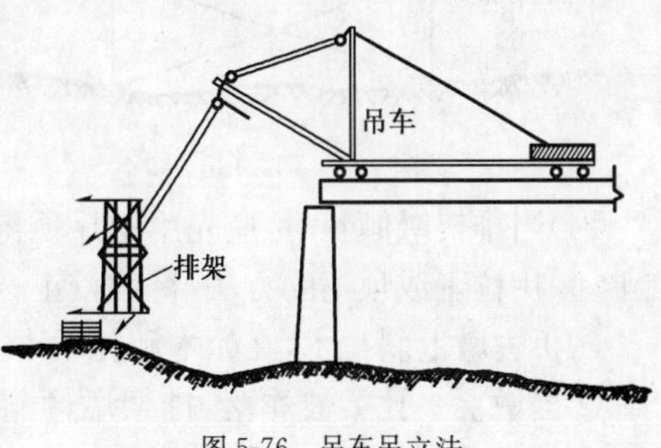

图 5-76　吊车吊立法

6. 吊船吊立法

此法适用于水较深的河流上吊立排架墩。

(1)在船头扎好扒杆,在船尾压平衡重,组成吊船。

(2)吊船在基础附近抛锚,固定吊船的位置。

(3)将排架墩浮运到船边,用吊船吊起,移动吊船,将排架墩落在基础上。

利用吊车、吊船吊立排架是一种较好的抢修方法。它受桥高、水深的影响较小,操作简便,能整墩吊立,抢修速度快,而且可以一机多用,既可立排架,亦可下木笼等,故有条件时,应因地制宜,拼组一些简便的起重设备,这对抢修是很有用的。

(五)木排架墩台的加固

木排架墩台遭受破坏后,除严重破坏或倒塌等需重建外,一般应根据排架的损伤、断裂、倾斜等情况,尽量采用补强、校正和抽换部分杆件等办法,加固后继续使用。

(1)当排架帽木或底木损伤严重或折断时,应进行抽换。抽换之前,应先把桥面拆开,将与待换部分有牵连的铁件卸掉,然后用千斤顶把纵托梁木连同桥梁一起顶起,就可抽换帽木或底木(图 5-77)。

(2)当排架的帽木或底木损坏不严重时,可采用以下方法加固:

①小横梁加固:将断裂处附近的两根立柱,截去与木(底木)等厚的一小段,然后填入方木,钉扒钉,再用夹板、螺栓夹紧。

②立柱加固:在帽木断裂位置的下面垫一块方木,用立柱顶牢。垫木与帽木应用穿钉联结。

(3)排架立柱损坏或断裂后的加固方法有以下几种:若立柱伤痕深度小于直径 1/2 时,可将伤处锯成缺口,嵌入同样大小的木块,外面用扒钉或夹板、螺栓连牢;若伤痕深度大于或等于直径 1/2 时,可将伤痕以上一段锯掉,改换一段新柱,用夹板和螺栓与原柱连接牢固;若同时有几根立柱被炸断时,可将几根立柱锯齐,改装成小排架(图 5-78);此外,还可在坏柱旁边用帮柱加固(图 5-79)。

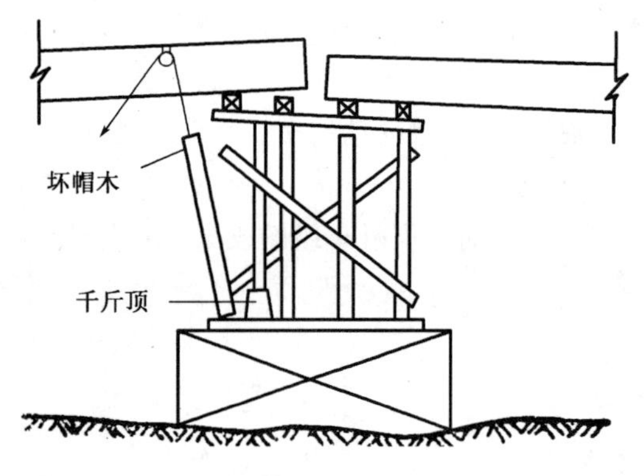

图 5-77 抽换帽木、底木

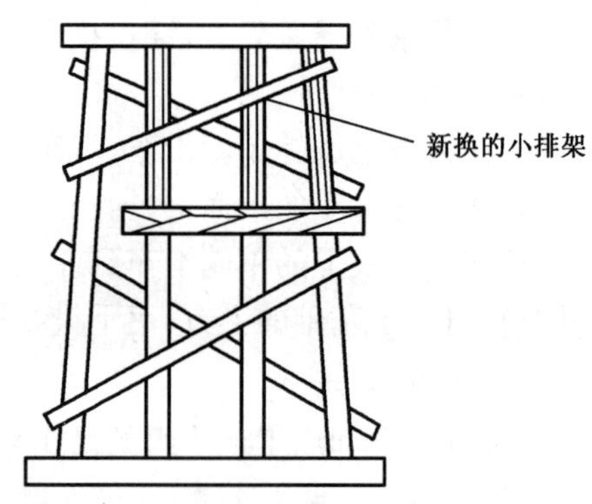

图 5-78 换接小排架

(4)当排架墩倾斜时,应先用千斤顶将梁顶起,在墩顶安放铁垫板和滚杠,然后将梁落在滚杠上,采用拉正或顶正的方法,将墩校正。

①拆去墩上斜拉木,在帽木和托梁木上,拴钢丝绳拉正(图 5-80)。

②当墩上一孔梁被炸落,排架墩倾斜时,可用千斤顶斜顶歪墩上的梁端(梁的另一端固定),利用千斤顶作用在排架墩上的反力,将排架墩顶正(图 5-81)。

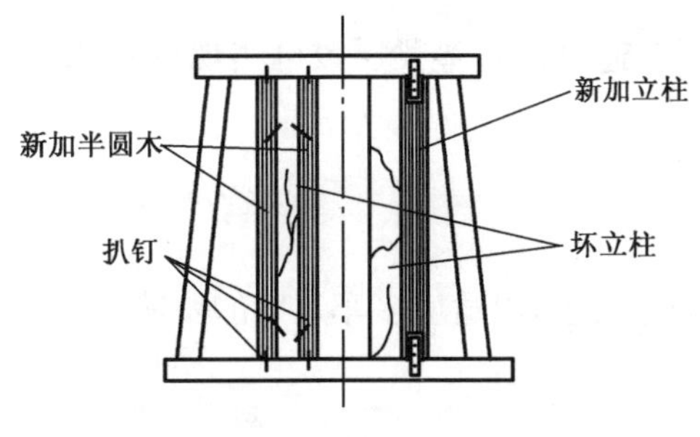

图 5-79　帮柱加固

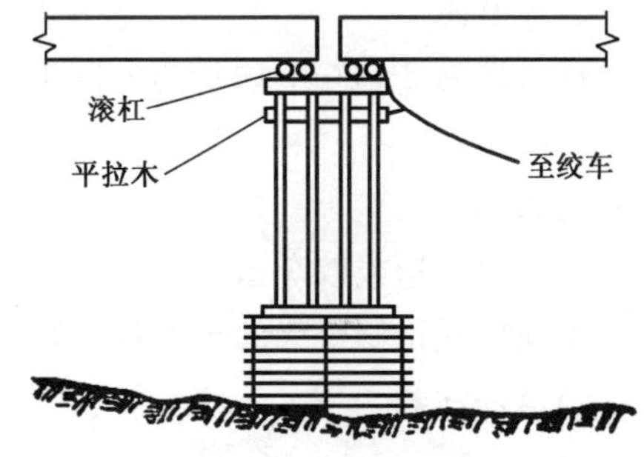

图 5-80　拉正排架墩

二、装配式公路钢桥桥墩

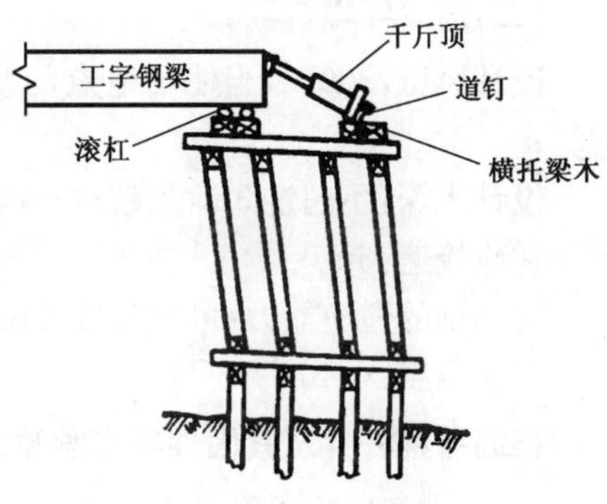

图 5-81　顶正排架墩

装配式公路钢桥桥墩(图 5-82、图 5-83)是一种按平战结合原则研制的拆装式成套制式器材,它解决和克服了装配式公路钢桥当跨越河流、沟壑的宽度超过钢桥最大跨度不能形成保障能力的局限性。器材为装配式,拆装方便、互换性强,既可用于公路桥梁的应急、快速抢修,也可在新建桥梁工程中用作便桥桥墩、临时支墩等,并具备一定的扩大使用功能,如用于拼组简易起重设备以及用于铁路桥梁抢修等。

全套基本器材只有杆件、配件 7 种,紧固件两种,支座过渡墩 1 种。垫梁与立柱杆件通用,杆件种类少,器材使用率高,拆装迅速,从准备工作就绪,器材运送到现场开始,40 名工人辅以两台 30t 汽车吊作业,拼组一座 20m 高单车道桥墩所用时间不超过 6h。杆件重量轻,最大单元质量约 236kg,最大长度 3.0m,可以采用普通公路或铁路车辆运输,装载系数较大,储运便捷。

图 5-82　装配式公路钢桥桥墩结构侧面

图 5-83　装配式公路钢桥桥墩结构正面

(一)设计使用范围

1. 适应梁型及跨径

适应“321”和“ZB—200”型装配式公路钢桥等梁型,既可适应简支梁又可适应连续梁。可适应既有装配式公路钢桥所能达到的跨度。

2. 设计墩高

设计墩高为5～30m，墩身高度以1.0m模数变化，通过调整垫梁层数可实现按0.25m模数调整墩高。

3. 适应车道数

可用于单车道或双车道。

根据便桥或抢修桥梁的车道数，墩身结构采用相应拼组，以适应多车道梁的要求。

(二)设计荷载

按公路—II级荷载设计。

(三)适应环境

设计风压：800Pa，当使用地点的基本风压超过800Pa时，应对结构的强度、稳定性予以检算；

设计水深：不超过3m，当超过3m时应对结构的强度、稳定性予以检算；

适应流速：3m/s；

对基础的适应能力：可适应各种临时性基础，还可用于残墩接高；

环境温度：－40～50℃。

(四)各种杆件及紧固件容许承载力(主力)

1. N1、N2杆件接头容许承载力

(1)单层梁混合接头容许承载力：最大弯矩80kN·m；最大剪力356kN。

(2)单层立柱法兰接头(无拼接板时)的容许拉力为200kN。

2. N1、N2杆件容许承载力(表5-4)

N1、N2杆件容许承载力表 表5-4

用途	荷载类型		容许承载力		备注
			单层梁	双层梁	
作柱(基本断面和接头)	最大压力(kN)		1 440	2 880	自由长度按2m计
作梁(基本断面)	最大弯矩(kN·m)		135	344	
	最大剪力(kN)		381	728	
	最大支点反力(kN)	有加劲板处	1 359	1 359	
		无加劲板处	789	789	

3. N3～N5联结系撑杆的容许承载力

拉杆和压杆轴向容许承载力均为±67.3kN。

4. M22螺栓及配套螺母容许承载力

M22螺栓(机械等级10.9级)单剪容许承载力为89kN，配套M22螺母(机械等级8级)抗拉容许承载力5t。

(五)基本器材

基本器材包括杆件、配件共7种(主要杆件两种，各类联结系撑杆3种，节点板、拼接板各1种)，支座过渡墩1种，紧固件两种(M22螺栓两种，螺母1种)。同一编号杆件、配件可以互换使用，部分不同编号的杆件还可以顶替使用。

1. 杆件与配件

编号为 N1～N7，其规格、尺寸如图 5-84～图 5-90 所示。连接用螺栓孔直径：N1、N2 端部 4 个孔为 ϕ22.5mm，其余均为 ϕ23.5mm。

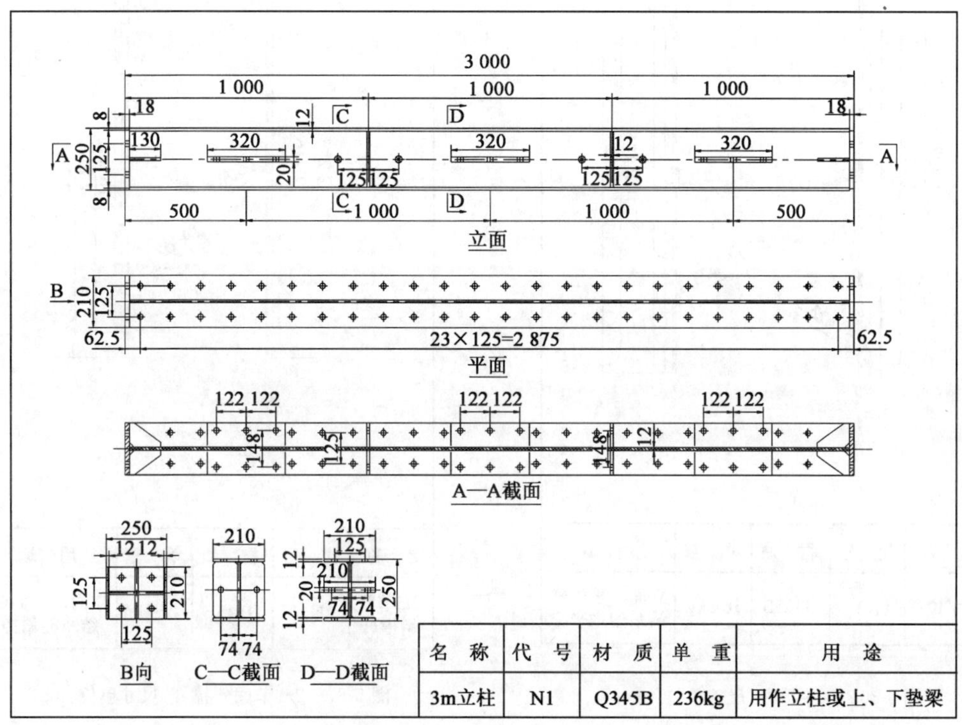

名　称	代　号	材　质	单　重	用　途
3m立柱	N1	Q345B	236kg	用作立柱或上、下垫梁

图 5-84　3m 立柱(尺寸单位:mm)

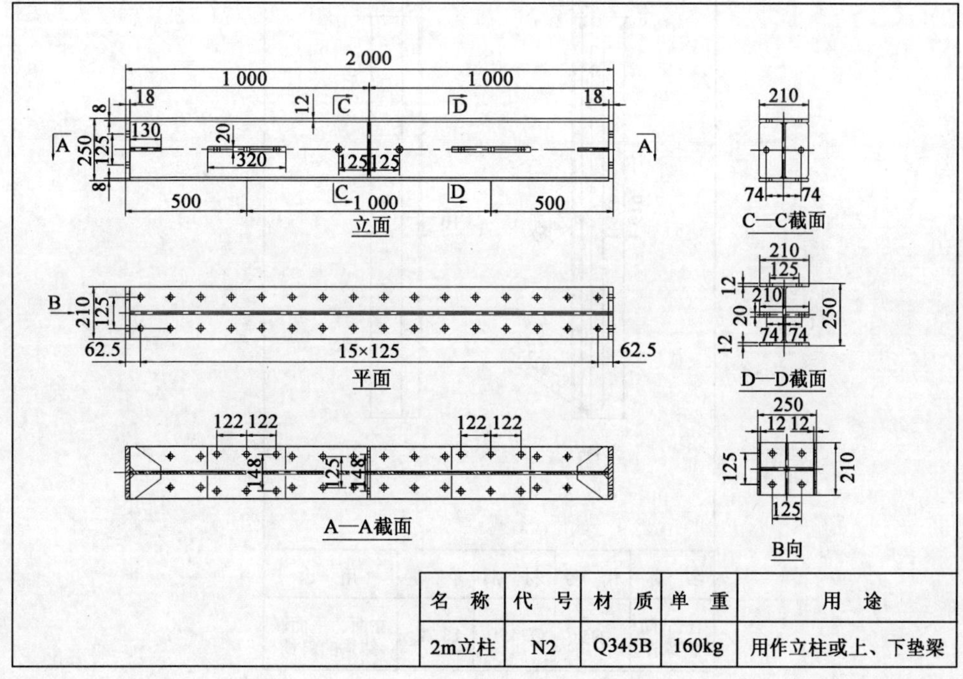

名　称	代　号	材　质	单　重	用　途
2m立柱	N2	Q345B	160kg	用作立柱或上、下垫梁

图 5-85　2m 立柱(尺寸单位:mm)

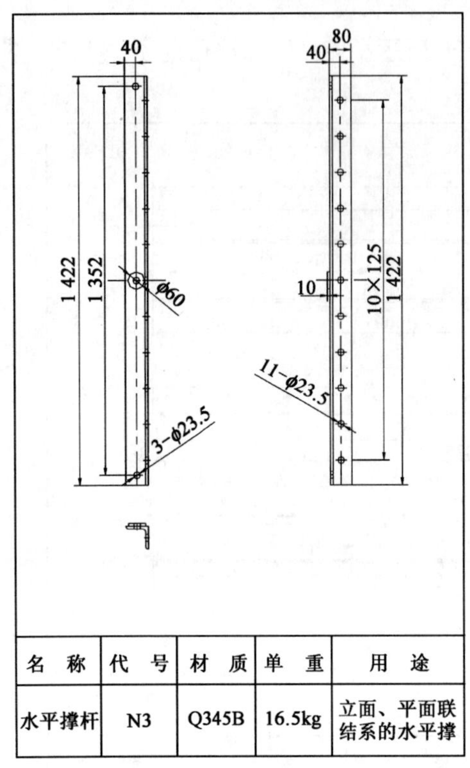

名　称	代　号	材　质	单　重	用　途
水平撑杆	N3	Q345B	16.5kg	立面、平面联结系的水平撑

图 5-86　水平撑杆(尺寸单位:mm)

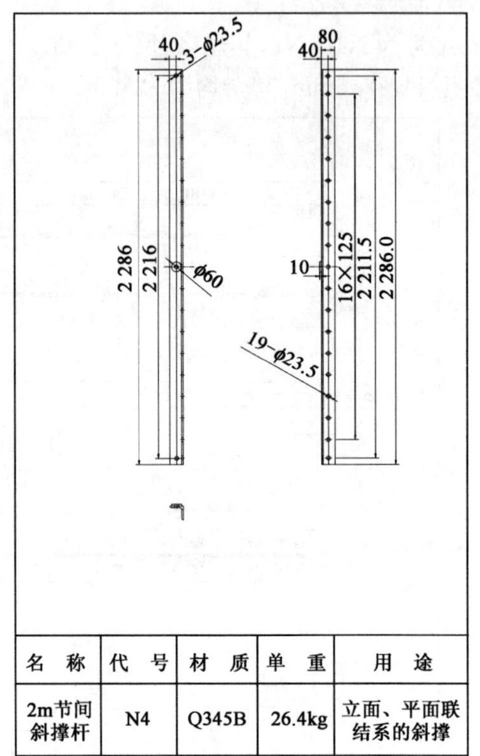

名　称	代　号	材　质	单　重	用　途
2m节间斜撑杆	N4	Q345B	26.4kg	立面、平面联结系的斜撑

图 5-87　2m 节间斜撑杆(尺寸单位:mm)

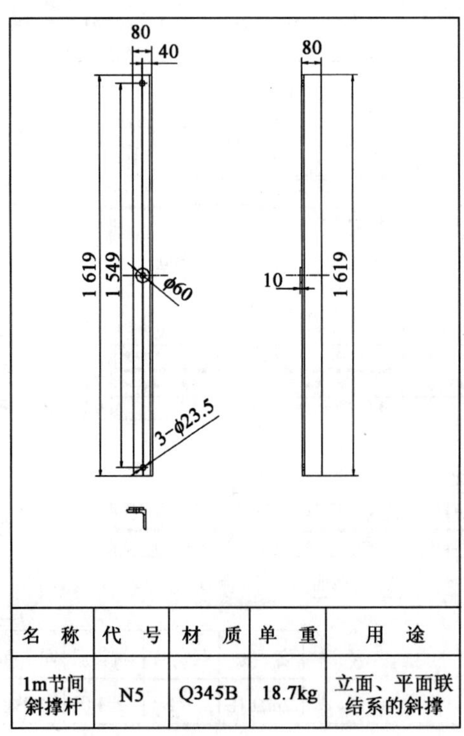

名　称	代　号	材　质	单　重	用　途
1m节间斜撑杆	N5	Q345B	18.7kg	立面、平面联结系的斜撑

图 5-88　1m 节间斜撑杆(尺寸单位:mm)

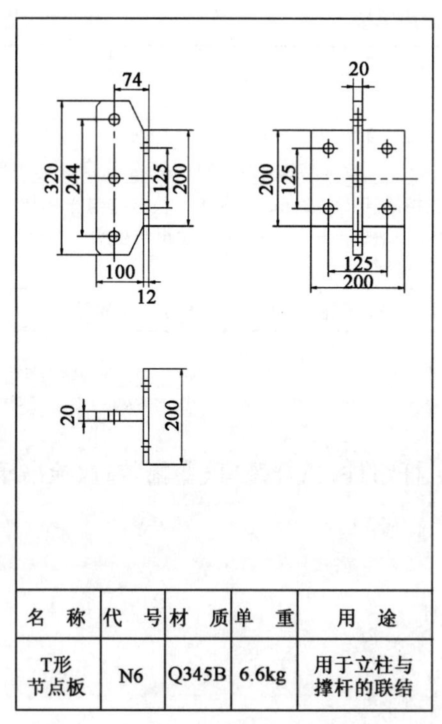

名 称	代 号	材 质	单 重	用 途
T形节点板	N6	Q345B	6.6kg	用于立柱与撑杆的联结

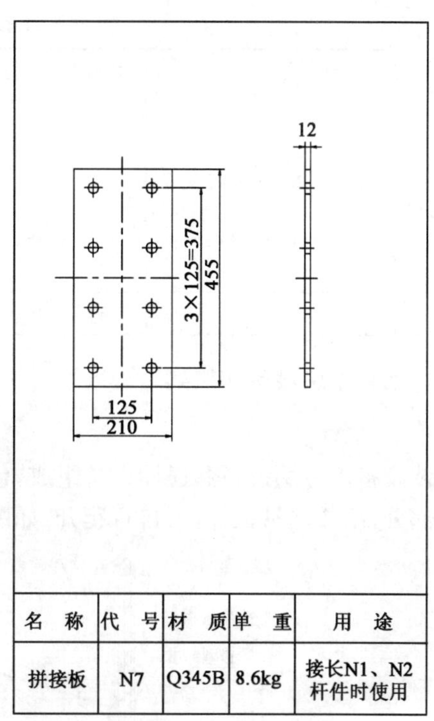

名 称	代 号	材 质	单 重	用 途
拼接板	N7	Q345B	8.6kg	接长N1、N2杆件时使用

图 5-89　T 形节点板与拼接板(尺寸单位:mm)

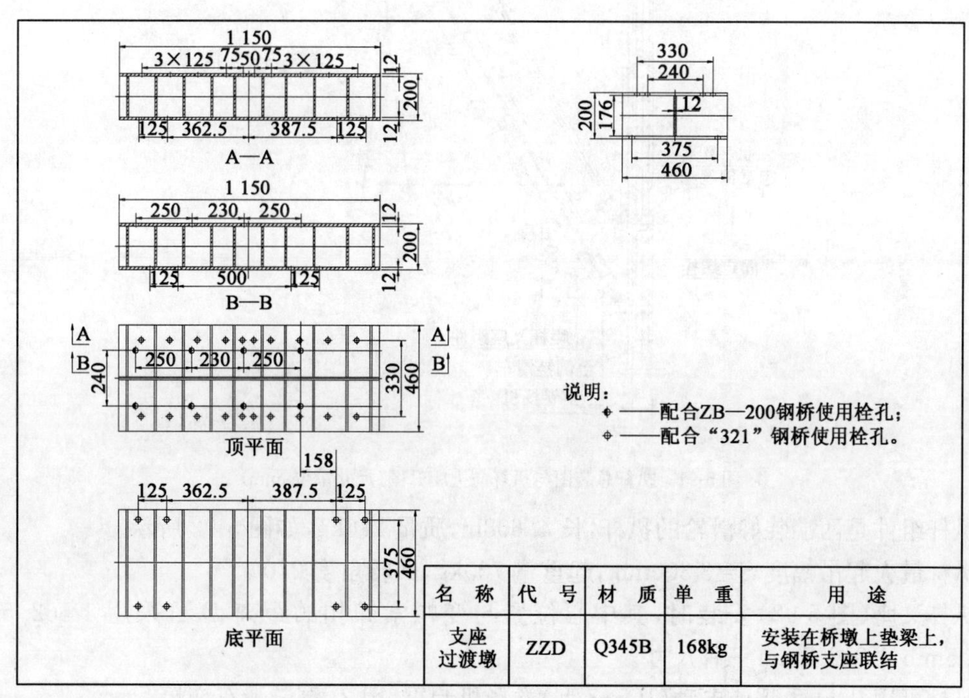

名 称	代 号	材 质	单 重	用 途
支座过渡墩	ZZD	Q345B	168kg	安装在桥墩上垫梁上,与钢桥支座联结

图 5-90　支座过渡墩(尺寸单位:mm)

2. 紧固件

紧固件共 3 种,其规格和用途见表 5-5。

名　称	规　格	机械等级	质量(kg)	使 用 说 明
六角头螺栓	M22×65	10.9	0.26	夹持厚度大于 30mm。用于立柱与立柱、立柱与垫梁、两根斜撑与立柱加劲板、两块节点板与立柱腹板等的联结
	M22×50	10.9	0.22	夹持厚度 22～30mm。用于一根斜撑与立柱加劲板或节点板、一块节点板与立柱腹板、垫梁与垫梁、垫梁与一块拼接板等的联结
六角螺母	M22	8	0.08	配合 M22 螺栓使用,每个螺栓配 1 个螺母

(六)配套吊装设备和机具

1. 吊装设备

吊装设备由专用设备和通用设备组成,包括扒杆组件、扒杆叉座、变幅装置、拴吊千斤绳、滑车等部分,组成起吊扒杆,可自行爬升,如图 5-91 所示。

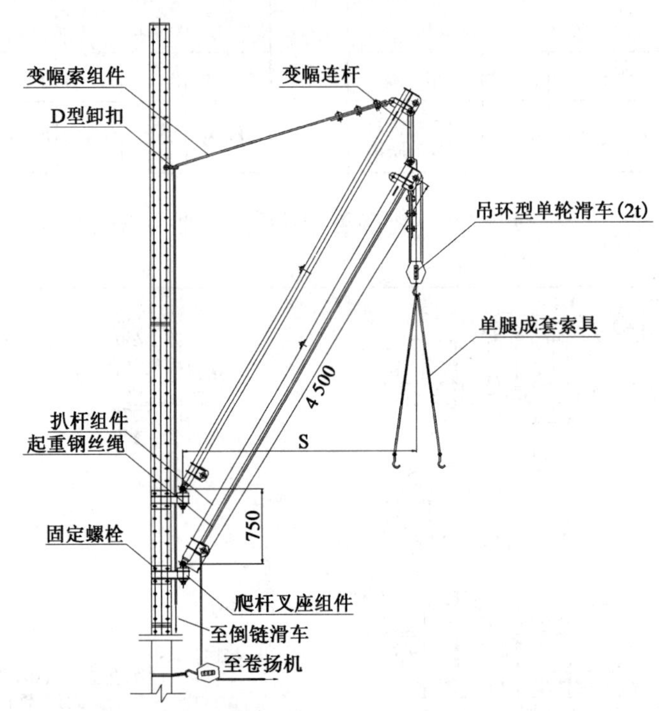

图 5-91　扒杆总装图与扒杆向上爬升图(尺寸单位:mm)

扒杆组件是两端装好滑轮的扒杆,长 4.608m,质量 276kg,如图 5-92 所示。

扒杆最大起吊幅度 S=3 300mm,起重量 700kg,回转角度 270°。

扒杆叉座(图 5-93)安装时,其中心位置与变幅索卸扣的距离 D 可采用 1 562.5mm、1 687.5mm、1 812.5mm 三种尺寸。

扒杆可用 0.5t 手摇或电动(JD—3 型)卷扬机起重,用 3t 倒链滑车变幅。

2. 专用安装工具

专用安装工具配有滑行扳柄和套筒,小撬棍、曲撬棍以及存放紧固件和吊装零件用的小铁箱等。

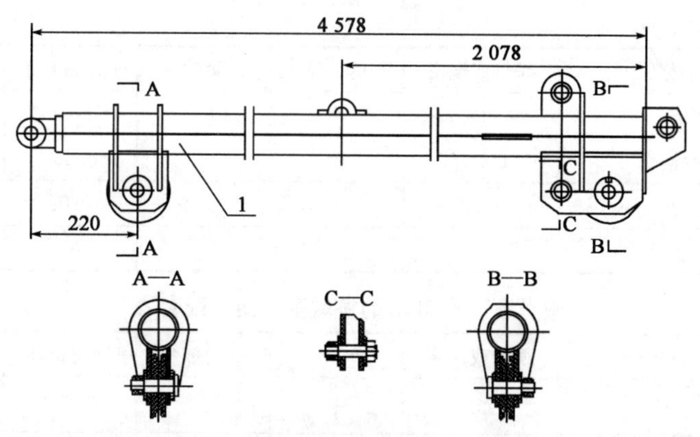

图 5-92 扒杆组件(尺寸单位:mm)

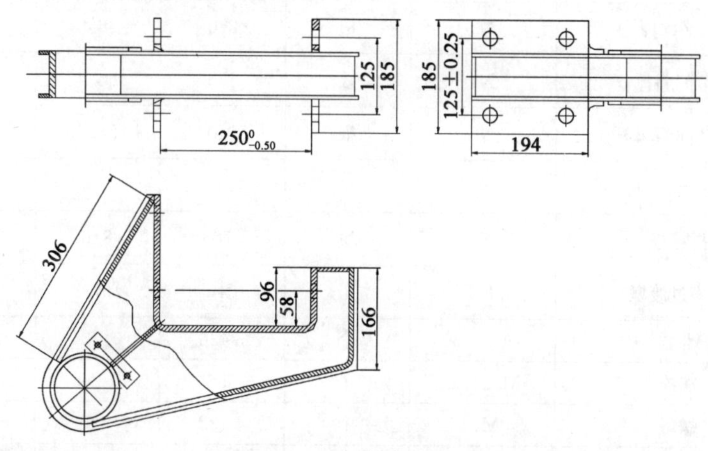

图 5-93 扒杆叉座(尺寸单位:cm)

(七)器材配套

装配式公路钢桥桥墩是按套定制的,每套器材含基本器材和配套吊装设备机具两大类。

基本器材由杆件和紧固件组成。一套基本器材 114.7t(暂按桥墩净高 30m 计),能够拼组桥墩净高 20m 和 10m 单车道桥墩各一座,以及 3 座 10m 单车道桥墩。桥墩拼组可以利用起重机械配合安装作业,也可采用器材本身配套的扒杆进行。

利用配套的吊装设备、机具并配备一定数量的通用吊装机具,可以组成两组扒杆同时进行拼装作业。施工中的通用安装机具可由施工单位根据实际情况自行制备,见表 5-6~表 5-9。

墩身净高为 10m 的桥墩基本器材配套表 表 5-6

类别	名称	编号或规格	单位	一套数量	单件质量(kg)	总质量(kg)	备注
杆件	3m 立柱	N1	根	44	236.4	10 402	
	2m 立柱	N2	根	62	160.4	9 945	
	水平撑杆	N3	根	105	16.5	1 733	
	2m 节间斜撑杆	N4	根	128	26.4	3 379	
	1m 节间斜撑杆	N5	根	56	18.7	1 047	
	T 形节点板	N6	块	90	6.6	594	
	拼接板	N7	块	50	8.6	430	
	支座过渡墩	N8	个	4	167.9	672	

续上表

类　别	名　称	编号或规格	单　位	一套数量	单质量(kg)	总质量(kg)	备　注
紧固件	螺栓	M22×50	个	1682	0.224	377	装箱
	螺栓	M22×65	个	328	0.265	87	装箱
	螺母	M22	个	2 010	0.08	161	装箱
合计						28 825	

墩身净高为 20m 的桥墩基本器材配套表　　表 5-7

类　别	名　称	编号或规格	单　位	一套数量	单件质量(kg)	总质量(kg)	备　注
杆件	3m 立柱	N1	根	86	236.4	20 330	
	2m 立柱	N2	根	118	160.4	18 927	
	水平撑杆	N3	根	270	16.5	4 455	
	2m 节间斜撑杆	N4	根	376	26.4	9 926	
	1m 节间斜撑杆	N5	根	140	18.7	2 618	
	T 形节点板	N6	块	220	6.6	1 452	
	拼接板	N7	块	70	8.6	602	
	支座过渡墩	N8	个	4	167.9	672	
紧固件	螺 栓	M22×50	个	3 436	0.224	770	装箱
	螺栓	M22×65	个	696	0.265	184	装箱
	螺母	M22	个	4 132	0.08	331	装箱
合计						60 267	

墩身净高为 30m 的桥墩基本器材配套表　　表 5-8

类　别	名　称	编号或规格	单　位	一套数量	单件质量(kg)	总质量(kg)	备　注
杆件	3m 立柱	N1	根	170	236.4	40 188	
	2m 立柱	N2	根	190	160.4	30 476	
	水平撑杆	N3	根	573	16.5	9 455	
	2m 节间斜撑杆	N4	根	856	26.4	22 598	
	1m 节间斜撑杆	N5	根	248	18.7	4 638	
	T 形节点板	N6	块	512	6.6	3 379	
	拼接板	N7	块	90	8.6	774	
	支座过渡墩	N8	个	4	167.9	672	
紧固件	螺栓	M22×50	个	6 562	0.224	1 470	装箱
	螺栓	M22×65	个	1 484	0.265	393	装箱
	螺母	M22	个	8 046	0.08	644	装箱
合计						114 686	

专用吊装设备机具配套数量表　　表 5-9

名称或规格		单　位	一套数量	单件质量(kg)	总质量(kg)	备　　注
扒杆两套	扒杆组件	根	2	68	136	
	扒杆叉座	套	2	29	58	
	变幅索用卸扣	套	1	0.2	0.2	
	螺栓 M22×55	套	12	0.33	3.96	含螺母
	起重钢丝绳	米	85	40	40	含绳卡 3 个
	变幅索组件	套	1	17	17	
	变幅连杆	根	1	2.7	2.7	
	吊环型单轮滑车	个	2	6	12	
	单腿成套索具	根	2	3.2	6.4	
安装工具	小撬棍	根	6	1.6	9.6	
	曲撬棍	根	6	0.8	4.8	
	滑行扳柄 400mm×120mm	个	5	0.93	4.65	
	棘轮柄 225mm	个	5			
	梅花扳手	个	20	0.314	6.28	

(八)结构形式、基础类型和拼组

1. 结构形式

装配式公路钢桥桥墩结构形式如图 5-82、图 5-83 所示。当公路钢桥为单车道时,桥墩的结构形式根据墩身高度 H 有三种。

(1)当 $H \leqslant 10$m 时,墩身结构为纵向三排横向四排,横向中间立柱之间在墩顶处有一水平向联结系,采用等截面形式,如图 5-94 所示。

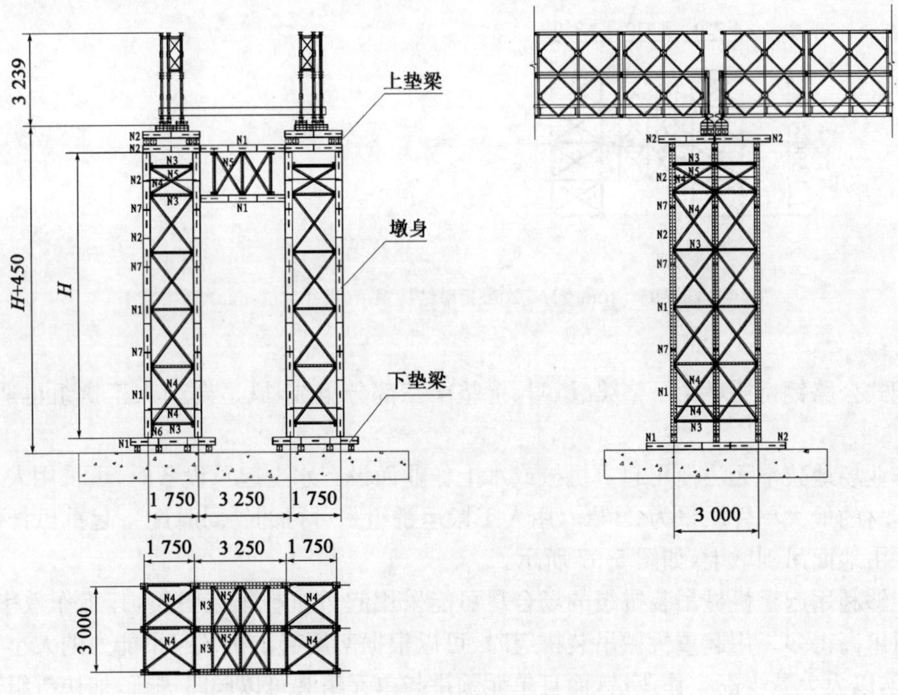

图 5-94　$H \leqslant 10$m 桥墩结构图示(尺寸单位:mm)

(2)当 10m<H≤20m 时，墩身结构为纵向五排横向四排，横向中间立柱之间在墩身中间和墩顶处各有一水平向联结系，横向采用等截面形式，纵向采用变截面形式，如图 5-95 所示。

(3)当 20m<H≤30m 时，墩身结构为纵向五排横向六排，横向中间立柱之间在墩身 1/3 处、2/3 处和墩顶处各有一水平向联结系，横向和纵向都采用变截面形式，如图 5-96 所示。

当墩身高度大于 30m 时，需进行计算确定。

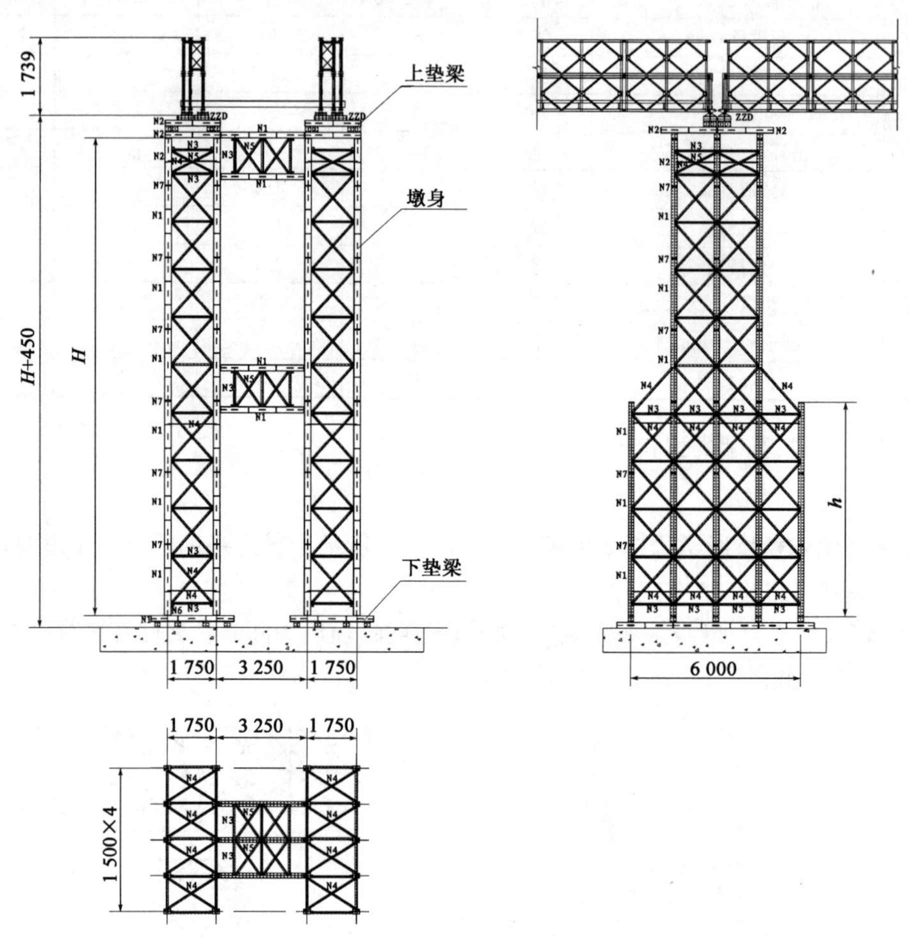

图 5-95　10m<H≤20m 桥墩结构图示(尺寸单位:mm)

2. 拼组

装配式公路钢桥桥墩由下垫梁、墩身、上垫梁三部分组成，既适合于人工拼组也适合于机械拼组。

当作业场地狭窄无法使用起重机械或水上作业而没有水上起重设备时，可采用人工拼组。由于本器材的最大单件质量为 236kg，用人工搬运拼组是可行的。同时配备起重扒杆作业，以便将单件由地面吊到墩上，如图 5-97 所示。

在能够利用起重机械吊装拼组的场合尽可能采用起重机械吊装拼组，其工作效率要比全部人工拼组高得多。用起重机械吊装拼组时，可以根据所用起重机械起吊能力的大小，预拼成拼组单元，以大大减少高空作业量，而且单元预拼与单元组装可以同时进行，加快拼组速度，如图 5-98 所示。

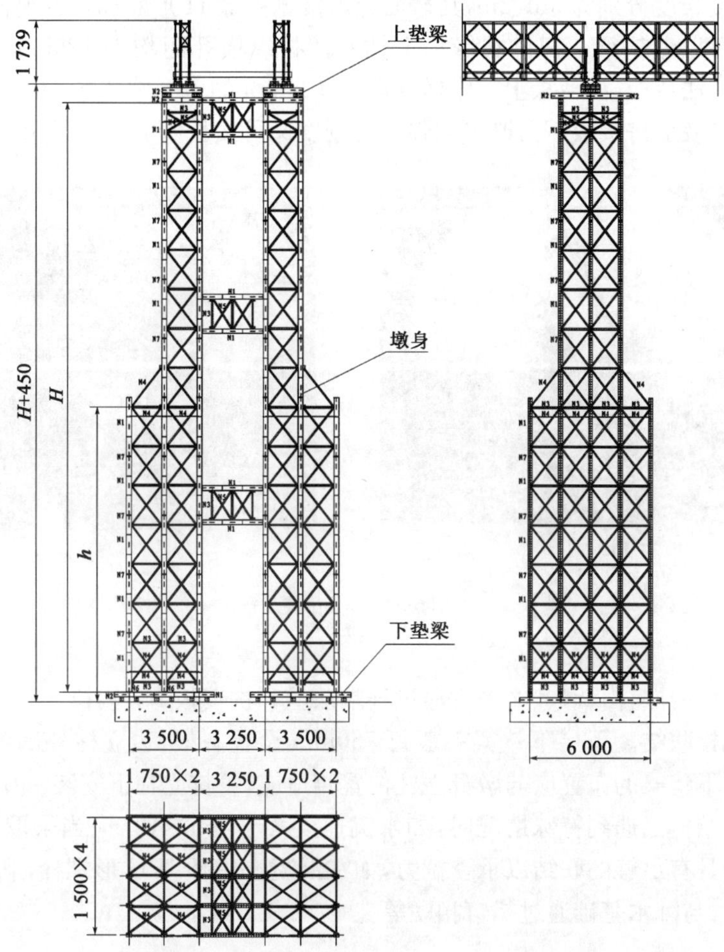

图 5-96　20m<H≤30m 桥墩结构示意图(尺寸单位:mm)

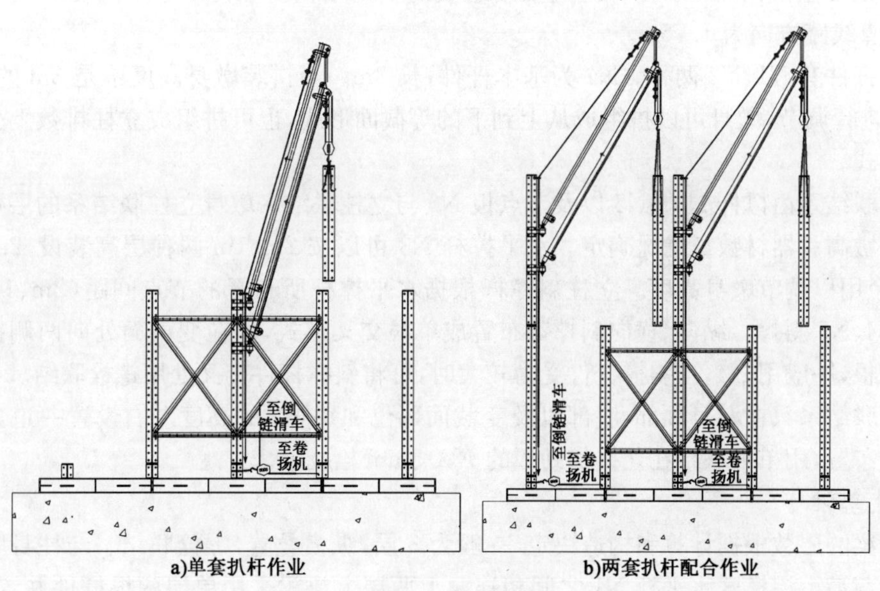

图 5-97　人工拼组作业

杆件 N1、N2 长度分别为 3m、2m，其截面为焊接宽翼缘 H 形断面，两种杆件梁柱通用，既可以做立柱，又可以做垫梁。杆件翼缘板上钻有两排纵横孔距均为 125mm 的 ϕ23.5mm 栓孔，杆件两端焊有法兰板，法兰板上有纵横孔距为 125mm 的 4 个 ϕ23.5mm 栓孔，用于立柱接长，在接头处再拼装上拼接板 N7，既可加强立柱刚度又可接长做上下垫梁用。

a)

b)

图 5-98 单元吊装

(1)下垫梁

下垫梁一般设两层，由 N1、N2 杆件通过杆端法兰和拼接板 N7 接长，纵横垂直叠置，两层梁的叠合面用螺栓联结。下层下垫梁一般每 750mm 设置一根，边立柱外侧各增设一根。与墩身联结的顶层下垫梁的布置应与墩身立柱位置相适应，每排立柱下安装一片垫梁，与立柱法兰板间用螺栓联结。当遇到特殊情况时，如水流速度大于 3m/s 时，应当采取措施，确保下层下垫梁与基础间具有足够的联结以承受拉力，如在混凝土中预埋 U 形螺栓，利用 U 形螺栓与下层下垫梁相联，与卧木基础通过扒钉相联等。

(2)墩身

墩身是由立柱、节点板、撑杆通过联结组成的空间结构。立柱中心距离在顺线路方向为 1.5m，垂直线路方向为 1.75m。

立柱杆件有 N1、N2 两种。N1 为基本杆件，长 3m。当拼装墩身高度不是 3m 的倍数时，可用 N2 进行调节，墩身可以拼组成从上到下的等截面形式，也可拼组成立柱排数上少下多的变截面形式。

墩身联结系由撑杆 N3～N5 以及节点板 N6 与立柱联结。墩身立柱联结系的层数及每层高度根据墩高和器材数量情况确定。水平撑杆 N3 可以按 2m、1m 两种层高装设，2m 为主要层高，其余用以调节墩身高度。立柱斜撑杆根据水平撑杆所布置的节点间距(2m、1m)，安装相应的 N4、N5 斜撑。纵向、横向斜撑都布置成单根交叉形式，但在变截面处向两侧扩伸的斜撑则用双根，一般用 N4，当斜撑杆件受力较大时，可将斜撑杆件交叉处用螺栓联结。

平面联结系只在墩身顶部、底部以及变截面部位和每隔 9m 高度左右设置一道，利用 N4 斜撑交叉布置，用单根联结在立柱加劲板的 ϕ23.5mm 栓孔上。

(3)上垫梁

上垫梁的层数根据计算和构造决定，一般为 3 层，纵横叠置，螺栓联结。与柱身联结的底层上垫梁与最上层横联水平杆 N1 之间相连。上两层上垫梁采用单层两根杆件并置组装，上垫梁纵横叠合处采用螺栓联结。当上垫梁杆件改变位置时，应另行检算。

(九)配套吊装设备的使用

配套吊装设备主要由扒杆及其附件组成,用以进行墩身和上垫梁的吊装。

扒杆长 4.6m,当其回转半径为 3.3m 时,起重能力 700kg,回转角度为 270°。安装时,事先应根据桥墩的结构形式及尺寸,布置使用扒杆的位置和数量、吊装的顺序和范围、扒杆的提升以及缆风绳等,尽可能减少扒杆移动次数和高空作业的工作量,使吊装工作得以逐节循序地快速进行。在安装立柱或垫梁时,应把节点板或斜撑杆件按所需数量和安装位置预先进行安装,以便加快拼装速度。

利用扒杆辅助作业时,首先在基础上铺好下垫梁,并在下垫梁上安装最底层核心部分立柱,安装部分斜撑,使其成为稳定框架。安装扒杆,一般可以采用安装在两根立柱上的两套扒杆互相提升,从下到上完成全部安装工作,如图 5-97 所示。

为加快拼装速度,在条件允许的情况下,对于墩身高度不大于 10m 的桥墩结构,也可以将墩身中的一根立柱在地面上拼接到设计高度,顶部安装扒杆,利用卷扬机和由本器材杆件所组成的起重架,使其一次转立到位。然后利用第一副扒杆吊立第二副扒杆,再由两副扒杆完成拼装作业。

(十)桥墩拼装注意事项

在桥墩拼装过程中,有可能出现错孔现象,导致水平撑杆、斜撑杆或上垫梁安装困难。出现这种现象的原因主要为安装误差引起,如:下垫梁高低不平、位置不正等原因,导致误差积累,发生错孔现象。为尽量避免出现此种现象,提出以下注意事项,仅供参考:

(1)拼装前,基础顶面力求平整,高低差以不超过 5mm 为宜,放置垫梁时,应利用铁片、干性砂浆或细砂垫平。

(2)下垫梁上下层为互相垂直关系,矩形对角线长度差不应大于 5mm。

(3)应采取措施确保立柱底部下垫梁顶面高程相近;否则,桥墩立柱可能倾斜。

(4)拼装过程中应随时检查立柱垂直度、立柱间的方正性与水平差。

(5)横桥向垫梁之间尺寸应准确无误,否则两组立柱间横联安装困难。

(6)拼装过程中,如果遇到杆件孔位错孔,可以利用曲撬棍配合作业;必要时,可以利用导链配合。

(7)桥墩在拼装过程中,所有螺栓带上螺帽后,只需用手带满丝扣,不必拧紧螺栓,以保证杆件安装过程中杆件一定的活动余量,待桥墩上垫梁全部拼装完毕后,再统一拧紧螺栓。

(十一)5～30m 墩高器材数量表及其桥墩结构图

5～30m 墩高器材数量见表 5-10,桥墩结构如图 5-99～图 5-112 所示。

三、八三式铁路轻型军用墩

八三式铁路轻型军用墩是一种按平战结合原则研制的拆装式成套制式器材,既可用于中小跨度、中低高度桥梁,也可在新建铁路工程中用作便桥桥墩、临时支墩和膺架脚手等,还可组成简易起重设备以及用于公路桥梁抢修等。

全套基本器材只有杆件、配件 9 种,紧固件两种。垫梁与立柱杆件通用,大大减少杆件种类,提高器材使用率。杆件重量轻,最大单元质量约 250kg。拆装迅速,准备工作就绪,从器材运到现场开始,使用随器材配备的专用小型吊装设备,人力拼装,可以在 6h 内完成一座 10m 高桥墩的安装任务。杆件最大长度仅 3.5m,全部可用普通卡车装运,其装载系数较大,便于储运。

5～30m 墩高器材数量表

表 5-10

序号	墩身高度 H(m)	下部加宽高度 h(m)	3m 立柱（N1）	2m 立柱（N2）	水平撑杆（N3）	2m 节间斜撑(N4)	1m 节间斜撑(N5)	T 形节点板(N6)	拼接板（N7）	支座过渡墩(ZZD)	M22×50 螺栓	M22×65 螺栓	总质量（t）	备注
1	5	—	32	50	63	72	28	54	30	4	1 230	256	20.8	
2	6	—	44	38	77	72	56	66	32	4	1 378	256	22.6	
3	7	—	32	62	77	100	28	66	40	4	1 442	304	23.9	
4	8	—	44	50	91	100	56	78	42	4	1 498	304	25.7	
5	9	—	32	74	91	128	28	78	48	4	1 576	312	27.0	
6	10	—	44	62	105	128	56	90	50	4	1 682	328	28.8	
7	11	5	68	66	141	228	28	114	52	4	1 704	340	38.0	
8	12	6	64	82	167	228	80	134	54	4	2 232	398	41.4	
9	13	6	76	70	181	228	100	146	56	4	2 438	421	43.1	
10	14	7	62	110	202	280	84	164	58	4	2 651	460	47.8	
11	15	7	62	116	202	308	56	164	60	4	2 803	487	49.1	
12	16	7	86	86	216	308	84	176	62	4	2 978	498	50.8	
13	17	8	82	102	242	308	136	196	64	4	3 098	520	54.1	
14	18	8	76	117	242	336	108	196	66	4	3 256	547	55.3	
15	19	8	82	114	256	336	136	208	68	4	3 304	602	57.2	
16	20	9	86	118	270	376	140	220	70	4	3 436	696	60.3	
17	21	9	98	106	284	360	168	232	72	4	3 612	734	61.7	
18	22	9	86	130	284	388	140	232	74	4	3 846	809	63.0	
19	23	12	136	148	473	632	224	424	76	4	5 135	856	90.6	
20	24	12	124	172	473	660	196	424	78	4	5 377	911	91.9	
21	25	13	154	142	473	748	108	424	80	4	5 495	963	94.9	
22	26	13	142	166	487	748	136	436	82	4	5 634	1022	96.8	
23	27	14	172	136	531	748	224	476	84	4	5 846	1 188	101.9	
24	28	14	184	124	531	776	196	476	86	4	6 077	1 223	103.1	
25	29	15	154	184	559	808	220	500	88	4	6 378	1 376	107.7	
26	30	15	170	190	573	856	248	512	90	4	6 562	1 484	114.7	

注：由于 3m 立柱(N1)和 2m 立柱(N2)及 2m 节间斜撑(N4)和 1m 节间斜撑(N5)可根据高度对等原则互换使用，故上表中杆件数量仅供参考，具体应用时可以根据器材具体情况进行调节。

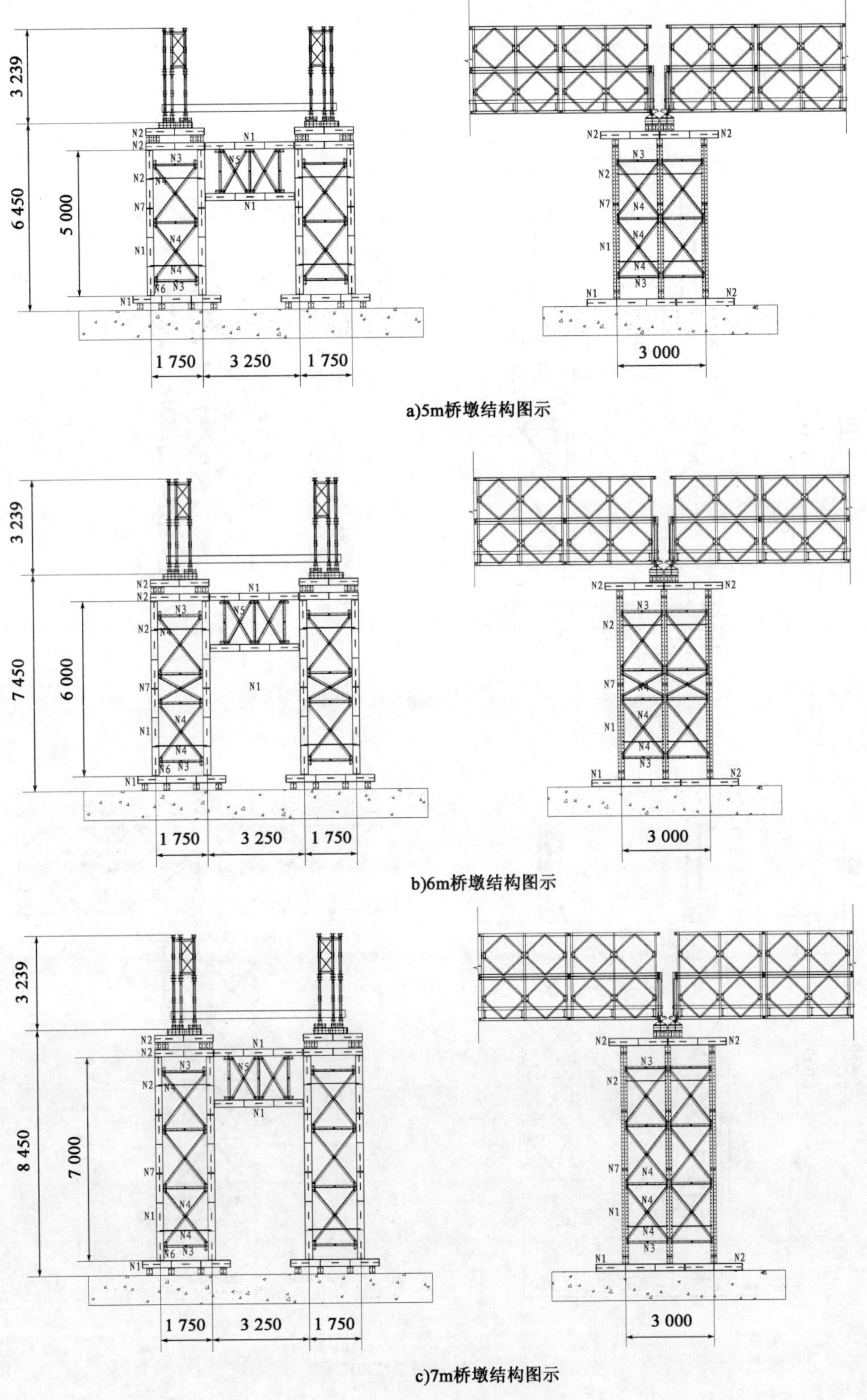

图 5-99　5～7m 桥墩结构图(尺寸单位:mm)

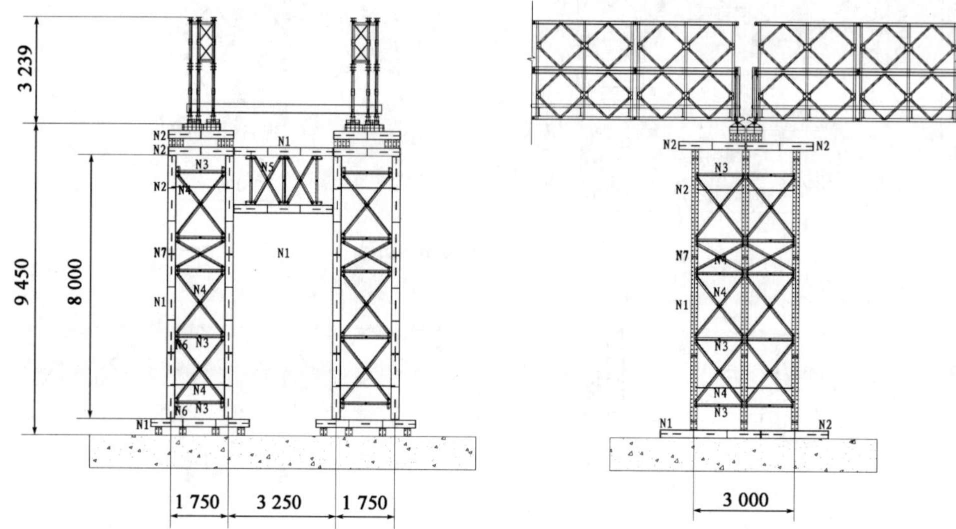

a)8m桥墩结构图示

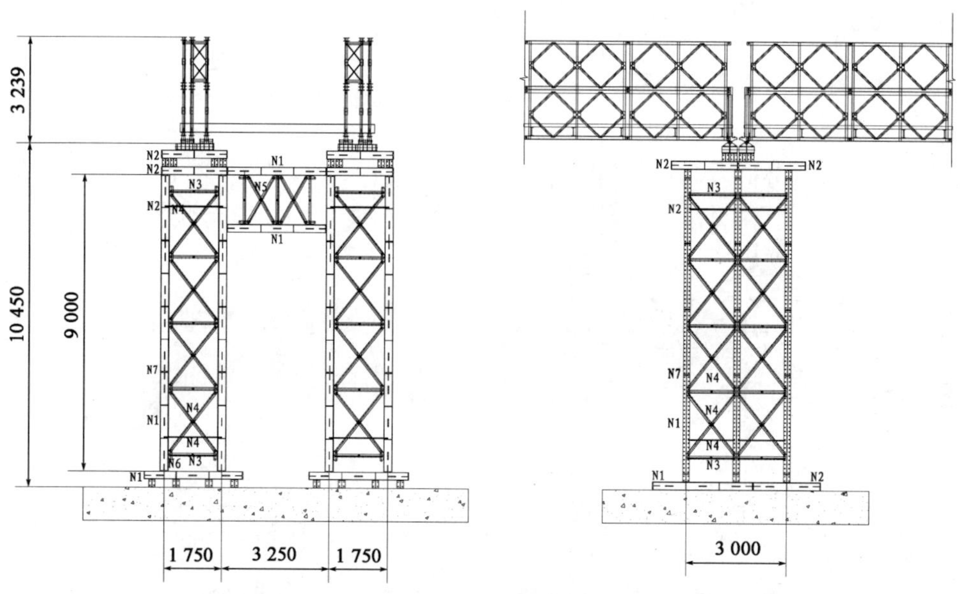

b)9m桥墩结构图示

图 5-100　8～9m 桥墩结构图(尺寸单位:mm)

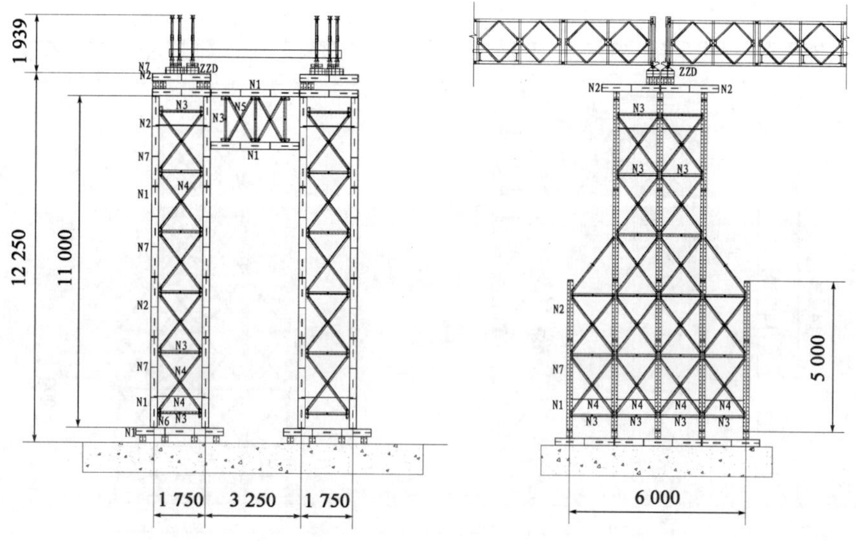

a)11m桥墩结构图示

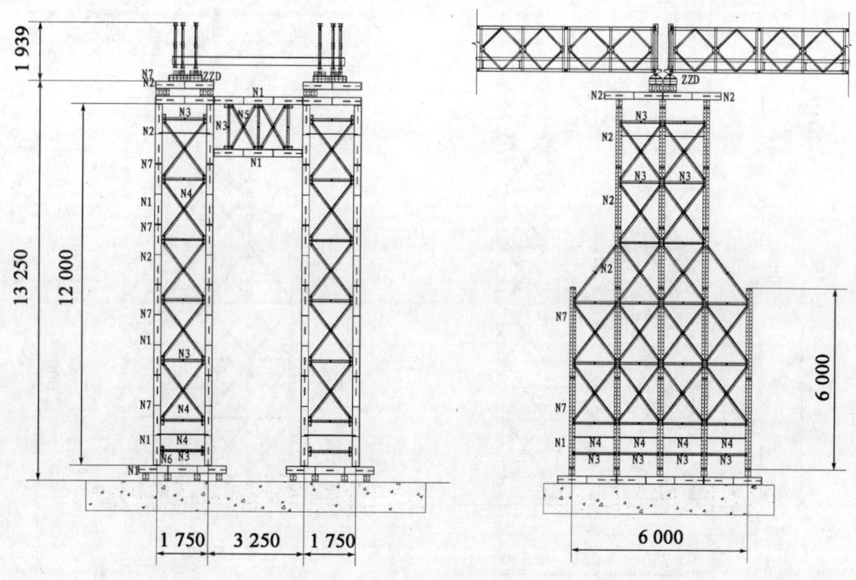

b)12m桥墩结构图示

图 5-101　11～12m 桥墩结构图(尺寸单位：mm)

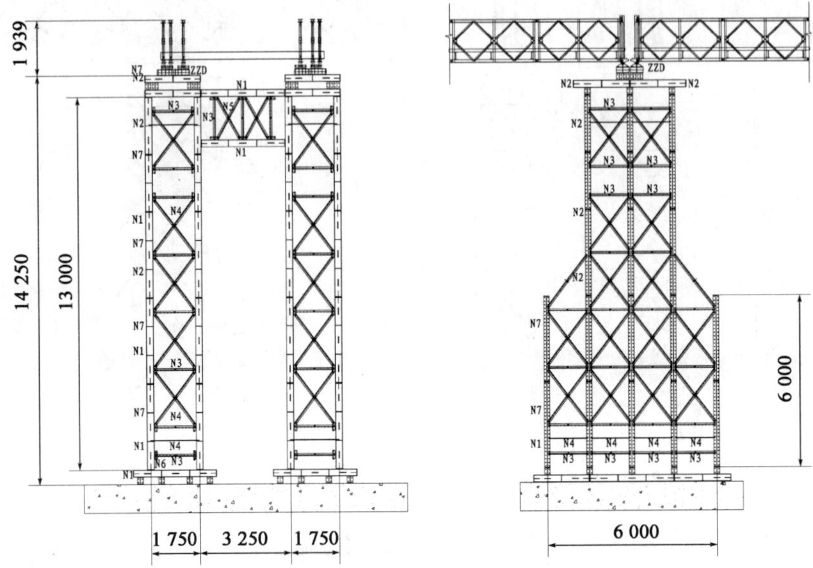

a)13m桥墩结构图示

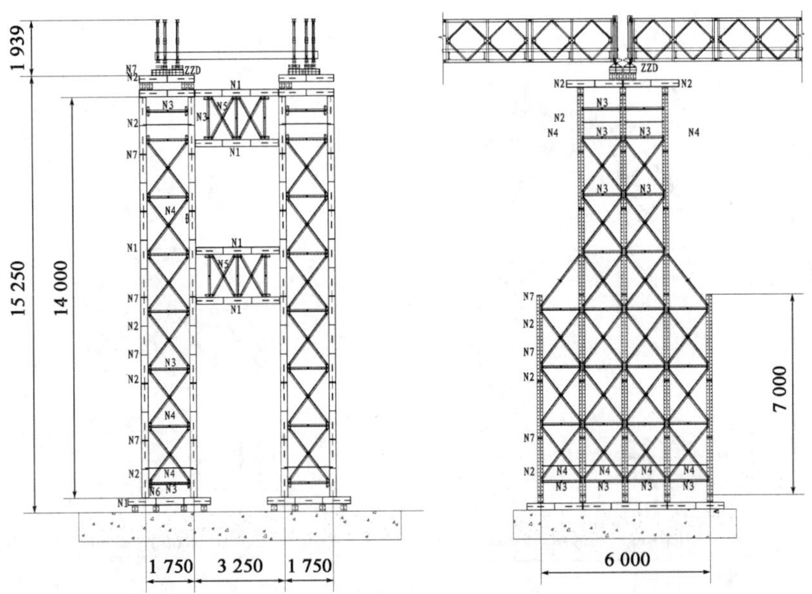

b)14m桥墩结构图示

图 5-102　13～14m 桥墩结构图(尺寸单位:mm)

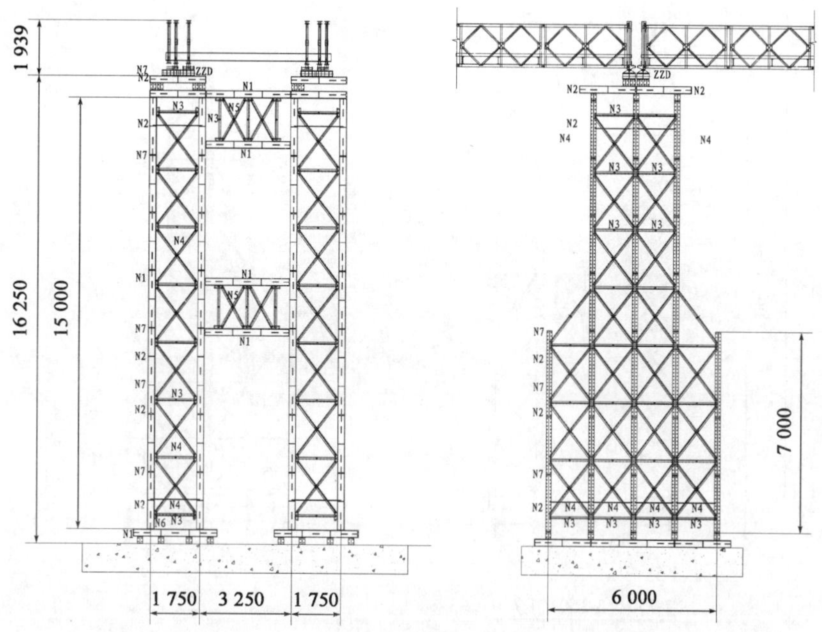

a)15m桥墩结构图示

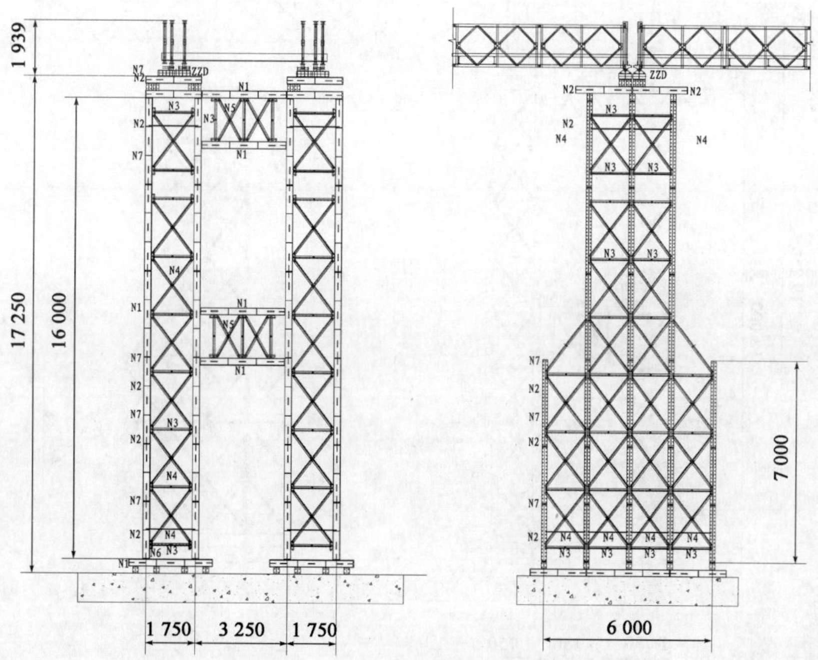

b)16m桥墩结构图示

图 5-103　15～16m 桥墩结构图(尺寸单位:mm)

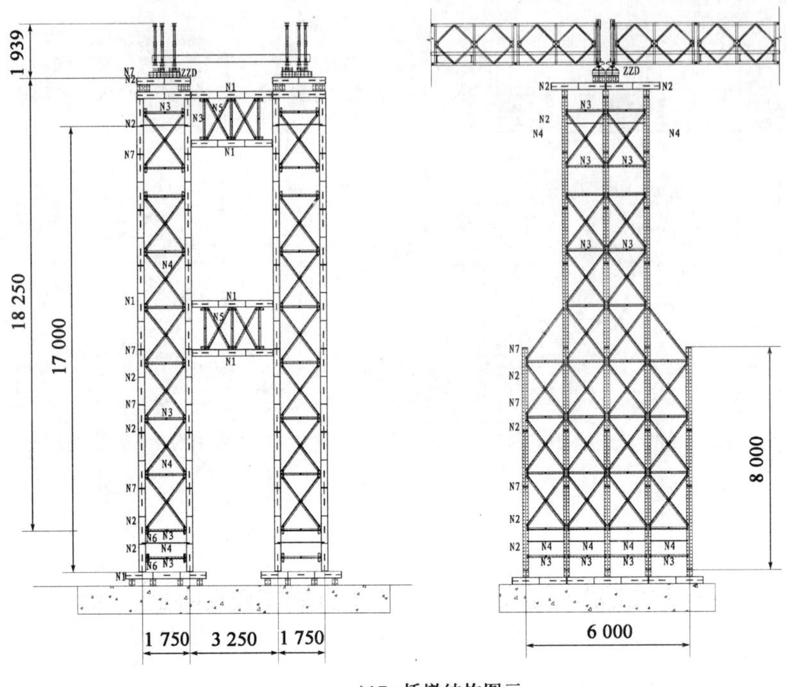

a)17m桥墩结构图示

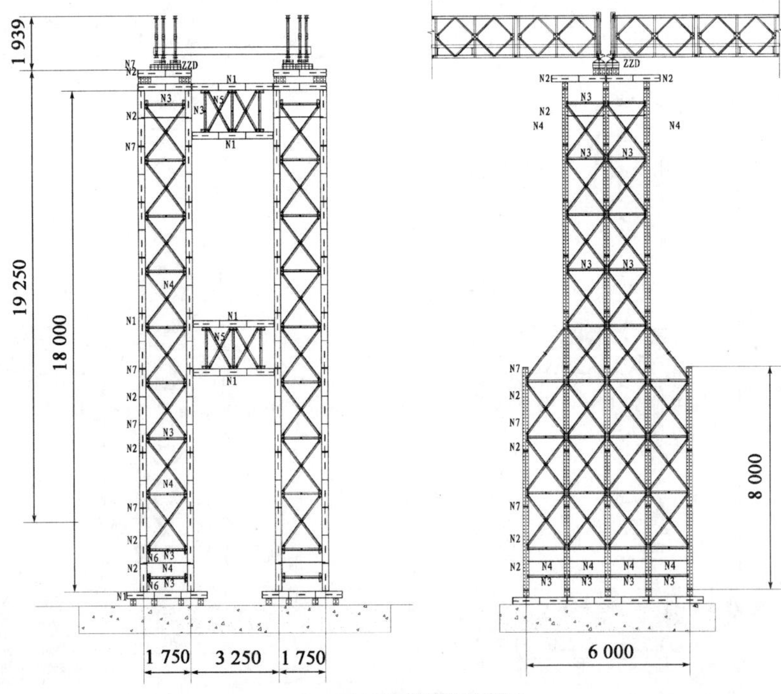

b)18m桥墩结构图示

图 5-104　17～18m 桥墩结构图(尺寸单位:mm)

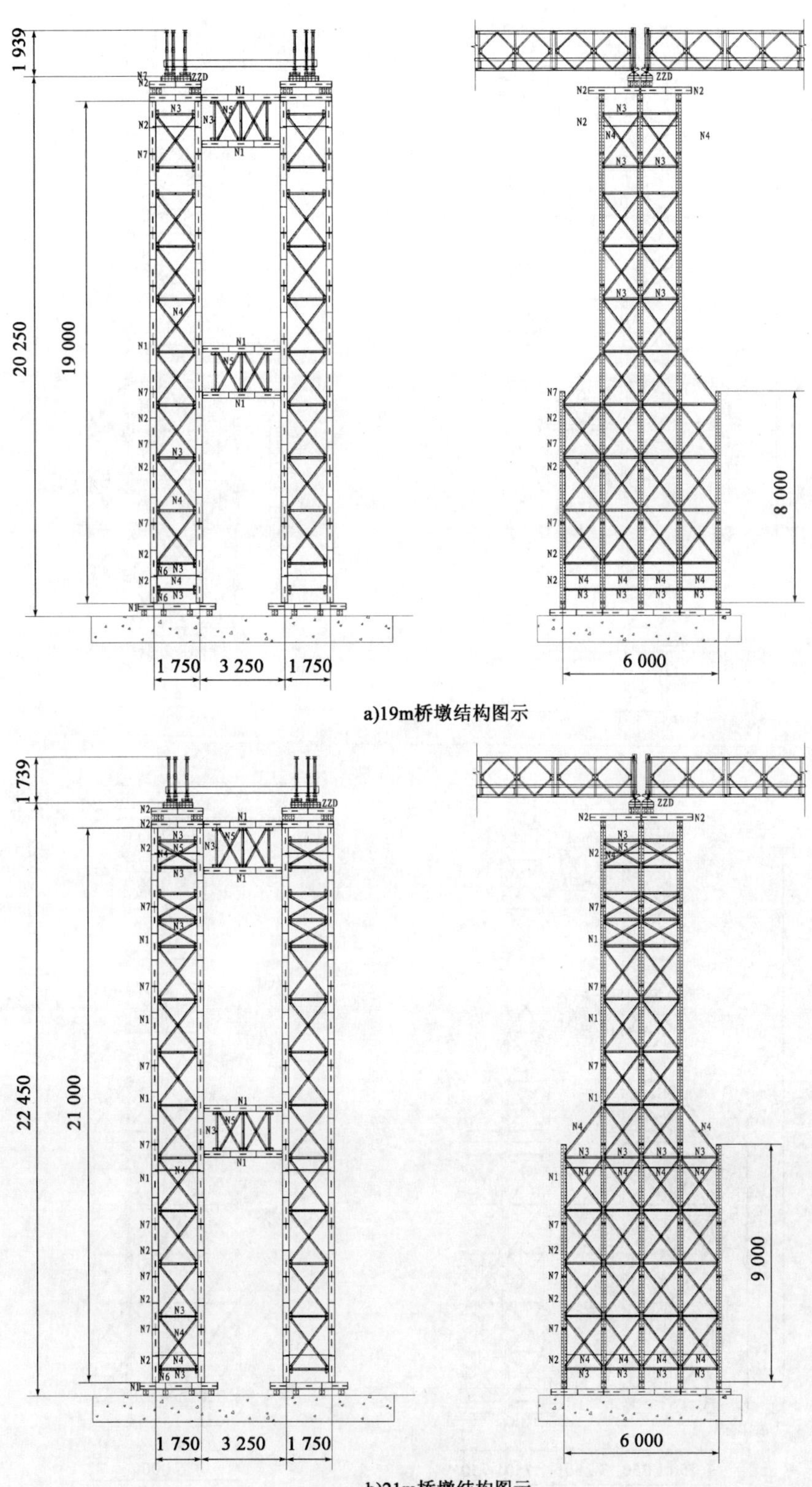

图 5-105　19～21m 桥墩结构图(尺寸单位:mm)

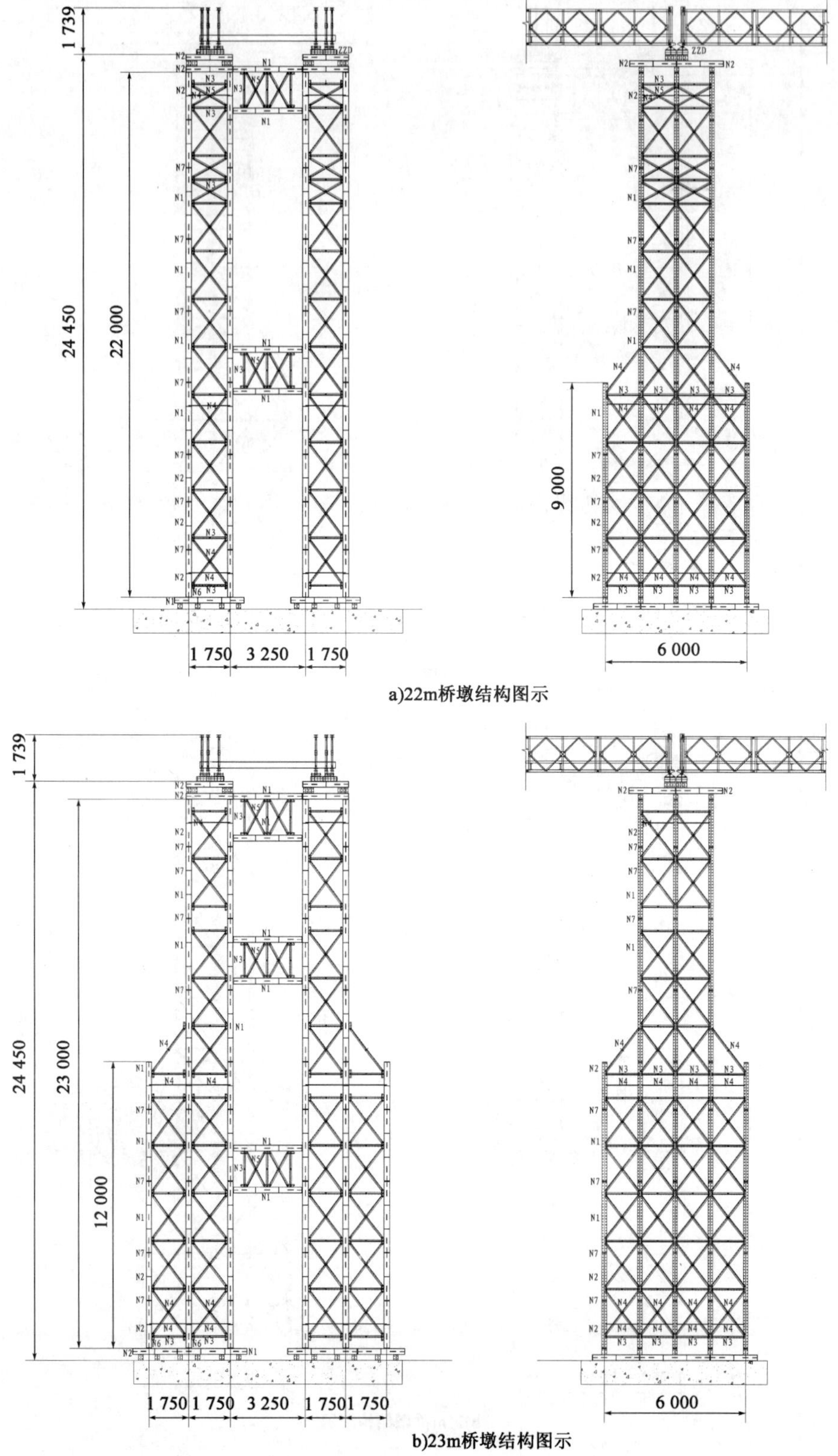

图 5-106　22～23m 桥墩结构图(尺寸单位:mm)

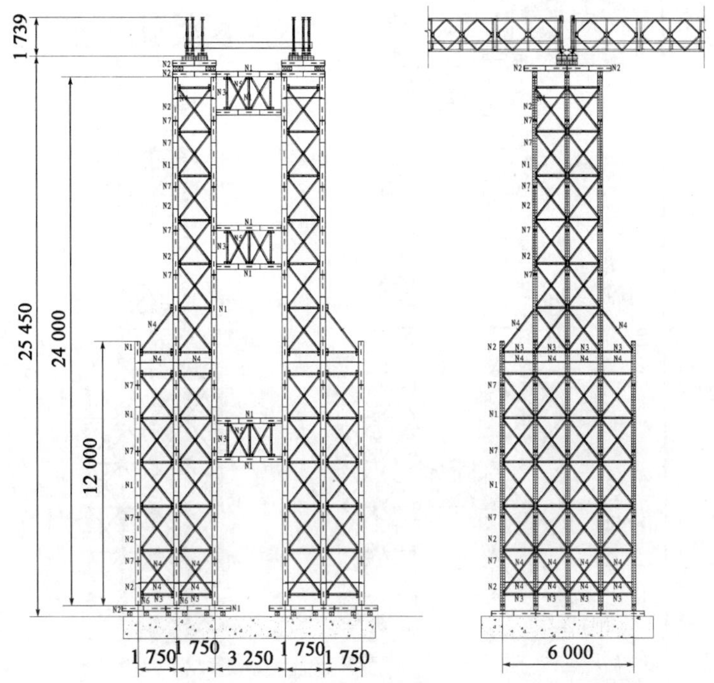

图 5-107　24m 桥墩结构图(尺寸单位:mm)

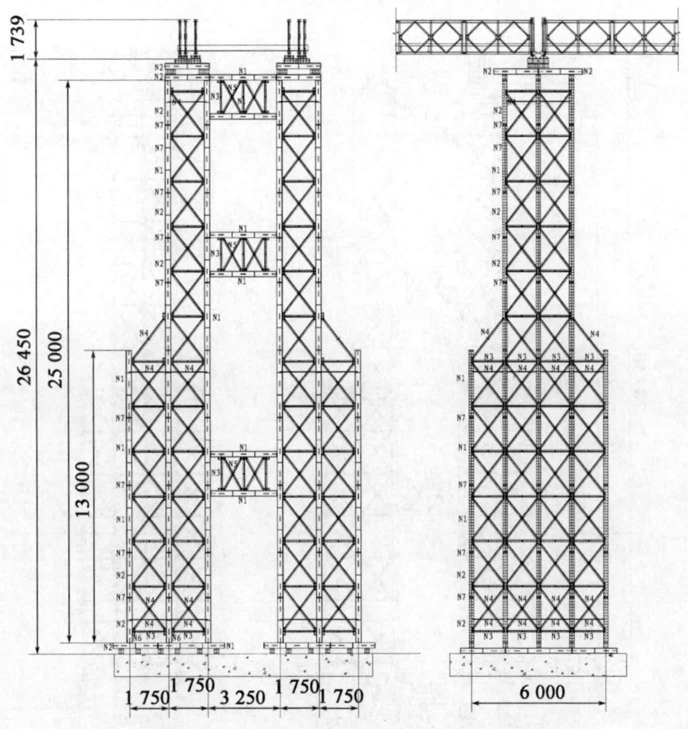

图 5-108　25m 桥墩结构图(尺寸单位:mm)

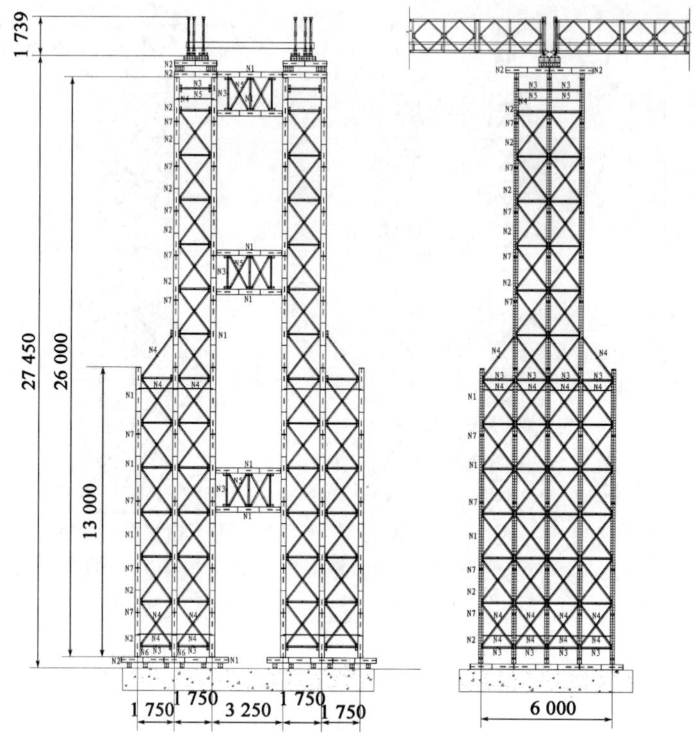

图 5-109　26m 桥墩结构图(尺寸单位:mm)

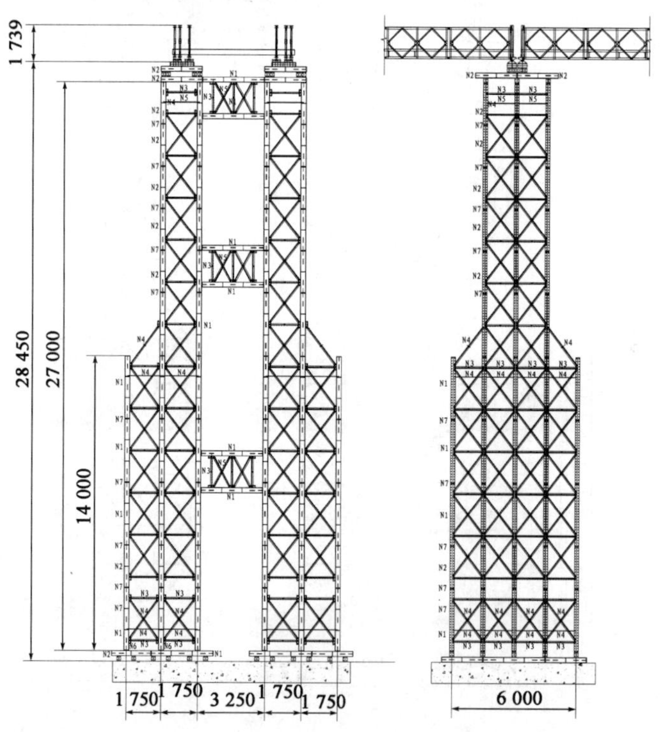

图 5-110　27m 桥墩结构图(尺寸单位:mm)

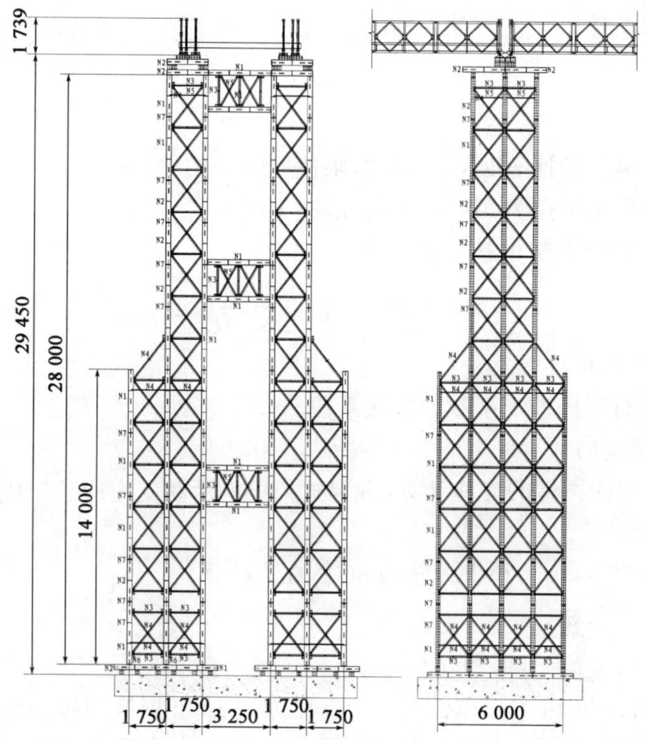

图 5-111　28m 桥墩结构图(尺寸单位:mm)

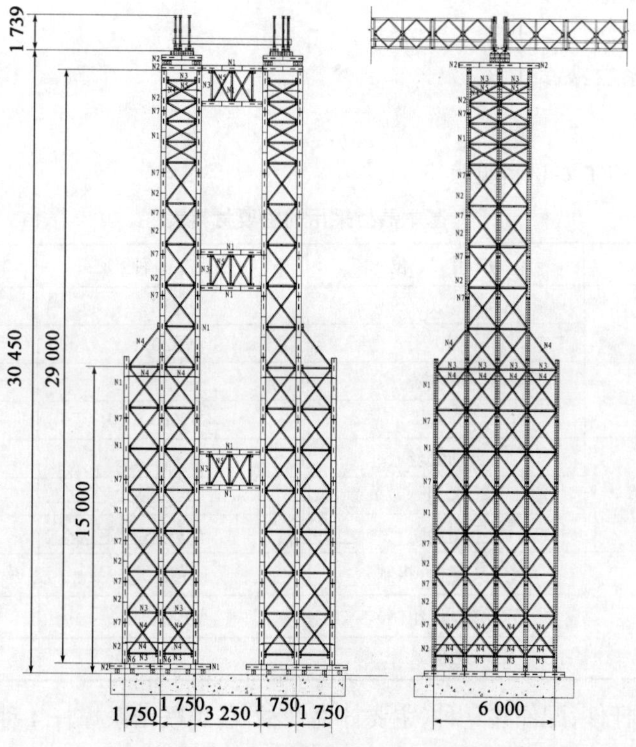

图 5-112　29m 桥墩结构图(尺寸单位:mm)

(一)设计技术条件

1. 荷载标准

(1)竖向活载

①前进型机车单机随挂 70kN/m 匀载,限速 40km/h。

②前进型机车双机随挂 70kN/m 匀载,限速 10km/h。

③限速运行的冲击系数 m 按下式计算:

$$m=1+\mu\times\frac{28}{40+L}$$

式中:L——桥跨长度(m)。

μ——限速运行时的冲击系数的折减系数。

(2)制动力或牵引力

按平均分配于梁跨两端的支座计算(拆装式桁梁的活动支座应予以固定)。

(3)风力

按桥上有车为 600N/m^2,桥上无车为 800N/m^2 计算。

2. 基础底面检算参数

(1)地基承载力:$[\sigma]=150$kN/m^2。

(2)单桩承载力:ϕ26cm 木桩单桩设计竖向压力为 160kN,竖向拉力为 20kN。

(3)计算卧木基础、混凝土基础时的基底截面合力偏心值不应超过 1.2ρ(ρ 为基底截面核心半径),并按应力重分布检算基底最大压应力。

(4)地基土壤摩擦系数:$f=0.25$。

(5)倾覆稳定系数:$k_1\geqslant1.3$。

(6)滑走稳定系数:$k_2>1.3$。

(二)基本器材

基本器材采用的主要材料见表 5-11。

基本器材采用的主要材料表 表 5-11

材料类别	使用部位	品种	材质
钢材	①～③、⑧、⑨	□12	16Mn
	⑧	□20	16Mn
	①～③	□24	16Mn
	④～⑦	∟80×80×10	16Mn
焊接材料	自动焊丝	ϕ4	H08A 或 H08
	焊剂		焊 431
	手工焊条	ϕ4～ϕ5	T507
紧固件	六角头螺栓(粗制)	ϕ22	10.9 级
	六角螺母(粗制)	B32	8 级
	垫圈		A3

基本器材包括杆件、配件共 9 种(主要杆件 3 种,各类联结系撑杆 4 种,节点板和拼接板各 1 种)(图 5-113～图 5-118),紧固件 4 种(M22 螺栓 2 种,螺母、垫圈各 1 种)。同一编号的杆件、配件可以互换使用,部分不同编号的杆件还可顶替使用。

名称	基本杆件
编号	①
材质	16Mn
每件重量	253kg
用途	用作立柱或上、下垫梁

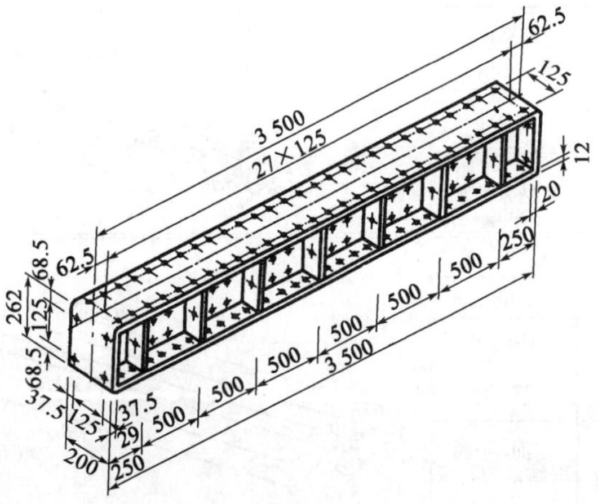

图 5-113　①基本杆件(尺寸单位:mm)

名称	辅助杆件
编号	②
材质	16Mn
每件重量	150kg
用途	用作立柱或上、下垫梁

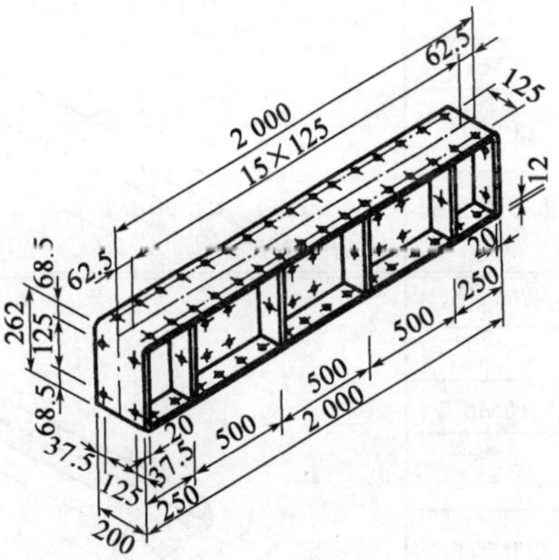

图 5-114　②辅助杆件(尺寸单位:mm)

名称	辅助杆件
编号	③
材质	16Mn
每件重量	116kg
用途	用作立柱或上、下垫梁

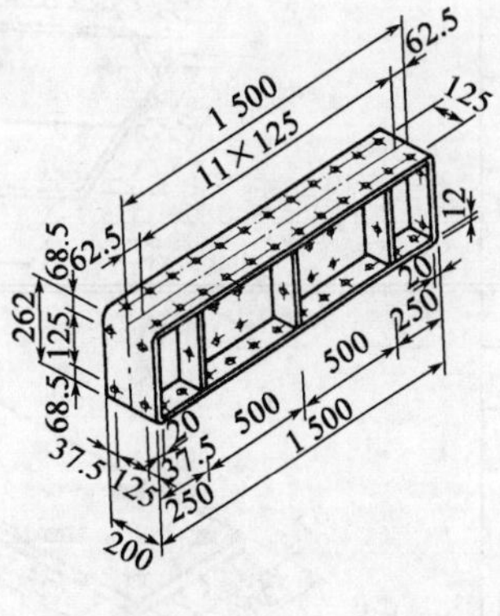

图 5-115　③辅助杆件(尺寸单位:mm)

名称	水平撑杆 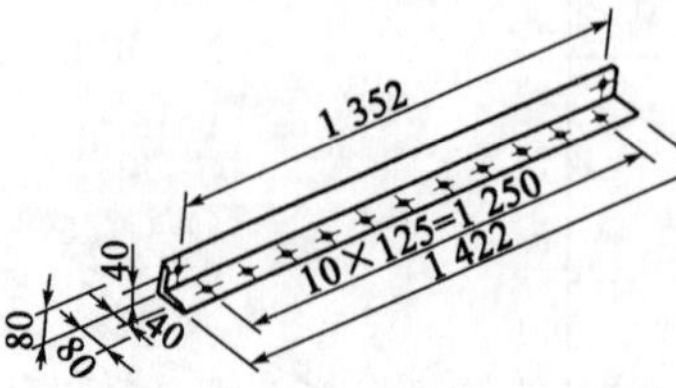
编号	④
材质	16Mn
每件重量	16.9kg
用途	立面、平面联结系的水平撑

名称	2m节间斜撑杆 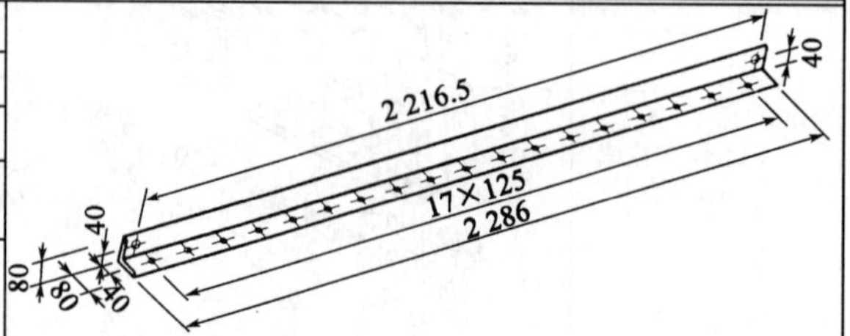
编号	⑤
材质	16Mn
每件重量	27.2kg
用途	立面、平面联结系的斜撑

图 5-116 ④、⑤撑杆(尺寸单位:mm)

名称	1.5m节间斜撑杆 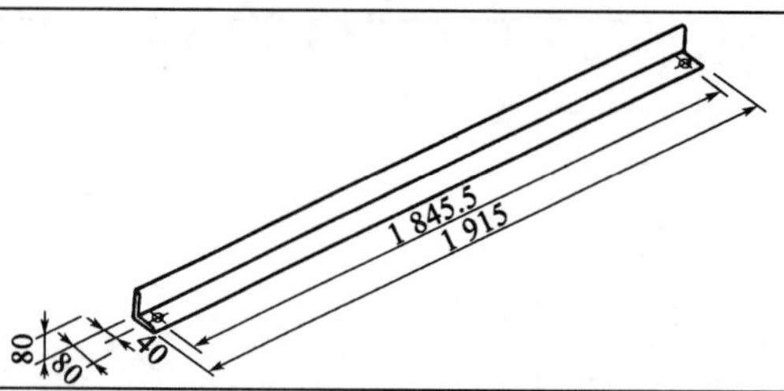
编号	⑥
材质	16Mn
每件重量	22.8kg
用途	立面联结系的斜撑

名称	1m节间斜撑杆 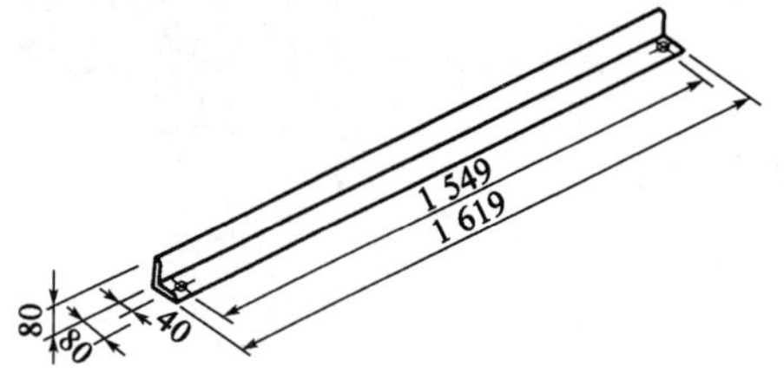
编号	⑦
材质	16Mn
每件重量	19.2kg
用途	立面联结系的斜撑

图 5-117 ⑥、⑦节间斜撑杆(尺寸单位:mm)

名称	T形节点板 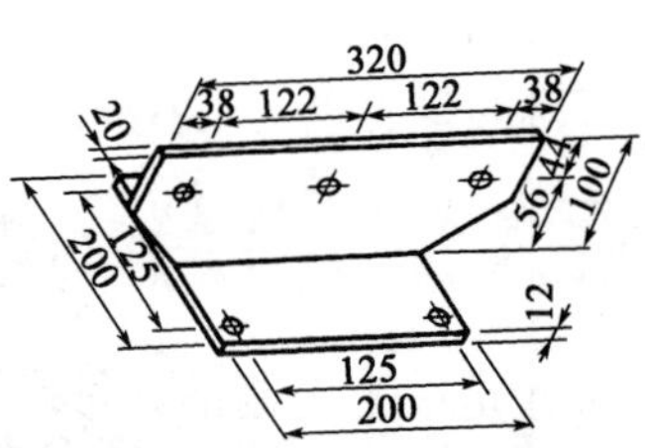
编号	⑧
材质	16Mn
每件重量	8.8kg
用途	用作立柱与撑杆的联结

名称	拼接板 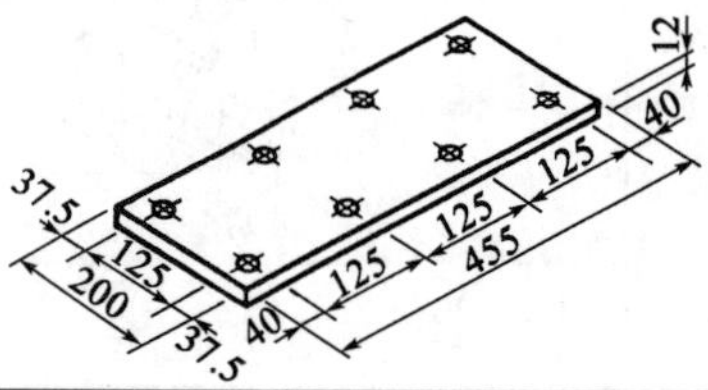
编号	⑨
材质	16Mn
每件重量	8.6kg
用途	接长①~③杆件用

图 5-118 ⑧T 形节点板及⑨拼接板(尺寸单位:mm)

1. 杆件和配件

编号为①～⑨，其规格、尺寸如图5-113～图5-118所示。螺栓孔直径均为23.5mm。

2. 紧固件

共四种，其规格和用途见表5-12。

紧固件的规格和用途表 表5-12

名 称	规 格	机械等级	质量(kg)	使用说明
六角头螺栓(粗制)	M22×65	10.9	0.264 9	夹持厚度＞30mm。用于立柱与立柱、立柱与垫梁、两根斜撑与立柱加劲板、两块节点板与立柱腹板等的联结
六角头螺栓(粗制)	M22×50	10.9	0.224 4	夹持厚度22～30mm。用于一根撑杆与立柱加劲板或节点板、一块节点板与立柱腹板、垫梁与垫梁、垫梁与一块拼接板等的联结
六角螺母	M22	8	0.0759	配合M22螺栓使用，每个螺栓配一个螺母
普通垫圈	M22	A3	0.0175	视需要使用

(三)配套吊装设备和机具

1. 吊装设备

吊装设备由专用设备和通用设备组成，包括扒杆组件、扒杆叉座、变幅装置、栓吊千斤绳、滑车等部分，组成起吊扒杆(图5-119)。

扒杆组件是两端装好滑轮的扒杆，长4.608m，质量60.73kg。

扒杆最大起吊幅度S=3 300mm，起重量700kg，回转角度270°。

扒杆叉座(图5-120)安装时，其中心位置与变幅索卸扣的距离D可采用1562.5、1687.5、1812.5mm三种尺寸。

扒杆可用0.5t手摇或电动(JD—3型)卷扬机起重，用3t倒链滑车变幅。

2. 专用安装工具

专用安装工具配有滑行板柄和套筒(图5-121)、调距棒(图5-122)、棘轮柄、小撬棍、曲撬棍以及存放紧固件和吊装零件用的小铁箱等。

(四)器材配套

八三式铁路轻型军用桥墩是按套定制的。每套器材含基本器材和配套吊装设备机具两大类。

基本器材由杆件和紧固件组成。一套基本器材总质量46.2t(表5-13)，能拼组纵向三排立柱、横向四排立柱(3×4)断面形式，上、下垫梁各两层，全高11.31m桥墩和3×3断面形式，上、下垫梁各两层，全高7.31m的桥墩各一座；也可拼组3×3断面形式，上、下垫梁各两层，全高10.81m的桥墩两座；或2×4断面形式，上、下垫梁各两层，全高6.81m的桥墩三座。全套器材可用一节50t铁路货车装运。两套器材的①～③杆件可拼组4×4断面形式，全高15.31m的桥墩一座，但④、⑤撑杆和⑧节点板不足，需作特殊处理。

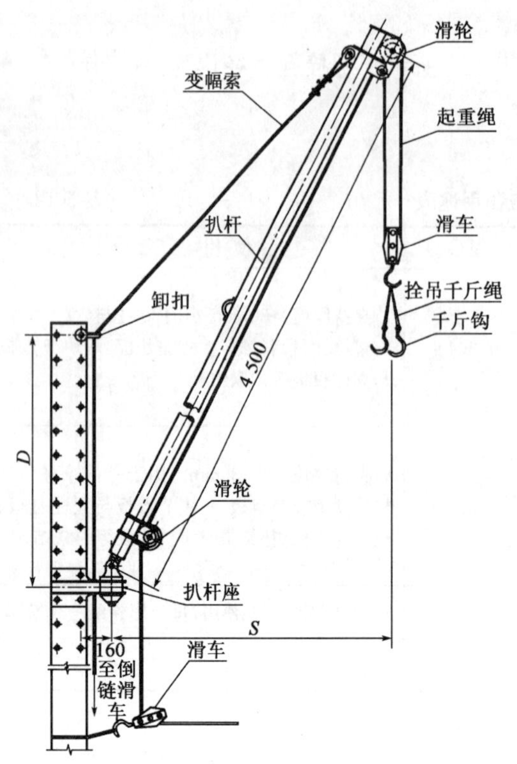

图 5-119 扒杆总图(尺寸单位:mm)

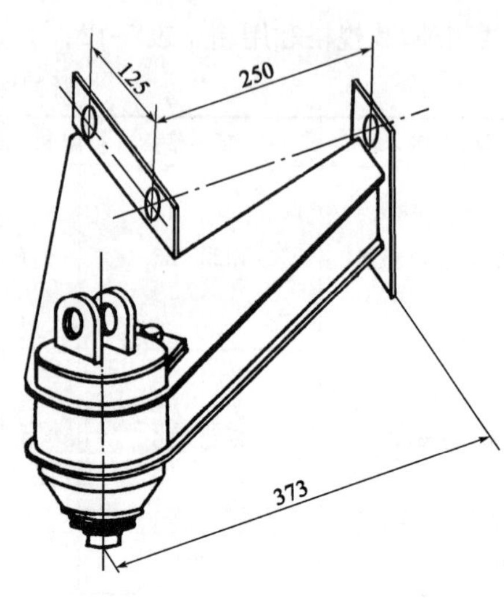

图 5-120 扒杆叉座(尺寸单位:mm)

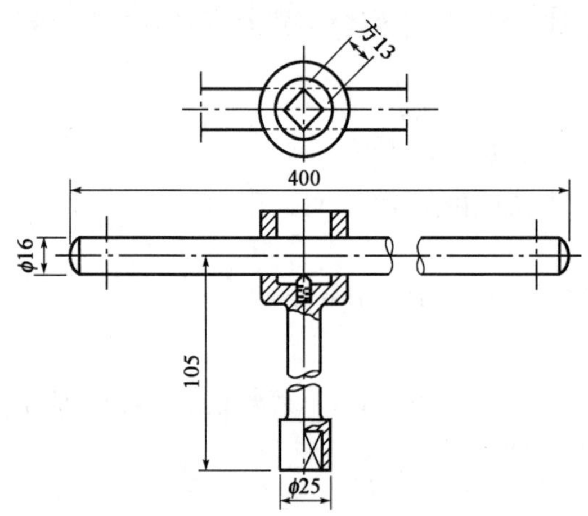

图 5-121 滑行板柄和套筒(尺寸单位:mm)

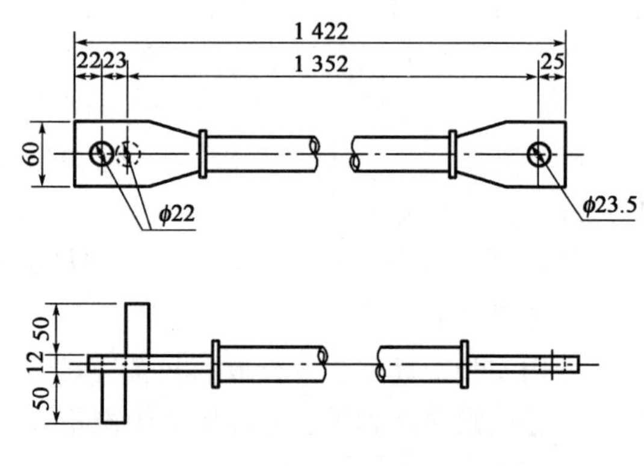

图 5-122 调距棒(尺寸单位:mm)

利用配套的吊装设备、机具并配备一定数量的通用吊装机具,可以组成两组起吊扒杆同时进行安装作业。

基本器材中的紧固件和配套内的小件吊装配件均分装在配备的小铁箱内。每套共装 26 箱,每箱毛重 35～67kg。

基本器材和吊装设备机具的配套数量,紧固件和部分吊装设备机具的装箱数量分别见表 5-13～表 5-15。施工中的通用吊装机具可由施工单位根据实际需要自行制备。表 5-16 列出的品种、规格和数量供编制计划时参考。

基本器材配套数量表 表 5-13

类别	名　　称	编号或规格	单位	一套数量	每件质量（kg）	一套质量（kg）	备注
杆件	基本杆件	①	根	70	253	17 710	
	辅助杆件	②	根	50	150	7 500	
	辅助杆件	③	根	50	116	5 800	
	水平撑杆	④	根	150	16.9	2 535	
	2m 节间斜撑杆	⑤	根	200	27.2	5 440	
	1.5m 节间斜撑杆	⑥	根	60	22.8	1 368	
	1m 节间斜撑杆	⑦	根	60	19.2	1 152	
	T 形节点板	⑧	块	320	8.8	2 816	
	拼接板	⑨	块	70	8.6	602	
紧固件	螺栓	M22×65	个	1 350	0.2649	358	装箱
	螺栓	M22×50	个	2 700	0.2244	606	装箱
	螺母	M22	个	4 050	0.0759	307	装箱
	垫圈	M22	个	2 700	0.0175	47	装箱
合计						46.2t	

专用吊装设备机具配套数量表 表 5-14

名称和规格		单位	一套数量	每件质量（kg）	一套质量（kg）	备注
扒杆两套	扒杆组件（滑轮、销轴、紧固件等安装上）	根	2	60.73	122	
	扒杆叉座	套	2	20.32	41	
	变幅索用卸扣 GD2.1	套	2	1.1	2	装箱
	卸扣（含螺栓 M22×85，螺母 M22）	套	2	1.25	3	上好紧固件后装箱
	拴吊千斤绳（含千斤钩）	个	4	3.2	13	上好千斤钩后装箱
	滑车 H1×1×KBG	个	4	8	32	
安装工具	滑行板柄 400×120mm	个	5	0.93	5	装箱
	棘轮柄 225mm	个	5			装箱
	32mm 套筒头	个	10	0.314	3	装箱

续上表

名称和规格		单位	一套数量	每件质量(kg)	一套质量(kg)	备注
安装工具	调距棒 $L=1422$mm	根	4	3.5	14	
	小撬棍 $L=600$mm	根	5	1.6	8	
	曲撬棍 $L=500$mm	根	5	0.8	4	
	小铁箱 (455mm×200mm×215mm,厚 2mm)	个	26	≈7	182	

装箱数量表 表 5-15

类别	箱号	箱内零件名称	每箱装零件数	零件质量(kg)		每套产品零件总数	箱数
				每件质量	每箱净质量		
紧固件	01-06	螺栓 M22×65	225	0.264 9	60	1 350	6
	07-18	螺栓 M22×50	225	0.224 4	51	2 700	12
	19-24	螺母 M22	675	0.075 9	52	4 050	6
	25	垫圈 22	2 700	0.017 5	48	2 700	1
吊装零件	26	卸扣、千斤绳、滑行板柄、棘轮柄、套筒头		28		1	

一套器材所需通用吊装设备机具数量参考表 表 5-16

名称	规格	单位	数量
卷扬机	0.5t 电动	台	2
倒链滑车	SBL3	台	2
钢丝绳	6×37+1—11—170	m	170
钢丝绳	6×37+1—15—170	m	40
梅花扳手	M22 六角螺母用	把	5
活口扳手	M22 六角螺母用,长 300mm	把	5
绳夹	Y5—15	个	6
绳夹	Y3—10	个	6
两轮滑车	起重量 1t	个	4

(五)结构形式和拼组

1. 结构形式

八三式铁路轻型军用桥墩的结构形式如图 5-121 所示。当梁部结构跨度在 12～32m 范围内时,常用高度的墩身结构有七种,如图 5-123～图 5-129 所示。其最大适应高度见表 5-17～表 5-19。

2. 拼组

八三式桥墩由下垫梁、墩身和上垫梁三部分组成。

杆件①、②、③长度分别为 3.5m、2m 和 1.5m,其截面为焊接宽翼缘 H 形断面。既可作立柱,又可作垫梁,梁柱通用。杆件翼缘板上钻有两排纵横孔距均为 125mm 的 ϕ23.5mm 栓孔,杆件两端焊有法兰板,各有纵横孔距均为 125mm 的 4 个 ϕ23.5mm 栓孔,用于立柱接长,如在接头处再拼装上拼接板⑨,既可加强立柱刚度又可接长做上下垫梁用。

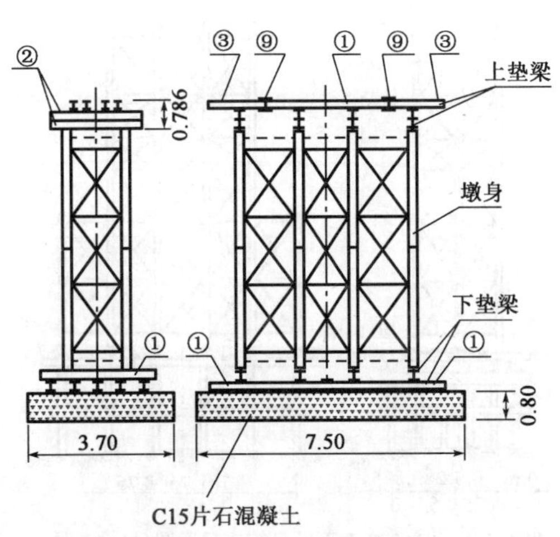

图 5-123　2×4 等截面墩身结构示意图(尺寸单位:m)

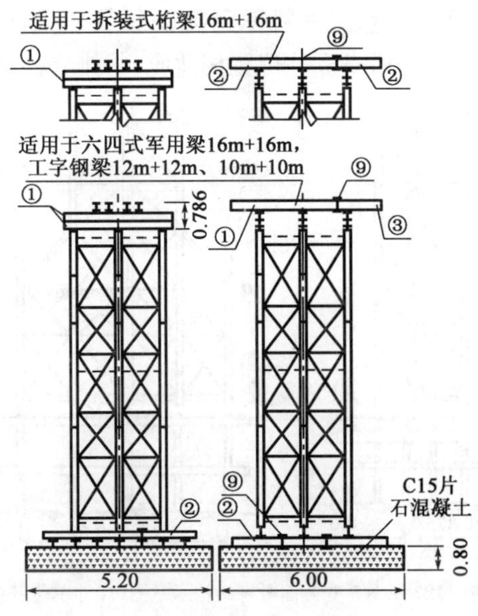

图 5-124　3×3 等截面墩身结构示意图(尺寸单位:m)

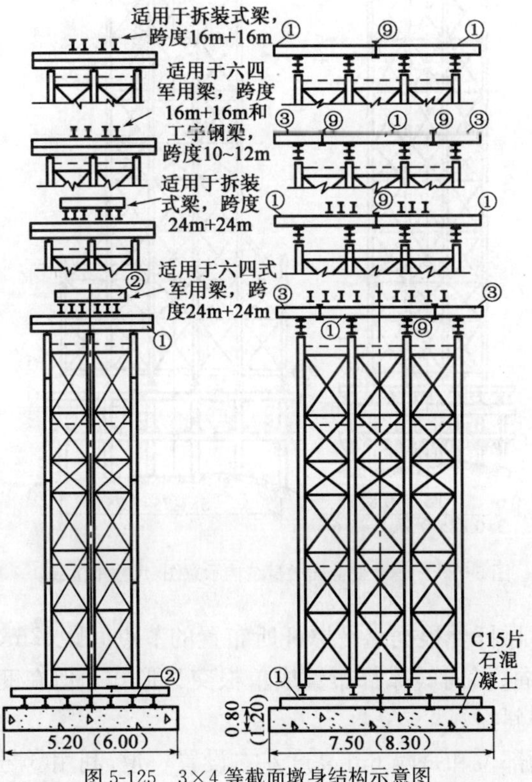

图 5-125　3×4 等截面墩身结构示意图

注:如地基承载力不能满足设计要求,可按括弧内基础尺寸进行检算。

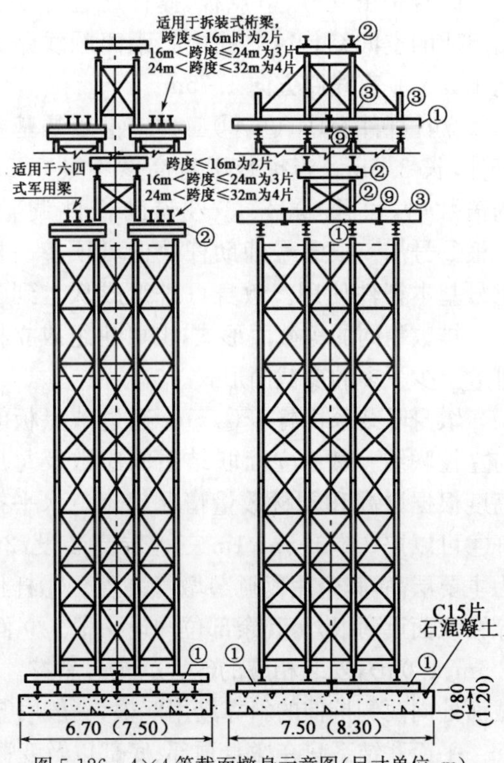

图 5-126　4×4 等截面墩身示意图(尺寸单位:m)

注:如地基承载力不能满足设计要求,可按括弧内基础尺寸进行检算。

(1)下垫梁

下垫梁一般设置两层,由①、②、③杆件通过杆端法兰板和拼接板⑨接长,纵横垂直叠置,两层梁的叠合面用螺栓联结。下层下垫梁与基础间亦应有足够的联结以承受拉力:例如与混凝土基础用预埋U形螺栓联结;与卧木基础用扒钉固牢;与桩基础通过螺栓联结等,详见技术设计图。下层下垫梁一般每750mm设置一根，边立柱外侧各增设一根。与墩身联结的顶层下垫梁的布置，应与墩身立柱位置相适应，每排立柱下安装一片垫梁，与立柱法兰板间用螺栓联结。

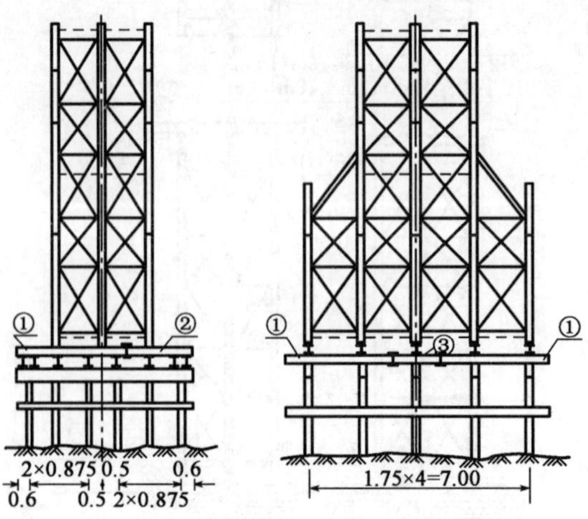

图5-127　3×5变截面墩身结构示意图(尺寸单位:m)

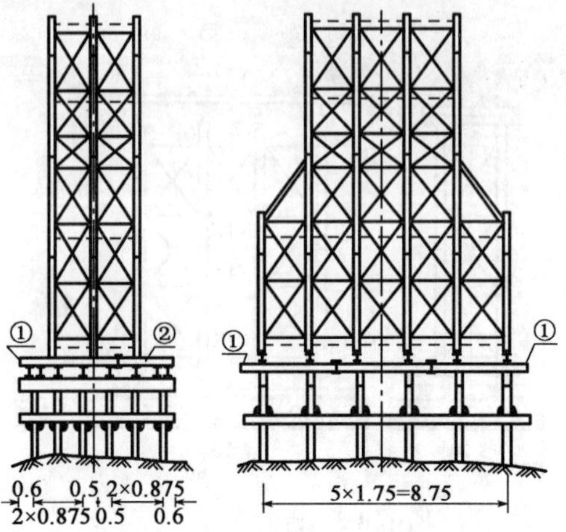

图5-128　3×6变截面墩身结构示意图(尺寸单位:m)

(2)墩身

墩身是由立柱、节点板、撑杆通过螺栓联结组成的空间结构。立柱中心距离顺线路方向1.5m，垂直线路方向1.75m。

立柱杆件有①、②、③三种。①号是基本杆件，长3.5m。当拼装墩身高度不是3.5m的倍数时，可用②号、③号辅助杆件调整。一根②号加一根③号辅助杆件也可顶替一根①号基本杆件使用。墩身可拼组成从上到下立柱排数相同的等截面形式，也可拼组成立柱排数上少下多的变截面形式。

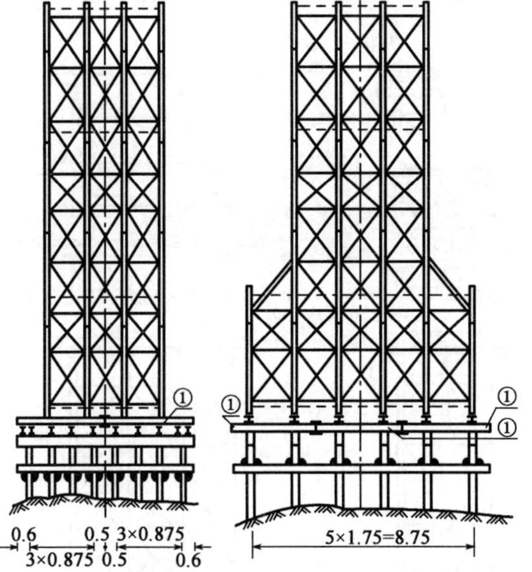

图5-129　4×6变截面墩身结构示意图(尺寸单位:m)

墩身联结系由撑杆④～⑦通过节点板⑧与立柱联结。墩身立面联结系的层数及每层高度根据墩高和器材数量情况确定。水平撑杆④可以按2m、1.5m、1m三种层高装设，2m为主要层高，其余用以调节墩身高度。④杆件除在顶面设两根外，其余部位均设一根。立面斜撑杆件根据水平撑杆所布置的节点间距(2m、1.5m、1.0m)，安装相应的⑤、⑥、⑦号斜撑。纵向、横向斜撑都布置成单根交叉形式。但在变截面处向两侧扩伸的斜撑则用双根，一般用⑤号斜撑。

平面联结系只在墩身顶部、底部以及变截面部位和每隔6m高度左右设置一道，利用⑤号斜撑交叉布置，用单根联结在立柱加劲板的ϕ23.5mm孔眼上。

(3)上垫梁

上垫梁的层数根据计算和构造决定，一般为2～3层，纵横叠置，螺栓联结。与柱身联结的底层上垫梁应用①或②号杆件两层叠合，层间满装螺栓组成叠合梁。其余各层只用单层杆件。垫梁接头位置应按设计图纸布置，改变位置应另行检算。上垫梁的细节布置应与梁部结构相适应，详见图5-125～图5-128。

当墩顶为 4×4 时，上垫梁上设置了间梁，以使梁部结构易于布置。间梁也是使用八三式铁路轻型军用桥墩杆件拼组而成，如图 5-128 所示。对于这种结构形式，检算基础底面（纵向）在单孔荷载作用下，基础底面的合力偏心值不应超出 2ρ（ρ 为基底截面核心半径），并按应力重分布检算基底最大压应力。

24m、16m、12m、10m 跨度直线桥（含 $R \geqslant 1\,000$m）**墩身最大适应高度表**　　表 5-17

墩顶形式	墩身形式	基础类型	设计水深(m)	流速(m/s)	跨度配合(m)					备注
					24+24	16+16	12+12 10+10	24+16 24+10	16+12 16+10	
4×4	4×4	混凝土	3	3	14.0	15.5		13.0		
4×4	4×4	混凝土	5	3	14.0	15.5		13.0		
4×4	4×4	混凝土	7.5	3	11.5	14.0		11.0		
4×4	4×4	卧木	0	0	12.5	14.0		11.0		
4×4	4×6	木桩	3	3	11.5	13.0		10.0		
4×4	4×6	木桩	5	3	11.0	13.0		10.0		
4×4	4×6	木桩	7.5	3	11.0	11.5		10.0		
3×4	3×4	混凝土	3	3	9.0	10.5	11.5	9.5	9.5	
3×4	3×4	混凝土	5	3	10.0	10.5	11.5	9.5	9.5	
3×4	3×4	混凝土	7.5	3	10.0	10.5	11.5	9.5	9.5	
3×4	3×4	卧木	0	0	9.0	9.5	10.0	8.5	8.5	
3×4	3×6	木桩	3	3	8.0	8.0		7.0	7.0	
3×4	3×6	木桩	5	3	8.0	8.0		7.0	7.0	
3×4	3×6	木桩	7.5	3	8.0	8.0		7.0	7.0	
3×4	3×4	木桩	3	3			8.0			
3×3	3×3	混凝土	3	3		8.0	10.0		8.0	
3×3	3×3	混凝土	5	3		8.0	10.0		8.0	
3×3	3×3	卧木	0	0		8.0	10.0		8.0	
3×3	3×5	木桩	3	3		7.5			6.5	
3×3	3×5	木桩	5	3		7.5			6.5	
3×3	3×3	木桩	3	3			7.0		6.5	
2×4	2×4	混凝土	3	3			6.5		5.0	
2×4	2×4	混凝土	5	3			6.0			
2×4	2×4	卧木	0	0			5.0			

24m、16m、12m、10m 跨度曲线桥（$1\,000\text{m} > R \geqslant 500$m）**墩身最大适用高度表**　　表 5-18

墩顶形式	墩身形式	基础类型	设计水深(m)	流速(m/s)	跨度配合(m)					备注
					24+24	16+16	12+12 10+10	24+16 24+10	16+12 16+10	
4×4	4×4	混凝土	3	3	14.0	15.5		13.0		
4×4	4×4	卧木	0	0	12.5	14.0		11.0		
4×4	4×6	木桩	3	3	11.5	13.0		10.0		
3×4	3×4	混凝土	3	3	9.0	10.5	11.5	9.0	9.5	
3×4	3×4	卧木	0	0	9.0	9.0	10.0	8.0	8.0	
3×4	3×6	木桩	3	3	8.0	8.0		7.0	7.0	
3×4	3×4	木桩	3	3			8.0			
3×3	3×3	混凝土	3	3		8.0	10.0		8.0	
3×3	3×3	卧木	0	0		8.0	9.5		7.5	
3×3	3×5	木桩	3	3		7.5			6.5	
3×3	3×3	木桩	3	3			5.0		5.0	
2×4	2×4	混凝土	3	3			6.5		5.0	
2×4	2×4	卧木	0	0			5.0			

32m 跨度直线(含 $R \geqslant 1\,000$m)、曲线桥墩身最大适用高度表 表 5-19

墩顶形式	墩身形式	基础类型	设计水深(m)	流速(m/s)	跨度配合(m)					备 注
					32+32		32+24 32+16			
					$R \geqslant 1\,000$	$1\,000 > R \geqslant 500$	$R \geqslant 1\,000$	$1\,000 > R \geqslant 500$		
4×4	4×4	混凝土	3	3	14.0	15.5		13.0		基础尺寸 7.5×8.3×1.2
4×4	4×4	混凝土	5	3	14.0	15.5		13.0		
4×4	4×4	混凝土	7.5	3	11.5	14.0		11.0		
4×4	4×4	卧木	0	0	12.5	14.0		11.0		
4×4	4×6	木桩	3	3	11.5	13.0		10.0		
4×4	4×6	木桩	5	3	11.0	13.0		10.0		
4×4	4×6	木桩	7.5	3	11.0	11.5		10.0		
3×4	3×4	混凝土	3	3	9.0	10.5	11.5	9.5	9.5	
3×4	3×4	混凝土	5	3	10.0	10.5	11.5	9.5	9.5	
3×4	3×4	混凝土	7.5	3	10.0	10.5	11.5	9.5	9.5	
3×4	3×4	卧木	0	0	9.0	9.5	10.0	8.5	8.5	
3×4	3×6	木桩	3	3	8.0	8.0		7.0	7.0	
3×4	3×6	木桩	5	3	8.0	8.0		7.0	7.0	
3×4	3×6	木桩	7.5	3	8.0	8.0		7.0	7.0	

3. 坡道、弯道布置原则

(1)坡道布置

为了使位于坡道上的梁部结构与坡道线平行,可将梁端支座垫木刻成与路线坡度相吻合的木槽,但所选垫木应比平坡的支座垫木要大,刻槽后的垫木应能满足设计强度的要求。

(2)弯道布置

在 $R \geqslant 500$m 曲线半径,跨度为 10～32m 的情况下,最小梁缝全部采用 12cm。采用垫枕支座的最小梁缝是指曲线内侧梁下垫枕支座之间的最小缝隙,采用工字钢束梁时最小梁缝是指曲线内侧梁与梁之间的最小缝隙。

桥墩中心位置在跨度 10～32m、曲线 R≥500m 范围内的等跨和不等跨梁的桥墩中心,应位于两相邻梁跨中心线的交点上,桥墩横向中心线为相邻两跨中心线交角的平分线。

(六)配套吊装设备的使用

利用配套扒杆吊装墩身和上垫梁的方法,一般采用安装在两根立柱上的两套扒杆互相提升,从下到上完成全部安装工作。

为了加快拼装速度,在地形条件允许的情况下,对于墩身高度不大于 10m 的桥墩结构,也可以将墩身中的一根立柱在地面上拼接到设计高度,顶部安装扒杆,利用卷扬机和由本器材杆件所组成的起重架,使其一次转立就位;然后,利用其吊立第二套扒杆,再由这两套扒杆完成全部安装工作。这种安装方法称做扒杆一次到顶法(图 5-130)。

图 5-130　扒杆一次到顶法安装桥墩图

第三节　梁的搭设

道路交通抢建的过程中，一般按照梁式桥方案进行考虑，在完成桥梁基础和墩台的抢建之后，则需在墩台上搭设临时梁，即完成桥梁抢建的主体工程。本节分别对木梁、工字钢梁、321装配式公路钢桥(梁)、ZB200装配式公路钢桥(梁)进行简要介绍。

一、木梁

木梁是用于岸边或浅水部分的一种短跨梁，用方木或鼓形木制成。木梁分有键梁与无键梁两种。有键梁系工厂制造；无键梁结构简单，可在现场制作。抢修时常用无键梁，其容许跨度见表 5-20。

木梁分左右两组，每组木梁应根据不同的载重和跨度，用 3～9 根梁木组成(图 5-131)。

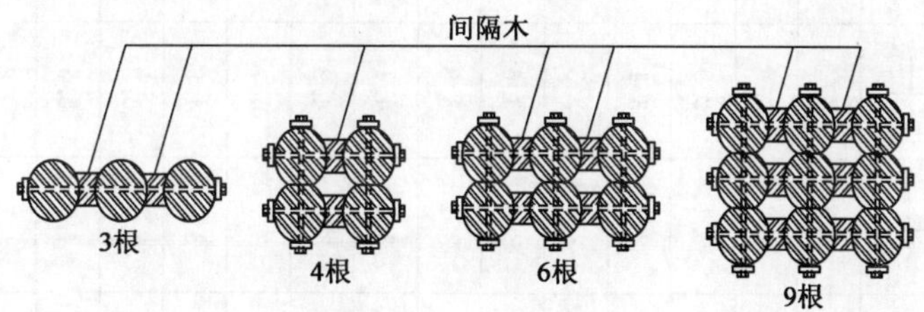

图 5-131　木梁的组成

每组木梁应上下、左右用螺栓连成一体。为保持梁木间通风良好，增强每组梁木的稳定性，在梁木的横向螺栓处还应加间隔木。两组木梁之间，还需用夹木及横向连接木连成一体，夹木设在梁端约为跨度 1/4 的位置，用竖向的螺栓与梁连接；横向连接木设在上述梁的横向连接螺栓的位置上(图 5-132)。

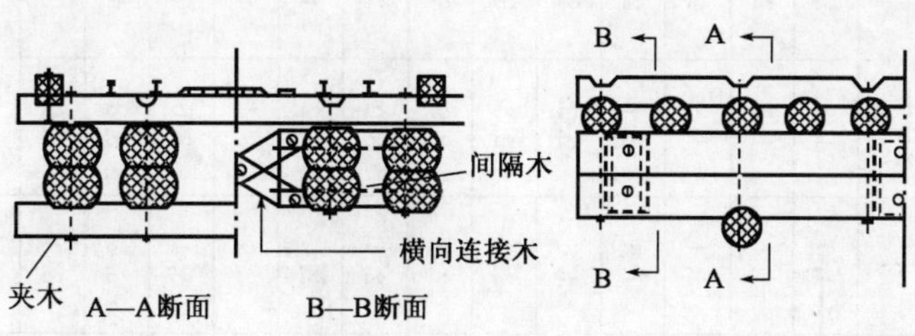

图 5-132　木梁的连接(一)

无键圆木梁容许跨度(m)表

表 5-20

直径 d (cm)	落叶松								普通松							
	JF-1				JF-6				JF-1				JF-6			
	纵梁截面组成				纵梁截面组成				纵梁截面组成				纵梁截面组成			
20	 1.0	 1.2	 2.0	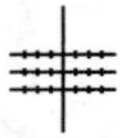 2.8	 1.1	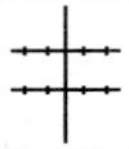 1.5	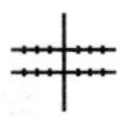 2.2	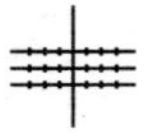 3.1	 0.6	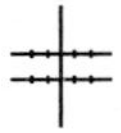 1.1	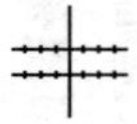 1.7	 2.4	 0.8	 1.3	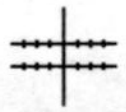 1.9	 2.7
21	1.1	1.5	2.3	3.0	1.3	1.8	2.6	3.3	0.9	1.3	2.0	2.7	1.1	1.4	2.2	3.0
22	1.4	1.8	2.6	3.3	1.6	2.1	2.9	3.6	1.1	1.6	2.2	3.0	1.3	1.8	2.5	3.2
23	1.5	2.1	2.9	3.6	1.7	2.3	3.1	3.8	1.2	1.8	2.5	3.2	1.5	2.0	2.7	3.4
24	1.8	2.3	3.1	3.8	2.0	2.6	3.3	4.1	1.4	2.0	2.8	3.5	1.7	2.2	3.0	3.7
25	2.0	2.5	3.3	4.1	2.2	2.9	3.6	4.5	1.6	2.2	3.0	3.7	1.9	2.4	3.2	4.0
26	2.2	2.9	3.6	4.4	2.4	3.1	3.8	4.8	1.8	2.4	3.2	4.0	2.1	2.7	3.4	4.3
27	2.4	3.0	3.8	4.7	2.7	3.2	4.1	5.1	2.1	2.7	3.4	4.2	2.3	2.9	3.6	4.5
28	2.6	3.2	4.0	5.0	2.9	3.4	4.3	5.4	2.2	3.0	3.6	4.5	2.5	3.1	3.9	4.8
29	2.9	3.4	4.2	5.3	3.1	3.7	4.7	5.7	2.5	3.1	3.8	4.8	2.7	3.3	4.1	5.1
30	3.1	3.6	4.6	5.7	3.2	3.9	4.9	6.1	2.7	3.3	4.1	5.0	3.0	3.5	4.4	5.4
31	3.2	3.8	4.8	6.0	3.4	4.1	5.2	6.4	2.9	3.5	4.3	5.3	3.1	3.7	4.6	5.8
32	3.3	4.0	5.1	6.3	3.6	4.3	5.5	6.7	3.1	3.6	4.5	5.7	3.2	3.9	4.8	6.1
33	3.5	4.2	5.4	6.6	3.8	4.5	5.8	7.2	3.2	3.8	4.8	5.9	3.4	4.1	5.1	6.4
34	3.7	4.4	5.6	6.9	4.0	4.8	6.0	7.6	3.3	4.0	5.1	6.3	3.5	4.3	5.4	6.8
35	3.8	4.6	6.0	7.4	4.1	5.1	6.4	7.9	3.5	4.2	5.3	6.7	3.8	4.6	5.7	7.0
36	4.0	4.8	6.3	8.0	4.3	5.3	6.7	8.5	3.7	4.5	5.6	7.0	3.9	4.8	6.0	7.5

在经常遭受破坏的桥梁上，为了缩短抢修时间，可用下列方法简化两组木梁间的连接。

(1)夹木螺栓不穿过木梁，而设在每组木梁的两侧(图 5-133)。

(2)横向连接木，用横撑木代替斜拉撑(图 5-134)。

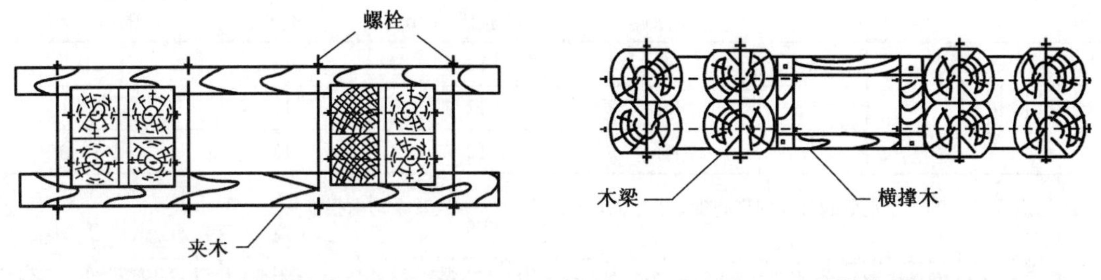

图 5-133 木梁的连接(二)

图 5-134 木梁的连接(三)

二、工字钢梁

工字钢是工厂生产的成品材料，它的截面形状像个工字，所以叫工字钢。用工字钢组成的梁叫工字钢梁。工字钢梁根据其构造分为单层、双层、空腹式、鱼腹式等类型。单层工字钢梁加工简便、重量轻、易架设，战时抢修用得最多，但跨度不能太大，一般不超过 12m。双层工字钢梁虽然跨度可用到 20m，但质量大、费钢料，两层梁之间的连接常需工厂加工。鱼腹式、空腹式工字钢梁是一定条件下使用的一种工字钢梁。以下介绍的是铁路抢修用的工字钢梁，供公路桥梁抢修时参考。

1. 单层工字钢梁

单层工字钢梁分左右两组，每组需要的工字钢片数系根据梁的跨度、机车类型和所用工字钢的规格来确定。抢修中常用的工字钢为 I_{55C} 型(即高 55cm)，它的容许跨度见表 5-21。

单层工字钢梁组合很简便，它先将几片工字钢用间隔木组成工字钢组，再用夹木将两组工字钢组合成梁。间隔木夹在每片工字钢之间，用螺栓将工字钢串联起来，这种方法需要在工字钢腹板上钻孔。为了避免钻孔，另一种方法可以用螺栓夹在工字钢顶部和底部，将间隔木夹紧。间隔木间距一般不应大于 2m。

55 型工字钢梁容许最大跨度(m)表 表 5-21

组成形式	型号	活载			
		JF_1		JF_6	
		不限速	限速 15km/h	不限速	限速 15km/h
	a	4.7	6.1	5.1	6.6
	b	4.8	6.2	5.3	6.8
	c	5.0	6.4	5.4	7.0
	a	7.0	9.1	7.7	9.7
	b	7.2	9.4	7.9	10.0
	c	7.4	9.6	8.1	10.2
	a	9.2	11.0	9.8	11.5
	b	9.4	11.2	10.0	11.7
	c	9.6	11.3	10.2	11.9

续上表

组成形式	型号	活载			
		JF_1		JF_6	
		不限速	限速 15km/h	不限速	限速 15km/h
IIII┃IIII	a	10.9	12.3	12.9	12.9
	b	11.2	12.5	13.1	13.1
	c	11.4	12.7	13.3	13.3

注:2 片及 3 片的工字钢梁的最大容许跨度,由挠度决定($\frac{f}{1p} \leqslant \frac{1}{400}$),其余均由强度决定。

两组工字钢之间用夹木和螺栓连接,每道夹木的间距不得大于 3m。单片工字钢梁在夹木处还应加斜十字撑。抢修时,对两片以上的工字钢梁,在紧急情况下,可先在安装夹木的位置穿入长螺栓(图 5-135),或只用钩螺栓钩住工字钢的上翼缘(图 5-136),待通车后再补上夹木。

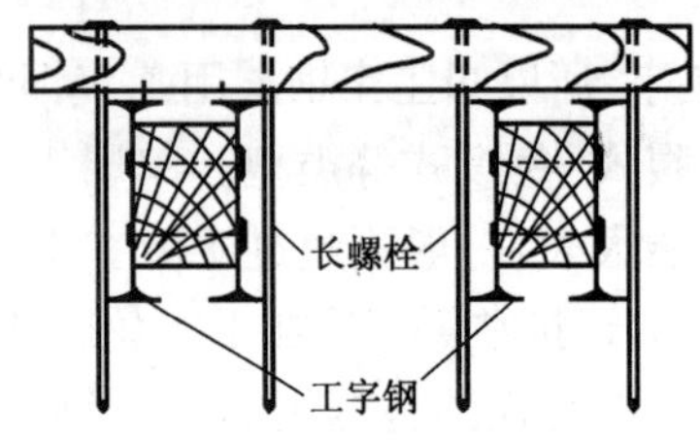

图 5-135　工字钢中的长螺栓

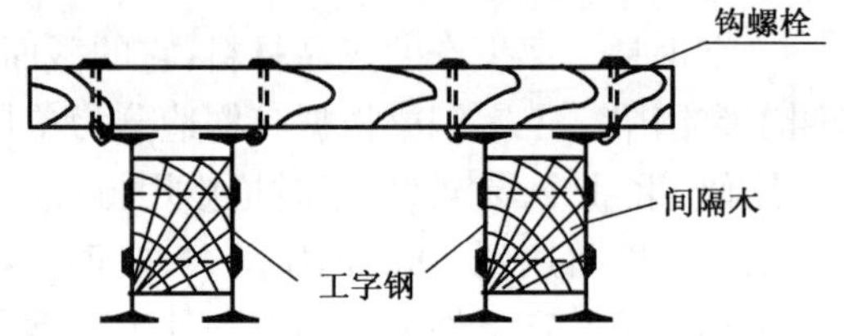

图 5-136　钩螺栓钩住工字钢的上翼缘

用夹木连接的单层工字钢梁,因连接不易紧密,容易产生水平方向的变形,一般只用于直线桥。对曲线桥最好将上下夹木都改用角钢,用电焊或螺栓连接;或者进行加固,加固的方法有:

(1)适当增加工字钢间隔木的厚度,以增强每组工字钢抵抗横向水平力的能力。

(2)尽量按实际行车速度设置桥面线路的超高,和增大超高的递减距离。

(3)在半径小于 400m 的桥上,两主梁之间,可增设拉杆加强(图 5-137)。因列车徐行,往往造成超高过大,使工字钢梁发生向曲线内侧的水平变形,故拉杆须拉住曲线内侧的一组工字钢。

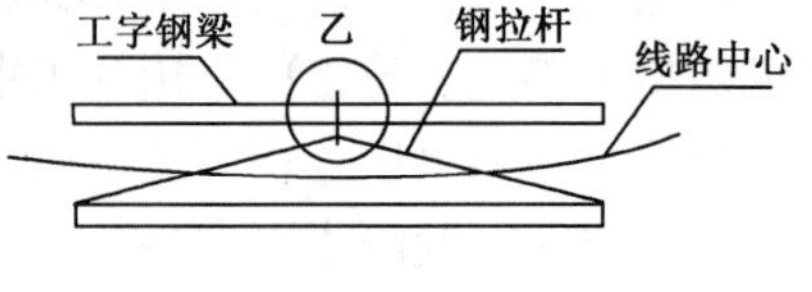

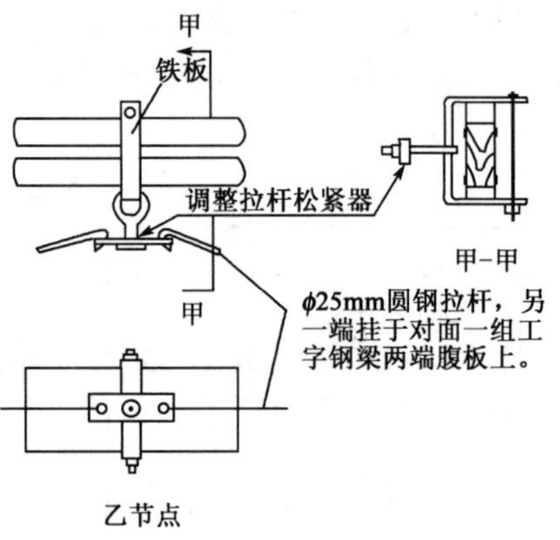

图 5-137　曲线上工字钢梁的加固

2. 双层工字钢梁(图 5-138)

通常由两层工字钢重叠,采用焊接、铆接或螺栓连接组成。焊接时,在两层工字钢之间,应垫上钢垫板。每组工字钢各片之间的连接与单层工字钢梁相同。两组梁之间须设上、下平联和断面联结杆件,通常是用角钢焊接、铆接或螺栓连接。上平联只设横向联结杆件,下平联须设横向和斜向联结杆件,平联的纵向间隔距离不应超过 2.0m。

3. 空腹式工字钢梁

空腹式工字钢梁是把工字钢腹板中部按锯齿形切割成两半片,然后把两半片的锯齿对齐,焊接起来成为中间有菱形孔洞的工字钢。切、焊的目的是增加工字钢的高度,扩大它的使用范围，同时也可减轻一些梁重。

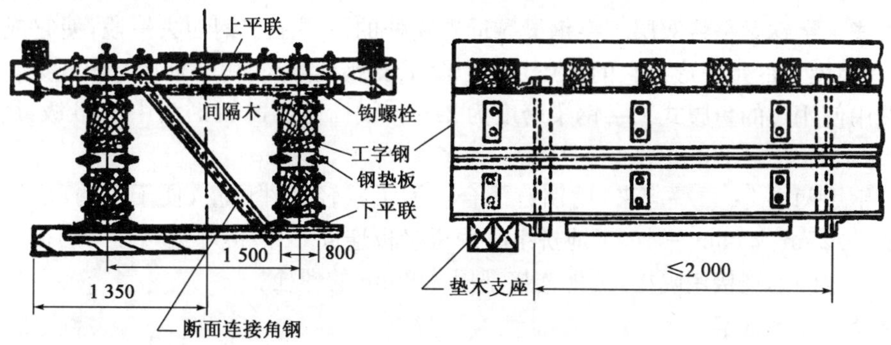

图 5-138 双层工字钢梁的组成(尺寸单位：mm)

实践使用过的空腹式工字钢梁跨度为 14.5m(图 5-130)。设计荷载，6 片时为中—16 级，7 片时为中—18 级，均需限速 15km/h。空腹式工字钢系用 I_{55} 宽翼缘工字钢改制。

为了便于运输，工字钢分为长 12.17m 及 2.83m 两节。拼装时，用拼接板接长成一片。工字钢之间用间隔撑连接，隔撑是用一块钢板、两根角钢焊成的槽形构件(图 5-140)。工地连接都用螺栓，螺栓直径为 22mm，长度有 65mm 和 50mm 两种。

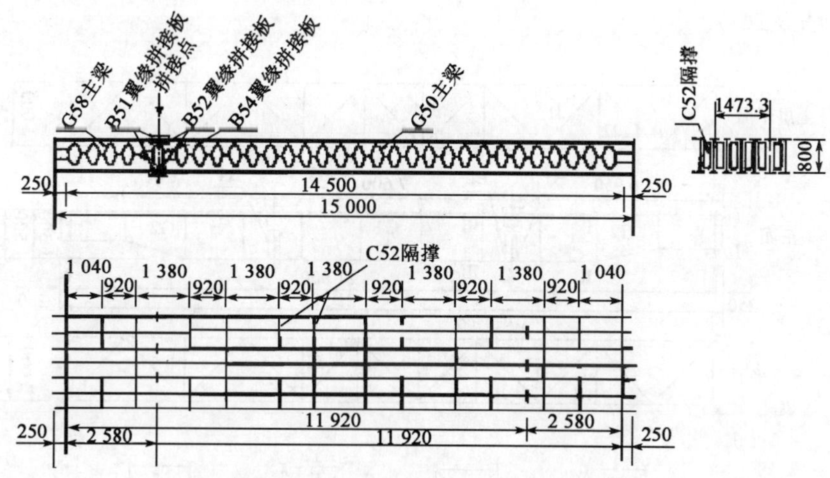

图 5-139 空腹式工字钢梁(尺寸单位：mm)

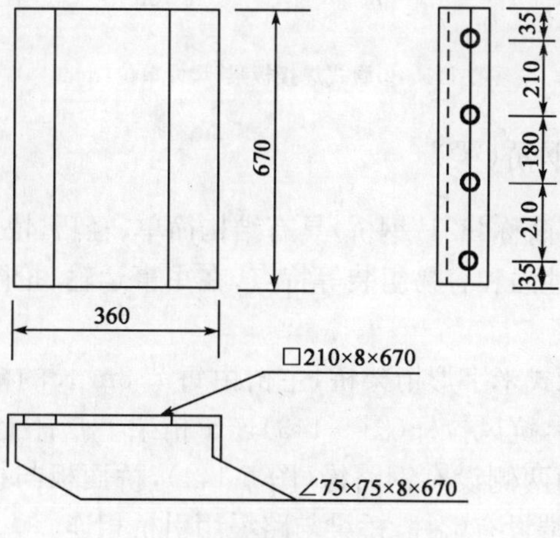

图 5-140 隔撑(尺寸单位：mm)

4. 鱼腹式工字钢梁

鱼腹式工字钢梁是将双层工字钢梁靠近支座处的下层工字钢切去一段，使它成为两头高度小、中间高度大的鱼腹形。它的优点是可以降低支座处梁高，用来抽换下承式梁。

实践中使用过的鱼腹式工字钢梁跨度为 21m。设计荷载，6 片时为中—16 级，用 7 片时为中—18 级，均需限速 30km/h。

工字钢用两层 I_{55C} 重叠起来，用铆钉铆合。为了减轻单件质量，便于运输，每片工字钢分为 12.4m、5.25m、3.85m 三节，工地拼组时用拼接板连成一片，但邻近两片梁的接头要互相错开。片与片之间的连接用隔撑，工地连接都用 ϕ22mm 的螺栓。

5. 鱼腹式焊接板梁

在实践铁路抢修中，为适应更换下承式桁梁的需要，降低建筑高度，节约钢料，设计和制造了鱼腹式焊接板梁。设计跨度为 21m，荷载中—16 级，限速为 30km/h。它具有工地拼组方便、质量轻（总质量 13.8t，但同跨度的鱼腹式工字钢梁质量 29.2t）的优点，但整孔架设，需要有较大的架桥设备。

鱼腹式焊接板梁有两片主梁（钢材为 16Mn），每片主梁由 1 片 G1（长 7.6m）及 2 片 G2（长 6.95m）用 B1、B2、B3……B16 等拼接板、节点板拼成。主梁之间用 C、J1、J2、J3、J4 等连接杆件连成整体（图 5-141）。

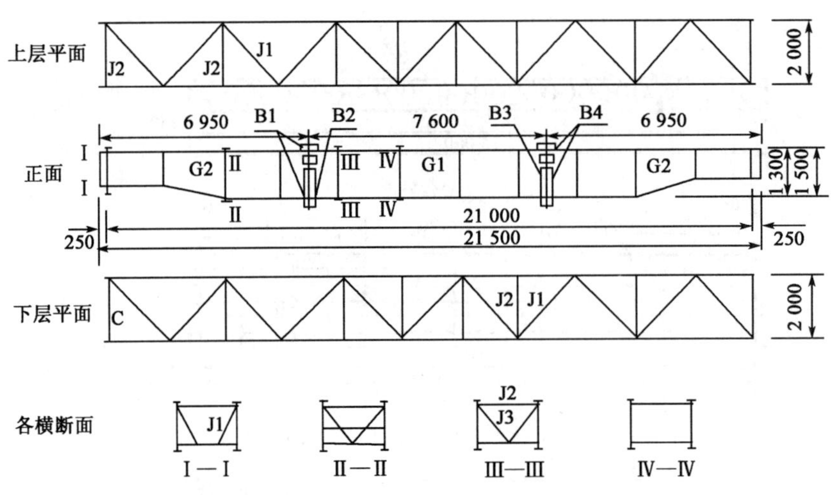

图 5-141 鱼腹式焊接板梁（尺寸单位：mm）

三、321 装配式公路钢桥（梁）

装配式公路钢桥（以下简称“321”钢桥）具有结构简单、轻巧、快速、经济、用途广泛、适应性强、组合结构系统好、互换性强和容易组装等特点，在军事运输、抢险救灾等应急交通保障中，发挥了突出的作用。

“321”钢桥为半穿下承式米字形桁架桥，主桁由每节 3m 长的桁架用销子（图 5-142）连接而成，横梁连于桁架竖杆旁，抗风拉杆（图 5-143）连于桁架下弦杆上，中间两组为无扣纵梁，桥面板两端安置护轮木，桥面两侧设有钢路缘（图 5-144），桥面板与横梁的连接采用 U 形螺栓（图 5-145）实现，桥梁的两端设有端柱，桥梁与路堤用引桥相连。

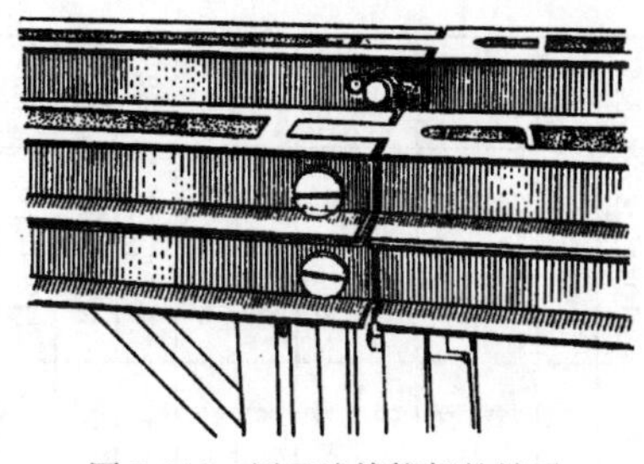
图 5-142　用于连接桁架的销子

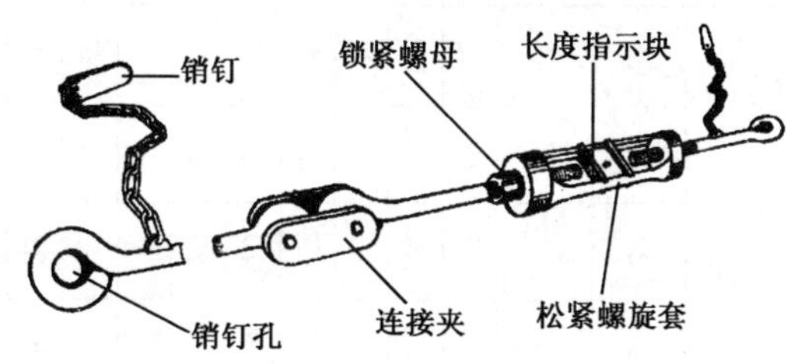

图 5-143　抗风拉杆

图 5-144　钢路缘

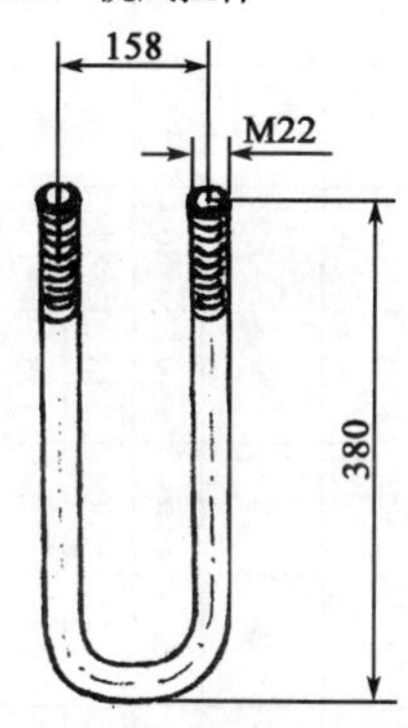

图 5-145　U 形螺栓(尺寸单位:mm)

“321”钢桥的桥面净宽为 3.7m,单车道,主桁可两排或三排并列,除单排外均可双层重叠。桥梁的总体布置和桁架各种组合形式如图 5-146～ 图 5-150 所示。其中,各种组合形式的构件数量见表 5-22。

“321”钢桥适用于汽车—10 级、汽车—15 级、汽车—20 级,公路—I 级、公路—Ⅱ级、500kN 履带车(履带—50)和 800kN 平板挂车(挂车—80)等七种荷载,通过计算还适用于其他特种单车荷载。为了在紧急情况下抢修桥梁时,能迅速选择跨径大小。现将上述荷载与桥梁跨径的组合关系列于表 5-23。各种组合跨径可为 9～63m,见表 5-24。通过本桥的行车速度:汽车—10 级、汽车—15 级、汽车—20 级,公路—I 级、公路—Ⅱ级限制在30km/h以内;履带—50 和挂车—80,每跨内只准许一辆车以不超过 5km/h 的慢速通过。

“321”钢桥所用的材料,除木质的桥面板和护轮木为木料外,其余均为钢材。

“321”钢桥属临时性桥梁结构,钢材的容许应力按基本容许应力提高 30%(荷载组合 I),个别不是主要的受力杆件,允许采用不超过钢材屈服点的 85%。设计时采用的容许应力如下:

Q345C 钢的拉应力、压应力(轴向应力):1.3×200=260MPa

Q345C 钢的弯曲应力:1.3×210=273MPa

Q345C 钢的剪应力:1.3×120=156MPa

30CrMnTi 的拉应力、压应力和弯应力:0.85×1300=1105MPa

30CrMnTi 的剪应力:0.45×1300=585MPa

(一)装配式公路钢桥基本构件的名称与用途

“321”钢桥的基本构件,按它们的用途不同可分为主体结构、桥面系、支撑连接结构和桥端结构四大部分。

其中主体结构有:桁架、销子、保险插销、加强弦杆等 4 种构件。

构件数量表

表 5-22

部件 \ 组合		单排单层					双排单层								三排单层						
跨径		9	12	15	18	21	9	12	15	18	21	24	27	30	18	21	24	27	30	33	36
节数		3	4	5	6	7	3	4	5	6	7	8	9	10	6	7	8	9	10	11	12
部件	单位																				
桁架	节	6	8	10	12	14	12	16	20	24	28	32	36	40	36	42	48	54	60	66	72
销子	个	16	20	24	28	32	32	40	48	56	64	72	80	88	84	96	108	120	132	144	156
横梁	根	9	11	13	15	17	9	11	13	15	17	19	21	23	15	17	19	21	23	25	27
横梁夹具	个	12	16	20	24	28	24	32	40	48	56	64	72	80	72	84	96	108	120	132	144
有扣纵梁	组	6	8	10	12	14	6	8	10	12	14	16	18	20	12	14	16	18	20	22	24
无扣纵梁	组	6	8	10	12	14	6	8	10	12	14	16	18	20	12	14	16	18	20	22	24
阳头端柱	根	2	2	2	2	2	4	4	4	4	4	4	4	4	6	6	6	6	6	6	6
阴头端柱	根	2	2	2	2	2	4	4	4	4	4	4	4	4	6	6	6	6	6	6	6
斜撑	根	8	10	12	14	16	8	10	12	14	16	18	20	22	14	16	18	20	22	24	26
支撑架	个						6	8	10	12	14	16	18	20	12	14	16	18	20	22	24
联板	块										—			—	14	16	18	20	22	24	26
抗风拉杆	根	6	8	10	12	14	6	8	10	12	14	16	18	20	12	14	16	18	20	22	24
桥面板	块	105	120	135	150	165	105	120	135	150	165	180	195	210	150	165	180	195	210	225	240
护轮木	根	14	16	18	20	22	14	16	18	20	22	24	26	28	20	22	24	26	28	30	32
桥座	个	4	4	4	4	4	8	8	8	8	8	8	8	8	8	8	8	8	8	8	8
座板	块	4	4	4	4	4	4	4	4	4	4	4	4	4	4	4	4	4	4	4	4
搭板支座	个	8	8	8	8	8	8	8	8	8	8	8	8	8	8	8	8	8	8	8	8
有扣搭板	组	8	8	8	8	8	8	8	8	8	8	8	8	8	8	8	8	8	8	8	8
无扣搭板	组	8	8	8	8	8	8	8	8	8	8	8	8	8	8	8	8	8	8	8	8
桁架螺栓	个					—			—	—			—	—				—			
斜撑螺栓	个	16	20	24	28	32	16	20	24	28	32	36	40	44	28	32	36	40	44	48	52
撑架螺栓	个	—	—			—	24	32	40	48	56	64	72	80	48	56	64	72	80	88	96
护木螺栓	个	56	64	72	80	88	56	64	72	80	88	96	104	112	80	88	96	104	112	120	128

续上表

部件 \ 组合		双排双层							三排双层					
	跨径	24	27	30	33	36	39	42	33	36	39	42	45	48
	节数	8	9	10	11	12	13	14	11	12	13	14	15	16
部件	单位													
桁架	节	64	72	80	88	96	104	112	132	144	156	168	180	192
销子	个	136	152	168	184	200	216	232	276	300	324	348	372	396
横梁	根	19	21	23	25	27	29	31	25	27	29	31	33	35
横梁夹具	个	64	72	80	88	96	104	112	132	144	156	168	180	192
有扣纵梁	组	16	18	20	22	24	26	28	22	24	26	28	30	32
无扣纵梁	组	16	18	20	22	24	26	28	22	24	26	28	30	32
阳头端柱	根	4	4	4	4	4	4	4	6	6	6	6	6	6
阴头端柱	根	4	4	4	4	4	4	4	6	6	6	6	6	6
斜撑	根	18	20	22	24	26	28	22	24	26	28	30	32	34
支撑架	个	34	38	42	46	50	54	58	46	50	54	58	62	66
联板	块								24	26	28	30	32	34
抗风拉杆	根	16	18	20	22	24	26	28	22	24	26	28	30	32
桥面板	块	180	195	210	225	240	255	270	225	240	255	270	285	300
护轮木	根	24	26	28	30	32	34	36	30	32	34	36	38	40
桥座	个	8	8	8	8	8	8	8	8	8	8	8	8	8
座板	块	4	4	4	4	4	4	4	4	4	4	4	4	4
搭板支座	个	8	8	8	8	8	8	8	8	8	8	8	8	8
有扣搭板	组	8	8	8	8	8	8	8	8	8	8	8	8	8
无扣搭板	组	8	8	8	8	8	8	8	8	8	8	8	8	8
桁架螺栓	个	64	72	80	88	96	104	112	132	144	156	168	180	192
斜撑螺栓	个	36	40	44	48	52	56	60	48	52	56	60	64	68
撑架螺栓	个	136	152	168	184	200	216	232	184	200	216	232	248	264
护木螺栓	个	96	104	112	120	128	136	144	120	128	136	144	152	160

荷载与跨径组织合表

表5-23

排层组合	单排单层								双排单层								三排单层								双排双层								三排双层							
荷载	汽—10		汽—15		汽—20		挂—80		汽—10		汽—15		汽—20		挂—80		汽—10		汽—15		汽—20		挂—80		汽—10		汽—15		汽—20		挂—80		汽—10		汽—15		汽—20		挂—80	
跨径(m) \ 结构形式	不加强	加强	不加强	加强	不加强	加强	不加强	加强	不加强	加强	不加强	加强	不加强	加强	不加强	加强	不加强	加强	不加强	加强	不加强	加强	不加强	加强	不加强	加强	不加强	加强	不加强	加强	不加强	加强	不加强	加强	不加强	加强	不加强	加强	不加强	加强
9																																								
12																																								
15																																								
18																																								
21																																								
24																																								
27																																								
30																																								
33																																								
36																																								
39																																								
42																																								
45																																								
48																																								
51																																								
54																																								
57																																								
60																																								
63																																								

荷载、跨径与桥梁组合配置表 表 5-24

跨径(m)	荷 载						
	汽车—10级	汽车—15级	汽车—20级	履带—50级	挂车—80级	公路—Ⅰ级	公路—Ⅱ级
9	SS	SS	SS	SS	—		SS
12	SS	SS	SS	SS	DS	DS	SS
15	SS	SS	SSR	SSR	DS	DS	SSR
18	SS	SSR	DS	DS	DS	DS	DS
21	SSR	SSR	DS	DS	DSR	TS	DS
24	SSR	DS	DS	DSR	DSR	TS	DS
27	SSR	DSR	DSR	DSR	DSR	DSR	TS
30	DS	DSR	DSR	DSR	TSR	DSR	TS
33	DSR	DSR	DSR	DSR	TSR	TSR	DSR
36	DSR	DSR	DSR	DSR	TSR	TSR	DSR
39	DSR	DSR	TSR	TSR	TDR	DDR	TSR
42	DSR	TSR	TSR	TSR	TDR	DDR	TSR
45	TSR	TSR	TDR	TDR	—	TDR	DDR
48	TSR	DDR	TDR	TDR	—	TDR	TDR
51	DDR	DDR	TDR	TDR	—	TDR	TDR
54	DDR	DDR	—	TDR	—	—	TDR
57	DDR	TDR	—	TDR	—	—	TDR
60	DDR	TDR	—	TDR	—	—	TDR
63	TDR		—	—	—	—	—

注:1. 表中SS表示单排单层;DS表示双排单层;TS表示三排单层;DD表示双排双层;TD表示三排双层。

2. 在SS、DS、TS、DD和TD之后加R,则表示它们的加强型,即有加强弦杆的。

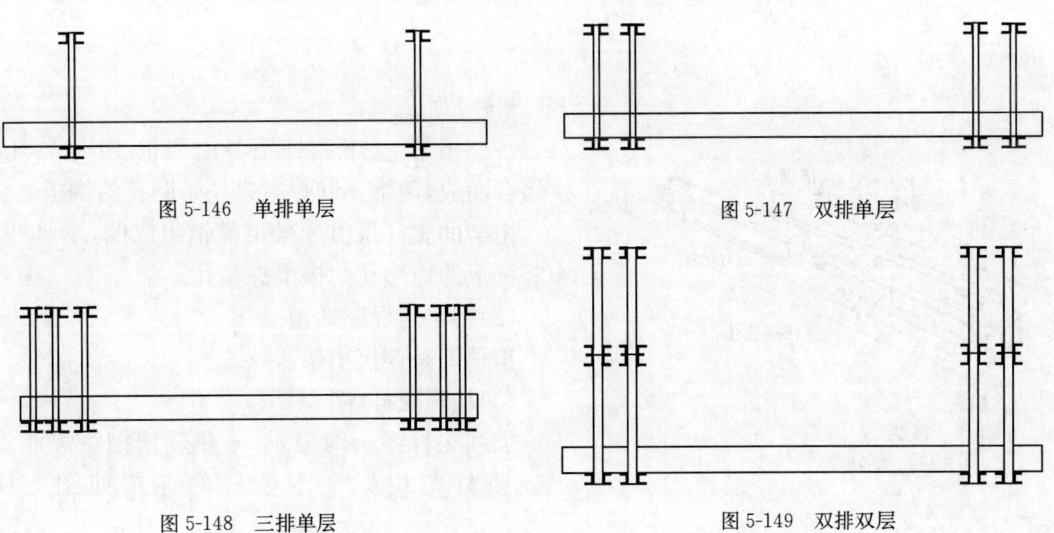

图 5-146 单排单层

图 5-147 双排单层

图 5-148 三排单层

图 5-149 双排双层

桥面系结构，对木桥面有：横梁、有扣纵梁、无扣纵梁、桥面板和护轮木等 5 种构件；对钢桥面有：横梁、U 形标准钢桥面板、U 形中央钢桥面板和路缘等 4 种构件。

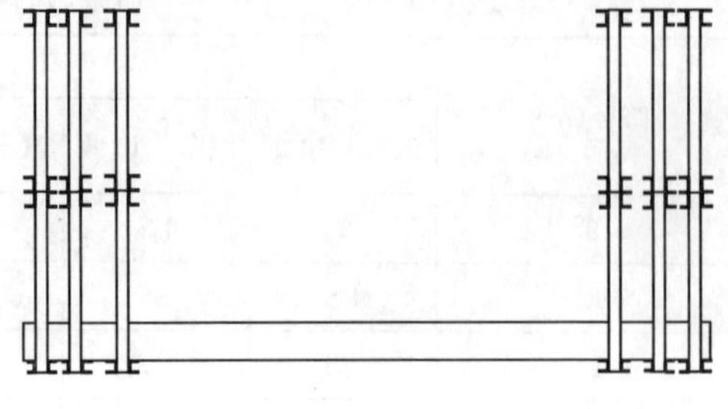

图 5-150　三排双层

支撑连接结构，对木桥面有：斜撑、支撑架、联板、抗风拉杆、横梁夹具、桁架螺栓、弦杆螺栓、斜撑螺栓、撑架螺栓和护木螺栓等 10 种构件；对钢桥面板，支撑结构除上述的木桥面板中的护木螺栓以路缘螺栓代替外，其余 9 种构件与木桥面相同，并另增加 U 形钢桥面板、U 形螺栓，共由 11 种构件组成。

1. 主体结构与桥面系

(1)桁架(图 5-151)

桁架结构系由上下弦杆、竖杆，以及斜杆等拼焊而成。

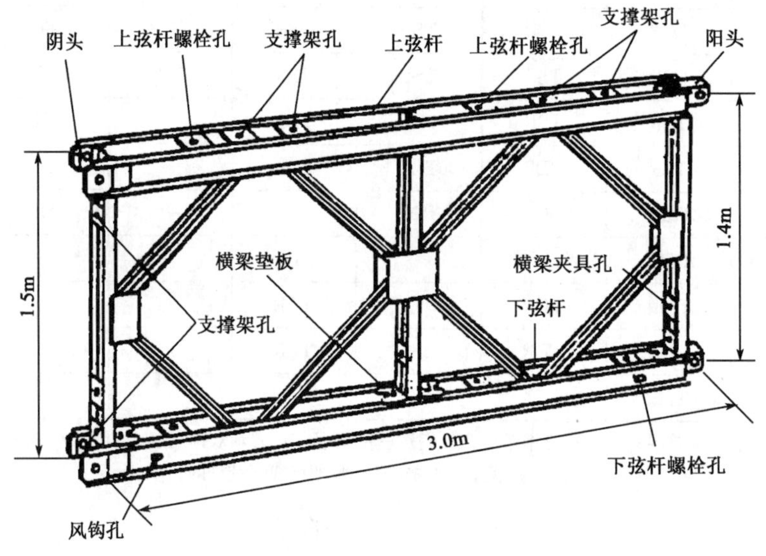

图 5-151　桁架单元

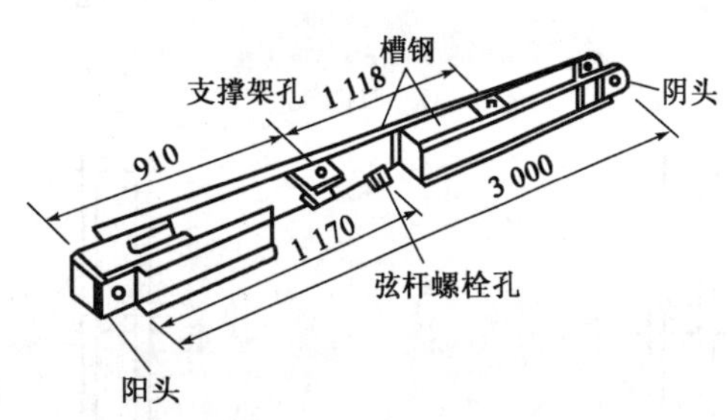

图 5-152　加强弦杆(尺寸单位:mm)

桁架上、下弦杆系各由两根 10 号热轧槽钢组合而成，两槽钢间焊有多块带圆孔的钢板。

桁架的腹杆系由 8 号工字钢组成的，端竖杆和中竖杆上的矩形孔为横梁夹具孔。

(2)销子与保险插销

销子用来连接桁架。

(3)加强弦杆(图 5-152)

加强弦杆系由两根 10 号热轧槽钢拼焊而成。加强弦杆与桁架上下弦杆的连接如图 5-153 所示。

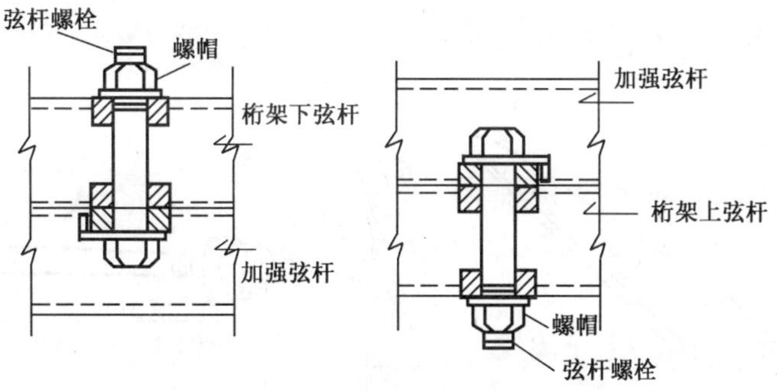

图 5-153　加强弦杆与桁架上下弦杆连接

(4)横梁(图 5-154)

横梁的中部设有 4 个卡子,用来固定纵梁和 U 形钢桥面板的位置。

根据计算,必须采用 40 号(I40)热轧轻型工字钢,将 400mm 高横梁做成鱼梁,梁的中部为 400mm,两端为 270mm,同时还应将梁两端、下翼缘宽度,由 150mm 对称切成 122mm,并在梁中部靠下翼缘的腹板处设计为长圆形孔,使抗风拉杆顺利从长圆孔中通过。其他构造与原横梁相同。

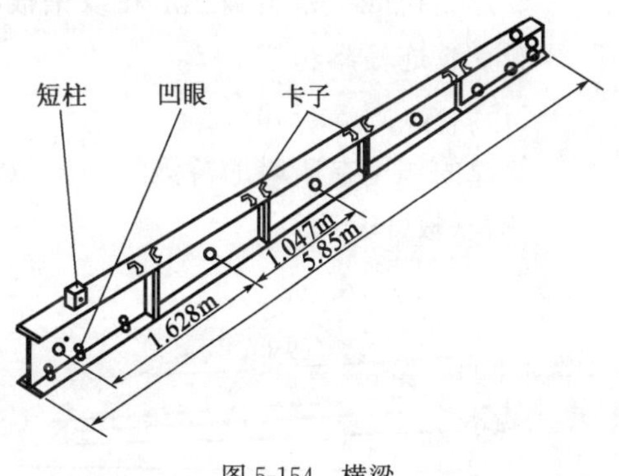

图 5-154　横梁

(5)纵梁(图 5-155)

纵梁分有扣纵梁和无扣纵梁两种。在有扣纵梁的一边焊有扣子,其用途是用来固定木桥面板的位置,安装时将木桥面板的榫头安放在扣子之间,使木桥面板位置固定。

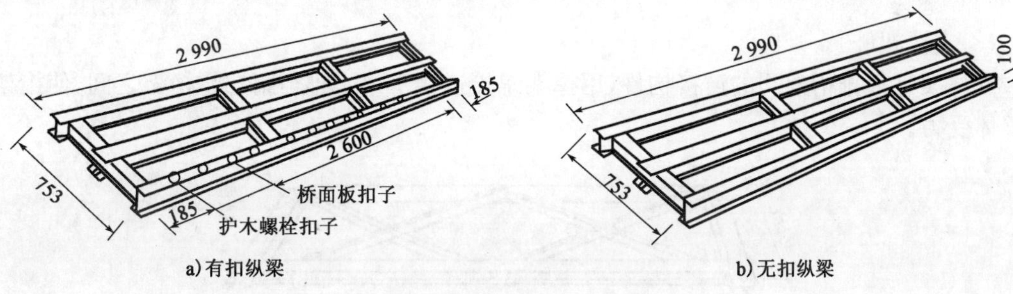

图 5-155　纵梁(尺寸单位:mm)

(6)桥面板、护轮木和护木螺栓(图 5-156)。

每节桥梁需要 15 块木桥面板和两根护轮木。

护轮木安装在行车道的两侧,用以压住木桥面板的两端,再用 T 形护木螺栓将护轮木固定在有扣纵梁上。

(7)U 形钢桥面板和路缘

U 形钢桥面板分标准钢桥面板和中央钢桥面板两种。中央钢桥面板每节桥跨 1 块,安装在行车道的正中;标准钢桥面板每节桥跨 4 块,安装在行车道中央钢桥面板的两侧,每侧各两块。

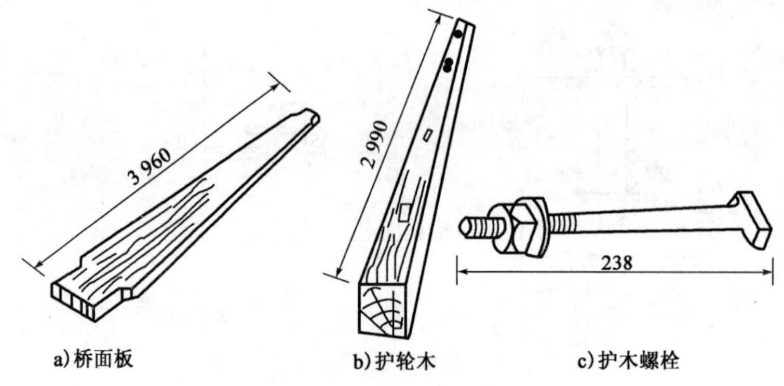

图 5-156 桥面板、护轮木和护木螺栓(尺寸单位:mm)

U 形钢桥面板系由扁豆形花纹钢板、U 形肋和工形肋组拼焊接而成。

2. 支撑连接结构

(1)斜撑(图 5-157)

斜撑的作用在于增加桥梁的横向稳定。

(2)联板(图 5-158)

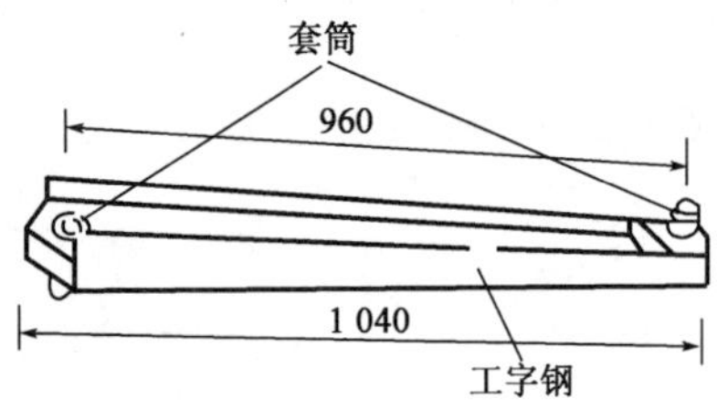

图 5-157 斜撑(尺寸单位:mm)

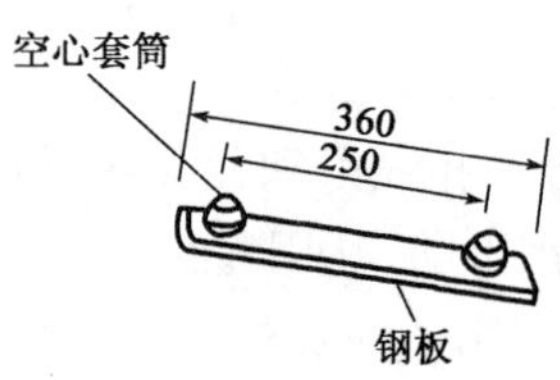

图 5-158 联板(尺寸单位:mm)

(3)支撑架(图 5-159)

支撑架是多排桁架间的连接构件,用撑架螺栓连接于第一排与第二排桁架之间,使桁架成一整体受力。

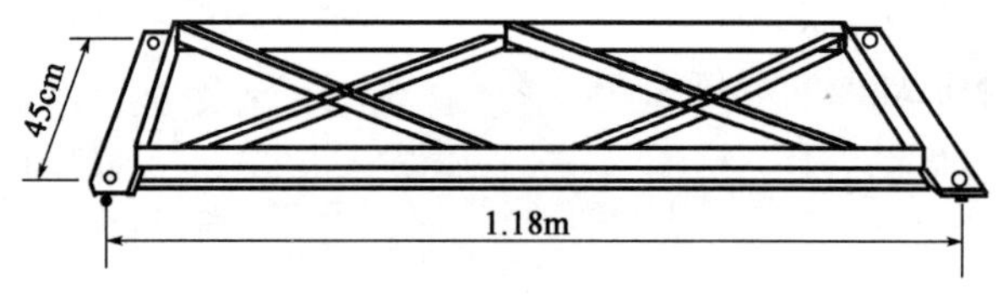

图 5-159 支撑架

(4)抗风拉杆(图 5-160)

在抗风拉杆的两端各有一个销钉孔,并设有用链条系挂的销钉,利用该销钉使抗风拉杆与桁架下弦杆相连。抗风拉杆是用圆钢制成的,每节桁架交叉设置两根,其作用在于承受垂直于桥梁的任何一侧的横向风力。

(5)横梁夹具(图 5-161)

横梁夹具是用来固定横梁位置的,以保持横梁的稳定。横梁夹具由拉杆、悬梁和支承杆三部分组成。

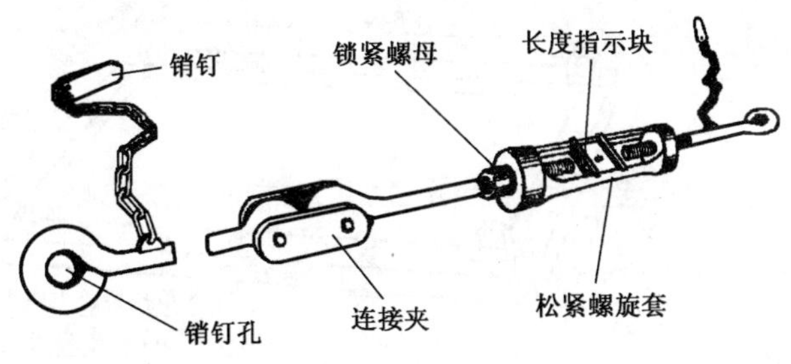

图 5-160 抗风拉杆

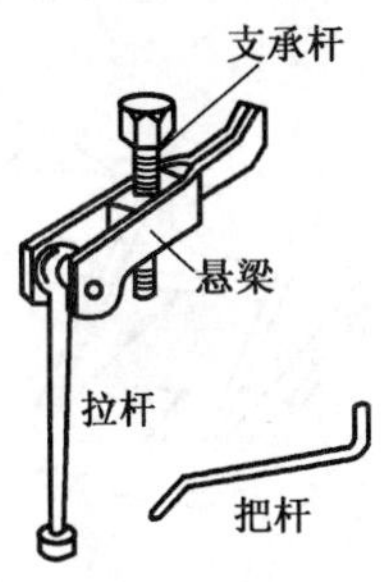

图 5-161 横梁夹具

(6)桁架螺栓和弦杆螺栓

桁架螺栓为连接上下层桁架之用。使用时将桁架螺栓自下而上插入双层桁架的螺栓孔内,然后用扳手将螺帽拧紧。

(7)撑架螺栓和斜撑螺栓

撑架和斜撑两种螺栓的形状完全一样,不同的是斜撑螺栓比撑架螺栓略长,使用时要特别注意不要弄错。

斜撑螺栓是用来连接斜撑于横梁短柱与桁架竖杆上的;撑架螺栓则用来在桁架上连接支撑架与联板。

(8)U 形螺栓和路缘连接螺钉

U 形螺栓为 U 形钢桥面板与横梁连接之用。螺栓由圆钢加工而成,其形状为 U 形。螺栓的一端为两螺杆,螺杆上车有丝口,为装配螺母之用;另一端为一直梁,与两螺杆形成 U 形,将横梁套住。

3. 桥头结构

(1)端柱(图 5-162)

端柱安置在桥梁的两端,它的作用是将桥梁上的荷载传递到桥梁支座上。

(2)支座(图 5-163)

支座由底板、肋板和轴梁等构件组成。底板备有 4 个螺栓孔,需要时可将支座固定在混凝土的地脚螺栓上。

(3)支座板(图 5-164)

支座板是由多块钢板焊接而成的空格结构,其作用为放置支座之用,并将支座传来的力均匀分布在地基上。在支座板的边肋上刻有数字 1、2、3,分别表示单排、双排和三排桥梁支座中心线的位置。在支座板的跨桥向边肋上也刻有指示线,以表示支座在跨桥方向的中心线位置。每一桥头只用两块支座板,每边各 1 块。

(4)桥头搭板(图 5-165)

桥头搭板与桥面系纵梁相似,不同的是桥头搭桥是用 I12 工字钢组焊而成的,而且在搭板支点附近工字钢的下翼缘弯起,以降低断面高度,保持桥面平顺。

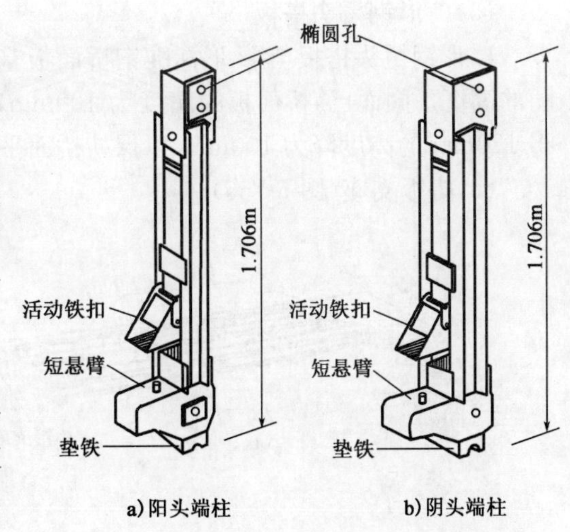

图 5-162 端柱

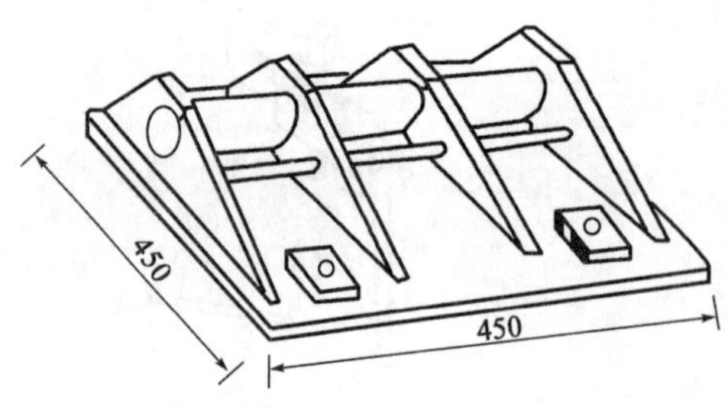

图 5-163　支座(尺寸单位:mm)

图 5-164　支座板(尺寸单位:mm)

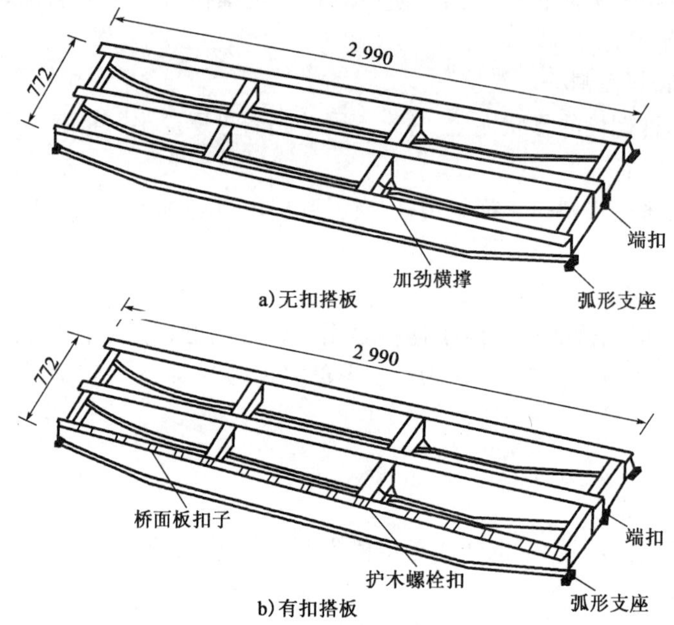

图 5-165　桥头搭板(尺寸单位:mm)

(5)U 形钢桥头搭板

U 形钢桥头搭板与 U 形标准钢桥面板基本相同,只是组成钢桥头搭板的 U 形肋和工形肋的高度不同而已,桥面板的高度为 100mm,而搭板的高度则为 120mm,并在搭板支点附近将 120mm 的高度降为 100mm,以保持桥面平顺。

(6)搭板支座(图 5-166)

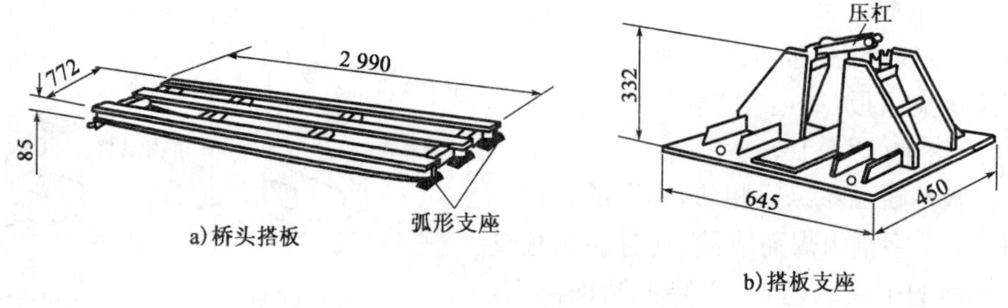

图 5-166　搭板支座(尺寸单位:mm)

搭板支座是用来支承和固定引桥中间横梁的,使横梁保持稳定(引桥中间横梁亦称搭板支承梁)。

4.架设工具

装配式公路钢桥的架设,需要配制一套专门的特制工具,才能顺利地将桥梁架设起来。在这里要说明的是,桥梁架设所用的工具,是随桥梁的架设方法不同而有所不同的。本特种工具是根据一般常用的悬臂推出法而设计的,所以只适用于桥梁的悬臂推出法。

(1)推进设备

①摇滚(图5-167)

摇滚是用6mm厚钢板冷弯成的两根铁架以及在铁架上安装3个钢滚而成的。在铁架的下面焊有半月牙形垫块,便于支承在支座的轴梁上。摇滚可以自由转动,在铁架顶面的两侧设有4个小平滚,使桁架的下弦杆始终控制在摇滚的中央,以保证桥梁定向推出或拉回。架桥时,在推出岸和对岸的岸边均需布置摇滚。

②平滚(图5-168)

平滚的构造为一装有两个钢滚的铁架。

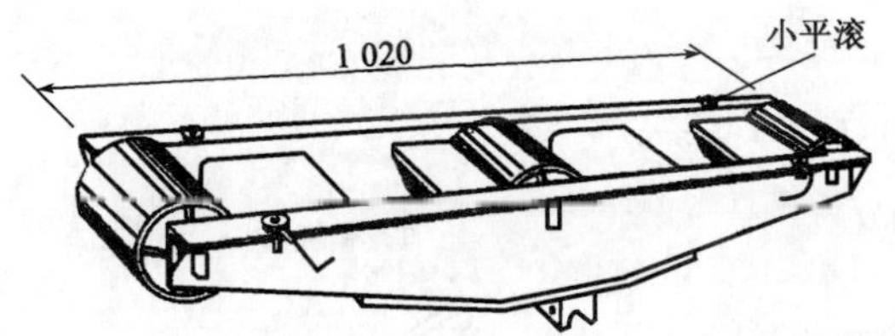

图5-167　摇滚(尺寸单位:mm)

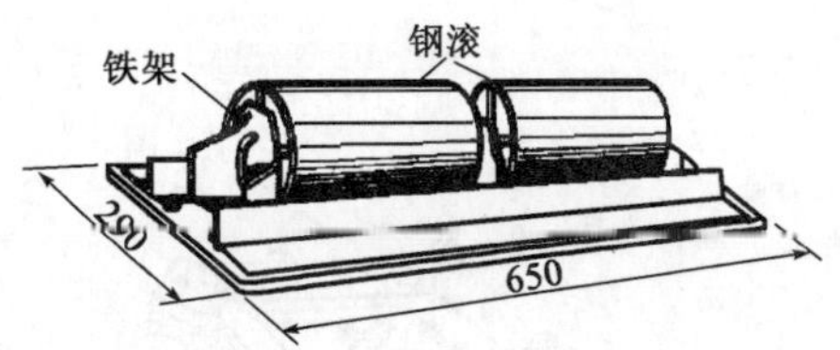

图5-168　平滚(尺寸单位:mm)

平滚布置在推出岸摇滚的后面,每隔6m放置1组。

③摇滚样盘和平滚样盘(图5-169、图5-170)

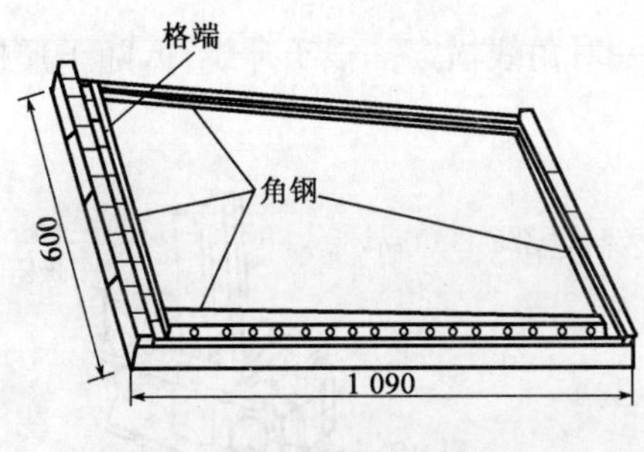

图5-169　摇滚样盘(尺寸单位:mm)

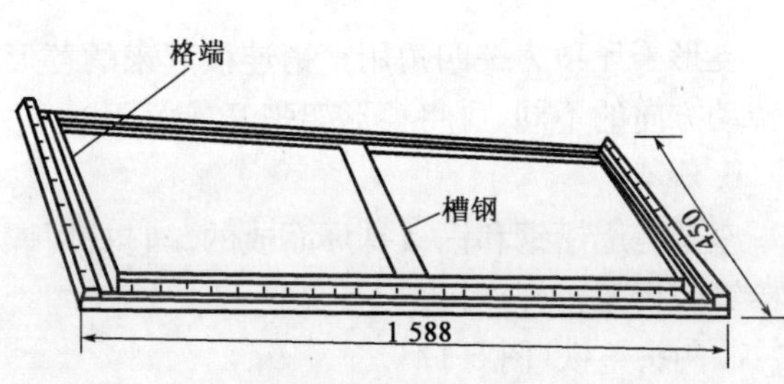

图5-170　平滚样盘(尺寸单位:mm)

摇滚样盘和平滚样盘都是用角钢和木板制成的,它们的作用是:通过样盘可以简便而准确地确定摇滚和平滚的位置,并能分散摇滚和平滚传给地基的压力。

样盘定位必须准确,放置的位置是在桥轴线两边,样盘的"格端"必须与桥轴线平行。

④下弦接头(图5-171)

当桥梁用悬臂推出法架设时,将下弦接头装在鼻架的下弦杆之间,使鼻架前端翘起,以抵消鼻架的下垂和克服桥位两岸的高差,使鼻架能顺利地落到对岸的摇滚上,从而使桥梁达到正确设计位置就位。

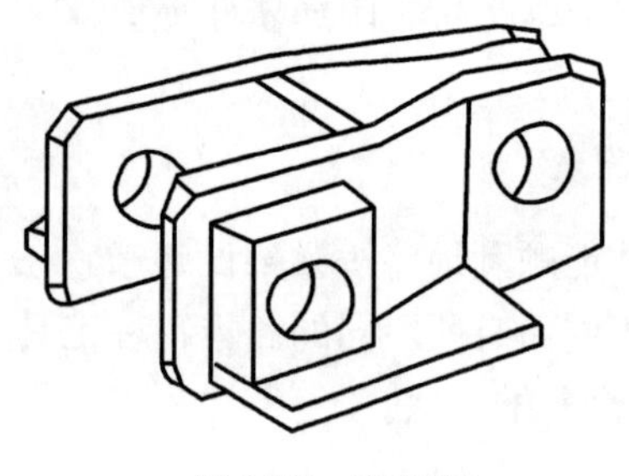

图 5-171　下弦接头

⑤斜面弦杆(图 5-172)

斜面弦杆是由削去部分腹板的[10 槽钢拼焊而成,其形状为一斜面,分阴头和阳头两种。

(2)安装工具

安装工具有弦杆千斤顶、托梁、千斤顶和扳手等几种。现分别介绍如下：

①弦杆千斤顶(图 5-173)

弦杆千斤顶由菱形千斤顶、座架和阴头垫铁三部分组成。

a. 菱形千斤顶

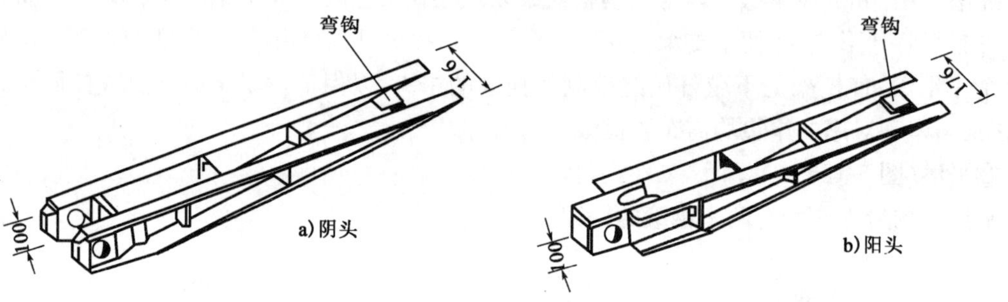

图 5-172　斜面弦杆(尺寸单位:mm)

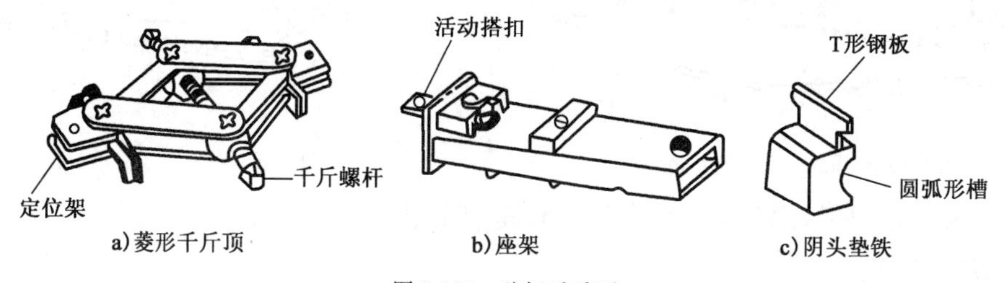

图 5-173　弦杆千斤顶

菱形千斤顶为一四角用钢销连接起来的菱形架,在一对角线横穿一根千斤螺杆,随千斤螺杆转动方向的不同,可将菱形架张开或关闭。

b. 座架

座架是用槽钢和钢板拼焊而成的。它是用螺栓和座架尾部的栓钉与桁架弦杆连接。

c. 阴头垫铁(图 5-174)

阴头垫铁由一凹形铁块和 T 形钢板构成。

弦杆千斤顶仅在安装上层桁架时才使用(图 5-175、图5-176)。

菱形千斤顶沿顺桥方向的伸缩长度为 8cm,因此,它仅适用于销孔错位在 8cm 以内的情况。

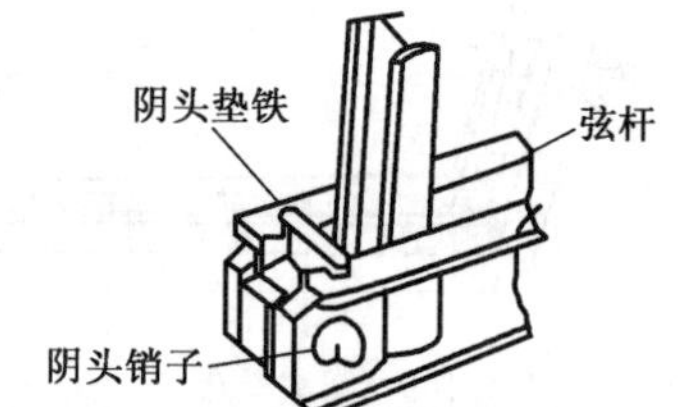

图 5-174　阴头垫铁扣在销子上的情况

②托梁(图 5-177)

托梁由钢板弯成的槽形梁构成,其端有一挂钩,使用时,将其插入横梁腹板,尾部挂钩挂在横梁腹板的栓钉上就位。

③千斤顶

千斤顶与一般桥梁施工用的千斤顶完全一样,可以在市场上购买,以载重 200kN、总高

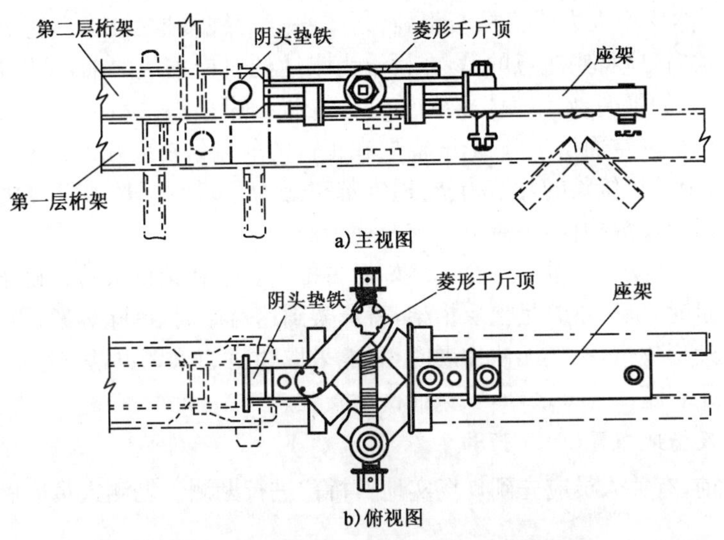

图 5-175　桥梁下弯时弦杆千斤顶使用情况

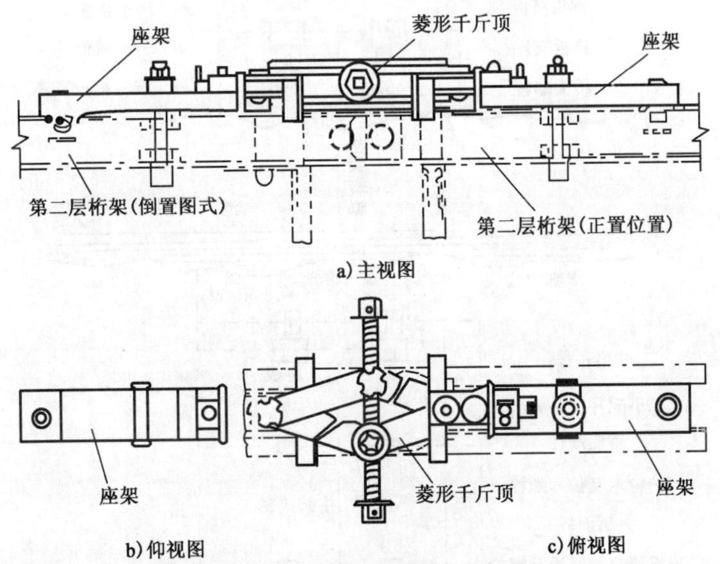

图 5-176　桥梁上拱时弦杆千斤顶使用情况

30cm、起高 50cm 的为好。

④单头呆扳手

单头呆扳手分为 32mm、46mm 与 55mm 三种。32mm 的用于旋转斜撑螺栓、撑架螺栓、缘材螺栓及横梁夹具支承杆；46mm 的用于旋转抗风拉杆的锁紧螺母；55mm 的用于旋转桁架螺栓、弦杆螺栓及菱形千斤顶的千斤螺杆。

横梁
390
463
400
托架

图 5-177　托梁(尺寸单位:mm)

(二)桥梁架设及撤收作业

“321”钢桥的架设方法很多，如悬臂推出法、浮运架设法、整孔吊装法、就地拼装法等，但一般都采用设备简单的悬臂推出法。

所谓“悬臂推出”就是在河流两岸，先安装好摇滚和平滚，桥梁的大部分构件在推出岸的滚轴上预先拼装好，然后用人力或机械牵引，将桥梁平稳而缓慢地推出，直达对岸摇滚后就位。采用此法架设桥梁时，应特别注意的是：在桥梁尚未达到对岸摇滚之前，悬臂推出的整个过程中，应保持整体桥梁的平衡，始终使桥梁的重心落在推出岸摇滚的后面。为达到此目的，避免在推出过程中因前部悬空而发生倾倒，故需要在正桥的前端另拼装几节桁架，待桥梁完成推出后，再予拆除。这个另拼接长的几节桁架，通常都称之为"鼻架"。鼻架只装桁架（往往是单层桁架）、横梁与抗风拉杆等构件，不装纵梁与桥面板。

在通常情况下，桥梁是在推出岸全部装好后再推出。但在架设大跨径桥梁时，为减轻推出重量或因桁架不足时，也可不装足上层桁架，待鼻架到达对岸后，拆除鼻架，再装齐不足部分桁架。当遇到桥头地形狭窄，桁架无法伸展时，只能采取边拼边推的办法，这时要特别注意随时验算桥梁的重心是否超出摇滚之外，以保证桥梁安全。

1. 桥位选择及场地布置（图 5-178）

在桥梁架设前，有关人员应先到现场实地对桥位进行勘测。勘测人员应做好如下工作：

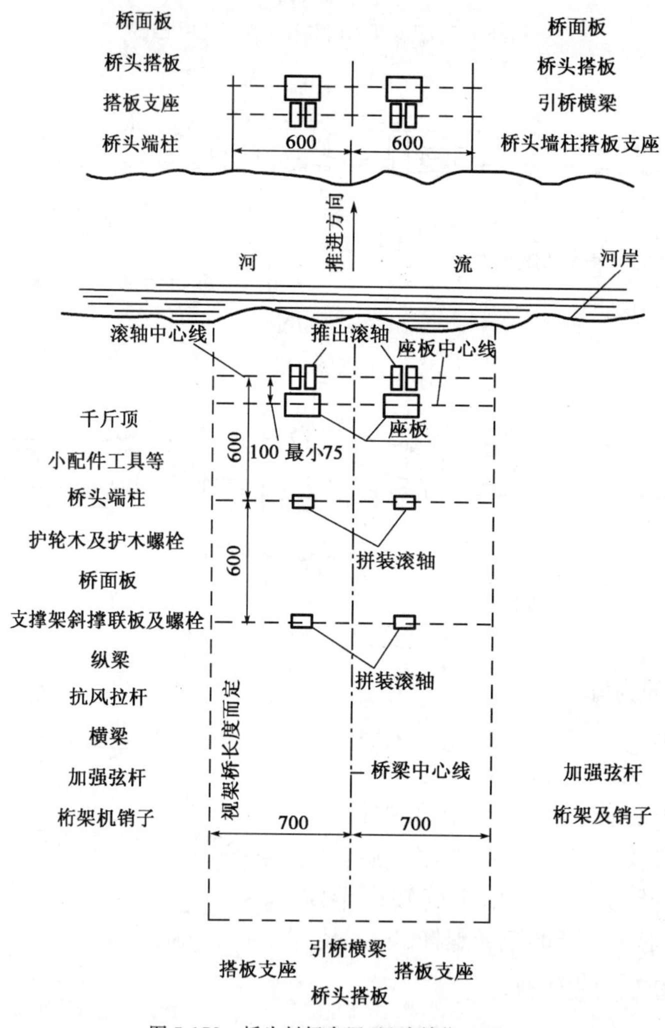

图 5-178　桥头料场布置（尺寸单位：cm）

（1）根据桥头两岸接线位置、地形、地貌、高差、地质、建筑物、道路走向及新旧桥位等情况，选择最佳桥位，定出最适宜的桥梁中线，并进行测量，打好中线桩；然后根据测得的河流宽度，确定推出岸与对岸摇滚至岸边的最小安全距离和所需的桥梁跨径。

(2)定出摇滚、平滚与座板的位置,测出桥梁中线桩及摇滚、平滚和座板标桩的高程。桥梁中线桩应测至对岸鼻架端能到达之最远处。

(3)根据接线路堤高程,定出桥梁基础高程。

(4)画出料场线,注明桥梁各构件、配件及架设工具的堆放位置。

2.基础处理

“321”钢桥是通过座板将作用在桥上的荷载传给地基,当座板上的反应力超过地基容许承载力时,基础需要作扩大或加固处理,处理的方法可根据当地的实际情况而定。

当在已毁的桥梁墩台上架设“321”钢桥时,可直接将支座置于混凝土墩台上,此时支座将桥梁的反力传给墩台。

3.滚轴的安装(图5-179)

滚轴分摇滚和平滚两种,根据勘测时的选线和定出的摇滚和平滚位置,进行滚轴的安装。摇滚安置在推出岸与对岸的岸边,推出岸的摇滚用于桥梁的推出,对岸的摇滚用于桥梁的着落。平滚安置在推出岸摇滚之后,用于桥梁的支承和减小桥梁在推出过程中的阻力。

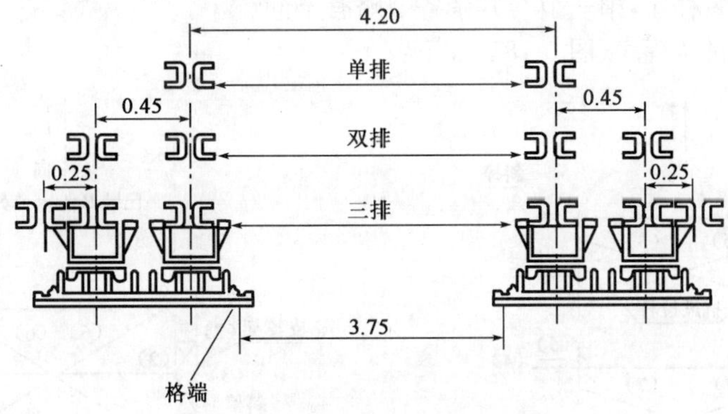

图5-179　滚轴横向布置(尺寸单位:m)

4.桥梁的拼装

滚轴安装完毕后,便可在推出岸进行桥梁的拼装。在桥梁拼装之前,要对摇滚、平滚的承载能力,推出时桥梁的稳定性以及鼻架的强度等进行验算。

(1)拼装前桥跨结构的验算

①推出岸摇滚承载力验算;

②着落岸摇滚承载力验算;

③平滚承载力验算;

④推出时桥梁的稳定性验算;

⑤鼻架强度验算。

(2)非加强单层桥梁的拼装

本部分仅简述双排单层桥梁的拼接架设方法,至于单排单层、双排双层、多排单层、多排双层桥梁的拼装方法不再叙述。

①鼻架的拼装

鼻架的拼装程序如图5-180所示。

鼻架的拼装步骤如下:

a. 在推出岸两边的每个摇滚上各竖放一片桁架，桁架的一端放在摇滚上，另一端放在临时垫木上(因平滚的间距为 6m，而一片桁架的长度只有 3m，故须用临时垫木)。

b. 将第一根横梁置于前端竖杆后面，并将横梁底面内两排孔眼，各自套入两片桁架下弦横梁垫板上的栓钉，用横梁夹具夹住，但不拧紧，待该横梁上的斜撑安装好后才能将横梁夹具拧紧。

c. 安装第二节桁架，同时在前一节桁架的横梁上安装斜撑。

d. 在第二节桁架前端竖杆的后面安装横梁，用横梁夹具轻轻夹住，待横梁上斜撑安装好后再拧紧。

e. 安装第三节桁架，并在第一节桁架上安装抗风拉杆(跨径在 30m 以下的桥梁可以不装)，在第二节桁架的横梁上安装斜撑(跨径在 30m 以下的桥梁也可以不装)。

f. 根据两岸地面高差和鼻架端的挠度，确定下弦接头数目、接头位置以及鼻架端的抬高度，然后在鼻架下弦两桁架接头处安装下弦接头，并用桁架销子连接。

依照上述拼装步骤循环进行，直至鼻架拼装完毕。

②双排单层正桥的拼装

正桥桥梁的拼装程序，第一节与其余各节略有不同。

第一节桥梁的拼装程序(图 5-181)如下：

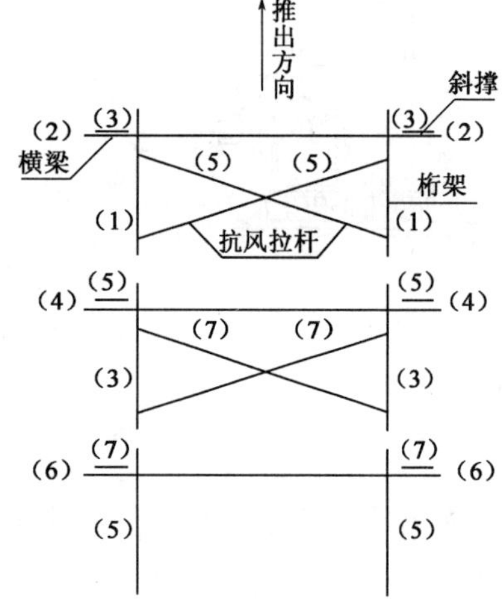

图 5-180　鼻架拼装程序

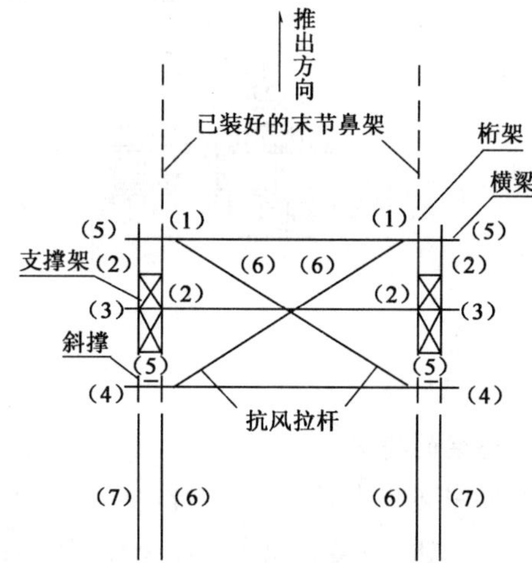

图 5-181　双排单层正桥第一节拼装程序

a. 鼻架拼装完成后，经检查合格，即可拼装桁架。拼装时，先将两片桁架的阳头(或阴头)对准鼻架最后一节的阴头(或阳头)，用销子连接起来，并插上保险插销。

b. 在与鼻架连接好的桁架外边，再各安装一片桁架，并在相邻两片桁架上弦杆的顶面安装支撑架，但不拧紧螺栓，使之构成临时框架。

c. 在桁架中竖杆前安装横梁就位，然后装上横梁夹具，但暂不夹紧。

d. 把第二根横梁装在后端竖杆的前面，用横梁夹具夹住。

e. 将第三根横梁装在前端竖杆之后，与此同时在第二根横梁上安装斜撑。

f. 再安装次一节桥梁的内排桁架，同时在第一节桁架内安装抗风拉杆。

g. 安装第二节桥梁的外排桁架，同时旋紧第一节桥梁的支撑架、横梁夹具和抗风拉杆。

至此，第一节桥梁的拼装业已完成，第二节桁架亦已装上。第一节桥梁不安装纵梁、桥面板和护轮木，待桥梁推到对岸落位后，端柱上的横梁也安装好后再铺设。

其余各节桁架的拼装程序(图 5-182)如下：

a. 第二节桁架安装好后，安装第三节内排桁架。

b. 将横梁安装在第二节桁架后端竖杆的前面，用横梁夹具夹住，但不拧紧。

c. 在第二节横梁上安装斜撑，同时安装该节桁架的抗风拉杆和拼装第三节桥梁的外排桁架，抗风拉杆暂不拧紧。

d. 安装第二节桥梁的中横梁，扣上横梁夹具。

e. 安装支撑架和拧紧第二节桥梁的抗风拉杆及横梁夹具。

f. 安装有扣和无扣纵梁各两组，并在其上铺设桥面板和护轮木。

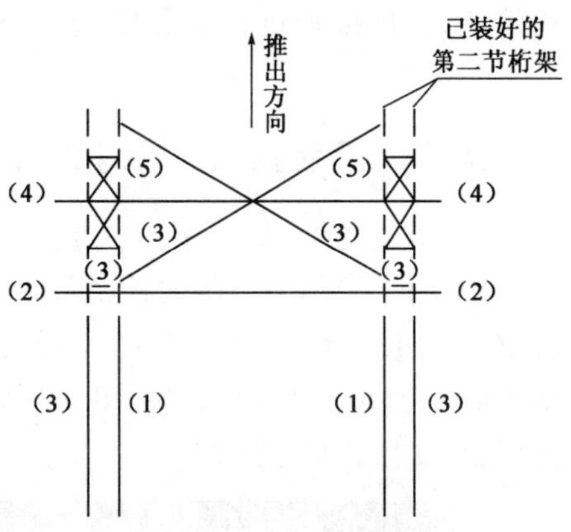

图 5-182　双排单层正桥其余各节拼装程序

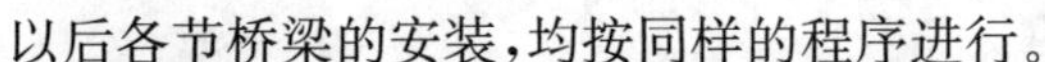
以后各节桥梁的安装，均按同样的程序进行。

③桥梁的推出

桥梁推出时用力必须均匀，速度缓慢而平稳，防止急推急刹。同时应尽可能采取有效措施，减少悬空部分的震荡。推进的方向应严格掌握，要指派专人检查，如发现偏差应立即纠正，特别是在桥梁接近平衡点容易转动时，可采用拨动尾部的办法彻底纠偏对正。

桥梁的推出可完全利用人力，也可用动力拖拉，视工地的实际情况而定。人力推出具有准备工作简单，容易控制推出进度，速度快，且不需要配置牵引设备等优点，但它只能适用于重量较轻的小跨径桥梁，由于两旁施力不易均衡，桥梁容易偏移方向，因此，指挥人员必须时刻注意纠偏。当用人力无法推动时，可用撬棍在桥后协助撬动，但不能用力过猛，以免将桥撬翻。

动力拖拉可采用多种工具，其中最适宜的是用汽车拖拉。卷扬机、手摇绞车、推土机、拖拉机和坦克等，均可作为牵引工具。

推桥要有严密的组织、统一的指挥，指挥员要站在桥上，其位置要既能看到对岸滚轴，又能观察到桥梁在推进过程中的一切情况。推桥时，各组动作要协调一致，所有工作人员，必须听从指挥员的命令。

④桥梁的落座

在桥梁落座之前，应先将全部鼻架拆除，安装好桥梁端柱，然后用普通千斤顶顶在桥梁的下弦，其位置最好在桁架弦杆与腹杆的交点处。千斤顶与弦杆之间放一块厚钢板，将力量平均传布到弦杆的两个槽钢上。切不可把千斤顶顶在一根槽钢上，更不应让槽钢翼缘单独承受千斤顶的力量。在一般情况下，千斤顶座下应垫垫木，以利于将桥梁传来的反力分布在较大的地面上。千斤顶与垫木的高度，应根据桥梁降距和千斤顶的行程而定，最好使桥梁能一次落座。

⑤钢桥面板的安装

这里讲的钢桥面板的安装，是指 U 形钢桥面板的安装，其他形式的钢桥面板安装，各地可根据本地区的实际情况，自行考虑确定安装方法。

U 形钢桥面板有两种结构形式：一为标准钢桥面板；一为中央钢桥面板。中央钢桥面板安置在横桥向桥面的正中间，标准钢桥面板安置在中央钢桥面板的两边，每边各两块。

⑥引桥的安装

桥梁落座完成后，即可开始架设引桥。引桥可用一节，亦可用多节，视当地的地形和引桥需要保持的纵坡而定。

引桥安装完后，桥梁的架设工作已全部结束，此时需将全桥的螺栓、销子、横梁夹具等连接构件，认真仔细地进行全面检查，并对桥梁的跨中挠度进行测量，确认无任何问题时，方可通车。

四、ZB200 装配式公路钢桥（梁）

ZB200 型装配式公路钢桥（图 5-183）是根据已有 321 型装配式公路钢桥改进而成，在应急交通中，用于快速架设临时性桥梁，保障重型武器装备和车辆迅速克服江河、断桥、沟谷等障碍，在平时抢险救灾（图 5-184）及国民经济建设中，除用于架设临时性桥梁外，还可用于构筑施工塔架（图 5-185）、支撑架（图 5-186）等多种装配式钢结构。它具有结构简单、运输方便、架设快速、分解容易等特点。

图 5-183　ZB200 型装配式公路钢桥

图 5-184　ZB200 型装配式公路钢桥在平时抢险救灾中的运用

图 5-185　ZB200 型装配式公路钢桥构筑的支撑架

图 5-186　ZB200 型装配式公路钢桥构筑的施工塔架

（一）主要战术技术指标

（1）可满足履带载 LD—50 级（图 5-187）、轮式载 LT—20 级（轮式轴压力 130kN，图 5-188）、汽车—20 级荷载通行。

（2）按设计载荷可架设单跨桥梁（TSR3），跨度大于或等于 51m。

（3）51m 以下桥梁能适用不同跨度要求，跨度变化以 3.048m 为一个节间，桥面净宽单车道 4.2m，双车道 7.35m。

单个构件最大质量，桁架 306kg，单车道横梁 417kg，双车道横梁 1 000kg，运输车辆可用普通车辆运输，并满足集装箱装运。

桥梁寿命可保障我军79式坦克通行大于10万次。

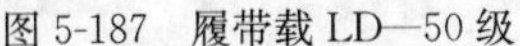
图5-187 履带载LD—50级

图5-188 轮式载LT—20级

(二)ZB200型装配式公路钢桥的组成及功能

ZB200型装配式公路钢桥主要由桁架、横梁、桥板、连接销及各种连接系等组成。

1.桁架(图5-189)

桁架是构成桥梁承重梁的基本构件。连接尺寸:长3.048m,高2.134m。每片桁架质量310kg。桁架销子(图5-190)用于连接桁架,在销子的一端有一个小圆孔,安装时,插入保险卡(图5-191),以防止销子脱落,销子顶端有一个凹槽,方向与小圆孔方向一致,安装时使凹槽与上下弦杆平行,以便保险卡顺利插入销子孔内。

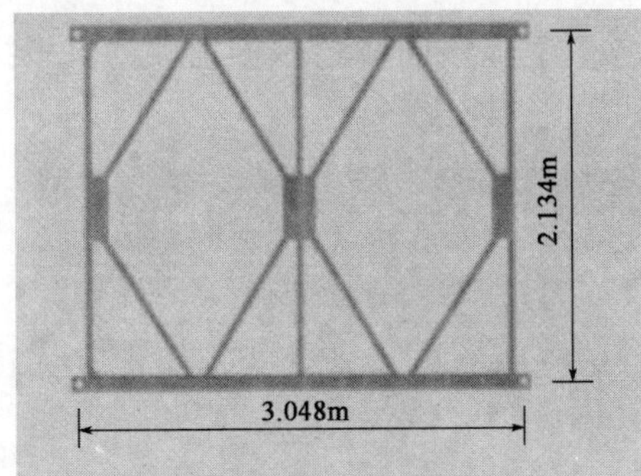

图5-189 桁架

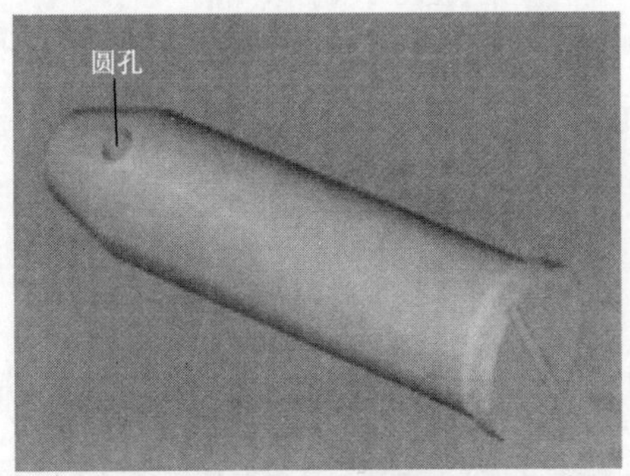

图5-190 桁架销子

2.加强弦杆(图5-192)

加强弦杆用于加强桁架弦杆。连接尺寸:长3.048m,质量84kg。加强弦杆的两端分别为阴头和阳头,中间有支撑架孔和弦杆螺栓孔。支撑架孔用来连接支撑架;弦杆螺栓孔用来连接桁架和加强弦杆。

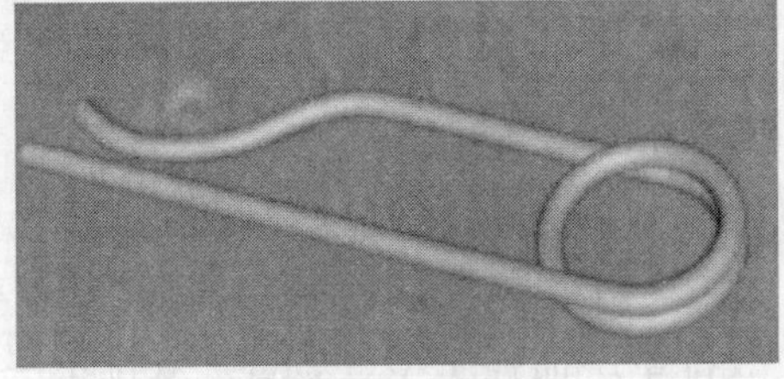
图5-191 保险卡

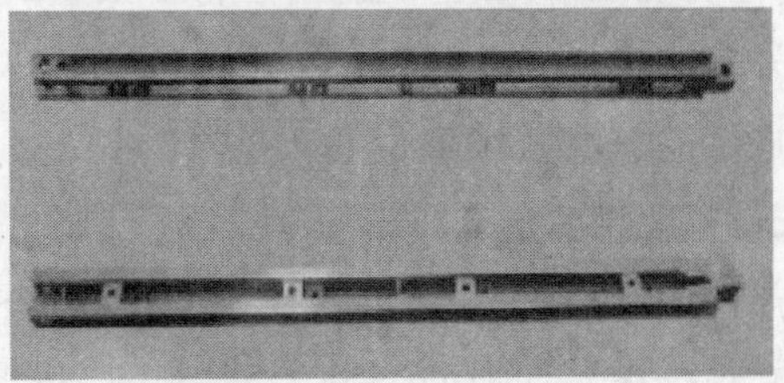
图5-192 加强弦杆

3. 横梁(图 5-193)

横梁是桥面承重梁,并对两侧主梁的稳定起支撑作用。横梁采用热轧 H 型钢制作,单车道桥面净宽为 4.2m,横梁长 6.2m,质量 417kg。

4. 桥板(图 5-194)

桥板是桥面构件,用于直接承受履带式和轮式荷载作用。桥板长 3.042m,宽 0.84m,质量 268kg。

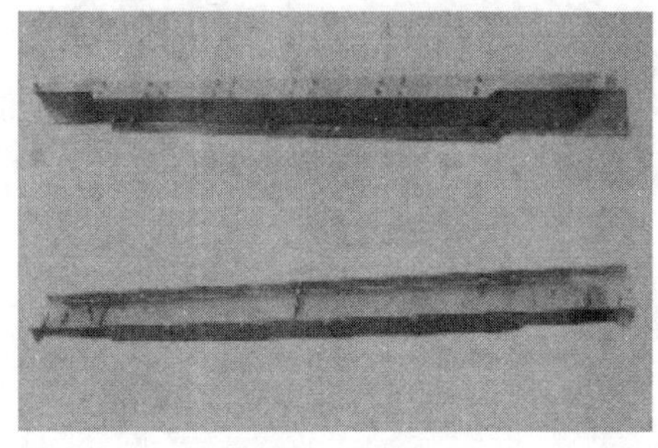
图 5-193 横梁

图 5-194 桥板

5. 缘材(图 5-195)

缘材有两个作用:一是用于标示车行道的宽度;二是通过剪力销为边桥板提供支撑,以加强边桥板,提高桥板的承载能力。每根缘材质量 42kg。

6. 水平撑架(图 5-196)

水平撑架在每节桁架或加强弦杆顶面中央,用于连接同侧的多排桁架。水平撑架质量 51kg。

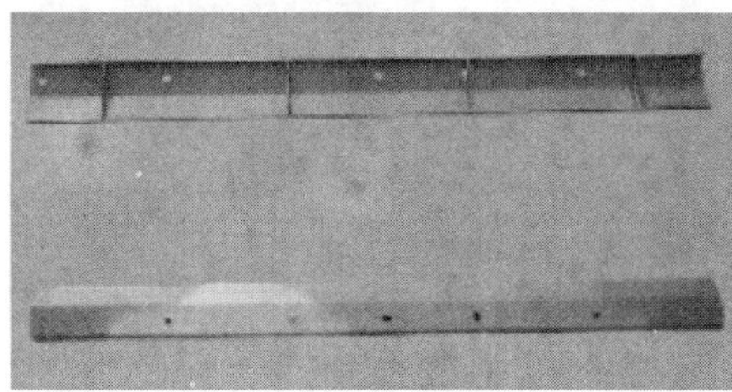
图 5-195 缘材

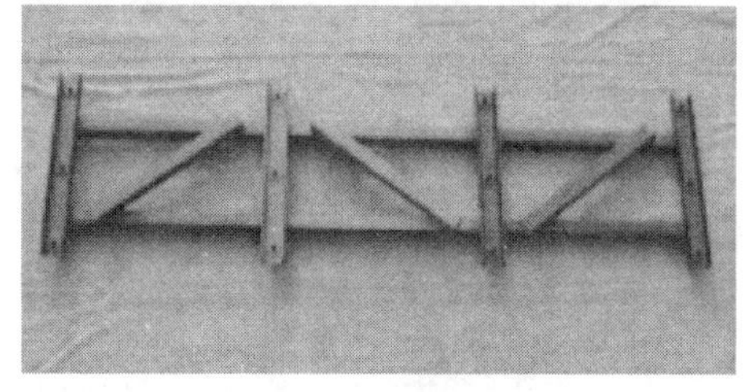
图 5-196 水平撑架

7. 竖向撑架(图 5-197)

竖向撑架在桁架后端竖杆上,用于连接同侧的多排桁架。竖向撑架质量 53kg。

8. 端柱(图 5-198)

端柱安装在桥梁的两端,用于将桥梁上的荷载传递到桥梁支座上。端柱有阳头和阴头两种:阳头端柱(图 5-199)质量 77kg;阴头端柱(图 5-200)质量 67kg。安装时,阴头端柱装在桁架的阳头上,阳头端柱装在桁架的阴头上。

(三)桁架组合形式(图 5-201)

为适应不同荷载和跨径的变化,桁架组合可取四种基本形式和七种变化形式,即:单排单层(SS)、单排单层加强型(SSR)、双排单层(DS)、双排单层加强 1 型(DSR1)、双排单层加强 2 型(DSR2)、三排单层(TS)、三排单层加强 2 型(TSR2)、三排单层加强 3 型(TSR3)、四排单层

(QS)、四排单层加强 3 型(QSR3)、四排单层加强 4 型(QSR4)。

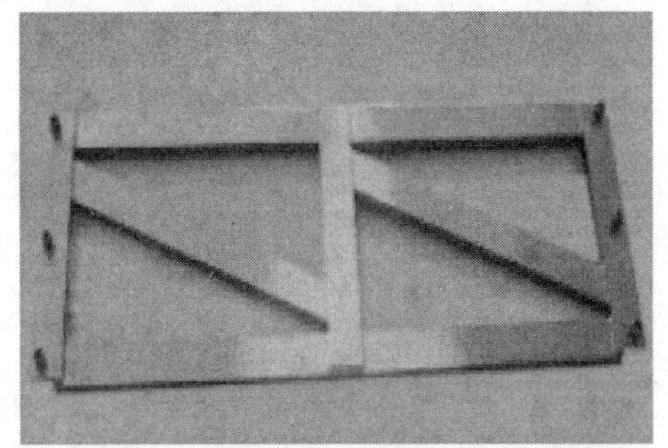

图 5-197 竖向撑架

图 5-198 端柱

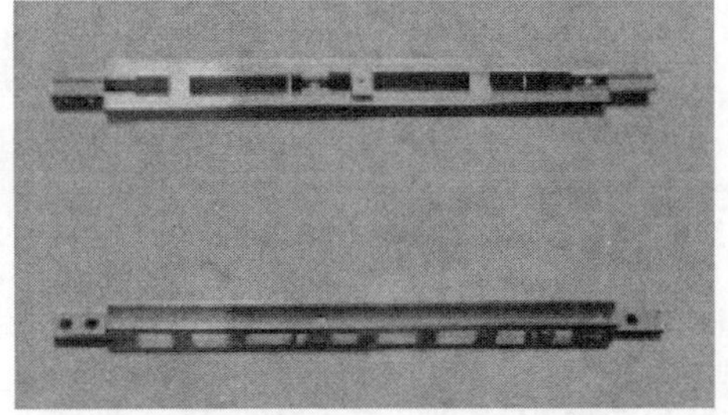

图 5-199 阳头端柱

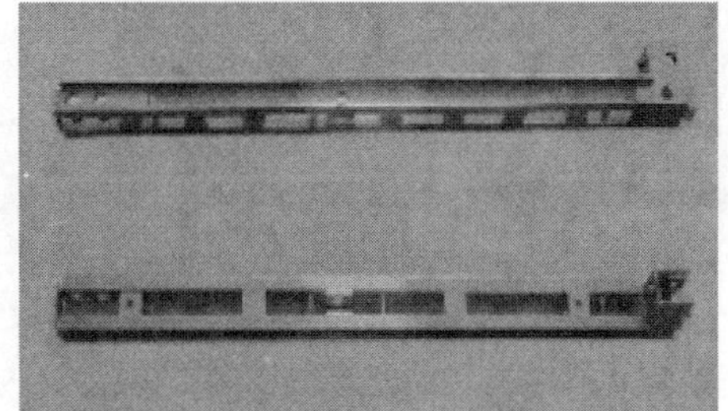

图 5-200 阴头端柱

a) 单排单层 (SS)

b) 单排单层加强型 (SSR)

c) 双排单层 (DS)

d) 双排单层加强1型 (DSR1)

e) 双排单层加强2型 (DSR2)

f) 三排单层 (TS)

图 5-201

g)三排单层加强2型（TSR2）

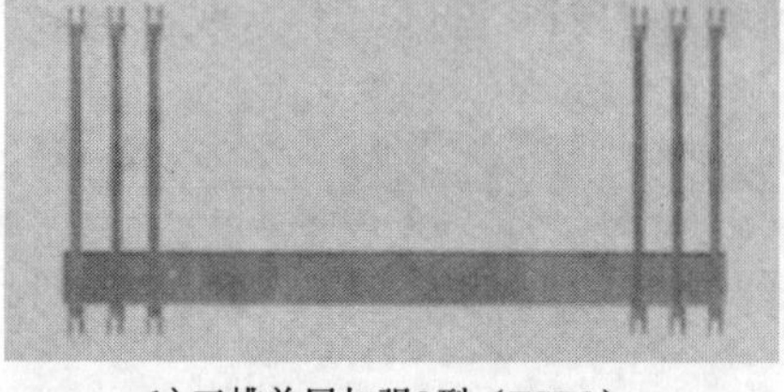
h)三排单层加强3型（TSR3）

i)四排单层（QS）

j)四排单层加强3型（QSR3）

k)四排单层加强4型（QSR4）

图5-201　桁架组合形式

(四)技术及工艺创新点

与传统321型装配式公路钢桥相比较，ZB200型装配式公路钢桥有以下几个方面的优点：

(1)桥梁构件简单、架设方便，标准化程度得到很大提高；组合结构形式更多样化，运用更广；荷载能力提高，可保障履带50t、轮式轴压力13t以下各种车辆通行。

(2)桥板增加了剪力销，使多块桥板的受力更加均匀。

(3)桁架单元截面增高，主桁可拼组成4排，能满足更大荷载的要求。

(4)桥面净宽更大，能满足更多超宽装备的通载要求。

第四节　木桥的抢建

由于道路交通中断或地形地貌的限制，无法采用装配式器材和常用的钢材搭设桥梁时，可以根据交通应急抢建的需要，选择木材作为搭设应急桥梁的主要材料。

一、木材的性能

木材的优点是具有较高的抗拉强度，抗压和抗弯时有很好的塑性。木材重度小，强度重度比高，因而木结构具有自重轻的优点。木构件加工简单，施工不受季节影响。干燥的木材对侵蚀性介质具有较高的化学稳定性。

(一)木材的分类与选用

架设桥梁所用树木的种类主要有针叶树和阔叶树，常用的针叶树有红松、落叶松、白松、云杉、杉木、柳杉等。红松一般质量可靠，并且易于加工。落叶松强度较高，抗腐性能强，但加工较难，烘干时易于纵向裂缝。杉木纹理顺直，虽然强度较低，却比较可靠。阔叶树木质较硬，多用作木结构中的木键、木梢、垫块以及其他细小的连接件。

木材按加工的程度通常分为原木和锯材两种。木材参数详见表 5-25。

木材参数表 表 5-25

截面特性		截面形式						
		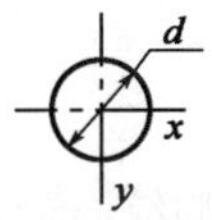	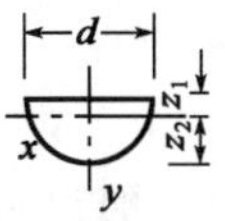	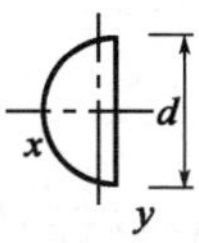	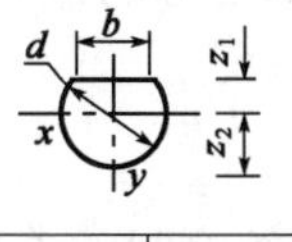		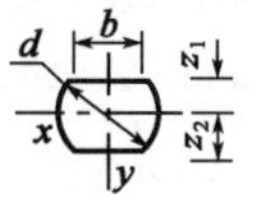	
					$b=d/3$	$b=d/2$	$b=d/3$	$b=d/2$
截面高度 h		d	$0.5d$	d	$0.971d$	$0.933d$	$0.943d$	$0.866d$
截面面积 A		$0.785d^2$	$0.393d^2$	$0.393d^2$	$0.779d^2$	$0.763d^2$	$0.773d^2$	$0.740d^2$
到边缘的距离	y_1	$0.5d$	$0.21d$	$0.5d$	$0.475d$	$0.447d$	$0.471d$	$0.433d$
	y_2	$0.5d$	$0.29d$	$0.5d$	$0.496d$	$0.486d$	$0.471d$	$0.433d$
惯性矩	I_x	$0.049\,1d^4$	$0.006\,9d^4$	$0.024\,5d^4$	$0.047\,6d^4$	$0.044\,1d^4$	$0.046\,1d^4$	$0.039\,5d^4$
	I_y	$0.049\,1d^4$	$0.024\,5d^4$	$0.006\,9d^4$	$0.049\,1d^4$	$0.048\,8d^4$	$0.049d^4$	$0.048\,5d^4$
抵抗矩	W_1	$0.098\,2d^3$	$0.023\,8d^3$	$0.049\,1d^3$	$0.096d^3$	$0.090\,8d^3$	$0.097\,8d^3$	$0.091\,2d^3$
	W_2	$0.098\,2d^3$	$0.049\,1d^3$	$0.023\,8d^3$	$0.098\,1d^3$	$0.099\,6d^3$	$0.093d^3$	$0.097d^3$
回转半径	i_{min}	$0.25d$	$0.132\,2d$	$0.132\,2d$	$0.247\,1d$	$0.240\,6d$	$0.244\,3d$	$0.231d$
中性轴以上(下)面积矩	S	$0.083\,3d^3$	$0.022\,5d^3$	$0.041\,7d^3$	$0.081\,6d^3$	$0.077\,9d^3$	$0.08d^3$	$0.082\,7d^3$

当原木径级在 20cm 以上时，一般多锯成板材或方材，通称为锯材。

(二)木材的力学性能

木材的力学性能主要指木材在各种受力状态下，承受荷载的能力，包括受拉、受压、受剪和受弯性能。

1. 受拉性能

木材受拉性能包括顺纹受拉、横纹受拉和斜纹受拉性能。木材顺纹抗拉强度很高，要特别注意的是木材在抗拉破坏前没有明显的塑性变形，故属于脆性破坏。木材的横纹抗拉强度只有其顺纹抗拉的 1/10～1/40，所以承重结构中不允许木材横纹受拉。木材的疵病对顺纹抗拉强度危害很大，其中尤其是斜纹和木节的影响最大。木纹斜度(倾斜宽度或弦长除以长度)愈大，强度下降也愈多。试验表明，当斜度为 10％时，强度下降 35％左右。因此对受拉构件应严格限制木纹的斜度。木节对抗拉强度的影响也很大，尽量选用木节少的木材。

2. 受压性能

木材的顺纹抗压强度为顺纹抗拉时的 40％～50％，平均约为 40MPa，弹性模量大致与抗拉时相等。木材顺纹受压破坏前有显著的塑性变形，这可使应力集中逐渐趋于缓和，因此木节和局部削弱时对木构件的抗压强度影响较小。所以，木构件的受压工作要比受拉工作可靠得多。

3. 受弯性能

木材的受弯试验表明，当荷载很小时，截面上应力呈直线分布；随着荷载的逐渐增加，受压区开始产生塑性变形，压区应力呈曲线分布，但此时中性轴已有下降；荷载继续增加，受压区的塑性变形继续发展，中性轴继续下降，拉应力不断增大，试件接近破坏时，压区应力图形趋于饱满，拉区应力分布也呈微弯状，最大拉应力达到抗拉极限强度。

压应力是指构件内部某一截面上的应力，即构件内部的受力状态。而承受应力是指构件接触表面的受力状态。必须保证构件表面不破损，外力才能正常地传入构件内部。所以，承压强度极限是按使用时对局部变形的限制条件研究的。根据承压力与木纹的关系，可分为顺纹、横纹和斜纹承压三种情况。

4. 受剪性能

根据剪力、受剪面与木纹之间的关系不同，木材的受剪一般可分为顺纹、横纹和截纹三种。顺纹受剪时，剪力与剪切面均平行于木纤维，这是常见的一种情况。木材顺纹抗剪强度比较高，平均为6～7MPa。横纹受剪时，剪力和木纤维垂直，剪切面与木纤维平行。木材横纹抗剪强度较低，平均约为3MPa。截纹受剪时，剪力和剪切面均垂直于木纤维。

剪应力沿受剪面长度方向的分布规律与受剪方式有关，还与受剪面长度有关。单侧受剪时，剪应力的分布是不均匀的，双侧受剪时均匀性稍好。受剪面长度增加时，剪应力分布不均匀程度亦增加。由于木材受剪工作时变形极小，其破坏属于脆性破坏，因此在结构设计时应限制受剪面的长度。木桥容许横向挠度详见表5-26，木桥构件的容许长细比见表5-27。

木桥容许横向挠度 表5-26

桥梁种类	容许横向挠度	桥梁种类	容许横向挠度
梁式桥	$L/120$	桁架桥	$L/250$

木桥构件的容许长细比 表5-27

杆件类型	容许长细比
主桁的受压弦杆及腹杆、桥脚桩（支）柱	100
主桁的受拉弦杆、联结系受压或拉—压构件	150
各种联结系受拉构件	200

二、绳索连接

在架桥作业中，经常要用绳索把离散的构件固定，或者用绳索进行系留、张拉、起吊和传递构件的工作。其主要连接的方法如下：

1. 接绳结

绳索与绳索的连接称为接绳，接绳所用的结称为接绳结。

（1）牵解结（图5-202）：用于一端有蛇口的粗细相同的两绳的连接。

（2）织工结（图5-203）：用于粗细差别较大的两绳的连接。

（3）对钩结（图5-204）：用于粗细相同的两绳的连接，俗称死结。

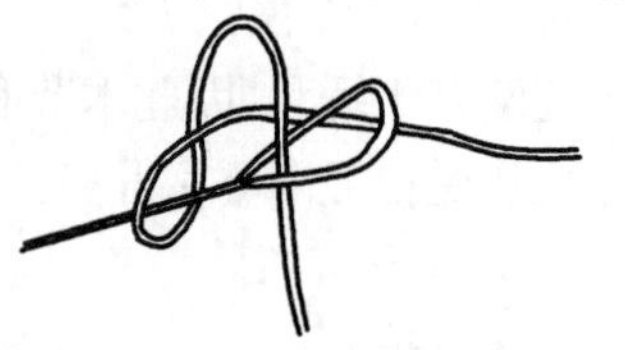

图5-202 牵解结

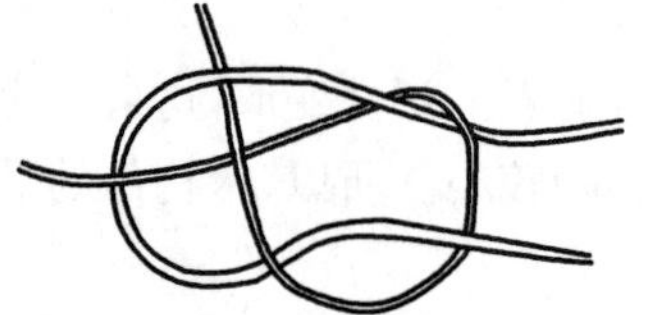

图5-203 织工结

图5-204 对钩结

(4)对钩回头结(图 5-205):打法与对钩结基本相同,区别在于右端绕左绳身缠时成蛇口从绳圈中出来,以便于解开绳结。

2. 拴绳结

将绳索的一端固定在物体上叫拴绳,拴绳所用的结叫拴绳结。

(1)系留结(图 5-206):用于系留岸边桩,以便解开。

(2)双环结(图 5-207):用途较多,绳端打成双环结可以作为系留结使用,但主要用来捆绑数个物体,所以它既是拴绳结,又是捆绑结。

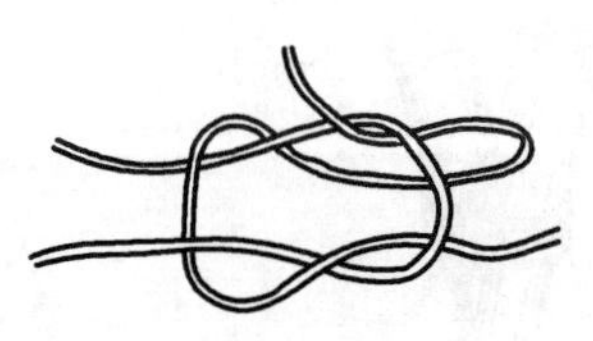

图 5-205　对钩回头结

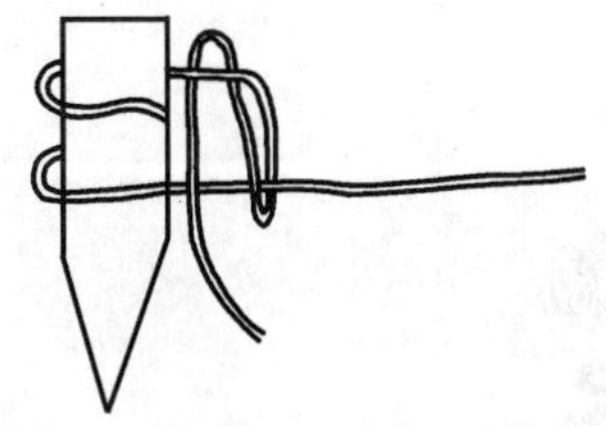

图 5-206　系留结

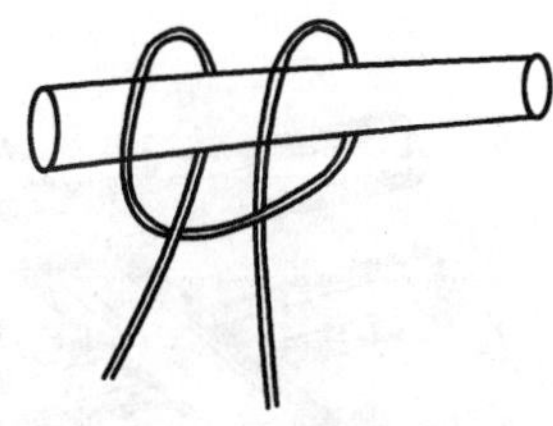

图 5-207　双环结

(3)拔桩结(图 5-208):用于拔桩。

(4)起头结(图 5-209):捆绑物体时将绳的一端拴紧在其中一个物体上所用的结。

3. 捆绑结

捆绑是用绳索将两个物体连接在一起,捆绑结的共同特点是采用相同的起头结起头,并以起头结绳端与绳索另一绳端以对钩结或对钩回头结做终结。为了使绑扎牢固,通常要缠绕2～3道腰绳将密排的绳道勒紧。

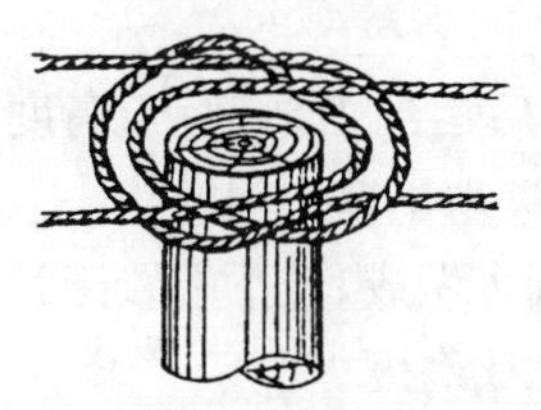

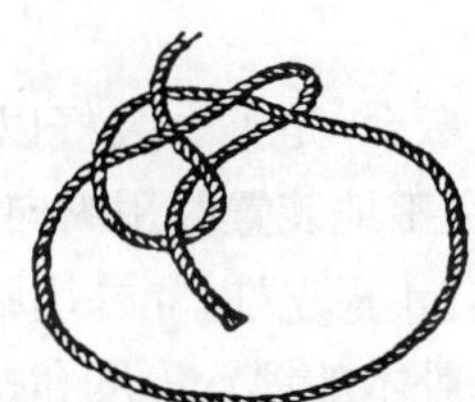

图 5-208　拔桩结

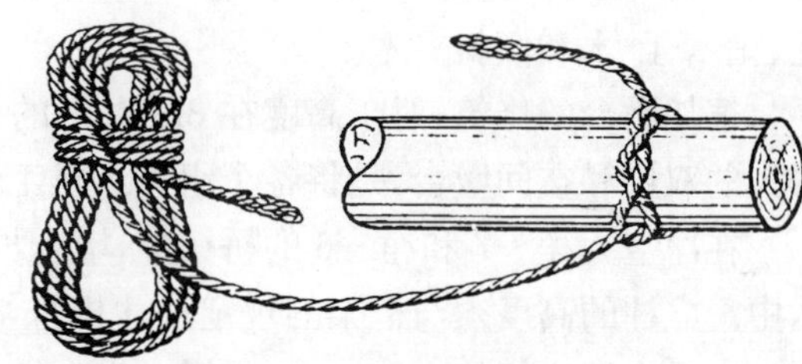

图 5-209　起头结

(1)箱结(图 5-210):用于直交两方木的捆绑。

(2)十字结(图 5-211):用于直交两圆木的捆绑。

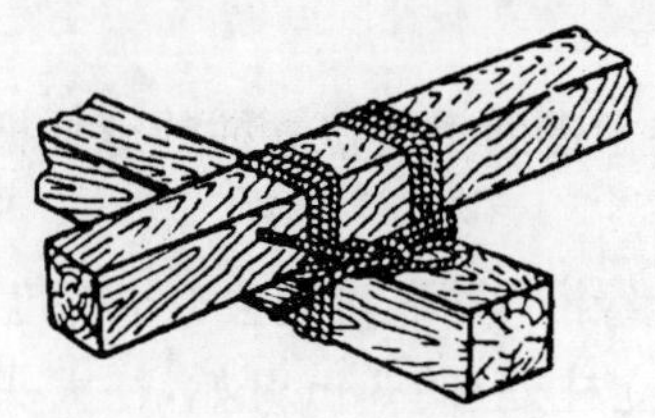

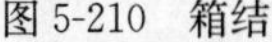

图 5-210　箱结

图 5-211　十字结

(3)平结(图 5-212):用于平等、密接两根木材的捆绑。

(4)梁结(图 5-213):用于平等而不相密接两根木材的捆绑。

(5)斜结(图 5-214):用于斜交两根木材的捆绑。

a)终结前　　b)完成后

图 5-212　平结

图 5-213　梁结

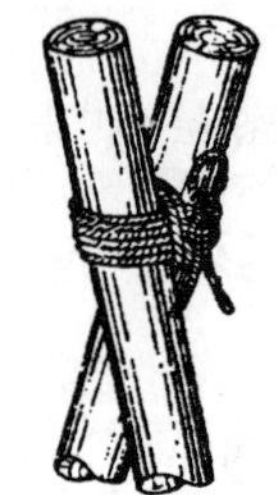

图 5-214　斜结

三、墩台的修筑

(一)框架墩台

框架墩台的结构简单,因此框架墩台的桥梁通常比其他墩台的桥梁建筑时间短。框架墩台的结构有各种各样的,根据它的高度和在桥上通过的车辆载重而定。框架的主要构件是立柱、帽木、卧木和倾斜夹木。

框架墩台的修筑,对于高度在 3m 以内的单排墩台,是整个装好以后运到工地;对于高度较大的双层和空间墩台,是将各个组件运至工地,在工地装置时用纵向夹木予以加固。

在净空为净—7 和净—6 的桥梁中,墩台框架有 4 根立柱;立柱用圆木做成,其下端置于卧木中。立柱的高度须与框架的规定尺寸相符,考虑卧木的埋置深度和桥梁高度。

在透水性良好的土壤中,如果墩台没有被掏空的危险,基坑深度可以减小到 0.7～1.0m。框架墩台的卧木和帽木用圆木做成。立柱和帽木、卧木的固结,是用直径 19mm、长 200mm 的栓钉以及直径 16mm、长 250mm 的蚂蟥钉来进行的。帽木和卧木做成整体(就长度来说),但当缺乏长尺寸的木料时,允许有接头。卧木下面通常放置垫木(短木),垫木是用直径为 22cm 的圆木段做成,每根立柱下面放置 2～4 个垫木。

当墩台高度大于 3m 时,除上述以外,还用一对水平夹木借助于通拉立柱的螺栓把框架的立柱彼此固结起来。

在框架墩台中,帽木是框架的一个组成部分。帽木的上缘沿整个长度削去 1cm 深度,帽木下面削出几根立柱上的台帽,削的深度(图 5-215)从小头(边立柱处)的 3cm 开始,往大头逐渐增大。所有台帽必须位于同一水平面,因此按线绳削出台帽,而使它们得以在立柱上与之合楔。帽木与立柱可用直径 19mm 的圆形金属栓钉来联结。为了使栓钉在立柱中心上穿过帽木,要钻出孔眼,孔眼深入立柱上端 10～12cm。把栓钉由上面钉入所钻出的孔眼中,栓钉上端应与帽木顶面齐平。当缺乏金属时,帽木与立柱的联结可以直接用榫接。榫接的方法比较复杂,在帽木上要画出槽口的位置,然后用凿子把它凿成 7cm 深,也就是比立柱榫头的高度大 1cm。

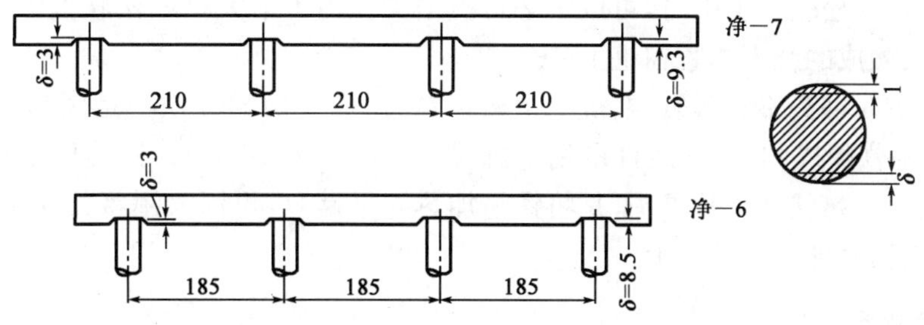

图 5-215　立柱和桩上的帽木的切削和铺设(尺寸单位:cm)

在专门的座架上按水平位置来装配框架,座架用圆木和厚木板做成。为了加速帽木、立柱和卧木的装配,在座架土预先画出帽木、立柱和卧木的位置。将立柱轴线移到框架范围以外,并用圆钉固定在座架上,在座架上面铺设帽木、立柱和卧木。卧木和帽木用栓钉和蚂蟥钉来同立柱扣紧,然后从上面装上水平夹木和对角夹木。

框架墩台施工按以下程序进行:先开挖基坑,基坑的宽度为 0.6~0.8m,长度比墩台宽度或岸墩的栅墙长度大 0.5m;将基坑底整平,上面铺设良好捣实的砂或碎石垫层,厚度为 10cm;在垫层上放置短木;把从预制工场运来的框架按照"卧木朝向基坑方向"放置,然后用汽车起重机、绞车或借助于钩杆和绳索把它放入基坑中;借助撬杆来加以校正,使框架垂直地竖立,恰位于设计位置(平面的和高度的);调整好了的框架,用打入土中的木板斜撑来固定;如果是岸墩,就在墩台框架的旁边,也在这些短木上装置栅墙的框架;此后,基坑中填以透水性的土,并仔细夯实。为了减少框架立柱的腐朽(在砂性土中腐朽特别厉害),建议在立柱旁填以黏土,或者在从地表面起至 50~60cm 深度范围立柱上,涂以厚 2~3cm 的胶泥层。

(二)桩式墩台

当建造跨越经常流水的河流的梁式木桥时,以及跨越干谷和峡谷的梁式木桥,当谷底为沼泽土或地下水位很高以致难以开挖框架墩台的基坑时,宜设置桩式墩台。

梁式桥的桩式墩台由一排桩或两排桩组成,桩用各种打桩工具打入土中。当为间隔土和石质土时,不能将桩打入。

多跨径梁式木桥的墩台高度很大时(常水位以上 5~6m),为了使墩台具有刚性,可装设水平和倾斜(对角)夹木,夹木用半圆木或圆木做成,用螺栓扣紧在桩上。当常水位以上的墩台高度在 3m 以内时,只装设水平夹木。下面的水平夹木必须位于水沫线以上 50cm 处。当墩台高度为 4~6m 时,装设水平夹木和对角夹木。当墩台高度大于其宽度时,必须从墩台两面钉入补充的斜桩,并装置旁撑木。

当排架桥的长度相当大时,除了普通的平面墩台以外,还应设置立体墩台,提高桥梁的纵向稳定性和刚性。立体墩台间隔 25~30m,由彼此用水平夹木和对角夹木相联的两排桩组成。立体墩台桩排之间的距离为 1.5m,而在某些情况下较大。当桥头引道的高度大于 4m 时,岸墩必须做成立体墩台的形式。

制桩用的圆木的长度为 6.5~8.5m。制桩工序是:砍去节疤;将圆木的一端锯尖;锯平另一端(桩头),此平面须严格地与桩轴线成直角;修琢桩的上部分。桩的锯尖是在圆木的小头处进行,锯成 3 个或 4 个平面,锯切高度为圆木直径的 1.5~3 倍(图 5-216)。为避免沉入土中时桩被损坏,桩的尖端应削钝一些。为了使打桩时桩不致偏离设计位置,桩尖应准确地与桩轴线重合。如果桩是打入密实的土中,那么,在桩尖上就要套上金属靴(图 5-217)。当借助柴油桩锤将细长的桩打入松软的土中时，可以不必将桩锯尖。为了增大打入松软土中的桩的承载能力，可用圆木段做成的凸木扣紧在桩上(图 5-218)。

为了使打桩时桩头不致蓬裂，在桩头上戴以铁箍(图 5-219)。铁箍是用厚 10～15mm、宽 50～70mm 的扁铁焊成的环，并锻打得稍呈圆锥形(斜度为 1 ∶ 20)。铁箍可以在热或冷的状态下戴在桩头上。热状态下戴桩头，是将铁箍加热到呈赭色，再用大锤将其安置在桩头上，冷却以后，铁箍就紧密地箍在桩头上。

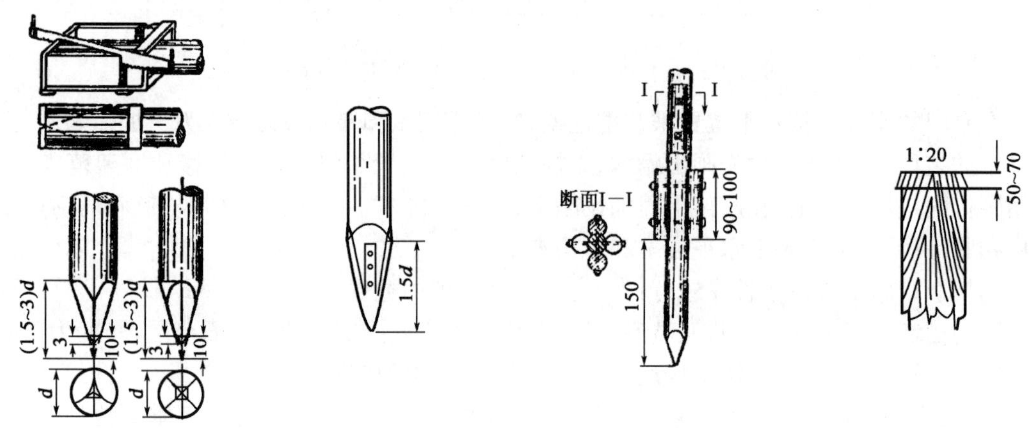

图 5-216　将桩锯尖用的样架和两个桩的尖端(尺寸单位:cm)

图 5-217　桩靴(尺寸单位:mm)

图 5-218　为增大松软土中的桩的承载能力用的凸木(尺寸单位:cm)

图 5-219　桩箍(尺寸单位:mm)

制成的桩下垫以用管筒或几段小圆木做的滚轮，然后用绞车将它曳运到打桩架处。当利用打桩架的绞车曳运桩时，系桩的绳索必须通过安置在打桩架底座处的滑车。

制成的桩长度不足时，需将桩接长。如接头位于地面或水面以上，采用半搭接法进行接长。具体做法是，先在桩上作出锯痕，锯痕深度为直径(垂直于桩轴线的)的一半，长度为 90cm 左右(自端头算起)，在接木上也按此作出锯痕。用斧头把锯过的部分砍去。然后将立柱—接木安置在桩的锯出的台口上[图 5-220a)]。拼接处套上两个金属箍(用断面为 60mm×10mm 的扁铁做成)，并用螺栓扣紧。为了使桩不致腐朽，最好在与接木连接的表面上涂以木馏油。

桩的接长也可以用对接法来实现[图 5-220b)]。如果接头位于土中或水下，那么，桩的接长就要用倒刺钉来进行对接：在接头上安置 4 个用扁铁做成的鱼尾板，用锻钉将它同桩扣紧[图 5-220c)]。

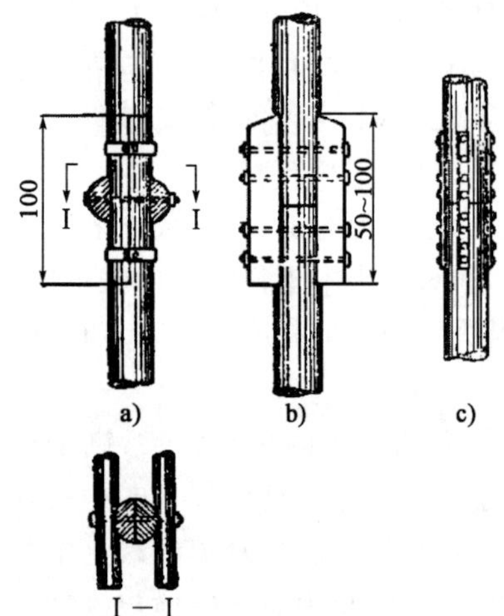

图 5-220　桩的接长(尺寸单位:cm)

为了便于打桩架移动，在开始打桩前建造专门的脚手架。脚手架由支座、大梁和铺板组成。当建筑梁式桥时，适宜在桥下沿着桥的纵轴线架设脚手架，使得在它上面移动的打桩架能够向左和向右移动，依次打入每一个墩台中的各桩。打桩架用的脚手架，当在干谷或不深的水流中打桩时，可以建造在卧木、框架支座或格子笼上；当在很深的水流中打桩时，则建造在桩上。

脚手架的宽度应比所打墩台边桩间的距离大 1m，且不得小于 6m。自脚手架的支座到所打桥梁墩台各桩之间的距离应不小于 0.5m，脚手架的铺板在大梁上不应下垂 0.25m 以上。

墩台的各桩必须打到“最后贯入度”时为止，并且在普通土中，打入深度不小于2.5m，在翻浆土中，不小于3.5m。在单跨径桥梁中，当墩台高度在1.0m以上时，桩的打入深度在任何情况下都不应小于3.5m。

在顺序的几个锤击阵中，桩的沉落度为相同数值，称为“最后贯入度”。当用机械打桩架和柴油桩锤打桩时，一个锤击阵采取10次锤击(在一个桩上)。

在淤泥土中打桩时，不允许中断，因为在打桩中止时，桩和土的黏结力增大，因而使打桩很困难。相反，在质量大的、密实的黏土中，不停地打桩时，由于剧烈地和迅速地捣实了桩周围的土，可能出现“假的最后贯入度”。当具有这种土时，打桩过程中最好有中断，中断以后续打时，桩将正常地沉落。

悬锤的落锤高度应该不大于2m，以免损坏桩。第一个锤击阵最好以0.5～0.7m的落锤高度来施打。如果在打桩开始时，锤击以后，桩锤向上跳动，使打桩进行得很慢，则表明桩锤重量不足。

(三)打桩设备

1.柴油桩锤

建造最简单的梁式桥时，可以有效地采用无打桩架的柴油桩锤来进行打桩工作。这种桩锤由柴油桩锤本身、锤座和起重梁所组成。

柴油桩锤本身是由两个主要部分组成的：全套活塞体和冲击部分，冲击部分同时用作汽缸(图5-221)。活塞体有孔，用以插入导杆的杆套，并与桩锤各部分联结。活塞体上固结油泵及储油箱，其上设有调节供油量和传动油泵的机构。油泵传动机构由偏心轴的摇臂、油门操纵杆和推杆组成。

活塞体下部的套筒中，设有弹簧，用以限制冲击部分的向上运动，并借助导杆头上所设止升套对弹簧的压力来增大冲击部分在下落时的冲击能量。

柴油桩锤的吊升于桩上，启动时其冲击部分的吊升和下落，均借助起重梁来进行。起重梁插在锤座的套筒内，并且在其中可自由转动。起重梁由立柱、吊升和下落的猫头小吊车和有柄的摩擦绞盘组成。

当启动时，用猫头小吊车钩住柴油桩锤的冲击部分，用摩擦绞盘将它提升，直到猫头小吊车的支承杆进入起重梁立柱中的楔形口为止。此时猫头小吊车的侧杆转动，将冲击部分抛下。冲击部分以及整个柴油桩锤都是借助缆索摇动摩擦绞盘棘轮的操纵杆来吊升的。下落柴油桩锤也用同样办法来进行，但棘轮须向下落方向转动。

柴油桩锤的锤座用中心销钉及两个套在枢轴上的螺栓加固于桩上，此枢轴穿在桩上已钻好的空洞中。此外，锤座也用螺栓来与桩锤的活塞体固结。安置锤座以前，应将桩头按图5-222所示进行加工。

植桩架由支承框架1、斜撑框架3和前框架2所组成。在前框架上有两个能自由移动的桩夹4，桩夹带有开口卡环5和制动螺旋6，用以固定木桩。用特别的止动器7将开口卡环固定在桩夹的立柱上，在前框架上还有带齿的制动杆8，在木桩立直时用以固定上桩夹及桩。为了联结前框架和斜撑框架，设有带销栓9的枢轴。植桩架可绕铰结于支承框架上的圆环10作垂直平面的转动。植桩架设置在3根方木上。当将桩置于植桩架上时，应在前框架末端之下置一短桩。植桩架安装在用小艇或浮筒拼合成的船渡上或平底船上。

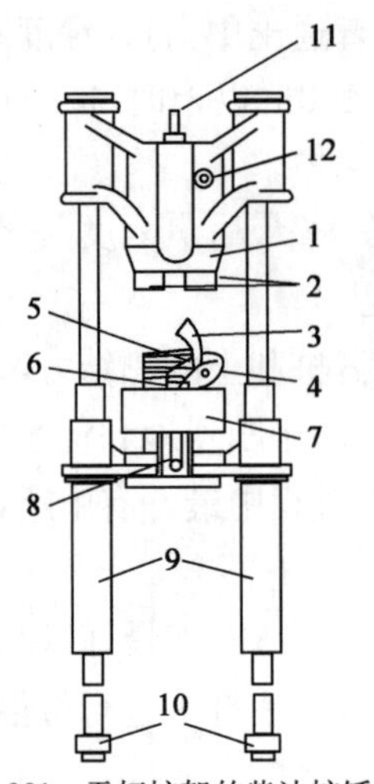

图 5-221　无打桩架的柴油桩锤视图

1-冲击部分；2-环状扇形体；3-摇臂；4-油门操纵杆；5-喷油嘴；6-推杆；7-油箱；8-油管；9-弹簧套筒；10-导杆头的止升套；11-环首螺栓；12-压销

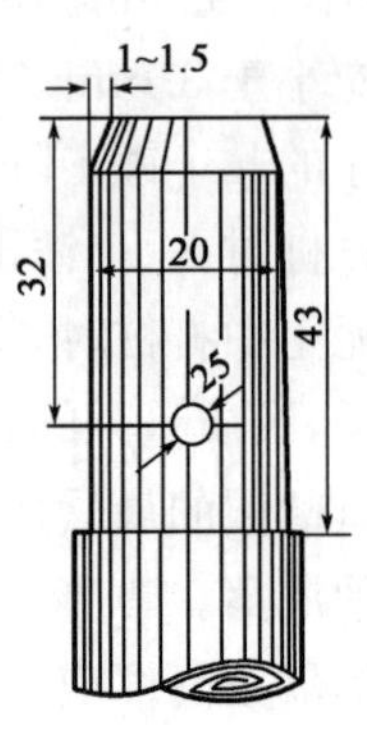

图 5-222　无打桩架的型柴油桩锤锤座下桩头进行加工的情况（尺寸单位：cm）

植桩架要设置在所打桩的方向线中。把安上锤座的桩设置在植桩架的桩夹中，并用制动螺旋固定。上部桩夹用带齿的制动杆固定，制动杆则以楔卡牢。在锤座的起重梁杆套中插入起重梁的立柱。在锤座的后吊环中系着两根拉索，以备吊桩之用。

将桩立直后，进行柴油桩锤的安装工作，包括将柴油桩锤吊到桩上，将它固定在桩座上，并准备启动等。以钩挂住环首螺栓，搬动起重梁的摩擦绞盘将柴油桩锤吊到桩上，同时使桩锤背部向着木桩，用手抓住导杆。为了方便起见，在吊升和下落桩锤时，应用细钢索或牢固的绳索做成的绊绳系于活塞体上。桩锤断落于锤座上以后，将桩锤活塞体与锤座用螺栓连接，并将螺栓拧紧。活塞体固定以后，解开桩锤环首螺栓中和活塞体上的钢索，将起重梁转到另一方向。然后用铜索和猫头小吊车将冲击部分吊起，吊起高度为 70～75cm。用手压动油泵以检查供油情况。为了使启动柴油桩锤时不致发生回击，当发现有油射出时，应停止压动油泵，不允许过剩的油落到汽缸中。

在启动柴油桩锤以前，要用上桩夹的制动螺旋将桩固定，间时松开植桩架的止动杆。为了启动桩锤，要将冲击部分吊起来，直到它会自动地从吊着它的猫头小吊车支承杆上脱下为止。在启动桩锤时，应多加油，这个工作以及冲击部分的吊起高度和冲击力量，均用连接于偏心轴油门操纵杆上的绳索拉动偏心轴油门操纵杆来调节（图 5-223）。在软土中打桩时，桩锤仅在冲击部分抛落数次后才能发动起来。

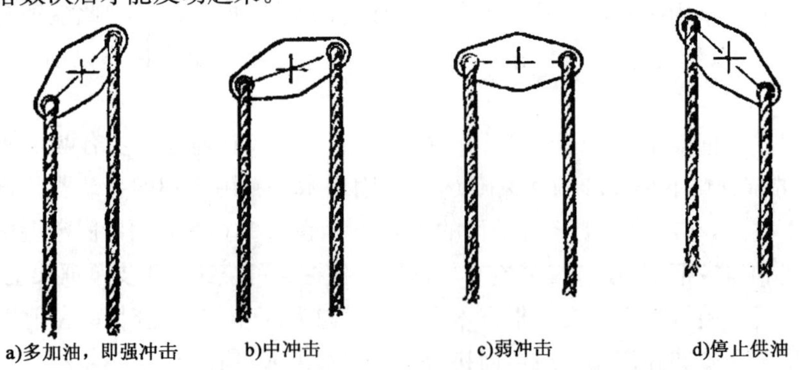

图 5-223　调节无打桩架的柴油桩锤的供油量时偏心轴油门操纵杆的位置

在打桩时，必须注意使桩保持垂直位置。如有偏斜，则由两个工人借助系于锤座的牵索来加以矫正。

打桩结束后，依次取下柴油桩锤、起重梁和锤座，将它们装置在下一根桩上。

2. 杆式柴油桩锤

杆式柴油桩锤主要由全套活塞体、冲击部分、钩架（图5-224）、顶座、导杆、桩帽和油泵组成。

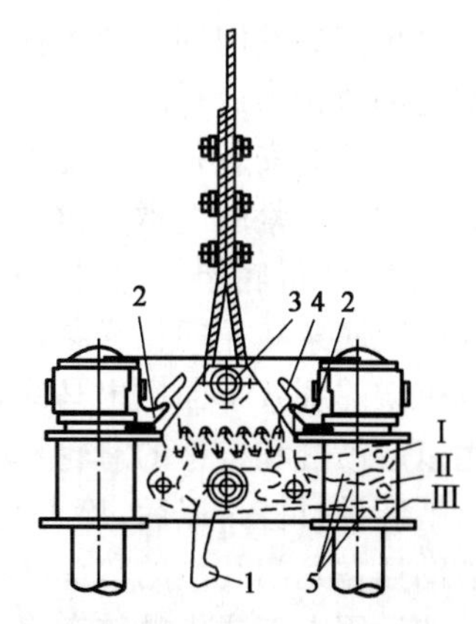

图 5-224 钩架

1-挂钩；2-顶座的钩子；3-吊轴；4-连接钩；5-脱钩臂（用虚线示出）及其位置；上面的——当钩住冲击部分时；中间的——当抛下冲击部分时；下面的——当钩架与顶座脱开时

桩锤的冲击部分是汽缸体，汽缸体下面安着 4 个突缘，用以将打击传递到装置在桩锤内的半球形承座的球面枢轴上。在冲击部分的上部设有小轴，以便用钩架的挂钩钩住它。为了使打桩架工作时保持稳定，用两根张紧的绳索来支撑。

打桩架的拼装是从装配底架开始，顺序进行下列工作：横向固定边梁，固设托架，装置支承曲拐（水平位置），并将绞车固装在底座上。

同时在底座前面的木垫上拼装龙门导杆，将安装框架与撑杆同导杆连接起来。底座负载着平衡重（圆木、桩等等），质量约为 1t。将龙门导杆下端移动至靠近底座上的支承曲拐，并与其固定。

将绞车右鼓筒的钢索通过安装框架和底座上的滑轮，左鼓筒的钢索则通过龙门下部的滑轮和龙门顶架的滑轮，暂时将其固定。然后用手并借助绞车将龙门顶架吊起，吊起高度为 3～4m，同时用马凳支撑着龙门导杆。然后仅借助绞车继续将龙门吊起。此后将后撑杆固定在底座托架上。将右鼓筒的钢索从安装框架和底座上的滑轮抽出，并使其通过龙门顶架的滑轮和导向滑轮。然后进行柴油桩锤的安装和打桩的准备工作。

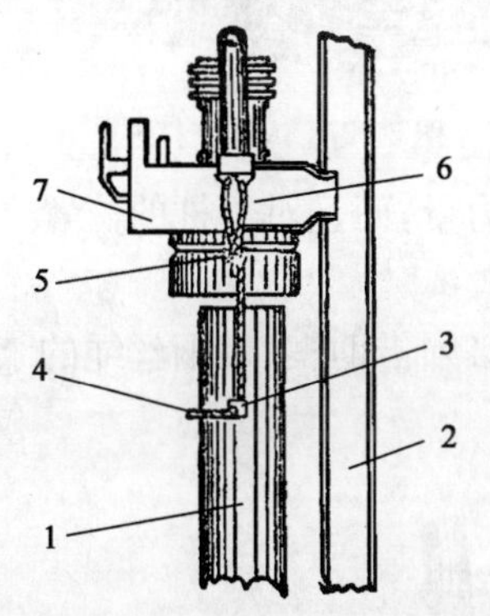

图 5-225 起吊时桩与柴油桩锤的固结

1-木桩；2-打桩架导杆；3-拐钉；4-钢索；5-夹具；6-钢索钩；7-柴油桩锤的活塞体

首先将柴油桩锤吊往打桩架导杆中，然后将桩锤冲击部分与钩架固结，并且在将挂钩制紧时将它吊起，在冲击部分下面放置短垫木。通过过滤器向桩锤加油。将桩锤汽缸向上吊起，用手压动油泵，直到由喷油嘴中强烈的喷油为止。然后将汽缸放下到活塞上，将钩架向上升起，并与顶座钩住。将桩锤吊升到上止点，并在它的下面植桩，须使桩的轴线精确地与桩锤轴线重合。为了节约时间起见，桩的吊起可以与桩锤的吊起同时进行。此时，要将桩与桩锤固结，如图 5-225 所示。植桩以后，将桩锤放下来，将桩锤支承在桩头上。将钩架与顶座脱开，并且放下来而钩住桩锤。钩着冲击部分的钩架向上升起，并重新与顶座钩连起来。

启动桩锤时要多供油。柴油桩锤工作时，冲击部分的吊起高度用调节供油量来控制，同时须注意使冲击部分不致吊起过高，和不致撞击到钩架。

抛下冲击部分后，钩架须留置于顶座上。当拉动系结在掛钩脱钩臂上的绳索不得法时，钩架可能与顶座脱开。在这种情况下，必须用手拉紧钢索急速将钩架吊起。

当缺乏柴油桩锤时，可以用带有铸铁夯锤的机械打桩架来打桩。这种打桩架是用方木彼此榫接，并以锻件牢固地联结而成。

打桩架的龙门用 4 个撑杆来支撑。在两个后撑杆上设置梯级。吊桩和植桩是借助固定在顶木上的滑轮来进行的。

打桩架的安装是从装配底架开始。将装配好的底架一边抬起并放置在马凳上(图5-226),马凳必须用拉紧的绳索支撑住。将龙门搬到底架前梁木处,然后用手将它抬起来并放置在另一马凳上,使得底架与龙门之间的角度为直角。将龙门下端固定在前梁木的槽口内,而将两根后撑杆同底架和龙门相联结,装上顶木,并固定,再装置前撑杆和梯级。钉设所有联结件以后,由打桩架的底架下面撤出马凳,并借助绞车将打桩架垂直地放置在短圆木做的滚子上,然后安装用以起吊桩和桩锤的滑轮。将滚子上的打桩架沿着脚手架移动到打桩地点。在需要打桩的地点上装设打桩架以后,检查龙门是否竖直,并用蚂蟥钉将打桩架钉在滚子上,然后吊起桩锤,并借助插在龙门孔中的弯头铁棒将它固定。

然后用人工或借助绞车将桩拖到打桩架跟前,用绕过滑轮的绳索绑住桩头,吊起它并使桩尖放在土上。

在某些情况下,允许采用人力夯来打桩。用人力夯打桩是从铺设在马凳上或设置在铁棒上的脚手架上进行(图 5-227),铁棒穿过桩上部的孔。

人力夯是直径为 30~40cm、长度为 90~100cm 的硬木类的圆木,四面钉有把手,上下两端有金属箍。当在干土中打桩时,挖一深达 1m 的小坑,将桩按垂线放置在坑内。桩四面填土,并将土紧密夯实。为了使桩在打桩时不致偏离垂直位置,将桩用撑杆支撑住或用绳索拉紧。

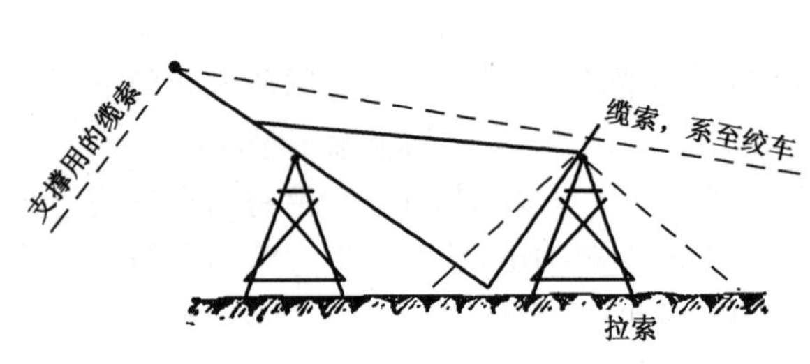

图 5-226 利用马凳安装打桩架

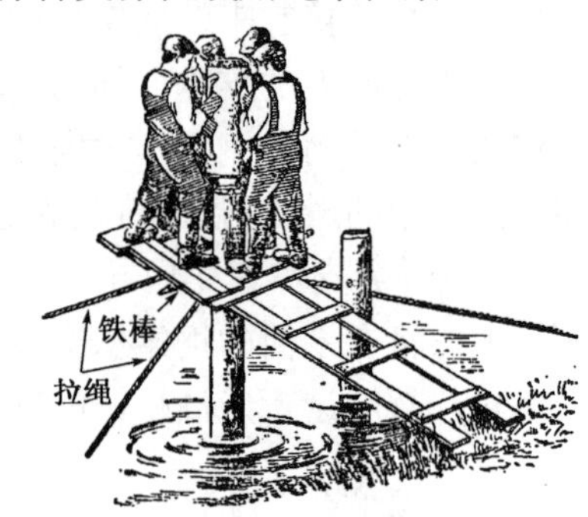

图 5-227 人力夯打桩

开始打桩时轻轻地冲击,逐渐增大人力夯的吊起高度和冲击力量,而且对于桩的位置进行经常检查。每一锤击阵以后,要量出桩的沉落量。

所有打入的桩须处于一条方向线中。未处于方向线中的桩,必须借助楔、带钢丝绳的绞棍(撬杆)或带钢索的绞车来矫正(图 5-228)。

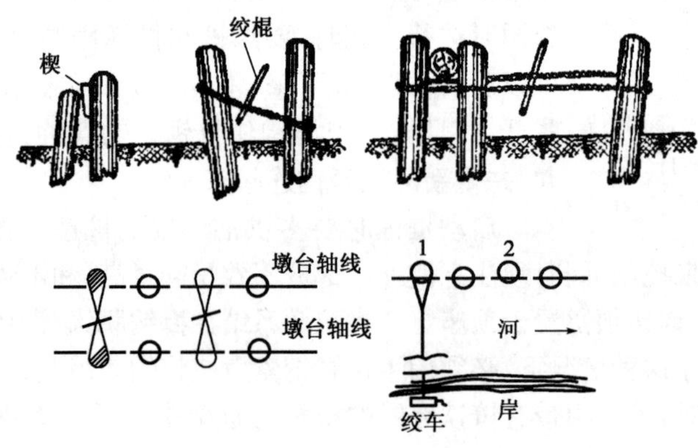

图 5-228 木桥方向矫正图

当桩打得彼此邻近时，采用楔木矫正桩。处在一条方向线中但彼此向不同方向倾斜的桩用钢丝绳矫正。如果一根桩是竖直的，而相邻的桩需要矫正时，则钢丝绳的一端在竖直桩上系得较低，而另一端在被矫正的桩上系得较高。当桩顺着桥倾斜时，用绞车矫正比较合适。

矫正桩以后，将它们接长(必要时)和锯平。桩的接长借助打桩架来进行比较方便。当墩台很高时，为便于锯平桩和铺设帽木，围绕墩台按以下方法设置脚手架：用木板铺在肋木上，将它钉于桩上和用斜撑来加强。在某些情况下采用马凳和利用脚手架，以便移动打桩架。

各桩的截锯高程用铅笔在每根桩上标明。截锯以后，在桩上做出榫头，并砍去两边(顺着帽木方向)的斜棱。在帽木上画线并砍凿出支承于桩上的小平台。以后将帽木铺置在桩的榫头上，并画出槽口的线，然后用凿子或电凿凿出槽口。凿出槽口以后，将帽木铺设就位，并用蚂蟥钉将它与桩固结。

四、桥梁与路堤的联结

桥梁与路堤的联结，借助栅墙来实现。当桥台高度不大于 1.5m 时，在桥梁全部高度上都设置栅墙；当桥台高度较大时，只在桥梁上部设置栅墙，而在下部填筑锥形溜坡。如果桥梁是建造在桩式墩台上，栅墙直接设置在桩旁。栅墙的上部圆木钉在木板条上，木板条与大梁端头固结。在卧木式墩台的桥梁中，栅墙设置在专门的立柱上(图 5-229)，并使它的上部与大梁端头连接。在立柱上铺设边横木。立柱与大梁用蚂蟥钉联结。

栅墙用直径为 16cm 的圆木做成，圆木的大头交替设置在不同的方向。栅墙的圆木要对顶接合，而且接头必须布置在桩木处。栅墙圆木的末端按照路堤边坡线切削，并且用圆钉来与翼墙的圆木固结，翼墙圆木是用直径为 20cm 的圆木做成。

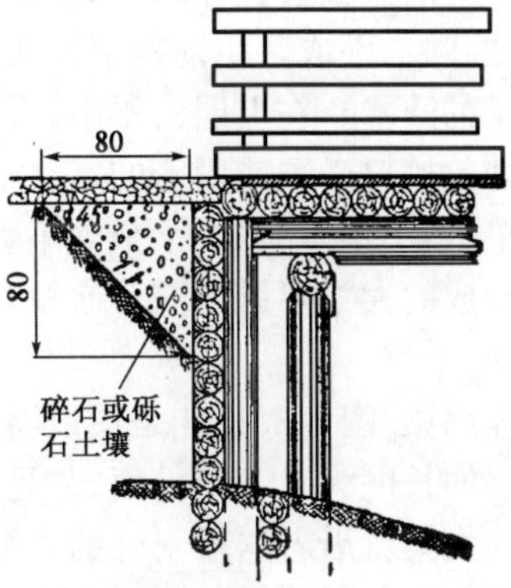

图 5-229 桥梁与路堤的联结(尺寸单位：cm)

五、梁式桥上部构造的修筑

(一)大梁的架设

大梁铺设在墩台帽木上。当桥梁浮跨径在 5.5m 以下时，大梁通常铺设一层，称为单层大梁；当桥的跨径为 6.5m 以上时，采用双层大梁。单层大梁大头均铺在同一方向，双层大梁大头铺于不同方向。

对于梁式桥的大梁，要选择没有疵病的针叶类树材做的直圆木，其小头直径为 24～32cm。大梁的制备工作为沿长度将其刨光和截削其上端。对于单跨径桥其大梁长度较净跨径大 0.9m，在跨径为 4～7.5m 的多跨径桥中，大梁长度比净跨径大 1.0m。

用截削下端的办法来使大梁铺设于墩台上时保持水平位置。在大梁支承于帽木的地点，将大梁截削，截削长度为 40～50cm，小头的截削深度，对于净空为净—7 和净—6，跨径为 1m 和 2m 的桥梁来说，是 1.5cm，跨径为 3m、4m、5m 和 5.5m 的桥梁，是 1cm。大梁大头的切削深度较大，根据其长度和大小头的直径差来决定。例如，当小头直径为 26cm、大头直径为 31cm 时，大头的截削深度将为 1+5=6cm。大梁削出平台并安装就位以后，其水平度用水准器来检验。大梁的上端沿整个长度截去 1cm 的厚度[图 5-230a)]。

相邻跨径中的大梁交错铺设(接近的或散开的)，但边梁和两根中间梁除外，它们是铺设在一条线上。它们的联结是用斜连接板进行的，而在简单桥梁中，可以用斜搭接来实现[图5-230b)]。

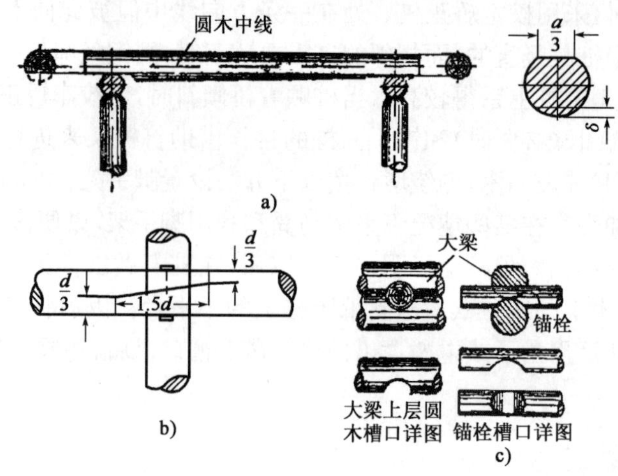

图 5-230　大梁的铺设

双层大梁不仅用螺栓来彼此联结，而且还用横系木、即所谓锚栓来联结[图 5-230c)]。这种联结是成对地或沿 3 根大梁进行。

第一层大梁装置在跨间以后，通常安置两个锚栓，锚栓用长度为 1.1～1.2m 和直径为 18cm 的圆木做成。在锚栓中做成半圆形的槽口，其深度等于锚栓直径的一半。槽口钳制住下层大梁的圆木。在上层大梁中，在其铺设于锚栓上的地点也做成这样的槽口。在大梁与锚栓连接处的槽口必须是紧密的。在最简单的桥梁中，可以不设置作为横系木的锚栓，而设置木板做的垫木，用垫木时，大梁只须不大的切削。

制成的大梁可以用汽车起重机或借助于辅助梁、送木架、大缆或中间支架来移动的办法送往跨间。

辅助梁[图 5-231a)]是用以将大梁延长 0.6 倍跨径值的设备，它是用两根木板做成，钉于大梁上的长度为 0.2 跨径值，并且用垫木以圆钉彼此联结。当用它将第一根大梁送到跨间后，其余的大梁就沿着这根安好的大梁送到跨间，即将其一端搁置在位于跨间的大梁上，成一角度[图 5-231b)]，并沿着它挪动到另一墩台上。

送木架[图 5-231c)]由装置在肋板上的两根木板组成，其上装有小轮。大梁铺设在小轮上，并送往跨间。

一跨间的大梁安装就绪后，立刻在其上铺设横木，并尽可能快地建成桥面系。同时进行邻跨间的大梁架设工作。

在单跨径桥梁中，借助大缆[图 5-231d)]或中间支架[图 5-231e)]来将大梁送到跨间比较方便。

(二)桥面系的铺设

桥面系须密铺横木，横木上铺置用厚度为 50mm 的木板做成的纵向桥面板。横木用直径为 14～16cm 的圆木做成，并且其大头都铺设在桥的中部。

桥面横坡为 1.5%，横坡实现方法是：利用圆木的锥体形造成 1%的横坡，再切削其上端，额外地造成 0.5%的坡度。横木的下端沿全长削去 0.5cm(图 5-232)。由于横木不是对接地铺置，而是大头交错地连接 66cm 的长度，所以它的长度是不同的。

边横木用直径为 24cm 的圆木制成，由下端沿全长削去 2cm，而由上端，除切削边部外，并在其上砍去 5cm 的深度(由中点算起)，桥面板的端部搁置在其上。

桥上铺设的桥面板所用的木板，其厚度采取 50mm。木板要紧密拼合，彼此间无缝隙，并用圆钉固结在横木上，每一木板用 6 根圆钉。

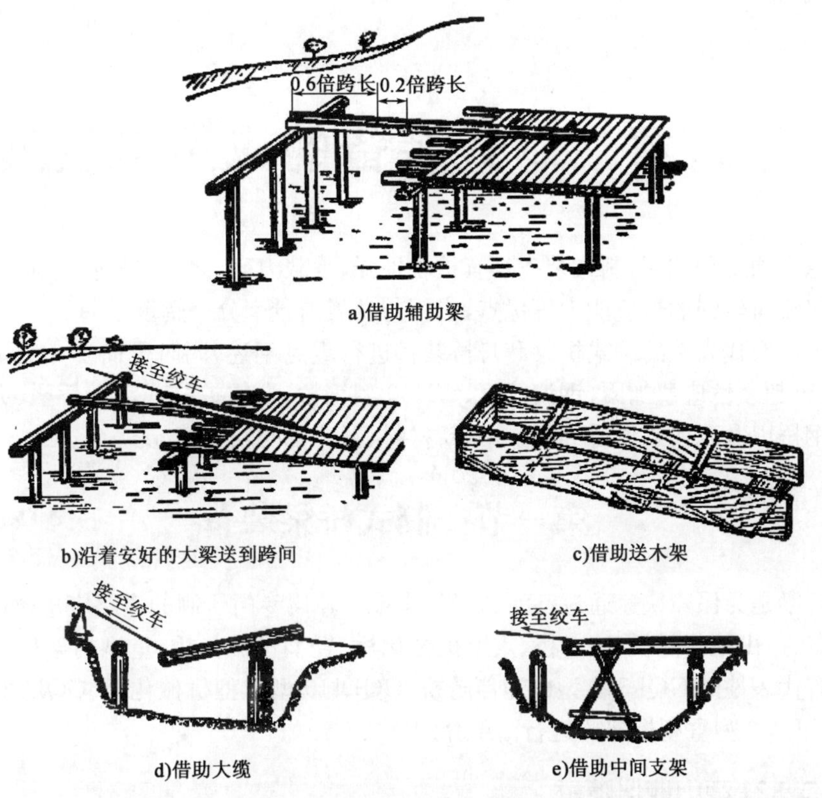

图 5-231 将大梁送到跨间架设图

在无人行道的桥梁中，立柱用螺栓与护轮木固结。护轮木与栏杆立柱之间铺设垫木，垫木用长度为 40cm、断面为 5cm×20cm 的木板截削而成。立柱中线之间的距离采取 1.5～2m。立柱上用圆钉牢固地附设栏杆扶手，扶手用断面为 14cm×14cm、长度与护轮木相等的方木做成。

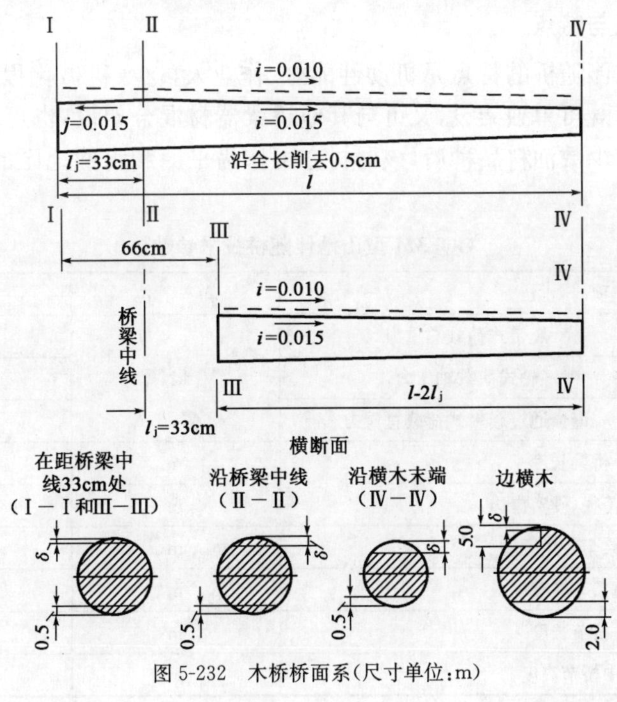

图 5-232 木桥桥面系（尺寸单位：m）

第六章　制式装备的应用与发展

在应急交通工程领域，制式装备具有机动性强、承载力高、架设与撤收迅速可靠、对各种地形障碍和河流有较强的适应能力等优点，应用与发展前景十分广阔。

本章选取有代表性的制式桥梁和舟桥装备进行重点阐述，同时也简要介绍了工程抢修速强材料、桥梁超载性应急加固、钢波纹管、CB450型钢桥、自航桩柱式活动桥墩、大跨径斜拉装配式公路钢桥以及现代索道桥等新技术、新材料、新装备的发展情况。

第一节　制式桥梁装备

制式桥梁是为保障快速通过江河、峡谷、沟渠等障碍专门研制的道路应急桥梁。常见的制式桥梁装备有：山地伴随桥、冲击桥、重型机械化桥、轻型机械化桥、重型桁架桥、轻便钢桥等。本节选取有代表性的GQL321型山地伴随桥、GQL110型重型机械化桥、GQL120A型轻型机械化桥、GQL230型重型桁架桥进行简要介绍。

一、GQL321型山地伴随桥

GQL321型山地伴随桥是平推式山地轻型伴随桥，每套器材由一辆桥车组成，主要适用于山区保障履带式荷载220kN、轮式荷载轴压力100kN以下的轻型装备、车辆等快速通过宽度20.5m以内的江河、沟谷等障碍。

（一）器材的性能与特点

GQL321型山地伴随桥的特点是机动性能好、作业人员少、机械化程度高、架设与撤收快速可靠、适应性能好，既可单独架设，又可与其他桥梁器材混合架设，也可用于桥梁抢修，取消发动机增压器和调整少数油料品种后，该器材亦可作为平原和水网地区的轻型伴随桥。其主要技术参数见表6-1。

GQL321型山地伴随桥技术参数　　表6-1

项　目		单　位	技术参数
设计荷载	履带式荷载总重力	kN	220
	轮式荷载轴压力		100
	谨慎通过履带式荷载总重力		250
桥梁长度		m	22.5
最大跨径（硬实岸边）		m	20.5
桥梁车行道宽度		m	3.20
每条车辙宽度		m	1.16
桥节长度		m	7.50
中桥节高度		m	0.70

续上表

项目		单位	技术参数
边桥节小斜端部高度		m	0.28
作业人员		名	3
架设作业时间		min	10
撤收作业时间		min	10
架设时允许最大纵坡度		%	±10
架设时允许最大横坡度		%	±5
架设时允许最大扭曲		%	5
两岸允许高差		m	±2.0
运输状态外形尺寸(长×宽×高)		m	10.96×3.20×3.64
器材质量	桥车总质量	t	21.8
	桥垮结构质量		6.5
	底盘车质量		15.3
进入角		°	34
离去角		°	31
底盘车型号			铁马 XC2200/6×6 型越野车
轴距		mm	4 750+1 450
前轴负荷		kg	6 800
中后轴负荷		kg	7 500
轮胎			14.00—20
发动机型号			BF8L413(增压)或 F8L413F
额定功率		kW	235/188

注:底盘车性能,详见汽车使用指南。

(二)器材的组成与结构

GQL321 型山地伴随桥(图 6-1)由桥跨结构、架设机构、液压和气动系统、电气系统、附属设备及汽车底盘车等组成。

图 6-1　GQL321 型山地伴随桥

1.桥跨结构

该结构由长度均为 7.5m 的两个边桥节和 1 个中桥节组成(图 6-2)。运输状态时,3 个桥节叠放在底盘车上，架设时通过桥节之间的上部接头和下部接头连接成长度为22.5m的桥跨。

桥跨为车辙式，每条车辙由主梁、横梁、纵梁、桥面板、折边板焊接而成；两车辙间由横系材（工字梁）呈刚性连接；两车辙内侧下部有折边槽钢做成的滑道，用于架设架的推出或收回；滑道上面的销齿，通过齿轮拨动使桥跨结构推出或收回；上、下部接头（图6-3）是桥节连接的关键部件，其上部接头一边为杠杆机构连动的活动钩及圆弧形内固定钩，另一边为内插头与外插板，当架桥连接时，抬起两桥节中的任何一节，上部间隙便逐渐减小，上部接头自动进入啮合位置，活动钩进入另一桥节固定钩，并由承压板传递压力；另一边的内插头伸入另一桥节的外插板，并由承压板传递压力，实现两桥节间的刚性连接。当撤收脱开桥节时，活动钩杠杆机构上的滚轮，碰上移动架上的开启架自动抬起，活动钩即离开固定钩，实现桥节上部接头脱开。桥节的下部接头为丙丁接头，在各桥节上成对配置，主要承受拉力。桥节连接时，丁接头插入对应连接的丙接头槽中或丙接头套入对应的丁接头上，丁接头或丙接头落下，由桥节外侧丙接头上的限位销定位，使丙丁接头平齐。当反向撤收时，须先使限位销换向，然后才能将丙丁接头分解。

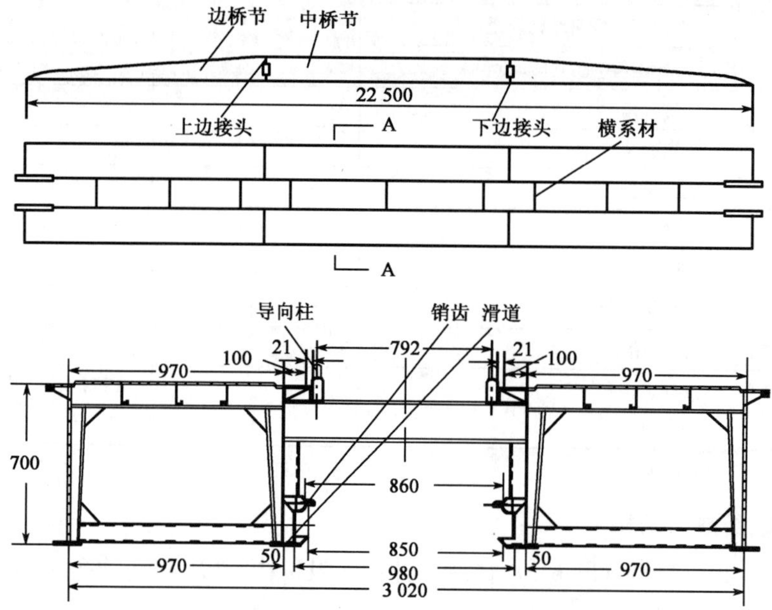

图6-2　桥跨结构（尺寸单位：mm）

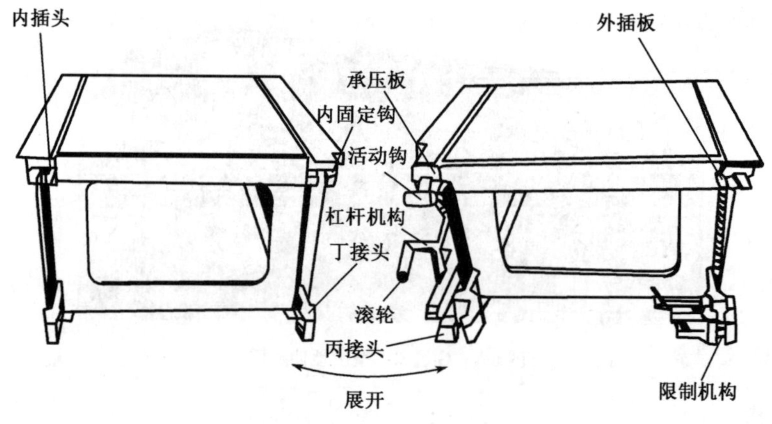

图6-3　桥节上、下部接头

2. 架桥机构

(1)移动架

该结构由桁架、滚轮、油缸支座及安装在后支架上的油缸座梁和滚轮座梁等组成(图 6-4)。运输状态时,移动架完全缩回在车体上以支承桥跨;架设作业时,用于推出桥跨,其伸出最大长度为 4m,可以提供足够的平衡力矩,确保架桥作业过程中的稳定性。移动架的一端与车体有 1.4m 的搭接长度,另一端借助连在其端部的稳定支腿支撑在地面上。移动架上有用于脱开桥跨上部接头的开启架。移动架通过销子锁定在底盘车上,移动时退出销子。

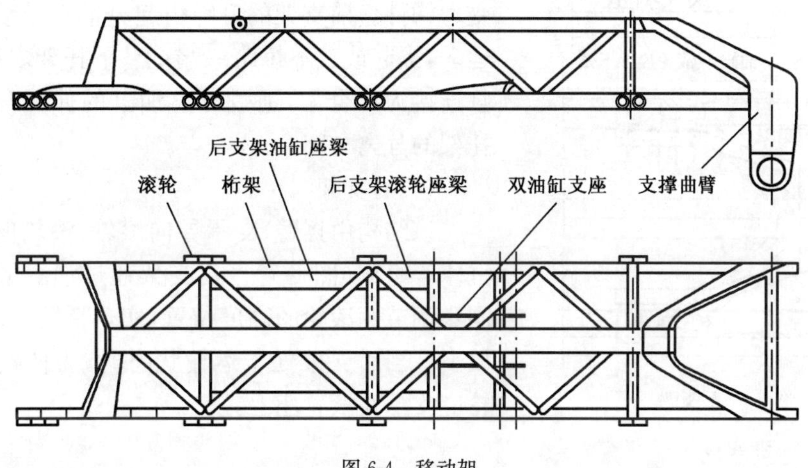

图 6-4　移动架

(2)架设架

该结构由三脚架和滚轮组等组成(图 6-5)。三脚架下端两肢用两个单销与安装在稳定支腿横梁上的支座相连,上端通过两个油缸和移动架上的双油缸支座相连。架设作业时,通过油缸的伸、缩,使架设架上、下摆动,从而达到放下和收起桥跨的目的。架设架两侧分别装有两个滚轮组,与桥跨上的滑道相配合,对桥跨起着支承和导向作用。架设架上装有推桥机构,液压马达带动齿轮转动,实现推桥动作。

(3)稳定支腿

该结构由横梁、立柱、底座和伸缩油缸等组成(图 6-6)。稳定支腿焊接在移动架尾部的支承曲臂上。作业时,稳定支腿随移动架的伸缩而改变纵向位置,当移动架伸出至最大长度时,通过两立柱内油缸的伸长,两底座即可支承于地面上,以承受作业时桥跨和车体所产生的负

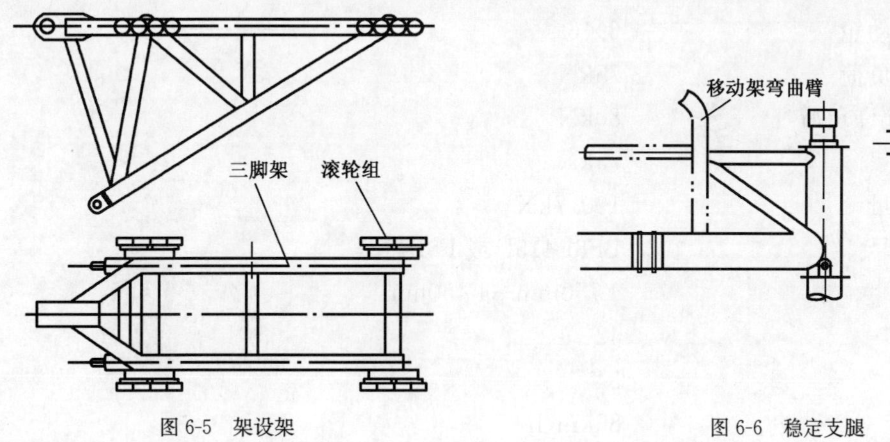

图 6-5　架设架

图 6-6　稳定支腿

荷，并保持作业过程中的稳定性。有时因油压分配不均，两个支腿不能同时伸长，可用支腿上部的两个调整手柄，调整支腿的伸长，尾部横梁上装有水平尺，气泡居中表示移动架调平。

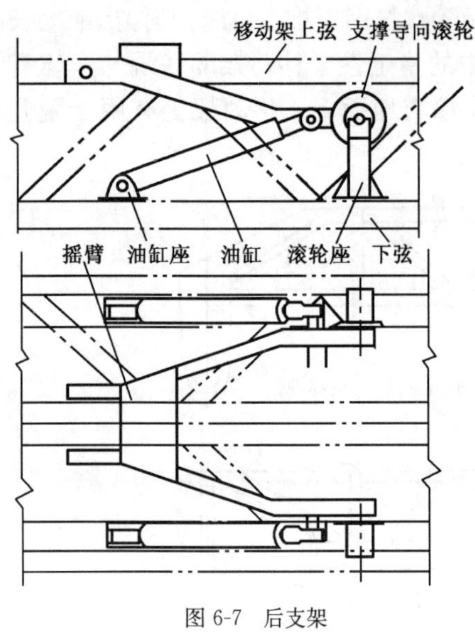

图 6-7　后支架

(4)前支架

该结构由外门架、内门架、起升油缸、分离油缸、上托架、下托架、链轮、链条、托架导向滚轮、托架侧向滚轮等组成。前支架是完成桥跨架设与撤收的重要受力构件。前支架的升降由起升油缸带动上、下托架运动，提起或放下桥跨一端；上、下托架之间由分离油缸连接为离合架，通过分离油缸的伸、缩，实现上、下托架的分离与闭合。

(5)后支架

该结构由摇臂、支承导向滚轮、滚轮座、油缸和油缸座等组成(图 6-7)。后支架通过油缸的伸缩，可以同步调节两滚轮的高度位置，实现桥跨一端的顶起与放下。当后支架处于运输状态时，为使油缸卸载，滚轮应支承在滚轮座上。

3. 液压、气动系统

液压系统共有 8 个液压回路，分别用以完成前支架升降、后支架升降、架设架上摆和下摆、稳定支腿伸缩、桥跨推出和收回、离合架合拢和脱开、移动架伸出和收回以及插销和拔销等有关动作。

汽车储气筒中的压缩空气通过 3 个回路，分别经过 1 只相同的气阀 Q23XD，将压缩空气传给两只气缸 QGX25x60 和排气制动阀，其中两只气缸的作用是控制油门的大小，使汽车发动机转速达到所需的大、小两个转速上。

4. 电气系统

电气系统包括控制系统、汽车电路改装和照明系统等。

5. 汽车底盘车的主要技术参数

汽车型号	铁马 XC2200
车轮×驱动轮	6×6
前桥允许负荷	75kN
中、后桥允许负荷	80kN
越野装载	75kN
底盘车重量	100.7kN
发动机型号	BF8L413F 或 F8L413F
轴距	4 750mm+1 450mm
离去角	42°
接近角	34°
最大车速	85km/h

6.附属设备在每套器材上的配置情况(表6-2)

附属设备 表6-2

序号	名 称	数 量	材 料	单件质量(kg)	总质量(kg)
1	系留固定装置	4	部件	28.6	114.5
2	桥跨紧定索	1套	部件	15.8	15.8
3	撬杠	1	45号钢	4.1	4.1
4	三角木	2	部件	4.7	9.4
5	础板垫木	2	部件	8.8	17.6
6	裂石锤	1	部件	4.0	4.0
7	圆锹	1	部件	1.7	1.7
8	十字镐	1	部件	3.1	3.1
9	桥车篷布及固定	1	部件	10.0	10.0
10	对讲机	2	成品		
11	50m皮尺	1	成品		
12	指挥红绿旗	2	成品		

(三)架设作业

1.架桥点的技术要求

(1)桥头应有不小于长16m、宽4m的架设场地。

(2)障碍宽度应小于20.5m。

(3)两岸坡度为纵坡不大于+10%、横坡不大于5%。

(4)允许两岸最大高差2.1m。

(5)桥头应有通载车辆回转、避让的场地。

(6)两岸便于隐蔽、伪装。

2.架设准备作业

(1)架桥点工程侦察。

(2)桥车的准备。

(3)桥梁架设作业。

(4)桥车倒于架桥位置。

(5)架设作业。

二、GQL110型重型机械化桥

GQL110型重型机械化桥全套器材由5辆载有桥跨、桥脚构件的桥车组成,主要适用于保障履带式荷载500kN、轮式荷载轴压力130kN以下的各种装备、车辆等迅速通过宽50m、深3.5m以内的江河、沟渠等障碍。

(一)器材的性能与特点

它具有机械化程度高、机动性能好、架设速度快、通载稳定可靠、桥面调整方便、作业人员少和劳动强度低等特点;既可单独架设,也可与其他重型舟桥器材进行混合架设。其主要技术参数见表6-3。

GQL110 型重型机械化桥技术参数 表 6-3

项目		单位	技术参数
器材总重力(含乘员 3 人)		kN	210
运输状态外形尺寸(长×宽×高)		mm	8 960×3 150×3 465
最大通载吨位	履带式荷载	kN	500
	轮式荷载轴压力		130
车行道宽度		m	3.8
架设长度	单跨	m	10.5
	全套器材		52.5
克服障碍最大深度		m	3.5
架设时间	单跨	min	6～8
	全套器材		45～60
桥面调整高度(础板至桥面)		m	2.2～3.8
最大适应流速		m/s	2.0
作业人数	单跨	人	7
	全套器材		12

注:全套器材架设时间含标定桥轴线、卸掉最后跨桥脚、桥面调整、验收通车等时间。

(二)器材的组成与结构

GQL110 型重型机械化桥由桥跨、桥脚、底盘车、架设系统(液压、绞盘、电气系统等)、附属设备与专用工具等组成(图 6-8)。

图 6-8 GQL110 型重型机械化桥

1. 桥跨

桥跨为整体式结构,由两个半桥跨、4 块加宽板、两个手摇绞盘等组成。

两半桥跨之间通过螺栓销相连;加宽板与半桥跨之间通过铰链相连。展开后的桥跨长 10.5m、宽 3.8m、高 0.64m。运输时,桥跨呈折叠状态,并通过升降架固定在底盘车上。

(1)每个半桥跨上的焊接部件。

(2)桥面上开的孔:在桥面上除锁紧钩窗孔外,其余孔均对称设置(图 6-9)。

(3)加宽板:由横梁、纵梁、顶块、连接耳等部件组成。面板开有主钢索吊索球头孔。在加宽板上安装有扭力杆、锁紧螺杆、导向器、高支座、球头孔塞子、栏杆座等部件。

(4)手摇绞盘:由夹板支架、减速齿轮传动机构、制动机构、棘轮机构、转筒和钢丝绳等组成,用于桥脚的收起与放下。

压紧调整机构由压紧弹簧、调整螺母及螺杆组成,用于提供制动带的摩擦力。该力的大小可以通过调整螺母进行调整。

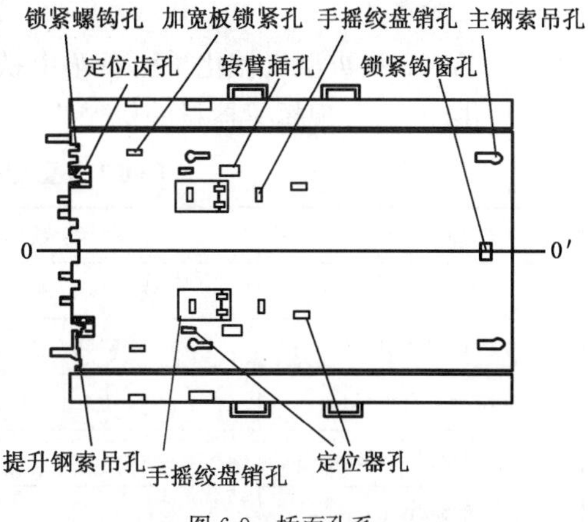

图 6-9　桥面孔系

2. 桥脚

桥脚为马凳式结构,由冠材、桥脚柱、础板等组成(图 6-10)。冠材上有连接耳、中间支座、扭力杆机构。桥脚为液压式,装有桥脚横向油缸、桥脚柱油缸和锁紧机构。每一桥车装有 1 副桥脚,运输时,收起折放在桥跨之间;架设时,通过手摇绞盘、滑轮系统、液压执行元件,将桥脚放下和展开。

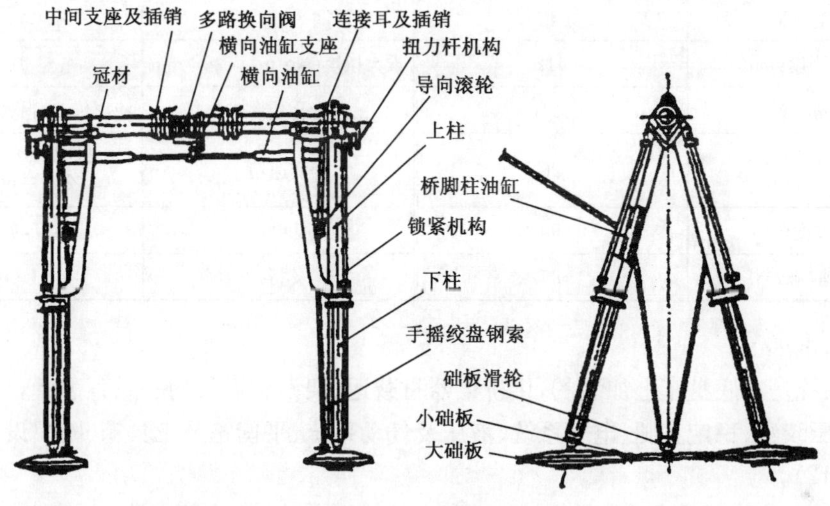

图 6-10　桥脚

(1)冠材:用于连接桥脚柱及桥脚柱横向移动时的导向,通过与桥跨老虎头的搭接传递荷载。冠材上套装有连接耳、中间支座、多路换向阀等部件。

(2)桥脚柱:由上柱、下柱、锁紧装置、导向滚轮和系留钩等组成。

(3)础板:由大础板、小础板及础板滑轮等部件组成(图 6-11),可通过球形铰接头与桥脚下柱连接,用于将作用在桥跨上的载荷均匀地传至河床。

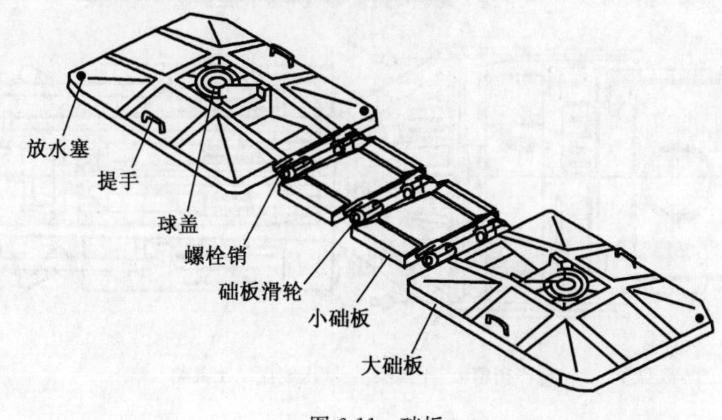

图 6-11　础板

3. 底盘车

GQL110 型重型机械化桥底盘车由铁马 SC2030 型越野汽车改装而成，用于载运桥梁器材并提供动力，实现桥梁器材的机械化作业。其主要技术参数见表 6-4。

GQL110 重型机械化桥底盘车技术参数 表 6-4

项　目	技 术 参 数	项　目	技 术 参 数
底盘车型号	铁马 SC2030	限制车速(km/h)	50
驱动形式	6×6	燃油消耗量(L/100km)	35～38
空载桥车自重(kN)	153	油箱容量(L)	300
载重量(kN)	75	发动机型号	F8L413F
轴距(mm) 一桥至二桥 二桥至三桥	 4 100 1 450	最大功率(kW)2 500r/min	221
最小离地高度(mm)	412	最大扭矩(N·m)1 500r/min	813.4
接近角(°)	34	离合器形式	液压传动，弹簧机械自动调整
离去角(°)	26	变速箱	机械式，8 个前进挡， 一个爬行挡，一个倒挡
最大爬坡度(%)	50	蓄电池	24V，负极搭铁
最大车速(km/h)	85	轮胎	14.00—20

4. 架设系统

架设系统是在底盘车上加装的，供桥梁器材载运、架设和撤收的一系列装置，包括升降架、平衡梁、液压绞盘、稳定支腿、电气系统、液压及气动系统、平衡箱及工具箱、附属设备及专用工具等(图 6-12)。

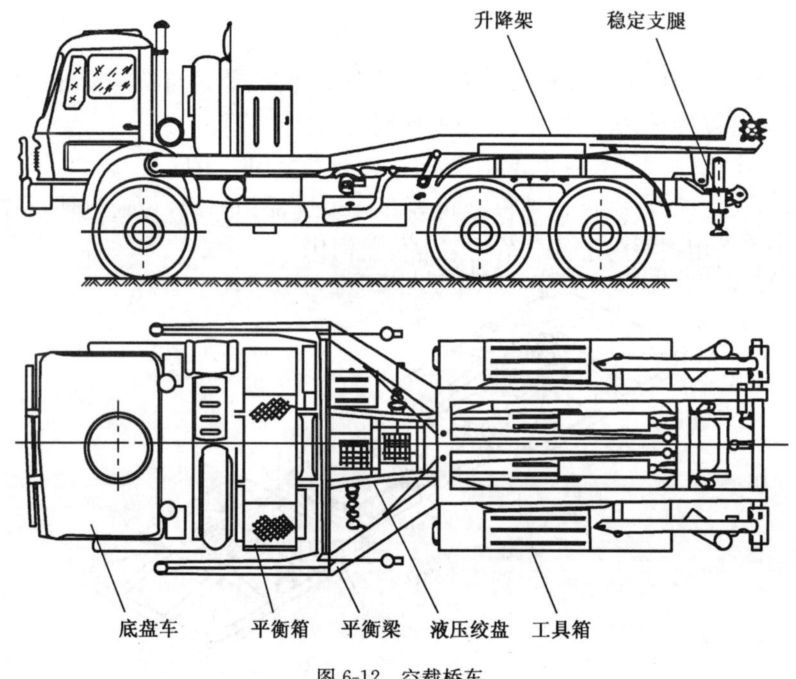

图 6-12　空载桥车

(1)升降架：由架体、尾轴、拉杆、桥面锁紧机构和滑轮系统等组成，用于支承桥跨。尾部通过销轴与底盘车大梁尾部的伸出架相连，中部通过顶推油缸与装于车架上的油缸座相连，通过尾轴上的活动转臂以及桥面锁紧机构与桥跨形成一体。此外，升降架与车架之间设有两根平行、可折叠的保险拉杆。

(2)平衡梁：由平衡杆、滑轮、吊索护罩、吊索和吊索球头等组成(图 6-13)，用于保证主钢索均匀承受轴向拉力以及自动调整液压绞盘至平衡梁端的两段主钢索的长度，保持桥跨的平衡。

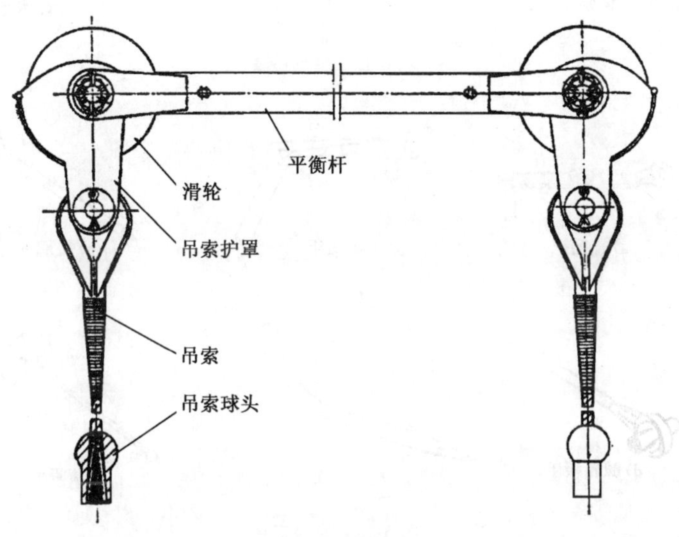

图 6-13 平衡梁

(3)液压绞盘：由液压马达、制动器、减速器、控制阀、主钢索、转筒等组成，安装在桥车大梁上，用于收、放主钢索，实现桥跨的折叠与展开、收起与放下，以及辅助拔桥脚等。

(4)稳定支腿：安装在汽车大梁尾部伸出架上，由快速升降机构、顶起机构和锁紧机构三部分组成，用于增强桥车在架设和撤收时的稳定性，调整桥车的倾斜，减轻作业时后轮的负荷。

(5)电气系统：以底盘车的电气系统为基础，由驾驶室内右侧配电箱 17 号、26 号、27 号端子引出 24V(负极搭铁)电源，主要由操纵系统、信号显示系统和照明系统三部分组成。

(6)液压及气动系统：由油箱、双联齿轮泵、油缸、卸荷阀、单向阻尼阀、平衡阀、双向液压锁、三位四通电磁阀、快速接头、多路换向阀、分流集流阀、二位三通电磁气阀和气缸等组成，用于完成桥梁架设与撤收的每个动作，此外还可用于互救。

(7)平衡箱及工具箱。

(8)附属设备及专用工具：可分为如图 6-14～图 6-16 所示三类。

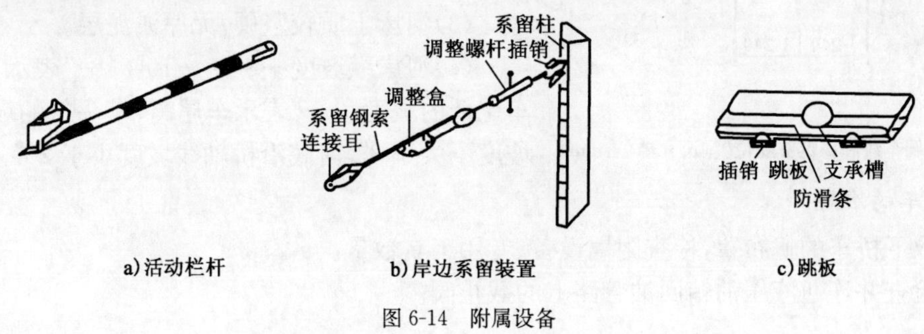

图 6-14 附属设备

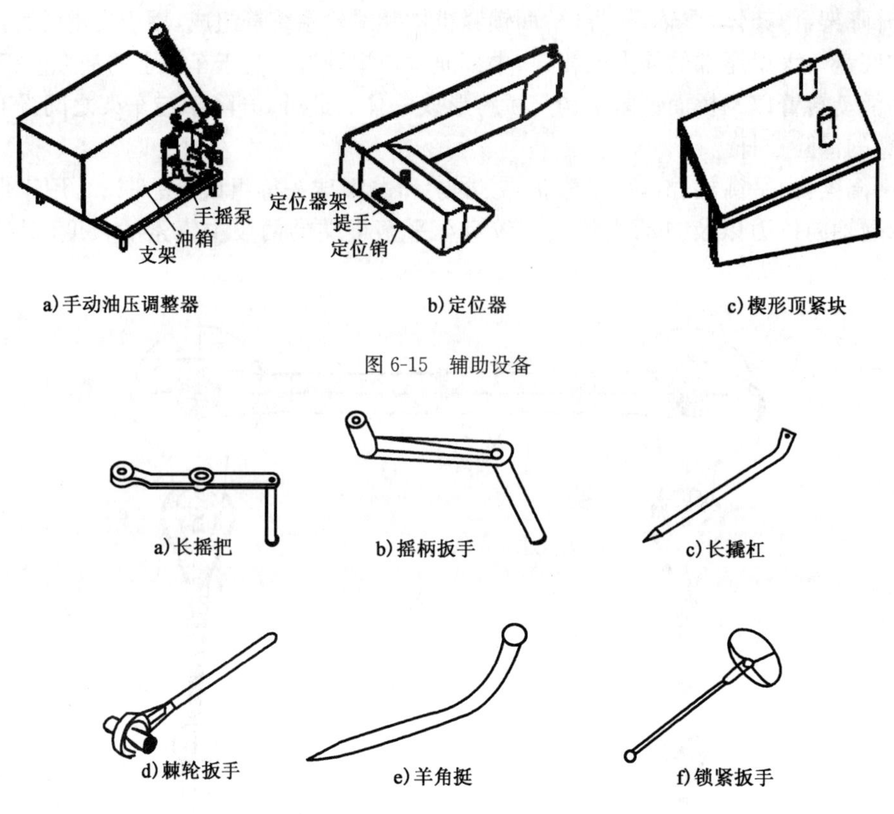

图 6-15 辅助设备

图 6-16 专用工具

(三)架设准备作业

1.架设准备作业的内容

(1)选定桥车集结和准备作业场,并进行平整、伪装作业。

(2)标定桥础中心桩、桥轴线、倒车线和稳定支腿位置(图 6-17),修整进出口。

(3)桥车准备及卸下最后一跨的桥脚。

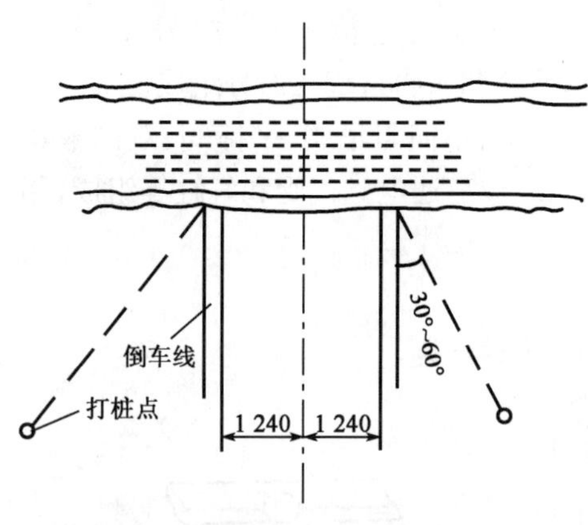

图 6-17 倒车线和稳定支腿位置(尺寸单位:mm)

2.架桥点的技术要求

选择架桥点除应符合一般架桥点的要求外,还应符合以下技术要求:

(1)障碍宽度小于 50m(1 套桥梁器材)、深度小于 3.5m。

(2)流速不大于 2.0m/s。

(3)河床土质较坚硬,无厚淤泥层。

(4)河岸纵坡度+8°~-10°("+"表示车头高、车尾低的坡度;"-"表示车尾高、车头低的坡度),横坡度不大于 3°,河底沿桥轴线坡度小于 20°。

3.桥车的准备

(1)取下桥车的帆布罩,检查附属设备、专用工具数量。

(2)检查并连通液压油箱回油管路上的截止阀。

(3)检查主钢索球头孔塞子、手摇绞盘锁紧螺栓、加宽板锁紧螺栓是否固定可靠,主钢索是否脱离高支座和导向器,手摇绞盘制动手柄是否处于制动位置,桥跨锁紧钩是否处于锁紧状态。

(4)松开两升降架转臂内侧的锁紧螺钩,取下转臂上的固定链条。

(5)卸掉最后跨桥车的桥脚,按桥梁架设的方法展开桥跨,放下桥脚,取下桥跨与桥脚间的连接销,卸掉桥跨与桥脚间的快速接头,将桥跨上的油管快速接头对接起来,收起桥跨,留下桥脚。

(6)水上作业时,作业手必须穿救生背心。

(四)架设作业

架设多跨桥有三种形式,即首跨桥架设、中间跨桥架设、末跨桥架设。

1.首跨桥架设(图6-18)

指挥员按下列顺序指挥作业:就位→桥车进入架桥位→取辅助器材→放稳定支腿→卸紧定具→顶起升降架→展开桥跨→松锁紧钩→放下桥跨→上桥面→放桥脚→横向调整→放桥端→设置桥脚→收平衡梁→收稳定支腿→移动桥车→收转臂→收升降架→撤离桥车→整理桥面→岸边设置。

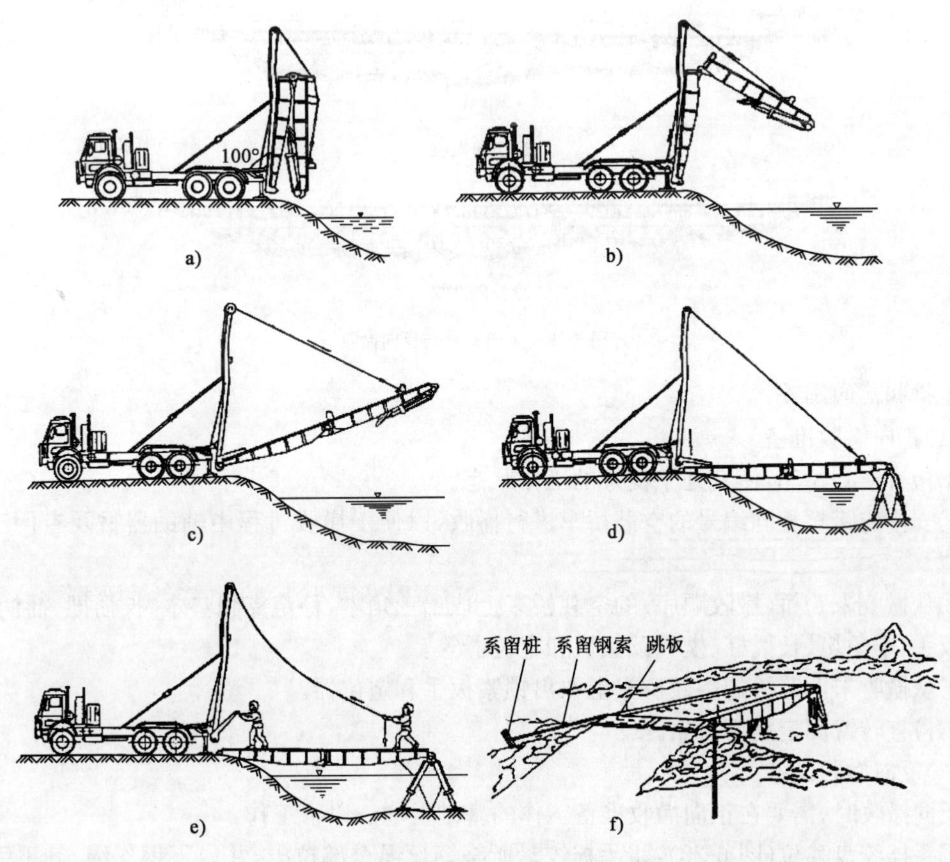

图6-18 首跨桥架设步骤

2.中间跨桥架设

指挥员按下列顺序指挥中间跨桥的架设作业:就位→桥车进入架桥位→放垫木→放稳定

支腿→卸紧定具→顶起升降架→展开桥跨→松锁紧钩→放下桥跨→上桥面→放桥脚→横向调整→放桥端→设置桥脚→收平衡梁→收稳定支脚→移动桥车→收转臂→收升降架→撤离桥车→桥面整理。

3. 末跨桥架设

指挥员按下列顺序指挥末跨桥架设作业：就位→桥车进入架桥位→放稳定支腿→卸紧定具→顶起升降架→展开桥跨→松锁紧钩→放下桥跨→上桥面→横向调整→放桥端→纵向调整→收平衡梁→收稳定支脚→移动桥车→收转臂→收升降架→取辅助器材→撤离桥车→岸边设置→整理桥面。

全桥架设过程中，必须根据具体情况统筹考虑每跨桥的桥脚调整高度，保证桥梁架通后具有一定的上拱度，以利于提高桥梁的通载性能。

如果桥梁架设在软地基上，架通后，应逐步增大通载吨位进行预压；然后，用桥车液压系统或手动油压调整器调整桥面高度。

(五)撤收作业

桥梁的撤收分正向撤收和反向撤收(图 6-19)。撤收方向与原架设方向相反时为正向撤收；撤收方向与原架设方向一致时为反向撤收。

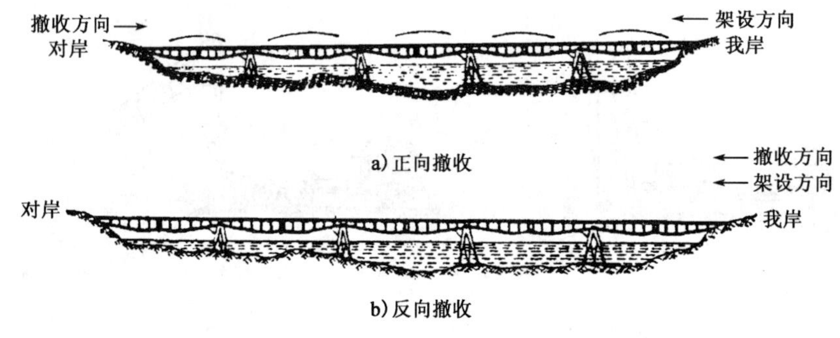

图 6-19　正向撤收与反向撤收

1. 撤收前的准备

(1)正向撤收准备

①检查空载桥车，使其处于良好的工作状态。

②安排与跨桥相同编号的空载桥车进行撤收，以便于撤收过程中辅助器材及专用工具装回原位。

③从撤收末跨桥(撤收顺序)的空载桥车上取出三角木、稳定支腿垫木、长摇把、摇柄扳手、锁紧扳手、羊角挺、长撬杠、楔形顶紧块和定位器等。

④从撤收末两跨桥的空载桥车上取出锁紧扳手和定位器。

⑤检查转臂固定是否可靠。

(2)反向撤收准备

反向撤收时，需要在正向撤收准备工作的基础上增加以下工作：

①手摇绞盘移位(图 6-20)：将手摇绞盘所绕钢丝绳全部拉出，并取下钢丝绳，卸下手摇绞盘与绞盘座的固定螺栓，取下手摇绞盘，交叉换位至同一桥跨上的另一半桥跨上，并用螺栓固定在绞盘座上。将从手摇绞盘上取下的钢丝绳端头挂在所经过桥脚的另一桥脚柱的系留钩上，取下原挂在桥脚上的钢丝绳另一端，拉出并挂在相邻桥跨的手摇绞盘上(图 6-21)。

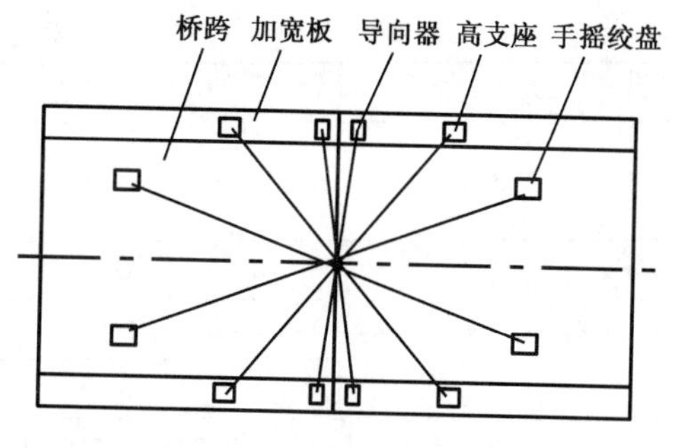

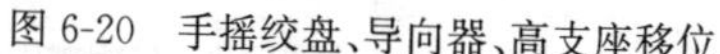
图 6-20　手摇绞盘、导向器、高支座移位

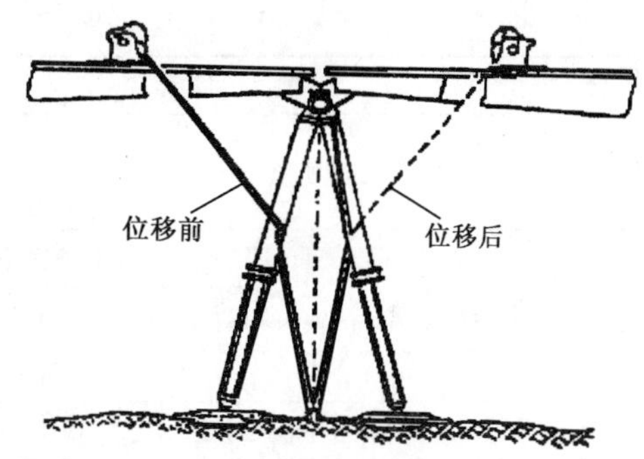

图 6-21　手摇绞盘钢丝绳移位

②导向器、高支座移位：翻转、收回加宽板，使其处于折叠状态，拆下导向器，并将其对称交叉固定在同一桥跨中另一半桥跨两侧的加宽板相应位置上。

③桥脚换位：拆除桥跨与桥脚间的连接插销以及桥跨与桥脚的快速接头（多路换向阀上）；同时，与相邻桥跨的桥脚支耳，快速接头连接。

2. 撤收作业

撤收作业按下列顺序实施：就位→撤收开始→桥车进入撤桥位→装辅助器材→顶起升降架→下转臂→放垫木→放稳定支腿→提桥端→加楔形顶紧块→收桥跨→收回升降架→收稳定支腿→桥车撤离。

三、GQL120A 型轻型机械化桥

GQL120A 型轻型机械化桥全套器材由 7 辆载有桥跨、桥脚构件的桥车组成，主要适用于保障履带式荷载 200kN、轮式荷载轴压力 95kN 以下的各种装备、车辆快速通过小河、沟渠等障碍。

（一）器材的性能与特点

该器材桥跨为车辙式，桥脚为框架式，具有结构简单、操作方便、架设和撤收迅速、机动性能良好、桥面高度调整容易等特点。其技术参数见表 6-5。

GQL120A 型轻型机械化桥技术参数　　表 6-5

项　目		单　位	技 术 参 数
设计荷载	履带式车辆总重力	kN	200
	轮胎式车辆轴压力		95
全套器材桥车数		辆	7
架设长度	单跨	m	7
	全套器材		49
克服障碍深度		m	1～3.5
车行道宽度		m	3.0
最大适应流速	低水桥	m/s	不大于 1.5
	水面下桥		不大于 0.5
作业人员	单跨	人	5
	全套器材		5×(2～3)

续上表

项目		单位	技术参数
架设全桥所需平均时间	白天	min	70
	夜间		120
器材重量	桥车总重	kN	83
	两个车辙重		14
	桥脚重		5
运输形态外形尺寸(长×宽×高)		m	7.883×2.5×6.1
底盘车型号			EQ2081E 型越野载重汽车

注:全套器材架设时间含桥轴线标定、倒车线标定、桥面调整、验收通车等时间。

(二)器材的组成与结构

该器材的桥车由桥梁构件(桥跨结构、桥脚等)、空载桥车(底盘车、架设系统等)、专用工具和辅助设备等组成(图 6-22)。

图 6-22 GQL120A 轻型机械化桥的桥车

1. 桥梁构件

桥梁构件由桥跨、桥脚、纵向系材、跳板和钢板桩等组成。

(1)桥跨:桥跨为车辙式,由两个宽 1.1m、长 7m 的车辙节套及车辙间连接系材组成(图 6-23)。

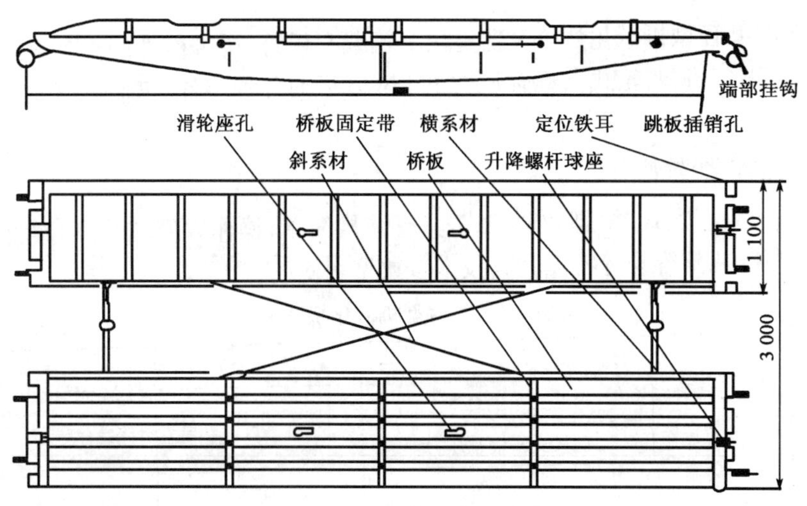

图 6-23 桥跨(尺寸单位:mm)

(2)桥脚:由冠材、支柱、础板和桩尖等组成(图 6-24)。

(3)纵向系材:由固定螺杆、固定螺母、钢丝绳、钢丝绳调整器等组成,用于增加桥梁的纵向稳定,还可作岸边系留钢丝绳用。

(4)跳板和钢板桩:跳板用于保证车辆上、下桥梁平顺。跳板通过插销与车辙相连接。钢板桩用于固定跳板或固定岸边系留钢丝绳。固定跳板时,钢板桩穿过跳板的方形孔打入岸边土壤中,形成对车辙的相对固定。钢板桩上的孔,是供拔桩时插撬杠用。球形座孔用于安装系留钢丝绳接柄。

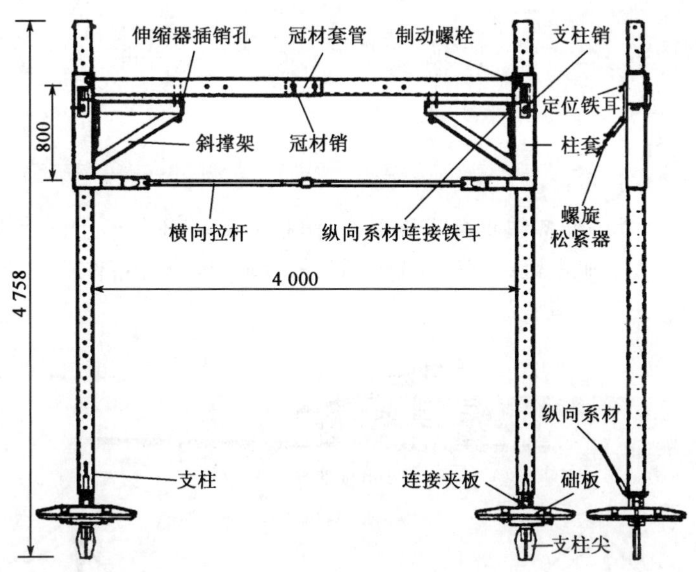

图 6-24 桥脚(尺寸单位:mm)

2. 空载桥车

空载桥车由底盘车和架设系统组成。

(1)底盘车:由东风牌 EQ2081E 型越野汽车改装而成。

(2)架设系统:系底盘车上加装的保证桥梁架设和撤收的相关设备,主要有升降架、前支架、液压系统、绞盘钢丝绳系统、辅助电气装置、稳定支腿等。

3. 专用工具与辅助设备(表 6-6)

专用工具及辅助设备　表 6-6

序　号	名　称	数　量	安 装 位 置
1	棘轮扳手	2	工具箱内
2	摇把	2	工具箱内
3	伸缩器	2	工具箱内
4	提升器	2	工具箱内
5	运输固定器	2	运输时挂在车辙和前支架运输固定钩上
6	支柱延长套	2	工具箱内
7	运输套管	2	运输时在升降螺杆球形头下
8	系留钢索接柄	2	工具箱内
9	大锤	1	工具箱内
10	撬杠	1	驾驶室后壁上
11	定位器	1	工具箱前翼子板上
12	油箱帆布套	1	罩在油箱上
13	桥车帆布套	1	罩在车辙和桥脚上
14	支撑轴帆布套	2	罩在支撑轴上
15	千斤顶帆布套	2	罩在千斤顶上
16	绞盘帆布套	1	罩在绞盘上
17	工具箱	2	后轮翼子板上

(三)架设准备作业

(1)架设作业准备。

(2)人员编组与分工。

(3)选择、标定架桥点。

(4)桥车的准备。桥车准备作业由队长1人、作业手4人(2名车上、2名车下分列左右)完成,按下列顺序进行:取下帆布罩→展开车辙→展开桥脚→检查准备作业质量→卸下最后一跨桥的桥脚(图6-25)。

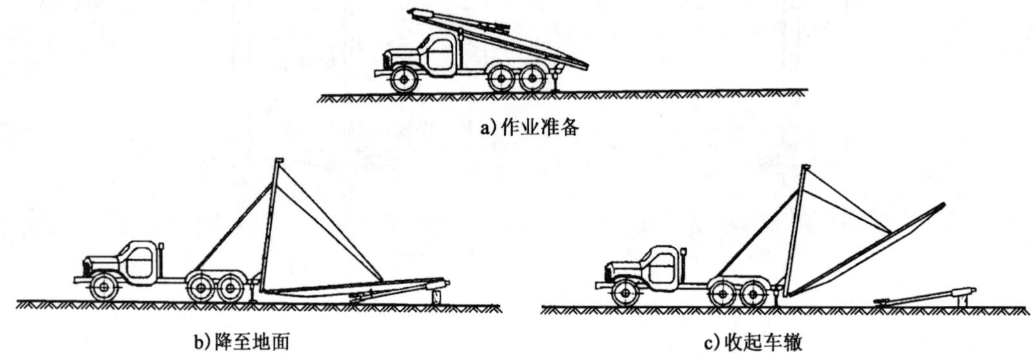

图6-25　取下桥脚

(四)架设作业

桥梁架设有首跨桥架设、中间跨桥架设和末跨桥架设(图6-26和图6-27)。

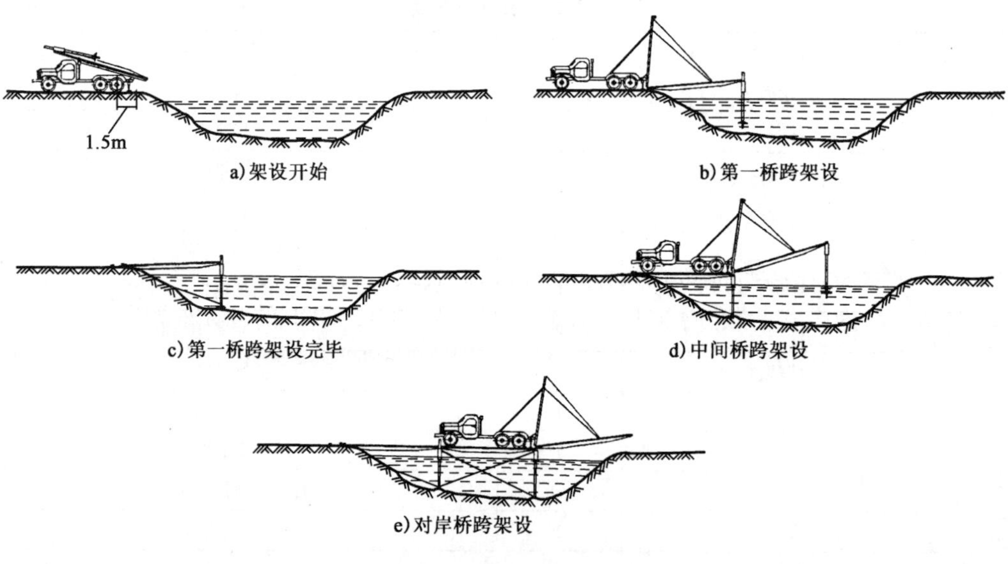

图6-26　桥梁的架设程序

1.首跨桥架设

倒车→放稳定支腿→顶升降架→放钢丝绳→放车辙后端→收钢丝绳→收升降架→收稳定支腿→开走桥车。

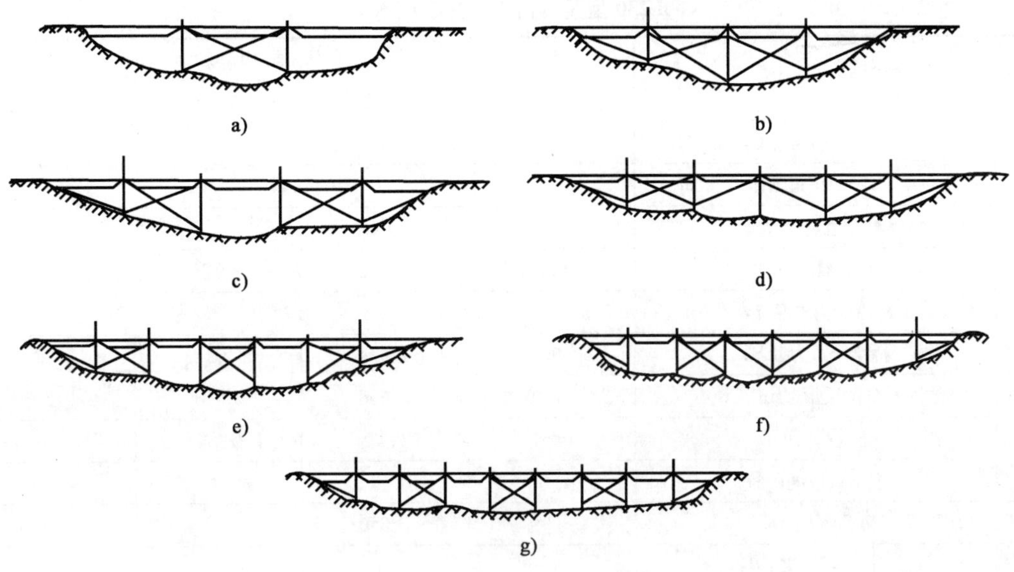

图 6-27　纵向系材连接方案

2. 中间跨桥架设

中间跨桥架设时应将定位器安放在前一桥跨的车辙内缘材上；桥车前、后轮应保持一条直线，后轮抵紧定位器；桥脚未放至河底前应使车辙边缘对正标定的车辙边缘线；车辙架好后，车辙后端的端部挂钩链条应绕过冠材扣好，并按预定方案连接纵向系材；桥车上桥，桥面基本水平后方可进行架设作业。

3. 末跨桥架设

其架设方法与中间桥跨的架设方法基本相同，因末跨桥车的桥脚已取下，所以没有放桥脚的动作。桥跨架设好后，设置跳板、打钢板桩、安置纵向系材，并进行全桥桥面高度调整。其方法是将提升器均安置在各桥脚柱上，由作业队长逐次下达调整口令，使全桥横向水平、纵向稍有向上预拱。

四、GQL230 型重型桁架桥

GQL230 型重型桁架桥是以桁架作为主梁的拆装式金属桥梁，其最大跨径可达 50.65m，主要适用于保障履带式荷载 500kN、轮式荷载轴压力 130kN 以下的各种重型装备、车辆等快速通过宽度小于 50m 的江河、沟谷等障碍，也可用于抢修被破坏的桥梁。

(一)器材的性能与特点

GQL230 型重型桁架桥的特点是结构简单、拆装方便、构件具有互换性、单个构件重量不大、适宜人工搬运和架设，桥梁跨径和载重量变化幅度大，适应范围广。重型桁架桥器材采用托盘装载，架设与撤收简便、迅速，全套器材用 18 辆改装的东风牌载重底盘车载运。其技术性能见表 6-7。

(二)器材的组成与结构

1. GQL230 型重型桁架桥的结构形式

重型桁架桥根据设计荷载及桥梁跨径等不同，可构成如下四种形式。

GQL230 型重型桁架桥主要技术参数 表 6-7

序号	项目		总体结构			
			单层桥	单层加强桥	双层桥	双层加强桥
1	设计荷载	履带式总重力(kN)	500			
		轮式轴压力(kN)	130			
2	车行道宽度(m)		4.0			
3	设计跨径(m)		10.52	20.72	30.25	50.65
4	跨径变化幅度(m)		1.7			
5	桥梁全重力(kN)		68.3	136.4	221.4	402.5
6	单位质量(t/m)		0.649	0.658	0.731	0.795
7	建筑高度(m)		0.54	2.20	1.64	3.76
8	进出口坡度(%)				20	20
9	障碍深度(m)			≥2.0		≥2.50
10	桥梁	主要构件种类	6	11	9	14
		主要构件数量(件)	62	156	204	428
		单个构件最大质量(kg)	263			
11	导梁	伸出长度(m)	7	15	22	30
		形式与节数	轻型导梁	轻导+6 节重导	轻导+10 节重导	轻导+20 节重导
12	作业人数(指挥员/作业手)		1/12	1/24	1/32	1/36
13	架设所需时间(min)		20	100	120	240
14	所需桥车数(辆)	全套器材	18			
		不同结构	3(1~3)	6(1~6)	10(7~16)	17(2~18)
15	底盘车型号		东风牌 EQ245 型越野车或东风牌 EQ140 型载重汽车			

注:序号 14 栏数字为全套器材所需桥车数,不含备用件装载用车;不同结构所需桥车数中括号内数字为桥车编号。

(1)单层桥:主梁由上部单元组成[图 6-28a)]。当设计荷载为履带式 500kN 时,桥梁跨径变化范围为 3.72~10.52m;当设计荷载为履带式 250kN 时,跨径可达 15.62m。

(2)单层加强桥:主梁由上部单元及其下的加强系统构成[图 6-28b)]。当设计荷载为履带式 500kN 时,桥梁跨径变化范围为 15.62~20.72m。

(3)双层桥:主梁由上部单元和下部单元拼装成上、下两层的形式[图 6-28c)]。当设计荷载为履带式 500kN 时,桥梁跨径变化范围为 21.75~30.25m;当设计荷载为履带式 400kN、300kN 时,其跨径可达 30.25m、40.45m。

(4)双层加强桥:主梁由上部单元、下部单元及下部单元下弦加设的加强系统构成[图 6-28d)]。当设计荷载为履带式 500kN 时,桥梁跨径变化范围为 31.95~50.65m。

2. GQL230 型重型桁架桥的组成与架设能力

重型桁架桥器材由桥梁器材、架设器材、搬运附属器材、托盘系统及空载桥车等部分组成。1 套器材的架设能力如下:

(1)跨径 50.65m 的双层加强桥 1 座。

(2)跨径 40.45m 的双层加强桥和 10.52m 的单层桥各 1 座。

(3)跨径 30.25m 的双层桥和跨径 20.72m 的单层加强桥各 1 座。

(4)跨径 10.52m 的单层桥两座。

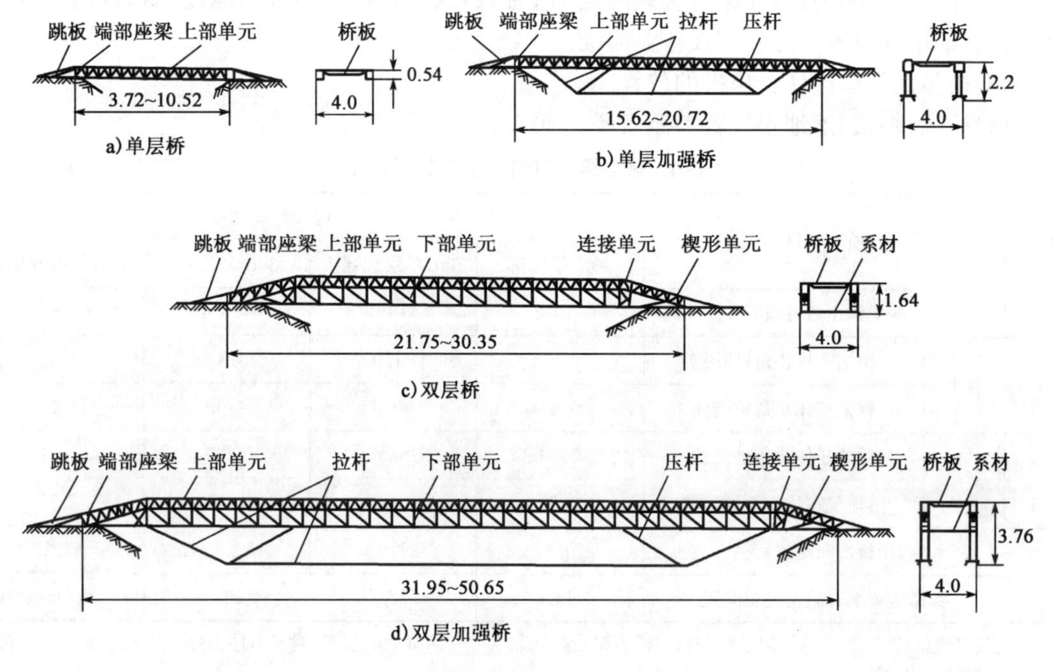

图 6-28 总体结构形式(尺寸单位:m)

3. 桥梁器材

桥梁器材主要包括上部单元、下部单元、连接单元、楔形单元、端部座梁、桥板、跳板、缘材、加强装置、拉杆、压杆和各种连板等。桥梁器材各基本构件,在桥梁 4 种总体结构形式中的位置如图 6-28 所示。

4. 架设器材

架设器材是在架设作业时用来推送、设置各种构件的专用设备,主要包括轻型导梁(前部和后部)、重型导梁、导梁支架、导梁横梁、导梁立柱、落地辊、落地辊支座、三角支座、辊梁支座、辊梁、纵梁、横梁、可调支架、可调支架底座、千斤顶柱、千斤顶底座和千斤顶等。

5. 搬运附属器材

搬运附属器材是桥梁架设、构件搬运的辅助工具,包括起重梁、搬运杆、搬运手柄、上部单元拼装架、下部单元连接器、系材连接器、工作平台、小部件筐、袋和专用工具等。

6. 托盘系统与空载桥车

(1)托盘系统由托盘、挡铁、挡铁螺栓、器材固定器材和缓冲器等组成。

(2)空载桥车有两种类型:一种是装有绞盘、绞盘支架、桥车平台等,用于器材的装卸和运输;另一种在原车厢底板上设置挡铁、挡板和定位销等,用于器材的固定和运输。

(三)架设准备作业

1. 准备作业的编组与分工

根据桥梁长度、桥梁结构和现有人员等进行编组,通常编为侦察、标定组,场地平整、加固及设置架设框架组,器材卸载、堆放组。

2. 标定作业

(1)标定桥轴线:桥轴线一般应与障碍垂直;采用标杆标定法或张拉测绳标定法,并沿两岸作业场地标定桥轴线的延长线。

(2)标定作业场地:沿我岸桥轴线两侧4m标线,线外为器材堆放场地,线内为拼装架设场地。器材的堆放位置以方便架设作业为准。

(3)初步测算岸边休止角桩的位置。

(4)桥端、辊梁、落地辊位置参照表6-8确定。

桥端、前辊梁、落地辊的相关位置(m) 表6-8

<table>
<tr><th rowspan="2">序号</th><th rowspan="2" colspan="2">项　目</th><th colspan="4">结构形式</th></tr>
<tr><th>10m单层桥</th><th>20m单层加强桥</th><th>30m双层桥</th><th>50m加强双层桥</th></tr>
<tr><td>1</td><td colspan="2">两岸休止角桩间距</td><td>≤10.27</td><td>≤19.47</td><td>≤28.45</td><td>≤48.85</td></tr>
<tr><td>2</td><td rowspan="2">我岸</td><td>桥端在休止角桩陆侧</td><td>0.30</td><td>≥1.00</td><td>1.40</td><td>1.40</td></tr>
<tr><td>3</td><td>辊梁在休止角桩陆侧</td><td>0.65</td><td>≥0.60</td><td>1.00</td><td>1.00</td></tr>
<tr><td>4</td><td rowspan="2">对岸</td><td>桥端在休止角桩陆侧</td><td>0.30</td><td>≥0.60</td><td>1.00</td><td>1.00</td></tr>
<tr><td>5</td><td>落地辊在休止角桩陆侧</td><td>0.65</td><td>1.40</td><td>1.05</td><td>1.15</td></tr>
<tr><td>6</td><td colspan="2">两岸桥端间距(桥长)</td><td>10.87</td><td>21.07</td><td>30.85</td><td>51.25</td></tr>
<tr><td>7</td><td colspan="2">我岸辊梁至对岸落地辊间距</td><td>≤11.56</td><td>≤22.00</td><td>≤31.50</td><td>≤51.00</td></tr>
</table>

注:我岸辊梁位置,对于单层加强桥和双层桥为架设框架靠水侧一组辊梁的位置;对于双层加强桥为悬推支架靠水侧一组辊梁的位置。

(5)根据不同的桥长(跨径)和桥型布置支承滚动系统:10m单层桥设1组辊梁,其后端支承点为三角支座;20m单层加强桥和30m双层桥须设置架设框架,架设框架由两组辊梁组成;50m双层加强桥须设悬推支架和架设框架,悬推支架在前(水侧),架设框架在后,悬推支架的结构与架设框架基本相同,只是架设框架辊梁间用大纵梁相连,悬推支架辊梁间用小纵梁相连。悬推支架靠水侧的辊梁到架设框架靠水侧的辊梁间距为12m。各种桥梁支承滚动系统靠水侧的第一组辊梁至休止角桩间距参见表6-8。

3. 确定所需器材

架设履带式荷载500kN的桥梁,不同跨径、桥型所需桥车数量及编号为:10m单层桥,3台桥车(1~3号);40m双层加强桥,14台桥车(4~17号);20m单层加强桥,6台桥车(1~6号);30m双层桥,10台桥车(7~16号);50m双层加强桥,17台桥车(2~18号)。

(四)架设与撤收作业(图6-29)

重型桁架桥通常用悬臂推出法架设,其要点是严格控制桥跨推送过程中的结构重心,即在导梁前端未到达对岸前,整个推送结构(包括桥跨和导梁)的重心应落在我岸支承滚动系统的前、后辊梁之间。架设重心的控制过程如图6-29所示。当结构重心靠近后辊梁时,即应推送桥跨使重心前移;当桥跨结构重心前移后,继续拼装桥梁构件,使结构重心后移;当导梁前端到达对岸后,整个推送结构的重心控制在我岸与对岸支承滚动系统之间。

1. 单层桥的架设与撤收

(1)单层桥的架设(图6-30和表6-9)

①确定桥位及滚动支承系统位置。

②准备器材、布置滚动支承系统。

③作业人员编组与分工。

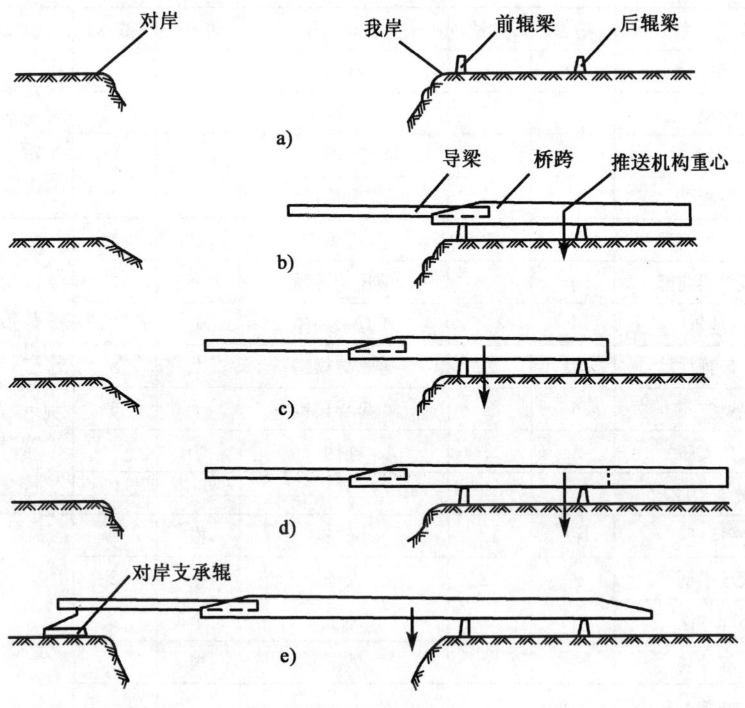

图 6-29 架设与撤收作业图

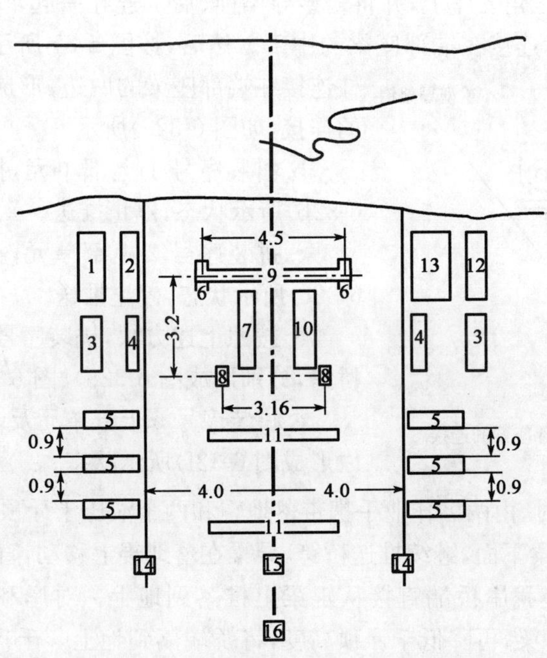

图 6-30 单层桥架设布置(尺寸单位:m)

1-缘材;2-跳板;3-小部件筐;4-千斤顶柱;5-上部单元;6-辊梁支座;7-轻型导梁后部;8-三角支座;9-辊梁;10-轻型导梁前部;11-端部座梁;12-系留装置;13-桥板;14-器材堆放线;15-桥轴线;16-推送方向

10m 单层桥所需器材 表 6-9

器材种类	名　称	单位	数量	名　称	单位	数量	备　注
桥梁器材	端部座梁	根	2	缘材	根	12	系留装置上的销钉直径为 20mm，通常与弹簧卡销一起附连在系留装置上
	上部单元	个	12	节点短销	个	32	
	桥板	块	24	弹簧卡销(1)	个	32	
	跳板	块	12	系留装置	套	4	
架设器材	轻型导梁前部	个	1	辊梁	根	1	挂钩是轻型导梁后部的组成部分，只在小跨径单层桥中使用，故专门列出
	轻型导梁前部	个	1	液压千斤顶	个	2	
	落地辊	个	1	千斤顶底座	个	2	
	千斤顶柱	根	2	轻型导梁销	个	8	
	辊梁支座	个	2	重型导梁销	个	6	
	三角支座	个	2	挂钩	个	1	
	弹簧卡销(2)	个	12				
搬运附属器材	搬运杆	根	12	小铁挺	根	2	
	搬运手柄	件	12	大锤	把	2	
	小部件筐	个	8	冲子	个	2	
	小部件袋	个	2	铁挺	根	2	
	冲锤	个	2				

④架设作业步骤：

a. 将端部座梁搁在三角支座上，并将轻型导梁前、后部连在一起，一端搁在辊梁的中部辊轮上，另一端按下图所示连接在端部座梁的中部。然后，按图 6-31 所示的方法将两个千斤顶柱连接在端部座梁的两边，形成千斤顶柱与端部座梁的连接，如图 6-32a)所示。

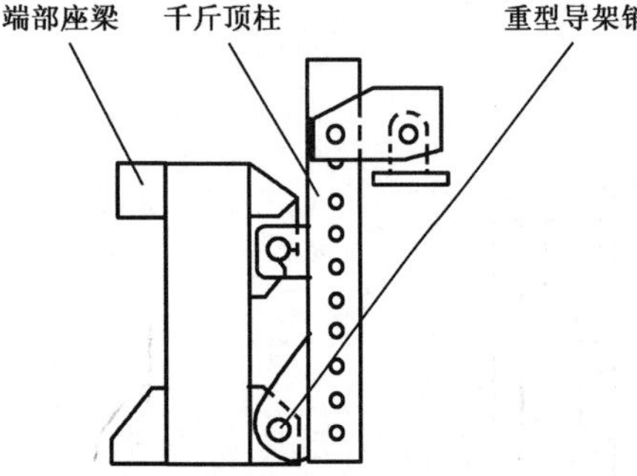

图 6-31　千斤顶柱与端部座梁的连接

b. 拼装序号 1 上部单元，推送桥跨，使之形成图 6-32b)所示状态，停止推送。

c. 拼装序号 2 上部单元，推送桥跨，使之形成图 6-32c)所示状态，停止推送。

d. 按照上述方法，拼装序号 3、4、5 上部单元，推送桥跨，分别形成图 6-32d)、图 6-32e)所示状态。

e. 拼装序号 6 上部单元及端部座梁，推送桥跨，使之形成图 6-32f)所示状态。

f. 当导梁到达对岸时，由两名作业手携带落地辊和两个液压千斤顶通过导梁到达对岸，并将落地辊放置在轻型导梁下面，继续推送桥跨，导梁在落地辊上移动，直至桥端接近落桥位置。

g. 继续推送桥跨，使我岸桥端直接从辊梁上推落到地上。对岸利用液压千斤顶顶起桥跨，拆除落地辊和轻型导梁，再降低千斤顶高度，将桥端落到地上。千斤顶柱和千斤顶的使用状态如图 6-33 所示。

h. 铺设跳板、桥板，安装缘材，按图 6-34 所示对桥梁进行系留固定。

(2)单层桥的撤收

通常可在任意一岸，按照与桥梁架设相反的顺序进行桥梁的撤收。拉回桥跨时，应特别注意结构重心的控制和作业安全。

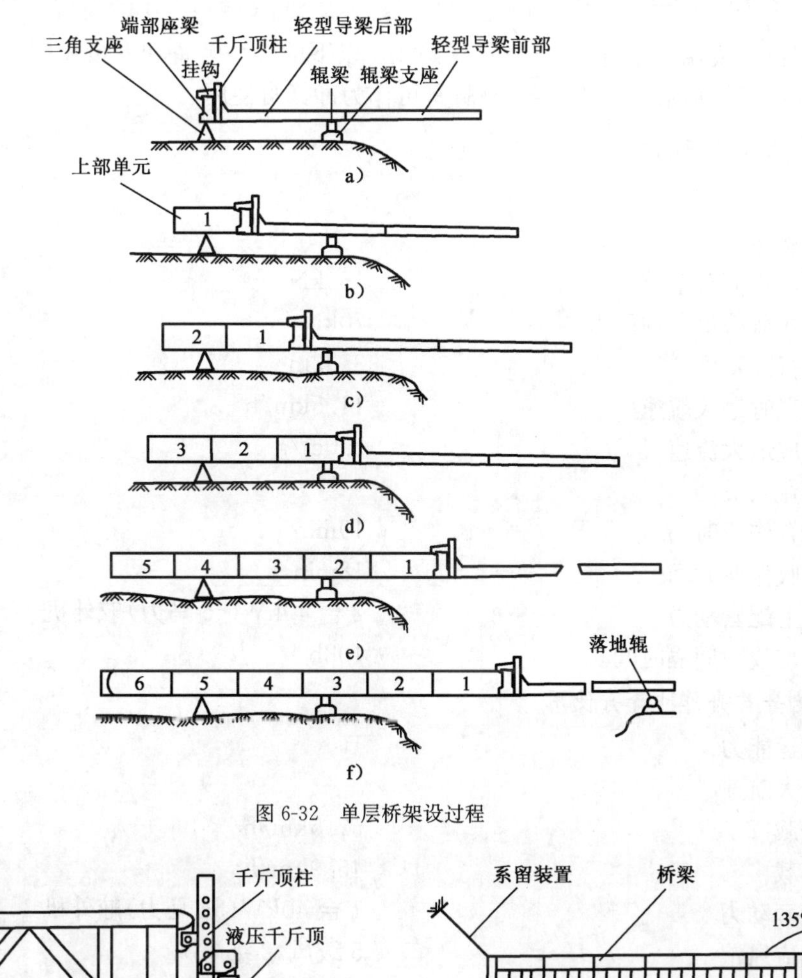

图 6-32 单层桥架设过程

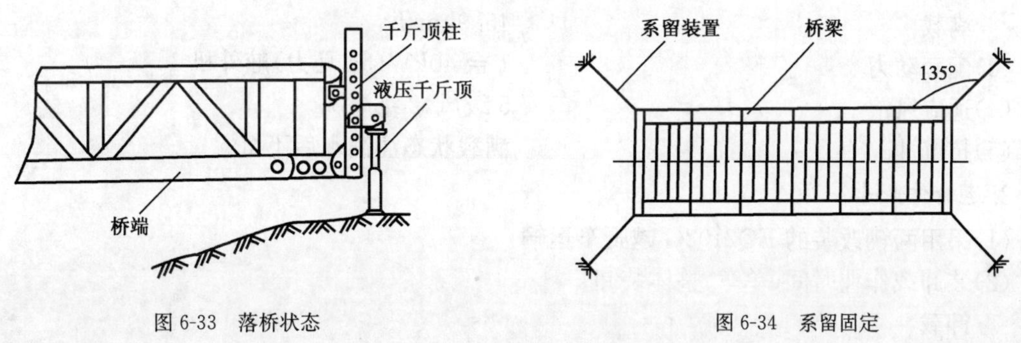

图 6-33 落桥状态

图 6-34 系留固定

2. 其他

单层加强桥的架设与撤收、双层桥的架设与撤收、双层加强桥的架设与撤收方法详见《军用道路桥梁装备》教材。

第二节 制式舟桥装备

在交通应急抢修建行动中，为克服水域宽、流速急、水体深的江河、湖泊等障碍，可采用制式桥梁装备架设各种应急桥梁。在环境不利于架设制式桥梁的条件下，可采用制式舟桥装备进行渡河行动。制式舟桥装备有很多类型，本节选择有代表性的 GZQ411 型轻型门桥、GZQ230 型重型舟桥、GZQ111 型新型特种舟桥等制式舟桥装备进行简要介绍。

一、GZQ411 型轻型门桥

轻型门桥主要用于结合漕渡门桥，保障 16t 以下的轻型装备和人员克服中、小江河障碍，也可架设浮桥或结构水上作业平台，桥脚舟可作为冲锋舟使用。

(一)主要技术性能

1. 门桥

(1)承载能力

履带式荷载全重	160kN
轮式荷载最大轴压力	70kN
(2)车行部宽度	3.32m
(3)满载时最大航速	11.5km/h
(4)适应最大流速	2.0m/s
(5)作业人员	9 名
(6)结合作业时间	19min
(7)撤收作业时间	18min
(8)水上配套动力	2 台 40kW(55 马力)舷外机
(9)平均故障间隔时间	108h

2. 桥脚舟首舟作冲锋舟使用

(1)载运能力	1t
(2)最大航速	
轻载(2 人)	52.5km/h
满载	45.9km/h
(3)配套动力	1 台 40kW(55 马力)舷外机
(4)适应风浪	5 级风，2 级海况
(5)抗沉性	满载状态注满水后不沉

3. 运输作业车

(1)采用两辆改装的 EQ2102G 越野车运输

(2)装卸载作业时间(单车、整体装卸)

卸载	68s
装载	73s
(3)结构的水上作业平台面积	5.7m×10.8m

(二)主要组成部分介绍

轻型门桥器材主要由桥脚舟、上部结构、运输作业车以及水上配套动力等组成。

1. 桥脚舟

桥脚舟用作门桥和架设浮桥的浮游桥脚，还可作冲锋舟使用。1 套器材有 4 只首舟、4 只尾舟。1 只首舟和 1 只尾舟相连成为 1 只全形舟(图 6-35)。舟体采用玻璃钢材料整体成型，内外壳之间填充泡沫。

(1)舟体

舟体(图 6-36)由艉板、舷板、底板等构成。

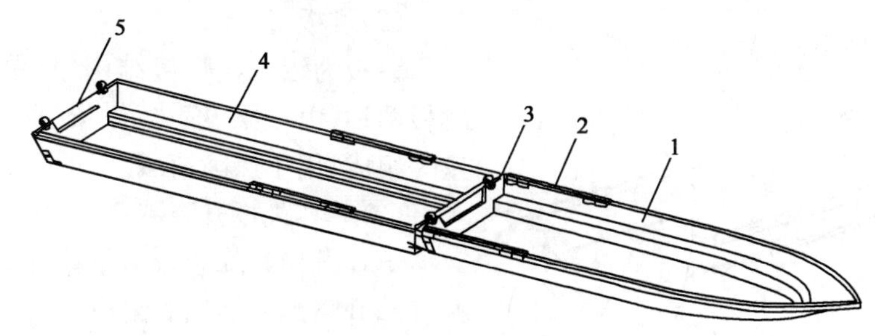

图 6-35　全形舟

1-首舟;2-护舷材;3-舟间连接螺杆;4-尾舟;5-插板

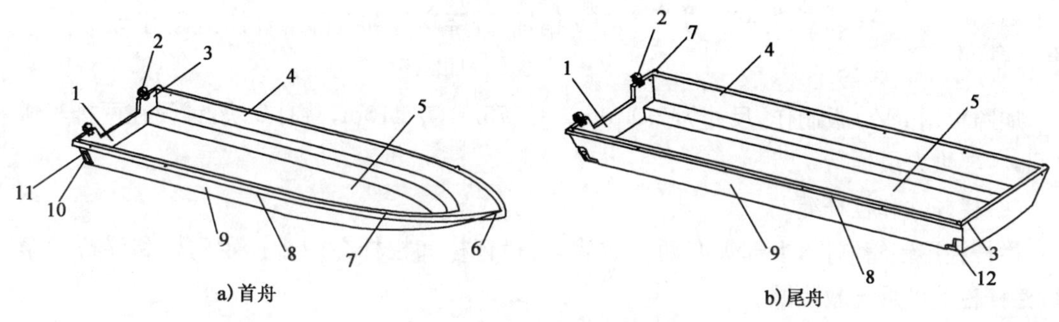

图 6-36　舟体

1-艉板;2-滚轮;3-舟间螺杆孔;4-舷孔;5-底板;6-系留环;7-吊环;8-舷缘;9-舷板;10-挂钩;11-挂钩固定器;12-圆钮

(2)护舷材(图 6-37)

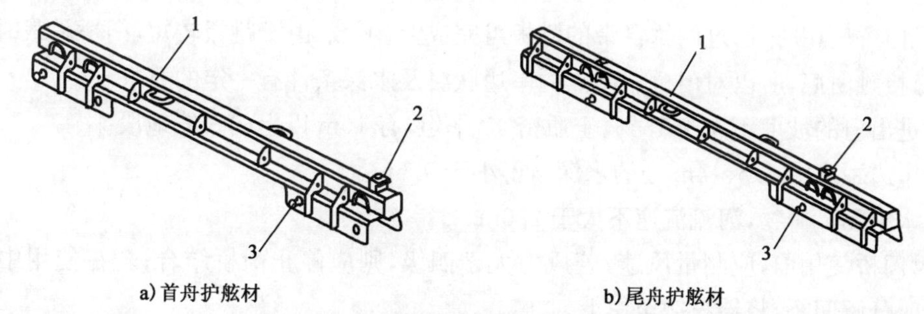

图 6-37　护舷材

1-槽形本体;2-限位块;3-固定销

(3)插板

插板用玻璃钢制作。当艉板不悬挂舷外机时,在艉板上安装插板,防止浪涌入舟内。

(4)舟间连接螺杆

舟间连接螺杆由销体、转柄、螺母、挡块和销组成,用于结合全形舟。

(5)舟舷连接螺杆

舟舷连接螺杆由销体、转柄、螺母组成,用于车辙板与桥脚舟护舷材的连接。

2. 上部结构

上部结构由车辙板、跳板、跳板升降装置、加隙板和栏杆柱等组成。

(1)车辙板

车辙板(图 6-38)为铝合金焊接结构,由主梁、横梁、纵梁、面板、耳板、定位销和限位销等组成。

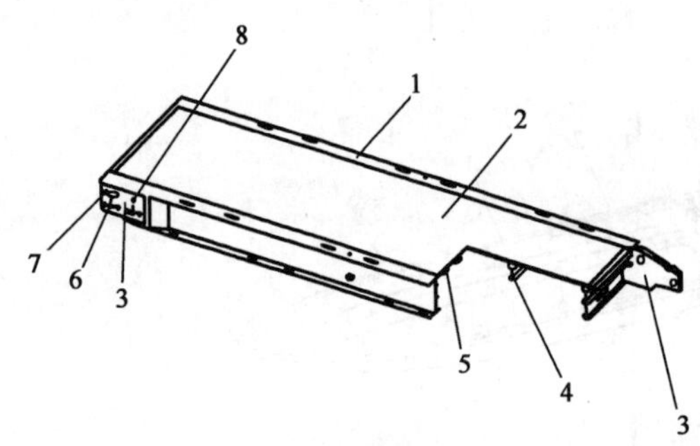

图 6-38　车辙板

1-主梁；2-面板；3-耳板；4-横梁；5-纵梁；6-限位销；7-插销；8-定位销

(2)跳板

跳板为铝合金焊接结构，分单耳跳板和双耳跳板两种，由主梁、横梁、纵梁、面板、肘板和升降座等组成，用于保障荷载上、下门桥和浮桥。

(3)单耳跳板升降装置

单耳跳板升降装置由单耳升降板、插销、升降螺杆和升降螺杆插销等组成。

(4)双耳跳板升降装置

双耳跳板升降装置由双耳升降板、长销轴、短销轴、升降螺杆和升降螺杆插销等组成。

(5)加隙板

加隙板用 PVC 板制作，尺寸为 2.140m×1.175m×0.410m，共有 5 块，铺设在两排车辙板之间，主要供人员通行。

(6)栏杆柱和栏杆绳

栏杆柱用铝管制作，上部焊有两个螺旋环；栏杆柱和栏杆绳用于标示门桥和浮桥的车行道，栏杆柱上可悬挂救生圈。

3. 运输作业车

运输作业车主要由汽车底盘、自装卸系统和托架三大部分及附件组成。

(三)使用条件

轻型门桥使用时，通过门桥自带的跳板可完成上、下载，由于跳板较短，门桥承载时又不允许桥脚舟接触河底，所以对门桥靠岸点的岸边状况及水深条件有一定的要求。

(1)进出口的坡度不大于 15%，土质密实，平坦，有 10m 以上的直线地段。

(2)岸边距水沿 3.5～4m 处的水深不得小于 0.6m。

(3)水中无障碍物，河流流速不大于 2.0m/s。

轻型门桥使用前，应测量风速，若风力大于四级，则应停止门桥结合；若在使用中突遇大风，应及时分解门桥，将器材撤至岸上。

(四)舟车卸载和装载

1. 卸载

(1)整体卸载(图 6-39)

运输作业车装、卸载通常选择的场地坡度不大于 10%，地面平坦。

由驾驶员在驾驶室操纵，带动伸缩臂及托架向车尾方向水平移动至极限位置；当伸缩油缸收缩至极限位置后，操作手松开伸缩油缸操纵杆，伸缩油缸操纵杆自动恢复中位，操作手往后拉举升油缸操纵杆。举升油缸伸出，推动中央翻转举升臂绕铰支点翻转，带动托架后翻至托架尾辊柱触地；举升油缸继续伸出，同时车辆前行，至托架首端触地，完成卸载。

(2)人工搬运

人工搬运主要作业内容包括：就位→搬运开始→放下转架→卸舟准备→卸舟→卸辅助器材和小部件→卸跳板→卸车辙板→卸舷外机→收起转架。

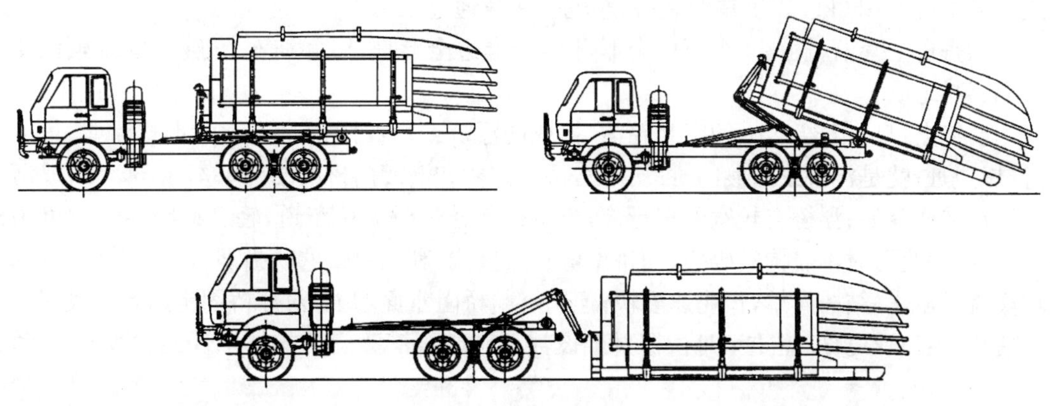

图 6-39　整体卸载示意图

2. 装载

(1)装载搬运

按与器材卸载搬运相反的顺序作业，需要与托架固定的器材，应注意固定牢靠。

(2)整体装载

准备阶段：运输作业车举升油缸伸出，基本臂向上翻转呈装载状态，驾驶员在一名作业手的引导下将车辆吊钩对准托架吊环，车辆缓缓倒车至吊钩伸入吊环内。此时，变速箱放空挡。

装载阶段：采用电操纵作业时，由驾驶员在驾驶室内通过操纵盒操纵，接通操纵盒电源，使自由控制开关指示灯呈熄灭状态，驾驶员往上拔举升油缸操纵手柄(直接操纵时，需由一名操作手直接前推位于车辆驾驶室左后侧的举升油缸操纵杆)，举升油缸缓缓收缩，基本臂绕铰点向前翻转，带动托架上车，举升油缸收缩至极限位置。此时，托架水平置于车上。驾驶员看到操纵盒上伸缩油缸指示灯亮时，松开举升油缸操纵手柄，举升油缸操纵手柄自动恢复中位，驾驶员往上拔伸缩油缸操纵手柄(采用直接操纵时，当举升油缸收缩至极限位置后，松开举升油缸操纵杆，举升油缸操纵杆自动恢复中位，操作手前推伸缩油缸操纵杆)，伸缩油缸伸出带动伸缩臂及托架向车首方向水平移动，至极限位置。

(五)门桥渡口的构筑和使用

1. 门桥的结合

一套器材可结合成一个载重 16t 的四舟门桥，如图 6-40 所示。

作业开始，连接全形舟→配车辙板→设置跳板→设置加隙板→设置栏杆→系留门桥。

2. 漕渡的作业组织

漕渡作业组织包括：靠岸→放跳板→装载→漕行→靠岸→卸载。

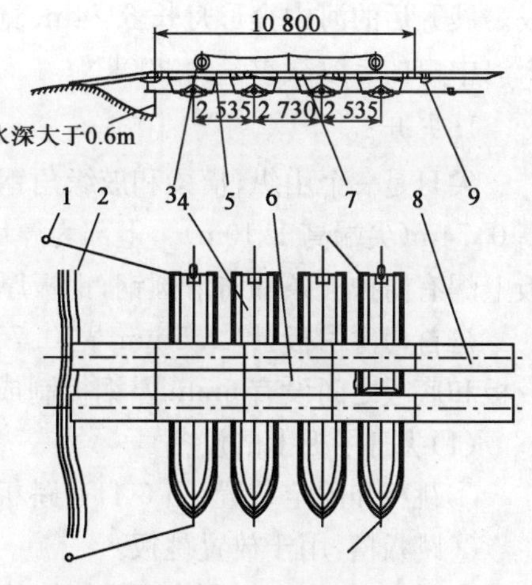

图 6-40　16t 四舟门桥

1-系留桩；2-系留绳；3-救生圈；4-舟；5-舟舷螺杆；6-加隙板；7-车辙板；8-跳板；9-跳板升降装置

二、GZQ230 型重型舟桥

GZQ230 型重型舟桥器材，适用于在流速不大于 2.5m/s 的江河上，架设 60t 级、20t 级的浮桥和结合 40t、60t、110t 的漕渡门桥，保障履带式荷载 600kN、轮式荷载轴压力130kN以下重型装备、车辆等快速通过江河。

该型舟桥全套器材由14个河中全形舟、2个岸边全形舟、16辆舟车、5艘汽艇、5辆汽艇车及辅助器材组成。

主要特点：舟、桁、板合一的密封箱体，构成的浮桥或漕渡门桥是连续的带式浮体；每个河中舟(岸边舟)就是浮桥或漕渡门桥的一段，桥节门桥和漕渡门桥的结构基本相同，浮桥渡河和门桥渡河转换容易；浮桥有较宽的车行部，当重荷载通过时为单车道，轻型荷载通过时可用作双车道；门桥渡河时不需构筑码头，门桥岸侧直接搁浅，利用自带的跳板即可装卸载；器材的装卸均实现机械化，结构简单，作业速度快；但门(浮)桥阻水面增大，对浮桥固定的要求较高。

使用一套GZQ230型重型舟桥器材架设浮桥和结合漕渡门桥的技术性能见表6-10和表6-11。

全套器材架设浮桥技术性能 表6-10

浮桥类型	最大履带式载重量(kN)	最大轴压力(kN)	车行部宽(m)	浮桥最大长度(m)	需要作业人数(名)			架桥作业时间(min)
					舟桥员	汽车驾驶员	汽艇驾驶员	
60	600	130	6.5	109	32	21	10	18
20	200	130	3.2	170	32	21	10	26

全套器材结合漕渡门桥技术性能 表6-11

门桥类型	最大履带式载重量(kN)	车行部宽(m)	一个门桥的组成		门桥长度(m)	漕渡门桥数量(个)	需要作业人数(名)		结合所需时间(min)
			河中舟	岸边舟			舟桥员	驾驶员	
40	400	6.5	2	0	13.5	7	4	2	8
60	600	6.5	3	0	20.2	4	6	3	10
110	1100	6.5	5	1	39.2	2	12	6	13

(一)河中舟

河中舟用于结合桥节门桥和漕渡门桥。一个河中全形舟由两个尖舟和两个方舟连接而成。展开后的河中全形舟长6.74m、宽8.09m，车行部宽6.5m。当吃水深度为0.64m时，一个河中舟的有效载重量为200kN。

1.尖舟

尖舟是一个由纵、横梁和舷缘角钢作骨架，外用钢板焊接的密封体，长6.7m，宽1.985m，高0.74m(尖端高1.10m)。上部为厚甲板和薄甲板，两端部的斜面为端板，底部为底板。厚甲板上焊有防护板条和防滑圆钢，钢板厚3mm，宽1.24m，可供轻型荷载通行。

舟首为薄甲板，厚1.5mm，宽0.75m。厚甲板和薄甲板间的垂直面为缘材，钢板厚3mm。舷板和底板之间设有5mm厚钢板制成的滑道，供河中舟滑动用。

(1)尖舟甲板上的设备

①跳板和固定装置(图6-41)：跳板用于保证车辆顺利上、下门桥(浮)桥。

②跳板槽：用于放置跳板。

③吊杆：用于吊移跳板，使其挂钩与舟体上挂座相连，由杆体、绞盘、钢索、摇把、吊钩等组成。

④吊杆槽：用于放置吊杆，位于薄甲板下方。

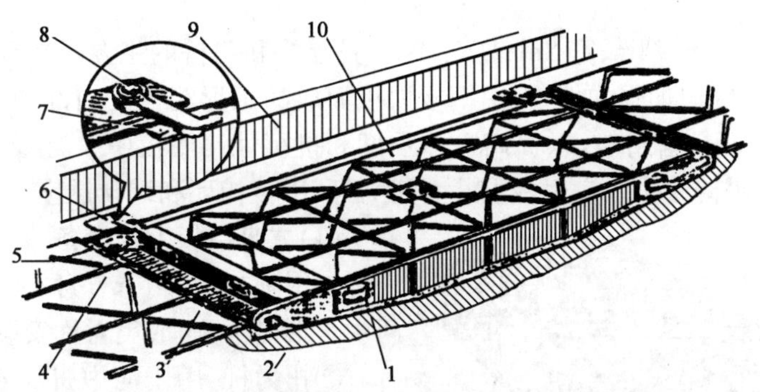

图 6-41　跳板和固定装置

1-提环；2-尖舟甲板；3-跳板槽；4-卡铁；5-挂钩；6-跳板固定装置；7-楔形块；8-固定座；9-尖舟缘材；10-跳板

⑤吊杆孔：用于设置吊杆；每舟 3 个，其中两个位于厚甲板两端，另一个位于薄甲板中间偏右。

⑥锚机：用于松、紧、固定锚钢，由操纵部分、机体部分和锚钢组成。操纵部分包括制动手柄、换挡手柄、摇把、摇把手柄榫头。机体部分包括机架、主轴、蜗轮、蜗杆、伞齿轮、楔牙离合器(换挡装置)、紧急脱索装置和卷筒。

⑦锚：用于固定门桥和浮桥。

⑧并舟具：用于操纵连接器，如纵向接头、拉紧装置、甲板扣环和舟间挂钩等，完成河中舟之间、岸边舟之间及河中舟与岸边舟之间的连接或分解。

⑨上部连接器：用于河中舟与河中舟之间的上部纵向连接以及固定岸边舟的提升器链环。分绞盘、方销两部分，分别反对称安装在尖舟甲板的两端，绞盘部分由方销导孔、绞盘、钢索、横销、挡板等组成，方销部分由方销、挂钩、导板、带槽板条、横销、定位销等组成。

⑩羊角：用于固定钢索和系留绳。

⑪甲板铰链：用于尖舟与方舟的上部连接，由单耳、双耳、垫圈、销轴和开口销组成。

⑫抽水孔：用于在排出舟内积水时用于插抽水泵或抽水管，位于甲板两端，平时加盖密封。

⑬钩篙：用于调整舟的位置和测量水深；运输时，固定在舟车上。

(2)尖舟端板上的设备

①跳板挂座：用于门桥漕渡和浮桥通载时挂跳板。

②舟间挂钮：连接尖舟和方舟时用于固定搭钩。

③舱口：检修舟时，供人员进出，位于端板中部，平时加盖用螺钉密封。

④装卸圆钮：用于强制舟泛水或铁路运输时固定紧固索。

⑤折叠圆钮：用于装载时挂装钢索以折叠河中舟。

(3)尖舟底板上的设备

①装卸圆钮：用于装载时，挂舟车钢索。

②挡销：用于舟装载过程中挡在限位导板前方，使舟搁置在平台后梁滚轮上。

③紧定圆钮：用于装载后固定紧定具。

④滑道：用于支承河中舟滑动。滑道一端开一个限位槽，和舟车的限位销配合，限制河中舟在舟车平台上移动。

⑤放水孔：用于放出舟内积水。平时用放水塞密封，位于舷板底部的两端。

2. 方舟

方舟(图 6-42)长 6.74m、宽 2m、高 0.74m,是浮桥和门桥的主要承重部分,是一个内有舷缘角钢和主龙骨等纵向加强构件,外用钢板焊接而成的矩形箱体。内部中央设有一道横向舱壁板,将方舟分为两个密封舱,以提高舟体强度和抗沉性。底板中央有截面为工字形的主龙骨,两端安有下部纵向接头。舟甲板上装有扭力杆、甲板扣环和缘材插座。

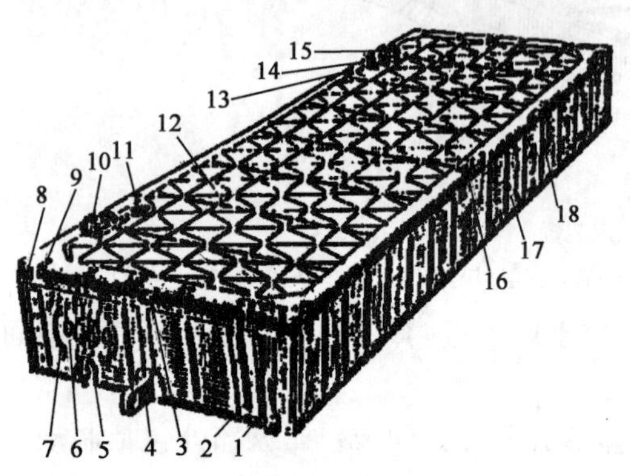

图 6-42 方舟

1-固定挂钩钮;2-舟间挂钩;3-导绳座;4-下部纵向接头单耳;5-滑道;6-舱口盖;7-端板;8-承压板;9-跳板挂座;10-扣环挂座;11-抽水孔;12-甲板;13-缘材插座;14-护铁;15-甲板扣环;16-扭力杆;17-舷板;18-甲板铰链双耳

(1)方舟甲板上的设备

①甲板扣环:用于方舟之间的上部连接,每个河中全形舟两副,成反对称安装在两个方舟上。

②扭力杆:用于河中舟泛水后自动展开成使用状态,由扭力轴、扭力凸轮、扭力凸轮槽(设置在尖舟上)、连接套筒、固定座、活动座和衬套等组成。

③缘材插座:用于架设 20t 级浮桥时设置栏杆。

(2)方舟端板上的设备

①纵向接头及其操纵装置:用于河中舟之间、河中舟与岸边舟之间的下部纵向连接,是门(浮)桥主要的连接件,设在方舟端板中央,舟的一端为单耳,另一端为双耳。

②舟间挂钩:用于方舟与尖舟之间的下部横向连接,位于方舟与尖舟之间的下部两端。

③导绳座、滑轮:用于河中舟折叠时穿绕舟车钢索,分别位于端板上缘和底部。

④承压板:用于传递舟间压力,每个方舟 4 块,位于端板上部两角上。

⑤折叠固定钩:用于河中舟折叠后,拉紧两方舟以防分开,位于端部底板。

(3)方舟底板上的设备

底板铰链:用于方舟与方舟之间的底部连接,位于底板两端。

(二)岸边舟

岸边舟用于构成浮桥的岸边部分或漕渡门桥的靠岸部分。岸边舟由两个方舟和两个尖舟组成,构造与河中舟基本相同,但岸边全形舟不允许分解使用。其高端是舟尾,矮端是舟首,舟首端 2.5m 范围内的底板厚 4mm,以保证搁浅受载时提供较大的承压力,舟首端的垂直面为首端板,舟尾端斜面为尾端板,两尖舟边缘高起的箱体为缘材。

1. 甲板上的设备

(1)提升器:用于浮桥闭塞、分解或门桥漕渡时提升岸边舟,每个岸边舟上安装两个,位于尖舟液压提升器箱罩内,由链环、油缸、截止阀、单向阻尼阀、油箱、手摇柄、手摇液压泵等组成。

(2)扭力杆:由扭力轴、扭力凸轮、扭力凸轮槽、固定座、活动座和衬套等组成,用于岸边舟泛水后自动展开成使用状态。

(3)系留环:用于固定系留钢索,共 4 个,位于舟首及两侧。

(4)跳板(图 6-43):用于保证车辆和装备顺利上、下门(浮)桥,每个岸边舟有两块方舟跳板、两块尖舟跳板。

(5)搭板(图 6-44):用于搭盖岸边舟与河中舟连接部的间隙;每个岸边舟有方舟搭板尖舟

搭板两块，固定在舟的尾端。搭板上有防滑条、防护板条和双耳板。

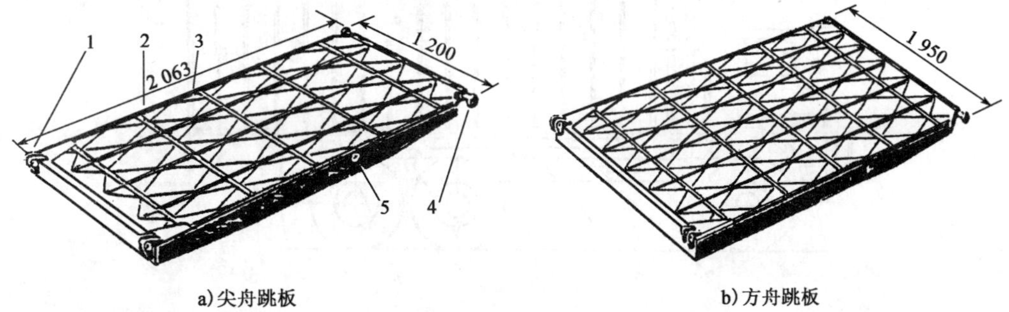

图 6-43　跳板(尺寸单位:mm)

1-双耳;2-防护板条;3-防滑圆钢;4-圆钮;5-放水塞

2. 端板上的设备

(1)承压座:用于调整岸边舟与河中舟之间的间隙，承受舟上部压力;每个舟 4 个，安装在方舟舷缘角钢端部，由螺母、螺杆帽和螺杆组成。

(2)闭锁销:用于尖舟与方舟的岸侧一端连接，位于舟首端部。

(3)牵引杆支座:用于固定牵引杆，位于首端中央。

3. 舟车

舟车(图 6-45 和图 6-46)是由 TMSC2030ZQ 二类底盘车(简称 TMSC2030)改装而成，车上设有舟车平台、吊架、液压系统、绞盘系统和操纵系统。它既可以装河中舟，也可以装岸边舟，完全通用。用于折叠、装载及运输河中舟和岸边舟。其重量及外形尺寸见表 6-12 和表 6-13。

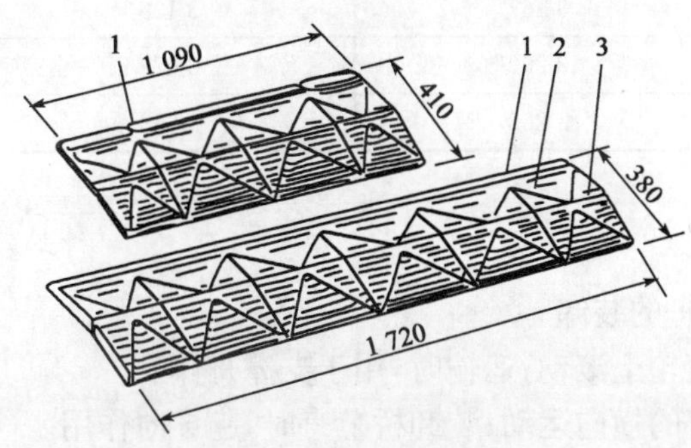

图 6-44　搭板(尺寸单位:mm)

1-双耳;2-防滑圆钢;3-防护板条

图 6-45　舟车

舟车重量(kN)　　表 6-12

类　型	总　重	前桥负载	中、后桥负载
空载舟车	120	59	61.5
河中舟车	192.5	62.5	130
岸边舟车	189.5	69	120.5
TMSC2030	201	70	131

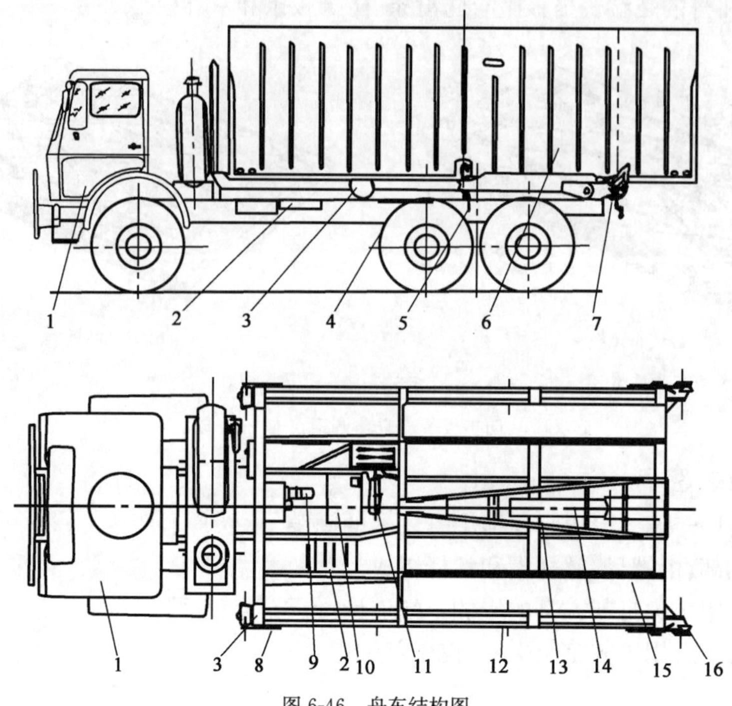

图 6-46　舟车结构图

1-TMSC2030；2-液压箱；3-平台；4-脚蹬；5-紧定具；6-舟体；7-限位导板；8-限位销；9-油泵；10-油箱；11-液压马达绞盘；12-滚轮；13-吊架；14-油缸；15-钩篙；16-大滚轮

舟车外形尺寸(mm)　　表 6-13

类　型	长　度	宽　度	高　度
空载舟车	8 412	3 167	3 130
河中舟车	9 620	3 202	3 679
岸边舟车	8 585	3 263	3 668

(1)舟车平台

舟车平台由以下各部分组成：

①平台：主要用于承受舟体荷载和引导桥节舟的装卸。

②滚轮：用于装卸桥节舟时，使舟体滑道在滚轮上滚动；运输时，用于支撑舟体。

③挡舟板：在平台后半部的两侧，用于限制舟的横向运动；装卸桥节舟时，起导向作用。

④限位挡铁：在平台一梁的中间位置，在装载桥节舟时用于限定舟在平台上纵方向的位置；当舟车运行在下坡的路上或制动时，起到阻止桥节舟向前移动的作用。

⑤限位销：在平台一梁后方的左边梁处，用于限制舟体的纵向滑动。

⑥平台滑轮：在平台一梁上设有两个过渡滑轮和两个可摆动的滑轮，用于将钢索导向其作业的方向。

⑦紧定具：用于将桥节舟紧固在舟车平台上，阻止桥节舟跳动和前后移动。

⑧导轮：在平台外侧前后共设 4 个，在整车吊装时挂套起吊钢索，后部两个并用于将钢索从其上绕过进行强制卸载。

⑨卸扣：在强制桥节舟泛水时，用于将两根钢索的套环串联起来；在运输时，放在舟车工具箱内。

⑩并舟具固定装置:用于在运输时固定并舟具。

⑪限位导板:设在平台四梁大滚轮的外侧,在装桥节舟时,用于扶正舟体;当舟体落于大滚轮上以后,卡住舟体挡销,以阻止舟体下滑。

⑫可摆动脚蹬:在平台二、三梁之间的左、右外边梁的内测,需要时将其旋转下来,用于作业手上、下平台。

⑬工具箱:一个在平台二梁前方、纵梁和右内边梁之间,另一个在备胎的右侧,用于存放卸扣、系留绳、栏杆绳、投绳、浮标、护舷球、量规、多用扳手、抽水孔盖扳手、救生衣等。

⑭钩篙固定装置:设在平台左、右纵梁的内测,用于固定钩篙。

⑮缘材固定装置:设在钩篙固定装置的内测,用于固定缘材。

(2)吊架

吊架由折边钢和钢管等组焊而成,用于折叠和起吊桥节舟。吊架底部设有与平台四梁内测的吊架耳板铰接的销轴,吊架中部设有与油缸活塞杆头部铰接的油缸轴,吊架中部还设有两个对称布置的斜向滑轮,吊架顶部有一个双槽滑轮。

(3)液压系统

液压系统由油箱、油泵、卸荷阀、滤油器、油压表、三位四通液压电磁阀、液压马达绞盘、平衡阀、油缸及管系等组成。

(4)绞盘系统

绞盘系统由液压马达、行星齿轮减速器、控制阀、液压制动器等组成。绞盘用支架安装在汽车大梁中部的外侧,用于舟体的折叠、起吊和装卸作业。

(5)电操纵系统

电操纵系统由内操纵盒、外操纵盒、两位三通电磁阀、汽缸、气管及电缆索等组成,是舟车进行装卸载作业的指令系统。

4.辅助器材

(1)系留索具

①系留绳:用于系留舟。

②系留钢索:用于浮桥的纵向固定。

③系留桩:用于挂岸边的系留钢索。

④手用筑头:用于打系留桩。

(2)排水机具

①手抬机动泵:用于抽出舟内积水和冲刷器材。

②抽水孔盖扳手:用于拧开、旋紧抽水孔盖。

③舟的量具。

④间隙规:用于测量岸边舟承压座与河中舟承压板之间的间隙。

⑤河中舟量规:用于测量河中舟扭力凸轮的高度。

⑥岸边舟量规:用于测量岸边舟扭力凸轮的高度。

⑦牵引装置:用于闭塞浮桥时纵向移动桥段,由牵引杆、系留钢索、螺旋扣、插销等组成。运输时,放在器材车上。

5.舟车卸载和装载

舟车的装、卸载,通常选择在岸边坡度不超过18%(10°)、地面平坦、土质坚硬、流速较小、水深适宜、河底无障碍物的地方进行;并力求多点作业,以提高速度。

(1)舟车卸载

卸载(泛水)分为强制卸载、自动下滑卸载、倒车急制动卸载和陡岸卸载四种方法。卸载处距舟车平台后滚轮约 3.5m,该处水深一般以不小于 1.3m 为宜。若河岸较陡,舟车后轮未下水时,则水深要求将增大。

①强制卸载

强制卸载通常在岸边坡度小于 10%时采用。舟车倒至后轮距水沿线 2～3m 处,按下述顺序指挥作业:

就位→检查限位导板→拴系留绳→挂钢索→卸紧定具→倒车。

②自动下滑卸载

自动下滑卸载通常在岸边坡度大于 10%时采用,其作业顺序如下:

就位→检查限位导板→拴系留绳→松钢索→倒车→卸紧定具。

③倒车急制动卸载

就位→检查限位导板→拴系留绳→松钢索→卸紧定具→倒车。

④陡岸卸载

当岸高达 2m 以上,在上述卸载方法都不能完成泛水作业时才采用。

a. 舟车开至泛水点停稳,只留限位销插入舟体限位槽内防止舟体下滑,其余紧固装置全部打开,并打开舟间折叠固定钩;

b. 使吊车靠近舟车并停稳;

c. 用吊车吊钩起吊。

(2)舟车装载

装载作业可以采用内操纵盒和外操纵箱两种方式,其装载作业步骤为:就位→设置限位导板→松钢索→升吊架→倒车→调整舟→挂钢索→折叠舟→撤收吊架→装载→固定。

三、GZQ111 型新型特种舟桥

GZQ111 型新型特种舟桥是一种用于克服大江大河障碍的专用制式渡河器材。该器材主要用于战时保障重型武器装备和车辆的战略机动,适用于长江 A、B 级以及相当于长江 A、B 级的航区。

该器材与其他渡河器材相比,具有系统复杂、技术含量高、载重量大、架设劳动强度低、保障相对困难等特点。

(一)器材的组成

该器材由渡驳、桥驳、岸跨、推船四大部分组成。一套 GZQ111 型特种舟桥包括 20 艘渡驳、12 艘桥驳、2 个岸跨和 20 艘推轮。

(二)渡驳

渡驳的主要功能是漕渡门桥的承载和装、卸载的实体;浮桥的承载结构之一,用于河中横流架桥。配备有制式的浮桥(门桥)锚定设备和机械化投、起锚设备,在特舟推船供电的条件下工作;水上机动时可载运特舟岸跨;为值班人员提供两人住宿。

1. 渡驳的组成及性能

(1)渡驳的组成

渡驳为钢质结构非机动驳船,由船体结构、舾装设备、船舶系统及电气设备四部分构成。

(2)特舟渡驳的性能

①尺度

总长	55.000m
最大长(含跳板)	70.260m
连接长(连接器铰心距)	55.336m
设计水线长	54.313m
型宽	12.000m
最大宽	12.312m
型深	2.000m

②主要技术参数

空载排水量	2 950kN
空载吃水	0.505m
设计吃水	1.201m
最大吃水	1.200m
最大排水量	7 370kN
载重量	3 600kN
铺位	2个
作业手	5名

2.结构简介

(1)船体

①总布置

船体为箱形结构,为了减少水阻力舭部为圆弧形,半径为500mm。

在艏部和艉部,船底为一倾斜平面,倾角为20°,倾斜面在艏艉的最高点距基线1.20m。在艏艉部各长8.1m,宽8m范围内,甲板分别向前、后倾斜,各自形成一个跳板槽,艏艉跳板槽的端部边缘距基线高1.692m。

②船体结构

船体结构由甲板骨架,舷侧骨架、船底骨架、桁架、水密舱壁组成。甲板骨架的结构形式为纵骨式,共设甲板下纵桁5根,甲板纵桁之间及甲板纵桁与侧板之间的间距为2m,甲板纵桁间设四根甲板纵骨,其余设两根,在设主肋板的肋位设强横梁,其余肋位设横梁。

舷侧骨架采用强肋骨和肋骨并存的交替肋骨制,在设主肋板的肋位设强肋骨,其余肋位设肋骨。在离基线高为1m的位置设置一道舷侧纵桁。

船底骨架的结构形式为单层底纵骨架式,设中内龙骨一根,两侧各设旁内龙骨两根,内龙骨之间及内龙骨与侧板之间的间距为2m。内龙骨之间及内龙骨与侧板之间各设船底纵骨两根,每隔一肋位设一根主肋板。

船体内共设5片纵向桁架,上弦杆即为甲板纵桁,下弦杆即为内龙骨,在主肋板与内龙骨(强横梁与甲板纵桁)的交叉点上设置支柱,即为桁架的竖杆,支柱间设置单向斜杆,设在同侧的两道桁架的斜杆方向相反。

水密舱壁上与内龙骨(甲板纵桁)相对应的位置上设竖杆,与甲板纵骨相对应的位置设舱壁抉强材，在离基线1m处设一道水平桁。

(2)电气

①电力系统

②配电板

③照明设备

(三)桥驳

桥驳分为普通桥驳和岸边桥驳。普通桥驳作为浮桥的承载结构之一，用于浮桥的河中部分，可顺流架桥，也可横流架桥；条件适宜时，也可利用跳板接岸用于岸边架桥。岸边桥驳可与特舟岸跨直接相连，依其岸跨连接器的安装，分左岸驳和右岸驳，岸边桥驳只用顺流架桥。

特舟桥驳主要用于与特舟推船组成旁带体系的新型特舟漕渡门桥，遂行门桥漕渡任务；与特舟渡驳一起组成新型特舟浮桥，在浮桥中特舟桥驳横流或顺流设置；由它参与组成的漕渡门桥平时能开设车辆渡口，进行正常营运；必要时与特舟渡驳连接组成加长型漕渡门桥；条件适宜时，可展开跳桥作为浮桥的接岸部分形成简易的岸边桥跨；桥驳用浮桥的端部顺流架设，与特舟岸跨直接相连接，构成浮桥的岸边部分。

1.桥驳技术性能

总长	45.000m
纵向连接长	45.336m
横向连接长	12.336m
设计水线长	45.000m
型宽	12.000m
最大宽	12.312m
型深	2.000m
空载排水量	2 450kN
空载吃水	0.525m
设计吃水	1.220m
载重量	3 600kN
铺位	2名
作业手	4名

2.结构简介

(1)船体总布置

船体为箱形结构。

(2)船体结构

船体结构由甲板骨架、舷侧骨架、船底骨架、桁架、水密舱壁组成。各骨架结构形式同渡驳。

(3)舾装设备

渡驳在甲板上和舷侧布置有锚泊设备、系泊设备、跳板翻转设备、防碰及照明设备等。在舱内布置有调平设备、压载设备等。

其甲板上及舱内各种设备性能同渡驳。

(4)电气

电气系统同渡驳。

(四)岸跨

岸跨的主要功能是作为浮桥的岸边部分，其一端与岸边桥驳的岸侧连接，另一端支承在岸上；是浮桥纵向固定的主要载体。

特舟岸跨的用途：

(1)与特舟桥驳(岸边桥驳)相连，构成新型特舟浮桥连岸部分。

(2)当岸边水深过浅、过缓时，可与特舟桥驳(岸边桥驳)相连构成临时浮游码头。

为了保证特舟岸跨的架设和作用，配置有专门设计的特舟岸跨起吊设备和系留固定装置。

1. 主要技术性能

长	14.80m
宽	3.92m
中部高	0.81m
两端高	0.31m
自重	92.0kN
有效浮力	228.0kN
简支状态下允许荷载	500kN
作业手	4名

2. 结构简介

(1)岸跨

(2)总布置和艇装布置

岸跨为密闭式箱体结构，长为3.9m，斜段坡度约7°。

岸跨的一端有双耳接头两个，用以同岸边桥驳舷侧的单耳接头相连，形成铰接。

岸跨另一端有支撑槽，用以搁置小跳板，形成进出口。

岸跨侧面安装有吊环8个，左右各4个，供吊装岸跨时使用。

岸跨底部斜坡面下端，靠近侧面处安装有放水塞4个，左右各两个，供排放岸跨中的积水。

(3)岸跨结构

岸跨为全焊接结构，由左主梁、右主梁、顶纵梁、底纵梁、顶横梁、底横梁、斜角钢、竖角钢以及甲板、底板、侧板等组装焊接而成。

岸跨的端部焊有高30cm的槽形端横梁，以加强横向刚度和焊装双耳、支撑槽等舾装件。端底板上的纵、横底板上的纵、横梁间距加密，以保证端部力的传递和直接搁地承压。

岸跨结构的壳板和骨架材料均用低合金结构钢16Mn。壳板中的甲板直接承载板厚为5mm，底板与侧板厚度均为4mm。骨架的断面形式有倒T形和折边L形，板厚均为5mm。甲板下和底板上的骨架均采用纵骨架式，即纵梁在长度方向连续，横梁呈断开形式。在横向桁架上的斜角钢和竖角钢均采用∠40×40×4等肢型，纵向边角钢采用∠50×50×4等肢型。

甲板上焊有防滑用的板条和圆钢。

(4)起吊设备

①起吊设备技术性能

吊杆：额定荷载50kN，自重(每套)1.22kN，吊杆长2.43m，直径15.9cm。

钢索：额定荷载 50kN，起吊高度 3m，手拉力≤420N，自重 0.36kN。

②起吊设备布置

起吊设备由吊杆、吊杆插筒、盖、钢索、拉索调整螺杆等组成，还利用了岸边桥驳上的十字带缆桩，如图 6-47 所示。

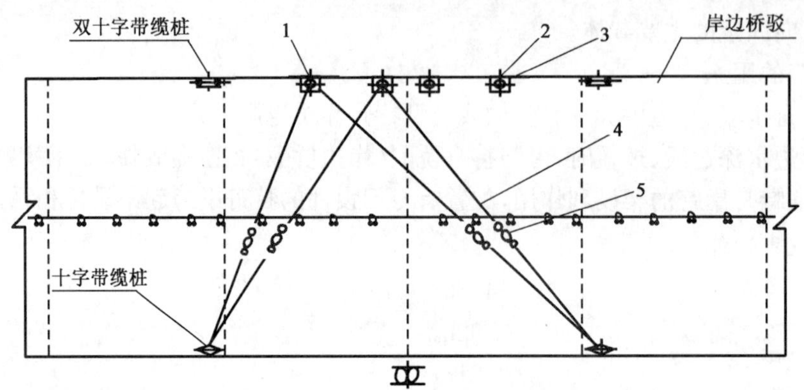

图 6-47 岸跨起吊设备布置图

1-吊杆；2-吊杆插筒；3-盖；4-钢索；5-拉索调整螺杆

起吊设备是按照使用的需要来安装的，平时吊杆、钢索、拉索调整螺杆等是放在岸边桥驳的储藏室中。

③起吊设备结构

吊杆、吊杆插筒、盖、钢索、拉索调整螺杆。

(5)小跳板

①小跳板技术性能

长 1.80m，宽 0.79m，高 0.18m，自重 1.4kN。

②总布置和艇装布置(图 6-48)

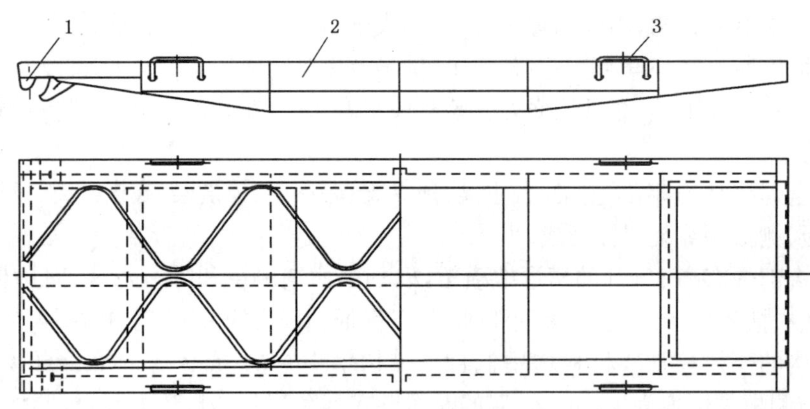

图 6-48 小跳板

1-撑钩；2-小跳板本体；3-吊环

小跳板是薄板焊接结构，平段和两上斜段的长度大约各占总长度的 1/3，斜段的坡度约 9°。

小跳板的一端有突出在外的牙形撑钩，用以插入岸跨端部的支撑槽中，形成嵌入式铰接。

小跳板的另一端下部焊有整体承压底板，作用时搁置在岸边承受土壤压力。

小跳板甲板的侧边上安装有吊环 4 个，左右各两个，供作业手搬提时使用。

小跳板为底部敞开的带板骨架结构，由主梁、纵梁、横梁以及盖板、底封板等组装焊接而成。

(6)系留固定装置

系留固定装置是两端带钩子的可调长度的钢丝绳，由调整盒、钢丝绳、滑轮、调节螺杆、把手、环链、钩子等组成。

(五)推船

推船的主要功能是为漕渡门桥提供水上动力；为架设浮桥提供水上动力和必要时的动力锚定，并可为浮桥投下游锚；负责器材的水上供电；为特舟推船、特舟渡驳、特舟桥驳上的全体人员提供食宿条件；是特舟船队的指挥中心，为船队提供指挥和通信联络设备；必要时承担水上交通、联络和救护等任务。

1. 漕渡门桥的主要技术性能

(1)标准型漕渡门桥，由推船旁带渡驳构成。其性能如下：

载重量	3 600kN
载重航速	14.4km/h
作业人数	20 人
结构门桥时间	5～6min
适应的最大流速	3.5m/s
适应航区	B 级
适应风浪风力	5～6 级，浪高 1.1～1.5m
适应的码头坡度	≥10%

(2)缩短型漕渡门桥，由推船旁带桥驳组成，当特舟渡驳损坏或特殊需要时采用。其性能如下：

载重量	3 600kN
载重航速约	14km/h
作业人数	19 人
结构门桥时间	5～6min
适应的最大流速	3.5m/s
适应航区	B 级
适应风浪风力	5～6 级，浪高 1.1～1.5m
适应的码头坡度	≥10%

2. 浮桥的主要技术特性

(1)普通型浮桥

载重量	1 000kN
履带式	500kN 以下双行
	600kN 单行
挂车式	1 000kN 单行
轮式轴压力	130kN
车行部宽度	8m

全套器材的架桥长度	1 614m
全套器材的作业人数	458(356/102)人
全套器材的作业时间	1.0～4.5h(中等熟练)
适应的最大流速	2.5m/s
适应的最大水深	40m
适应航区	B级
适应风浪架设作业风力	4级(含)以下,浪高不超过0.5m
通载风力	5～6级,浪高1.1～1.5m

(2)加强型浮桥

载重量	1 000kN
履带式	500kN以下(双行道)
	600kN(单行道)
挂车式	1 000kN(单行道)
轮式轴压力	130kN
车行部宽度	8m
全套器材的架桥长度	1 416m
全套器材的作业人数	458(356/102)人
全套器材作业时间	约4h(中等熟练)
适应的最大流速	3.5m/s
适应的最大水深	40m
适应航区	B级
适应风浪架设作业风力	4级(含)以下,浪高不超过0.5m
通载风力	5～6级,浪高1.1～1.5m

第三节 新技术、新材料、新装备

应急交通领域的技术进步,对快速、高效地实施道路交通抢修建具有决定性意义。本节将简要介绍工程抢修速强材料、桥梁超载性紧急加固、钢波纹管、CB450型钢桥、自航桩柱式活动桥墩、大跨径斜拉装配式公路钢桥以及现代索道桥等。

一、道路桥梁工程抢修速强材料简介

(一)超早强水泥基材料

针对机场水泥混凝土道面、桥梁与隧道水泥混凝土结构物,以及公路水泥混凝土路面在自然灾害或其他突发事件(战争)的破坏作用下形成的结构性损伤急需快速修复的问题,长安大学研发的快速修复用超早强水泥基材料,其中包括超早强砂浆、超早强混凝土,可根据具体情况选用。路基抢修时速强水泥混凝土主要用于防护工程抢修与加固。

1.主要技术特点

(1)适应性强:适合于各地区不同地理环境和气候条件的桥梁、隧道、机场道面等交通基础设施修补抢通。

(2)早强快硬：具有高早强抗压和抗折强度，2h 即可恢复交通。

(3)抗冻性和抗渗性能好：结构致密，具有很好的抗冻性和抗渗性，为其他种类水泥混凝土的2～3 倍，可提高道面的耐久性。

(4)耐腐蚀性高：对于航空油脂、除冰剂、海水、含氯化物的盐类等具有良好的耐腐蚀性，同等条件下优于其他水泥产品。

(5)体积稳定性优良：具有优良的体积稳定性，收缩量小、抗裂性能良好。

(6)性价比高：与传统采用的道面和混凝土结构修补材料相比，可为用户节约修复维护工程总成本 25％～35％，并可大大降低今后的日常维护次数和费用。

(7)环境相容性好：水化产物稳定，结构密实且无毒无害，对周围环境与地下水无污染。

2. 主要技术指标

该材料的主要技术指标详见表 6-14。

主要技术指标表 表 6-14

产品类型		抢修砂浆	抢修水泥混凝土/机场专用胶结料
抗压强度(MPa)	3h	≥30	≥32、≥25*
	1d	≥35	≥45
	3d	≥40	≥50
抗折强度(MPa)	3h	≥5.0	≥4.0、≥3.5*
	1d	≥7.5	≥5.5
	3d	≥8.5	≥6.0
初凝时间(min)		40～55	
终凝时间(min)		<120	
3d 黏结强度(MPa)		—	≥5.0
弯曲韧性指数		—	≥3**
28d 干缩率		—	$<1.0\times10^{-4}$
疲劳寿命(万次)		—	≥200

注：* 对应机场胶结料 2h 测试结果；** 比同强度等级普通水泥混凝土提高 3 倍以上。

(二)无机聚合物胶凝材料

针对国防和国家应急救援以及一般民用设施对快速修复和建设的迫切需求，深圳航天科技创新研究院开发了用于抢修抢建的无机聚合物胶凝材料。该材料能同时满足快速修复和经久耐用的要求，可广泛应用于机场道面、公路和海港码头等设施的快速抢修抢建。

1. 主要特点

该材料具有早期强度高、凝结时间可调的特点；并且耐久性、抗腐蚀性能、抗疲劳特性和与原混凝土的黏结性优异；利用现有机械和工艺即可进行施工，无须特殊养护；集料可就地取用戈壁料、天然砂砾石、海砂等非标集料；保存期达 3 年以上。

2. 性能参数

该材料的性能详见表 6-15。

性能参数表 表 6-15

项　目	QX-1 型胶凝材料(抢修用)	QJ-1 型胶凝材料(抢建用)
凝结时间	初凝 20～25min,终凝 35～40min	初凝 50min,终凝 90min
胶砂性能	4h 抗折强度 5.0MPa,抗压强度 30MPa	1d 抗折强度 6.5MPa,抗压强度 40MPa
水泥混凝土性能	4h 抗折强度 3.2MPa,抗压强度 30MPa	1d 抗折强度 4.0MPa,抗压强度 35MPa 7d 抗折强度 5.0MPa,抗压强度 45MPa 耐久性:抗渗等级大于 P30 抗冻等级大于 F300 抗腐系数 0.99
储存期	3 年	3 年

二、桥梁超载性应急加固技术

随着我国现代化建设的发展,由于公路运输特大、特重型工业设备已趋频繁,出现了重型和大型设备的运输(简称大件运输)和大件运输车辆(简称为重车)。受原有道路桥梁设计荷载等级所限,或既有旧桥的承载能力明显下降,不能适应大件运输中超重车辆过桥的需要时,可采取超载性应急加固技术保障通行。

采用超载性应急加固法保障超重车辆过桥时,应进行加固技术措施决策分析。分析内容包括:既有桥梁承载能力评定,重车过桥的可行性判别,确定超重车辆过桥的加固方法。

目前,超重车辆过桥的临时加固一般采取架设分载梁的方法,即利用减载技术,在既有道路桥梁上铺设临时性结构(简称分载梁),通过分载梁部分或全部承受过桥车辆荷载,减轻既有桥梁负担进而提高原桥的通过能力,以满足超重车辆过桥要求的方法。利用临时分载梁对桥梁上部结构进行减载加固,有跨越和分载两种方式。

(一)跨越方式

对于原桥墩、台和基础的实际承载能力能满足车辆过桥要求,但由于上部结构实际承载能力不足而需加固的桥梁,可采用跨越减载方式保障超重车辆安全过桥。

此时,超重车辆荷载不要求原桥上部结构承受,而是由铺设在原桥上的跨越梁全部承担。对于单跨桥梁可采用全桥跨越方式(图 6-49),对于多跨桥梁需在中间桥墩处设置临时支座(图 6-50)。

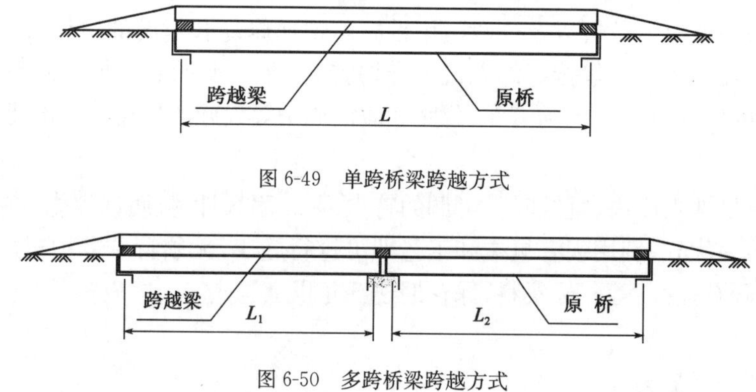

图 6-49　单跨桥梁跨越方式

图 6-50　多跨桥梁跨越方式

跨越梁作为大件运输过程中的临时加固结构，其结构构件内力按弹性受力阶段确定，竖向挠度容许值能适应超重车辆通行即可，可不验算疲劳强度。除跨越梁的设计计算外，还应对墩台及基础进行验算。

采用跨越减载方式，从理论上来讲，可设计出满足任何超重车辆过桥时所需的分载梁。其优点是：技术简单，操作简便。但是，当欲加固桥梁的跨径较大或车辆荷载较大时，势必加大分载梁的断面和重量，甚至由于分载梁的运输、架设不便及经济性差等因素，使得跨越减载方式的使用受到制约。

(二)分载方式

所谓"分载"就是将车辆荷载合理地分配给原桥上部结构和分载梁，使分载梁与原桥共同承担车辆荷载。这样做可以发挥原桥承载潜力，使分载梁的断面和重量大大减少，便于运输和架设。

如图 6-51 所示，分载方式的实现是在分载梁与原桥之间合理布置分载支座，并通过调整分载梁下翼缘与分载支座间的间隙 Δ，使得超重车辆过桥时，达到对原桥上部结构按一定比例进行减载的效果。其减载原理为：当分载梁承受车辆荷载时将产生挠度，随着荷载的增大挠度也相应增大，当挠度达到 Δ 时，将有一部分荷载通过分载支座传至原桥面，达到分载梁与原桥共同承担车辆荷载的目的。预留间隙 Δ 的大小决定了分载梁与原桥间的荷载分配比例。

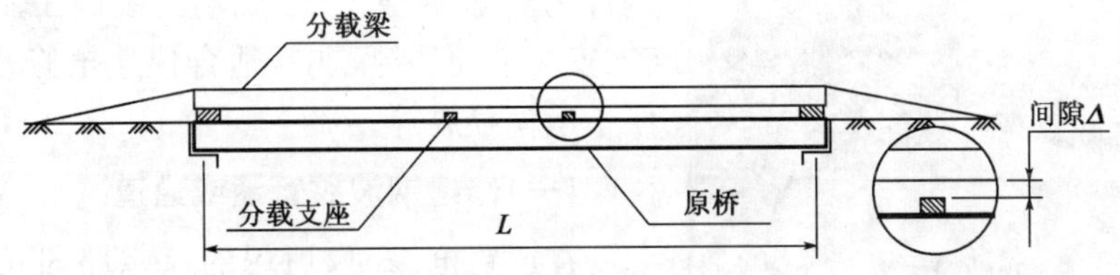

图 6-51　分载支座布置示意

无疑，能充分利用既有桥梁的承载能力，以最轻便的分载梁达到对原桥减载加固的目的，满足超重车辆过桥的技术要求，是确定最佳分载方式的原则，而实施这一分载方式的关键是合理选取分载点位及预留间隙 Δ 的大小。

分载梁与原桥共同承担过桥车辆荷载时，双点分载计算模型如图 6-52 所示。当 $a=0$ 时为单点分载方式；$a=L/2$ 时为跨越方式。

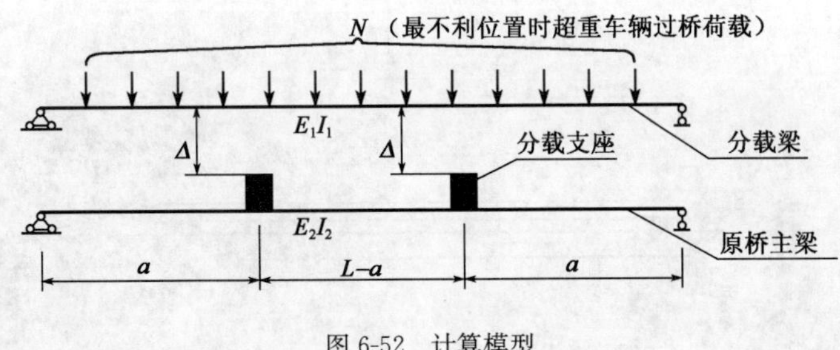

图 6-52　计算模型

在超重车辆过桥荷载作用下，分载梁与原桥共同承力的挠度曲线示意如图 6-53 所示。

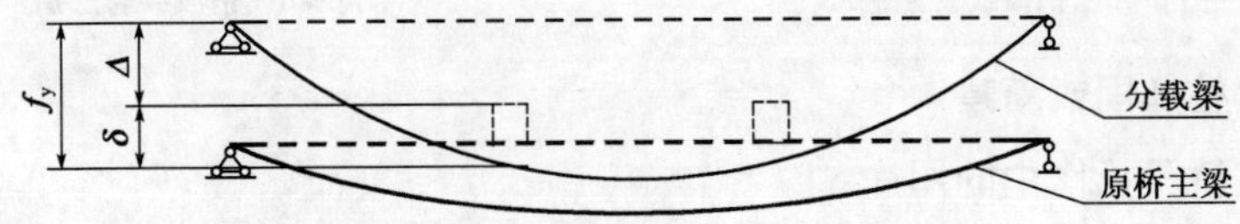

图 6-53　分载梁与原桥共同承力的挠度曲线示意图

根据分载点位处的变形相容协调方程 $\Delta = f_y - \delta$ 确定预留间隙 Δ 的大小。式中，δ 为原桥在最大安全承载力[P]作用下分载点位处的挠度值，f_y 为分载梁在分载点位处的最大挠度值，可采用杆系结构静力有限元计算程序直接求解。

此外，由于铺设分载梁大大减少荷载偏心力矩，还可达到改善墩台与基础受力状态的效果。

我们可利用既有公路战备制式器材拼组过桥临时跨越梁，也可定制一套专用的过桥分载梁。利用桥上分载梁对公路桥梁进行临时减载加固，保障超重车辆过桥的安全。

在桥梁灾后抢通时，当上部梁体已落梁，或发生严重纵向移位但未落梁，而桥墩基本完好，偏移小，有足够承载能力时，也可用跨越方式通行；当上部梁体发生损伤承载能力不足但未落梁，而桥墩基本完好，偏移小，有足够承载能力，有限载要求的，为保障能通行时，也可采用分载方式通行。

三、钢波纹管

钢波纹管是将薄壁钢板板面压成波纹状后制成的波纹状管构件(图 6-54)，由于波纹状的存在，增加了结构的刚度和管轴压力的抵抗强度，在桥涵抢修建中有多种用途。主要优点是：构件为厂家定型生产，现场拼装施工不需要大型设备，安装方便快捷，非常适合快速抢修；构件重量轻，便于运输存放等。

图 6-54　钢波纹管

(一)修建钢波纹管涵或通道

在道路抢修时，坍塌的流水路段可利用钢波纹管涵洞(图 6-55)跨越，为节省填筑时间或满足抢修道路两侧通行的需要，也可利用钢波纹管修建通道(图 6-56)，并且涵洞(通道)可以是单孔或多孔，每一孔都由钢波纹管构成。钢波纹管涵管径范围为 0.5～8m，管壁厚度 3～7mm，能够满足 0.5～40m 厚的填土需要，并且涵管可以做成圆形、椭圆形、半圆形，进出口也可按照边坡比例做成斜口。

图 6-55　钢波纹管涵洞

图 6-56　钢波纹管通道

(二)桥梁墩柱加固或新建

钢波纹管在桥梁抢修中的用途：

①墩柱严重开裂、压溃、剪坏，而基础基本完好，可利用钢波纹对墩柱进行加固处理，在柱

外用钢波纹管包裹，形成钢套，然后里面再填充混凝土，保证它整体受力。增加钢套后，增加了墩柱的延性(防止脆性破坏)和强度。如有落石飞石砸坏危险时，可在钢波纹管和柱间用聚氨酯泡沫作为缓冲材料，吸收撞击能量，提高桥墩抗冲击能力。

②对于抢通时架设的临时桥梁，可利用钢波纹管修建桥墩，将钢波纹管拼装成一定直径的筒状，在筒内浇筑速强混凝土。浇筑完成后不拆除钢波纹管，利用钢波纹管的侧限作用增强桥墩的抗压能力。钢波纹管桥墩如图 6-57 所示。

图 6-57　钢波纹管桥墩

四、CB450 型钢桥

CB450 型钢桥是一种新型的大跨度装配式钢桥，为半穿式桥梁，跨径可从 35～81m，行车道可采用 4.2m 宽单车道或 7.35m 宽双车道；桥面可采用钢筋混凝土桥面或钢桥面两种形式。

CB450 型钢桥主桁上下弦杆均为截面为 H 形的模块化单元，腹杆系为外形为 K 形的模块化单元，上、下弦杆和中间腹杆均采用承压抗剪型高强螺栓连接。由于减少了销孔间隙，其挠度较贝雷桥要小。可利用装配式公路钢桥构件作为导梁采用悬臂平推法进行架设。

(一)用途

鉴于 CB450 型钢桥的结构特点及连接方式，其使用年限、承载能力和桥梁的整体外观比装配式公路钢桥好，适用于对架设速度没有特殊要求、架设机具有保障、架设后不拆卸的公路干线上的永久性桥梁，不适宜要求架设速度快、架设机具和架设场地不能得到保障、需反复拆卸重复使用的抢修抢建的临时性桥梁。

(二)技术及工艺创新点

CB450 型钢桥的出现弥补了装配式公路钢桥在单跨克服大跨径(54m 以上)障碍时能力不足的问题，采用新的结构形式及连接方式使该桥既满足应急架设使用也可用作永久性桥梁，使用范围得到很大提高。技术及工艺创新点，主要体现在以下几个方面：

(1)桁架采用新型的 K 字形轻桁结构，结构简单且载荷能力强，在跨径为 81m 时桥梁的荷载等级能达到履带式 LD—60、公路—Ⅰ级。

(2)桥梁组成构件少(桥跨主要构件种类仅为 8 种)，具有较高的互换性。构件外形设计合理，便于仓储及运输(可满足集装箱装运要求)，保养及维护成本极低。

(3)适用范围广，允许通行速度高。根据需要，该桥能满足单车道(4.2m)或双车道(7.35m)的通行要求，车辆的通行速度能达 30km/h。

(4)CB450 型钢桥采用更高性能的材料(Q420qc，Q345)，构件的焊接均采用 CO_2 气体保护焊，焊材为新型药芯丝并采用专用夹具及胎架，安全性及可靠性得到保证。

CB540 型钢桥拼装过程如图 6-58 和图 6-59 所示，整桥如图 6-60 所示，桥梁器材分解如图 6-61 所示。

五、自航桩柱式活动桥墩

自航桩柱式活动桥墩是为解决战备公路钢桥(321、ZB200 型装配式公路钢桥，GQL320 型重型桁架桥等)克服宽水面、大跨径、浅水域(水深不大于 7m)等障碍时，难以一跨跨越而专门研制的水上快速架设临时桥墩。

图 6-58　桥梁拼装过程演示 Ⅰ

图 6-59　桥梁拼装过程演示 Ⅱ

图 6-60　整桥示意图

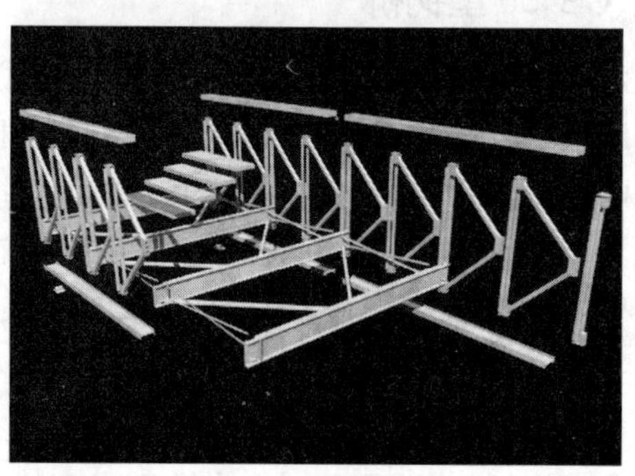
图 6-61　桥梁器材分解图

装配式公路钢桥在保证有效通载的情况下，单跨总长一般不超过 50m，当出现更大跨径的障碍时必须搭设支墩。支墩的主要形式为：一是在已有桥墩上架设；二是在干沟、大跨径岸坡上建墩架设；三是在水上建墩架设。通常在第一、二种情况下建墩相对简单，难度较小、建墩时间也较短，而在水上建墩难度最大，耗时也最多。利用自航桩柱式活动桥墩在水中快速建墩，实现战备公路钢桥快速架设，对交通应急和交通战备具有十分重要的意义。

(一)用途

根据需要可拼组成不同长度、不同荷载等级的桥梁，也可组成不同规格的桁架吊、支撑梁和工程施工装备等。

(1)主要为大跨度装配式公路钢桥架设提供可快速架设的临时桥墩。

(2)可辅助解决部分无桥脚单跨桥梁的延伸架设使用。

图 6-62　浮箱组合拼装式建墩

(3)可组成大型水上平台使用。

(4)可组成栈桥码头使用。

浮箱组合拼装式建墩如图 6-62 所示。

(二)技术及工艺创新点

自航桩柱式活动桥墩的出现弥补了装配式公路钢桥在单跨克服大跨径(54m 以上)障碍时能力不足的问题，采用新的结构形式及连接方式使该桥既满足应急架设使用，也可用作永久性桥梁，使用范围得到很大提高。技术及工艺创新点，主要体现在以下几个方面：

(1)自航桩柱式活动桥墩为我国首创。

(2)机动能力强。

(3)机械化程度高，作业所需时间较传统方式大大减少。桥墩的泛水、建墩及撤收均为机械化作业，所需人员配置少，安全性得到很大提高。

(4)桥墩具有水上机动能力，满足大多数水域的作业要求且不需另外配置汽艇，减少组成单元。

自航桩柱式活动桥墩架设过程如图 6-63～图 6-67 所示。

图 6-63　活动桥墩装载运输状态

注：整车(长×宽×高)13.5m×3.35m×3.885m，总质量 30t。

图 6-64　架设泛水

图 6-65　桥墩展开状态

注：外形尺寸(长×宽×高)9.5m×6m×1.05m，总质量 20t。

图 6-66　打桩作业准备

六、大跨径斜拉装配式公路钢桥

大跨径斜拉装配式公路钢桥是由浙江省交通战备办公室等单位联合研制的，它充分利用我国现有国防交通储备器材，采用斜拉索技术，为克服江河障碍的应急交通保障提供了新的手段。

该桥根据斜拉桥结构受力原理，通过增设单边钢塔和斜拉索(稀索)，采用梁上桁架锚固节段、端柱等特殊构件以及塔顶钢锚箱，实现了装配式公路钢桥的斜拉桥体系。

图 6-67　通载演示

该桥技术方案运用大型有限元程序对结构进行模拟和加载，通过对总体受力分析、梁端锚固区构造受力分析、塔端斜拉索局部锚固区受力分析、桁架部分杆件受力及稳定性分析、塔底

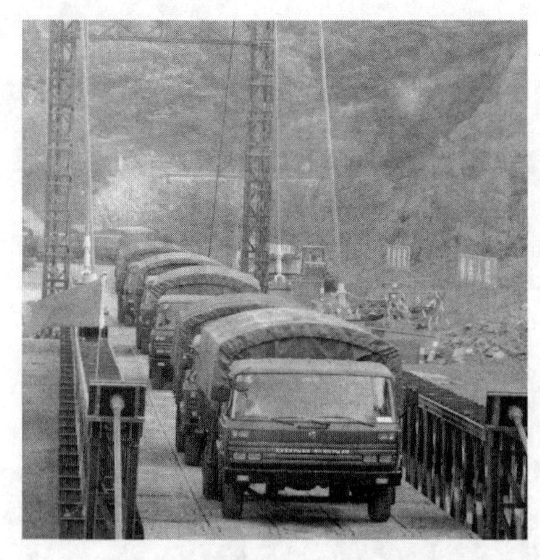

图 6-68 大跨径斜拉装配式公路钢桥通载试验

及梁端等局部区域的特殊构造分析等，对主梁是否局部加强、斜拉索局部锚固构造、塔高与梁跨比等进行研究，形成了荷载标准为公路—Ⅱ级的大跨径斜拉式装配式公路钢桥设计体系。

该桥已完成 70.104m、91.44m 两种跨径的施工图设计、特制构件的研制，并对跨径91.44m的实桥进行架设通载试验（图 6-68）。目前，该桥正在进一步完善，并积极推动产品向实用化转变。

大跨径斜拉装配式公路钢桥如图 6-69 和图 6-70 所示。

七、现代索道桥

现代索道桥区别于老式索道桥，是指用现代的技术和材料设计及架设的、主要通行载重车辆的桥梁。

图 6-69 大跨径斜拉装配式公路钢桥（仰视图）

图 6-70 大跨径斜拉装配式公路钢桥（全貌图）

（一）现代索道桥的特点

（1）承重索采用高强钢丝编制而成的钢丝绳、钢绞线、平行钢丝束制作，因而现代索道桥架设的跨度大，载重量也大。

（2）现代索道桥的承重索除桥面索外，还布设有间距比桥面宽 2～3 倍的稳定索，并用倒八字（或一字）形横梁相连，桥梁的稳定性大大增强。

（3）现代索道桥主要供轮式和履带式车辆使用，又称重型索道桥。

（二）现代索道桥的基本结构和主要构件

现代索道桥主要由锚碇、承重索系统、桥面、稳定结构四大部分组成（图 6-71）。

1. 锚碇

锚碇对称布置于江河、沟谷的两岸，用来锚固整座桥梁的承重索，是现代索道桥的重要基础。锚碇有多种形式，随两岸地质土壤性质和承重索使用的材料不同而有所不同。一般在土质地基中多采用地垄式锚碇，靠土体的被动土压力平衡承重索的拉力；在岩石地基上，多用锚杆锚碇。

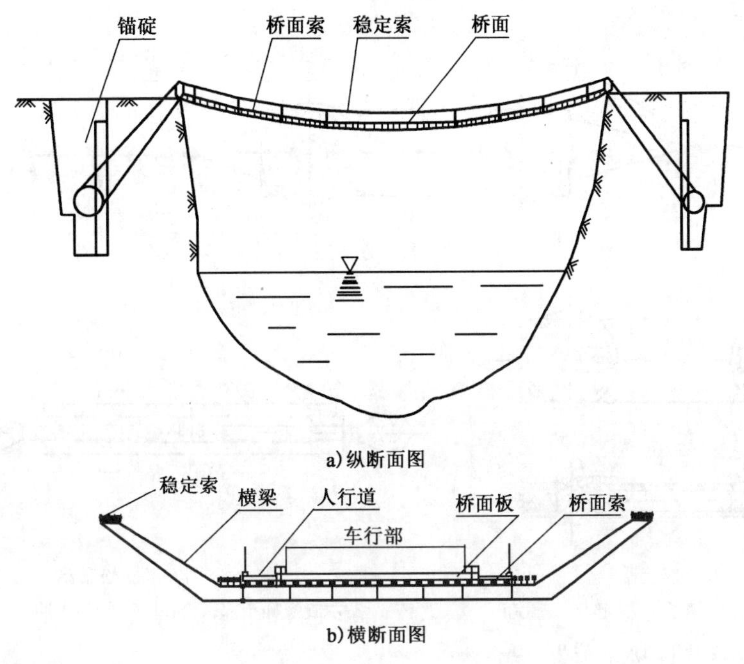

图 6-71　索道桥结构示意图

2. 承重索系统

承重索(即主索)是索道桥主要承重构件,多索并列,锚固在两岸锚碇中。现代索道桥的承重索主要用钢丝绳、钢绞线和平行钢丝束制作,承重索分桥面索和稳定索进行布置。

(1)桥面索

桥面索布置在车行部桥面板下,直接承受桥面板传来的荷载。钢丝绳桥面索系统的组成如图 6-72 所示。

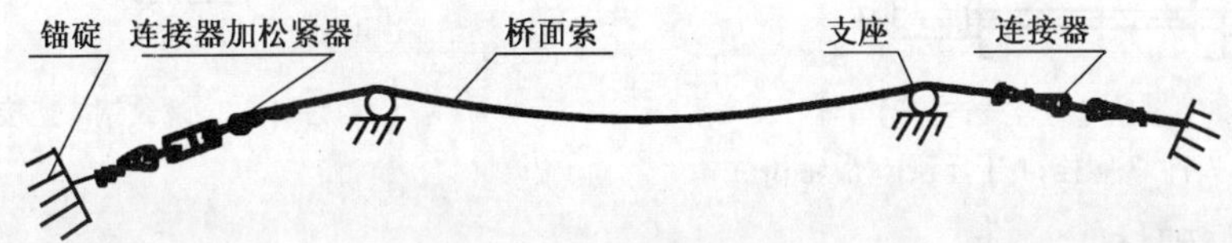

图 6-72　钢丝绳桥面索系统组成

(2)连接调节构件

在桥面索和锚碇之间,需要设连接器和长度调节器(亦称松紧器)用以连接和调整索的矢度和长度。其构造随承重索的类型而异,如是钢丝绳则用滑轮连接器和带正反螺丝杆的松紧器,如索是钢绞线,则只设连接器(混凝土预应力筋常用的一种构件),不另设松紧器,其调节的任务由连接器中锚固夹片承担。

①钢丝绳连接器

索道桥的桥面索与锚碇中的锚索如果都是使用钢丝绳,则需用连接器与之相连,连接方式如图 6-73 所示,连接器如图 6-74 所示。

②松紧器

松紧器(图 6-75)由一对正反螺纹的螺杆、3 根圆钢和两个正反螺母焊接而成。松紧器用于微调桥面索长度或矢度。

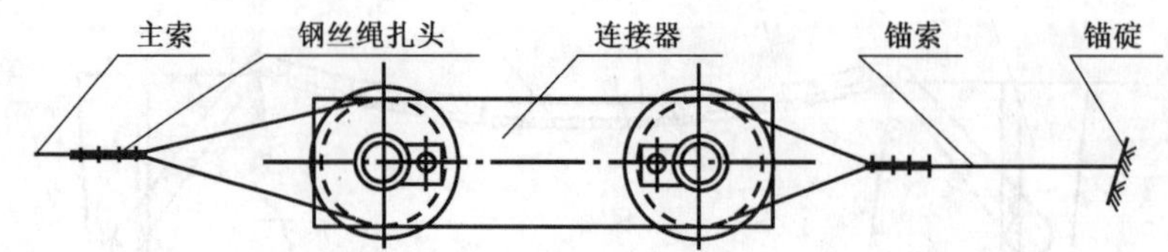

图 6-73　连接方式

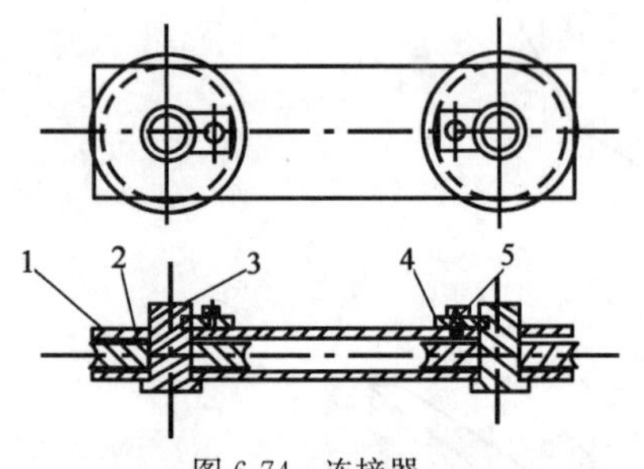

图 6-74　连接器

1-连接板；2-油轮；3-销子；4-固定卡；5-螺钉

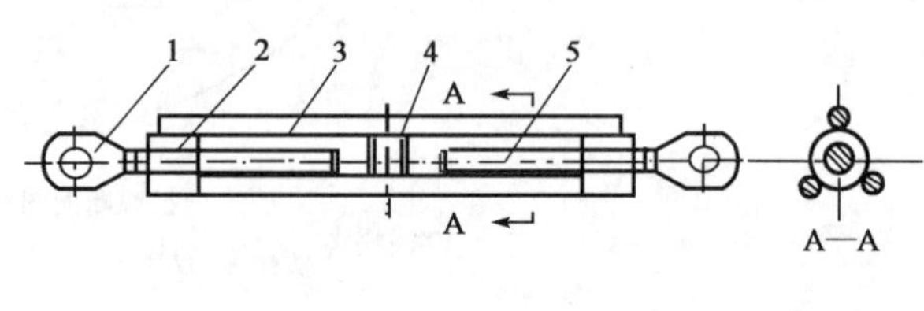

图 6-75　松紧器

1-左旋螺杆头部；2-螺母；3-连杆；4-肋板；5-右旋螺杆

③钢丝绳组合式连接调节器

组合式连接调节器是为了便于使用千斤顶调索而设计的。其构造分两个部分：一是连接滑轮；二是螺丝调节杆，如图 6-76 所示。

④钢绞线连接器

当钢绞线长度不能满足要求时，可用采用连接器将其接长使用(图 6-77)。

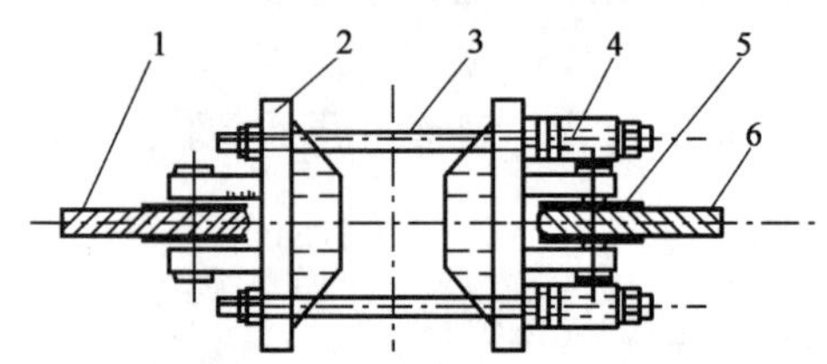

图 6-76　钢丝绳组合式连接调节器

1-锚索；2-组合焊件；3-螺栓；4-千斤顶；5-滑轮；6-主索

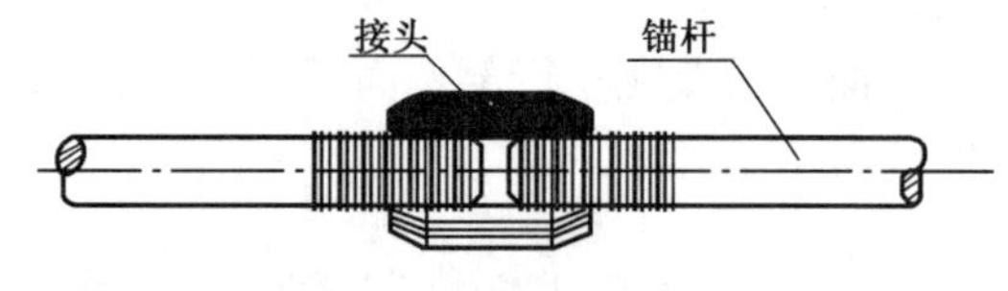

图 6-77　螺纹钢的连接

(3)支座与础材

在承重索的转折处，均设有支座。支座一般设置在桥础材上，条件许可时也可设置在钢筋混凝土础板上，如图 6-78 所示。支座的作用是保证钢索转折圆滑。支座有单轮的，也有双轮的。当几根承重索布置间距较小时，也可为多轮的。

3. 稳定结构

现代索道桥与老式索道桥最主要的不同点是设有稳定结构，其主要功能是增强桥梁的稳定性。稳定结构主要有以下构件：

(1)稳定索

稳定索布置在桥梁的两侧，既起稳定作用又起承重作用，其数量随桥的跨径和载重量而异，一般为桥面索的 0.3～1.1 倍，其间距不小于 $L/30$(L 为桥的跨径)。稳定索的构造和材料与桥面索相同。

(2)横梁

横梁是桥面索与稳定索之间的联系构件，用以增强桥梁的横向稳定性，多采用倒八字形（图 6-79），是索道桥重要构件之一。为便于运输，常将其分为一个中部和两个端部三段制作。

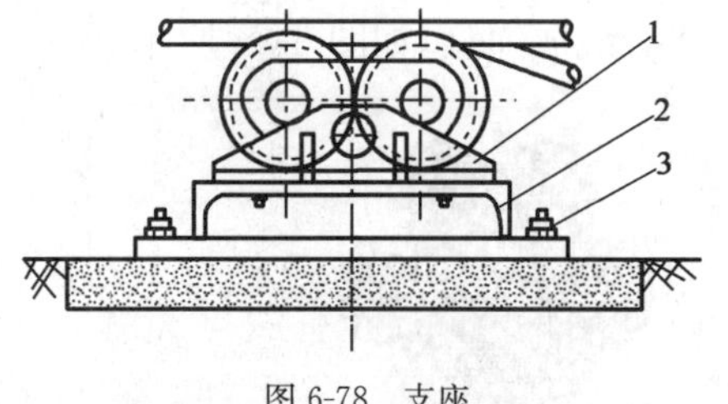

图 6-78　支座

1-支座；2-础材；3-地脚螺栓

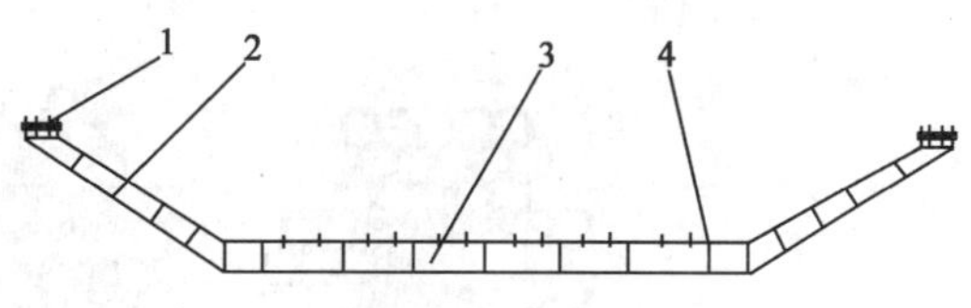

图 6-79　横梁

1-稳定索座；2-横梁端部；3-横梁中部；4-连接构件

(3)抗风索

抗风索上端固定在横梁端部固定桩上，下端与地锚连接在桥的两侧，每隔一定距离，对称设置一组。抗风索一般用 ϕ20mm 钢丝绳制作。

4. 桥面系构件

桥面系有桥面板、护轮木、护栏等构件。

(1)桥面板（图 6-80）

桥面板直接铺在桥面索上，构成车行部（有的在其上方还增设纵桥面板），用得较多的是木质桥板，其长×宽×厚一般为 400cm×40cm×8cm，质量约 100kg，用护轮木和螺杆与桥面边索固定（图 6-81）。

在木材缺乏地区也可采用钢桥板，钢桥板用 3mm 厚钢板焊成，其规格、尺寸与木桥板相近。

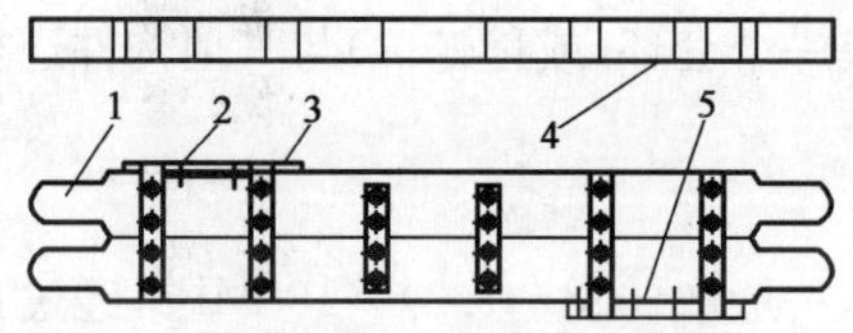

图 6-80　木桥板

1-木板；2-钢板；3-螺栓；4-定位角钢；5-缝隙木头

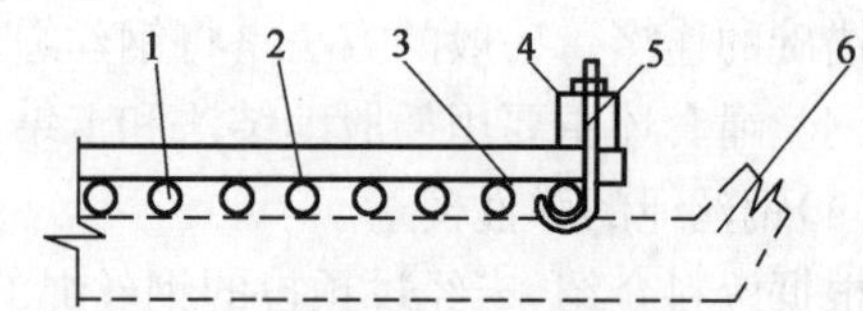

图 6-81　桥板的固定

1-桥面索；2-桥板；3-限位角铁；4-椽材；5-椽材螺杆；6-横梁

(2)横梁桥板

横梁桥板是设在横梁上表面的专用桥板，其宽度与横梁上翼缘相同。横梁桥板上表面设有防滑护铁，下表面刻有与桥面索间距相等的凹槽（图 6-82）。桥面索位于凹槽内以控制桥面索的间距。横梁桥板的两侧设有斜对称的缝隙木，以控制与桥板的间隔。

(3)栏杆柱

栏杆柱可用圆钢或薄壁钢管制作，杆上焊有 3 个绳圈，供穿栏杆绳用。栏杆绳作为行人扶手。栏杆柱尾端为锥形，焊有限位垫，用以栏杆柱插入椽材孔内时限位，有的在尾端设有一销孔，插开口销防止装好的栏杆柱脱出（图 6-83）。

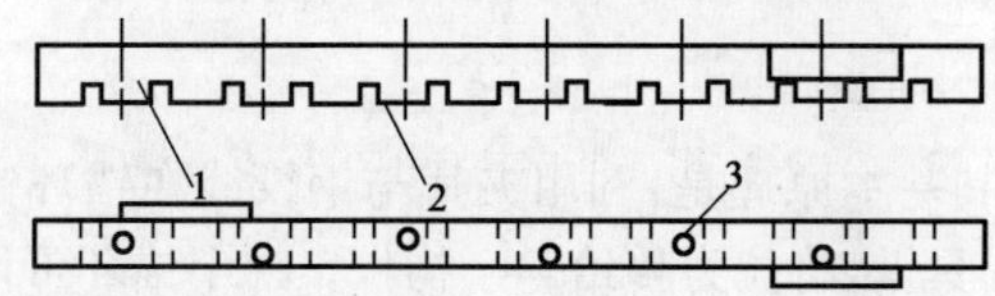

图 6-82　横梁桥板

1-桥板；2-索槽；3-桥板与横梁固定螺栓孔

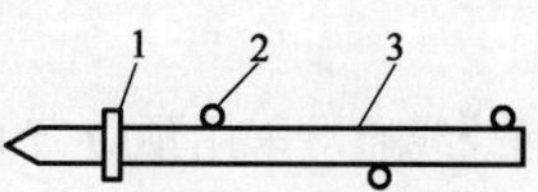

图 6-83　栏杆

1-限位垫；2-绳圈；3-钢管

(三)承重索的类型

1. 钢丝绳

钢丝绳是由若干股细钢丝在一个单根蕊子外，螺旋式缠绕成绳型，如图 6-84 所示。

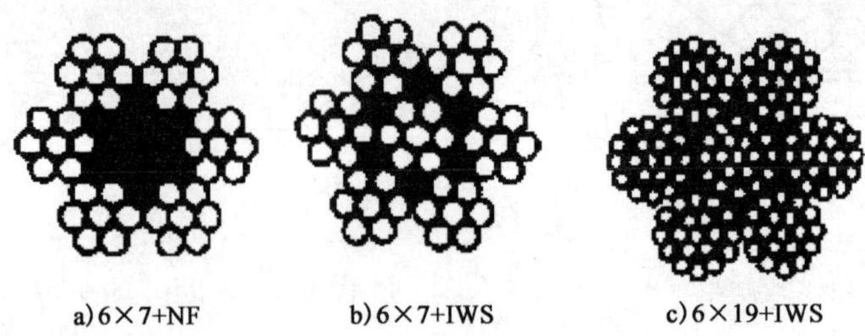

图 6-84　钢丝绳断面的构造

缠绕式普通钢丝绳是现代索道桥用得最多的一种承重构件，它的主要优点是：柔软、容易卷盘、施工操作方便，便于用索夹（又名钢绳扎头）固结，便于与土木结构的地垄式锚碇相连接。

(1)钢丝绳的构造和种类

用于索道桥的钢丝绳，一般不用有机蕊，多用钢蕊钢丝绳，一般直径在 25mm 以上。

(2)钢丝绳的技术性能

钢丝绳的破断拉力与钢丝绳的直径、结构（几股几丝）及钢丝的强度有关。如钢丝绳直径和钢丝极限强度都相同，钢丝根数少的破断拉力就高一些。

(3)钢丝绳端部的固结

钢丝绳端部的固结是指钢丝绳与其他构件的连接，在索道桥中是主索与连接调节系统构件和锚碇的连接。一般的方法是将钢丝绳的端头作成一个套环（或称蛇口）与其他构件进行连接。钢丝绳套环主要用插股编结法和卡结法。

(4)钢丝绳的弹性模量

根据资料介绍，未经过预拉的钢丝绳的弹性模量，一般取(0.8～1.2)$\times 10^5$MPa，经过预拉的钢丝绳弹性模量可取(1.0～1.2)$\times 10^5$MPa。

2. 镀锌钢绞线

镀锌钢绞线一般由镀锌高强钢丝扭制而成，常用于预应力混凝土的预应力筋，也可用于悬索桥的承重索，如图 6-85 所示。

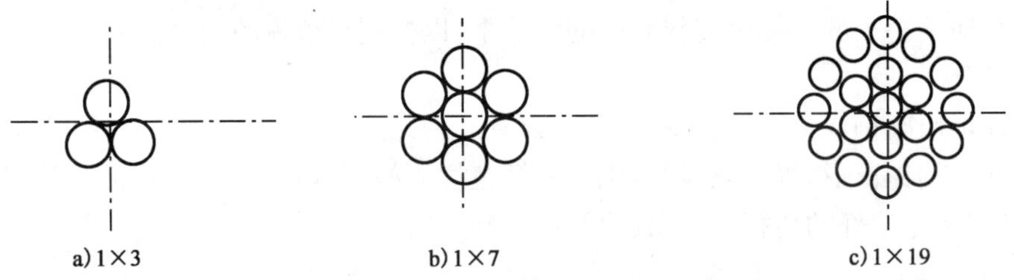

图 6-85　钢绞线的断面构造

钢绞线通常采用预应力卡片锚具固结。其基本原理是：利用夹片与钢绞线在锚环锥孔内啮合夹持住钢绞线，钢绞线加力后被锁定在锚具上、将拉力传给整个构件。一个锚环可设多个孔，每个孔锚固一根钢绞线，一个锚环可锚固多根钢绞线，如图 6-86 所示。

在我国预应力行业中，普遍采用的有 YM 系列、OVM 锚固体系、DM 型钢丝束镦头锚具等。

一套张拉锚固体系有：钢绞线、夹片、锚环、钢垫板、螺旋筋、金属波纹管，还有张拉机具千斤顶。

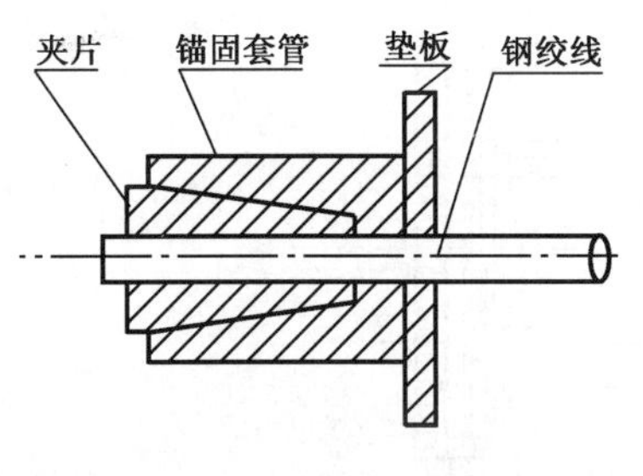

a)单根钢绞线锚固

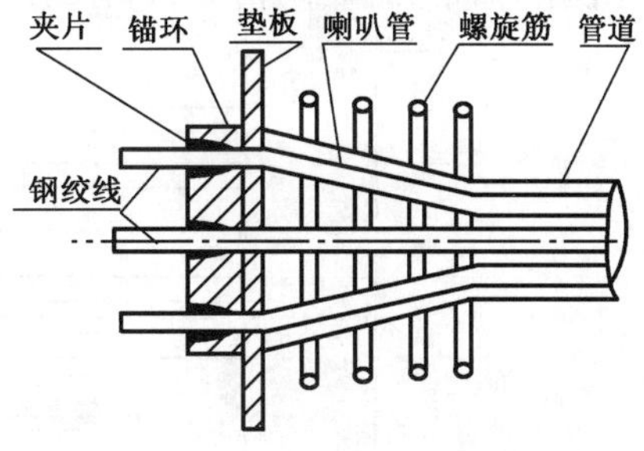

b)多根钢绞线锚固

图 6-86　钢绞线锚图

索道桥主索如用钢绞线，根据主索的排列，一般可设计成 3～7 根钢绞线为一束排列。

锚具是钢绞线固结传力的关键构件。而夹片又是锚具的核心，它的材质、齿形、热处理工艺是非常关键的，而这种产品在我国有专门生产厂家可订货选购，但索道桥承重索钢绞线锚具是属低应力的，在使用过程中，由于振动等原因，夹片可能退出，造成事故。因此，索道桥承重索使用预应力夹片锚具时，应在锚环下部专设一个定位板，用螺钉固定(图 6-87)，以保证安全。

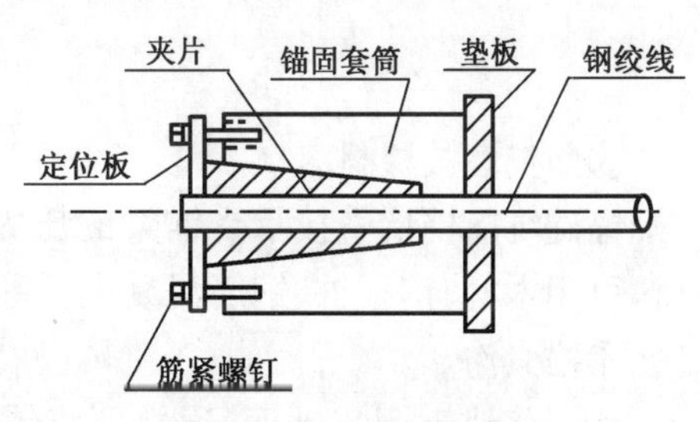

图 6-87　锚固夹片的定位板

3. 平行钢丝束

平行钢丝束用镀锌高强钢丝平行编制而成，是长大索道桥粗大承重索常用的材料。其优点是索的弹性模量大，与钢结构相近，延伸率小，索的断面应力均匀，单位有效面积的抗拉强度与其他形式相比为最大，疲劳强度也大。

根据资料介绍，为增强索的可卷性，制造时，特将索扭转 2°～4°，但其强度与弹性模量减少很小，可以忽略不计。平行钢丝束端部一般用冷铸或热铸锚头固结。

(四)锚碇

锚碇对称布设在江河两岸，用来锚固索道桥的承重索，将索的拉力传给地层。它是索道桥最重要的基础。锚碇工程涉及复杂的地质问题，是索道桥设计施工的难点和重点。

1. 地垄式锚碇

地垄式锚碇亦称卧式锚碇，是索道桥用得较多的一种锚碇形式。单个锚碇由锚碇坑、锚梁、被覆木(或叫竖木)、锚索、锚索沟等五部分组成(图 6-88)。

(1)结构与组成

①锚碇坑

锚碇坑的作用是设置锚梁和被覆木，提供被动土压力。其深度根据承重索总拉力和土壤的物理力学性质而定，其长度为锚梁长度加 1m 左右，底宽为锚梁直径(或宽度)的 1.5 倍再加上被覆木的厚度。

②锚梁

锚梁的作用，直接承受锚索的拉力并均布地传给被覆木再传给前挡墙。锚梁是一个受弯构件。临时性索道桥的锚梁一般用质量优良的单根大圆木、原木束、钢轨束、槽钢或工字钢、钢筋混凝土矩形梁作锚梁锚碇结构等材料制作。

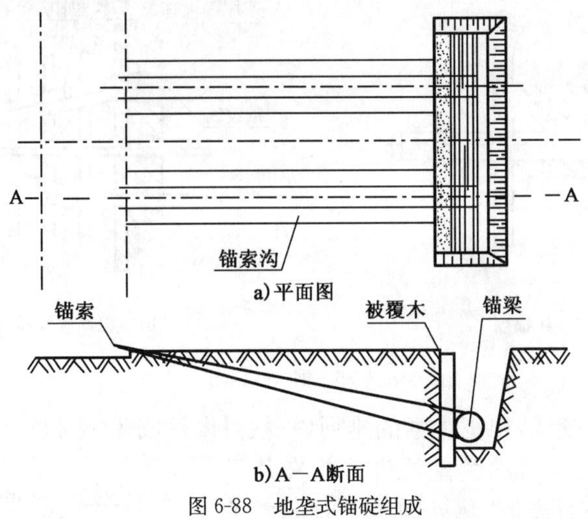

图 6-88　地垄式锚碇组成

③前挡墙被覆材

锚碇坑前挡墙直接承受锚梁的压力，为扩大支承面，使压力匀布传给土体，常设被覆材。材料可用木材、钢板桩、钢筋混凝土板等，其构造尺寸根据计算确定。

④锚索沟

为了将锚索引出地面，通常要将锚碇坑前挡墙的部分土挖几条沟(在承重索安装好后回填)。为了尽量减少对前挡墙土体的挠动，沟的宽度尽量窄小到满足人工和机械作业为宜，一般为 70～100cm。

⑤锚索

锚索即索道桥承重索两端与锚碇的连接部分。锚索与跨中索同用一种钢丝绳，用索夹固结，其根数与跨中索相同对应布置，具体绕法随跨中索绕法而异，有单联、双联、三联、四联，如图 6-89 所示。

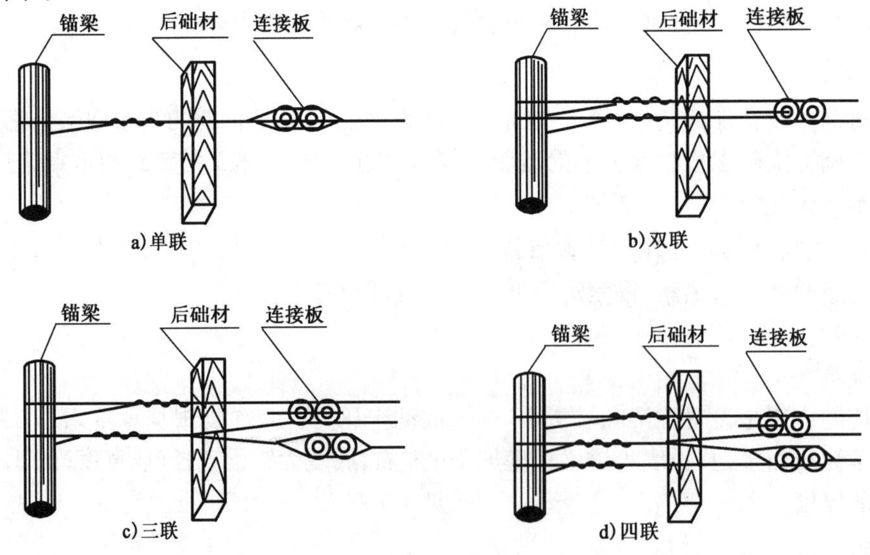

图 6-89　锚索绕法

(2)平面布置

一般一个深度为5m的地垄式锚碇，其锚固力约为2 500kN，而载重250kN、跨度为100m的索道桥的主索总拉力约为3 500kN。在这种情况下一岸就需要布设前后两个锚碇坑，锚碇坑的位置如图6-90所示。

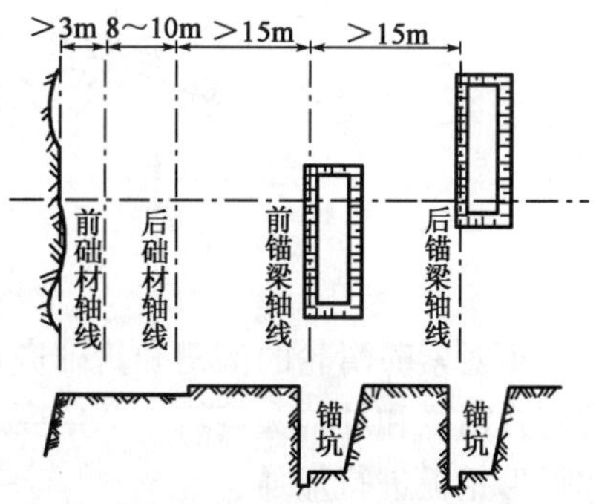

图6-90　一岸两个锚碇坑的布置

(3)地垄式锚碇的构筑

主要过程为：测量标定锚碇坑和锚索沟→开挖→安装被覆木→设置锚索→安装锚梁→回填锚碇坑和锚索沟。

2. 锚杆锚碇

所谓锚杆锚碇是在索道桥桥头两岸，桥面索、稳定索范围内构筑若干个锚杆，分别与桥面索和稳定索相连，借以将全桥主索拉力传给稳定的岩层内。锚杆锚碇施工简单，系统连接调节机构紧凑，便于机械化施工，工期短、投资小，在山地架设索道桥，两岸锚碇部位多为岩石，使用锚杆锚碇应是首选形式。

(1)适用情况

因为锚杆可以把抗力传到地层以下较大深度，而岩层承受锚固力的能力又是由其岩体性质决定的。尚未风化的构造上破坏不大的坚硬岩层，最宜于承受锚杆传给的拉力。即使锚杆在地面以下的埋设深度不大，它的承受力也能达到数百万牛顿，而且通过增加锚杆的埋设深度，可使其承载力增加到10倍以上。如果在锚杆固定处岩层已经破裂，并且露出密集的节理或构造断裂层，如用注浆使其固结，也可将拉力传到坚硬岩层。如无特别需要，从安全角度出发，索道桥一般不使用土层锚杆锚碇。

(2)锚杆传力的途径

锚杆的作用是将承重索的拉力传给地层。拉力可以通过以下几种方法传给地层：由锚杆贴着孔壁拉紧；用水泥将锚杆与岩土黏固；由锚杆的扩张端与地层抵紧。由于各种方法对地层的静力效应具有明显的差别，因此，传递拉力的大小也随所用方法的不同面有很大的差别。

3. 钢丝绳锚杆锚碇

钢丝绳锚杆锚碇是钢丝绳锚杆群与索道桥主索逐根直接相连而形成的锚碇。

钢丝绳锚杆的构造、制作、与主索的连接：取一段钢丝绳（其长度为2倍锚杆孔深＋100cm），将其对折成为锚杆体，分自由段、胶结段、内锚头、外锚头四段进行绑扎（图6-91），然后将前三段放入锚孔中，用水泥浆固结在岩层中，即成锚杆；外锚头的“蛇口”露出地表，用连接器与主索相连（图6-92）。

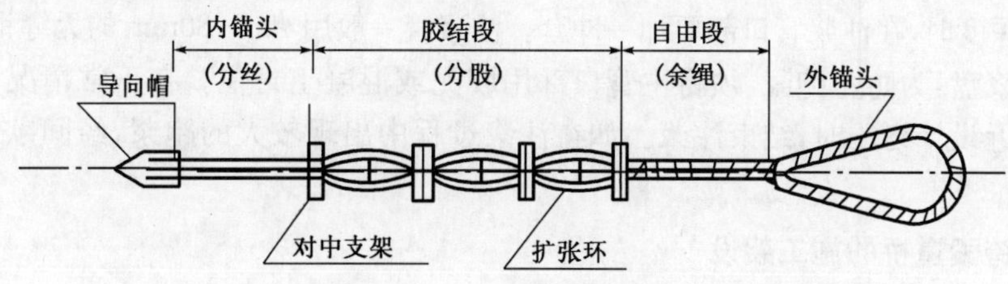

图6-91　钢丝绳锚杆构造

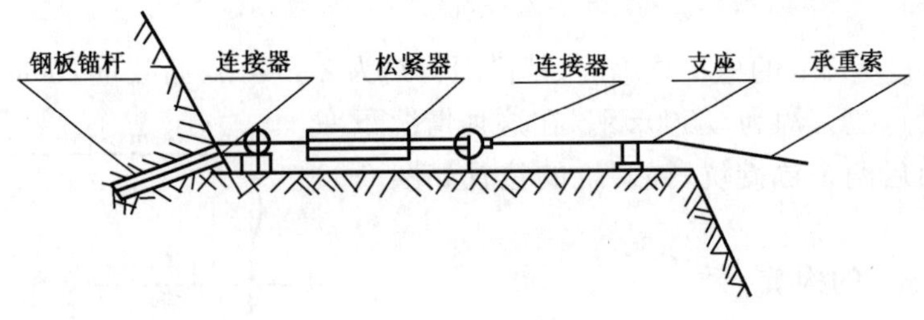

图 6-92　钢丝绳锚杆与主索连接

须对索鞍滑轮的沟槽和基础进行加固，由于钢丝绳锚杆比较柔软，如岩体整体较好时，有的将自由段和外锚头偏转一个角度来适应主索的方向，此时需将钢丝绳锚杆的口部用混凝土加弧形钢板进行加强。

4. 钢绞线锚杆锚碇

钢绞线锚杆锚碇与钢丝绳锚杆一样，均是以锚杆群与索道桥主索一一相连而构成全桥的锚碇。钢绞线锚杆与钢丝绳锚杆设计、施工工艺基本相同。

根据灌浆工艺的不同，钢绞线锚杆可分为一次灌浆锚杆(使用无黏结钢绞线)和二次灌浆普通拉力型锚杆(使用无黏结钢绞线)。

5. 混合式锚杆锚碇

由于地质、地形和施工等原因，在实际工程中有的将锚杆的外锚头的混凝土垫墩扩大，将主索锚固在“大垫墩”中，形成混合式锚碇。混合式锚杆锚碇主要由钢绞线锚杆、钢筋混凝土锚体、承重索锚固装置三部分组成(图 6-93)。

(1)锚杆的作用是提供锚固力，一般用钢绞线或精轧螺纹钢作为预应力锚杆。

(2)钢筋混凝土锚体的作用是连接锚固承重索并将预应力锚杆的锚固力与承重索的拉力转为合力，达到锚固承重索的目的。

(3)承重索的锚固装置的作用是连接锚固承重索，并具有长度调节功能。

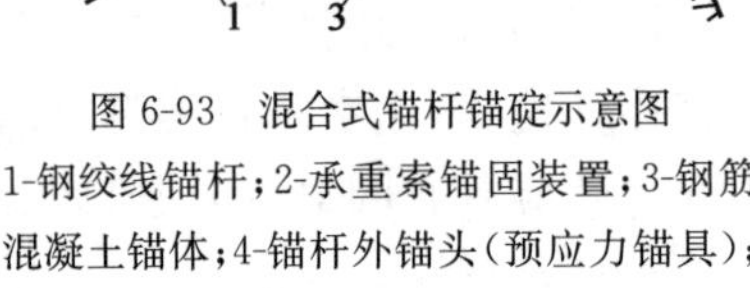

图 6-93　混合式锚杆锚碇示意图

1-钢绞线锚杆；2-承重索锚固装置；3-钢筋混凝土锚体；4-锚杆外锚头(预应力锚具)；5-承重索

6. 锚碇区地基的加固

锚碇是索道桥最重要的基础，要求地基稳固，如锚碇区地基岩体破碎，稳固性较差，位置又不可能改变时，补救措施常用注浆法，对地基进行加固。

注浆施工工艺流程：钻孔→安装注浆管→止浆岩盘的造设→设备就位→制浆连接管道→注浆→检查效果。

安装注浆管：钻孔后，经掏孔检查无误后，便安装注浆管。先把管插入孔内，如钻孔压进注浆管到要求的深度时，在注浆管口部要加一冲套。注浆管一般用 ϕ50～80mm 的无缝钢管制作。

造设止浆盘：为防止跑浆，须将主管口部用胶泥或混凝土封住。在正常情况下，当注浆压力达到或接近设计终压时，结束注浆。如在注浆过程中出现较大的跑浆，经间歇注浆后，可以结束注浆。

(五)单跨索道桥的施工架设

以钢丝绳承重索、地垄式锚碇为例进行介绍。

先进行材料、构件的加工制作和施工场地准备，实现“三通一平”。

1. 主要施工程序

主要施工工序：施工测量→构筑两岸锚碇→设置础材、鞍座和连接调节构件→架索、锚索→安装横梁→设置与固定桥板→通载检验→检校交付使用。

架设用钢丝绳制作的主索时，一般都经两道工序：一是张拉过河；二是调整线形，即将所有桥面索的矢度调整到统一的设计矢度。在此以地垄式锚碇、钢丝绳主索为例，叙述主索的架设步骤方法。

张拉架设桥面索和稳定索的顺序如下：

(1)一般是从两侧稳定索位置过河，横移到从桥轴线上下游一侧，逐根张拉安装就位，如图6-94所示。

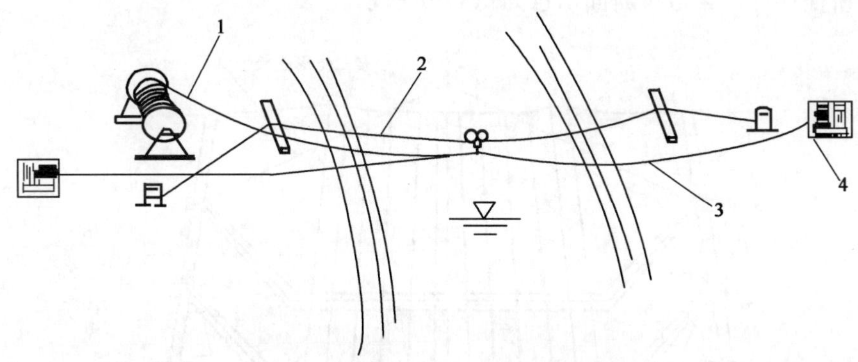

图6-94　张拉架设桥面索和稳定索示意图

1-主索；2-临时工作索；3-牵引索；4-电绞盘

(2)用船直接将索送过江河。

(3)利用工作索架设，如图6-95所示。

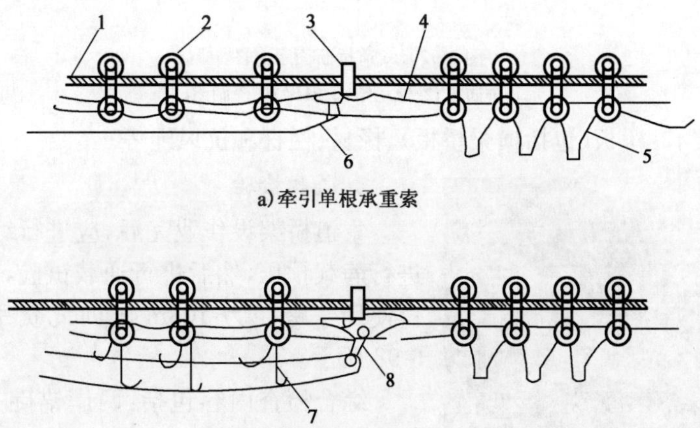

图6-95　利用工作索架设示意图

1-工作索；2-分索器；3-卸扣；4-牵引索；5-控制索；6-承重索；7-双排钩；8-滑轮

(4)收紧与固结主索，如图6-96所示。

(5)主索跨中矢度量测。

(6)桥面索矢度一致性的调整。

桥面索(包括稳定索)张拉架设完后,用串联在索中的松紧器将诸索的矢度逐根调到一致。

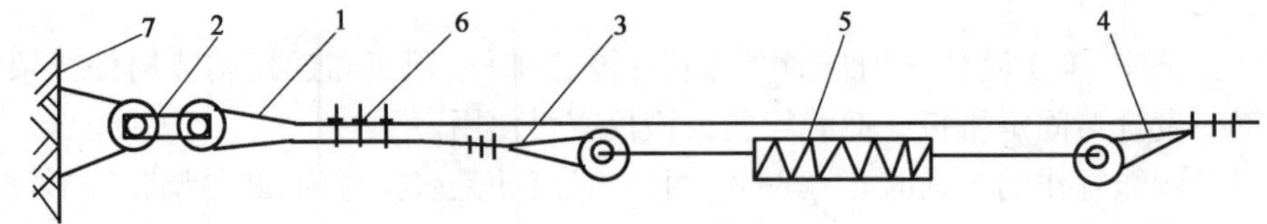

图 6-96 收紧与固结主索示意图

1-主索;2-连接滑轮;3-索端蛇口;4-千斤绳;5-收紧链滑车;6-主索固结索夹;7-锚碇

2. 安装横梁

桥面索、稳定索架设张拉并调好矢度后,则可安装横梁。安装步骤如下:组装横梁→展放横梁→设置桥面构件。索道桥断面示意如图 6-97 所示。

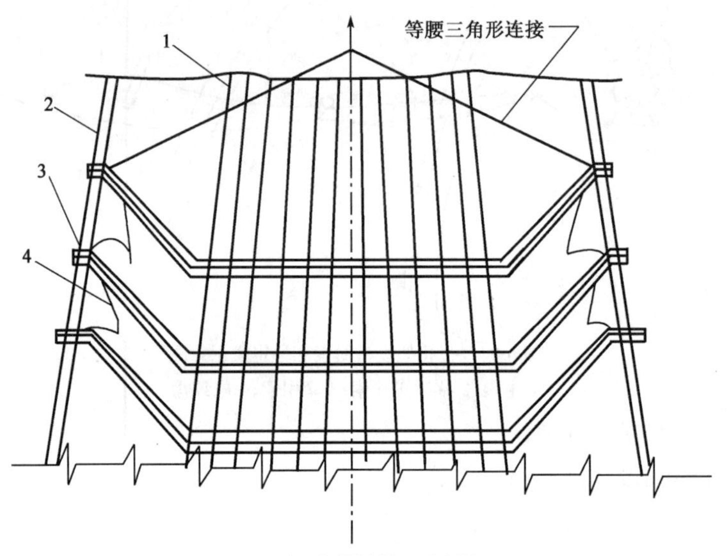

图 6-97 索道桥断面示意图

1-桥面索;2-稳定索;3-横梁;4-控制索

桥面构件主要有:桥板(包括横梁桥板)、椽材、栏杆和抗风绳等。

图 6-98 河北贺平峡索道桥

3. 通载检验

索道桥架设作业完后,应进行综合检查,无误后进行静载预压,然后进行通载试验,合格后便正式交付使用。跨径为 103m 的河北贺平峡索道桥如图 6-98 所示。

综合检查内容包括:两岸锚碇是否有下沉滑移和倾斜变位现象;主索连接,特别是钢索的卡结的数量、位置、拧紧程度是否符合要求;各种受力构件,如松紧器、连接滑轮,安装是否正确;桥梁跨中矢度、横倾角是否符合设计要求。

第七章　隧道抢通抢修

隧道突发事件造成的交通中断和结构破坏，主要由战争、自然灾害或安全事故等因素引发。由于隧道大多地处山岭重丘区，地形地貌复杂且又深处地下，造成抢通抢修场地狭小、技术难度大、所需时间长。本章结合国内外隧道突发事件抢通抢修的经验和技术积累，重点介绍了隧道坍塌、突水和火灾等突发事件的抢通、抢修技术措施。

第一节　隧道坍塌抢通抢修

隧道坍塌，是指隧道自身结构损毁垮塌及围岩坍塌的事件。隧道坍塌除了导致道路断通、施工中断外，往往伴随着人员伤亡、掩埋，车辆损毁及危害周边环境等恶性后果。

总体来讲，隧道坍塌可以分为运营隧道坍塌及在建隧道坍塌两类。其中，运营隧道坍塌的处理要求尽快清除障碍，保障通行；在建隧道坍塌的处理则是要求在黄金救援时间内打通生命通道，救助被困人员，尽快恢复施工生产。

隧道坍塌按照发生的结构部位，可以分为以下两类：

(1)洞口段坍塌：主要指洞口边仰坡发生滑塌、崩塌，隧道洞门段坍塌(图 7-1)。

(2)洞身段坍塌：主要指隧道洞内成段落垮塌，或者部分隧道结构及围岩坍塌(图 7-2)。

按照上述分类，相应地可将隧道坍塌进一步细分为运营隧道洞口段坍塌、运营隧道洞身段坍塌及在建隧道坍塌三类。

图 7-1　洞口段坍塌

图 7-2　洞身段坍塌

一、运营隧道洞口段坍塌抢修

在自然灾害、战争状态下隧道洞门(含洞口路堑)遭到破坏的情况较为常见，因此，隧道洞口段抢通是隧道坍塌处置的重要内容。

(一)隧道洞口抢通应遵循的原则

(1)清土前，应准确判断岩体的稳定程度、已坍塌或可能坍塌的范围，清理顶部的松动石块、土块，对不稳定的土石必须先支撑后清除，确保作业安全。

(2)尽量缩小刷方范围，减少扰动，避免诱发新的坍塌。

(3)洞口段的路面宽度一般不宜小于原有宽度，紧急情况下可适当缩小。

(4)洞口段边仰坡开挖坡度应符合《公路路基设计规范》(JTG D30—2004)的有关规定，应急抢修时可视边仰坡稳定情况，以较陡的坡度临时刷坡，应急通车后视情况继续刷坡至满足规范要求坡度。必要时可采取适当边坡防护措施加固坡面，如喷射混凝土、插打锚杆、挂设钢筋网、挡土墙支挡等。

(5)路堑顶部一般不得堆放弃土。在紧急情况下临时堆放弃土时，路堑顶部弃土堆内侧坡脚至稳定边坡路堑坡顶距离不得小于 2m。当路堑土质松软时，其距离不得小于路堑边坡高度，并不得小于 5m，土质较好时可适当缩短距离。正常通车后，应按规定及时清除路堑顶部弃土，同时应加强堑顶防排水措施，防止坍塌继续发展。

(二)隧道洞口抢通措施

(1)路堑通过法(图 7-3)。土石方数量不大时，可将洞口坍塌的一段隧道刷坡，临时改成路堑通车。

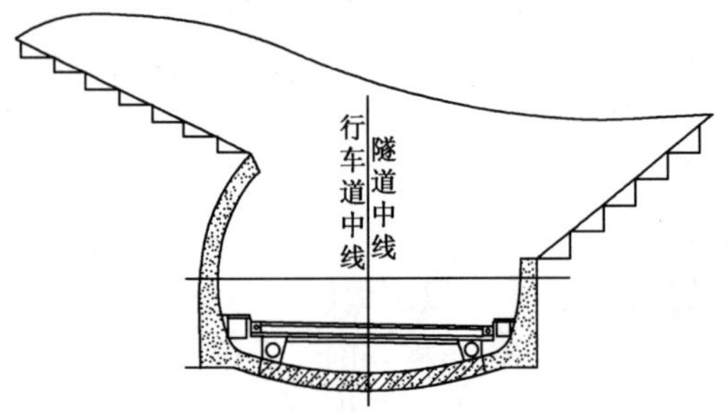

图 7-3 路堑形式通过坍塌体

根据地质条件，路堑边坡一般采用 1∶0.2～1∶1.0 的坡度，坡面要平顺，并应设置截水沟、排水沟等，及时排除地表水。为减少刷坡数量和防止土石方坍落，边坡可临时挖成台阶形，也可先刷陡一些，并尽量利用残存的边墙或采取临时挡土措施。临时挡土措施一般有埋桩挡土和三脚架挡土等。埋桩挡土桩距一般为 1m，桩位应取直，桩后横钉半圆木或挡土板挡土；如土坡较陡，不能打拉桩时，可做成三脚架挡土(图 7-4)。

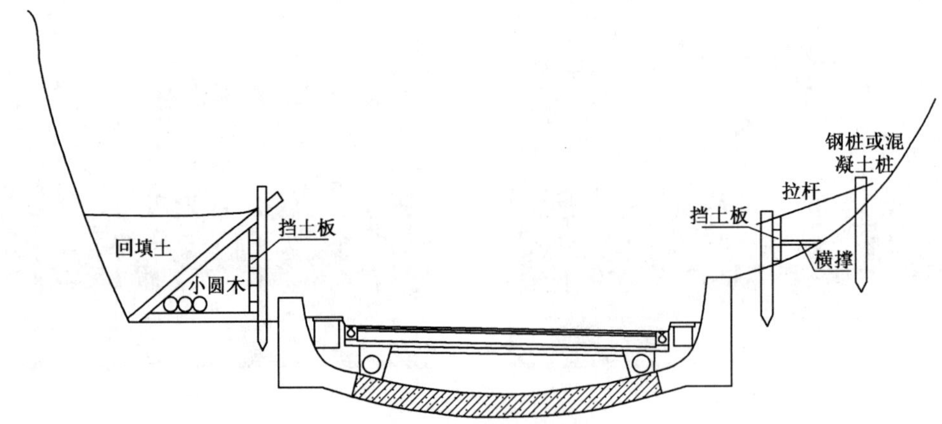

图 7-4 埋桩挡土及三脚架挡土

(2)明洞或棚架通过法。此类措施适用于以下几种情况：

①当土石方数量庞大，难以用路堑通过，又不具备以隧道通过条件时；

②路堑清方通车后，坡面崩塌碎落严重威胁行车安全时；

③洞门端墙、翼墙严重破坏，修复十分困难，而边仰坡坍塌，岩土体松动不稳定时；

④坍塌地段以隧道通过时，为保证进洞施工安全，应在洞口加设一段明洞或棚架。

(3)隧道通过法。适用于洞口段破坏段落长、范围广、坍塌数量大而集中，围岩软弱破碎，清方会引起大范围或导致山体滑动的情况。可利用平行导坑或废弃隧道，改建成隧道。

(4)单洞通行法。双向隧道中有一条损毁的，且短期内无法修复时，可利用另一条通车。

(5)路线迂回法。洞口段破坏段落长，围岩软弱破碎，清方可能引起大范围或导致山体滑动，并且该隧道长度不长，附近地形地貌允许改线绕行，可废弃原隧道采用路线迂回法通过。

(6)隧道洞门及边仰坡加固技术措施。隧道洞门或翼墙倒塌，为防止土石继续坍落，减少刷坡土石方数量，常用草袋装土码砌洞门或翼墙临时挡土。护坡草袋一般可码单层，应随砌随夯实填土或用草袋补充，然后依坡叠砌；最下一层草袋基础须外高里低，即做成倒坡，以防止滑动；最上一层草袋口应朝下靠坡斜放，用土封闭接缝，以免雨水灌入草袋墙的内侧，影响稳定。隧道洞口边仰坡加固技术措施见表7-1。

隧道洞口边仰坡加固技术措施 表7-1

编号	技术措施	适用条件	技术要求
1	砂浆抹面或浆砌护坡	土质坡面，边坡稳定、平整	砂浆抹面用M5水泥砂浆，厚度不小于3cm；浆砌护坡符合有关技术规范要求
2	灌浆勾缝	砌体裂缝较宽，边坡稳定	M5水泥砂浆灌缝，灌浆饱满，勾缝密实
3	喷射水泥砂浆支护	土质坡面或易风化的石质坡面，边坡稳定、较平整	喷M5水泥砂浆，厚度不小于3cm
4	喷射混凝土支护	坡面岩体较破碎，边坡稳定性较差	喷C20混凝土，厚度不小于5cm
5	锚杆喷射混凝土支护	坡面岩体破碎，节理发育，边坡稳定性差	喷C20混凝土，厚度不小于8cm，直径22mm锚杆，长2～3m，间距100～150cm
6	锚杆钢筋网喷射混凝土支护	坡面岩体很破碎，边坡稳定性差	在喷锚支护的基础上加钢筋网，钢筋直径6～8mm，网格20cm×20cm
7	混凝土或砌体挡土墙	边仰坡较高较陡，稳定性差	符合混凝土或砌体工程施工技术规范要求
8	局部补修	坡面上局部有凸出的岩块或凹陷的坑穴	局部加锚杆固定岩块或局部加浆砌片石嵌补坑穴，以期稳定

二、运营隧道洞身段坍塌抢修

隧道坍塌抢通抢修应遵循分部开挖、短进尺、快支护、早衬砌的原则，以达到减小开挖跨度、高度，减少变形，防止坍塌的作用，初期支护做好后可应急通车，在初期支护形变稳定后，尽早模筑衬砌。

(一)清除洞内土石方

因受隧道两端地形和隧道断面的限制，工作面狭窄，清除洞内坍塌的土石方往往成为控制抢通时间的关键。因此，要严密组织抢通工作，及时轮换突击人员，尽可能从隧道两端同时作业并想方设法扩大工作面，充分发挥工程机械的作用，以加快抢通进度。

当洞身穿孔坍塌时，可视具体情况制订清方措施：

(1)浅埋隧道地段，可采用明挖法清方，将洞身破坏地段改为路堑、棚架或明洞。

(2)对洞顶覆盖层遭破坏形成的坍孔，应视孔壁稳定程度，进行支撑或加固，必要时先加固地表，然后再进行洞内清方。

(3)坍落的土石方数量大，隧道严重堵塞且洞顶坍体不稳定时，应充分利用残存结构，采取超前支护、预注浆等措施稳定坍体，然后清方。

(4)洞顶坍孔被大石块堵住且较稳定时，不宜扰动，可采用钢架或木棚架支护，其上灌注1～2m厚混凝土。

(5)清方过程中遇有大石块时，应采取弱爆破处理，以减少对坍体及周边围岩的扰动，防止扩大坍塌范围。

隧道洞身段坍塌抢修常用技术方案见表7-2。

隧道洞身段坍塌抢修常用技术方案 表7-2

编号	技术方案	适用条件	作业顺序
1	喷锚构筑法	(1)隧道被炸穿，衬砌坍塌； (2)洞口地段边仰坡坍塌严重，需以隧道通过时； (3)隧道被炸穿，车辆埋在坍塌体内	固定坍体→清理工作面→立钢架→超前支护→上半断面环形开挖→立钢拱架→喷锚初期支护→挖核心土→(做临时仰拱)→下半断面分部开挖→边墙喷锚支护→(做仰拱)→铺底→模筑衬砌(可应急通车后再做)→铺渣等简易路面
2	矿山法	适用条件同上，但无喷锚构筑法施工的机具设备时	上导坑开挖→立钢木支撑→拱部扩大→立扇形支撑→模筑拱部衬砌→开挖边墙部位坍体→立木支撑→模筑边墙衬砌→铺底→铺渣等简易路面
3	明拱暗墙法	隧道浅埋地段，拱部被炸穿，边墙全部或部分破坏	清理坍体至拱脚处→支挡边坡→注浆加固边墙部位坍体→模筑拱部衬砌→开挖边墙部位坍体→模筑边墙衬砌→拱顶回填土→铺底→铺渣等简易路面

(二)临时支护

抢通时的临时支护措施详见本节“隧道抢修的临时支护”的有关内容。

(三)衬砌抢修加固

衬砌破损、变形，但未穿孔、坍塌时，应根据衬砌破坏程度、结构稳定状态及对行车影响的大小，结合施工条件，确定抢修加固方案。一般分以下三种情况：

(1)经检测，破损衬砌结构尚未失稳，仍具有一定的整体性，同时变形稳定后净空能满足通车限界要求时，可暂不抢修，应急通车后再作处理。

(2)衬砌严重破损，结构近于失稳，不能保证行车安全时，应采取一定的临时加固措施，譬如工字钢、钢管支撑等，保证应急通车。

(3)衬砌变形侵限，不能满足通车要求时，需采取加固技术措施(表7-3)。

隧道衬砌加固技术措施 表7-3

编号	破坏程度	加固措施	技术要求
1	衬砌开裂不严重，缝宽小于10mm，结构无变形	裂缝嵌补	缝宽小于1mm，用环氧树脂浆液压注；缝宽2～5mm，用环氧树脂浆液水泥砂浆嵌缝；缝宽5mm以上，凿楔形槽用速凝水泥砂浆、环氧树脂水泥砂浆或聚氨酯等嵌补
2	衬砌开裂较严重，缝宽10～30mm，有局部掉块可能，结构无显著变化	锚杆加固	锚杆直径16～22mm，长2～3m
		锚杆喷射混凝土	喷射C20混凝土，喷层厚度6～10cm，锚杆设置见“锚杆加固”
		钢筋网喷射混凝土	喷射C20混凝土，喷层厚度8～12cm，钢筋网钢筋直径6～8mm，网格15cm×15cm
		钢筋喷射混凝土	喷射C20混凝土，喷层厚度10～20cm，加单层或双层钢筋，环向主筋直径16～19mm，纵筋直径10mm，网格25cm×25cm
		锚杆钢筋网	见“锚杆加固”和“钢筋网喷射混凝土”
		钢纤维喷射混凝土	每立方米混凝土钢纤维80kg，喷射C20混凝土，掺喷层厚度10～15cm，钢纤维应搅拌均匀，控制好喷射速度、压力、流量，分2～3层喷射，间隔8h

续上表

编号	破坏程度	加固措施	技术要求
3	衬砌严重开裂、错台,裂缝或错台宽大于30mm,局部掉块,结构有显著变形,但有一定承载能力	钢筋混凝土套拱	套拱厚度20～30cm(在净空允许的情况下),C20混凝土,双层钢筋,环向主筋直径16～22mm,纵向筋直径12mm,箍筋直径8mm,间距均为35cm,套拱与原衬砌用钎钉结合
		镶嵌钢架	在破损衬砌上凿槽镶嵌钢架,钢架采用旧钢轨或工字钢制作,镶嵌在衬砌凿槽内的钢架应与原有衬砌锲紧,并用喷射混凝土或细石填实。钢架外露部位喷射混凝土保护层
4	衬砌严重开裂,结构已丧失稳定	更换混凝土衬砌	混凝土强度等级、厚度不低于原衬砌
		更换钢筋混凝土衬砌	钢筋混凝土强度等级、厚度、配筋不低于原衬砌
		更换为钢筋混凝土衬砌	混凝土强度等级、厚度同原混凝土衬砌,配筋见“钢筋混凝土套拱”

三、在建隧道坍塌抢修

在建隧道坍塌的原因主要有:一是自然因素,即地质状态、受力状态、地下水变化等;二是人为因素,即不适当的设计,或不适当的施工作业方法等。

(一)在建隧道坍塌抢修的一般处置步骤及方法

1.防止坍塌扩大

(1)在坍塌范围顶部、侧壁上的危石及大裂缝,应先行清除或锚固。

(2)对坍塌范围前后原有的支护进行加固,以防止坍塌扩大。

(3)在坍塌范围内架设支撑或喷射混凝土,必要时加设锚杆。

(4)对坍塌两端应尽快做好局部衬砌,以保证坍塌不再扩大。

2.处理坍塌措施

(1)如坍塌体积较小,且坍塌范围内已进行了喷锚,或已架设好较为牢固的构件支撑,可由两端或一端先上后下地逐步清除坍渣,随挖随喷射混凝土,随架设临时构件支撑支顶。

(2)如坍塌体积较大,或地表已下沉,或因坍体堵塞,无法进入坍塌范围进行支护时,则可注浆加固坍体,然后用“穿”的办法在坍体内进行开挖、衬砌。

(3)处理坍塌的同时,应加强排水,即“治坍先治水”。

(二)衬砌抢修措施与回填方法

1.衬砌抢修

(1)随着坍渣的逐渐清除,衬砌逐段推进,快速成环。条件允许时应由坍体的两端对向作业,随即回填密实。在坍穴最高处或两端衬砌接头处应预留回填及进出料孔。

(2)如坍塌范围的围岩不够稳定,在处理坍塌中有继续坍塌的可能时,可在坍塌范围内选择适当位置做坍体护拱,以保障抢修作业安全。护拱上应以碎渣铺填2m厚左右作为缓冲层(图7-5)。

(3)如坍体未进行预先注浆加固,而采用“穿过”的抢修作业方法时,拱脚处的衬砌圬工应加宽灌抵开挖轮廓壁(开挖轮廓不过大时),以便保证拱脚稳固。

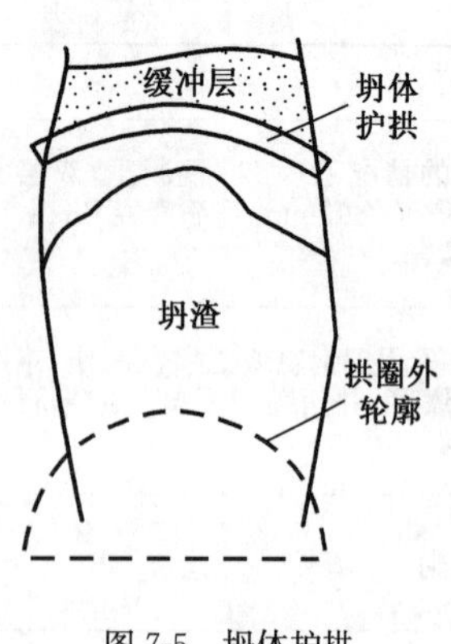

图 7-5　坍体护拱

2. 坍体回填

(1)清除坍渣后,拱背应先以浆砌片石回填 2～3m 厚,其上再用干砌片石回填,回填高度应尽量填满坍方范围,坍体内木支撑应尽量拆除。

(2)在坍体的护拱与拱圈间应全部回填密实,坍体护拱以上回填厚度可根据具体情况而定,但不应小于 2m。

(3)如坍塌范围高大,在坍塌穴内进行回填操作不便时,可选择适当位置另行开凿专供回填用的坑道。

(4)如坍塌直达地表,除按规定做好拱部回填外,另用一般土石回填夯实至距地表 1～2m,再用黏土回填至略高于地表并向四周倾斜,周围做好排水沟。

四、隧道抢修的临时支护

在隧道抢通抢修及生命救援的过程中,必须及时进行临时支护以确保安全。常用临时支护技术措施见表 7-4。

隧道坍塌抢修常用临时支护技术措施　　表 7-4

编号	技术措施	作　用	技　术　要　求
1	长孔注浆	加固坍体防止涌水	从坍体表面或工作面向隧道开挖轮廓线周围一定范围内注浆,注浆孔直径 75～110mm,孔底间距 1.0～1.5m,浆液配合比:水泥浆水灰比为 1∶1～1.5∶1,水泥水玻璃双液浆体积比为 1∶1～1∶0.6(水玻璃模数 n=2.2～2.8,波美度 Be=30～40)。注浆压力、注浆量等现场决定
2	小导管周边预注浆	加固洞周岩体超前支护	立钢架,喷混凝土 10～15cm 厚封堵开挖工作面,沿隧道开挖轮廓线打入直径 32～50mm 注浆导管,长 2.5～4.0m,管壁每隔 10～15cm 交错钻孔,孔径 6～8mm,导管环向间距 20～50cm,外插角 10°～25°,导管纵向搭接长度不小于 1m,注浆压力 0.2～0.6MPa
3	架设钢架	提高初期支护的强度和刚度,作为超前锚杆或小导管的支撑构件	钢架可选用钢轨、型钢、钢筋格栅制造。格栅钢架主筋不宜小于 20mm,材料选用 20MnSi 钢筋,钢架的间距不大于 1m,两榀钢架之间应设置直径 18～20mm 的钢拉杆,间距 1.0～1.5m,钢架立柱埋入地板深度不应小于 15cm,钢拱架拱脚处加设锁脚锚杆(管)、支撑垫板或注浆加固,钢架必须安设在隧道中线的竖直面上
4	架设木排架	作为支撑构件	木排架可用直径不小于 20cm 的圆木或截面不小于 20cm×20cm 的方木制作,用扒钉连接。木排架间距不宜大于 1m,排架之间应设横撑和斜撑,木排架必须安设在隧道中线的竖直面上
5	施作长管棚	超前支护拱顶松散坍体	钢管水平方向架设在钢拱架上,钢管中心间距 30～50cm,采用厚壁钢管,直径 108～250mm,长 8～20m(用 4～6m 长钢管用丝扣分段连接而成)。钢管内可灌注水泥砂浆、混凝土,或内置钢筋笼并灌注水泥砂浆,纵向两组管棚间应有不小于 1.5m 的水平搭接长度
6	施作其他棚架	超前支护拱顶松散坍体	钢拱架或木排架上插入钢轨、型钢、钢板或木板、半圆木等

续上表

编号	技术措施	作 用	技 术 要 求
7	打入超前锚杆、钢管或钢轨	超前支护拱顶松散坍体	采用直径32mm早强砂浆锚杆、直径32mm钢管或钢轨，长2.5～4.0m，环向间距30～50cm，外插角5°～20°，两排之间纵向水平搭接长度不得小于1m
8	锚杆加固	增加围岩和衬砌的稳定性	根据坍塌岩块或衬砌破坏情况，设置系统锚杆或局部锚杆
9	增加喷射混凝土厚度	增加支护的强度和刚度	采用早强喷射混凝土，喷混凝土厚度20～30cm，分层喷足设计厚度
10	钢筋网喷射混凝土	提高支护强度，抑制围岩坍塌，减少喷层开裂	钢筋直径6～10mm，间距15～30cm，必要时可设双层钢筋网，钢筋网必须与锚杆、钢架连接牢固，网喷混凝土厚度15～20cm
11	增设临时仰拱或卡口梁	与初期支护形成封闭环，控制变形	临时仰拱构造与拱部边墙钢架一致，喷混凝土或灌混凝土均可。卡口梁可用钢筋混凝土、型钢或木料制作

(一)支护材料与类型

1. 支护材料

一般有木材、工字钢、锚杆、混凝土、钢筋混凝土等。

2. 支护类型

有木支撑、钢支撑、锚杆支护、喷射混凝土支护等形式。

3. 支护方式

先挖后支(适用于Ⅰ、Ⅱ级围岩)、随挖随支(适用于Ⅲ、Ⅳ级围岩)及先支后挖(适用于Ⅴ级以上围岩)。

4. 支撑基本要求

有足够的强度、刚度和稳定性，保证行车安全；能及时架设、适用可靠、构造简单、便于拆装、运输方便；体积小，保证净空满足隧道建筑限界的要求；能防止突然失效，便于修筑永久支护，经济安全，能多次周转使用等。

(二)各种支护形式结构特点

1. 木支撑

木支撑具有便于加工、结构简单、便于装拆、破坏前有声音预兆等优点，缺点是受载变形较大、承载能力较小等。

木支撑常用结构形式如下：

(1)导坑木支撑

如图7-6所示，由立柱、横梁、纵撑、背板所组成。

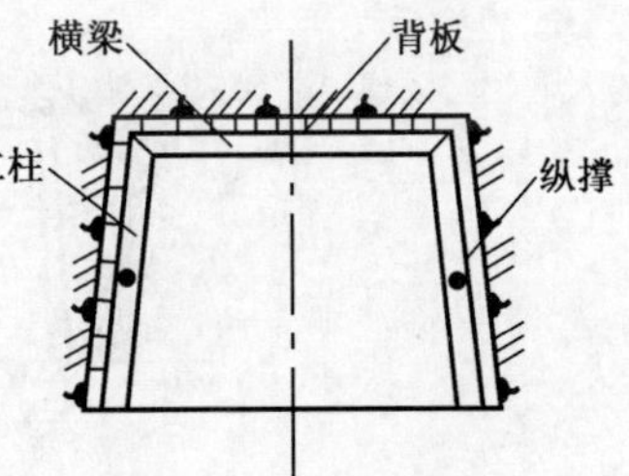

图7-6 导坑木支撑

(2)插板法支撑

如图7-7所示，当围岩不稳定时，需先支后挖，可采用插板支撑。其作业顺序是：开挖前先立一排架，沿坑道顶部打入第一排插板或工字钢等护顶构件，否则会随挖随塌，故此应随挖随打入插板，插板略往上翘。当挖至第二排位置时，先架设排架，并用横梁托住第一排插板，横木下采用高木楔与框架楔紧。由于高木楔把横木架起，故可在横木与排架支撑的横梁间的空隙处继续打下一排插板。插板到位后，它与横木间用固定木楔楔紧。如此循环作业，即可在插板保护下进行开挖。当围岩极不稳定时，在正面也需用挡板支护，如图 7-7 所示，掘进时从上至下分段进行，挖一部分架好挡板，再挖下面（每次开挖时，需拆除部分挡板）逐渐推进。

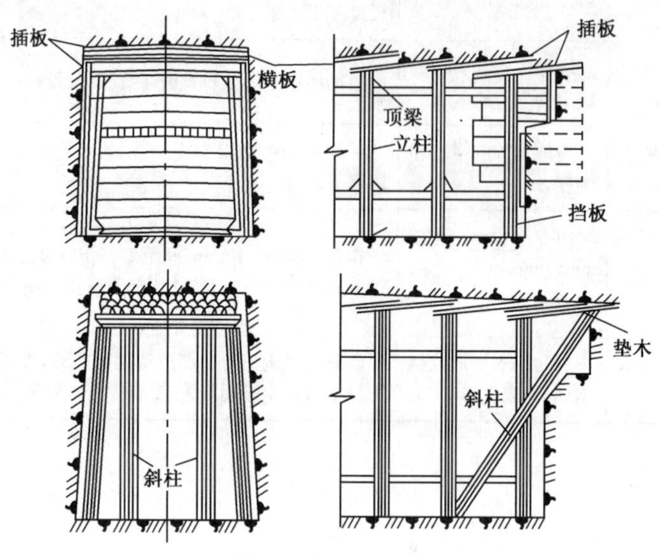

图 7-7 插板法支撑

（3）拱部扩大支撑

如图 7-8 所示，扩大支撑包括拱部扩大、挖底、马口、仰拱等开挖时的支撑。拱部扩大支撑为扇形支撑，随挖随支，当地层较软时，立柱下应设底梁，以防立柱下沉。拱部扩大支撑应预留沉落量，避免由于各种原因造成的支撑下沉而使开挖轮廓线不够设计要求，并且考虑到地质情况较差时，顶部支撑不能拆除，这些不能拆除的支撑构件应在设计轮廓线之外。

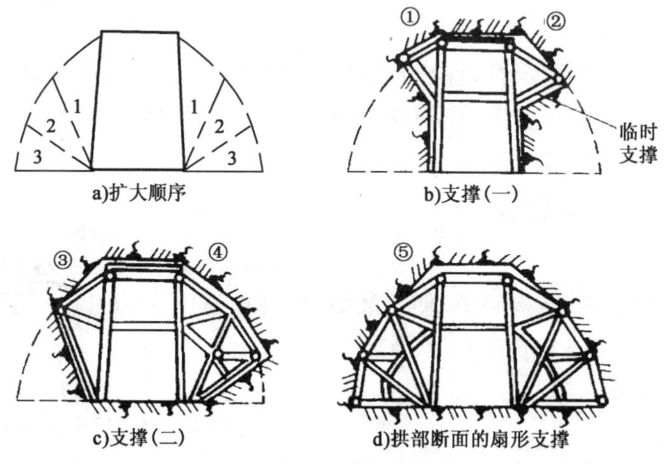

图 7-8 拱部扩大支撑

（4）先拱后墙法支撑

在采用先拱后墙法抢修作业中，当上导坑需落底时，则需用临时支柱（短柱）顶住顶部的支撑，待开挖底部后再抽出短柱，换上长柱，当侧压力较大时，为防止拱圈顶下沉及拱脚内移，在开挖起拱线以下部分前，应用横木（卡口梁）撑于拱脚之间。在不良地质处开挖马口，应注意用斜撑或立柱顶住拱脚，以防拱圈下沉，如图 7-9 所示。

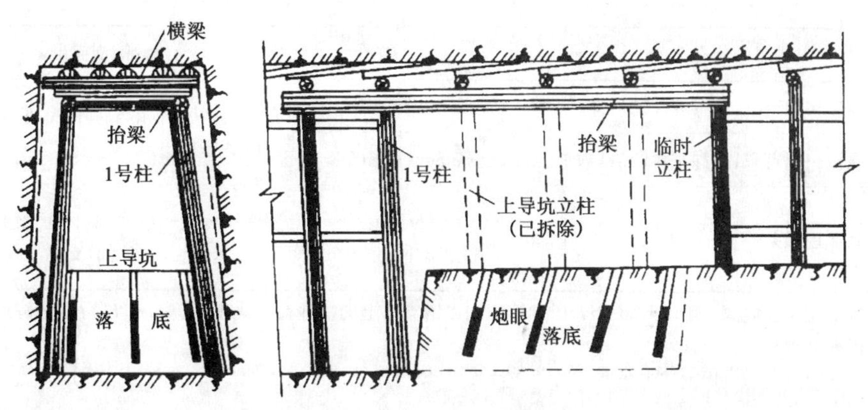

图 7-9　先拱后墙法施工支撑

2. 备品式(金属或混凝土构件)支撑

导坑、拱部扩大支撑亦可采用金属构件或钢筋混凝土预制构件作支撑,在现场拼装使用,即称为备品式支撑。金属构件支撑坚固耐用、构造简单、占坑道空间少、适用于机械化施工。有一些坑道所架设的支撑需经较长时间才能拆除或修筑永久性支护,这时采用钢筋混凝土支撑最佳,因其不易腐蚀和锈蚀而较优越。

3. 喷射混凝土及锚杆支撑

喷射混凝土支撑能及时支护坑道并能控制围岩体在开挖坑道后的初期变形。锚杆支撑能锚固地层,提高围岩稳定性,因此,锚杆支撑与木支撑不同,不是"被动"的支撑,它锚固在围岩中,并对围岩预加压力,从而防止围岩发生裂缝、变形、破坏,使围岩受力发展不到超出其强度的应力,从而使围岩始终保持稳定状态。喷射混凝土支撑及锚杆支撑,或者两者的联合支撑,是支护坑道的重要方法之一,而且它们应作为永久支护的一部分来考虑。

(三)隧道临时支撑设计

临时支撑的结构设计通常可参照永久性衬砌的设计方法进行。

1. 作用在临时支撑上荷载

作用在临时支撑上的荷载为早期松弛荷载,其大小根据围岩稳定性好坏,按全部松弛荷载的一部分或全部来确定。实际工程中可采用以下两种方法确定早期松弛荷载。

(1)太沙基松弛荷载

多采用太沙基松弛荷载作为隧道施工的临时支撑的设计荷载,荷载强度见表 7-5。

太沙基松弛荷载高度 h_g(m)　　表 7-5

类别	围岩的状态	h_g	建议的支撑形式
一	坚硬未受侵蚀的岩体	0	有掉石及岩爆时需要简易支撑
二	坚硬层状或片状岩体	$0 \sim 0.5B$	荷载随地点的不同而不规则变化,采用简易支撑
三	大块状岩体,节理一般	$0 \sim 0.25B$	
四	一般块状岩体,有裂隙	$0.25B \sim 0.35(B+H)$	无侧压,简易支撑
五	碎块状岩体,裂隙较多	$(0.35 \sim 1.10)(B+H)$	无侧压或侧压很小,普通支撑
六	破碎严重,但未受化学侵蚀的岩体	$1.10(B+H)$	有相当侧压,建议采用圆形支撑,当漏水使隧道下部软化时,须在支撑下面设全面的基础

续上表

类别	围岩的状态	h_g	建议的支撑形式
七	有缓慢挤出现象，中等埋深的岩体	$(1.10\sim2.10)(B+H)$	有较大侧压及相当底压，宜采用圆形支撑，建议设底撑封闭
八	有缓慢挤出现象，埋深很大的岩体	$(2.10\sim4.50)(B+H)$	
九	膨胀性地质条件	与$(B+H)$无关。超过80m	膨胀压力大，须采用封闭圆形支撑；膨胀显著时，宜采用可缩式圆形支撑

注：①此表适用于在埋深大于$1.5(B+H)$时计算作用在钢支撑上的松弛荷载高度，其中，B、H分别为隧道开挖断面的跨度和高度；

②此表各值皆在隧道顶部处于地下水位以下时适用，但当隧道顶部永久处于地下水位以上时，表中四至六项可减少50%；

③荷载大小可按式$g=\gamma\cdot h_g$计算，γ为岩体重度。

(2)折算荷载

目前，我国公(铁)路隧道工程多采用折算荷载作为作用在临时支撑上的早期松弛荷载，即是将全部松弛荷载进行折减，按式(7-1)计算早期松弛荷载的量值。

$$q' = \mu \cdot q \tag{7-1}$$

式中：q'——钢拱架承受的早期松弛荷载；

q——围岩松弛荷载，按松弛荷载统计公式计算；

μ——钢拱架的荷载系数，一般取0.1～0.4，即按10%～40%来考虑。

2.临时支撑结构设计

(1)支撑材料及结构形式

如前所述，临时支撑的材料，可用圆木或钢材，但以工字钢、钢管最为常用。

木支撑可以构成扇形或矩形支撑，但木支撑对隧道断面形状的适应性较差、易变形和易损坏，且耐久性较差，还需要在模筑混凝土衬砌时才予以拆除，工序复杂，安全系数低。因此，木支撑仅在无其他支撑材料时采用。

钢支撑主要是用型钢或钢筋加工成拱形支撑，能较好适应隧道断面形状的要求，且具有较大的承载能力和很好的耐久性，可以留在混凝土衬砌背后或浇筑在其中，施工简便、安全、可靠，目前已广泛应用，常与其他支护方式联合应用于不良地质或特殊地质条件的隧道工程中。

(2)钢支撑的规格及架设间距

钢支撑的规格及架设间距，应根据坑道断面尺寸、早期松弛荷载大小、支撑构件的承载能力，并结合掘进循环进尺来确定。目前隧道施工中，常用钢支撑的规格及架设间距可参考表7-6进行选用(结合实际可适当调整)。

(3)临时钢支撑的构造

接头：钢支撑每榀分为2～6节，节数应与开挖分部方法相适应；为保证接头的刚度，常用端钢板栓接或夹板栓接(图7-10)。

楔块：为阻止围岩松弛变形和承受早期松弛荷载，要求支撑及时有效地参与工作，应在支撑与围岩之间尽快尽多地打入楔块，以增加钢支撑与围岩的接触点，即传力点。

垫板：钢支撑构件下端断面积较小，应设垫板，以增加支撑面积。当围岩软弱承载力不足时，为防止支撑下沉，应在其下加设钢板、方木、石块铺垫，必要时设混凝土基座或纵向托梁。

钢支撑的规格及架设间距(m) 表 7-6

断面宽度	岩质特别良好的情况(Ⅰ～Ⅱ级)		预期土压较小的情况(Ⅲ级)	
	形状、规格	间距	形状、规格	间距
3m	H—100×100(17kg/m)	1.5	H—125×125(24kg/m)	
5m	H—100×100(17kg/m)	1.5	H—125×125(24kg/m)	
10m	H—150×150(32kg/m)	1.5	H—175×175(40kg/m)	
断面宽度	岩质特别良好的情况(Ⅲ～Ⅳ级)		预期土压较大的情况(Ⅴ级以上)	
	形状、规格	间距	形状、规格	间距
3m	H—125×125(24kg/m)	1.2	H—125×125(24g/m)	1.0
5m	H—125×125(24kg/m)	1.2	H—150×150(32kg/m)	1.0
10m	H—200×200(50kg/m)	1.0	H—250×250(72kg/m)	1.0

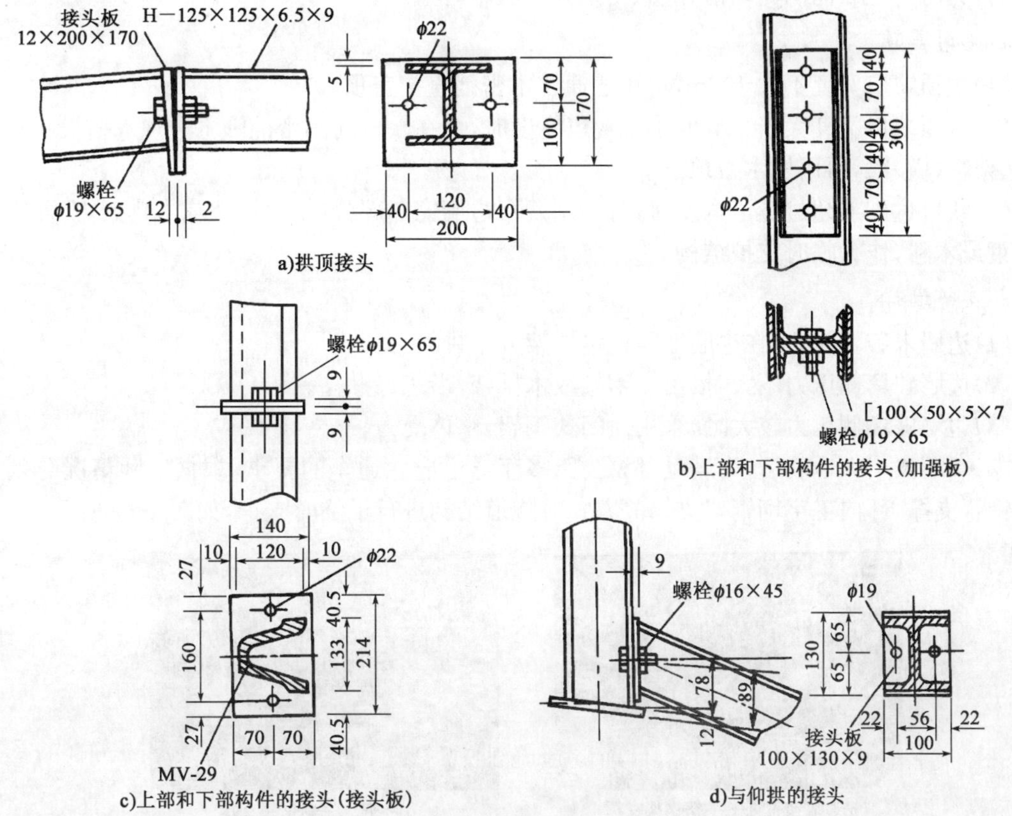

图 7-10 钢支撑构造(尺寸单位:mm)

纵向联系:为保证支撑的纵向稳定性,各榀支撑之间应设有足够的纵向联系。当有纵向荷载(包括坑道纵坡度较大及爆破冲击荷载)时,则应设置纵向斜撑,加强纵横向稳定。

背板:对于软弱、破碎围岩,为阻止各榀支撑之间围岩的掉块、坍塌,可以适当减小支撑间距或在支撑之间加设纵向背板。

背板有两种做法,一种是先开挖后安设背板,称为铺板法,常用于工作面稳定的围岩条件下。另一种是沿开挖轮廓线先向工作面前方打入背板,其尾端支承在钢拱上,形成超前支撑后,再进行开挖,称为插板法。插板法常用于松散土质围岩条件下,有水时则可满铺封闭,可防止流沙。插板宜使用硬木板或钢板、钢管。

（四）临时支撑的架设与加强

应严格按照临时支撑的设计进行架设。开挖坑道轮廓线要尽量平顺，开挖后要及时架设支撑。架设支撑前应清除周边危石，防止落石伤人。

每榀支撑应按要求的中线、高程和断面尺寸架设在隧道横断面内。支撑构件的接头应连接牢固，基脚铺垫应坚实稳固。各榀支撑之间应加设足够的联系使构成整体，支撑与围岩之间的楔块应打设紧密，并应对称打设。

对所架设的临时支撑应设专人经常检查，发现支撑变形严重、倾斜、沉降，及楔块松脱时，必须及时加强或顶替。支撑构件的顶替应先顶后拆，以免引起围岩进一步松弛甚至坍塌。

（五）应急通车应采取的临时支护措施

洞顶穿孔坍塌地段，应先从地表自上而下清理洞顶坍孔处的土石方，在清方露出隧道拱顶缺口后，为防止土石向洞内坍落，应采用下列方法临时盖顶。

1. 临时盖顶

(1)拱顶缺口宽度不大于 2m，可用普通枕木密铺直接盖顶。

(2)拱顶缺口宽度大于 2m，但小于隧道宽度时，可在缺口周围密铺圆木盖顶或搭设小枕木垛，上架纵(横)梁，再用枕木盖顶。

(3)缺口达到或超过隧道宽度时，可利用残存边墙完好部分，架设钢架或木排架，上面密铺工字钢或木料，作为临时支护结构。

2. 支撑选择

(1)边墙未破坏时，可在边墙上架设钢拱架或木排架。

(2)边墙破坏侧压力不大时，可用钢架或木排架，沿边墙贴立。

(3)边墙破坏侧压力较大时，采用封闭式钢架，整体受力。

“5·12”汶川大地震后，为满足都汶公路多座隧道应急通车的要求，根据实际情况分别采取了钢管支撑、环向工字钢钢架支撑等方式对隧道结构进行了临时支护，如图 7-11 所示。

a)边墙错位处工字钢钢架支撑

b)环向工字钢钢架支撑

图 7-11　临时支护

3. 支撑架设方法

(1)在坍体不太高、坍穴略呈锥形、坍壁不太松散的情况下，使用人字架支撑(图 7-12)。

(2)当坍体较高，但坍体两侧壁形状较整齐，且侧向压力不大时，可按垂直于隧道中线的方向架设横向排架。先将坍体顶的石渣扒平，铺上横梁，再在其上架设排架。排架间距根据坍穴围岩情况而定，一般为 1～2m。须注意在排架间用剪刀撑撑稳，下部横梁要随坍体的清除随时倒换撑稳(图 7-13)。

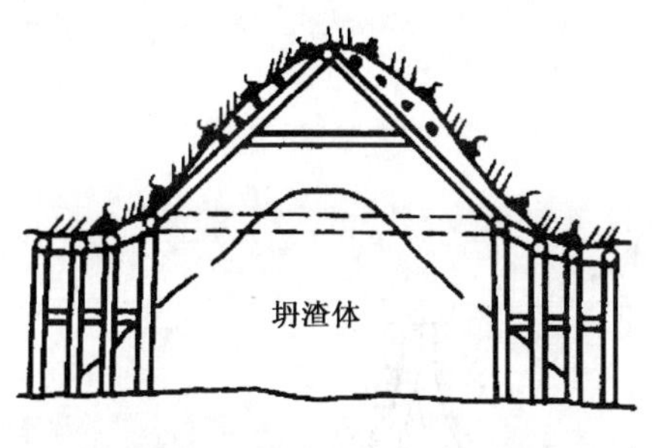

图 7-12　人字架支撑

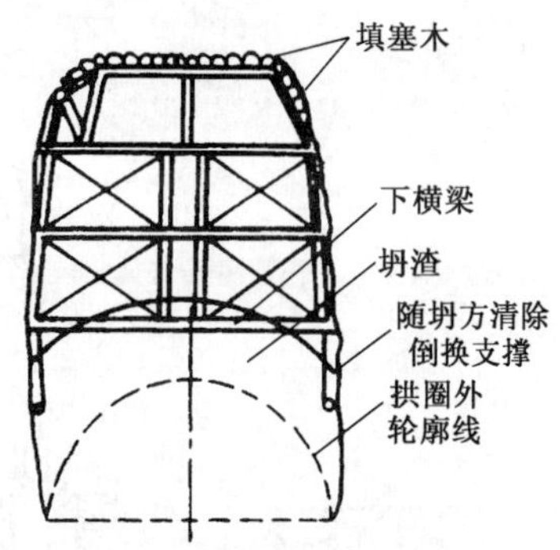

图 7-13　高坍方支撑

(3)当坍塌较大,且围岩压力也较大时,宜在坍塌范围内全部用纵向棚架支撑。先将坍渣顶部适当扒平,沿隧道中线方向平行设置纵地梁数根(地梁下预铺横梁),于纵地梁上按照导坑支撑的形式以 1m 左右的间距架设箱形棚架。以后逐层向上架设至坍方顶部,用填塞木塞紧。随着坍渣的清除,加设立柱,并以纵撑撑牢(图 7-14)。

(4)当坍塌直至地表而深度不大时(小于 10m),可设置井箍(图 7-15)。由地面向下逐步清除坍渣,随即架设箍架支撑。箍架的形式可为多边形、矩形或方形,视坍穴的形状而定,架距不大于 1m。

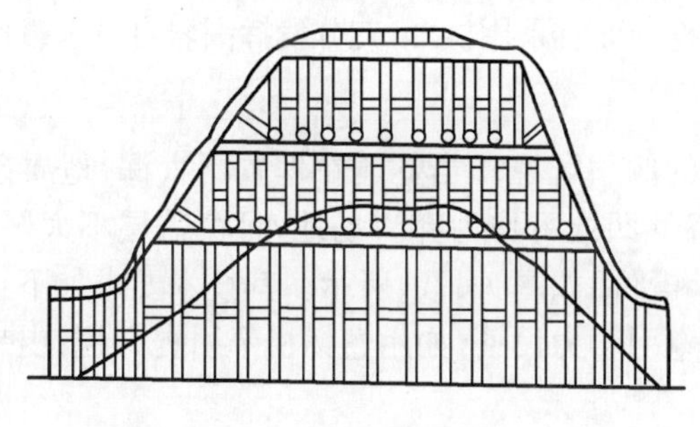

图 7-14　纵向棚架支撑

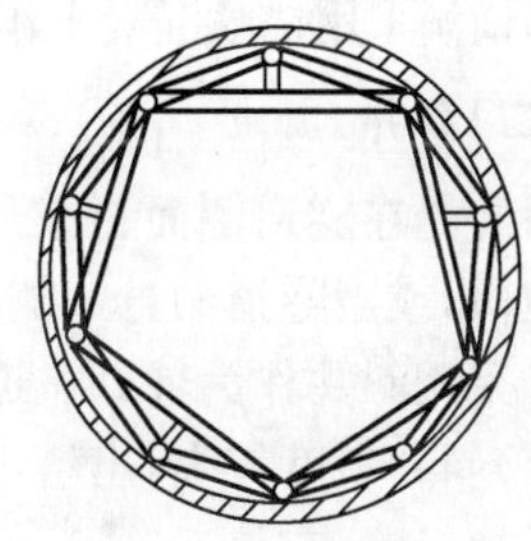

图 7-15　井箍支撑

当坍方较深时,则可先将井口至坍渣顶一段箍好,不进行清理坍渣,而在洞内采用穿过坍方的施工方法。

如坍井较大,宜采用喷锚支护井壁的方法。

(5)当坍塌穴成斜孔时,处理方法根据斜度而定,倾角≤30°时,可按斜井的施工方法进行出渣及支撑;倾角>30°时,运用井箍支撑及由上而下地清渣。

五、辅助坑道抢建

当围岩条件相对较好,等级为Ⅰ、Ⅱ、Ⅲ级,且无不良地质现象时,可不设衬砌或支护,直接以毛洞通车;当围岩较差时,采取喷锚支护或模筑混凝土,也可以采用钢木组拼的临时支护。

毛洞宜设置简易洞门,洞口段应设置不小于 10m 的喷锚衬砌段或模筑混凝土衬砌段。

(一)横洞

傍山、沿河或山体侧向覆盖层较薄的隧道,设置辅助坑道时宜优先考虑采用横洞,设置的位置依地形条件和抢通救援需要而定。横洞与正洞中线交角以 40°~45°为宜,并应有向洞外不小于 0.3%的下坡,以便于出渣运输和排水。横洞的布置如图 7-16 所示。

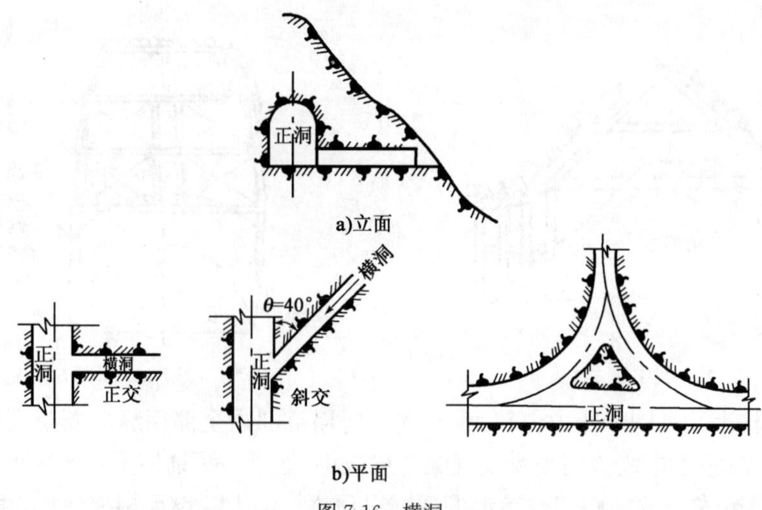

图 7-16 横洞

横洞一般不宜过长，不致使抢通救援时间延误，且横洞能增加抢通救援工作面，使出渣或进料运输更方便，横洞抢建也较简单和快速。当隧道洞口路堑土石方工程数量较大，一时不能进洞时，可考虑用开辟横洞的方法抢前进洞，使隧道洞内抢通抢修作业与洞外路堑工程同时进行，互不干扰，能加快抢通救援进度。

当横洞采用锚喷混凝土作支护时，横洞开挖断面宜采用拱形，充分发挥围岩自身承载作用。

(二)斜井

斜井是在隧道侧面上方开挖的与之相连的倾斜坑道。当隧道在埋置不太深、地质条件较好的地段，或当隧道洞身一侧有较开阔的山谷低凹处可作为弃渣场地，且覆盖层不太厚时，可以考虑采用斜井作为辅助坑道。斜井的立面和平面如图 7-17a)所示。其技术要求如下：

(1)斜井斜度较大，出渣运输需要较强的牵引动力设备，如用卷扬机牵引提升机、皮带运输机或无轨运输、有轨运输等。

(2)斜井井口不得设在可能被洪水淹没处，井口位置应高出洪水频率为 1/100 的水位至少 0.5m；当设于山沟低洼处时，必须有防洪措施。井口场地最小宽度一般不应小于 20m，以利于井口场地布置及出渣卸料。井身避免穿越含水量大及不良地质区段。斜井井口场地通常设有向洞外的不小于 0.3%的下坡，以防车辆溜向洞内造成不安全，且有利于排水。

(3)斜井的倾角 α 的大小，是根据提升方式、提升量、井长及进口地形而定，不同提升方式的斜井倾角规定为：箕斗提升时，不大于 35°；斗车提升时，不大于 25°；胶带运输机提升时，不大于 15°。斜井井身纵断面不宜变坡，井口和井底变坡点应设竖曲线，竖曲线半径一般采用12～20m。

(4)提升机械一般用卷扬机牵引斗车。当斜井坡度很小时亦可采用皮带输送或无轨运输；斜井内的轨道数视出渣量而定。单线行车道的坑道底宽一般为 2.6m，三轨双线行车道时，底宽为 3.4m；双线行车道时，底宽为 4.1m(以上均包括单侧设宽 70cm 的人行道)。坑道的高度通常≥2.6m。其中，以单线或三轨双线较为常用，并在斜井中部设有 20～30m 的四轨双线作为错车道，这样可减少开挖断面及节约运输器材和费用。在经济技术比较确定斜井需作为永久通风道时，断面大小应满足通风要求。

(5)井口段应修衬砌，其他部分视地质条件及是否作为永久通风道等条件决定是否修筑永久衬砌。

抢建期间应做好井口防水工程，严防水淹没。卷扬机牵引斗车需防止钢丝绳破损拉断或脱钩等。为此应严格控制牵引速度，当斜井长度小于 200m 时，车速不大于 3.5m/s；斜井长超过 200m 时，车速可适当提高。在井口应设置安全闸，如图 7-17b)所示。在斗车出洞后及时安好安全闸以防止溜车。为防止斗车在坡道上因脱钩或钢丝断裂而下滑，可在斗车上或在坡道上设置止溜沟，或设置安全索，阻止斗车继续下滑以确保安全。可在斜井坡道终点或在坡道中间适当位置安全缆绳，如图 7-17c)所示。安全缆绳应由专人负责看守，在斗车经过后，即在坑道的两侧间拦以钢丝绳，防止斗车脱钩后冲入井底车场而发生严重碰撞事故。此外，在井底调车场及井身每隔 30～50m 宜设避险洞，以保证作业人员的安全。

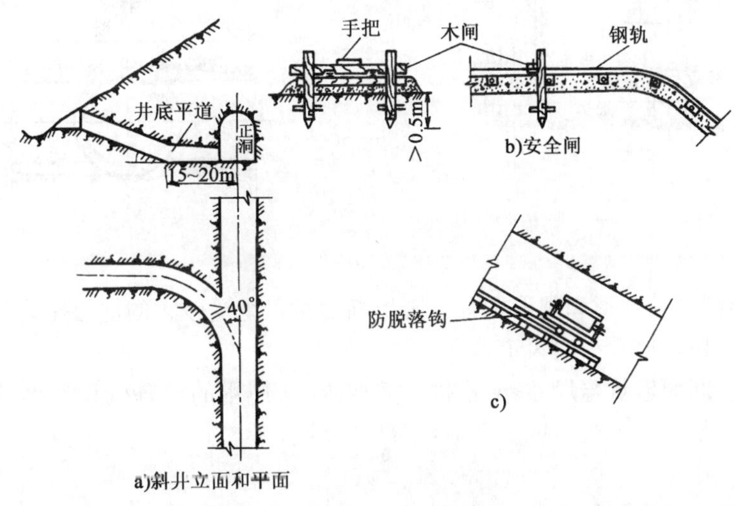

图 7-17　斜井及安全措施

为保证抢建作业安全，还应注意在井底车场加设支撑或修筑衬砌。为提高运输效率，可在井底调车场加设储渣仓，并尽量不在斜井口处进行摘挂作业。井内钢轨应固定，以防轨道滑移掉车。

(6)斜井开挖。斜井开挖应符合下列要求：

①炮眼方向应与斜井倾斜角一致，底眼应较井底高程略低，避免出现台阶；

②每一循环进尺应用坡度尺控制井身坡度；

③每隔 20～30m 应用测量仪器复核中线桩、水平高程，以保证斜井井身位置正确；

④斜井井口地段、不良地质或渗水的井身以及井底作业室、调车场，施工时应加强支撑，并应及时衬砌以保证安全。

(三)竖井

竖井是在隧道上方开挖的与隧道相连的竖向坑道。当隧道较长，在覆盖层较薄的地段，或不宜设置斜井、具备提升设备、抢通救援过程中需要增加工作面时，可采用设置竖井增加工作面、增加出渣与进料运输线路。竖井深度一般不宜超过 150m，当有两个以上的竖井时，其间距不宜小于 300m。其井口也不能设在被洪水淹没处，井口位置高程应高出洪水频率 1/100 的水位至少 0.5m，并要加强井口的防洪、排水措施。由于竖井出渣运输是利用吊罐式罐笼进行的，所需提升机具设备较多，其作业操作及技术要求均较横洞、斜井复杂，出渣运输及排水都受到很大限制。

竖井位置以设在隧道中心线一侧为宜，与隧道的距离一般在 15～25m 之间[图 7-18a)]，其间采用通道连通，作业安全、干扰少，但通风效果差；竖井也可设在隧道正上方直接联通[图

7-18b)]，此方法出渣与进料运输快速，不需另设水平通道，通风效果好，造价较低，但各工序作业干扰大，安全系数低。

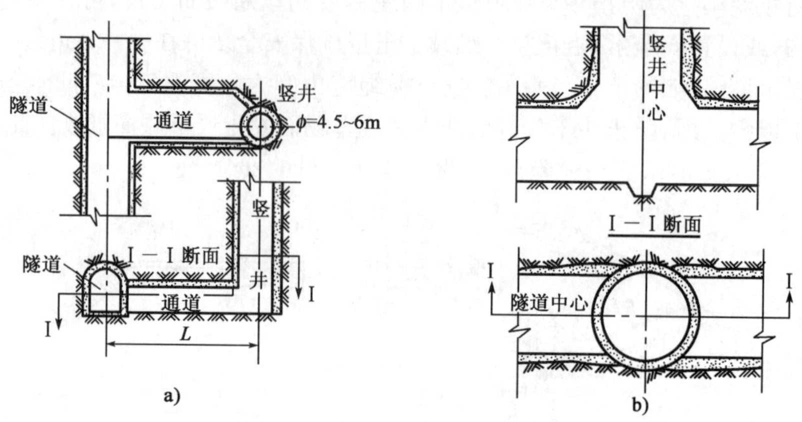

图 7-18　竖井布置形式

竖井断面形状有长方形和圆形两种。圆形断面可以承受较大的地层压力，受力条件好，作业较方便，并可留作隧道永久通风道。

竖井的位置、断面形状与尺寸，应根据抢建要求、所使用的提升机具大小、通风管道、排水管道设备的尺寸、是否作永久通风道及造价等因素综合考虑确定。竖井多采用直径为 4～6m 圆形断面。

竖井抢建方法，最常用的是自上而下单行作业法，并采用分段作业，完成一段后再进行下段作业。而自下往上的开挖方法必须以正洞已超前竖井位置为前提才能使用。两种方法比较，前者较后者更为安全，但需要提升出渣，因而速度较慢，造价较高。后者的优点是可利用自由落体出渣，无须提升石渣，进度较快，造价较低。但后者向上钻炮眼、装药、爆破等均有一定的难度，安全措施亦应加强。

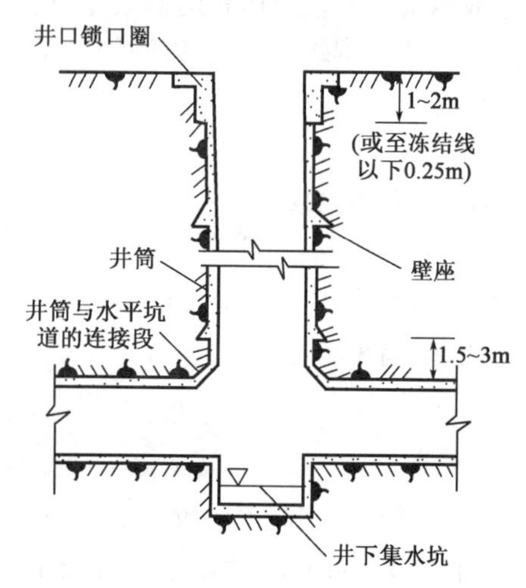

图 7-19　竖井立体构造

竖井构造包括井口圈、井壁、壁座、井筒与隧道间的连接段、井下集水坑等部分(图 7-19)。井口段常处于松软土壤中，从地面往下 1～2m(严寒地区至冻结线以下 0.25m)应设置钢筋混凝土锁口圈，以承受土压力和经土壤传来的井口建筑物的重力、机具设备所产生的荷载，并承受挂钩所悬吊的荷重。当围岩较破碎时需修永久衬砌，开挖面与衬砌之间的距离不宜超过 30m，衬砌厚度由设计计算确定，并不小于 20cm。壁座是为防止井壁下滑而设置的，视地质情况及衬砌结构确定壁座间距，一般为 30～40m。井口与井底间应设置联系用的通信设备。

根据工程地质和水文条件，竖井可采用人工开挖或下沉沉井的方法进行抢建作业。其开挖应符合下列技术要求：

(1)为了能用多台钻机打眼和降低爆破抛掷高度，减少对井筒设备的损坏，开挖宜采用直眼掏槽。为使开挖底面平坦，炮眼深度要求一致。有地下水时，应采用立式梯台超前掏槽法开挖。立式梯台开挖是将开挖面分成两部分交替向下掘进，每次爆破成上下两台，以利排水。钻好的炮眼，为防止流沙土流入应将眼口临时堵塞。此外，爆破时因需将水泵等提起，就会暂时积水，为防止漏电应对联线绝缘加以保护。

(2)每次爆破后应检查断面，不得欠挖。每掘进 5～10m 应核对中线及时纠正偏斜。若采用自下往上开挖的方法，一般是先在地表面竖井中央钻一个直径为 13cm 的中心孔直至井底，又称主孔。该主孔可与地质钻孔相结合，主承钻的精度要求较高，主孔用来穿挂悬吊由下往上开挖所用罐的钢丝绳。主孔壁要求光滑且坚固(在钻孔过程中可采用灌注水泥、水玻璃加固其围岩，并用水泥砂浆扫孔封闭)。另距主孔 1.0m 范围内再钻一个直径为 10cm 的副孔，作为通风和设置通信电缆及喷射混凝土输料管。在地表处应平整场地，安装提升卷扬机。卷扬机和通过主孔的钢丝绳升降吊罐自下往上开挖导向。

(3)竖井开挖装渣宜采用抓岩机，其操作高度宜保持距开挖面 3～6m 范围内。抓岩顺序为，有水时先抓出水窝，及时排水，以便使石渣露出水面，然后抓出桶窝，放置吊桶，以降低吊桶高度，缩小抓起落高度，达到减少装渣时间加快吊柄出渣速度的目的。

(4)竖井采用锚喷支护时，每次支护高度视围岩稳定程度而定。但随着竖井井深的增加，供水管内承压亦将加大，为使供水管内水压与风压相适应，保证喷射混凝土的质量，应在供水管上设置降压阀以调节管路水压。在竖井井口段、马头门及地质较差的井身地段，当采用混凝土衬砌时，应按需要设置壁座或打设锚杆，以增强井筒的稳定。

(5)竖井内应设安全梯和提升罐道，提升罐应有防坠设备。竖井提升设施的使用能力、安全装置的种类和组装、使用、保养过程中应做到的事项，应按有关规定及结合实际施工工作中的提升方式和各种设备，制定出实施性的操作、维修细则，才能达到安全作业的目的。

(四)平行导坑

平行导坑是与隧道走向平行的坑道。越岭的特长隧道($L>3\ 000$m)，或拟建双洞的隧道，或在抢通救援时不宜选用横洞、斜井、竖井等辅助坑道时，往往采用开挖平行导坑的办法来处理，并可同时解决特长隧道施工中的出渣与进料运输、通风、排水、施工测量及安全等问题。

1. 平行导坑的位置选择

平行导坑位置选择应符合下列要求：

(1)平行导坑应设在有地下水来源的一侧。

(2)与正洞的最小净距应根据地质条件、施工方法等因素确定。如果将来有可能扩大为第二线或第三线隧道时，两相邻隧道最小净距视围岩类别、断面尺寸、施工方法、爆破震动影响等因素确定。

(3)其底面高程应低于正洞底面 0.2～0.6m。

(4)平行导坑中每隔 120～180m 需要设置一个斜的横向通道与正洞连接，但应避开地质不良地段。平行导坑的平面布置如图 7-20 所示。

2. 平行导坑技术要求

(1)平行导坑宜与隧道正洞尽量平行，以利于使平行导坑工程量减少及利用其排水，使正洞施工较干燥，但同时应结合地质条件及弃渣场地等条件综合考虑确定。平行导坑基本上应与隧道正洞纵坡一致，或设 0.3%的出洞下坡。

(2)平行导坑洞口 500m 左右可不设横向通道。再往里掘进，每隔 120～180m 设一个横通道，以便于出渣进料运输。亦可在适当位置设反向横通道，以利于洞内调车。横通道与隧道中线交角，一般以 40°～45°为宜，若夹角过小则夹角为锐角处的围岩容易坍落，并增加横通道长度；若夹角过大则运输线路的运行条件较差、运输车输转较为困难。横通道的坡度则可由正洞与平行导坑的高差而定，一般此坡度不会大。

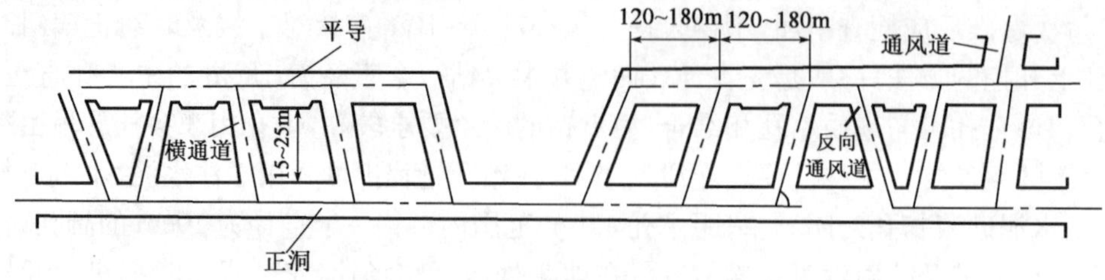

图 7-20　平行导坑平面布置

(3)平行导坑的断面形式，当采用木构件或金属构件支撑时，一般多为矩形或梯形；当采用锚喷支护时，为能充分发挥围岩自承作用，宜采用拱形断面。

(4)平行导坑是否衬砌，视地质条件而定，一般可以不修筑永久衬砌。当考虑作为永久通风道或泄水洞时则应修筑永久衬砌。

(5)为增辟正洞工作面，以及利用平行导坑超前预测正洞的地质情况和通风及排水的作用，平行导坑应超前于正洞，超前的距离愈长愈好，通常需超前正洞导坑两个横通道的距离一般不小于 120m，但也不宜过长，以减少平行导坑施工通风等的困难。

(6)当洞内施工运输量大时，可以每隔 5～6 个横通道设置一个反向横通道，便于增加运输回路，利于运输车辆调度。

连接平行导坑和正洞的横通交叉口处的开挖，应在平行导坑和正洞开挖至其位置时，将该处一次挖好，以有利于通风、出渣，不影响平行导坑和正洞的掘进速度。

(7)平行导坑一般采用有轨运输，应及时铺好道岔，接通轨道。正洞的各项作业应分区分段，以减少互相干扰。分区分段的长度应根据横通道及运输组织管理来划分。

第二节　隧道涌水抢修

围岩空隙中的地下水(孔隙水、裂隙水、岩溶水)或渗入空隙的地表水，在压力作用下涌出，称为涌水。

图 7-21 所示为隧道在掘进过程中发生的突发性涌水，水量大、势头猛、持续时间长，导致施工中断，工期加长，施工难度加大。

a)

b)

图 7-21　隧道工作面突水

一、涌水危害及治理原则

1.涌水的危害

(1)工作面岩体崩溃,埋没隧道,作业危险。稳定性差的软弱围岩、胶结差的砂岩、泥岩等,一遇涌水就会崩溃。

(2)隧道积水,设备被水淹没。隧道开挖揭开含水层或含水的破碎带或断层、大溶洞,发生较大的集中涌水,水量大、流速快,隧道积水显著增多。

(3)隧道被泥沙淤积或被泥石流淹没。地下水通过流沙层或胶结性差的长石砂岩、断层破碎带、充填泥化黏土的大溶洞等时携带大量泥沙泄向隧道,造成淤积。

(4)隧道施工环境恶化,支承基础减弱。涌水量大,排水设备不足,长期积水,对围岩稳定性造成不利影响。

(5)地表水干枯严重影响生产生活。隧道开挖揭开了与地表溶洞相通的隐伏溶洞或地表水和地下水相通的断层,使地表水渗涌入隧道,切断了水源,降低了可利用水的水位。

(6)地面塌陷或产生地面陷穴、裂缝。大量携带泥沙的地表水、地下水泄向隧道使地表水位迅速下降,在自重应力、真空吸蚀和冲蚀作用下,造成地面塌陷或产生地面陷穴、裂缝。

2.治理原则

治理涌水的关键在于分析病害原因,对症整治,以“防、排、截、堵相结合,因地制宜,综合治理”为原则。对于地下水,应因势利导,迅速将水排到洞外;对于流向隧道的地表水,应设法截断水源,减少水量,堵住水流。

(1)实施治理方案前,须认真调查周边地质及水系情况、近期气候状况及其他外界因素,以全面分析导致事故的因素。

(2)尽可能利用超前探孔、超前地质预报及红外探测仪等手段综合判断,确定是否遇有地下暗河、存水溶洞及外部江河湖泊渗水等。

(3)抢修或新建地表沟槽导排系统及边仰坡地表局部防渗处理,防止降雨和地表水下渗。

(4)隧道附近的水库、溪流、沟渠、池沼等遭破坏后,水流有可能流入或渗入隧道内,应与有关单位联系,共同处理。

(5)隧道内既有防水、排水设施遭破坏,应根据破坏的具体情况、水文地质条件,本着不降低防排水能力,尽量不留后患、减少干扰、方便作业的原则制订抢修方案。当遇以下情况时应注意:

①中心水沟和侧沟可暂不修复,但必须应急疏通(如采用高压清洗车),使排水通畅。

②严寒地区的防寒、保温排水沟(洞),应在冰冻前完成修复。

③衬砌背后的防水、排水设施应与衬砌抢修同步完成,不留隐患。

(6)隧道内积水过多时,应加大抽排水设备投入,尽快将水排出。有条件时可利用平行导坑或横洞将水排出。

二、涌水处理方法及相关技术要求

1.涌水处理辅助施工方法

(1)采取超前钻孔或采用辅助坑道排水。

(2)采取超前小导管预注浆法堵水、止水。

(3)采用超前固岩预注浆堵水。

(4)采用井点降水及深井降水施工等方法。

2. 辅助坑道排水

(1)辅助坑道应和正洞平行或接近平行。

(2)辅助坑道底高程应低于正洞底高程。

(3)辅助坑道应超前正洞 10～20m,至少应超前 1～2 个循环进尺。

3. 超前钻孔排水

(1)应使用轻型探水钻机或凿岩机钻孔。

(2)钻孔孔位(孔底)应在水流的上方,钻孔时孔口应有保护装置,以防人身及机械事故。

(3)采取排水措施保证钻孔排出的水迅速排出洞外。

(4)超前钻孔孔底应超前开挖面 1～2 个循环进尺。

4. 超前围岩预注浆堵水

超前围岩预注浆堵水施工,应符合下列规定:

(1)注浆段的长度应根据地质条件、涌水量、机具设备能力等因素确定,一般宜在 30～50m 之间;隧道埋深在 50m 以内可用地面预注浆。

(2)钻孔及注浆顺序,应由外圈向内圈进行,在同一圈钻孔应间隔施工。

(3)浆液宜采用水泥浆液或水泥—水玻璃浆液。隧道埋深大于 50m 时,应采用开挖面预注浆法堵水。

5. 井点降水

(1)井点的布置应符合设计要求。当降水宽度小于 6m,深度小于 5m 时,可采用单排井点,井点间距宜为 l～1.5m。

(2)有地下水的黄土地段,当降水深度为 3～6m 时,可采用井点降水;当降水深度大于 6m 时,可采用深井井点降水。

(3)滤水管应深入含水层,各滤水管的高程应齐平。

(4)井点系统安装完毕后,应进行抽水试验,检查有无漏气、漏水情况。

(5)抽水作业开始后,宜连续不间断地进行抽水,并随时观测附近区域地表是否产生沉降,必要时应采取防护措施。

6. 深井井点降水

(1)在隧道两侧地表面布置井点,间距为 25～35m,井底应在隧道底面以下 3～5m。

(2)做好深井抽水时地面排水工作。

(3)在深埋较浅的隧道中,可用深井泵降水,在洞外地面隧道两侧布点进行深井泵降水,井位一般呈梅花形设置在隧道两侧开挖线以外,深井间距 25～35m,井底应在隧道底以下3～5m。

在渗透系数为 0.1～80m/d 的均质砂质土、亚黏土地层,可在洞内使用井点降水法降低地下水位。其动力设备为真空泵和射流泵。真空泵功率消耗小,重量轻,价格较低,宜优先采用。一般井点降水深度为 3～5m。

7. 承压水排放和高压水处理

(1)当预计隧道开挖工作面前方有承压水,且排水不会影响围岩稳定,或进行注浆前排水降压时,可采用超前钻孔或辅助坑道排水。超前钻孔及辅助坑道应保持 10～20m 的超前距离,最短应超前 1～2 倍掘进循环进尺长度。

(2)当隧道施工中,遇有高压涌水危及施工安全时,宜先采用排水的方法降低地下水的压力,然后用注浆法进行封堵涌水。封堵涌水注浆应先在周围注浆,特别是向水源方向注浆,切断水源,然后顶水注浆,将涌水堵住。

三、常用的涌水治理措施

涌水发生后,往往需要依据"排"和"堵"的原则制定具体治理措施。

(一)排水

1. 正坡排水

正坡排水一般可采取两侧开挖排水沟方式直接将水顺坡外排至自然水系。如隧道基底石质坚硬无法挖沟排水时,采取洞内拦坝导水的方式将水外排,或设拦坝后利用抽排水设备将水直接外排。

2. 反坡排水

反坡排水利用开沟方式排水较为困难,洞内积水往往很深,故在处置过程中应以抽排水设备排水的方式为主。当排水线路较长,排水效果不理想时,可加设泵站接力排水。

歌乐山隧道在掘进(反坡施工)至进口 1 059.6m 时,拱顶位置处发生涌水,涌水量达 1.44 万 m^3/d,水压 1.6MPa,喷射距离 20m。根据上述情况,施工单位采取了三级泵站排水的方式将涌出水排出洞外,每级泵站的排水能力均为 1 200m^3/h,如图 7-22 所示。

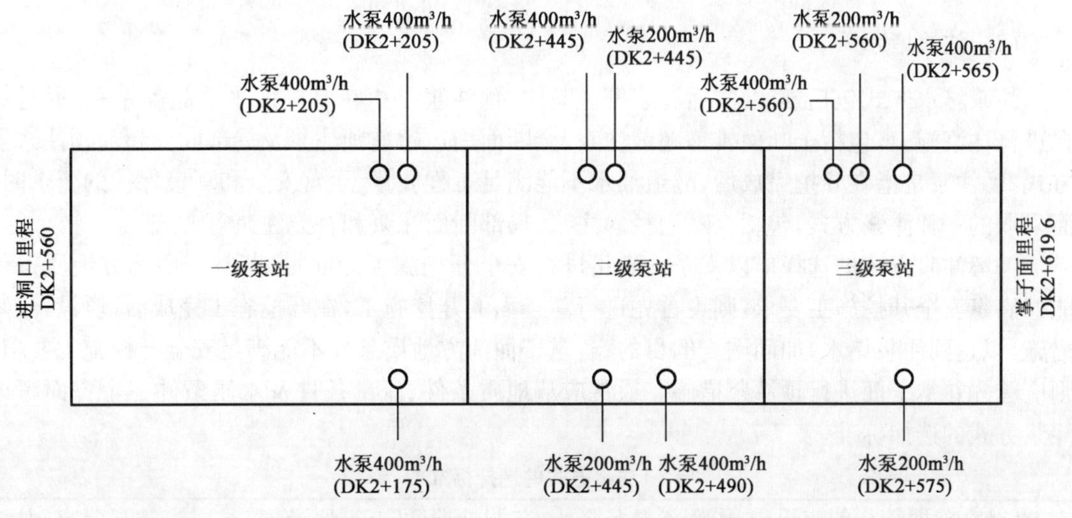

图 7-22 三级泵站排水

3. 集中排水

当隧道涌水出现渗漏点及泉眼时,可根据出水量大小,采用钢管对接,混凝土封堵接口的方式将水集中后排出。

渝怀铁路白马二号隧道反坡施工中在未出现泉眼之前,洞内涌水量较小,约为 500m^3/d,施工单位采取的排水措施是在边墙右侧设置集水井,每 60m(利用避车洞)设一处,集水井长、宽各 2m,深度 1m,由一台 7.5kW 水泵向洞口处抽水,同时采用 ϕ100mm 钢管从掌子面接出洞外,钢管每根长 6m,钢管两端带有法兰盘,钢管进口端焊一 ϕ50mm 闸阀,水泵与闸阀间用 ϕ50mm 软管相接。

随后在掘进过程中出现两处泉眼，一处位于拱部，一处位于左侧边墙。

拱部泉眼涌水量为1 430m³/d，泉眼口径为50cm，采取在泉眼内口埋设2根ϕ100mm不锈钢钢管。为使泉眼内涌水更为集中地从钢管流出，在埋设钢管口四周实行封堵。封堵时采用混凝土掺拌速凝剂和锚固剂，由于涌水量较大，速凝剂和锚固剂掺量也相对较大一些，其比例为水泥：速凝剂：锚固剂＝1：0.1：0.12。施工时在该泉眼四周打设4根锚杆，锚杆外露端焊接一漏斗，漏斗上口为边长0.8m的正方形，下口为边长0.4m的正方形，漏斗高0.6m。在右边墙底部布设一根ϕ80mm钢管排水管，钢管上焊有一ϕ50mm闸阀，闸阀与漏斗间用ϕ50mm软管连接。为了不影响车辆通行，在距拱顶向下2m高处将软管向右折弯，如图7-23a)所示。

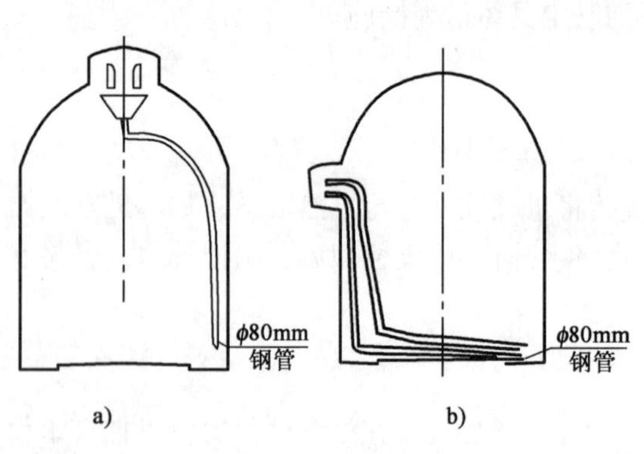

图7-23　泉眼排水措施

左侧边墙拱脚泉眼最大涌水量为2 330m³/d，泉眼直径约为60mm，采取在泉眼内口埋设两根ϕ150mm不锈钢钢管，在钢管周围用混凝土进行封闭，混凝土配合比与处理拱部泉眼时一样。在所埋设的钢管上分别焊一ϕ50mm闸阀，用闸阀与ϕ50mm软管相接，软管顺贴边墙直下通过铺底时预留的排水渠横向接到右边，与右边的ϕ80mm钢管相接，利用喷泉水自身的压力，将水排出洞口沟内，如图7-23b)所示。

(二)注浆堵水

注浆堵水方式包括预注浆、后注浆等。其中，预注浆是指在开挖面采取超前钻孔，通过钻孔进行注浆施工，包括全断面帷幕超前注浆、全断面周边超前预注浆及局部断面超前预注浆等方式；后注浆是指在开挖完成后，隧道涌水不能满足工程质量、运营安全和环境保护的要求时，而采取的一种注浆方式，包括全断面径向注浆、局部断面注浆和补充注浆等方式。

一般注浆方式的选择应以掌子面满足进行安全开挖施工为前提，若掌子面前方地质条件能够满足安全开挖施工要求，则可首先进行掌子面的开挖施工，在开挖施工完成后进行后注浆措施，以达到注浆堵水、加固围岩的目的；若掌子面前方地质条件不能满足安全开挖施工要求，则应首先在掌子面进行预注浆措施。通常应从地质条件、流量条件及水压条件三个方面考虑注浆方式的选择标准(表7-7)。

注浆方式的选择标准　　表7-7

注浆方式		地质条件	流量条件	水压条件
预注浆	全断面帷幕预注浆	可溶岩与非可溶岩接触带、断层破碎带、溶蚀带等富水地段；地段厚度超过30m，且掌子面及周边围岩均表现为软塑流状体；施工中可能发生严重突水、突泥等地段	超前探孔出水总流量不小于10m³/h，且2/3探孔均出水	水压不小于2MPa
	全断面周边预注浆	岩层接触分界带、物探电阻异常带；地段厚度超过30m，掌子面围岩及其破碎；施工中可能发生严重突水、突泥等地段	超前探孔出水总流量不小于10 m³/h，且2/3探孔均出水	水压不小于2MPa
	局部断面预注浆	富水地段、物探电阻异常带；施工中局部可能发生突水、突泥地段	部分探孔出水，且总流量不小于10 m³/h，局部单孔出水量不小于2m³/h	水压不小于2MPa

续上表

注浆方式		地质条件	流量条件	水压条件
后注浆	径向注浆	一般富水地段；岩体较完整	开挖后大面积淌水；初支后仍有较大面积淌水，且大于 10 m^3/h，局部单孔出水量不小于 $2m^3/h$	水压不小于 2MPa
	局部注浆	一般富水地段；岩体完整	开挖后局部有较大流水；初支后仍有较大面积淌水，且大于 10 m^3/h，局部单孔出水量不小于 $2m^3/h$；不能确保结构防排水等级需要	水压不小于 2MPa
	补注浆		上述注浆措施实施后，仍不能确保结构防排水等级需要	

第三节　隧道火灾及其他突发事件处置措施

一、火灾后的隧道结构性修复

隧道内发生火灾大致可分为车辆碰撞引发火灾、危险化学品泄露引发火灾和燃料油罐车火灾三大类，其中以燃料油罐车火灾对隧道的结构危害最大，破坏最严重，且发生频率呈逐年上升趋势。

调查表明，隧道火灾损坏主要是烧坏支护结构拱部及边墙，拱部较边墙严重，一般损坏衬砌厚度为10～20cm，为隧道衬砌总厚度的1/3～1/2。隧道火灾的破坏表现为衬砌结构严重变形、开裂、衬砌混凝土爆裂剥落（剥落深度为10～20cm），强度降低，整体性受到破坏。情况严重时，引发爆炸，造成拱顶掉落，边墙倒塌，造成整个隧道坍塌。

2011年4月8日，甘肃兰临高速公路七道梁隧道油罐车火灾爆炸造成4人死亡的同时，导致隧道内附属结构设施损毁严重，衬砌混凝土爆裂，拱顶崩落，兰州至临洮高速公路长时间中断。现场情况如图7-24所示。

火灾后，隧道的受损程度应按照损伤指标来判定。损伤指标主要有：损伤深度、酥松深度、剥落深度、温度指标（包括火灾温度和残余时间）、表面特征、混凝土烧后颜色及烧伤后混凝土表面特征、隧道现场试验指标等。

隧道现场试验指标主要有衬砌混凝土残余强度比、衬砌混凝土声速比和衬砌结构残余支承能力。衬砌混凝土残余强度，是表征火灾后隧道衬砌结构质量的一种定量指标。混凝土残余抗压强度，是其火灾后力学性能中最重要、最基本的一项，常常作为基本参量确定受损混凝土的等级和质量，同时决定其他力学性能，如抗拉强度、弹性模量和峰值应变等。在火灾高温状态下，混凝土残余抗压强度这一特征依然成立。衬砌混凝土强度的现场测定有无损检测和破损检测两类方法。无损检测可分为机械、物理以及机械与物理综合进行三种方法。机械检测方法有敲击法、撞击法、枪击法、回弹仪法等；物理检测方法有共振法、超声波探测仪法等。如果无损检测法不能满足评估分级要求，在隧道现场可考虑采用取样做加载试验来测定受损混凝土的实际强度，即破损检测。这种检测方法的优点是既能做强度试验，又能做弹性模量与

图 7-24　兰临高速公路油罐车火灾爆炸现场

密度试验，测定结果比较符合实际情况，隧道火灾现场比较适合采用这种方法。衬砌混凝土残余强度比是指火灾后隧道衬砌表面深 10cm 范围的混凝土平均强度与受损前原强度的比值。

火灾后混凝土结构的损伤情况相当复杂，如果仅靠单一的方法评定混凝土结构的火损状况有时不一定准确。为提高火灾后混凝土检测评估结果的准确性，应采用多种方法进行检测，然后综合评定火灾后混凝土的受火温度和强度损失等。

隧道火灾后衬砌损伤按照上述指标可分为轻度损伤、中度损伤、严重损伤、极度损伤及破坏五类。具体分类方法见表 7-8。

隧道衬砌结构火灾损伤评定分级建议表　　表 7-8

损伤程度	损伤指标特征									
	损伤深度（cm）	酥伤深度（cm）	剥落深度（cm）	衬砌混凝土残余强度比	结构残余支撑能力（%）	混凝土衬砌声速比	温度指标			表面特征
							火灾温度（℃）	燃烧时间（h）	混凝土表面颜色	烧伤区混凝土特征
轻度损伤	3～6	2～4	基本无	＞0.7	＞85	＞0.8	400 500 600	5～14 1～8 0～3	烟熏黑色	表层混凝土有轻微损伤整体结构基本无破坏。烧伤区混凝土组织结构基本保持原状
中度损伤	6～12	4～7	0～3	0.5～0.7	70～85	0.5～0.8	600 700 800 900	3～19 0～19 0～11 0～1	混凝土烟熏黑色，略带浅红色	表层混凝土剥落和烧酥，烧损的混凝土组织结构发生变化，呈褐红色。结构表面有局部 0.5～2mm 的裂纹

续上表

损伤程度	损伤指标特征									
	损伤深度（cm）	酥伤深度（cm）	剥落深度（cm）	衬砌混凝土残余强度比	结构残余支撑能力（%）	混凝土衬砌声速比	温度指标			表面特征
							火灾温度（℃）	燃烧时间（h）	混凝土表面颜色	烧伤区混凝土特征
严重损伤	12～20	7～12	3～7	0.36～0.5	55～70	0.3～0.5	900 1 000 1 100 1 200	1～35 0～26 0～16 0～6	灰白色略带浅红色	表层混凝土剥落和烧酥较为严重，有2～3cm的烧酥层。混凝土组织结构发生了显著变化。结构表面有部分0.5～2mm的裂纹
极度损伤	20～30	12～20	7～15	0.2～0.36	40～55	0.1～0.3	1 200 1 300 1 400 1 500	6～49 0～39 0～30 0～20	灰白色	表层混凝土剥落和烧酥极为严重，烧酥层厚大于4cm，混凝土组织结构发生了变质，结构表面有部分>2mm的裂纹
破坏	>30	>20	>15	<0.2	<40	<0.1	1 200 1 300 1 400 1 500	>49 >39 >30 >30	灰白色	大量破坏性贯穿裂纹，混凝土烧酥，结构局部失稳

隧道火灾后加固是通过加强(加大)隧道支护结构和对火灾重大病害进行彻底整治来提高隧道支护承载能力的措施。加固分为临时性加固和永久性加固。为了维持隧道临时通车而采用的临时加固称为临时性加固，临时性加固措施可参照本章第一节中“隧道抢修的临时支护”有关内容。能长期保留加强隧道结构支护承载能力作用的加固称为永久性加固。永久性加固技术措施可概括为四大类：

(1)喷射混凝土加固，含喷浆、素喷混凝土、钢纤维混凝土、钢筋网喷混凝土等。

(2)锚喷网加固。喷射混凝土同(1)，锚杆国内普遍采用砂浆锚杆、迈式(自进式)锚杆等，钢筋网国内普遍采用A3(即Q235)圆钢，直径6～8mm，间距为150～300mm。

(3)钢架(格栅钢架)加固。国内普遍采用凿槽嵌入衬砌方式。

(4)重建(复合)衬砌加固。火灾模拟试验及工程实例调查表明，隧道火灾受损严重集中在拱部，重建加固以拱部为主，局部采用重建衬砌方法进行处理。具体的修复加固方案见表7-9。

隧道火灾衬砌结构加固修复方案 表7-9

损伤程度	修复加固方案	支护参数
轻度损伤	素喷混凝土加固	清理表面或局部喷浆或喷射混凝土5～8cm防护
中度损伤	钢纤维(网)喷混凝土加固	钢纤维喷混凝土厚度5～10cm；网喷混凝土厚度5～12cm；素喷混凝土厚度5～15cm
严重损伤	单筋(锚)喷混凝土加固	素喷或网喷或钢纤维混凝土，厚度为15～25cm，钢筋网采用A3钢筋焊接，ϕ6～8 mm圆钢，间距100～200mm，局部加强锚杆ϕ22mm@100cm
极度损伤	套拱(花拱)喷混凝土加固	凿出残余衬砌后，喷射混凝土厚度15～30cm，网或钢纤维混凝土为20～25cm；设钢架(格栅)支护，钢架间距1～2m，局部设锚杆ϕ22mm@100cm
破坏	局部重建方案	采用模筑混凝土厚度30～50cm；或采用网+锚+喷+复合衬砌，衬砌背后回填注浆且敷设防水板

二、其他突发事件的一般性处置措施

隧道内其他突发事件是指车辆碰撞事故、恐怖袭击、自燃、危化品泄漏、瓦斯泄漏爆炸、生化灾害等突发性事件。对于该类突发性事件，应加大与公安、消防、防化及设计施工等专业消防救援机构的联系，密切配合，共同处置。

1.事故灾害调查

隧道内发生突发事件后，应迅速采取现场勘察或借助物探、遥感、遥测等先进勘探技术，准确查明情况，为制订抢修方案提供可靠依据。主要内容包括：

(1)首先查明原因及特点，如瓦斯泄漏、放射性、生物、化学沾染的范围和程度，洞内火灾情况。

(2)洞口段破坏情况。

(3)洞身破坏情况。

(4)洞内车辆情况。

(5)洞内通信、信号、电力、电气化设施破坏情况。

(6)洞内通风、排水设施及各种附属构筑物破坏情况。

2.现场清理

在确定抢通抢修方案的同时，应组织现场清理。清理工作主要包括：

(1)危爆物品应由专业人员进行侦察和处理。

(2)对抢修抢通作业场地内的放射性、生物、化学沾染，除加强人员防护外，应将遭沾染的泥、砂地面予以铲除，铲除物应集中掩埋。

(3)迅速扑灭洞内火灾，清理火灾现场。

(4)清理施工场地和施工道路，应首先清除危石或坍塌体。

(5)对未埋入或部分埋入的车辆，应根据不同情况，用体积小、轻便高效的救援设备，采取吊、拖、起复、解体等方法加以清除。清除时，应尽量避免对车辆的再破坏，以便重复利用；对埋入隧道坍塌体内的车辆，应在抢修拱部衬砌之后，采取上述方法进行清除。

(6)对洞口段遭破坏后堵塞的截水沟、排水沟，应视其对抢修抢通施工及安全的影响程度，先急后缓，加以清理或修复。

3.抢通抢修原则

在抢通抢修过程中，处置措施应遵守以下原则：

(1)应优先采用喷锚构筑法支护。

(2)洞身坍塌地段或软弱破碎围岩地段抢修应“管超前、严注浆、短开挖、弱爆破、强支护、早封闭”。

(3)抢通抢修施工组织以“高强度、短突击、多班次、勤轮换”为原则。

(4)尽量利用既有设施、残存结构和现有施工条件，以减少工作量，加快抢通抢修速度。

(5)除主作业面加快进度外，应创造多口施工的条件，增加工作面。

(6)应采用机械化施工，尽量配备先进的、利于机动的抢通抢修设备。

(7)宜采用新技术、新材料及新工艺，喷锚支护、喷锚衬砌和混凝土衬砌等应采用快硬早强材料。

第八章　道路交通应急抢修抢建实例

本章收集了部分国内典型灾害事故造成道路交通中断后的路基、桥梁、隧道抢通抢修工程实例，对将来遇到类似灾害引发的道路交通应急抢修抢建有一定的借鉴意义。

实例一　绵茂公路汉旺至清平段抢通

一、基本情况

四川省德(阳)阿(坝)公路绵竹至茂县段，全长约56km，设计速度40km/h。2008年“5·12”汶川大地震，对绵茂公路汉旺至清平黑洞崖段(汉旺—篾棚子段为山岭重丘区二级公路，长约18km，篾棚子—黑洞崖段为矿山路，长约2km)，造成致命性的破坏，给沿线居民生产、生活及生命安全带来严峻挑战，是绵茂公路抢通的重点路段。

二、灾害情况

经专家和技术人员深入现场沿线徒步踏勘，掌握了绵茂公路汉旺至清平黑洞崖段的受损情况，其主要破坏类型有：

1. 堰塞湖与水毁

本段形成的堰塞湖造成路基被淹没，泄洪冲蚀下游道路，危及临河防护构造物和路基稳定，甚至冲毁全部路基。

2. 滑坡

在地形陡峻的崩坡路段，受强烈地震影响，致使坡体失稳诱发滑坡，摧毁或掩埋公路。

3. 泥石流

本路段沟谷纵坡比降大，山体破碎，形成了丰富的松散固体物源，在强降雨作用下形成泥石流，摧毁或掩埋公路。

4. 崩塌、落石

本路段边坡陡峭，节理发育，局部形成倒坡，崩塌、碎落和飞石发育，安全威胁较大。

5. 路基路面沉陷、开裂

6. 桥梁垮塌或开裂

7. 挡防排水工程开裂、垮塌或被冲毁

三、应急抢通技术措施

根据受损情况，专家和技术人员迅速制定抢通措施，为快速抢通受灾公路奠定了基础。

(一)汉旺九更桥——把刀段

该段抢通技术措施，首先是在现有路基体上拓宽，抢修宽度不小于3m的应急道路；其次对道路进行加宽、加固，提高抗灾能力和通行能力，以保证雨季抗灾车辆通行。

1. 水毁

(1)工点一(K1＋460～K1＋475)

左幅路基冲毁、悬空(图 8-1)，右幅具备通行条件。处治措施是直接在基岩上应急填筑，恢复双向通行，左侧设置“严禁靠边行驶”警示标志。

(2)工点二(K1＋150～K1＋590)

临河挡土墙基底淘空失稳破坏，上边坡崩塌侵占道路，致使路基宽度严重不足(图 8-2)。处治措施是在现有路基体上拓宽，打通宽度不小于 3m 的应急道路，并在两端设“单向通行”警示标志。

图 8-1　K1＋460～K1＋475 路基破坏

图 8-2　K1＋510～K1＋590 段破坏

①K1＋510～K1＋550 段挡土墙被冲毁，右侧靠山体陡坡，左侧临河，适当调整路基高程，形成宽度不小于 3m 的应急道路，实现单向通行。

②K1＋550～K1＋590 段左幅路基被冲毁，右幅路基被边坡崩塌体侵占，清除堆积体，半幅应急通行，并在两端设“单向通行”警示标志。

(3)工点三(K2＋450～K2＋540)

部分路基、路面及临河挡墙被冲毁，露出了新老两层路面。采用沙袋护肩＋填筑路堤的方式处治，打通宽度不小于 3m 的应急道路，两端设“单向通行”警示标志。

(4)工点四(K3＋100～K3＋700)

该段是抢险保通的重点和难点地段。路基被完全冲毁，已成乱石林立的河道，巨石直径 1.0～10.0m，右侧为陡峭山体。具体措施为：清理河道，将河中巨石爆破、分解为 1m 左右的石块，顺路基坡脚堆砌，形成能抗常年洪水冲蚀的堆石护坡；填筑高出现水位 0.5m 的路堤应急通行，再逐步进行加宽、加高和加固。

2. 滑坡(工点五，K2＋800～K2＋870)

道路被滑坡堆积阻断，堆积体主要为块石土，滑坡后缘为完整稳定基岩，左侧临河挡墙完好。采取挖掘机、推土机直接予以清除。

(二)金鱼嘴水坝—小岗剑段

本段公路位于 V 形峡谷内，路基受堰塞湖冲蚀和滑坡、泥石流、崩塌堆积体的掩埋，损毁严重，抢险保通难度大。抢通技术措施是清理疏通河道，清除崩塌体，填筑修复路基，增设防冲刷构筑物，提高抗灾害能力；其支线高桥至天池跨清平河采用简易便桥通过。

1. K5＋300～K5＋900 段

(1)K5＋300～K5＋520 段

该段河谷宽 45～70m,左侧临河路基边坡和构筑物被冲毁,局部残留挡墙体,挡防工程失效。抢通技术措施分两步实施:首先利用路基左侧河谷漫滩,填筑高出河面 1～2m,宽度不小于 4m 的应急道路,满足抢险车辆通行;然后再加宽、加固右侧路基,如图 8-3 所示。

(2)K5＋520～K5＋700 段

路基左侧临河浸水挡墙冲毁,路面毁坏;路基右侧为高陡山体,滑坡、崩塌、落石形成的堆积体掩埋路基,难以通行。应急措施是采用挖掘机、推土机清除堆积体,后期增设路堑墙。

(3)K5＋700～K5＋900 段

该段主要震害为崩塌、落石,堆积体掩埋路基,但厚度较小,清除后不影响正常通行。后期应加强该段浸水挡墙防冲刷处理。

图 8-3　K5＋300～K5＋520 段破坏

2. K5＋900～K7＋300 段

(1)K5＋900～K6＋100 段

左侧临清平河,右侧山体覆盖土层较厚,顺山坡发生崩塌、溜方掩埋路基,暴雨后局部形成小规模泥石流。清方后可应急通行。

(2)K6＋100～K7＋300 段

路基全无,块石土淤塞河道与原路持平,受洪水及小岗剑堰塞湖的威胁大,抢修的路基有再次被冲毁的危险。应急措施是先清理疏通河道,分解河中巨石,改善流态,靠山填筑路堤,形成抢险通道,然后再加宽,临河侧顺路堆砌大块石,加固路基,如图 8-4 所示。

a)K6+100~K7+300段损毁情况

b)K6+100~K7+300段填筑路基

图 8-4　K6＋100～K7＋300 段处治

(3)K7＋300～K7＋700 段

该段为 V 形峡谷段,位于小岗剑堰塞湖前,公路已被滑坡形成的堰塞体和右侧大型泥石流堆积体共同掩埋,处理困难。应急措施是在堆积体上抢通临时便道。

实例二　小岗剑堰塞湖应急处治

一、基本情况

"5·12"大地震后，由于山体滑坡、泥石流堵塞，在绵远河汉旺镇以上的河段形成多处堰塞湖（图 8-5），坝高 62～72m，水深 55m，回淹长度 4km 以上，蓄水约 7 000 万 m^3。"一把刀"和"小岗剑"两个堰塞湖像架在绵竹市人民头上的两柄利剑，一旦溃坝，将对汉旺、绵竹、德阳等重要城市和沿河镇村的人民生命财产构成严重威胁，其危害程度不可估量，后果不堪设想。

图 8-5　小岗剑堰塞湖位置

二、灾害情况

小岗剑水电站上游形成高 63m、长 105m（上下游方向）、宽 173m（左右岸方向）的堰塞体，堰塞体主坝宽 70m，且含泥量达到 70%左右，存在溃坝的可能性。

绵远河上游河床来水量 $13m^3/s$，小岗剑堰塞湖湖水位以 4m/d 的速度上涨，库容量以 50 万 m^3/d 的速度增加，截至 6 月 10 日，库水位已上涨 60m，库容量已达 1 000 万 m^3。库水位和库容量的不断上涨，加剧了溃坝的风险，同时造成上游淹没范围不断扩大，对库区内的抢险救灾及灾后重建带来严重影响。

三、抢险技术措施

在对小岗剑堰塞湖地理位置、地势构造、堰塞体组成等情况分析后，制订了爆破控制泄流方案。在确保下游汉旺镇人民群众生命财产安全的情况下，有效控制下泄流量，尽快放空湖水，为绵远河汛期安全度汛创造条件。

（一）泄流控制参数

1. 理论依据

考虑到堰塞湖处理的特殊性，采用美国天气局推荐的溃坝简化计算模型（SMPDBK）进行计算。这一模型不但计算简便，而且有足够精度估算出堰塞湖溃坝最大流量和下游最大水深，同时能够进行下游河段洪水演算，是当前国际上公认的标准模型。

一般溃坝水力计算需要考虑的主要因素有：坝高、最大蓄水量、溃决的时间和溃决断面的形状与尺寸。

2. 参数计算

(1)溃坝缺口宽度 b

按照本书第二章第八节“堰塞湖处治”中式(2-3)计算，其中系数 K 取 0.90，坝长 B 为 70m，计算结果如下：

①全溃坝情况，下泄水量 $W=1\ 000$ 万 m^3，坝高 $H=60m$，计算得出溃口宽度 $b=113.39m$，修正为 70m；

②2/3 溃坝情况，下泄水量 $W=667$ 万 m^3，坝高 $H=40m$，计算得出溃口宽度 $b=83.66m$，修正为 70m；

③1/2 溃坝情况，下泄水量 $W=500$ 万 m^3，坝高 $H=30m$，计算得出溃口宽度 $b=67.42m$；

④1/3 溃坝情况，下泄水量 $W=333$ 万 m^3，坝高 $H=20m$，计算得出溃口宽度 $b=49.75m$；

⑤1/4 溃坝情况，下泄水量 $W=250$ 万 m^3，坝高 $H=15m$，计算得出溃口宽度 $b=40.09m$。

(2)溃坝最大泄流量 Q_{max}

根据本书第二章第八节“堰塞湖处治”中式(2-4)，坝长 $B=70m$，计算结果如下：

①全溃坝情况，溃口宽度 $b=70m$，水深 $H_0=60m$，计算得出最大泄流量 $Q_{max}=28\ 095m^3/s$；

②2/3 溃坝情况，溃口宽度 $b=70m$，水深 $H_0=40m$，计算得出最大泄流量 $Q_{max}=15\ 293m^3/s$；

③1/2 溃坝情况，溃口宽度 $b=67.42m$，水深 $H_0=30m$，计算得出最大泄流量 $Q_{max}=9\ 658m^3/s$；

④1/3 溃坝情况，溃口宽度 $b=49.75m$，水深 $H_0=20m$，计算得出最大泄流量 $Q_{max}=4\ 185m^3/s$；

⑤1/4 溃坝情况，溃口宽度 $b=40.09m$，水深 $H_0=15m$，计算得出最大泄流量 $Q_{max}=2\ 312m^3/s$。

(3)溃坝演进沿程最大泄流量 Q_l 计算

根据本书第二章第八节“堰塞湖处治”中式(2-5)，系数 K' 取 1.40，最大流速 $v_{max}=5m/s$，控制距离 $L=15\ 000m$，计算结果如下：

①全溃坝情况，下泄水量 $W=1\ 000$ 万 m^3，最大流量 $Q_{max}=28\ 095m^3/s$，计算得出演进沿程最大泄流量 $Q_l=4\ 002m^3/s$；

②2/3 溃坝情况，下泄水量 $W=667$ 万 m^3，最大流量 $Q_{max}=15\ 293m^3/s$，计算得出演进沿程最大泄流量 $Q_l=2\ 585m^3/s$；

③1/2 溃坝情况，下泄水量 $W=500$ 万 m^3，最大流量 $Q_{max}=9\ 658m^3/s$，计算得出演进沿程最大泄流量 $Q_l=1\ 879m^3/s$；

④1/3 溃坝情况，下泄水量 $W=333$ 万 m^3，最大流量 $Q_{max}=4\ 185m^3/s$，计算得出演进沿程最大泄流量 $Q_l=1\ 134m^3/s$；

⑤1/4 溃坝情况，下泄水量 $W=250$ 万 m^3，最大流量 $Q_{max}=2\ 312m^3/s$，计算得出演进沿程最大泄流量 $Q_l=775m^3/s$。

(4)溃坝洪水传播时间 t_2

根据本书第二章第八节“堰塞湖处治”中式(2-7)，系数 k_2 取 1.20，控制距离 $L=15\ 000m$，计算结果如下：

①全溃坝情况，下泄水量 $W=1\ 000$ 万 m^3，上游水深 $H_0=60m$，下游水深 $h_m=15m$，计算

得出传播时间 t_2＝36.68min；

②2/3 溃坝情况，下泄水量 W＝667 万 m^3，上游水深 H_0＝40m，下游水深 h_m＝10m，计算得出传播时间 t_2＝53.92min；

③1/2 溃坝情况，下泄水量 W＝500 万 m^3，上游水深 H_0＝30m，下游水深 h_m＝8m，计算得出传播时间 t_2＝69.73min；

④1/3 溃坝情况，下泄水量 W＝333 万 m^3，上游水深 H_0＝14.67m，下游水深 h_m＝5m，计算得出传播时间 t_2＝121.64min；

⑤1/4 溃坝情况，下泄水量 W＝250 万 m^3，上游水深 H_0＝15m，下游水深 h_m＝2m，计算得出传播时间 t_2＝160.20min。

3.计算结果分析

根据对绵远河及其下游工业重镇——汉旺镇历年来水文资料调查，汉旺镇抗洪能力为 50 年一遇，相应流量为 3 000m^3/s，并且在小岗剑下游观音岩还有一处小型堰塞湖尚未彻底处理完成，小岗剑出现溃坝后洪水到达观音岩将造成该处堰塞湖溃坝，造成洪峰叠加。

根据以上情况，结合计算结果，经研究分析认为，小岗剑需进行控制爆破泄流，不能出现全溃坝现象，应控制在 2/3 溃坝比较合理。若能控制在 2/3 溃坝将不会对汉旺镇、下游金鱼嘴电站及沿线主要村庄造成威胁。2/3 溃坝，溃口宽 70m（河床段主坝基本溃掉），坝下游下泄最大流量 15 293m^3/s，到达汉旺镇最大洪峰流量为 2 585m^3/s，洪峰到达汉旺镇时间为出现溃坝后 54min。

4.堰塞湖爆破泄流控制参数验算

(1)水力参数

堰塞湖爆破泄流水力参数主要控制下泄最大流量、控制断面最大流量、洪水到达时间。以小岗剑为例，因受汉旺镇最大防洪能力影响，坝址处最大下泄流量应控制在 15 300m^3/s 以内，控制断面——汉旺镇最大通过流量应控制在 3 000m^3/s 以内，为便于下游部分受影响群众及时被疏散，洪峰到达汉旺镇时间应在 50min 以上。

(2)爆破参数

根据控制水力参数，爆破应控制爆破块石粒径、泄槽宽度和深度。

控制爆破块石粒径依据动水中抛投料稳定计算理论来进行计算，最大石块粒径应小于动水稳定石块粒径。石块粒径计算如下：

$$d=\frac{\left(\frac{v}{k}\right)^2\gamma}{2g(\gamma_s-\gamma)} \tag{8-1}$$

式中：d——石块引化为球体的当量直径(m)；

v——流速(m/s)；

k——稳定系数，确定为 0.7；

γ_s——块石密度，取 2.1t/m^3；

γ——水密度，取 1.0t/m^3；

g——常数，取 9.8。

爆破泄流控制参数计算结果如下：

当流速 v=1m/s 时，计算石块引化为球体的当量直径 d=9.47mm；

当流速 $v=2\text{m/s}$ 时,计算石块引化为球体的当量直径 $d=37.86\text{mm}$;

当流速 $v=3\text{m/s}$ 时,计算石块引化为球体的当量直径 $d=85.19\text{mm}$;

当流速 $v=5\text{m/s}$ 时,计算石块引化为球体的当量直径 $d=236.64\text{mm}$。

根据以上计算,爆破时,槽底部块石粒径宜控制在 100mm 左右;当最大泄流时,块石粒径应为 250～300cm,将不至于把小岗剑堰塞体全部冲毁而造成全溃坝,给下游汉旺镇造成大的危害。

(二)爆破设计

1. 设计思路

应以抛掷爆破为主,同时要尽可能将泄流沟渠(尤其是块石堰体沟渠)底部的岩石充分破碎,以便过流后容易被水能冲刷带走。根据水力学计算可知,沟渠底部岩石的粒径应控制在 100mm 以内。

2. 设计原则

一般采取加强抛掷爆破、裸露爆破和土岩内部爆破相结合的原则。根据堰塞体表面形态,对于无沟型、表面物质相对均一的堰塞体,可以在其中间进行爆破;对于堰塞体表面物质不均一者,可以在细颗粒较多的地方爆破成槽;单一沟型者,一般顺沟爆破成槽;对于双沟或多沟者,遵守能力最小原理,一般在最低洼的沟进行爆破成槽。对已过流堰塞湖,采用表面裸露爆破加深或者侧面加宽的方式进行设计。

3. 理论依据

根据爆炸理论,炸药在土岩表面至内部一定距离内任意一点爆炸后,都将使土岩破碎或抛掷。将药包设置在土岩表面而进行的爆破称为表面接触爆破,对药包不加覆盖称为裸露接触爆破。裸露接触爆破的药包爆炸后能将距药包一定距离内的土岩破碎并抛走一部分。将药包设置在土岩内部而进行的爆破称为内部爆破,药包爆炸后将形成一个漏斗坑,其大小与装药量多少和土岩性质、结构有关。

根据漏斗爆破理论(图 8-6),爆破作用指数:

$$n = r/W \tag{8-2}$$

式中:n——爆破作用指数;

r——漏斗半径(m);

W——最小抵抗线(m);

H——可见深度(m)。

即当 $n=1$ 时为标准抛掷爆破,当 $n>1$ 时为加强抛掷爆破。n 值是一个重要的参数,当 h 不变、n 值加大时,r 也随着加大,但 n 值加大到一定程度时,r 随 n 值的变化不明显,通常 n 的取值为 1～3。

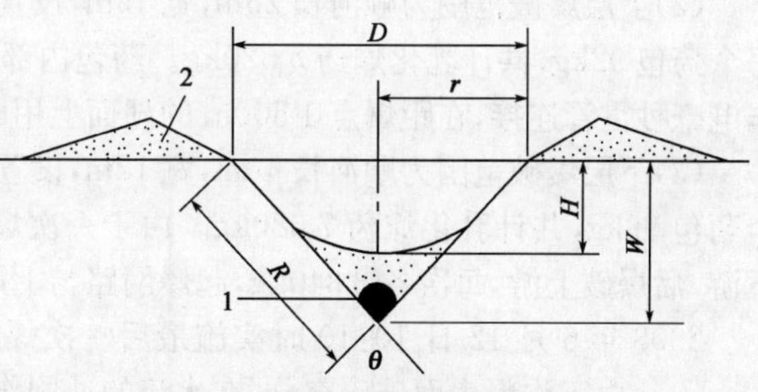

图 8-6　爆破漏斗

D-爆破漏斗直径;H-爆破漏斗可见深度;r-爆破漏斗半径;W-最小抵抗线;R-漏斗作用半径;θ-爆破漏斗张开角;1-药包;2-爆堆

可见深度 H 是一个随 n 值而变化的参数,当 $n=1$ 时,$H=0.5W$;当 $n=1.5$ 时,$H=W$;当 $n=2$ 时,$H=1.4W$。当相邻两个药包之间的距离 $a\leqslant r$ 时,将两个漏

斗坑连接起来，形成一条沟，而且中间没有埂子。

根据上述理论，设置多排多个药包同时起爆就能开设出一条符合长宽高要求的泄流沟渠。一般情况下，堰体为块石体时，抗冲刷能力强，槽的纵坡可以适度放大，宽度也要稍大；堰体为土体时，抗冲刷能力弱，槽的坡度可以稍缓，但是要尽量加大深度，降低水位。

4. 炸药选择

根据堰体所处的环境及当地气候情况，同时也为设置药包方便，一般选择具有防水性能的乳化炸药。

5. 起爆网路

为了保证爆破效果和起爆网路本身的安全，堰塞体爆破时，不管是大石解小爆破还是裸露接触爆破或挖坑抛掷爆破，都应同时起爆，同一网路不需分段。可采用导爆索起爆网路，即所有药包全部用导爆索引出后连通起爆；也可采用非电起爆网路，即在所有药包内装相同段位的高段位非电毫秒雷管(如 11～15 段)，然后用 1 段非电毫秒雷管将所有药包连通后用电雷管引爆。

四、抢险实施

2008 年 5 月 21 日上午，抢险人员乘坐直升机到达堰体后，发现该堰体左侧相对低洼，在山体垮塌过程中形成了缺口，但表面全是大块石。抢险人员决定将缺口内最高处表面的大块石炸碎，由于只空运了 480kg 乳化炸药，根据计算，可将顺河长 40m、宽 15m 范围内的大石炸碎。

经过几个小时的爆破施工，于 2008 年 5 月 21 日下午 18:20 成功实施爆破。本次爆破对左侧缺口内大石进行了有效破碎，一旦过流，将有利于水的流动。

5 月底，湖区已进入雨季，上游来水十分丰富，根据第一次爆破后的缺口高度，在缺口过流时库容将会很大，一旦达到 1/2～2/3 或者全溃坝，流量将超过下游汉旺镇的最大允许通过流量 3 000m^3/s，这将严重威胁着下游 20 多万人的生命和财产安全。再加上湖区水位很高，会淹没大量公路、村庄和磷矿，严重影响抢险救灾和恢复重建，因此指挥部决定，再次对堰塞体进行爆破。经过水力学计算后得出结论，必须在缺口顶部再向下炸一个深 3m、底宽 10m 的泄流沟渠。

2008 年 6 月 8 日，技术人员先期到达堰体，根据以上理论迅速拟定了如下方案：

(1)分两层进行裸露接触爆破，每层破碎深度为 1.5m。

(2)上层爆破范围为顺河长 25m，宽 15m，设置 6 排、每排 10 个炸药包，间排距均为 2.2m，每个药包 92kg，共计乳化炸药 5 520kg。药包内部装 1 段非电毫秒雷管，药包外部全部用 1 段非电毫秒雷管连接，在距爆点 1 500m 的湖面上用电雷管引爆。

(3)下层爆破范围为顺河长 40m，宽 12m，设置 5 排、每排 16 个药包，间排距均为 2.3m，每个药包 96kg，共计乳化炸药 7 680kg。由于一次爆破药量太大，决定平均分成两次爆破，先爆下游，后爆破上游，每次各 3 840kg，起爆网路与上层相同。

2008 年 6 月 12 日 10:10 时实施最后一次爆破，爆破后缺口即开始过流，最初流量约为 30m^3/s。由于沟渠表面破碎充分，在水流的冲刷作用下缺口开始加大、加深，泄流量也逐步加大，至 13:00 时，流量增加到约 2 000m^3/s，湖内水位快速下降。狂泄而下的洪流冲垮了下游两个小堰塞湖，洪峰经过下游汉旺镇时，实测流量为 2 900m^3/s，没有超过汉旺镇的最大允许过流量，爆破成功，险情排除(图 8-7)。

图 8-7　小岗剑堰塞湖洪峰安全通过汉旺镇

实例三　易贡山体滑坡堰塞湖处治

一、基本情况

2000 年 4 月 9 日，西藏自治区波密县易贡乡扎木弄沟源区发生特大山体崩滑，历时约 10min，滑坡体滑长约 8km，高差约 3 300m，超高速块石碎屑流以锐不可当之势截断了易贡藏布江，形成了长约 2 500m，面积约 6.25km^2，平均高度约 60m，最厚处达 100m，体积 2.8～3.0 亿 m^3 的滑坡堆积体，堵塞易贡藏布江从而形成了易贡堰塞湖，如图 8-8 所示。

易贡藏布江是雅鲁藏布江的二级支流，滑坡体下游 17km 即进入雅鲁藏布江的一级支流——帕隆藏布江，河流两侧多为海拔 5 000m 以上的山峰，植被良好。该地区年平均降水量 960mm，5～9 月份降雨量占全年的 78%，一般 6 月份进入汛期。

图 8-8　易贡堰塞湖

二、灾害情况

滑坡截断易贡藏布江后，易贡湖水位迅速上涨。从 4 月 9 日开始，前期大约以每天 0.6m 的速度上涨，进入 5 月份汛期逐步来临，湖水位平均每天上涨 1m 左右，预计在 6 月底湖水将上涨至滑坡堆积体最低高程并漫过堆积体下泄，届时易贡湖水将达 50 亿 m^3。

易贡滑坡可能造成的灾害主要是湖区淹没和湖水下泄造成下游地区被冲毁。

湖区主要因滑坡导致公路冲断、淹没，对外交通中断，湖区两乡三场将被逐渐上涨的洪水淹没，约有 5 000 余人被困，加上湖区地处峡谷地带，人员转移安置难度较大。

对下游地区的危害，主要是滑坡堆积物过水下泄后，因过水水头高、流量大，加上堆积体土质松散、抗冲刷能力极差，势必产生巨大的瞬时下泄流量，严重威胁下游地区人民群众生命财产安全。经调查分析，下游地区将造成 4 000 余人受灾，G318 线（川藏公路）包括通麦大桥在内的 17km 路段、进入墨脱县境内的公路桥梁、墨脱县境内沟通雅鲁藏布江两岸的溜索桥梁、通信、国防等重要设施严重被毁，下游两岸受洪水冲刷可能引发新的滑坡泥石流。

三、抢险措施确定

(一)抢险非工程措施

(1)建立健全抢险救灾组织机构。

(2)做好湖区受灾群众和下游地区可能受灾群众的转移安置工作。

(3)抢运生活物资。考虑到洪水下泄将冲毁公路、桥梁,对外交通可能中断较长时间,要在泄流前抓紧时间抢运数月的生活物资,确保群众生活在交通中断期间不受大的影响。

(4)做好交通设施应急抢修准备。考虑到下泄洪水将对G318线公路、桥梁、溜索等造成巨大破坏,应提前制定应急抢修技术措施。

(5)制定通信应急预案。

(6)加强科学观测,确保抢险作业安全。设立专门的临时观测点,派遣专业技术人员对易贡湖进水量、水位上涨、堆积体渗漏沉陷等情况进行观测并预报灾情变化,科学分析溃坝泄流可能受影响的高程、河岸冲刷程度以及可能引发新的滑坡等灾害。

(7)军事设施保护。

(8)国际问题。洪水下泄后可能影响邻国,涉及国际问题,有关部门要做好相应工作。

(二)抢险工程措施

经专家组反复论证,决定采取"开渠引流"方案,即在堆积体最凹处开掘明渠引流,冲刷溃口。其要点如下:

第一步,沿塌滑体鞍部低凹处开一条长约1 000m、宽约30m、上部开口宽约150m的明渠,作为湖水下泄的临时通道。采用大功率挖掘机、推土机等工程机械和引水、抽水冲刷相结合的方法实施开掘,工程量约1 530万m^3,要求于5月底完成,此时湖水位20～25m,与渠底高程大体持平,为湖水宣泄创造条件。为防止渠道被水流快速冲切,在渠底和渠道前段部分边坡,铺设土工布,导水泄向下游,计划按最大1 000m^3/s考虑。

第二步,在第一步工程实施的同时,为了防止进水口溃决,在迎水坡面及坡底采用钢筋笼块石护底及护坡,形成较坚固的进水口,尽量延缓和减轻进水口下泄过程中的快速冲刷和破坏。

第三步,在渠道出口处,设置钢筋笼块石,起消能作用。在滑坡体被冲刷的过程中,由于数十米落差和数十亿方水量,造成下游河床水流极为紊乱,并夹带大量泥沙、块石及树木进入下游河道。受下游17km处通麦大桥过流能力的限制(要求流量不能大于2 000m^3/s),需要提前将湖内树木等漂浮物予以清除。

由于水情资料的重大变化,抢险过程中对该方案做了一定的调整简化:

(1)引流明渠中心线仍设在塌滑体鞍部。

(2)根据水情测报和实际上涨情况,将渠底高程确定为2 425m、2 430m、2 435m、2 440m、2 445m五个渠底高程,视抢险时段来水情况择机确定。明渠横断面在2 425m高程处,按照底宽30m、两侧边坡1∶2确定,工程量约1 530万m^3。

(3)由于易贡湖水位上升速度比原预测速度快,进水口钢筋石笼锁口及土工布护渠引流等措施已很难实施,但仍可适当准备部分石笼、土工布择机使用。

四、抢险实施

1. 实施工程措施的目的

在易贡湖水位上涨过程中,尽最大努力抢挖一条引流明渠,从而降低湖内水位、减少蓄水量。一方面减少上游受淹范围；另一方面降低下泄流量，减轻湖水宣泄对下游造成的冲刷破坏程度。但是，这并不能免除高水头、大下泄量对下游的冲刷；同时，由于堆积体土质疏松、抗冲刷能力差，也不能完全避免其最终溃决的可能。

2. 抢险作业方法

为满足高强度开挖要求，结合现场施工条件，经现场技术组反复研究，采用了以推土机、装载机、挖掘机、自卸汽车分层推、挖、装、运土石方相结合的作业方法；试验了局部抽水冲刷方案和扎木弄沟水流冲刷引水渠道尾部方案以及爆破开挖方案；采用手风钻和油钻钻孔爆破分解大块石，使用移动空压机供风，运用火雷管、导火索、乳胶炸药和氨锑炸药爆破(图 8-9)。

图 8-9 易贡堰塞湖抢险作业

3. 抢险作业程序

根据湖水逐渐上涨的特点，开渠引流是遵循分层开挖、逐层下降的作业程序，最终开挖渠底高程视水位上涨情况确定，以抢在水位上涨到临界限之前尽可能挖到较低的渠底高程为原则。

4. 完成任务情况

本项施工是一场与洪水抢时间、争速度的紧急、特殊的抢险任务，工程量巨大、作业强度极高、安全风险很大。经广大参战官兵的不懈努力，从 5 月 3 日至 6 月 4 日，完成开挖工程量 135.5 万 m^3，渠道总长 850m，平均开挖深度 24.1m，平均开挖强度 4.1 万 m^3/d，高峰强度 10.2 万m^3/d，基本达到国家防总专家组所提预案的要求，实现了减少库容、降低水头的预期效果和开渠引流的目的，具备过流条件。

五、结果

6 月 4 日，为了确保人员和设备安全，在坝体无较大渗流和沉降的情况下，泄流明渠开挖至与易贡湖面高差 5.3m 时停止作业，开始撤离。

6 月 8 日 6:40，拦存湖水开始经泄水渠向下游泄流，最初流速为 1m/s，流量为 1.2m^3/s，后逐渐加大。由于泄流初始阶段易贡湖进水量大于泄流量，水位继续上涨了 5.94m，直至 6 月 10 日 19:50 湖水位才开始下降。随着堆积体冲刷的逐渐加剧，下泄流量急剧增大，洪峰于 6 月 11 日 2:50 通过下游 17km 处通麦大桥，最大瞬时流量 12 万 m^3/s，水位高出通麦大桥桥面高程 32m。至 11 日 21:00，易贡湖进出流量基本达到平衡，滑坡堆积体拦存的 30 亿 m^3 湖水下泄完毕，险情得以排除。

由于下泄流量过大，仍给下游地区造成一定的灾害损失。但因抢险救灾指挥得力，方案合理，落实到位，湖水下泄未造成人员死亡，实现了确保群众生命安全和把损失减少到最低限度的目标。

实例四　川藏公路通麦大桥抢建

一、基本情况

2000 年 4 月 9 日，西藏自治区波密县易贡乡纳雍嘎布山的扎木弄沟源区发生特大山体崩滑，近 3 亿 m^3 的滑坡堆积体在 10min 内阻塞了易贡藏布江。经过一个多月的抢险，开挖了一条深 24.1m、长 850m、宽 150m 的导流渠进行泄流，此时，堰塞湖湖域面积已达 $37km^2$，滑坡堆积体拦存水量达 30 亿 m^3。由于滑坡堆积体土质疏松，溃坝未能完全按照设计计算发生，导致泄流流量过大，洪水将易贡藏布江、帕隆藏布江和雅鲁藏布江大峡谷地区全部交通设施淹没，将川藏公路上的咽喉要道——通麦大桥冲毁，波密至林芝段的沿江道路交通全部中断瘫痪。为了快速抢通川藏公路，打通被困的墨脱、波密、林芝三县与外界联系的通道，武警交通部队和中铁二局承担了此次川藏公路通麦大桥抢通工程任务。

二、原通麦大桥工程概况及受灾情况

1. 原通麦大桥工程概况

图 8-10 原通麦大桥全景

原通麦大桥位于通麦乡易贡藏布江上，于 1966 年 5 月建成，桥梁设计荷载汽车—13，拖车—60，全长 172.44m，上部结构为 3—50.0m 钢桁架梁，下部结构为圬工重力式墩台，如图 8-10 所示。

2. 受灾情况

原通麦大桥被易贡堰塞湖溃坝洪水以 12 万m^3/s 的瞬时流量、高出桥面 32m 的水位完全冲毁。稳流后，桥位处江面宽近 200m，主槽宽度 82m，水深 0～8.3m，江水流速达 5m/s，流量 5 630m^3/s。

三、抢通总体方案

根据西藏自治区政府抢险指挥部的指导意见，抢通总体方案分为三步：第一步，在江面拉一对溜索，解决临时过江问题；第二步，在原通麦大桥旁边架一座人行便桥，解决建桥员工过江，江右岸悬崖绝壁上新开拓 8km 路基（原川藏线已被冲毁），小型机具、材料、人员进场以及军民生活物资供给的问题；第三步，架设汽车便桥，解决川藏公路通车问题。

四、抢通实施

（一）临时过江

1. 方案选择

由于江水是冰雪融化而成，冰冷刺骨，水流湍急，人员涉水过江安全风险大，不予考虑；另外由于桥位附近山体极不稳定，滑坡、崩塌不断，江水湍急且两岸不易搭设码头，因此，靠行船摆渡的方案不可行。根据两岸的自然条件，考虑采用溜索解决临时过江问题。

2. 溜索分类

溜索分平溜、陡溜。平溜只用一根溜索，它基本平直，没有倾斜度，来往都可以溜渡，开始靠用脚一蹬的惯性滑行，滑至江心时需手足并用攀至对岸，比较费时、耗力；陡溜一般有两根溜索，依靠两端的高差在重力作用下自然滑动，如图 8-11 所示。

图 8-11 溜索

3. 溜索架设

为使溜索能顺利滑行，每条溜索两端要有相对高差，根据选定溜索架设的位置，两端跨越的长度，拟定设计高差为 8m。在架设时，尽量利用地形地物，如果地形受限达不到要求时，用贝雷架拼装人字扒杆，但必须使高差达到设计高度。由于溜索架设时间紧，采用尼龙绳绑在炮弹尾部，通过炮弹发射到江对岸，将尼龙绳带过江去，由尼龙绳做吊索、牵引溜索过江后再实施架设。

此段临时过江溜索采用 ϕ17mm 钢索，跨径 200m，设计荷载 1 500kN，钢索自重 1.03 kg/m，设计垂度 3m，按公式求最小张力 $T_A \approx qL \times L/(8F)$，对钢索的最大张力 T_{max}进行验算，满足安全系数要求。

(二)人行便桥抢建

人行便桥的作用是进一步提高两岸的通行能力，它的紧迫性和重要性显而易见。抢通的主要任务体现在安全、快捷两个方面。经现场勘察，在充分利用地形地物的情况下，确定在原通麦大桥下游 50m 的地方，架设人行吊桥。由武警交通部队自行制订方案实施抢建。

1. 人行吊桥方案考虑

在拉萨岸方向，有两个超过 100m^3 的大孤石，一个在水边，一个在离水边 30m 处，索塔和地锚均可利用地物，如图 8-12 所示；在成都岸困难较大，经选择在江中 30m 处挖索塔基础，该处水深约 3m，水流速度为 3m/s，主索地锚设计在水边 0m 处。因岸边水流较缓，有浅滩，可采用围堰抽水挖基，基本能达到安全、快捷的要求。塔架基础设计深度在河床底面 3m 处，可抵抗一般冲刷。

图 8-12　拉萨岸利用巨石构筑索塔和地锚

人行吊桥主跨为 150m，两岸引桥部分各 30m，全长 210m，如图 8-13 所示。主索为 2 根 ϕ37mm 钢索，自重 4.88kg/m，设计恒载 280kN，人行荷载 10kN，主索跨中最大拉力 $H=$ 580kN，安全系数 $K=2$(桥面 4 根与主悬索相同直径的承重绳未参与受力计算，联合受力时，承重绳会承担部分荷载)。

图 8-13　主悬索

2. 索塔与地锚抢建

(1)成都岸

①水中索塔基础

围堰底面宽 3m,顶面宽 1.5m,围堰中部采用黏土、内外侧采用砂粒填筑,一是防渗漏,二是保证有一定强度,将来可作为索塔的基础防护。施工时用编织袋装黏土和砂粒,从岸边向江中推进。索塔完成后即可将部分围堰拆除,以减少阻水面积。

基础采用钢筋混凝土结构,共分两层:第一层尺寸为 4.5m×3.5m×1.0m;第二层四边各留 50cm 襟边,高 2m。

②索塔

索塔高出水面以后采用贝雷架拼装,主要是为了加快施工进度,缩短工期。贝雷架采用两片拼装,高度 15m,顶部用工字钢连接,工字钢上面放索鞍(用直径 50cm 的圆木一剖为二,与钢索接触面钉厚铁皮),如图 8-14 所示。

图 8-14 成都岸水中索塔及基础

(2)拉萨岸

选用天然的大石块作为基础,对石块表面进行修整,然后用风钻打眼埋置预留杆件,再用同样的方法架设贝雷架,索鞍等,如图 8-15 所示。

图 8-15 拉萨岸索塔及基础

3. 拉主索

拉主索之前,先在索塔的基础上面拉一根 ϕ18mm 钢索,主索在过江时便以这根钢索为依托。两岸安装转向滑车,以推土机牵引主索,减少了人工操作,加快了施工速度。

4. 桥面抢建

采用 4 根 ϕ31mm 钢索(为方便施工,均按 ϕ37mm 钢丝绳采购)作为桥面承重钢索(此 4 根钢索未参加主索受力计算)。钢索下每隔 2m 摆放一根 170cm×12cm×10cm 方木,将承重绳托起,两端联结吊杆,与主索形成了受力骨架。承重钢索上面横向每隔 1m 摆放 160cm×10cm×10cm 方木,与承重索接触处锯成楔口,下部用 U 形卡和螺丝固定。方木上沿顺桥向铺设 4 排 10cm×10cm 方木,间距 50cm,然后在顺桥向方木上面横向铺 4cm 厚板材,作为人行和小推车道板。吊杆每 2m 一根,对称设置。吊杆采用 ϕ22mm 圆钢,其长度按二次抛物线计算,在下部设微调松紧螺栓(设计为 1.5t 松紧器)。

经过 30d 奋战(基础施工 15d,拉钢索 6d,索塔及桥面 7d,拉缆风及调试 2d),人行吊桥顺利架通,质量合格,设计使用期一年。但十余年过去了,该桥依然屹立在易贡藏布江上,如图 8-16 所示。

图 8-16　通麦人行吊桥全貌

(三)汽车便桥抢建

汽车便桥抢建必须与被冲毁的 8km 路基恢复同步进行,不能路通桥不通,或者桥通路不通。其设计方案由中交第一公路勘察设计研究院提供,抢建由中铁二局实施。经综合考虑地形地质、水文条件、机具设备和时间要求,决定抢建通麦大桥采用悬索桥结构体系。

1. 跨径组成

悬索桥采用不对称单跨双铰结构,由 33m(成都岸)+210m(主桥)+15m(拉萨岸)组成,桥梁全长 258m。

2. 主梁部分

除成都岸边孔梁采用加强的双排单层贝雷架 22 节,其他均采用不加强的双排单层贝雷架,共 150 节(图 8-17),主缆索采用悬链线,主缆索垂跨比为 1/10,每索采用 7 根 ϕ36mm 钢丝绳绑扎成束,钢丝标准强度为 1670MPa,安全系数为 3。

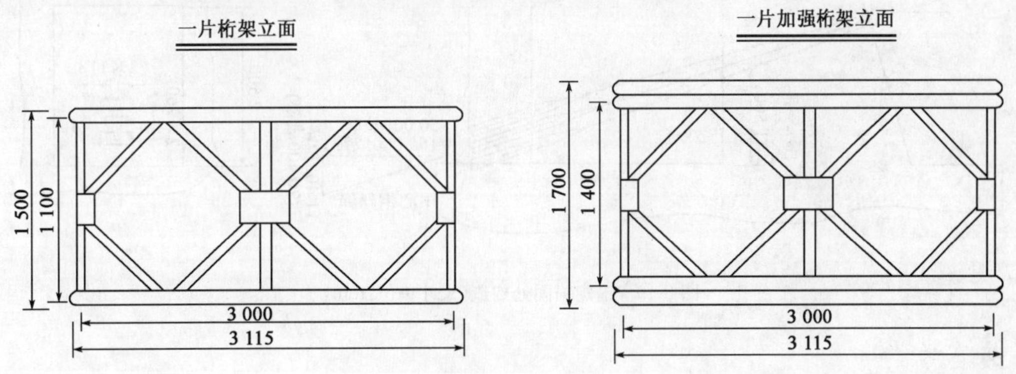

图 8-17　贝雷架(尺寸单位:mm)

3. 主塔部分

两主塔为钢筋混凝土塔，塔为门式塔，塔高 31.5m，顺桥向宽 1.2～1.8m。承台尺寸 11m×6.5m×2.0m，基础采用 5 根 1.5m 钻孔灌注桩，桩长 18m。

4. 吊杆体系

成都岸与拉萨岸两引桥部分无吊杆，主梁中跨为 210m，设 3m 间距的吊杆，共 68 对，吊杆采用 ϕ32 级精轧螺纹粗钢筋，抗拉强度 R=735MPa，外套 PE 塑料管，内注黄油(图 8-18)。

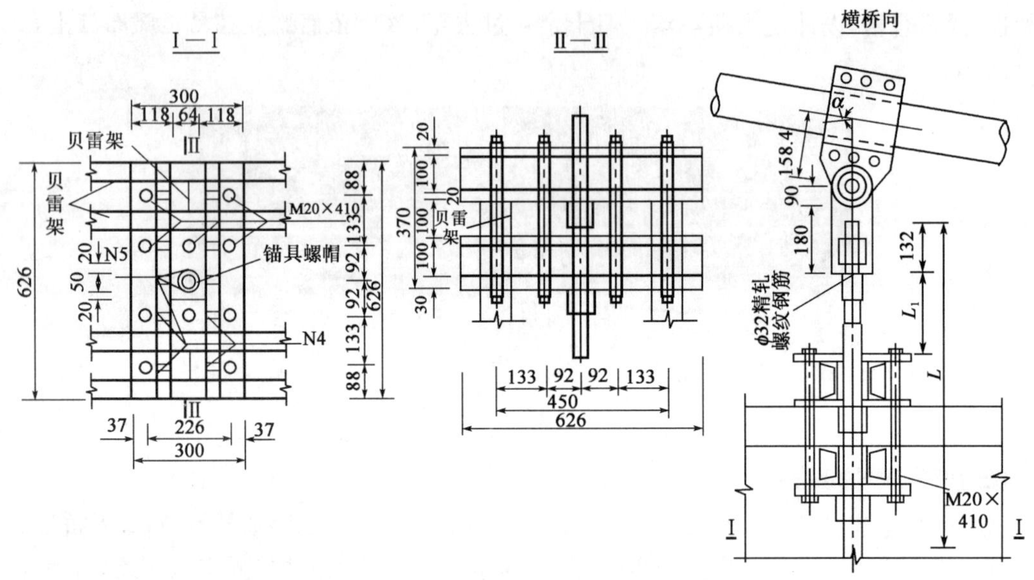

图 8-18 吊杆与贝雷架连接处构造(尺寸单位:mm)

5. 风锚体系

风缆采用 ϕ32mm 钢丝绳，风锚尺寸为 4m×4m×3m。两岸锚碇块采用钢筋混凝土浇筑，锚碇底面尺寸为 9m×9m，高 7.5m，锚碇安全系数为 3.5。锚碇锚固处构造如图 8-19 所示。

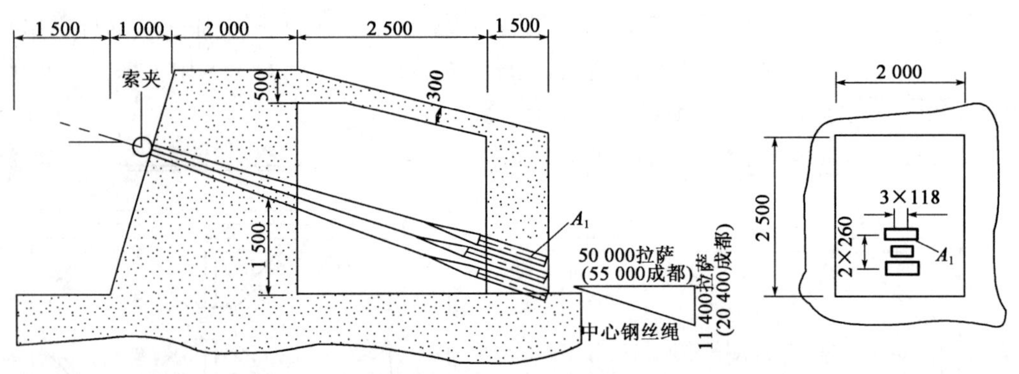

图 8-19 锚碇锚固处构造(尺寸单位:mm)

6. 索鞍

索鞍采用铸钢浇铸，索鞍与塔采用辊轴，索鞍允许在塔上有 8cm 的水平位移，以减小活载对塔根部产生的弯矩。索鞍构造如图 8-20 所示。

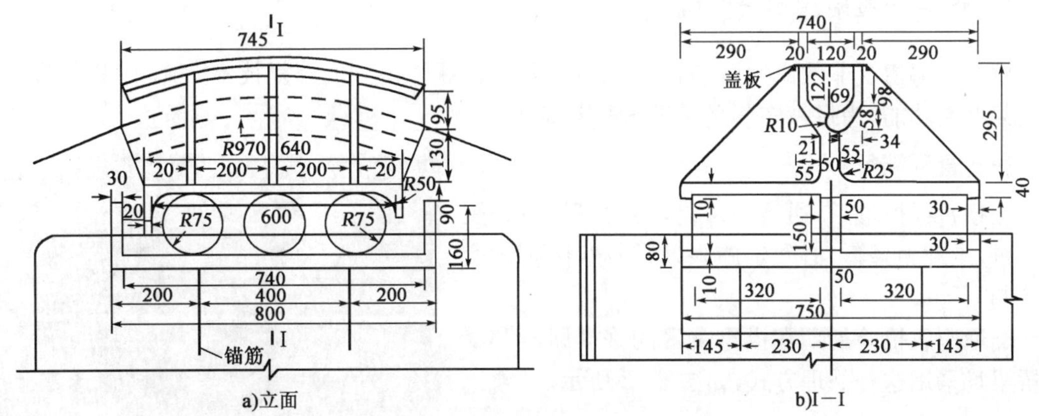

图 8-20　索鞍构造(尺寸单位:mm)

经过 76d 的艰苦奋战,通麦大桥于 2000 年 12 月 21 日建成通车。该桥经历十余年的使用仍然在川藏公路上发挥着重要作用,如图 8-21 所示。

图 8-21　通麦大桥(汽车便桥)全景图

实例五　汶川地震中破损桥梁抢修

一、基本情况

2008 年 5 月 12 日,四川省汶川县发生里氏 8.0 级地震。汶川、北川、绵竹、什邡、青川、茂县、安县、都江堰、平武、彭州等 10 个极重灾县市以及 41 个重灾县市对外交通几乎全部中断或部分中断,数百万极重灾区群众被困于一个个“生命孤岛”。地震灾区范围分布公路总里程 62 671km,地震受损公路总里程达 31 412km,直接经济损失 612 亿元。

二、桥梁典型震害情况

桥梁典型震害可归纳为全桥损毁、部分孔跨损毁以及构件震害三种类型。

全桥损毁可分为全桥倒塌、滑坡堆积体掩埋和堰塞湖淹没三种类型。

部分孔跨损毁可分为主梁落梁和部分孔跨被砸毁两种类型。

构件震害可分为:主梁开裂、移位、撞击损伤;支座移位、脱空;挡块撞坏;墩柱开裂、压溃、剪断；桥台开裂；锥坡开裂、下沉等。

三、损伤桥梁抢修技术措施

桥梁局部遭受非致命性损伤后，可针对不同情况采取不同的修复技术措施，使其全部或部分恢复使用功能，为保障应急交通运输奠定基础。

(一)管制限行

破损桥梁抢修后，通行条件差，桥梁等构造物受损严重，承载力降低，必须实施限速、限载、限宽的交通管制。

交通应急抢险初期在极重灾区的许多路段和受损桥梁均采用这种处理方式，如图 8-22 所示。

图 8-22 交通管制

(二)桥上架桥

适用条件：当上部梁体发生严重纵向移位，但未落梁，而桥墩基本完好，偏移小，有足够承载能力时，一般可用公路战备钢桥跨越严重移位的桥跨。

注意事项：需在梁底附着桥墩设临时支撑，防止通行车辆振动导致落梁发生。

应用实例：汶川地震中寿江大桥汶川岸 1—30.0m T 形梁纵向移位严重，面临落梁危险，如图 8-23 所示。

a)寿江大桥汶川岸1个30mT梁纵向移位严重，面临落梁危险

b)临时处治后的寿江大桥

图 8-23 寿江大桥

(三)墩台横、纵向防震挡块破坏

(1)对开裂不严重的挡块可以采用注浆法封闭裂缝；开裂严重的挡块应凿除混凝土，并通过植筋予以加强，重新浇筑挡块混凝土；或安装新型挡块，并设置缓冲装置。

(2)原设计未设置防落梁措施时，应增设纵、横向防落梁装置。典型的防落装置如图 8-24 所示。

(四)同步顶升、整联复位

适用条件：简支结构、桥面连续，或连续梁结构，上部结构发生了纵横向移位。

恢复方法：每片梁各自由两个千斤顶支撑，整联布设数十个千斤顶，采用同步控制技术，将整联均匀顶升，换上临时支座。再利用设在盖梁侧面或顶面的纵横向反力架和千斤顶提供梁体复位力，如图 8-25 所示。

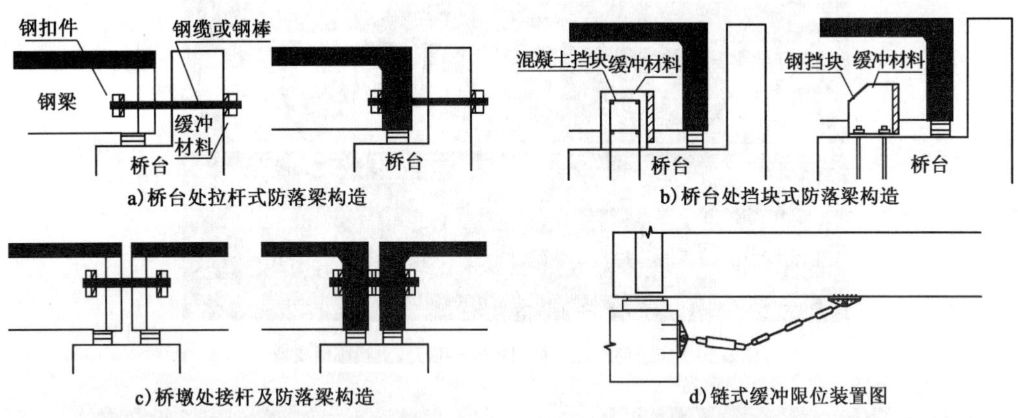

图 8-24　典型的防落装置

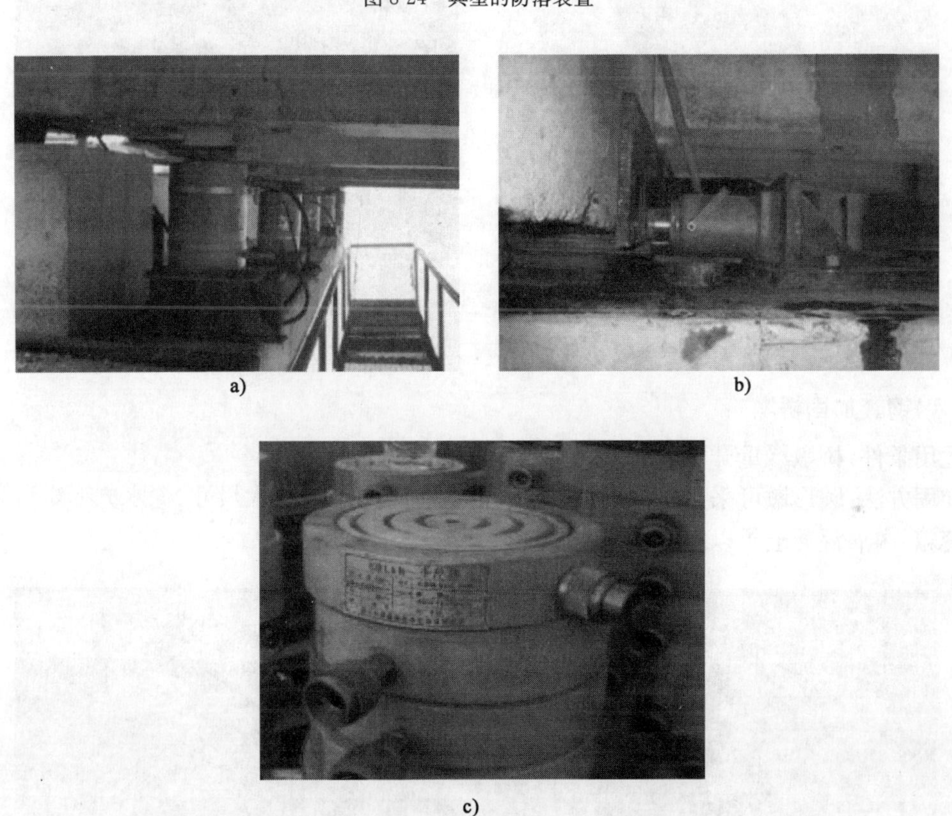

图 8-25　同步顶升

都江堰—映秀高速公路的庙子坪岷江大桥引桥：一联 4 跨，200m 长，共 40 片 T 梁，重达 8 000t，采用了 80 个扁千斤顶同步顶升，更换临时支座，纵横向顶梁，整联逐步复位后，再更换永久支座，如图 8-26 所示。

(五)桥墩置换

适用条件：震后上部梁体损伤较小，完全可以利用；而下部桥墩和基础受损较严重，无法复原或加固困难，如图 8-27 所示。

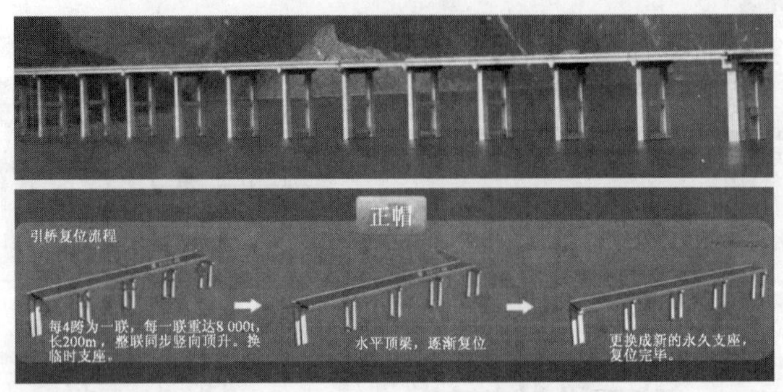

图 8-26　庙子坪岷江大桥引桥同步顶升、更换临时支座

a)

b)

图 8-27　都江堰新房子大桥对桥墩进行置换

(六)钢套加固桥墩

适用条件：桥墩严重开裂、压溃或剪坏，而基础基本无损。

加固方法：圆形墩可采用外包钢管，再内灌混凝土予以加固；大尺寸、深水方形墩可采用下沉钢套箱，内灌混凝土予以加固，如图 8-28 所示。

a)震后墩身发生剪切破坏

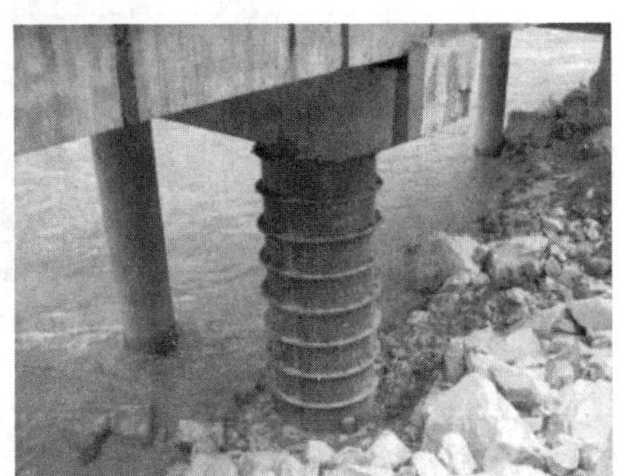

b)外套钢管加固

图 8-28　钢套加固桥墩

(七)墩身外包缓冲垫层

提高桥墩抗撞击能力，用于山坡滚石可能冲击桥墩的路段，如图 8-29 所示。

(八)钢套箱加固(图 8-30)

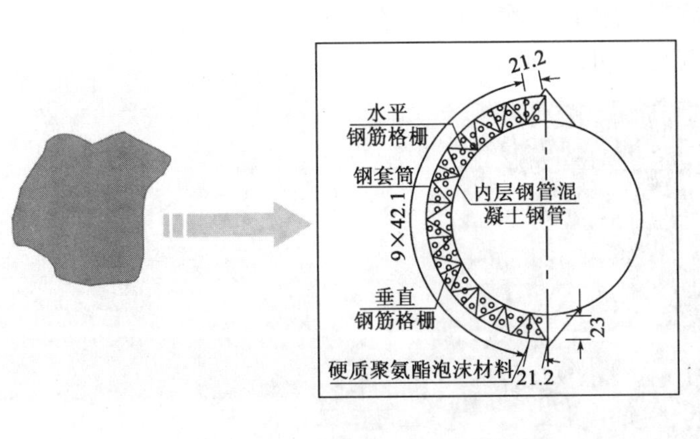

a)示意图

b)实桥

图 8-29　墩身外包缓冲垫层

图 8-30　庙子坪岷江大桥深水主墩钢套箱加固

(九)隔震技术

矮墩桥梁应采用隔震技术，减弱地震对桥梁的作用，保护桥梁主体结构，在恢复重建中部分桥梁采用了铅芯隔震支座，如图 8-31、图 8-32 所示。

图 8-31　铅芯隔震支座

图 8-32　设置阻尼器

高墩长桥应重视防落梁和限位技术，如设置阻尼器，增设防落梁措施等。

(十)增加桥墩塑性铰区域的延性

为防止桥墩在地震作用下发生压溃、剪切等脆性破坏，在墩身外侧和塑性铰区域，增加钢套或外缠纤维，能有效改善桥墩的延性，如图 8-33 所示。

图 8-33　桥墩底部包裹钢管，上部包裹碳纤维

实例六　都汶公路彻底关“321”钢桥抢建

一、基本情况

都江堰至汶川公路是阿坝藏族羌族自治州与成都市联系的主要通道，彻底关大桥跨越岷江，共 13 跨长 370m，是都汶公路的关键性节点。

二、彻底关大桥震害受损情况

(1)跨岷江的 1～3 跨和连接彻底关隧道的第 13 跨，受山体滑坡影响致使梁体被滚落的巨石砸断，造成桥梁倒塌，如图 8-34、图 8-35 所示。

图 8-34　跨岷江的 1～3 跨倒塌

(2)9 号和 10 号桥墩被飞石击打，正面受撞击，表面破碎，背面严重开裂如图 8-36、图 8-37 所示。

(3)第 2、3 联梁体向都江堰岸纵移，11 号墩顶伸缩缝宽度达 20～30cm，如图 8-38 所示。

(4)第 2、3 联梁体左移，第 4 联梁体右移。

(5)全桥左侧挡块均破损断裂。

除了上述 5 种严重震害外，还有盖梁受损开裂、支座变形或震落、防撞栏杆被砸坏、桥面板被砸坏、伸缩缝受挤压或拉伸作用变形移位等震害。

图 8-35　连接彻底关隧道的第 13 跨梁体被砸断并掩埋

图 8-36　9 号桥墩被飞石撞击后墩柱严重受损

图 8-37　10 号桥墩被飞石撞击后墩柱严重受损

图 8-38　11 号墩顶伸缩缝张裂

三、彻底关大桥抢通抢建方案

为打通生命通道，必须恢复原桥或新建临时便桥跨越岷江。为此，结合桥区地形地貌、震害情况、地形地质条件、水文条件，提出了三套抢通抢建方案。

（一）利用太平驿电站坝体作过河通道

在彻底关隧道出口侧抢建应急道路，沿老 G213 线到达太平驿电站，在电站坝体上架设一孔 15m 加强型单排单层“321”钢桥到达都江堰岸。

该方案难度较大，需要在两岸规模较大的滑坡体上抢修应急通道，且不稳定边坡存在继续垮塌的危险，对抢通后行车安全不利。

（二）恢复倒塌桥墩后再架设“321”钢桥

主要工程包括：采用临时钢管墩恢复倒塌的两个桥墩；架设跨径 33m＋30m＋33m 加强型双排单层“321”钢桥。

该方案的优点是桥面设计高程较高，不受洪水影响，且两岸接线顺畅；缺点是桥墩恢复需要较长时间，大型专用打桩设备难以运抵现场，且洪期水中施工难度极大。

（三）在原桥下游合适位置抢建“321”钢桥

抢建桥梁上部结构采用加强型三排双层 321 战备钢桥，跨径 1—60m。考虑水面比降、漂浮物高度、浪高等因素，控制“321”钢桥梁底高程不低于 1 065.06m，满足 10 年一遇泄洪需要。汶川岸桥台采用钢管柱型钢笼装级配块石，沿河岸设置钢笼装级配块石防冲刷导流坝，待钢管桩钻孔完成后，浇筑表面钢筋混凝土防冲板；由于道路中断都江堰岸没有大型施工机具设备，该岸桥台直接采用万能杆件拼装型钢笼装级配块石，并布置两排小直径钻孔钢管桩，钢管内灌注小石子混凝土以防止冲刷；桥头引道填筑砂砾路基。

主要工程包括：钢管柱型钢笼装级配块石，万能杆件组装桥台；防冲刷导流坝；防冲刷钢管桩；表面钢筋混凝土防冲板；1—60m 加强型三排双层“321”钢桥；引道砂砾石路基。

该方案需压缩岷江河床，修建水中基础，其优点主要有：①可避开两岸不稳定的崩塌体；②两岸接线比较方便；③修建速度较快，工期容易控制。其缺点和难点是：①桥台基础直接搁置在河床上，自身稳定性较差；②岷江洪期流量大，河床压缩后，流速急剧增大，导致冲刷严重，需要采取可靠的防冲刷措施。

(四)方案比选

对于上述三种方案，经过技术人员反复研究和多次讨论，形成以下主要意见：

(1)要确保施工期和使用阶段安全可靠。

(2)要对拟实施方案进行渡洪安全性论证，确保洪期桥梁安全。

(3)在保证结构安全的情况下，力争缩短时间，工期要短。

(4)在统筹考虑、综合比较后，对方案三进一步细化，作为拟实施方案。

(5)为方便两岸接线，且由于“321”钢桥推出法施工场地的需要，将桥位移到彻底关大桥下游约 200m 处。

(6)要充分考虑都江堰岸无机械设备，完全依靠人工操作实施的可能性。

经综合比选论证后，决定采用方案三在原桥位下游抢建一孔 60m 战备钢桥。

四、抢建实施

(一)汶川岸型钢桥台抢建

1. 型钢桥台加工

汶川岸型钢桥台采用 ϕ325mm×10mm 螺旋焊管做立柱，[16 型槽钢做平撑、斜撑，形成一个横桥向长 8m，顺桥向下半部为梯形，下部宽为 9m，上部宽为 3.55m，高 8.5m，上半部为矩形，顶宽 3.55m，高 3.5m 的钢围笼，整个钢笼体积近 526m^3。型钢桥台加工时注意平撑、斜撑与钢管立柱的焊接，确保焊缝饱满，保证加工质量，加工时考虑工地上起吊能力，将上部矩形部分改为现场单块焊接。

2. 桥台型钢钢围笼下放

在钢笼加工的同时，对桥位处河床进行压缩。在压缩河床时注意需在桥位的上游处形成一挑坝，使桥台处江水基本处于相对静止状态，便于型钢桥台钢笼的安放与调整。由于一个桥台型钢钢笼全部加工完成重量达 23t，从填筑的河道上到需落位的桥台位置有 15m 左右，从现场试吊情况来看，一台 50t 吊车无法将如此重量的型钢钢笼准确、安全地安放于河床上。现场决定部分斜撑和上部矩形部分不再组拼焊接，以减轻型钢钢笼的重量。同时为确保安全，桥台型钢钢笼采用两辆 50t 吊车下放。在下放过程中，先将型钢钢笼安放在桥台位置处，由于河床不平，河心侧低、河岸侧高，桥台钢笼下放后处于倾斜状态。根据桥台钢笼现场入水情况，仔细测量、认真计算后，重新将型钢钢笼提起，根据测量数据将型钢钢笼立柱进行切割。由于方法得当，再次将型钢钢笼放入江中后，型钢钢笼放置平稳、竖直(图 8-39)。为了确保桥台型钢钢笼安放质量，保证型钢钢笼 6 个支脚全部支承于河床的砾石上，需要下水进行检查，支垫。同时从钢管上口内投入混凝土麻袋，如部分钢管下口没有与河床接触，填入的混凝土麻袋在形成强度后能对型钢桥台立柱进行可靠支撑。

待型钢钢笼初步稳定，立即采用挖掘机向钢围笼内抛填级配较好的大块石，进一步对型钢钢笼进行稳固，形成良好的抗冲刷基础。待钢围笼基本稳固并有一定的抗倾覆能力后，可以边回填桥台后空区边回填钢围笼，两者交错同步进行。填筑时注意钢围笼不移位、不变形。待桥台后路基成形后，测量型钢桥台高程，如高程达不到设计要求，可用型钢将桥台立柱接高，重新形成钢桥支座顶面。

需特别注意的是，为便于支座下应力的扩散，从钢桥支座顶面以下1.0m范围内，需人工夯填小粒径级配良好的砾石，顶面浇筑30cm厚C30混凝土。

图8-39 钢笼加工、下放及钢笼回填

(二)都江堰岸桥台抢建

从汶川岸到都江堰岸，只能通过华能太平驿电站的大坝上过江，大约要绕行3km，其中还要翻越四个大型滑坡体，徒步轻装行走需要2h才能到达作业地点。为加快都江堰岸桥台抢建进度，在原垮塌的彻底关大桥上架起一座临时过江溜索，安上过江吊笼，以人工方式将二十几吨万能杆件、几十吨原材料运送至桥台位置。

都江堰岸桥台利用万能杆件组拼，该杆件单件最重 73kg，便于人工抬运及组拼。由于材料及时运输到位，桥台仅用 7d 时间就基本拼装完成。

（三）防冲刷措施

由于本钢桥将面临严峻的洪水考验，湍急的江水尽管不能撼动近千吨的钢笼，但可能将钢笼下河床掏空，使型钢桥台沉陷，最终导致整个桥梁丧失行车能力。本桥采用了以下措施：在桥台上、下游设置型钢笼导流坝、桥台前面设置主动防护型钢笼，防止江水直接冲击汶川岸型钢桥台，如果桥台下河床被冲刷，型钢笼内的砾石会借重力主动填补，避免继续冲刷，可以防止桥台沉降和保证桥台后路基安全。

1. 导流坝钢围笼加工

根据彻底关临时钢桥处的实际情况，充分考虑压缩河床后江水的冲刷以及起重机械行走、运行所需尺寸，导流坝沿岷江方向长度初步确定为 135m。根据施工图纸提供的资料及现场实测，综合考虑钢桥运行期间最高水位，按高出最高水位 1m 确定导流坝高程，确保导流坝围堰体安全。导流坝钢笼由单层组成，钢笼高度为 8.5m，顶宽为 3m，底宽为 5m。钢笼立柱采用$\angle 100\times100\times8$，平、斜撑及横联采用$\angle 75\times75\times5$，在加工好后的钢笼上每 15cm 采用 ϕ10mm 钢筋加密。钢笼按一种型号加工，每节长度为 3m，共需 45 节，可视具体情况适当增减。

导流坝钢笼施工前，应做好材料、场地、设备及人员等各方面的准备工作，原材料应按规定的场地堆码，并应根据设计图纸的技术要求进行尺度、材质及力学性能检验，对于所用的各种机械设备开工前都应进行检查调试，以确保抢建工作正常进行，保证工程质量及安全。

导流坝所需钢笼安排在汶川岸的河滩地上进行加工，加工好后用装载机吊运至岸边施工现场。

2. 导流坝钢笼安放

先下放汶川岸桥台钢笼，然后在桥台钢笼的上下游分别安导流坝钢围笼（也采用吊车直接安放的方式进行安装），钢笼下放时上游侧、下游侧交替进行，直至完成。导流坝钢笼之间、与桥台型钢笼之间应及时柔性连接，依次逐步形成一个整体，下放完成后即可在钢笼内抛放大块砾石直至钢笼顶面。随后可用挖掘机回填砾石，在钢笼内侧形成一个较为稳固的导流坝，逐步压缩河床断面，完成导流坝施工。

（四）“321”钢桥上部结构的拼装及架设

1. 场地准备

（1）根据两岸接线位置、地形、高差和地质情况，决定推出岸和对岸的摇滚至岸边最小安全距离。

（2）定出平滚、摇滚与座板的位置，测得桥中线桩与平滚，摇滚、座板标示桩的高程，中线桩应测至对岸鼻架端能达到的最远处。

（3）根据架桥现场的地形、道路状况，在推出岸的桥头规划出堆放桥梁部件、工具的位置和建桥器材车辆掉头的位置，使人工搬运距离最短，使用最方便，在对岸无法先期到达时，可将对岸座板和摇滚放在鼻架上，随桥架推出运送至对岸。

2. 滚轴安置

滚轴分摇滚和平滚两种。摇滚设在推出岸和对岸的岸边，推出岸的摇滚用于桥架的推出，对岸的摇滚用于桥架的坐落，平滚安置在推出岸摇滚之后。

(1)摇滚置于两岸河边，纵向(垂直于河流方向)位置设在桥座座板靠河边一侧，使桥梁最后就位时，桥头端柱落在座板的中心线上，摇滚与座板的距离为1.0m，不得小于0.74m。

(2)平滚用来拼装桥梁，在推出岸摇滚之后每隔5.7m，安置一组平滚，对于本桥三排双层加强型桥梁，内排桁架占用里面平滚外面的一个，中外桁架分别占用外面平滚的两个滚子。

(3)安置平滚之前要布置好滚轮样盘。

3.钢桥架设

钢桥采用悬臂推出法，鼻架为单排8节，双排4节，三排2节，总长14节，对岸用卷扬机牵引，架设时注意横梁安装在桁架的阴头端。

第一步：单排鼻架的拼装

(1)在推出岸两边的每个摇滚各竖放一片桁架，桁架的一端放在摇滚上，另一端放在临时垫木上，各片桁架的阴头朝前。

(2)将第一根横梁置于前端竖杆后面(注意：放在阴头端)并将横梁底面内两排孔眼，各自套入两片桁架上弦横梁垫板上的栓钉，用横梁夹具夹住，但不拧紧，待该横梁上的斜撑安装好之后才能将横梁夹具拧紧。

(3)安装第二节桁架，同时在前一节桁架的横梁上安装斜撑。

(4)在第二节桁架前端竖杆的后面安装横梁，用横梁夹具轻轻夹住，待横梁上斜撑安装好后再拧紧。

(5)安装第三节桁架，并在第一节桁架上安装抗风拉杆。

(6)根据两岸地面高差确定下弦接头数目，然后在鼻架下弦两桁架接头处安装下弦接头，并用桁架销子连接。

(7)依照上述拼装步骤循环进行，直至鼻架第9节单排桁架拼装完毕。

第二步：双排单层鼻架的拼装

(1)在第9节接好的桁架外边，再各安装一片桁架，并在相邻两片桁架上弦杆的顶面安装支撑架，但不拧紧螺栓，使之构成临时框架。

(2)在桁架中竖杆前安装横梁就位，然后装上横梁夹具，但暂不夹紧。

(3)把第二根横梁装在后端竖杆的前面，用横梁夹具夹住。

(4)将第三根横梁装在前端竖杆之后，与此同时在第二根横梁上安装斜撑。

(5)再安装次一节桥梁的内排桁架，同时在第一节桁架内安装抗风拉杆。

(6)安装第二节桥梁的外排桁架，应先旋紧第一节桥梁的支撑架、横梁夹具和抗风拉杆。

(7)按上述步骤安装到第13节。

第三步：三排单层鼻架的拼装

(1)将第14节内排桁架连接在已装好的鼻架上。

(2)将第二排桁架抬起置于平板或垫木上，并与安装好的鼻架对齐，用人扶着，使第一、第二排桁架上弦杆的顶面在同一高程上，然后在两桁架之间安装支撑架，待第一节桁架的横梁就位后，拧紧支撑架螺栓。

(3)安装第二节桥梁的第二排桁架。

(4)抬上第一节桥梁的第三排桁架，用人扶住，不让其倾倒。

(5)在第一节桁架中竖杆前安装横梁，用横梁夹具夹住，但不拧紧。

(6)在第一节桁架后端竖杆前，安装第二根横梁，用横梁夹具夹住，仍不夹紧。

(7)在第一节桁架前端竖杆后，安装第三根横梁，并在第二根横梁上安装斜撑。

(8)安装第一节桥梁的抗风拉杆，并在第二与第三排桁架前端竖杆上安装联板，然后拧紧所有横梁夹具。

第四步：三排双层桥梁正桥拼装

三排双层桥梁的拼装与三排单层桥梁的拼装方法一样，当完成四节三排单层的底层桥梁后，即开始安装第三节桥梁的上层桁架。每安装一节正桥桁架前必须先安装下一节中间那片桁架，让中间这片桁架先装一节。

为了装拆方便，只装双层桥梁上层桁架的销子，均由里往外插，故次一节的外排桁架必须在前一节的中排桁架安装之前装上，否则外排桁架的销子就无法装上。

第五步：钢桥面板的铺设

钢桥桥面架设与桥体架设顺序相反：

(1)架设每节桥面板。桥面板的架设顺序由中央桥面板开始，然后往两边分别架设标准的桥面及路缘板。

(2)整节桥面板架设好后，U形螺栓只需带紧。

(3)按顺序逐节安装桥面板。

(4)检查调整整桥桥面板，使之整齐、平整、然后紧固所有U形螺栓和L形螺栓。

第六步：桥梁拉出、落位(图8-40)

(1)所有“321”钢桥装配齐全后，检查连接钢销及螺栓，做好牵引准备。

(2)在汶川岸设置转线地锚。地锚采用挖掘机开挖，人工回填砾石，做成重力式地锚。此地锚需考虑两个转线：一个是牵引转线；另一个是制动尾绳转线。根据桥梁重量及平滚数量，经计算钢桥推出的摩擦力为130kN左右，故牵引力按5t卷扬机走4线滑车组的方式进行牵引。制动尾绳采用5t卷扬机走单线，起保险作用。

(3)牵引时注意应及时调整对岸平滚的位置及角度，如桥位调正后可将对岸平滚方向与桥轴线垂直，不再对桥轴线进行调整。

(4)当鼻架过江后支承于桥台上后，可根据牵引进度适时拆除多余的鼻架。

(5)桥梁落位采用4个50t千斤顶，或根据实际情况进行调整。汶川岸场地较好，桥梁落位采用50t吊车，直接落位，映秀岸采用4个50t千斤顶进行落位，上好桥座板。落位时注意需单边落位，待一方完成后再落另一岸。

(五)钢桥保通措施

(1)根据设计要求准确定位桥台的平面位置，在下放时随时控制好其垂直度，避免倾斜。

(2)钢围笼回填级配较好的砾石，确保回填质量。

(3)在全部钢桥完全贯通后，对全桥各部位进行全面检查，对连接梁及横梁的U形螺栓进一步紧固，及时发现问题和排除隐患，确保钢桥质量。

(4)各构件焊接要焊透，长度满足要求。螺栓连接应将螺栓拧紧，使用一段时间后安排专人检查加固。

(5)实行交通管制，车辆行驶严格按限速要求，禁止急停、加速，单车限速5km/h，限重20t通过。

(6)洪汛期间，专人观察水位，检查冲刷深度，当水位超出设计水位时，应采取顶升措施；与水文部门及时联系，掌握水文变化情况。

(7)在钢桥端头设置限速牌、安全行驶标志、夜间警示标志、钢桥上设置照明灯及荧光标志，平台处设置大功率的照明灯，供夜间照明。

图 8-40　彻底关钢桥架设过程

实例七　平武县南坝镇涪江低水桥抢建

一、基本情况

平武县南坝镇原本有一条二级公路穿镇而过，2008 年 5 月 12 日的汶川地震造成山体崩塌，桥梁垮塌，数百名重伤员和 2 万多名群众被困在涪江对岸。受涪江段堰塞湖溃堤威胁，北面是山，南面是涪江，外运伤员内运物资，只能靠一条小船摆渡(图 8-41)，致使平武县重灾区南坝镇一度成为"孤岛"，渡河问题成为当地抗震救灾最大的障碍。

二、抢通技术方案

在对涪江流速、水深、江幅及接近路等进行了认真的勘察和计算后，确立了充分利用就便器材，架设低水桥的处置方案及基本施工方案，如图 8-42 所示。

图 8-41　南坝镇唯一的渡船

图 8-42　渡船与桥位

三、低水桥抢建实施

(一)堆砌桥脚

(1)对于靠近岸边、水浅、流缓的位置，直接从河床底部搬运块石堆砌成桥脚基础，而后在块石基础上堆砌沙包形成桥脚(图 8-43、图 8-44)。

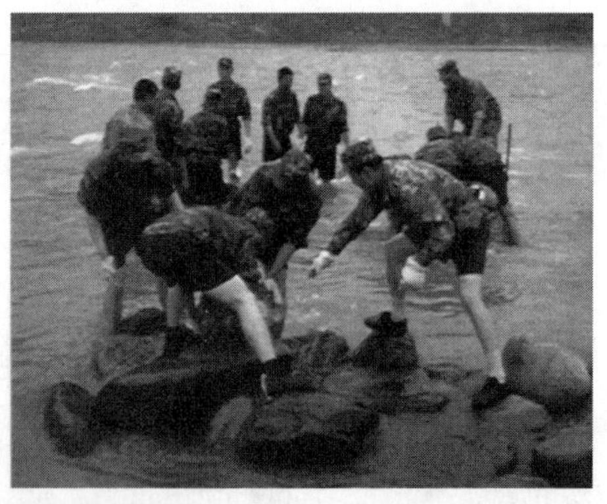

图 8-43　搬运河床中块石堆砌桥脚基础

(2)对靠近合龙段、水深、流急的桥脚，首先在河床中打入用于固定钢丝笼的钢钎，而后分层铺设钢丝笼，在钢丝笼内填充沙包直到预定高度(图 8-45～图 8-48)。

图 8-44　在桥脚基础上堆砌沙袋

图 8-45　在桥脚位置铺设钢丝笼

图 8-46　接力输送沙包

(3)对水深、流急、人员难以立脚的合龙段桥脚，事先在岸上制作由钢管、万能连接件以及钢丝网组成的钢性骨架(图 8-49)，而后使用吊车将骨架吊运至桥脚位置(图 8-50、图 8-51)，最后向骨架内抛填沙袋形成堆砌桥脚。

(二)铺制桥面

在桥脚施工完成后，利用倒塌民房上的木材与竹材制作桥面系(图 8-52、图 8-53)。

平武县南坝镇涪江低水桥全景如图 8-54 所示。

图 8-47　向钢丝笼内填充沙包

图 8-48　成形的桥脚

图 8-49　制作钢性骨架

图 8-50　吊装骨架至预定位置

图 8-51　为抛掷沙袋人员安装临时通道

图 8-52　采用竹材与木板等制作桥面

图 8-53　成形的桥脚

四、任务完成情况

在江水湍急、建材短缺的情况下，800 多名解放军应急抢险官兵就地取材，用水泥板和江中石块编织铁丝笼堆成桥墩，利用倒塌房屋木材、山上竹竿等材料作为桥面器材，砍伐竹竿5 000多根，装填石袋 60 000 多个，搬运圆木 200 多根，填压水泥板 3 000 多块，推填土方 2 000多立方米，经过 5 个昼夜的奋战，成功架通 160m 长、3.5m 宽的涪江低水桥，打通了南坝抗震救灾的生命线，为南坝镇救灾和灾后重建赢得了主动，创造了条件(图 8-55)。

图 8-54　平武县南坝镇涪江低水桥的全景

图 8-55　桥上人员通行时的情景

实例八　川藏公路索通桥垮塌抢建

一、基本情况

G318线(川藏公路)是连接西藏与祖国内地的重要通道,沿线平均海拔3 000多米,山高谷深、地势险峻,素有"天险奇路"之称。尤其是波密段,每年6～8月份,泥石流、塌方、洪水等灾情不断,经常发生不同程度的公路、桥梁垮塌事故。

2010年7月25～29日,受持续降雨和冰川消融双重影响,川藏公路K4062处爆发大规模泥石流,灾害发生地点如图8-56所示。

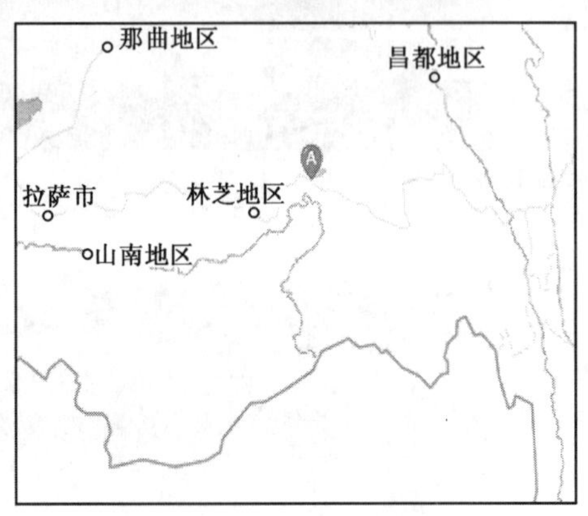

图8-56　灾害发生地点

二、灾害情况

7月25日,因持续降雨导致帕隆藏布江江水暴涨,K4062+700段150多米路基基底被江水掏空,2/3道路沉陷坍塌,如图8-57a)所示。

7月26日5:30左右,K4064+600处近200m路基突然坍塌,形成长约50m、宽约15m、高约30m的缺口,次日扩展至100m左右,如图8-57b)所示。

7月28日17:30左右,K4062处江对岸因冰川融化,近3万m^3泥石流倾泻而下,迅速侵占河道,导致河道过水断面骤减,水位迅速上涨约9m,水流速度急速加快,冲刷能力增强,主河槽水流方向发生明显偏移。当天夜间,该处再次爆发近2万m^3泥石流,形成短暂堰塞湖后,江水改道,直冲路基。

a)

b)

图8-57　路基坍塌

7月29日16:10左右,K4062+850处一座长76m,桥面高度约50m的比通2号拱桥瞬间被冲毁,波密通往K4064+600东侧抢通现场的道路完全中断,如图8-58所示。

三、抢通抢建技术方案

灾害发生后,担负这一路段保通任务的武警交通第四支队官兵克服受灾范围广,灾害类型多,抢通任务重,抢通现场地质结构复杂,次生灾害频发,危险性高,抢通难度大等诸多困难,夜以继日抢修道路和桥梁。

图 8-58 桥梁垮塌

由于本次灾害致使川藏公路多处断通，经全面灾害调查后，拟采取爆破山体回填坍塌路基的办法恢复道路通行；采用抢修应急通道、架设钢桥的办法解决比通 2 号拱桥冲毁处的车辆通行问题，如图 8-59 所示。

图 8-59 抢修便道

抢建桥梁桥台拟采用木笼结构，上部结构调用储备的 321 型装配式公路钢桥，采用悬臂推出法架设。由于受索通村桥头地形限制，钢桥无法在桥头全部拼装，只能边装边推进，在钢桥推进的过程中随时核算桥架的重心，确保在任何情况下桥架重心不超出摇滚之外。

四、钢桥抢建实施

钢桥抢建共分 10 个步骤：桥位选择及布置、基础处理、桥头料场布置、滚轴安装、鼻架格数确定、桥梁拼装、桥架推出、桥梁坐落、铺设引桥、通车。

（一）桥位选择及布置

技术人员根据现场地形地貌，实地勘测桥位，测量河沟宽度，决定桥梁跨径，选择最适宜的桥梁中线，然后再定出平滚、摇滚位置，确定桥梁基础高程，如图 8-60 所示。

图 8-60　桥位选择

(二)基础、桥台抢建

该桥利用原桥台基础,不作处理。根据灾害现场树木较多的资源特点,现场伐木,按照桥台纵坡坡降和桥台宽度将木材裁成所需要的纵横向长度,沿桥台纵向和横向分层码砌并逐层逐根逐节点用钢丝绑扎,各木料之间间距 40cm,木料与桥台岸采取必要的措施与原地基锚接,码砌和绑扎两层之后在木笼格台内填筑砂砾石或水泥稳定砂砾,并人工捣实,以增强桥台的稳定性和整体性,木笼桥台顶部铺设方木平台,如图 8-61 所示。

图 8-61　搭设木笼桥台

(三)桥头料场布置

桥位选定后,推出岸桥头应规划堆放桥梁部件、零配件及工具的场地,同时要考虑运料车掉头卸料的空间。当桥头受场地限制时需对架设钢桥所用材料有序堆放,或者随用随取,不能在现场堆放过多,以免影响 321 钢桥拼装操作,如图 8-62 所示。

(四)滚轴的安装

滚轴分摇滚与平滚两种。摇滚安置在推出岸与对岸的岸边,推出岸的摇滚用于桥架的推

出;对岸的摇滚用于桥架的着落。平滚安置在推出岸摇滚之后,具体方法如下:

每座摇滚只容一排桁架通过,单排桥梁架设,两岸需各放两座摇滚,中距 4.2m。若架设双排桥梁时,两岸需各放两座摇滚,内排摇滚间距 4.2m,外排摇滚间距 5.1m。摇滚与河沿的距离由地基承载力与土壤的静止角而定,摇滚的纵向位置,设在桥座座板靠河边一侧,使桥梁最后就位时,桥头端柱落在座板中心线上,摇滚与座板的距离为 1m,至少不得小于 0.75m。

平滚用来拼装桥梁,在推出岸摇滚后每隔 6m 安置一组平滚。单排桥梁架设,左右各用一副平滚,桥架占用靠外边的滚子;双排桥梁时,左右各用两副平滚,桥架占用的滚子,内排占用里面平滚靠外的一个,外排占用外面平滚靠里面的一个。

(五)鼻架格数确定

按照桥梁格数除以 2 加 1 确定鼻架格数。本桥 21m 的鼻架格数为 7 除以 2 后取整数再加 1,为 5 格。

为防止桥架推出后因鼻架下垂导致无法搭上对岸摇滚,应在鼻架的桁架下弦之间安装下弦接头,将鼻架端翘起获得一定的抬高度,保证鼻架顺利通过对岸摇滚,如图 8-63 所示。

图 8-62 桥头料场布置

图 8-63 鼻架端拼装后翘起示意图

(六)桥梁拼装

1.拼装鼻架

(1)在推出岸两侧滚轴上,各竖放一片桁架,桁架的一端放在摇滚上,另一端放在临时垫木上,阳头朝前,阴头朝后,如图 8-64 所示。

图 8-64 拼装鼻架

(2)将第一根横梁置于前端竖杆后面,用横梁夹具夹住,待该横梁上的斜撑装好后才能拧紧。

(3)安装第二格桁架(加装下弦接头),同时在第一格桁架的横梁上装斜撑,拧紧横梁夹具。

(4)在第二格桁架前端竖杆后安装横梁,用横梁夹具轻轻扣住,待横梁上斜撑套上后才能夹紧。

(5)安装第三格桁架,同时在第一格装抗风拉杆,在第二格上装斜撑,夹紧第二格横梁夹具。

(6)在第三格桁架前端竖杆后安装横梁,用横梁夹具轻轻扣住,等横梁上斜撑套上后才能拧紧。

(7)安装第四格桁架,同时在第二格装抗风拉杆,在第三格上装斜撑,拧紧第三格横梁夹具。

以次类推,拼装完鼻架。

2.拼装正桥

(1)第一格安装,它与其他各格略有不同。

①安装第一格内排桁架与鼻架连接,同时在鼻架第四格装抗风拉杆,在第五格上装斜撑,拧紧第五格横梁夹具。

②在第一格桁架外侧各放一片桁架,并安上支撑架(不拧紧螺栓),以构成临时框架。

③在桁架的中端竖杆前插入横梁就位,然后安上横梁夹具,但不拧紧。

④将第二根横梁装于后端竖杆之前面,用夹具轻轻扣牢。

⑤将第三根横梁装于前端竖杆之后,同时在第二根横梁上安装斜撑,另在鼻架第六格装抗风拉杆。

⑥在第一格桁架下弦加装阳头斜面弦杆,中间每格桁架下弦均先安装加强弦杆后再进行安装,最后一格桁架装阴头斜面弦杆。

⑦再装第二格内排桁架,同时在第一格装抗风拉杆。装上第二格外排桁架,同时旋紧第一格支撑架、横梁夹具及抗风拉杆,如图 8-65 所示。

图 8-65 安装支撑架

(2)其余各格安装。

①第二格桁架装好后,安装第三格内排桁架。

②将横梁装于第二格后端竖杆之前,用横梁夹具扣上,但不拧紧。

③在第二格的横梁上装斜撑,同时安装抗风拉杆及拼第三格的外排桁架。抗风拉杆暂不拉紧。

④装第二格之中横梁,扣上横梁夹具。

⑤安装支撑架,然后旋紧第二格抗风拉杆及横梁夹具。

⑥铺装钢桥面,如图 8-66 所示。

(3)以后各格按同样程序安装。

加强弦杆的拼装:通常先把加强弦杆装到桁架下弦杆上,然后两端一起装配上去。在此情况下,安装人员势必增加,行动较为不便,如果有起吊设备,可把桁架的上下弦杆加强后一起吊装。此法虽然可减少人员，但速度较慢，在紧急抢险工程中一般不采用。

图 8-66　铺装桥面板

下弦加强弦杆装好后，紧接着把上弦加强弦杆也装上，但必须先将撑架螺栓装上，以便随后安装支撑架，如图 8-67 所示。

图 8-67　装配式公路钢桥拼装过程简图

（七）桥架的推出

为减少悬空部分的震荡，在桥架推出时均匀用力，推进方向如发现偏差需纠正，特别是在桥架接近平衡点容易转动时，通过拨动尾部的办法彻底纠正。

人力推出具有准备工作简单、推出容易控制、速度快且不需要配置牵引设备等优点。随着桥架的向前推出，容纳推桥人员的地方愈来愈小，至最后快要就位时，桥架几无施力之处。因此，利用人力推出时，最好采用推拉结合，将一部分人员调至对岸，通过绳索协同本岸人员拉桥前进，如图 8-68 所示。

图 8-68 钢桥推进

推桥时由专业技术人员站在桥上统一指挥，保证指挥时能看到对岸滚轴，也能观察桥架推进的一切情况，所有工作人员动作一致。推出岸每组滚轴旁边各站一人，手持磅锤，随时检查滚轴是否有毛病或桥梁是否有被阻的现象，发现问题应随即报告指挥人员，必要时用锤适当地调整滚轴的位置或要求暂时停止推出，用千斤顶局部顶起桥架，挪动滚轴，对岸摇滚旁也各站一人，协助鼻架准确着落于其上。

（八）桥梁坐落

桥梁坐落用普通千斤顶顶在桥梁下弦，其位置最好在桁架弦杆与腹杆交点，千斤顶与弦杆之间放一块厚钢桥，将力量平均传布到弦杆的两个槽钢上，不可把千斤顶顶在一根槽钢上，更不应让槽钢翼缘单独受力。在一般情况下，千斤顶应置于垫木上，将桥梁传来的反力分布于较大的地面，千斤顶与垫木的高度，根据桥梁下降距离及千斤顶的行程来定，最好使桥梁能一次坐落，如图 8-69 所示。

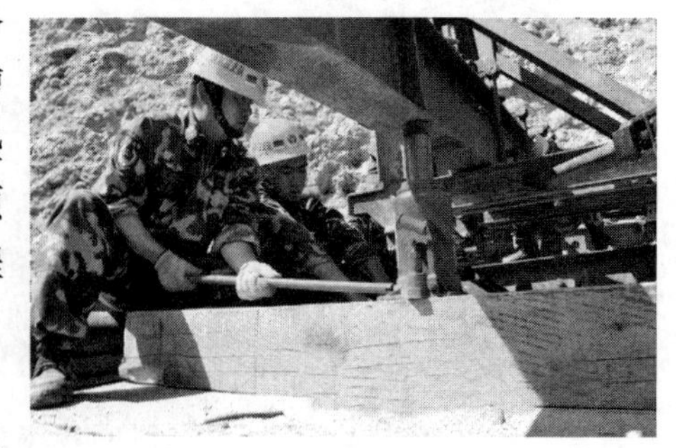

图 8-69 安装支座

（九）引桥铺装

桥梁坐落工作完成后，即开始铺设引桥，与桥梁相接的一端支承于端横梁上，其与河岸相接的那一端支于枕木上，枕木长度等于引桥宽度。

引桥铺设完毕后，桥梁的架设工作全部结束，对全桥的螺栓、销子、横梁夹具等连接部位加以检查后采用架设的工程机械进行必要试车后即可通车，如图 8-70 所示。

图 8-70　荷载检测

(十)通车

索通桥桥台为临时木笼结构，经初步计算，桥台承载能力有限，在进行交通管制的前提下仅限于小型车辆通行，如图 8-71 所示。

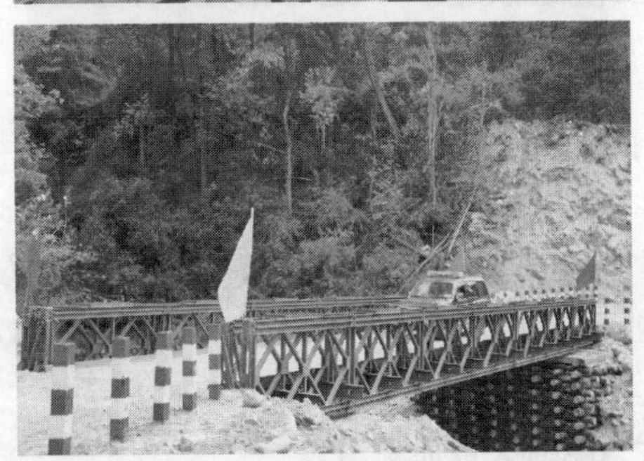

图 8-71　社会车辆通行

在 321 钢便桥搭设完毕之后，对桥头两岸引道进行修整，使之符合纵坡要求，同时清理上下游河道，确保桥台稳固可靠。

在 7・25 川藏公路通麦镇索通村的交通抢险过程中，武警交通部队在湍急的帕隆藏布江水和悬崖绝壁之间，采用悬空打炮眼的方式，开凿出一条近 8.3km 的应急道路。整个遇险路段经过 16d 全部打通，累计完成抢修便道 8 246m，开挖土石方 31 630m^3，回填路基 2 380m^3，围堰截水 120m，开炸岩石 25 930m^3，架设木笼桥台约 310m^3。仅用 3d 时间就完成了东侧高 7.1m的木笼桥台，西岸 2.5m 高的混凝土桥台、4.6m 高的木笼桥台和长 21m 的钢桥架设任务，如图 8-72 所示。

图 8-72　钢桥抢通全貌

实例九　宝成铁路 109 隧道震灾抢险整治

一、基本情况

宝成铁路是连接我国西北和西南的交通大动脉，是进出四川的最快捷运输大通道。"5·12"汶川特大地震导致宝成铁路 109 隧道多处山体崩塌、行进机车被毁、油罐列车洞内起火燃烧，工程严重受损，交通运输中断。能否在最短时间内抢通 109 隧道，恢复宝成铁路运营，成为当时全国抗震抢险中广泛关注的焦点。面对突发的特大自然灾害，参与宝成铁路 109 隧道抢险的专业技术人员反应迅速、准确应对，仅用 2d 时间就提交了隧道加固方案、2d 时间完成了隧道加固实现通车、3d 时间完成了改线勘测、6d 时间完成了改线站前施工图，为抗震抢险工作提供了强有力的技术支持。

二、宝成铁路 109 隧道工程概况及灾害情况

(一)隧道工程概况

109 隧道位于宝成铁路徽县车站南端，始建于 1954 年，原为窄夹子 1 号(192.23m)及窄夹子 2 号(333.02m)两座隧道，由于两隧道间边坡高陡，常有落石危及行车安全。窄夹子 1 号隧道北口 1968 年 3 月 28 日发生塌方 100 余立方米，将 1 台机车和 2 节车皮推下嘉陵江，1972 年接棚洞 67.1m；窄夹子 2 号隧道出口因落石 1971 年接长明洞 18.06m，1982 年再次接长棚洞 89.57m；该隧道前后 4 次共计接长明洞 200.82m，现全长 726.07m。

(二)隧道区地质环境

109 隧道位于嘉陵江上游秦岭岭南低中山峡谷区，该段河谷宽约 50～100m，两岸山坡高陡，自然坡度 40°～85°，相对高差 200～400m。出露岩性为石炭系下统巨厚层灰岩，受构造及风化作用影响，垂直长大节理和缓倾角(20°～30°)结构面发育，危岩落石及崩塌等不良地质现象多发，地质环境条件恶劣。

(三)隧道区震灾情况

"5·12"汶川特大地震对宝成铁路 109 隧道区造成的危害总体上表现为两大方面：一是地震引发山体崩塌造成的直接工程损毁及诱发的次生地质病害，主要表现为 3 处大崩塌和 1 处堰塞湖(表 8-1)；二是地震作用和诱发的洞内油罐大火，二者叠加对隧道主体结构的损坏。其

主要病害类型为隧道主体开裂、掉块、衬砌表层剥落、拱脚或拱腰错台、棚洞 T 梁损毁等。

宝成铁路 109 隧道区地震崩塌灾害情况表 表 8-1

名　　称	崩 塌 特 征	工 程 危 害
隧道对岸公路崩塌	边坡高 160m，宽 80m，崩塌后壁坡度约 75°，岩性为石炭系下统巨厚层灰岩。崩塌堆积体呈扇型，坡度约 35°，宽 70m，长 45m，体积约 2 万 m^3，为“5・12”地震形成的中型崩塌	崩塌掩埋公路长约 80m，阻断了隧道救援抢险通道
隧道进口端崩塌	边坡高 120m，宽 160m，崩塌后壁近直立，岩性为石炭系下统巨厚层灰岩。崩塌堆积体呈三角型，坡度约 40°，宽 200m，长 120m，体积 12 万 m^3，为“5・12”地震形成的大型崩塌	崩塌损坏进口端隧道 180m，堵塞嘉陵江，形成长达 3.5km 的堰塞湖，危及上下游居民及铁路、公路安全
隧道出口端崩塌	边坡高 120m，宽 150m，崩塌后壁陡立，岩性为石炭系下统巨厚层灰岩。崩塌堆积体呈扇型，坡度约 45°，宽 150m，长 35m，体积 2 万 m^3，为“5・12”地震形成的中型崩塌	崩塌砸毁出口端棚洞 80m，拦石墙及路堑墙 36m，并造成列车出轨，引发洞内油罐起火燃烧

三、109 隧道抢险加固整治

(一)109 隧道抢险工作面临的主要困难及工作重点

1. 面临的主要困难

(1)地震造成载有航空油罐的列车在隧道内脱轨燃烧，燃烧产生的大火、高温和有害气体阻止了救援人员的靠近，对及时查明灾害受损情况带来了巨大困难。

(2)三处大崩塌体及诱发的堰塞湖等次生地质灾害给抢险工作带来了极大挑战。

2. 工作重点

(1)第一时间对隧道的受损情况、修复的可行性作出预判，为抢险决策提供依据。

(2)及时对隧道损坏情况进行分析，提出修复加固设计方案，为抢险人员、物资、设备调集及实施提供依据。

(3)及时对隧道区地震崩塌体、堰塞湖等次生地质灾害进行调查，对其稳定性及发展趋势加以准确评判，提出切实可行的清除、加固设计措施，指导抢险施工。

(4)对隧道区总体震害情况及长期运营安全进行分析评判，同步开展改线方案研究、勘测设计工作，为彻底根治病害提供依据。

(二)109 隧道抢险应遵循的原则

(1)隧道抢险方案应有利于 109 隧道的快速抢通，隧道恢复加固措施应具备能够快速施工和安全的特点。

(2)鉴于洞内大火扑灭前难以进入并查明具体受损情况，前期恢复方案的制订应具有系统性和前瞻性，充分考虑到地震与火灾共同组合的各种不利影响，制订预案和对策。

(3)地震与火灾对既有工程安全影响严重，在抢通的同时，应着眼长远，研究制订新线改建方案，以彻底根治病害。

(4)新线改建应坚持地质选线的原则，以避免次生地质灾害的威胁，保证工程的长期运营安全。

(三)109 隧道洞外病害抢险加固整治措施

1. 隧道对岸公路崩塌病害整治

对掩埋公路的崩塌堆积体迅速清除,疏通道路,同时设立观察哨指挥交通,确保抢险通道的安全顺畅。

2. 隧道进口端崩塌病害整治

对新形成的地震崩塌高陡崖壁,为防止其进一步风化剥落、坍塌危及隧道洞身及河道安全,进行挂网喷护。对崩塌堆积体堵塞河道形成的堰塞湖危害,根据危害的时效性加以分步治理。第一步,及时疏通,确保湖水上涨不淹没抢险公路通道;第二步,根据预测的当年汛期可能出现的最大洪峰流量进行计算设计,实施顶面宽度 40m,深度不小于 5m 的河道疏浚工程,以保证修复后的宝成铁路及上下游居民安全度汛;第三步,根据推算的本段嘉陵江百年一遇洪峰流量和工程需要,对堰塞坝进行清理,以彻底根除隐患。

3. 隧道出口端崩塌病害整治

清除崩塌堆积体,拆除被毁坏的棚洞,边坡挂网喷护,局部开裂块体锚索加固,先行恢复通车;其后恢复钢棚洞,加固受损挡墙,确保运营安全。

4. 隧道洞内病害抢险加固措施

根据地震及火灾对隧道洞内工程的实际损坏情况,分别采取有针对性的加固措施(表 8-2)。

隧道洞内加固措施一览表 表 8-2

损伤程度	损伤表现特征	加固措施
轻度损伤	混凝土表面基本完好,构件无空鼓、无明显裂缝	基本不处理,局部喷锚修补
中度损伤	抹灰层基本剥落和大面积内鼓,表面有裂缝或局部损伤	采用 R32N 自进式锚杆加固,并挂 ϕ8mm 钢筋网喷 C20 混凝土嵌补,局部设钢架加强
严重损伤	裂缝较多、掉块现象严重、局部坍塌、混凝土表层出现酥碎、强度明显降低	设钢架、喷混凝土并挂网,同时采用 R32N 自进式锚杆注浆加固
极严重损伤	衬砌坍塌、混凝土失效	衬砌拆换

四、经验教训

109 隧道抢险抢通及改线工程,于 2008 年 11 月 12 日全部完成并开通运营。结合实战抢险,总结以下经验教训:

(1)健全和完善的应急机制是保证抢险工作顺利进行的基础。当灾难发生时,迅速启动应急抢险预案,短时间内完成抢险队伍、物资的集结和运输,为救援工作赢得宝贵时间。

(2)坚持科学抢险的工作思路,才能针对灾害特点制定出科学合理的工作程序和工程抢险措施,使抢险工作各环节间有序衔接、忙而不乱。

(3)抢险工作必须坚持快速行动、灵活务实的作风。抢险专业人员只有深入一线,及时根据现场情况调整和完善抢险加固措施,才能指导施工,快速完成抢险工作。

(4)山区交通工程建设过程中,只有高度重视地质工作,才能有效避免和减轻包括地震在内的各种自然灾害及其次生灾害的影响。

实例十　太焦线石会一、三号隧道坍方及治理

一、基本情况

太原至焦作铁路石会段一、三号隧道位于太岳山南坡，沿浊漳河两岸展线。其中一号隧道长 1 268m，三号隧道长 471m(图 8-73)。隧道穿过岩层主要为三叠系砂页岩互层。砂岩为中粒结构，黄绿色或灰色，石质较坚硬，以中厚层为主；页岩为紫红色及灰绿色，以薄层为主，局部含钙质结核。部分山坡黄土覆盖，厚 2～5m。

一号隧道原进口位于山坡上，层理向沟倾斜，构成软弱夹层的顺向坡，由于勘测期间没有查清，误将隧道洞口置于古滑坡的前缘。洞身段 K364＋440～K364＋515 段为浅埋地段，最浅埋深仅 11.0m。而且两组断层在此交汇，一组为走向北东 60°～70°，另一组为走向 30°～45°的正断层(与线路近于平行)。两断层间基岩以页岩为主，由于受断层挤压破碎，局部已泥化。洞顶自然沟常年流水，水量大，基岩裂隙水渗透系数为 $K=2\mathrm{m/d}$。这些因素最终造成施工期间洞身坍方、洞口滑坡事故，拖延工期达一年之久(图 8-74)。

图 8-73　隧道位置及构造示意图

1-岩层产状；2-断层；3-滑坡

三号隧道洞身主要为中厚层砂岩夹页岩，局部为较厚页岩夹砂岩，岩质破碎。施工期间发生冒顶事故。

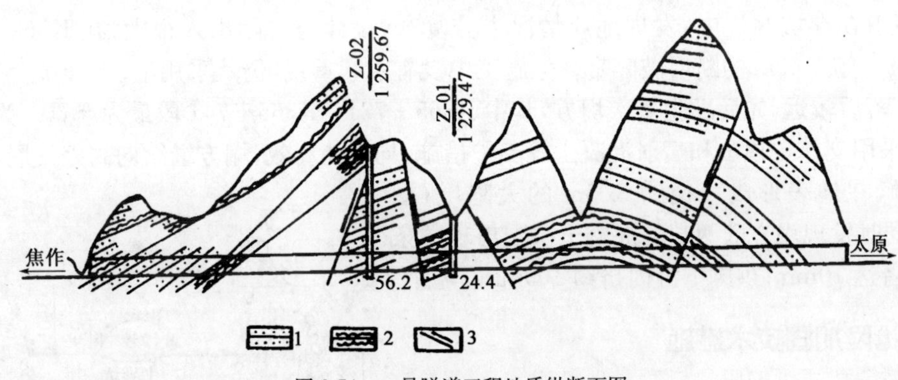

图 8-74　一号隧道工程地质纵断面图

1-砂岩；2-页岩；3-断层

二、事故灾害情况

1. 一号隧道进口段滑坡

该隧道采用上下导坑、先墙后拱的施工方法，下导坑先掘进 70 余米。1972 年 5 月开挖上导坑和拱圈部分时，遇到页岩软夹层，随着导坑掘进，页岩以上岩体开始向左侧移动，下导坑底部页岩也向左侧移动 7～9m。不久，古滑坡体整体复活，顺线路 100m 范围内，整个山体向左

侧移动，并于线路左侧 25m 的沟心处隆起(图 8-75)。洞内衬砌开裂，支撑排架歪斜，洞门破坏。

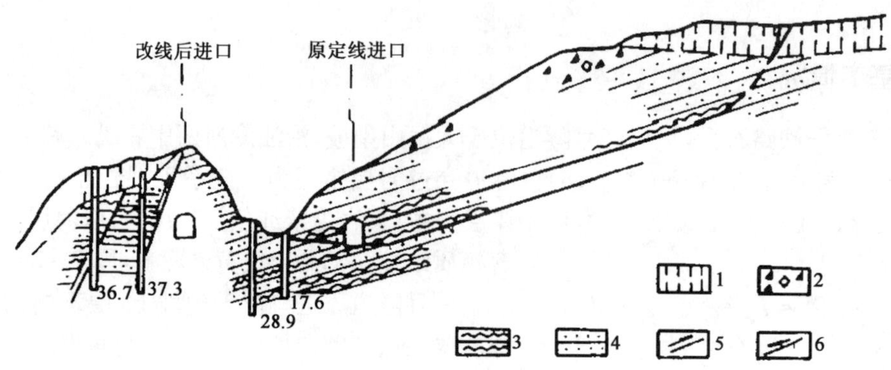

图 8-75　进口滑坡轴向断面图

1-黄土；2-碎块石；3-页岩；4-砂岩；5-断层；6-滑动面

该滑坡长 200m，宽 100m，滑体厚 20～30m，体积约 40 多万立方米。研究认为：由于滑坡规模大，难于整治，确定将线路改移至左侧 61m 山梁处进洞(图 8-73)，彻底绕避滑坡范围。

2. 一号隧道中段坍塌

当上、下导坑通过 K364＋480 处时，上导坑突然大量涌水，接着巨石、碎石和流泥倾泻而下，形成大塌方，4h 内就坍至拱顶以上 7m 多高，流坍稀泥达 2 000 m^3，上导坑被堵死，下导坑积水 1.0m 深。在长达 50 多米范围内，基底沉陷，使排架下沉 0.8～1.0m，几处横梁被压断。分析涌水和大塌方原因是由于上、下导坑同时开挖，使破碎岩体产生蠕动变形，岩体中裂隙和孔隙增大，或产生一些新裂隙，导致地表水下渗，又使岩体动水压力增大，强度降低，而造成洞内大塌方，形成塌方—涌水—塌方的恶性循环。

3. 三号隧道冒顶

该隧道在导坑掘进中，发现地质情况十分复杂，设计与实际出入很大，在 K365＋727～K365＋795 有长 68m 的断层破碎带。但施工中没有引起重视，仍然采用上、下导坑掘进，由于后部工序落后较远，先后发生多次坍方，其中 K365＋731～K365＋741 段最为严重。为了制止塌方，曾采用支撑护顶法和喷射混凝土等支护措施，均未能奏效，塌方继续向高处发展，最后塌通至山顶，在地表形成直径约 3.5m 的大陷坑(图 8-76)。同时发现塌方区两端的混凝土拱圈出现数条裂缝，宽者达 10mm；拱脚下沉内挤约 100mm。

图 8-76　K365＋727～K365＋795 坍方示意图

三、抢险加固技术措施

1. 一号隧道中段坍方治理

(1)排除地表水和洞内积水。为防止地表水下渗，首先对地表进行综合整治：

①自然沟上游筑坝截水，用胶管将沟水引至隧道下游(图 8-77)。

②洞顶上方自然沟槽及支沟均用浆砌片石铺砌，防止地表水下渗。

③洞内下导坑积水及时疏通，将水引入排水沟；同时将洞内几处集中涌水点，以胶管插入，

将水引至下导坑排水沟内，不使漫流成害。

(2)加固上、下导坑。下导坑采用设套架的方法进行加固；上导坑采用钢轨横梁更换支撑；导坑两侧设临时支撑，或用片石将空洞充填。

(3)采用钢钎封闭法通过塌方体。即逐段斜插钢钎封闭，清理坍渣、架立排架，再扩大，立扇形支撑(参照三号隧道塌方处理方法)。

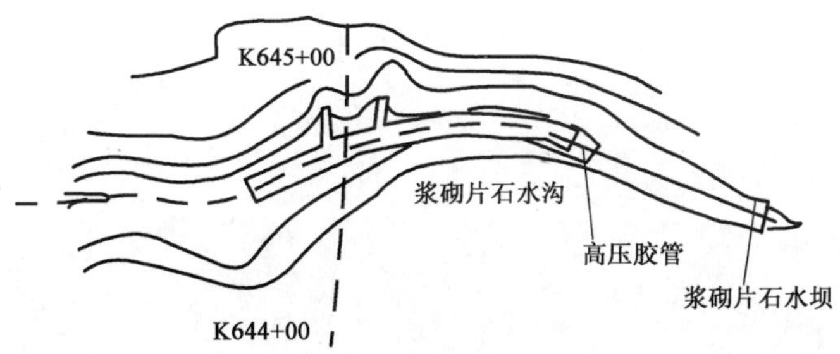

图 8-77　地表排水设施示意图

(4)加强衬砌结构。塌方地段拱圈及边墙均设置单层钢筋网；两侧拱脚设置钢筋托梁；加设仰拱，防止衬砌下沉和内挤。

(5)改进马口和边墙的施工方法。如采用边墙分两次施工；小马口，随挖随衬等措施。

2. 三号隧道冒顶治理

(1)首先加固坍塌体两端的混凝土拱圈。具体做法是：恢复拱架，拱脚设卡口梁；设套架以加强拱架；对拱背及坍体进行注浆。

(2)采用钢钎封闭法通过塌方体(图 8-78)。钢钎采用 ϕ30mm 圆钢，长度 3.0m，仰角 3°～10°，间距 0.1～0.25m。对个别坍塌极严重地段进行注浆，先将坍塌体固结后再开挖。

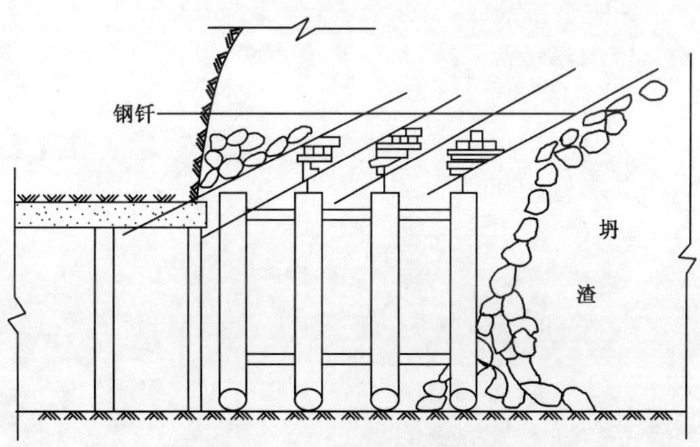

图 8-78　上导坑钢钎封闭开挖图

附录 A　我国关于应对突发公共事件的法律法规

目　录

中华人民共和国突发事件应对法

（2007年8月30日第十届全国人民代表大会常务委员会第二十九次会议通过，2007年8月30日中华人民共和国第69号主席令公布，自2007年11月1日起施行）

目　录

第一章　总　则

第一条　为了预防和减少突发事件的发生，控制、减轻和消除突发事件引起的严重社会危害，规范突发事件应对活动，保护人民生命财产安全，维护国家安全、公共安全、环境安全和社会秩序，制定本法。

第二条　突发事件的预防与应急准备、监测与预警、应急处置与救援、事后恢复与重建等应对活动，适用本法。

第三条　本法所称突发事件，是指突然发生，造成或者可能造成严重社会危害，需要采取应急处置措施予以应对的自然灾害、事故灾难、公共卫生事件和社会安全事件。

按照社会危害程度、影响范围等因素，自然灾害、事故灾难、公共卫生事件分为特别重大、重大、较大和一般四级。法律、行政法规或者国务院另有规定的，从其规定。

突发事件的分级标准由国务院或者国务院确定的部门制定。

第四条　国家建立统一领导、综合协调、分类管理、分级负责、属地管理为主的应急管理体制。

第五条　突发事件应对工作实行预防为主、预防与应急相结合的原则。国家建立重大突发事件风险评估体系，对可能发生的突发事件进行综合性评估，减少重大突发事件的发生，最大限度地减轻重大突发事件的影响。

第六条　国家建立有效的社会动员机制，增强全民的公共安全和防范风险的意识，提高全社会的避险救助能力。

第七条　县级人民政府对本行政区域内突发事件的应对工作负责；涉及两个以上行政区域的，由有关行政区域共同的上一级人民政府负责，或者由各有关行政区域的上一级人民政府共同负责。

突发事件发生后，发生地县级人民政府应当立即采取措施控制事态发展，组织开展应急救援和处置工作，并立即向上一级人民政府报告，必要时可以越级上报。

突发事件发生地县级人民政府不能消除或者不能有效控制突发事件引起的严重社会危害的，应当及时向上级人民政府报告。上级人民政府应当及时采取措施，统一领导应急处置工作。

法律、行政法规规定由国务院有关部门对突发事件的应对工作负责的，从其规定；地方人民政府应当积极配合并提供必要的支持。

第八条 国务院在总理领导下研究、决定和部署特别重大突发事件的应对工作；根据实际需要，设立国家突发事件应急指挥机构，负责突发事件应对工作；必要时，国务院可以派出工作组指导有关工作。

县级以上地方各级人民政府设立由本级人民政府主要负责人、相关部门负责人、驻当地中国人民解放军和中国人民武装警察部队有关负责人组成的突发事件应急指挥机构，统一领导、协调本级人民政府各有关部门和下级人民政府开展突发事件应对工作；根据实际需要，设立相关类别突发事件应急指挥机构，组织、协调、指挥突发事件应对工作。

上级人民政府主管部门应当在各自职责范围内，指导、协助下级人民政府及其相应部门做好有关突发事件的应对工作。

第九条 国务院和县级以上地方各级人民政府是突发事件应对工作的行政领导机关，其办事机构及具体职责由国务院规定。

第十条 有关人民政府及其部门作出的应对突发事件的决定、命令，应当及时公布。

第十一条 有关人民政府及其部门采取的应对突发事件的措施，应当与突发事件可能造成的社会危害的性质、程度和范围相适应；有多种措施可供选择的，应当选择有利于最大程度地保护公民、法人和其他组织权益的措施。

公民、法人和其他组织有义务参与突发事件应对工作。

第十二条 有关人民政府及其部门为应对突发事件，可以征用单位和个人的财产。被征用的财产在使用完毕或者突发事件应急处置工作结束后，应当及时返还。财产被征用或者征用后毁损、灭失的，应当给予补偿。

第十三条 因采取突发事件应对措施，诉讼、行政复议、仲裁活动不能正常进行的，适用有关时效中止和程序中止的规定，但法律另有规定的除外。

第十四条 中国人民解放军、中国人民武装警察部队和民兵组织依照本法和其他有关法律、行政法规、军事法规的规定以及国务院、中央军事委员会的命令，参加突发事件的应急救援和处置工作。

第十五条 中华人民共和国政府在突发事件的预防、监测与预警、应急处置与救援、事后恢复与重建等方面，同外国政府和有关国际组织开展合作与交流。

第十六条 县级以上人民政府作出应对突发事件的决定、命令，应当报本级人民代表大会常务委员会备案；突发事件应急处置工作结束后，应当向本级人民代表大会常务委员会作出专项工作报告。

第二章　预防与应急准备

第十七条 国家建立健全突发事件应急预案体系。

国务院制定国家突发事件总体应急预案，组织制定国家突发事件专项应急预案；国务院有关部门根据各自的职责和国务院相关应急预案，制定国家突发事件部门应急预案。

地方各级人民政府和县级以上地方各级人民政府有关部门根据有关法律、法规、规章、上级人民政府及其有关部门的应急预案以及本地区的实际情况，制定相应的突发事件应急预案。

应急预案制定机关应当根据实际需要和情势变化，适时修订应急预案。应急预案的制定、修订程序由国务院规定。

第十八条　应急预案应当根据本法和其他有关法律、法规的规定，针对突发事件的性质、特点和可能造成的社会危害，具体规定突发事件应急管理工作的组织指挥体系与职责和突发事件的预防与预警机制、处置程序、应急保障措施以及事后恢复与重建措施等内容。

第十九条　城乡规划应当符合预防、处置突发事件的需要，统筹安排应对突发事件所必需的设备和基础设施建设，合理确定应急避难场所。

第二十条　县级人民政府应当对本行政区域内容易引发自然灾害、事故灾难和公共卫生事件的危险源、危险区域进行调查、登记、风险评估，定期进行检查、监控，并责令有关单位采取安全防范措施。

省级和设区的市级人民政府应当对本行政区域内容易引发特别重大、重大突发事件的危险源、危险区域进行调查、登记、风险评估，组织进行检查、监控，并责令有关单位采取安全防范措施。

县级以上地方各级人民政府按照本法规定登记的危险源、危险区域，应当按照国家规定及时向社会公布。

第二十一条　县级人民政府及其有关部门、乡级人民政府、街道办事处、居民委员会、村民委员会应当及时调解处理可能引发社会安全事件的矛盾纠纷。

第二十二条　所有单位应当建立健全安全管理制度，定期检查本单位各项安全防范措施的落实情况，及时消除事故隐患；掌握并及时处理本单位存在的可能引发社会安全事件的问题，防止矛盾激化和事态扩大；对本单位可能发生的突发事件和采取安全防范措施的情况，应当按照规定及时向所在地人民政府或者人民政府有关部门报告。

第二十三条　矿山、建筑施工单位和易燃易爆物品、危险化学品、放射性物品等危险物品的生产、经营、储运、使用单位，应当制定具体应急预案，并对生产经营场所、有危险物品的建筑物、构筑物及周边环境开展隐患排查，及时采取措施消除隐患，防止发生突发事件。

第二十四条　公共交通工具、公共场所和其他人员密集场所的经营单位或者管理单位应当制定具体应急预案，为交通工具和有关场所配备报警装置和必要的应急救援设备、设施，注明其使用方法，并显著标明安全撤离的通道、路线，保证安全通道、出口的畅通。

有关单位应当定期检测、维护其报警装置和应急救援设备、设施，使其处于良好状态，确保正常使用。

第二十五条　县级以上人民政府应当建立健全突发事件应急管理培训制度，对人民政府及其有关部门负有处置突发事件职责的工作人员定期进行培训。

第二十六条　县级以上人民政府应当整合应急资源，建立或者确定综合性应急救援队伍。人民政府有关部门可以根据实际需要设立专业应急救援队伍。

县级以上人民政府及其有关部门可以建立由成年志愿者组成的应急救援队伍。单位应当建立由本单位职工组成的专职或者兼职应急救援队伍。

县级以上人民政府应当加强专业应急救援队伍与非专业应急救援队伍的合作，联合培训、联合演练，提高合成应急、协同应急的能力。

第二十七条　国务院有关部门、县级以上地方各级人民政府及其有关部门、有关单位应当为专业应急救援人员购买人身意外伤害保险，配备必要的防护装备和器材，减少应急救援人员的人身风险。

第二十八条 中国人民解放军、中国人民武装警察部队和民兵组织应当有计划地组织开展应急救援的专门训练。

第二十九条 县级人民政府及其有关部门、乡级人民政府、街道办事处应当组织开展应急知识的宣传普及活动和必要的应急演练。

居民委员会、村民委员会、企业事业单位应当根据所在地人民政府的要求，结合各自的实际情况，开展有关突发事件应急知识的宣传普及活动和必要的应急演练。

新闻媒体应当无偿开展突发事件预防与应急、自救与互救知识的公益宣传。

第三十条 各级各类学校应当把应急知识教育纳入教学内容，对学生进行应急知识教育，培养学生的安全意识和自救与互救能力。

教育主管部门应当对学校开展应急知识教育进行指导和监督。

第三十一条 国务院和县级以上地方各级人民政府应当采取财政措施，保障突发事件应对工作所需经费。

第三十二条 国家建立健全应急物资储备保障制度，完善重要应急物资的监管、生产、储备、调拨和紧急配送体系。

设区的市级以上人民政府和突发事件易发、多发地区的县级人民政府应当建立应急救援物资、生活必需品和应急处置装备的储备制度。

县级以上地方各级人民政府应当根据本地区的实际情况，与有关企业签订协议，保障应急救援物资、生活必需品和应急处置装备的生产、供给。

第三十三条 国家建立健全应急通信保障体系，完善公用通信网，建立有线与无线相结合、基础电信网络与机动通信系统相配套的应急通信系统，确保突发事件应对工作的通信畅通。

第三十四条 国家鼓励公民、法人和其他组织为人民政府应对突发事件工作提供物资、资金、技术支持和捐赠。

第三十五条 国家发展保险事业，建立国家财政支持的巨灾风险保险体系，并鼓励单位和公民参加保险。

第三十六条 国家鼓励、扶持具备相应条件的教学科研机构培养应急管理专门人才，鼓励、扶持教学科研机构和有关企业研究开发用于突发事件预防、监测、预警、应急处置与救援的新技术、新设备和新工具。

第三章 监测与预警

第三十七条 国务院建立全国统一的突发事件信息系统。

县级以上地方各级人民政府应当建立或者确定本地区统一的突发事件信息系统，汇集、储存、分析、传输有关突发事件的信息，并与上级人民政府及其有关部门、下级人民政府及其有关部门、专业机构和监测网点的突发事件信息系统实现互联互通，加强跨部门、跨地区的信息交流与情报合作。

第三十八条 县级以上人民政府及其有关部门、专业机构应当通过多种途径收集突发事件信息。

县级人民政府应当在居民委员会、村民委员会和有关单位建立专职或者兼职信息报告员制度。

获悉突发事件信息的公民、法人或者其他组织，应当立即向所在地人民政府、有关主管部门或者指定的专业机构报告。

第三十九条 地方各级人民政府应当按照国家有关规定向上级人民政府报送突发事件信息。县级以上人民政府有关主管部门应当向本级人民政府相关部门通报突发事件信息。专业机构、监测网点和信息报告员应当及时向所在地人民政府及其有关主管部门报告突发事件信息。

有关单位和人员报送、报告突发事件信息，应当做到及时、客观、真实，不得迟报、谎报、瞒报、漏报。

第四十条 县级以上地方各级人民政府应当及时汇总分析突发事件隐患和预警信息，必要时组织相关部门、专业技术人员、专家学者进行会商，对发生突发事件的可能性及其可能造成的影响进行评估；认为可能发生重大或者特别重大突发事件的，应当立即向上级人民政府报告，并向上级人民政府有关部门、当地驻军和可能受到危害的毗邻或者相关地区的人民政府通报。

第四十一条 国家建立健全突发事件监测制度。

县级以上人民政府及其有关部门应当根据自然灾害、事故灾难和公共卫生事件的种类和特点，建立健全基础信息数据库，完善监测网络，划分监测区域，确定监测点，明确监测项目，提供必要的设备、设施，配备专职或者兼职人员，对可能发生的突发事件进行监测。

第四十二条 国家建立健全突发事件预警制度。

可以预警的自然灾害、事故灾难和公共卫生事件的预警级别，按照突发事件发生的紧急程度、发展势态和可能造成的危害程度分为一级、二级、三级和四级，分别用红色、橙色、黄色和蓝色标示，一级为最高级别。

预警级别的划分标准由国务院或者国务院确定的部门制定。

第四十三条 可以预警的自然灾害、事故灾难或者公共卫生事件即将发生或者发生的可能性增大时，县级以上地方各级人民政府应当根据有关法律、行政法规和国务院规定的权限和程序，发布相应级别的警报，决定并宣布有关地区进入预警期，同时向上一级人民政府报告，必要时可以越级上报，并向当地驻军和可能受到危害的毗邻或者相关地区的人民政府通报。

第四十四条 发布三级、四级警报，宣布进入预警期后，县级以上地方各级人民政府应当根据即将发生的突发事件的特点和可能造成的危害，采取下列措施：

（一）启动应急预案；

（二）责令有关部门、专业机构、监测网点和负有特定职责的人员及时收集、报告有关信息，向社会公布反映突发事件信息的渠道，加强对突发事件发生、发展情况的监测、预报和预警工作；

（三）组织有关部门和机构、专业技术人员、有关专家学者，随时对突发事件信息进行分析评估，预测发生突发事件可能性的大小、影响范围和强度以及可能发生的突发事件的级别；

（四）定时向社会发布与公众有关的突发事件预测信息和分析评估结果，并对相关信息的报道工作进行管理；

（五）及时按照有关规定向社会发布可能受到突发事件危害的警告，宣传避免、减轻危害的常识，公布咨询电话。

第四十五条 发布一级、二级警报，宣布进入预警期后，县级以上地方各级人民政府除采取本法第四十四条规定的措施外，还应当针对即将发生的突发事件的特点和可能造成的危害，采取下列一项或者多项措施：

（一）责令应急救援队伍、负有特定职责的人员进入待命状态，并动员后备人员做好参加应急救援和处置工作的准备；

（二）调集应急救援所需物资、设备、工具，准备应急设施和避难场所，并确保其处于良好状态、随时可以投入正常使用；

（三）加强对重点单位、重要部位和重要基础设施的安全保卫，维护社会治安秩序；

（四）采取必要措施，确保交通、通信、供水、排水、供电、供气、供热等公共设施的安全和正常运行；

（五）及时向社会发布有关采取特定措施避免或者减轻危害的建议、劝告；

（六）转移、疏散或者撤离易受突发事件危害的人员并予以妥善安置，转移重要财产；

（七）关闭或者限制使用易受突发事件危害的场所，控制或者限制容易导致危害扩大的公共场所的活动；

（八）法律、法规、规章规定的其他必要的防范性、保护性措施。

第四十六条　对即将发生或者已经发生的社会安全事件，县级以上地方各级人民政府及其有关主管部门应当按照规定向上一级人民政府及其有关主管部门报告，必要时可以越级上报。

第四十七条　发布突发事件警报的人民政府应当根据事态的发展，按照有关规定适时调整预警级别并重新发布。

有事实证明不可能发生突发事件或者危险已经解除的，发布警报的人民政府应当立即宣布解除警报，终止预警期，并解除已经采取的有关措施。

第四章　应急处置与救援

第四十八条　突发事件发生后，履行统一领导职责或者组织处置突发事件的人民政府应当针对其性质、特点和危害程度，立即组织有关部门，调动应急救援队伍和社会力量，依照本章的规定和有关法律、法规、规章的规定采取应急处置措施。

第四十九条　自然灾害、事故灾难或者公共卫生事件发生后，履行统一领导职责的人民政府可以采取下列一项或者多项应急处置措施：

（一）组织营救和救治受害人员，疏散、撤离并妥善安置受到威胁的人员以及采取其他救助措施；

（二）迅速控制危险源，标明危险区域，封锁危险场所，划定警戒区，实行交通管制以及其他控制措施；

（三）立即抢修被损坏的交通、通信、供水、排水、供电、供气、供热等公共设施，向受到危害的人员提供避难场所和生活必需品，实施医疗救护和卫生防疫以及其他保障措施；

（四）禁止或者限制使用有关设备、设施，关闭或者限制使用有关场所，中止人员密集的活动或者可能导致危害扩大的生产经营活动以及采取其他保护措施；

（五）启用本级人民政府设置的财政预备费和储备的应急救援物资，必要时调用其他急需物资、设备、设施、工具；

（六）组织公民参加应急救援和处置工作，要求具有特定专长的人员提供服务；

（七）保障食品、饮用水、燃料等基本生活必需品的供应；

（八）依法从严惩处囤积居奇、哄抬物价、制假售假等扰乱市场秩序的行为，稳定市场价格，维护市场秩序；

（九）依法从严惩处哄抢财物、干扰破坏应急处置工作等扰乱社会秩序的行为，维护社会治安；

（十）采取防止发生次生、衍生事件的必要措施。

第五十条 社会安全事件发生后，组织处置工作的人民政府应当立即组织有关部门并由公安机关针对事件的性质和特点，依照有关法律、行政法规和国家其他有关规定，采取下列一项或者多项应急处置措施：

（一）强制隔离使用器械相互对抗或者以暴力行为参与冲突的当事人，妥善解决现场纠纷和争端，控制事态发展；

（二）对特定区域内的建筑物、交通工具、设备、设施以及燃料、燃气、电力、水的供应进行控制；

（三）封锁有关场所、道路，查验现场人员的身份证件，限制有关公共场所内的活动；

（四）加强对易受冲击的核心机关和单位的警卫，在国家机关、军事机关、国家通讯社、广播电台、电视台、外国驻华使领馆等单位附近设置临时警戒线；

（五）法律、行政法规和国务院规定的其他必要措施。

严重危害社会治安秩序的事件发生时，公安机关应当立即依法出动警力，根据现场情况依法采取相应的强制性措施，尽快使社会秩序恢复正常。

第五十一条 发生突发事件，严重影响国民经济正常运行时，国务院或者国务院授权的有关主管部门可以采取保障、控制等必要的应急措施，保障人民群众的基本生活需要，最大限度地减轻突发事件的影响。

第五十二条 履行统一领导职责或者组织处置突发事件的人民政府，必要时可以向单位和个人征用应急救援所需设备、设施、场地、交通工具和其他物资，请求其他地方人民政府提供人力、物力、财力或者技术支援，要求生产、供应生活必需品和应急救援物资的企业组织生产、保证供给，要求提供医疗、交通等公共服务的组织提供相应的服务。

履行统一领导职责或者组织处置突发事件的人民政府，应当组织协调运输经营单位，优先运送处置突发事件所需物资、设备、工具、应急救援人员和受到突发事件危害的人员。

第五十三条 履行统一领导职责或者组织处置突发事件的人民政府，应当按照有关规定统一、准确、及时发布有关突发事件事态发展和应急处置工作的信息。

第五十四条 任何单位和个人不得编造、传播有关突发事件事态发展或者应急处置工作的虚假信息。

第五十五条 突发事件发生地的居民委员会、村民委员会和其他组织应当按照当地人民政府的决定、命令，进行宣传动员，组织群众开展自救和互救，协助维护社会秩序。

第五十六条 受到自然灾害危害或者发生事故灾难、公共卫生事件的单位，应当立即组织本单位应急救援队伍和工作人员营救受害人员，疏散、撤离、安置受到威胁的人员，控制危险源，标明危险区域，封锁危险场所，并采取其他防止危害扩大的必要措施，同时向所在地县级人民政府报告；对因本单位的问题引发的或者主体是本单位人员的社会安全事件，有关单位应当按照规定上报情况，并迅速派出负责人赶赴现场开展劝解、疏导工作。

突发事件发生地的其他单位应当服从人民政府发布的决定、命令，配合人民政府采取的应急处置措施，做好本单位的应急救援工作，并积极组织人员参加所在地的应急救援和处置工作。

第五十七条 突发事件发生地的公民应当服从人民政府、居民委员会、村民委员会或者所属单位的指挥和安排，配合人民政府采取的应急处置措施，积极参加应急救援工作，协助维护社会秩序。

第五章 事后恢复与重建

第五十八条 突发事件的威胁和危害得到控制或者消除后，履行统一领导职责或者组织处置突发事件的人民政府应当停止执行依照本法规定采取的应急处置措施，同时采取或者继续实施必要措施，防止发生自然灾害、事故灾难、公共卫生事件的次生、衍生事件或者重新引发社会安全事件。

第五十九条 突发事件应急处置工作结束后，履行统一领导职责的人民政府应当立即组织对突发事件造成的损失进行评估，组织受影响地区尽快恢复生产、生活、工作和社会秩序，制定恢复重建计划，并向上一级人民政府报告。

受突发事件影响地区的人民政府应当及时组织和协调公安、交通、铁路、民航、邮电、建设等有关部门恢复社会治安秩序，尽快修复被损坏的交通、通信、供水、排水、供电、供气、供热等公共设施。

第六十条 受突发事件影响地区的人民政府开展恢复重建工作需要上一级人民政府支持的，可以向上一级人民政府提出请求。上一级人民政府应当根据受影响地区遭受的损失和实际情况，提供资金、物资支持和技术指导，组织其他地区提供资金、物资和人力支援。

第六十一条 国务院根据受突发事件影响地区遭受损失的情况，制定扶持该地区有关行业发展的优惠政策。

受突发事件影响地区的人民政府应当根据本地区遭受损失的情况，制定救助、补偿、抚慰、抚恤、安置等善后工作计划并组织实施，妥善解决因处置突发事件引发的矛盾和纠纷。

公民参加应急救援工作或者协助维护社会秩序期间，其在本单位的工资待遇和福利不变；表现突出、成绩显著的，由县级以上人民政府给予表彰或者奖励。

县级以上人民政府对在应急救援工作中伤亡的人员依法给予抚恤。

第六十二条 履行统一领导职责的人民政府应当及时查明突发事件的发生经过和原因，总结突发事件应急处置工作的经验教训，制定改进措施，并向上一级人民政府提出报告。

第六章 法律责任

第六十三条 地方各级人民政府和县级以上各级人民政府有关部门违反本法规定，不履行法定职责的，由其上级行政机关或者监察机关责令改正；有下列情形之一的，根据情节对直接负责的主管人员和其他直接责任人员依法给予处分：

(一)未按规定采取预防措施，导致发生突发事件，或者未采取必要的防范措施，导致发生次生、衍生事件的；

(二)迟报、谎报、瞒报、漏报有关突发事件的信息，或者通报、报送、公布虚假信息，造成后果的；

(三)未按规定及时发布突发事件警报、采取预警期的措施，导致损害发生的；

(四)未按规定及时采取措施处置突发事件或者处置不当，造成后果的；

（五）不服从上级人民政府对突发事件应急处置工作的统一领导、指挥和协调的；

（六）未及时组织开展生产自救、恢复重建等善后工作的；

（七）截留、挪用、私分或者变相私分应急救援资金、物资的；

（八）不及时归还征用的单位和个人的财产，或者对被征用财产的单位和个人不按规定给予补偿的。

第六十四条 有关单位有下列情形之一的，由所在地履行统一领导职责的人民政府责令停产停业，暂扣或者吊销许可证或者营业执照，并处五万元以上二十万元以下的罚款；构成违反治安管理行为的，由公安机关依法给予处罚：

（一）未按规定采取预防措施，导致发生严重突发事件的；

（二）未及时消除已发现的可能引发突发事件的隐患，导致发生严重突发事件的；

（三）未做好应急设备、设施日常维护、检测工作，导致发生严重突发事件或者突发事件危害扩大的；

（四）突发事件发生后，不及时组织开展应急救援工作，造成严重后果的。

前款规定的行为，其他法律、行政法规规定由人民政府有关部门依法决定处罚的，从其规定。

第六十五条 违反本法规定，编造并传播有关突发事件事态发展或者应急处置工作的虚假信息，或者明知是有关突发事件事态发展或者应急处置工作的虚假信息而进行传播的，责令改正，给予警告；造成严重后果的，依法暂停其业务活动或者吊销其执业许可证；负有直接责任的人员是国家工作人员的，还应当对其依法给予处分；构成违反治安管理行为的，由公安机关依法给予处罚。

第六十六条 单位或者个人违反本法规定，不服从所在地人民政府及其有关部门发布的决定、命令或者不配合其依法采取的措施，构成违反治安管理行为的，由公安机关依法给予处罚。

第六十七条 单位或者个人违反本法规定，导致突发事件发生或者危害扩大，给他人人身、财产造成损害的，应当依法承担民事责任。

第六十八条 违反本法规定，构成犯罪的，依法追究刑事责任。

第七章 附 则

第六十九条 发生特别重大突发事件，对人民生命财产安全、国家安全、公共安全、环境安全或者社会秩序构成重大威胁，采取本法和其他有关法律、法规、规章规定的应急处置措施不能消除或者有效控制、减轻其严重社会危害，需要进入紧急状态的，由全国人民代表大会常务委员会或者国务院依照宪法和其他有关法律规定的权限和程序决定。

紧急状态期间采取的非常措施，依照有关法律规定执行或者由全国人民代表大会常务委员会另行规定。

第七十条 本法自2007年11月1日起施行。

中华人民共和国防震减灾法

（1997年12月29日第八届全国人民代表大会常务委员会第二十九次会议通过，2008年12月27日第十一届全国人民代表大会常务委员会第六次会议修订，自2009年5月1日起施行）

目　　录

第一章　总　　则

第一条　为了防御和减轻地震灾害，保护人民生命和财产安全，促进经济社会的可持续发展，制定本法。

第二条　在中华人民共和国领域和中华人民共和国管辖的其他海域从事地震监测预报、地震灾害预防、地震应急救援、地震灾后过渡性安置和恢复重建等防震减灾活动，适用本法。

第三条　防震减灾工作，实行预防为主、防御与救助相结合的方针。

第四条　县级以上人民政府应当加强对防震减灾工作的领导，将防震减灾工作纳入本级国民经济和社会发展规划，所需经费列入财政预算。

第五条　在国务院的领导下，国务院地震工作主管部门和国务院经济综合宏观调控、建设、民政、卫生、公安以及其他有关部门，按照职责分工，各负其责，密切配合，共同做好防震减灾工作。

县级以上地方人民政府负责管理地震工作的部门或者机构和其他有关部门在本级人民政府领导下，按照职责分工，各负其责，密切配合，共同做好本行政区域的防震减灾工作。

第六条　国务院抗震救灾指挥机构负责统一领导、指挥和协调全国抗震救灾工作。县级以上地方人民政府抗震救灾指挥机构负责统一领导、指挥和协调本行政区域的抗震救灾工作。

国务院地震工作主管部门和县级以上地方人民政府负责管理地震工作的部门或者机构，承担本级人民政府抗震救灾指挥机构的日常工作。

第七条　各级人民政府应当组织开展防震减灾知识的宣传教育，增强公民的防震减灾意识，提高全社会的防震减灾能力。

第八条　任何单位和个人都有依法参加防震减灾活动的义务。

国家鼓励、引导社会组织和个人开展地震群测群防活动，对地震进行监测和预防。

国家鼓励、引导志愿者参加防震减灾活动。

第九条 中国人民解放军、中国人民武装警察部队和民兵组织，依照本法以及其他有关法律、行政法规、军事法规的规定和国务院、中央军事委员会的命令，执行抗震救灾任务，保护人民生命和财产安全。

第十条 从事防震减灾活动，应当遵守国家有关防震减灾标准。

第十一条 国家鼓励、支持防震减灾的科学技术研究，逐步提高防震减灾科学技术研究经费投入，推广先进的科学研究成果，加强国际合作与交流，提高防震减灾工作水平。

对在防震减灾工作中做出突出贡献的单位和个人，按照国家有关规定给予表彰和奖励。

第二章　防震减灾规划

第十二条 国务院地震工作主管部门会同国务院有关部门组织编制国家防震减灾规划，报国务院批准后组织实施。

县级以上地方人民政府负责管理地震工作的部门或者机构会同同级有关部门，根据上一级防震减灾规划和本行政区域的实际情况，组织编制本行政区域的防震减灾规划，报本级人民政府批准后组织实施，并报上一级人民政府负责管理地震工作的部门或者机构备案。

第十三条 编制防震减灾规划，应当遵循统筹安排、突出重点、合理布局、全面预防的原则，以震情和震害预测结果为依据，并充分考虑人民生命和财产安全及经济社会发展、资源环境保护等需要。

县级以上地方人民政府有关部门应当根据编制防震减灾规划的需要，及时提供有关资料。

第十四条 防震减灾规划的内容应当包括：震情形势和防震减灾总体目标，地震监测台网建设布局，地震灾害预防措施，地震应急救援措施，以及防震减灾技术、信息、资金、物资等保障措施。

编制防震减灾规划，应当对地震重点监视防御区的地震监测台网建设、震情跟踪、地震灾害预防措施、地震应急准备、防震减灾知识宣传教育等作出具体安排。

第十五条 防震减灾规划报送审批前，组织编制机关应当征求有关部门、单位、专家和公众的意见。

防震减灾规划报送审批文件中应当附具意见采纳情况及理由。

第十六条 防震减灾规划一经批准公布，应当严格执行；因震情形势变化和经济社会发展的需要确需修改的，应当按照原审批程序报送审批。

第三章　地震监测预报

第十七条 国家加强地震监测预报工作，建立多学科地震监测系统，逐步提高地震监测预报水平。

第十八条 国家对地震监测台网实行统一规划，分级、分类管理。

国务院地震工作主管部门和县级以上地方人民政府负责管理地震工作的部门或者机构，按照国务院有关规定，制定地震监测台网规划。

全国地震监测台网由国家级地震监测台网、省级地震监测台网和市、县级地震监测台网组成，其建设资金和运行经费列入财政预算。

第十九条 水库、油田、核电站等重大建设工程的建设单位,应当按照国务院有关规定,建设专用地震监测台网或者强震动监测设施,其建设资金和运行经费由建设单位承担。

第二十条 地震监测台网的建设,应当遵守法律、法规和国家有关标准,保证建设质量。

第二十一条 地震监测台网不得擅自中止或者终止运行。

检测、传递、分析、处理、存贮、报送地震监测信息的单位,应当保证地震监测信息的质量和安全。

县级以上地方人民政府应当组织相关单位为地震监测台网的运行提供通信、交通、电力等保障条件。

第二十二条 沿海县级以上地方人民政府负责管理地震工作的部门或者机构,应当加强海域地震活动监测预测工作。海域地震发生后,县级以上地方人民政府负责管理地震工作的部门或者机构,应当及时向海洋主管部门和当地海事管理机构等通报情况。

火山所在地的县级以上地方人民政府负责管理地震工作的部门或者机构,应当利用地震监测设施和技术手段,加强火山活动监测预测工作。

第二十三条 国家依法保护地震监测设施和地震观测环境。

任何单位和个人不得侵占、毁损、拆除或者擅自移动地震监测设施。地震监测设施遭到破坏的,县级以上地方人民政府负责管理地震工作的部门或者机构应当采取紧急措施组织修复,确保地震监测设施正常运行。

任何单位和个人不得危害地震观测环境。国务院地震工作主管部门和县级以上地方人民政府负责管理地震工作的部门或者机构会同同级有关部门,按照国务院有关规定划定地震观测环境保护范围,并纳入土地利用总体规划和城乡规划。

第二十四条 新建、扩建、改建建设工程,应当避免对地震监测设施和地震观测环境造成危害。建设国家重点工程,确实无法避免对地震监测设施和地震观测环境造成危害的,建设单位应当按照县级以上地方人民政府负责管理地震工作的部门或者机构的要求,增建抗干扰设施;不能增建抗干扰设施的,应当新建地震监测设施。

对地震观测环境保护范围内的建设工程项目,城乡规划主管部门在依法核发选址意见书时,应当征求负责管理地震工作的部门或者机构的意见;不需要核发选址意见书的,城乡规划主管部门在依法核发建设用地规划许可证或者乡村建设规划许可证时,应当征求负责管理地震工作的部门或者机构的意见。

第二十五条 国务院地震工作主管部门建立健全地震监测信息共享平台,为社会提供服务。

县级以上地方人民政府负责管理地震工作的部门或者机构,应当将地震监测信息及时报送上一级人民政府负责管理地震工作的部门或者机构。

专用地震监测台网和强震动监测设施的管理单位,应当将地震监测信息及时报送所在地省、自治区、直辖市人民政府负责管理地震工作的部门或者机构。

第二十六条 国务院地震工作主管部门和县级以上地方人民政府负责管理地震工作的部门或者机构,根据地震监测信息研究结果,对可能发生地震的地点、时间和震级作出预测。

其他单位和个人通过研究提出的地震预测意见,应当向所在地或者所预测地的县级以上地方人民政府负责管理地震工作的部门或者机构书面报告,或者直接向国务院地震工作主管部门书面报告。收到书面报告的部门或者机构应当进行登记并出具接收凭证。

第二十七条 观测到可能与地震有关的异常现象的单位和个人,可以向所在地县级以上地方人民政府负责管理地震工作的部门或者机构报告，也可以直接向国务院地震工作主管部门报告。

国务院地震工作主管部门和县级以上地方人民政府负责管理地震工作的部门或者机构接到报告后，应当进行登记并及时组织调查核实。

第二十八条 国务院地震工作主管部门和省、自治区、直辖市人民政府负责管理地震工作的部门或者机构，应当组织召开震情会商会，必要时邀请有关部门、专家和其他有关人员参加，对地震预测意见和可能与地震有关的异常现象进行综合分析研究，形成震情会商意见，报本级人民政府；经震情会商形成地震预报意见的，在报本级人民政府前，应当进行评审，作出评审结果，并提出对策建议。

第二十九条 国家对地震预报意见实行统一发布制度。

全国范围内的地震长期和中期预报意见，由国务院发布。省、自治区、直辖市行政区域内的地震预报意见，由省、自治区、直辖市人民政府按照国务院规定的程序发布。

除发表本人或者本单位对长期、中期地震活动趋势的研究成果及进行相关学术交流外，任何单位和个人不得向社会散布地震预测意见。任何单位和个人不得向社会散布地震预报意见及其评审结果。

第三十条 国务院地震工作主管部门根据地震活动趋势和震害预测结果，提出确定地震重点监视防御区的意见，报国务院批准。

国务院地震工作主管部门应当加强地震重点监视防御区的震情跟踪，对地震活动趋势进行分析评估，提出年度防震减灾工作意见，报国务院批准后实施。

地震重点监视防御区的县级以上地方人民政府应当根据年度防震减灾工作意见和当地的地震活动趋势，组织有关部门加强防震减灾工作。

地震重点监视防御区的县级以上地方人民政府负责管理地震工作的部门或者机构，应当增加地震监测台网密度，组织做好震情跟踪、流动观测和可能与地震有关的异常现象观测以及群测群防工作，并及时将有关情况报上一级人民政府负责管理地震工作的部门或者机构。

第三十一条 国家支持全国地震烈度速报系统的建设。

地震灾害发生后，国务院地震工作主管部门应当通过全国地震烈度速报系统快速判断致灾程度，为指挥抗震救灾工作提供依据。

第三十二条 国务院地震工作主管部门和县级以上地方人民政府负责管理地震工作的部门或者机构，应当对发生地震灾害的区域加强地震监测，在地震现场设立流动观测点，根据震情的发展变化，及时对地震活动趋势作出分析、判定，为余震防范工作提供依据。

国务院地震工作主管部门和县级以上地方人民政府负责管理地震工作的部门或者机构、地震监测台网的管理单位，应当及时收集、保存有关地震的资料和信息，并建立完整的档案。

第三十三条 外国的组织或者个人在中华人民共和国领域和中华人民共和国管辖的其他海域从事地震监测活动，必须经国务院地震工作主管部门会同有关部门批准，并采取与中华人民共和国有关部门或者单位合作的形式进行。

第四章　地震灾害预防

第三十四条 国务院地震工作主管部门负责制定全国地震烈度区划图或者地震动参数区划图。

国务院地震工作主管部门和省、自治区、直辖市人民政府负责管理地震工作的部门或者机构,负责审定建设工程的地震安全性评价报告,确定抗震设防要求。

第三十五条 新建、扩建、改建建设工程,应当达到抗震设防要求。

重大建设工程和可能发生严重次生灾害的建设工程,应当按照国务院有关规定进行地震安全性评价,并按照经审定的地震安全性评价报告所确定的抗震设防要求进行抗震设防。建设工程的地震安全性评价单位应当按照国家有关标准进行地震安全性评价,并对地震安全性评价报告的质量负责。

前款规定以外的建设工程,应当按照地震烈度区划图或者地震动参数区划图所确定的抗震设防要求进行抗震设防;对学校、医院等人员密集场所的建设工程,应当按照高于当地房屋建筑的抗震设防要求进行设计和施工,采取有效措施,增强抗震设防能力。

第三十六条 有关建设工程的强制性标准,应当与抗震设防要求相衔接。

第三十七条 国家鼓励城市人民政府组织制定地震小区划图。地震小区划图由国务院地震工作主管部门负责审定。

第三十八条 建设单位对建设工程的抗震设计、施工的全过程负责。

设计单位应当按照抗震设防要求和工程建设强制性标准进行抗震设计,并对抗震设计的质量以及出具的施工图设计文件的准确性负责。

施工单位应当按照施工图设计文件和工程建设强制性标准进行施工,并对施工质量负责。

建设单位、施工单位应当选用符合施工图设计文件和国家有关标准规定的材料、构配件和设备。

工程监理单位应当按照施工图设计文件和工程建设强制性标准实施监理,并对施工质量承担监理责任。

第三十九条 已经建成的下列建设工程,未采取抗震设防措施或者抗震设防措施未达到抗震设防要求的,应当按照国家有关规定进行抗震性能鉴定,并采取必要的抗震加固措施:

(一)重大建设工程;

(二)可能发生严重次生灾害的建设工程;

(三)具有重大历史、科学、艺术价值或者重要纪念意义的建设工程;

(四)学校、医院等人员密集场所的建设工程;

(五)地震重点监视防御区内的建设工程。

第四十条 县级以上地方人民政府应当加强对农村村民住宅和乡村公共设施抗震设防的管理,组织开展农村实用抗震技术的研究和开发,推广达到抗震设防要求、经济适用、具有当地特色的建筑设计和施工技术,培训相关技术人员,建设示范工程,逐步提高农村村民住宅和乡村公共设施的抗震设防水平。

国家对需要抗震设防的农村村民住宅和乡村公共设施给予必要支持。

第四十一条 城乡规划应当根据地震应急避难的需要,合理确定应急疏散通道和应急避难场所,统筹安排地震应急避难所必需的交通、供水、供电、排污等基础设施建设。

第四十二条 地震重点监视防御区的县级以上地方人民政府应当根据实际需要,在本级财政预算和物资储备中安排抗震救灾资金、物资。

第四十三条 国家鼓励、支持研究开发和推广使用符合抗震设防要求、经济实用的新技术、新工艺、新材料。

第四十四条 县级人民政府及其有关部门和乡、镇人民政府、城市街道办事处等基层组织,应当组织开展地震应急知识的宣传普及活动和必要的地震应急救援演练,提高公民在地震灾害中自救互救的能力。

机关、团体、企业、事业等单位，应当按照所在地人民政府的要求，结合各自实际情况，加强对本单位人员的地震应急知识宣传教育，开展地震应急救援演练。

学校应当进行地震应急知识教育，组织开展必要的地震应急救援演练，培养学生的安全意识和自救互救能力。

新闻媒体应当开展地震灾害预防和应急、自救互救知识的公益宣传。

国务院地震工作主管部门和县级以上地方人民政府负责管理地震工作的部门或者机构，应当指导、协助、督促有关单位做好防震减灾知识的宣传教育和地震应急救援演练等工作。

第四十五条 国家发展有财政支持的地震灾害保险事业，鼓励单位和个人参加地震灾害保险。

第五章 地震应急救援

第四十六条 国务院地震工作主管部门会同国务院有关部门制定国家地震应急预案，报国务院批准。国务院有关部门根据国家地震应急预案，制定本部门的地震应急预案，报国务院地震工作主管部门备案。

县级以上地方人民政府及其有关部门和乡、镇人民政府，应当根据有关法律、法规、规章、上级人民政府及其有关部门的地震应急预案和本行政区域的实际情况，制定本行政区域的地震应急预案和本部门的地震应急预案。省、自治区、直辖市和较大的市的地震应急预案，应当报国务院地震工作主管部门备案。

交通、铁路、水利、电力、通信等基础设施和学校、医院等人员密集场所的经营管理单位，以及可能发生次生灾害的核电、矿山、危险物品等生产经营单位，应当制定地震应急预案，并报所在地的县级人民政府负责管理地震工作的部门或者机构备案。

第四十七条 地震应急预案的内容应当包括：组织指挥体系及其职责，预防和预警机制，处置程序，应急响应和应急保障措施等。

地震应急预案应当根据实际情况适时修订。

第四十八条 地震预报意见发布后，有关省、自治区、直辖市人民政府根据预报的震情可以宣布有关区域进入临震应急期；有关地方人民政府应当按照地震应急预案，组织有关部门做好应急防范和抗震救灾准备工作。

第四十九条 按照社会危害程度、影响范围等因素，地震灾害分为一般、较大、重大和特别重大四级。具体分级标准按照国务院规定执行。

一般或者较大地震灾害发生后，地震发生地的市、县人民政府负责组织有关部门启动地震应急预案；重大地震灾害发生后，地震发生地的省、自治区、直辖市人民政府负责组织有关部门启动地震应急预案；特别重大地震灾害发生后，国务院负责组织有关部门启动地震应急预案。

第五十条 地震灾害发生后，抗震救灾指挥机构应当立即组织有关部门和单位迅速查清受灾情况，提出地震应急救援力量的配置方案，并采取以下紧急措施：

（一）迅速组织抢救被压埋人员，并组织有关单位和人员开展自救互救；

（二）迅速组织实施紧急医疗救护，协调伤员转移和接收与救治；

（三）迅速组织抢修毁损的交通、铁路、水利、电力、通信等基础设施；

（四）启用应急避难场所或者设置临时避难场所，设置救济物资供应点，提供救济物品、简易住所和临时住所，及时转移和安置受灾群众，确保饮用水消毒和水质安全，积极开展卫生防

疫,妥善安排受灾群众生活;

(五)迅速控制危险源,封锁危险场所,做好次生灾害的排查与监测预警工作,防范地震可能引发的火灾、水灾、爆炸、山体滑坡和崩塌、泥石流、地面塌陷,或者剧毒、强腐蚀性、放射性物质大量泄漏等次生灾害以及传染病疫情的发生;

(六)依法采取维持社会秩序、维护社会治安的必要措施。

第五十一条 特别重大地震灾害发生后,国务院抗震救灾指挥机构在地震灾区成立现场指挥机构,并根据需要设立相应的工作组,统一组织领导、指挥和协调抗震救灾工作。

各级人民政府及有关部门和单位、中国人民解放军、中国人民武装警察部队和民兵组织,应当按照统一部署,分工负责,密切配合,共同做好地震应急救援工作。

第五十二条 地震灾区的县级以上地方人民政府应当及时将地震震情和灾情等信息向上一级人民政府报告,必要时可以越级上报,不得迟报、谎报、瞒报。

地震震情、灾情和抗震救灾等信息按照国务院有关规定实行归口管理,统一、准确、及时发布。

第五十三条 国家鼓励、扶持地震应急救援新技术和装备的研究开发,调运和储备必要的应急救援设施、装备,提高应急救援水平。

第五十四条 国务院建立国家地震灾害紧急救援队伍。

省、自治区、直辖市人民政府和地震重点监视防御区的市、县人民政府可以根据实际需要,充分利用消防等现有队伍,按照一队多用、专职与兼职相结合的原则,建立地震灾害紧急救援队伍。

地震灾害紧急救援队伍应当配备相应的装备、器材,开展培训和演练,提高地震灾害紧急救援能力。

地震灾害紧急救援队伍在实施救援时,应当首先对倒塌建筑物、构筑物压埋人员进行紧急救援。

第五十五条 县级以上人民政府有关部门应当按照职责分工,协调配合,采取有效措施,保障地震灾害紧急救援队伍和医疗救治队伍快速、高效地开展地震灾害紧急救援活动。

第五十六条 县级以上地方人民政府及其有关部门可以建立地震灾害救援志愿者队伍,并组织开展地震应急救援知识培训和演练,使志愿者掌握必要的地震应急救援技能,增强地震灾害应急救援能力。

第五十七条 国务院地震工作主管部门会同有关部门和单位,组织协调外国救援队和医疗队在中华人民共和国开展地震灾害紧急救援活动。

国务院抗震救灾指挥机构负责外国救援队和医疗队的统筹调度,并根据其专业特长,科学、合理地安排紧急救援任务。

地震灾区的地方各级人民政府,应当对外国救援队和医疗队开展紧急救援活动予以支持和配合。

第六章 地震灾后过渡性安置和恢复重建

第五十八条 国务院或者地震灾区的省、自治区、直辖市人民政府应当及时组织对地震灾害损失进行调查评估,为地震应急救援、灾后过渡性安置和恢复重建提供依据。

地震灾害损失调查评估的具体工作,由国务院地震工作主管部门或者地震灾区的省、自治区、直辖市人民政府负责管理地震工作的部门或者机构和财政、建设、民政等有关部门按照国务院的规定承担。

第五十九条 地震灾区受灾群众需要过渡性安置的，应当根据地震灾区的实际情况，在确保安全的前提下，采取灵活多样的方式进行安置。

第六十条 过渡性安置点应当设置在交通条件便利、方便受灾群众恢复生产和生活的区域，并避开地震活动断层和可能发生严重次生灾害的区域。

过渡性安置点的规模应当适度，并采取相应的防灾、防疫措施，配套建设必要的基础设施和公共服务设施，确保受灾群众的安全和基本生活需要。

第六十一条 实施过渡性安置应当尽量保护农用地，并避免对自然保护区、饮用水水源保护区以及生态脆弱区域造成破坏。

过渡性安置用地按照临时用地安排，可以先行使用，事后依法办理有关用地手续；到期未转为永久性用地的，应当复垦后交还原土地使用者。

第六十二条 过渡性安置点所在地的县级人民政府，应当组织有关部门加强对次生灾害、饮用水水质、食品卫生、疫情等的监测，开展流行病学调查，整治环境卫生，避免对土壤、水环境等造成污染。

过渡性安置点所在地的公安机关，应当加强治安管理，依法打击各种违法犯罪行为，维护正常的社会秩序。

第六十三条 地震灾区的县级以上地方人民政府及其有关部门和乡、镇人民政府，应当及时组织修复毁损的农业生产设施，提供农业生产技术指导，尽快恢复农业生产；优先恢复供电、供水、供气等企业的生产，并对大型骨干企业恢复生产提供支持，为全面恢复农业、工业、服务业生产经营提供条件。

第六十四条 各级人民政府应当加强对地震灾后恢复重建工作的领导、组织和协调。

县级以上人民政府有关部门应当在本级人民政府领导下，按照职责分工，密切配合，采取有效措施，共同做好地震灾后恢复重建工作。

第六十五条 国务院有关部门应当组织有关专家开展地震活动对相关建设工程破坏机理的调查评估，为修订完善有关建设工程的强制性标准、采取抗震设防措施提供科学依据。

第六十六条 特别重大地震灾害发生后，国务院经济综合宏观调控部门会同国务院有关部门与地震灾区的省、自治区、直辖市人民政府共同组织编制地震灾后恢复重建规划，报国务院批准后组织实施；重大、较大、一般地震灾害发生后，由地震灾区的省、自治区、直辖市人民政府根据实际需要组织编制地震灾后恢复重建规划。

地震灾害损失调查评估获得的地质、勘察、测绘、土地、气象、水文、环境等基础资料和经国务院地震工作主管部门复核的地震动参数区划图，应当作为编制地震灾后恢复重建规划的依据。

编制地震灾后恢复重建规划，应当征求有关部门、单位、专家和公众特别是地震灾区受灾群众的意见；重大事项应当组织有关专家进行专题论证。

第六十七条 地震灾后恢复重建规划应当根据地质条件和地震活动断层分布以及资源环境承载能力，重点对城镇和乡村的布局、基础设施和公共服务设施的建设、防灾减灾和生态环境以及自然资源和历史文化遗产保护等作出安排。

地震灾区内需要异地新建的城镇和乡村的选址以及地震灾后重建工程的选址，应当符合地震灾后恢复重建规划和抗震设防、防灾减灾要求，避开地震活动断层或者生态脆弱和可能发生洪水、山体滑坡和崩塌、泥石流、地面塌陷等灾害的区域以及传染病自然疫源地。

第六十八条 地震灾区的地方各级人民政府应当根据地震灾后恢复重建规划和当地经济社会发展水平，有计划、分步骤地组织实施地震灾后恢复重建。

第六十九条 地震灾区的县级以上地方人民政府应当组织有关部门和专家，根据地震灾害损失调查评估结果，制定清理保护方案，明确典型地震遗址、遗迹和文物保护单位以及具有历史价值与民族特色的建筑物、构筑物的保护范围和措施。

对地震灾害现场的清理，按照清理保护方案分区、分类进行，并依照法律、行政法规和国家有关规定，妥善清理、转运和处置有关放射性物质、危险废物和有毒化学品，开展防疫工作，防止传染病和重大动物疫情的发生。

第七十条 地震灾后恢复重建，应当统筹安排交通、铁路、水利、电力、通信、供水、供电等基础设施和市政公用设施，学校、医院、文化、商贸服务、防灾减灾、环境保护等公共服务设施，以及住房和无障碍设施的建设，合理确定建设规模和时序。

乡村的地震灾后恢复重建，应当尊重村民意愿，发挥村民自治组织的作用，以群众自建为主，政府补助、社会帮扶、对口支援，因地制宜，节约和集约利用土地，保护耕地。

少数民族聚居的地方的地震灾后恢复重建，应当尊重当地群众的意愿。

第七十一条 地震灾区的县级以上地方人民政府应当组织有关部门和单位，抢救、保护与收集整理有关档案、资料，对因地震灾害遗失、毁损的档案、资料，及时补充和恢复。

第七十二条 地震灾后恢复重建应当坚持政府主导、社会参与和市场运作相结合的原则。

地震灾区的地方各级人民政府应当组织受灾群众和企业开展生产自救，自力更生、艰苦奋斗、勤俭节约，尽快恢复生产。

国家对地震灾后恢复重建给予财政支持、税收优惠和金融扶持，并提供物资、技术和人力等支持。

第七十三条 地震灾区的地方各级人民政府应当组织做好救助、救治、康复、补偿、抚慰、抚恤、安置、心理援助、法律服务、公共文化服务等工作。

各级人民政府及有关部门应当做好受灾群众的就业工作，鼓励企业、事业单位优先吸纳符合条件的受灾群众就业。

第七十四条 对地震灾后恢复重建中需要办理行政审批手续的事项，有审批权的人民政府及有关部门应当按照方便群众、简化手续、提高效率的原则，依法及时予以办理。

第七章 监督管理

第七十五条 县级以上人民政府依法加强对防震减灾规划和地震应急预案的编制与实施、地震应急避难场所的设置与管理、地震灾害紧急救援队伍的培训、防震减灾知识宣传教育和地震应急救援演练等工作的监督检查。

县级以上人民政府有关部门应当加强对地震应急救援、地震灾后过渡性安置和恢复重建的物资的质量安全的监督检查。

第七十六条 县级以上人民政府建设、交通、铁路、水利、电力、地震等有关部门应当按照职责分工，加强对工程建设强制性标准、抗震设防要求执行情况和地震安全性评价工作的监督检查。

第七十七条 禁止侵占、截留、挪用地震应急救援、地震灾后过渡性安置和恢复重建的资金、物资。

县级以上人民政府有关部门对地震应急救援、地震灾后过渡性安置和恢复重建的资金、物资以及社会捐赠款物的使用情况，依法加强管理和监督，予以公布，并对资金、物资的筹集、分配、拨付、使用情况登记造册，建立健全档案。

第七十八条 地震灾区的地方人民政府应当定期公布地震应急救援、地震灾后过渡性安置和恢复重建的资金、物资以及社会捐赠款物的来源、数量、发放和使用情况，接受社会监督。

第七十九条 审计机关应当加强对地震应急救援、地震灾后过渡性安置和恢复重建的资金、物资的筹集、分配、拨付、使用的审计，并及时公布审计结果。

第八十条 监察机关应当加强对参与防震减灾工作的国家行政机关和法律、法规授权的具有管理公共事务职能的组织及其工作人员的监察。

第八十一条 任何单位和个人对防震减灾活动中的违法行为，有权进行举报。

接到举报的人民政府或者有关部门应当进行调查，依法处理，并为举报人保密。

第八章 法律责任

第八十二条 国务院地震工作主管部门、县级以上地方人民政府负责管理地震工作的部门或者机构，以及其他依照本法规定行使监督管理权的部门，不依法作出行政许可或者办理批准文件的，发现违法行为或者接到对违法行为的举报后不予查处的，或者有其他未依照本法规定履行职责的行为的，对直接负责的主管人员和其他直接责任人员，依法给予处分。

第八十三条 未按照法律、法规和国家有关标准进行地震监测台网建设的，由国务院地震工作主管部门或者县级以上地方人民政府负责管理地震工作的部门或者机构责令改正，采取相应的补救措施；对直接负责的主管人员和其他直接责任人员，依法给予处分。

第八十四条 违反本法规定，有下列行为之一的，由国务院地震工作主管部门或者县级以上地方人民政府负责管理地震工作的部门或者机构责令停止违法行为，恢复原状或者采取其他补救措施；造成损失的，依法承担赔偿责任：

（一）侵占、毁损、拆除或者擅自移动地震监测设施的；

（二）危害地震观测环境的；

（三）破坏典型地震遗址、遗迹的。

单位有前款所列违法行为，情节严重的，处二万元以上二十万元以下的罚款；个人有前款所列违法行为，情节严重的，处二千元以下的罚款。构成违反治安管理行为的，由公安机关依法给予处罚。

第八十五条 违反本法规定，未按照要求增建抗干扰设施或者新建地震监测设施的，由国务院地震工作主管部门或者县级以上地方人民政府负责管理地震工作的部门或者机构责令限期改正；逾期不改正的，处二万元以上二十万元以下的罚款；造成损失的，依法承担赔偿责任。

第八十六条 违反本法规定，外国的组织或者个人未经批准，在中华人民共和国领域和中华人民共和国管辖的其他海域从事地震监测活动的，由国务院地震工作主管部门责令停止违法行为，没收监测成果和监测设施，并处一万元以上十万元以下的罚款；情节严重的，并处十万元以上五十万元以下的罚款。

外国人有前款规定行为的，除依照前款规定处罚外，还应当依照外国人入境出境管理法律的规定缩短其在中华人民共和国停留的期限或者取消其在中华人民共和国居留的资格；情节严重的，限期出境或者驱逐出境。

第八十七条 未依法进行地震安全性评价，或者未按照地震安全性评价报告所确定的抗震设防要求进行抗震设防的，由国务院地震工作主管部门或者县级以上地方人民政府负责管理地震工作的部门或者机构责令限期改正；逾期不改正的，处三万元以上三十万元以下的罚款。

第八十八条 违反本法规定，向社会散布地震预测意见、地震预报意见及其评审结果，或者在地震灾后过渡性安置、地震灾后恢复重建中扰乱社会秩序，构成违反治安管理行为的，由公安机关依法给予处罚。

第八十九条 地震灾区的县级以上地方人民政府迟报、谎报、瞒报地震震情、灾情等信息的，由上级人民政府责令改正；对直接负责的主管人员和其他直接责任人员，依法给予处分。

第九十条 侵占、截留、挪用地震应急救援、地震灾后过渡性安置或者地震灾后恢复重建的资金、物资的，由财政部门、审计机关在各自职责范围内，责令改正，追回被侵占、截留、挪用的资金、物资；有违法所得的，没收违法所得；对单位给予警告或者通报批评；对直接负责的主管人员和其他直接责任人员，依法给予处分。

第九十一条 违反本法规定，构成犯罪的，依法追究刑事责任。

第九章 附 则

第九十二条 本法下列用语的含义：

（一）地震监测设施，是指用于地震信息检测、传输和处理的设备、仪器和装置以及配套的监测场地。

（二）地震观测环境，是指按照国家有关标准划定的保障地震监测设施不受干扰、能够正常发挥工作效能的空间范围。

（三）重大建设工程，是指对社会有重大价值或者有重大影响的工程。

（四）可能发生严重次生灾害的建设工程，是指受地震破坏后可能引发水灾、火灾、爆炸，或者剧毒、强腐蚀性、放射性物质大量泄漏，以及其他严重次生灾害的建设工程，包括水库大坝和贮油、贮气设施，贮存易燃易爆或者剧毒、强腐蚀性、放射性物质的设施，以及其他可能发生严重次生灾害的建设工程。

（五）地震烈度区划图，是指以地震烈度（以等级表示的地震影响强弱程度）为指标，将全国划分为不同抗震设防要求区域的图件。

（六）地震动参数区划图，是指以地震动参数（以加速度表示地震作用强弱程度）为指标，将全国划分为不同抗震设防要求区域的图件。

（七）地震小区划图，是指根据某一区域的具体场地条件，对该区域的抗震设防要求进行详细划分的图件。

第九十三条 本法自 2009 年 5 月 1 日起施行。

国家突发公共事件总体应急预案

（2005年1月26日国务院第79次常务会议审议通过，2005年4月17日印发，自印发之日起施行）

1 总则

1.1 编制目的

提高政府保障公共安全和处置突发公共事件的能力，最大程度地预防和减少突发公共事件及其造成的损害，保障公众的生命财产安全，维护国家安全和社会稳定，促进经济社会全面、协调、可持续发展。

1.2 编制依据

依据宪法及有关法律、行政法规，制定本预案。

1.3 分类分级

本预案所称突发公共事件是指突然发生，造成或者可能造成重大人员伤亡、财产损失、生态环境破坏和严重社会危害，危及公共安全的紧急事件。

根据突发公共事件的发生过程、性质和机理，突发公共事件主要分为以下四类：

(1)自然灾害。主要包括水旱灾害，气象灾害，地震灾害，地质灾害，海洋灾害，生物灾害和森林草原火灾等。

(2)事故灾难。主要包括工矿商贸等企业的各类安全事故，交通运输事故，公共设施和设备事故，环境污染和生态破坏事件等。

(3)公共卫生事件。主要包括传染病疫情，群体性不明原因疾病，食品安全和职业危害，动物疫情，以及其他严重影响公众健康和生命安全的事件。

(4)社会安全事件。主要包括恐怖袭击事件，经济安全事件和涉外突发事件等。

各类突发公共事件按照其性质、严重程度、可控性和影响范围等因素，一般分为四级：Ⅰ级(特别重大)、Ⅱ级(重大)、Ⅲ级(较大)和Ⅳ级(一般)。

1.4 适用范围

本预案适用于涉及跨省级行政区划的，或超出事发地省级人民政府处置能力的特别重大突发公共事件应对工作。

本预案指导全国的突发公共事件应对工作。

1.5 工作原则

(1)以人为本，减少危害。切实履行政府的社会管理和公共服务职能，把保障公众健康和生命财产安全作为首要任务，最大程度地减少突发公共事件及其造成的人员伤亡和危害。

(2)居安思危，预防为主。高度重视公共安全工作，常抓不懈，防患于未然。增强忧患意识，坚持预防与应急相结合，常态与非常态相结合，做好应对突发公共事件的各项准备工作。

(3)统一领导，分级负责。在党中央、国务院的统一领导下，建立健全分类管理、分级负责，条块结合、属地管理为主的应急管理体制，在各级党委领导下，实行行政领导责任制，充分发挥专业应急指挥机构的作用。

(4)依法规范，加强管理。依据有关法律和行政法规，加强应急管理，维护公众的合法权益，使应对突发公共事件的工作规范化、制度化、法制化。

(5)快速反应，协同应对。加强以属地管理为主的应急处置队伍建设，建立联动协调制度，充分动员和发挥乡镇、社区、企事业单位、社会团体和志愿者队伍的作用，依靠公众力量，形成统一指挥、反应灵敏、功能齐全、协调有序、运转高效的应急管理机制。

(6)依靠科技，提高素质。加强公共安全科学研究和技术开发，采用先进的监测、预测、预警、预防和应急处置技术及设施，充分发挥专家队伍和专业人员的作用，提高应对突发公共事件的科技水平和指挥能力，避免发生次生、衍生事件；加强宣传和培训教育工作，提高公众自救、互救和应对各类突发公共事件的综合素质。

1.6 应急预案体系

全国突发公共事件应急预案体系包括：

(1)突发公共事件总体应急预案。总体应急预案是全国应急预案体系的总纲，是国务院应对特别重大突发公共事件的规范性文件。

(2)突发公共事件专项应急预案。专项应急预案主要是国务院及其有关部门为应对某一类型或某几种类型突发公共事件而制定的应急预案。

(3)突发公共事件部门应急预案。部门应急预案是国务院有关部门根据总体应急预案、专项应急预案和部门职责为应对突发公共事件制定的预案。

(4)突发公共事件地方应急预案。具体包括：省级人民政府的突发公共事件总体应急预案、专项应急预案和部门应急预案；各市(地)、县(市)人民政府及其基层政权组织的突发公共事件应急预案。上述预案在省级人民政府的领导下，按照分类管理、分级负责的原则，由地方人民政府及其有关部门分别制定。

(5)企事业单位根据有关法律法规制定的应急预案。

(6)举办大型会展和文化体育等重大活动，主办单位应当制定应急预案。

各类预案将根据实际情况变化不断补充、完善。

2 组织体系

2.1 领导机构

国务院是突发公共事件应急管理工作的最高行政领导机构。在国务院总理领导下，由国务院常务会议和国家相关突发公共事件应急指挥机构(以下简称相关应急指挥机构)负责突发公共事件的应急管理工作；必要时，派出国务院工作组指导有关工作。

2.2 办事机构

国务院办公厅设国务院应急管理办公室，履行值守应急、信息汇总和综合协调职责，发挥运转枢纽作用。

2.3 工作机构

国务院有关部门依据有关法律、行政法规和各自的职责，负责相关类别突发公共事件的应急管理工作。具体负责相关类别的突发公共事件专项和部门应急预案的起草与实施，贯彻落实国务院有关决定事项。

2.4 地方机构

地方各级人民政府是本行政区域突发公共事件应急管理工作的行政领导机构，负责本行政区域各类突发公共事件的应对工作。

2.5 专家组

国务院和各应急管理机构建立各类专业人才库，可以根据实际需要聘请有关专家组成专家组，为应急管理提供决策建议，必要时参加突发公共事件的应急处置工作。

3 运行机制

3.1 预测与预警

各地区、各部门要针对各种可能发生的突发公共事件，完善预测预警机制，建立预测预警系统，开展风险分析，做到早发现、早报告、早处置。

3.1.1 预警级别和发布

根据预测分析结果，对可能发生和可以预警的突发公共事件进行预警。预警级别依据突发公共事件可能造成的危害程度、紧急程度和发展势态，一般划分为四级：Ⅰ级（特别严重）、Ⅱ级（严重）、Ⅲ级（较重）和Ⅳ级（一般），依次用红色、橙色、黄色和蓝色表示。

预警信息包括突发公共事件的类别、预警级别、起始时间、可能影响范围、警示事项、应采取的措施和发布机关等。

预警信息的发布、调整和解除可通过广播、电视、报刊、通信、信息网络、警报器、宣传车或组织人员逐户通知等方式进行，对老、幼、病、残、孕等特殊人群以及学校等特殊场所和警报盲区应当采取有针对性的公告方式。

3.2 应急处置

3.2.1 信息报告

特别重大或者重大突发公共事件发生后，各地区、各部门要立即报告，最迟不得超过4小时，同时通报有关地区和部门。应急处置过程中，要及时续报有关情况。

3.2.2 先期处置

突发公共事件发生后，事发地的省级人民政府或者国务院有关部门在报告特别重大、重大突发公共事件信息的同时，要根据职责和规定的权限启动相关应急预案，及时、有效地进行处置，控制事态。

在境外发生涉及中国公民和机构的突发事件，我驻外使领馆、国务院有关部门和有关地方人民政府要采取措施控制事态发展，组织开展应急救援工作。

3.2.3 应急响应

对于先期处置未能有效控制事态的特别重大突发公共事件，要及时启动相关预案，由国务院相关应急指挥机构或国务院工作组统一指挥或指导有关地区、部门开展处置工作。

现场应急指挥机构负责现场的应急处置工作。

需要多个国务院相关部门共同参与处置的突发公共事件，由该类突发公共事件的业务主管部门牵头，其他部门予以协助。

3.2.4 应急结束

特别重大突发公共事件应急处置工作结束，或者相关危险因素消除后，现场应急指挥机构予以撤销。

3.3 恢复与重建

3.3.1 善后处置

要积极稳妥、深入细致地做好善后处置工作。对突发公共事件中的伤亡人员、应急处置工作人员，以及紧急调集、征用有关单位及个人的物资，要按照规定给予抚恤、补助或补偿，并提供心理及司法援助。有关部门要做好疫病防治和环境污染消除工作。保险监管机构督促有关保险机构及时做好有关单位和个人损失的理赔工作。

3.3.2 调查与评估

要对特别重大突发公共事件的起因、性质、影响、责任、经验教训和恢复重建等问题进行调查评估。

3.3.3 恢复重建

根据受灾地区恢复重建计划组织实施恢复重建工作。

3.4 信息发布

突发公共事件的信息发布应当及时、准确、客观、全面。事件发生的第一时间要向社会发布简要信息,随后发布初步核实情况、政府应对措施和公众防范措施等,并根据事件处置情况做好后续发布工作。

信息发布形式主要包括授权发布、散发新闻稿、组织报道、接受记者采访、举行新闻发布会等。

4 应急保障

各有关部门要按照职责分工和相关预案做好突发公共事件的应对工作,同时根据总体预案切实做好应对突发公共事件的人力、物力、财力、交通运输、医疗卫生及通信保障等工作,保证应急救援工作的需要和灾区群众的基本生活,以及恢复重建工作的顺利进行。

4.1 人力资源

公安(消防)、医疗卫生、地震救援、海上搜救、矿山救护、森林消防、防洪抢险、核与辐射、环境监控、危险化学品事故救援、铁路事故、民航事故、基础信息网络和重要信息系统事故处置,以及水、电、油、气等工程抢险救援队伍是应急救援的专业队伍和骨干力量。地方各级人民政府和有关部门、单位要加强应急救援队伍的业务培训和应急演练,建立联动协调机制,提高装备水平;动员社会团体、企事业单位以及志愿者等各种社会力量参与应急救援工作;增进国际间的交流与合作。要加强以乡镇和社区为单位的公众应急能力建设,发挥其在应对突发公共事件中的重要作用。

中国人民解放军和中国人民武装警察部队是处置突发公共事件的骨干和突击力量,按照有关规定参加应急处置工作。

4.2 财力保障

要保证所需突发公共事件应急准备和救援工作资金。对受突发公共事件影响较大的行业、企事业单位和个人要及时研究提出相应的补偿或救助政策。要对突发公共事件财政应急保障资金的使用和效果进行监管和评估。

鼓励自然人、法人或者其他组织(包括国际组织)按照《中华人民共和国公益事业捐赠法》等有关法律、法规的规定进行捐赠和援助。

4.3 物资保障

要建立健全应急物资监测网络、预警体系和应急物资生产、储备、调拨及紧急配送体系,完善应急工作程序,确保应急所需物资和生活用品的及时供应,并加强对物资储备的监督管理,及时予以补充和更新。

地方各级人民政府应根据有关法律、法规和应急预案的规定,做好物资储备工作。

4.4 基本生活保障

要做好受灾群众的基本生活保障工作,确保灾区群众有饭吃、有水喝、有衣穿、有住处、有病能得到及时医治。

4.5 医疗卫生保障

卫生部门负责组建医疗卫生应急专业技术队伍，根据需要及时赴现场开展医疗救治、疾病预防控制等卫生应急工作。及时为受灾地区提供药品、器械等卫生和医疗设备。必要时，组织动员红十字会等社会卫生力量参与医疗卫生救助工作。

4.6 交通运输保障

要保证紧急情况下应急交通工具的优先安排、优先调度、优先放行，确保运输安全畅通；要依法建立紧急情况社会交通运输工具的征用程序，确保抢险救灾物资和人员能够及时、安全送达。

根据应急处置需要，对现场及相关通道实行交通管制，开设应急救援“绿色通道”，保证应急救援工作的顺利开展。

4.7 治安维护

要加强对重点地区、重点场所、重点人群、重要物资和设备的安全保护，依法严厉打击违法犯罪活动。必要时，依法采取有效管制措施，控制事态，维护社会秩序。

4.8 人员防护

要指定或建立与人口密度、城市规模相适应的应急避险场所，完善紧急疏散管理办法和程序，明确各级责任人，确保在紧急情况下公众安全、有序的转移或疏散。

要采取必要的防护措施，严格按照程序开展应急救援工作，确保人员安全。

4.9 通信保障

建立健全应急通信、应急广播电视保障工作体系，完善公用通信网，建立有线和无线相结合、基础电信网络与机动通信系统相配套的应急通信系统，确保通信畅通。

4.10 公共设施

有关部门要按照职责分工，分别负责煤、电、油、气、水的供给，以及废水、废气、固体废弃物等有害物质的监测和处理。

4.11 科技支撑

要积极开展公共安全领域的科学研究；加大公共安全监测、预测、预警、预防和应急处置技术研发的投入，不断改进技术装备，建立健全公共安全应急技术平台，提高我国公共安全科技水平；注意发挥企业在公共安全领域的研发作用。

5 监督管理

5.1 预案演练

各地区、各部门要结合实际，有计划、有重点地组织有关部门对相关预案进行演练。

5.2 宣传和培训

宣传、教育、文化、广电、新闻出版等有关部门要通过图书、报刊、音像制品和电子出版物、广播、电视、网络等，广泛宣传应急法律法规和预防、避险、自救、互救、减灾等常识，增强公众的忧患意识、社会责任意识和自救、互救能力。各有关方面要有计划地对应急救援和管理人员进行培训，提高其专业技能。

5.3 责任与奖惩

突发公共事件应急处置工作实行责任追究制。

对突发公共事件应急管理工作中做出突出贡献的先进集体和个人要给予表彰和奖励。

对迟报、谎报、瞒报和漏报突发公共事件重要情况或者应急管理工作中有其他失职、渎职行为的，依法对有关责任人给予行政处分；构成犯罪的，依法追究刑事责任。

6 附则

6.1 预案管理

根据实际情况的变化，及时修订本预案。

本预案自发布之日起实施。

军队参加抢险救灾条例

（2005年6月7日国务院、中央军事委员会令第436号公布，自2005年7月1日起施行）

第一条 为了发挥中国人民解放军（以下称军队）在抢险救灾中的作用，保护人民生命和财产安全，根据国防法的规定，制定本条例。

第二条 军队是抢险救灾的突击力量，执行国家赋予的抢险救灾任务是军队的重要使命。

各级人民政府和军事机关应当按照本条例的规定，做好军队参加抢险救灾的组织、指挥、协调、保障等工作。

第三条 军队参加抢险救灾主要担负下列任务：

（一）解救、转移或者疏散受困人员；

（二）保护重要目标安全；

（三）抢救、运送重要物资；

（四）参加道路（桥梁、隧道）抢修、海上搜救、核生化救援、疫情控制、医疗救护等专业抢险；

（五）排除或者控制其他危重险情、灾情。

必要时，军队可以协助地方人民政府开展灾后重建等工作。

第四条 国务院组织的抢险救灾需要军队参加的，由国务院有关主管部门向中国人民解放军总参谋部提出，中国人民解放军总参谋部按照国务院、中央军事委员会的有关规定办理。

县级以上地方人民政府组织的抢险救灾需要军队参加的，由县级以上地方人民政府通过当地同级军事机关提出，当地同级军事机关按照国务院、中央军事委员会的有关规定办理。

在险情、灾情紧急的情况下，地方人民政府可以直接向驻军部队提出救助请求，驻军部队应当按照规定立即实施救助，并向上级报告；驻军部队发现紧急险情、灾情也应当按照规定立即实施救助，并向上级报告。

抢险救灾需要动用军用飞机（直升机）、舰艇的，按照有关规定办理。

第五条 国务院有关主管部门、县级以上地方人民政府提出需要军队参加抢险救灾的，应当说明险情或者灾情发生的种类、时间、地域、危害程度、已经采取的措施，以及需要使用的兵力、装备等情况。

第六条 县级以上地方人民政府组建的抢险救灾指挥机构，应当有当地同级军事机关的负责人参加；当地有驻军部队的，还应当有驻军部队的负责人参加。

第七条 军队参加抢险救灾应当在人民政府的统一领导下进行，具体任务由抢险救灾指挥机构赋予，部队的抢险救灾行动由军队负责指挥。

第八条 县级以上地方人民政府应当向当地军事机关及时通报有关险情、灾情的信息。

在经常发生险情、灾情的地方，县级以上地方人民政府应当组织军地双方进行实地勘察和抢险救灾演习、训练。

第九条 省军区（卫戍区、警备区）、军分区（警备区）、县（市、市辖区）人民武装部应当及时掌握当地有关险情、灾情信息，办理当地人民政府提出的军队参加抢险救灾事宜，做好人民政府与执行抢险救灾任务的部队之间的协调工作。有关军事机关应当制定参加抢险救灾预案，组织部队开展必要的抢险救灾训练。

第十条 军队参加抢险救灾时，当地人民政府应当提供必要的装备、物资、器材等保障，派出专业技术人员指导部队的抢险救灾行动；铁路、交通、民航、公安、电信、邮政、金融等部门和机构，应当为执行抢险救灾任务的部队提供优先、便捷的服务。

军队执行抢险救灾任务所需要的燃油，由执行抢险救灾任务的部队和当地人民政府共同组织保障。

第十一条 军队参加抢险救灾需要动用作战储备物资和装备器材的，必须按照规定报经批准。对消耗的部队携行装备器材和作战储备物资、装备器材，应当及时补充。

第十二条 灾害发生地人民政府应当协助执行抢险救灾任务的部队做好饮食、住宿、供水、供电、供暖、医疗和卫生防病等必需的保障工作。

地方人民政府与执行抢险救灾任务的部队应当互相通报疫情，共同做好卫生防疫工作。

第十三条 军队参加国务院组织的抢险救灾所耗费用由中央财政负担。军队参加地方人民政府组织的抢险救灾所耗费用由地方财政负担。

前款所指的费用包括：购置专用物资和器材费用，指挥通信、装备维修、燃油、交通运输等费用，补充消耗的携行装备器材和作战储备物资费用，以及人员生活、医疗的补助费用。

抢险救灾任务完成后，军队有关部门应当及时统计军队执行抢险救灾任务所耗费用，报抢险救灾指挥机构审核。

第十四条 国务院有关主管部门和县级以上地方人民政府应当在险情、灾情频繁发生或者列为灾害重点监视防御的地区储备抢险救灾专用装备、物资和器材，保障抢险救灾需要。

第十五条 军队参加重大抢险救灾行动的宣传报道，由国家和军队有关主管部门统一组织实施。新闻单位采访、报道军队参加抢险救灾行动，应当遵守国家和军队的有关规定。

第十六条 对在执行抢险救灾任务中有突出贡献的军队单位和个人，按照国家和军队的有关规定给予奖励；对死亡或者致残的人员，按照国家有关规定给予抚恤优待。

第十七条 中国人民武装警察部队参加抢险救灾，参照本条例执行。

第十八条 本条例自 2005 年 7 月 1 日起施行。

地质灾害防治条例

（2003 年 11 月 24 日国务院令第 394 号公布，自 2004 年 3 月 1 日起施行）

目　　录

第一章　总　　则

第一条　为了防治地质灾害，避免和减轻地质灾害造成的损失，维护人民生命和财产安全，促进经济和社会的可持续发展，制定本条例。

第二条　本条例所称地质灾害，包括自然因素或者人为活动引发的危害人民生命和财产安全的山体崩塌、滑坡、泥石流、地面塌陷、地裂缝、地面沉降等与地质作用有关的灾害。

第三条　地质灾害防治工作，应当坚持预防为主、避让与治理相结合和全面规划、突出重点的原则。

第四条　地质灾害按照人员伤亡、经济损失的大小，分为四个等级：

（一）特大型：因灾死亡 30 人以上或者直接经济损失 1000 万元以上的；

（二）大型：因灾死亡 10 人以上 30 人以下或者直接经济损失 500 万元以上 1000 万元以下的；

（三）中型：因灾死亡 3 人以上 10 人以下或者直接经济损失 100 万元以上 500 万元以下的；

（四）小型：因灾死亡 3 人以下或者直接经济损失 100 万元以下的。

第五条　地质灾害防治工作，应当纳入国民经济和社会发展计划。

因自然因素造成的地质灾害的防治经费，在划分中央和地方事权和财权的基础上，分别列入中央和地方有关人民政府的财政预算。具体办法由国务院财政部门会同国务院国土资源主管部门制定。

因工程建设等人为活动引发的地质灾害的治理费用，按照谁引发、谁治理的原则由责任单位承担。

第六条　县级以上人民政府应当加强对地质灾害防治工作的领导，组织有关部门采取措施，做好地质灾害防治工作。

县级以上人民政府应当组织有关部门开展地质灾害防治知识的宣传教育，增强公众的地质灾害防治意识和自救、互救能力。

第七条 国务院国土资源主管部门负责全国地质灾害防治的组织、协调、指导和监督工作。国务院其他有关部门按照各自的职责负责有关的地质灾害防治工作。

县级以上地方人民政府国土资源主管部门负责本行政区域内地质灾害防治的组织、协调、指导和监督工作。县级以上地方人民政府其他有关部门按照各自的职责负责有关的地质灾害防治工作。

第八条 国家鼓励和支持地质灾害防治科学技术研究，推广先进的地质灾害防治技术，普及地质灾害防治的科学知识。

第九条 任何单位和个人对地质灾害防治工作中的违法行为都有权检举和控告。

在地质灾害防治工作中做出突出贡献的单位和个人，由人民政府给予奖励。

第二章 地质灾害防治规划

第十条 国家实行地质灾害调查制度。

国务院国土资源主管部门会同国务院建设、水利、铁路、交通等部门结合地质环境状况组织开展全国的地质灾害调查。

县级以上地方人民政府国土资源主管部门会同同级建设、水利、交通等部门结合地质环境状况组织开展本行政区域的地质灾害调查。

第十一条 国务院国土资源主管部门会同国务院建设、水利、铁路、交通等部门，依据全国地质灾害调查结果，编制全国地质灾害防治规划，经专家论证后报国务院批准公布。

县级以上地方人民政府国土资源主管部门会同同级建设、水利、交通等部门，依据本行政区域的地质灾害调查结果和上一级地质灾害防治规划，编制本行政区域的地质灾害防治规划，经专家论证后报本级人民政府批准公布，并报上一级人民政府国土资源主管部门备案。

修改地质灾害防治规划，应当报经原批准机关批准。

第十二条 地质灾害防治规划包括以下内容：

(一)地质灾害现状和发展趋势预测；

(二)地质灾害的防治原则和目标；

(三)地质灾害易发区、重点防治区；

(四)地质灾害防治项目；

(五)地质灾害防治措施等。

县级以上人民政府应当将城镇、人口集中居住区、风景名胜区、大中型工矿企业所在地和交通干线、重点水利电力工程等基础设施作为地质灾害重点防治区中的防护重点。

第十三条 编制和实施土地利用总体规划、矿产资源规划以及水利、铁路、交通、能源等重大建设工程项目规划，应当充分考虑地质灾害防治要求，避免和减轻地质灾害造成的损失。

编制城市总体规划、村庄和集镇规划，应当将地质灾害防治规划作为其组成部分。

第三章 地质灾害预防

第十四条 国家建立地质灾害监测网络和预警信息系统。

县级以上人民政府国土资源主管部门应当会同建设、水利、交通等部门加强对地质灾害险情的动态监测。

因工程建设可能引发地质灾害的，建设单位应当加强地质灾害监测。

第十五条 地质灾害易发区的县、乡、村应当加强地质灾害的群测群防工作。在地质灾害重点防范期内，乡镇人民政府、基层群众自治组织应当加强地质灾害险情的巡回检查，发现险情及时处理和报告。

国家鼓励单位和个人提供地质灾害前兆信息。

第十六条 国家保护地质灾害监测设施。任何单位和个人不得侵占、损毁、损坏地质灾害监测设施。

第十七条 国家实行地质灾害预报制度。预报内容主要包括地质灾害可能发生的时间、地点、成灾范围和影响程度等。

地质灾害预报由县级以上人民政府国土资源主管部门会同气象主管机构发布。

任何单位和个人不得擅自向社会发布地质灾害预报。

第十八条 县级以上地方人民政府国土资源主管部门会同同级建设、水利、交通等部门依据地质灾害防治规划，拟订年度地质灾害防治方案，报本级人民政府批准后公布。

年度地质灾害防治方案包括下列内容：

(一)主要灾害点的分布；

(二)地质灾害的威胁对象、范围；

(三)重点防范期；

(四)地质灾害防治措施；

(五)地质灾害的监测、预防责任人。

第十九条 对出现地质灾害前兆、可能造成人员伤亡或者重大财产损失的区域和地段，县级人民政府应当及时划定为地质灾害危险区，予以公告，并在地质灾害危险区的边界设置明显警示标志。

在地质灾害危险区内，禁止爆破、削坡、进行工程建设以及从事其他可能引发地质灾害的活动。

县级以上人民政府应当组织有关部门及时采取工程治理或者搬迁避让措施，保证地质灾害危险区内居民的生命和财产安全。

第二十条 地质灾害险情已经消除或者得到有效控制的，县级人民政府应当及时撤销原划定的地质灾害危险区，并予以公告。

第二十一条 在地质灾害易发区内进行工程建设应当在可行性研究阶段进行地质灾害危险性评估，并将评估结果作为可行性研究报告的组成部分；可行性研究报告未包含地质灾害危险性评估结果的，不得批准其可行性研究报告。

编制地质灾害易发区内的城市总体规划、村庄和集镇规划时，应当对规划区进行地质灾害危险性评估。

第二十二条 国家对从事地质灾害危险性评估的单位实行资质管理制度。地质灾害危险性评估单位应当具备下列条件，经省级以上人民政府国土资源主管部门资质审查合格，取得国土资源主管部门颁发的相应等级的资质证书后，方可在资质等级许可的范围内从事地质灾害危险性评估业务：

(一)有独立的法人资格；

(二)有一定数量的工程地质、环境地质和岩土工程等相应专业的技术人员；

(三)有相应的技术装备。

地质灾害危险性评估单位进行评估时，应当对建设工程遭受地质灾害危害的可能性和该工程建设中、建成后引发地质灾害的可能性做出评价，提出具体的预防治理措施，并对评估结果负责。

第二十三条 禁止地质灾害危险性评估单位超越其资质等级许可的范围或者以其他地质灾害危险性评估单位的名义承揽地质灾害危险性评估业务。

禁止地质灾害危险性评估单位允许其他单位以本单位的名义承揽地质灾害危险性评估业务。

禁止任何单位和个人伪造、变造、买卖地质灾害危险性评估资质证书。

第二十四条 对经评估认为可能引发地质灾害或者可能遭受地质灾害危害的建设工程，应当配套建设地质灾害治理工程。地质灾害治理工程的设计、施工和验收应当与主体工程的设计、施工、验收同时进行。

配套的地质灾害治理工程未经验收或者经验收不合格的，主体工程不得投入生产或者使用。

第四章 地质灾害应急

第二十五条 国务院国土资源主管部门会同国务院建设、水利、铁路、交通等部门拟订全国突发性地质灾害应急预案，报国务院批准后公布。

县级以上地方人民政府国土资源主管部门会同同级建设、水利、交通等部门拟订本行政区域的突发性地质灾害应急预案，报本级人民政府批准后公布。

第二十六条 突发性地质灾害应急预案包括下列内容：

(一)应急机构和有关部门的职责分工；

(二)抢险救援人员的组织和应急、救助装备、资金、物资的准备；

(三)地质灾害的等级与影响分析准备；

(四)地质灾害调查、报告和处理程序；

(五)发生地质灾害时的预警信号、应急通信保障；

(六)人员财产撤离、转移路线、医疗救治、疾病控制等应急行动方案。

第二十七条 发生特大型或者大型地质灾害时，有关省、自治区、直辖市人民政府应当成立地质灾害抢险救灾指挥机构。必要时，国务院可以成立地质灾害抢险救灾指挥机构。

发生其他地质灾害或者出现地质灾害险情时，有关市、县人民政府可以根据地质灾害抢险救灾工作的需要，成立地质灾害抢险救灾指挥机构。

地质灾害抢险救灾指挥机构由政府领导负责、有关部门组成，在本级人民政府的领导下，统一指挥和组织地质灾害的抢险救灾工作。

第二十八条 发现地质灾害险情或者灾情的单位和个人，应当立即向当地人民政府或者国土资源主管部门报告。其他部门或者基层群众自治组织接到报告的，应当立即转报当地人民政府。

当地人民政府或者县级人民政府国土资源主管部门接到报告后，应当立即派人赶赴现场，进行现场调查，采取有效措施，防止灾害发生或者灾情扩大，并按照国务院国土资源主管部门关于地质灾害灾情分级报告的规定，向上级人民政府和国土资源主管部门报告。

第二十九条 接到地质灾害险情报告的当地人民政府、基层群众自治组织应当根据实际情况，及时动员受到地质灾害威胁的居民以及其他人员转移到安全地带；情况紧急时，可以强行组织避灾疏散。

第三十条 地质灾害发生后，县级以上人民政府应当启动并组织实施相应的突发性地质灾害应急预案。有关地方人民政府应当及时将灾情及其发展趋势等信息报告上级人民政府。

禁止隐瞒、谎报或者授意他人隐瞒、谎报地质灾害灾情。

第三十一条 县级以上人民政府有关部门应当按照突发性地质灾害应急预案的分工，做好相应的应急工作。

国土资源主管部门应当会同同级建设、水利、交通等部门尽快查明地质灾害发生原因、影响范围等情况，提出应急治理措施，减轻和控制地质灾害灾情。

民政、卫生、食品药品监督管理、商务、公安部门，应当及时设置避难场所和救济物资供应点，妥善安排灾民生活，做好医疗救护、卫生防疫、药品供应、社会治安工作；气象主管机构应当做好气象服务保障工作；通信、航空、铁路、交通部门应当保证地质灾害应急的通信畅通和救灾物资、设备、药物、食品的运送。

第三十二条 根据地质灾害应急处理的需要，县级以上人民政府应当紧急调集人员，调用物资、交通工具和相关的设施、设备；必要时，可以根据需要在抢险救灾区域范围内采取交通管制等措施。

因救灾需要，临时调用单位和个人的物资、设施、设备或者占用其房屋、土地的，事后应当及时归还；无法归还或者造成损失的，应当给予相应的补偿。

第三十三条 县级以上地方人民政府应当根据地质灾害灾情和地质灾害防治需要，统筹规划、安排受灾地区的重建工作。

第五章 地质灾害治理

第三十四条 因自然因素造成的特大型地质灾害，确需治理的，由国务院国土资源主管部门会同灾害发生地的省、自治区、直辖市人民政府组织治理。

因自然因素造成的其他地质灾害，确需治理的，在县级以上地方人民政府的领导下，由本级人民政府国土资源主管部门组织治理。

因自然因素造成的跨行政区域的地质灾害，确需治理的，由所跨行政区域的地方人民政府国土资源主管部门共同组织治理。

第三十五条 因工程建设等人为活动引发的地质灾害，由责任单位承担治理责任。

责任单位由地质灾害发生地的县级以上人民政府国土资源主管部门负责组织专家对地质灾害的成因进行分析论证后认定。

对地质灾害的治理责任认定结果有异议的，可以依法申请行政复议或者提起行政诉讼。

第三十六条 地质灾害治理工程的确定，应当与地质灾害形成的原因、规模以及对人民生命和财产安全的危害程度相适应。

承担专项地质灾害治理工程勘查、设计、施工和监理的单位，应当具备下列条件，经省级以上人民政府国土资源主管部门资质审查合格，取得国土资源主管部门颁发的相应等级的资质证书后，方可在资质等级许可的范围内从事地质灾害治理工程的勘查、设计、施工和监理活动，并承担相应的责任：

（一）有独立的法人资格；

（二）有一定数量的水文地质、环境地质、工程地质等相应专业的技术人员；

（三）有相应的技术装备；

（四）有完善的工程质量管理制度。

地质灾害治理工程的勘查、设计、施工和监理应当符合国家有关标准和技术规范。

第三十七条 禁止地质灾害治理工程勘查、设计、施工和监理单位超越其资质等级许可的范围或者以其他地质灾害治理工程勘查、设计、施工和监理单位的名义承揽地质灾害治理工程勘查、设计、施工和监理业务。

禁止地质灾害治理工程勘查、设计、施工和监理单位允许其他单位以本单位的名义承揽地质灾害治理工程勘查、设计、施工和监理业务。

禁止任何单位和个人伪造、变造、买卖地质灾害治理工程勘查、设计、施工和监理资质证书。

第三十八条 政府投资的地质灾害治理工程竣工后，由县级以上人民政府国土资源主管部门组织竣工验收。其他地质灾害治理工程竣工后，由责任单位组织竣工验收；竣工验收时，应当有国土资源主管部门参加。

第三十九条 政府投资的地质灾害治理工程经竣工验收合格后，由县级以上人民政府国土资源主管部门指定的单位负责管理和维护；其他地质灾害治理工程经竣工验收合格后，由负责治理的责任单位负责管理和维护。

任何单位和个人不得侵占、损毁、损坏地质灾害治理工程设施。

第六章 法 律 责 任

第四十条 违反本条例规定，有关县级以上地方人民政府、国土资源主管部门和其他有关部门有下列行为之一的，对直接负责的主管人员和其他直接责任人员，依法给予降级或者撤职的行政处分；造成地质灾害导致人员伤亡和重大财产损失的，依法给予开除的行政处分；构成犯罪的，依法追究刑事责任：

(一)未按照规定编制突发性地质灾害应急预案，或者未按照突发性地质灾害应急预案的要求采取有关措施、履行有关义务的；

(二)在编制地质灾害易发区内的城市总体规划、村庄和集镇规划时，未按照规定对规划区进行地质灾害危险性评估的；

(三)批准未包含地质灾害危险性评估结果的可行性研究报告的；

(四)隐瞒、谎报或者授意他人隐瞒、谎报地质灾害灾情，或者擅自发布地质灾害预报的；

(五)给不符合条件的单位颁发地质灾害危险性评估资质证书或者地质灾害治理工程勘查、设计、施工、监理资质证书的；

(六)在地质灾害防治工作中有其他渎职行为的。

第四十一条 违反本条例规定，建设单位有下列行为之一的，由县级以上地方人民政府国土资源主管部门责令限期改正；逾期不改正的，责令停止生产、施工或者使用，处10万元以上50万元以下的罚款；构成犯罪的，依法追究刑事责任：

(一)未按照规定对地质灾害易发区内的建设工程进行地质灾害危险性评估的；

(二)配套的地质灾害治理工程未经验收或者经验收不合格，主体工程即投入生产或者使用的。

第四十二条 违反本条例规定，对工程建设等人为活动引发的地质灾害不予治理的，由县级以上人民政府国土资源主管部门责令限期治理；逾期不治理或者治理不符合要求的，由责令限期治理的国土资源主管部门组织治理，所需费用由责任单位承担，处10万元以上50万元以下的罚款；给他人造成损失的，依法承担赔偿责任。

第四十三条 违反本条例规定，在地质灾害危险区内爆破、削坡、进行工程建设以及从事其他可能引发地质灾害活动的，由县级以上地方人民政府国土资源主管部门责令停止违法行为，对单位处5万元以上20万元以下的罚款，对个人处1万元以上5万元以下的罚款；构成犯罪的，依法追究刑事责任；给他人造成损失的，依法承担赔偿责任。

第四十四条 违反本条例规定，有下列行为之一的，由县级以上人民政府国土资源主管部门或者其他部门依据职责责令停止违法行为，对地质灾害危险性评估单位、地质灾害治理工程勘查、设计或者监理单位处合同约定的评估费、勘查费、设计费或者监理酬金1倍以上2倍以下的罚款，对地质灾害治理工程施工单位处工程价款2%以上4%以下的罚款，并可以责令停业整顿，降低资质等级；有违法所得的，没收违法所得；情节严重的，吊销其资质证书；构成犯罪的，依法追究刑事责任；给他人造成损失的，依法承担赔偿责任：

（一）在地质灾害危险性评估中弄虚作假或者故意隐瞒地质灾害真实情况的；

（二）在地质灾害治理工程勘查、设计、施工以及监理活动中弄虚作假、降低工程质量的；

（三）无资质证书或者超越其资质等级许可的范围承揽地质灾害危险性评估、地质灾害治理工程勘查、设计、施工及监理业务的；

（四）以其他单位的名义或者允许其他单位以本单位的名义承揽地质灾害危险性评估、地质灾害治理工程勘查、设计、施工和监理业务的。

第四十五条 违反本条例规定，伪造、变造、买卖地质灾害危险性评估资质证书、地质灾害治理工程勘查、设计、施工和监理资质证书的，由省级以上人民政府国土资源主管部门收缴或者吊销其资质证书，没收违法所得，并处5万元以上10万元以下的罚款；构成犯罪的，依法追究刑事责任。

第四十六条 违反本条例规定，侵占、损毁、损坏地质灾害监测设施或者地质灾害治理工程设施的，由县级以上地方人民政府国土资源主管部门责令停止违法行为，限期恢复原状或者采取补救措施，可以处5万元以下的罚款；构成犯罪的，依法追究刑事责任。

第七章　附　　则

第四十七条 在地质灾害防治工作中形成的地质资料，应当按照《地质资料管理条例》的规定汇交。

第四十八条 地震灾害的防御和减轻依照防震减灾的法律、行政法规的规定执行。

防洪法律、行政法规对洪水引发的崩塌、滑坡、泥石流的防治有规定的，从其规定。

第四十九条 本条例自2004年3月1日起施行。

中华人民共和国防汛条例

（1991 年 7 月 2 日国务院令第 86 号发布，2005 年 7 月 15 日国务院令第 441 号修订，自 2005 年 7 月 15 日起施行）

目　　录

第一章　总　　则

第一条　为了做好防汛抗洪工作，保障人民生命财产安全和经济建设的顺利进行，根据《中华人民共和国水法》，制定本条例。

第二条　在中华人民共和国境内进行防汛抗洪活动，适用本条例。

第三条　防汛工作实行"安全第一，常备不懈，以防为主，全力抢险"的方针，遵循团结协作和局部利益服从全局利益的原则。

第四条　防汛工作实行各级人民政府行政首长负责制，实行统一指挥，分级分部门负责。各有关部门实行防汛岗位责任制。

第五条　任何单位和个人都有参加防汛抗洪的义务。

中国人民解放军和武装警察部队是防汛抗洪的重要力量。

第二章　防 汛 组 织

第六条　国务院设立国家防汛总指挥部，负责组织领导全国的防汛抗洪工作，其办事机构设在国务院水行政主管部门。

长江和黄河，可以设立由有关省、自治区、直辖市人民政府和该江河的流域管理机构（以下简称流域机构）负责人等组成的防汛指挥机构，负责指挥所辖范围的防汛抗洪工作，其办事机构设在流域机构。长江和黄河的重大防汛抗洪事项须经国家防汛总指挥部批准后执行。

国务院水行政主管部门所属的淮河、海河、珠江、松花江、辽河、太湖等流域机构，设立防汛办事机构，负责协调本流域的防汛日常工作。

第七条　有防汛任务的县级以上地方人民政府设立防汛指挥部，由有关部门、当地驻军、人民武装部负责人组成，由各级人民政府首长担任指挥。各级人民政府防汛指挥部在上级人民政府防汛指挥部和同级人民政府的领导下，执行上级防汛指令，制定各项防汛抗洪措施，统一指挥本地区的防汛抗洪工作。

各级人民政府防汛指挥部办事机构设在同级水行政主管部门；城市市区的防汛指挥部办事机构也可以设在城建主管部门，负责管理所辖范围的防汛日常工作。

第八条 石油、电力、邮电、铁路、公路、航运、工矿以及商业、物资等有防汛任务的部门和单位，汛期应当设立防汛机构，在有管辖权的人民政府防汛指挥部统一领导下，负责做好本行业和本单位的防汛工作。

第九条 河道管理机构、水利水电工程管理单位和江河沿岸在建工程的建设单位，必须加强对所辖水工程设施的管理维护，保证其安全正常运行，组织和参加防汛抗洪工作。

第十条 有防汛任务的地方人民政府应当组织以民兵为骨干的群众性防汛队伍，并责成有关部门将防汛队伍组成人员登记造册，明确各自的任务和责任。

河道管理机构和其他防洪工程管理单位可以结合平时的管理任务，组织本单位的防汛抢险队伍，作为紧急抢险的骨干力量。

第三章 防汛准备

第十一条 有防汛任务的县级以上人民政府，应当根据流域综合规划、防洪工程实际状况和国家规定的防洪标准，制定防御洪水方案(包括对特大洪水的处置措施)。

长江、黄河、淮河、海河的防御洪水方案，由国家防汛总指挥部制定，报国务院批准后施行；跨省、自治区、直辖市的其他江河的防御洪水方案，有关省、自治区、直辖市人民政府制定后，经有管辖权的流域机构审查同意，由省、自治区、直辖市人民政府报国务院或其授权的机构批准后施行。

有防汛抗洪任务的城市人民政府，应当根据流域综合规划和江河的防御洪水方案，制定本城市的防御洪水方案，报上级人民政府或其授权的机构批准后施行。

防御洪水方案经批准后，有关地方人民政府必须执行。

第十二条 有防汛任务的地方，应当根据经批准的防御洪水方案制定洪水调度方案。长江、黄河、淮河、海河(海河流域的永定河、大清河、漳卫南运河和北三河)、松花江、辽河、珠江和太湖流域的洪水调度方案，由有关流域机构会同有关省、自治区、直辖市人民政府制定，报国家防汛总指挥部批准。跨省、自治区、直辖市的其他江河的洪水调度方案，由有关流域机构会同有关省、自治区、直辖市人民政府制定，报流域防汛指挥机构批准；没有设立流域防汛指挥机构的，报国家防汛总指挥部批准。其他江河的洪水调度方案，由有管辖权的水行政主管部门会同有关地方人民政府制定，报有管辖权的防汛指挥机构批准。

洪水调度方案经批准后，有关地方人民政府必须执行。修改洪水调度方案，应当报经原批准机关批准。

第十三条 有防汛抗洪任务的企业应当根据所在流域或者地区经批准的防御洪水方案和洪水调度方案，规定本企业的防汛抗洪措施，在征得其所在地县级人民政府水行政主管部门同意后，由有管辖权的防汛指挥机构监督实施。

第十四条 水库、水电站、拦河闸坝等工程的管理部门，应当根据工程规划设计、经批准的防御洪水方案和洪水调度方案以及工程实际状况，在兴利服从防洪，保证安全的前提下，制定汛期调度运用计划，经上级主管部门审查批准后，报有管辖权的人民政府防汛指挥部备案，并接受其监督。

经国家防汛总指挥部认定的对防汛抗洪关系重大的水电站，其防洪库容的汛期调度运用计划经上级主管部门审查同意后，须经有管辖权的人民政府防汛指挥部批准。

汛期调度运用计划经批准后，由水库、水电站、拦河闸坝等工程的管理部门负责执行。

有防凌任务的江河，其上游水库在凌汛期间的下泄水量，必须征得有管辖权的人民政府防汛指挥部的同意，并接受其监督。

第十五条 各级防汛指挥部应当在汛前对各类防洪设施组织检查，发现影响防洪安全的问题，责成责任单位在规定的期限内处理，不得贻误防汛抗洪工作。

各有关部门和单位按照防汛指挥部的统一部署，对所管辖的防洪工程设施进行汛前检查后，必须将影响防洪安全的问题和处理措施报有管辖权的防汛指挥部和上级主管部门，并按照该防汛指挥部的要求予以处理。

第十六条 关于河道清障和对壅水、阻水严重的桥梁、引道、码头和其他跨河工程设施的改建或者拆除，按照《中华人民共和国河道管理条例》的规定执行。

第十七条 蓄滞洪区所在地的省级人民政府应当按照国务院的有关规定，组织有关部门和市、县，制定所管辖的蓄滞洪区的安全与建设规划，并予实施。

各级地方人民政府必须对所管辖的蓄滞洪区的通信、预报警报、避洪、撤退道路等安全设施，以及紧急撤离和救生的准备工作进行汛前检查，发现影响安全的问题，及时处理。

第十八条 山洪、泥石流易发地区，当地有关部门应当指定预防监测员及时监测。雨季到来之前，当地人民政府防汛指挥部应当组织有关单位进行安全检查，对险情征兆明显的地区，应当及时把群众撤离险区。

风暴潮易发地区，当地有关部门应当加强对水库、海堤、闸坝、高压电线等设施和房屋的安全检查，发现影响安全的问题，及时处理。

第十九条 地区之间在防汛抗洪方面发生的水事纠纷，由发生纠纷地区共同的上一级人民政府或其授权的主管部门处理。

前款所指人民政府或者部门在处理防汛抗洪方面的水事纠纷时，有权采取临时紧急处置措施，有关当事各方必须服从并贯彻执行。

第二十条 有防汛任务的地方人民政府应当建设和完善江河堤防、水库、蓄滞洪区等防洪设施，以及该地区的防汛通信、预报警报系统。

第二十一条 各级防汛指挥部应当储备一定数量的防汛抢险物资，由商业、供销、物资部门代储的，可以支付适当的保管费。受洪水威胁的单位和群众应当储备一定的防汛抢险物料。

防汛抢险所需的主要物资，由计划主管部门在年度计划中予以安排。

第二十二条 各级人民政府防汛指挥部汛前应当向有关单位和当地驻军介绍防御洪水方案，组织交流防汛抢险经验。有关方面汛期应当及时通报水情。

第四章　防汛与抢险

第二十三条 省级人民政府防汛指挥部，可以根据当地的洪水规律，规定汛期起止日期。当江河、湖泊、水库的水情接近保证水位或者安全流量时，或者防洪工程设施发生重大险情，情况紧急时，县级以上地方人民政府可以宣布进入紧急防汛期，并报告上级人民政府防汛指挥部。

第二十四条 防汛期内，各级防汛指挥部必须有负责人主持工作。有关责任人员必须坚守岗位，及时掌握汛情，并按照防御洪水方案和汛期调度运用计划进行调度。

第二十五条 在汛期，水利、电力、气象、海洋、农林等部门的水文站、雨量站，必须及时准确地向各级防汛指挥部提供实时水文信息；气象部门必须及时向各级防汛指挥部提供有关天气预报和实时气象信息；水文部门必须及时向各级防汛指挥部提供有关水文预报；海洋部门必须及时向沿海地区防汛指挥部提供风暴潮预报。

第二十六条 在汛期，河道、水库、闸坝、水运设施等水工程管理单位及其主管部门在执行汛期调度运用计划时，必须服从有管辖权的人民政府防汛指挥部的统一调度指挥或者监督。

在汛期，以发电为主的水库，其汛限水位以上的防洪库容以及洪水调度运用必须服从有管辖权的人民政府防汛指挥部的统一调度指挥。

第二十七条 在汛期，河道、水库、水电站、闸坝等水工程管理单位必须按照规定对水工程进行巡查，发现险情，必须立即采取抢护措施，并及时向防汛指挥部和上级主管部门报告。其他任何单位和个人发现水工程设施出现险情，应当立即向防汛指挥部和水工程管理单位报告。

第二十八条 在汛期，公路、铁路、航运、民航等部门应当及时运送防汛抢险人员和物资；电力部门应当保证防汛用电。

第二十九条 在汛期，电力调度通信设施必须服从防汛工作需要；邮电部门必须保证汛情和防汛指令的及时、准确传递，电视、广播、公路、铁路、航运、民航、公安、林业、石油等部门应当运用本部门的通信工具优先为防汛抗洪服务。

电视、广播、新闻单位应当根据人民政府防汛指挥部提供的汛情，及时向公众发布防汛信息。

第三十条 在紧急防汛期，地方人民政府防汛指挥部必须由人民政府负责人主持工作，组织动员本地区各有关单位和个人投入抗洪抢险。所有单位和个人必须听从指挥，承担人民政府防汛指挥部分配的抗洪抢险任务。

第三十一条 在紧急防汛期，公安部门应当按照人民政府防汛指挥部的要求，加强治安管理和安全保卫工作。必要时须由有关部门依法实行陆地和水面交通管制。

第三十二条 在紧急防汛期，为了防汛抢险需要，防汛指挥部有权在其管辖范围内，调用物资、设备、交通运输工具和人力，事后应当及时归还或者给予适当补偿。因抢险需要取土占地、砍伐林木、清除阻水障碍物的，任何单位和个人不得阻拦。

前款所指取土占地、砍伐林木的，事后应当依法向有关部门补办手续。

第三十三条 当河道水位或者流量达到规定的分洪、滞洪标准时，有管辖权的人民政府防汛指挥部有权根据经批准的分洪、滞洪方案，采取分洪、滞洪措施。采取上述措施对毗邻地区有危害的，须经有管辖权的上级防汛指挥机构批准，并事先通知有关地区。

在非常情况下，为保护国家确定的重点地区和大局安全，必须作出局部牺牲时，在报经有管辖权的上级人民政府防汛指挥部批准后，当地人民政府防汛指挥部可以采取非常紧急措施。

实施上述措施时，任何单位和个人不得阻拦，如遇到阻拦和拖延时，有管辖权的人民政府有权组织强制实施。

第三十四条 当洪水威胁群众安全时，当地人民政府应当及时组织群众撤离至安全地带，并做好生活安排。

第三十五条 按照水的天然流势或者防洪、排涝工程的设计标准，或者经批准的运行方案下泄的洪水，下游地区不得设障阻水或者缩小河道的过水能力；上游地区不得擅自增大下泄流量。

未经有管辖权的人民政府或其授权的部门批准，任何单位和个人不得改变江河河势的自然控制点。

第五章　善 后 工 作

第三十六条　在发生洪水灾害的地区，物资、商业、供销、农业、公路、铁路、航运、民航等部门应当做好抢险救灾物资的供应和运输；民政、卫生、教育等部门应当做好灾区群众的生活供给、医疗防疫、学校复课以及恢复生产等救灾工作；水利、电力、邮电、公路等部门应当做好所管辖的水毁工程的修复工作。

第三十七条　地方各级人民政府防汛指挥部，应当按照国家统计部门批准的洪涝灾害统计报表的要求，核实和统计所管辖范围的洪涝灾情，报上级主管部门和同级统计部门，有关单位和个人不得虚报、瞒报、伪造、篡改。

第三十八条　洪水灾害发生后，各级人民政府防汛指挥部应当积极组织和帮助灾区群众恢复和发展生产。修复水毁工程所需费用，应当优先列入有关主管部门年度建设计划。

第六章　防 汛 经 费

第三十九条　由财政部门安排的防汛经费，按照分级管理的原则，分别列入中央财政和地方财政预算。

在汛期，有防汛任务的地区的单位和个人应当承担一定的防汛抢险的劳务和费用，具体办法由省、自治区、直辖市人民政府制定。

第四十条　防御特大洪水的经费管理，按照有关规定执行。

第四十一条　对蓄滞洪区，逐步推行洪水保险制度，具体办法另行制定。

第七章　奖励与处罚

第四十二条　有下列事迹之一的单位和个人，可以由县级以上人民政府给予表彰或者奖励：

(一)在执行抗洪抢险任务时，组织严密，指挥得当，防守得力，奋力抢险，出色完成任务者；

(二)坚持巡堤查险，遇到险情及时报告，奋力抗洪抢险，成绩显著者；

(三)在危险关头，组织群众保护国家和人民财产，抢救群众有功者；

(四)为防汛调度、抗洪抢险献计献策，效益显著者；

(五)气象、雨情、水情测报和预报准确及时，情报传递迅速，克服困难，抢测洪水，因而减轻重大洪水灾害者；

(六)及时供应防汛物料和工具，爱护防汛器材，节约经费开支，完成防汛抢险任务成绩显著者；

(七)有其他特殊贡献，成绩显著者。

第四十三条　有下列行为之一者，视情节和危害后果，由其所在单位或者上级主管机关给予行政处分；应当给予治安管理处罚的，依照《中华人民共和国治安管理处罚法》的规定处罚；构成犯罪的，依法追究刑事责任：

(一)拒不执行经批准的防御洪水方案、洪水调度方案，或者拒不执行有管辖权的防汛指挥机构的防汛调度方案或者防汛抢险指令的；

(二)玩忽职守，或者在防汛抢险的紧要关头临阵逃脱的；

(三)非法扒口决堤或者开闸的；

（四）挪用、盗窃、贪污防汛或者救灾的钱款或者物资的；

（五）阻碍防汛指挥机构工作人员依法执行职务的；

（六）盗窃、毁损或者破坏堤防、护岸、闸坝等水工程建筑物和防汛工程设施以及水文监测、测量设施、气象测报设施、河岸地质监测设施、通信照明设施的；

（七）其他危害防汛抢险工作的。

第四十四条 违反河道和水库大坝的安全管理，依照《中华人民共和国河道管理条例》和《水库大坝安全管理条例》的有关规定处理。

第四十五条 虚报、瞒报洪涝灾情，或者伪造、篡改洪涝灾害统计资料的，依照《中华人民共和国统计法》及其实施细则的有关规定处理。

第四十六条 当事人对行政处罚不服的，可以在接到处罚通知之日起十五日内，向作出处罚决定机关的上一级机关申请复议；对复议决定不服的，可以在接到复议决定之日起十五日内，向人民法院起诉。当事人也可以在接到处罚通知之日起十五日内，直接向人民法院起诉。

当事人逾期不申请复议或者不向人民法院起诉，又不履行处罚决定的，由作出处罚决定的机关申请人民法院强制执行；在汛期，也可以由作出处罚决定的机关强制执行；对治安管理处罚不服的，依照《中华人民共和国治安管理处罚法》的规定办理。

当事人在申请复议或者诉讼期间，不停止行政处罚决定的执行。

第八章 附 则

第四十七条 省、自治区、直辖市人民政府，可以根据本条例的规定，结合本地区的实际情况，制定实施细则。

第四十八条 本条例由国务院水行政主管部门负责解释。

第四十九条 本条例自发布之日起施行。

交通运输突发事件应急管理规定

（2011年9月22日交通运输部第10次部务会议通过，2011年11月25日交通运输部令2011年第9号公布，自2012年1月1日起施行）

第一章　总　　则

第一条　为规范交通运输突发事件应对活动，控制、减轻和消除突发事件引起的危害，根据《中华人民共和国突发事件应对法》和有关法律、行政法规，制定本规定。

第二条　交通运输突发事件的应急准备、监测与预警、应急处置、终止与善后等活动，适用本规定。

本规定所称交通运输突发事件，是指突然发生，造成或者可能造成交通运输设施毁损，交通运输中断、阻塞，重大船舶污染及海上溢油应急处置等，需要采取应急处置措施，疏散或者救援人员，提供应急运输保障的自然灾害、事故灾难、公共卫生事件和社会安全事件。

第三条　国务院交通运输主管部门主管全国交通运输突发事件应急管理工作。

县级以上各级交通运输主管部门按照职责分工负责本辖区内交通运输突发事件应急管理工作。

第四条　交通运输突发事件应对活动应当遵循属地管理原则，在各级地方人民政府的统一领导下，建立分级负责、分类管理、协调联动的交通运输应急管理体制。

第五条　县级以上各级交通运输主管部门应当会同有关部门建立应急联动协作机制，共同加强交通运输突发事件应急管理工作。

第二章　应 急 准 备

第六条　国务院交通运输主管部门负责编制并发布国家交通运输应急保障体系建设规划，统筹规划、建设国家级交通运输突发事件应急队伍、应急装备和应急物资保障基地，储备应急运力，相关内容纳入国家应急保障体系规划。

各省、自治区、直辖市交通运输主管部门负责编制并发布地方交通运输应急保障体系建设规划，统筹规划、建设本辖区应急队伍、应急装备和应急物资保障基地，储备应急运力，相关内容纳入地方应急保障体系规划。

第七条　国务院交通运输主管部门应当根据国家突发事件总体应急预案和相关专项应急预案，制定交通运输突发事件部门应急预案。

县级以上各级交通运输主管部门应当根据本级地方人民政府和上级交通运输主管部门制定的相关突发事件应急预案，制定本部门交通运输突发事件应急预案。

交通运输企业应当按照所在地交通运输主管部门制定的交通运输突发事件应急预案，制定本单位交通运输突发事件应急预案。

第八条　应急预案应当根据有关法律、法规的规定，针对交通运输突发事件的性质、特点、社会危害程度以及可能需要提供的交通运输应急保障措施，明确应急管理的组织指挥体系与职责、监测与预警、处置程序、应急保障措施、恢复与重建、培训与演练等具体内容。

第九条　应急预案的制定、修订程序应当符合国家相关规定。应急预案涉及其他相关部门职能的，在制定过程中应当征求各相关部门的意见。

第十条 交通运输主管部门制定的应急预案应当与本级人民政府及上级交通运输主管部门制定的相关应急预案衔接一致。

第十一条 交通运输主管部门制定的应急预案应当报上级交通运输主管部门和本级人民政府备案。

公共交通工具、重点港口和场站的经营单位以及储运易燃易爆物品、危险化学品、放射性物品等危险物品的交通运输企业所制定的应急预案，应当向所属地交通运输主管部门备案。

第十二条 应急预案应当根据实际需要、情势变化和演练验证，适时修订。

第十三条 交通运输主管部门、交通运输企业应当按照有关规划和应急预案的要求，根据应急工作的实际需要，建立健全应急装备和应急物资储备、维护、管理和调拨制度，储备必需的应急物资和运力，配备必要的专用应急指挥交通工具和应急通信装备，并确保应急物资装备处于正常使用状态。

第十四条 交通运输主管部门可以根据交通运输突发事件应急处置的实际需要，统筹规划、建设交通运输专业应急队伍。

交通运输企业应当根据实际需要，建立由本单位职工组成的专职或者兼职应急队伍。

第十五条 交通运输主管部门应当加强应急队伍应急能力和人员素质建设，加强专业应急队伍与非专业应急队伍的合作、联合培训及演练，提高协同应急能力。

交通运输主管部门可以根据应急处置的需要，与其他应急力量提供单位建立必要的应急合作关系。

第十六条 交通运输主管部门应当将本辖区内应急装备、应急物资、运力储备和应急队伍的实时情况及时报上级交通运输主管部门和本级人民政府备案。

交通运输企业应当将本单位应急装备、应急物资、运力储备和应急队伍的实时情况及时报所在地交通运输主管部门备案。

第十七条 所有列入应急队伍的交通运输应急人员，其所属单位应当为其购买人身意外伤害保险，配备必要的防护装备和器材，减少应急人员的人身风险。

第十八条 交通运输主管部门可以根据应急处置实际需要鼓励志愿者参与交通运输突发事件应对活动。

第十九条 交通运输主管部门可以建立专家咨询制度，聘请专家或者专业机构，为交通运输突发事件应对活动提供相关意见和支持。

第二十条 交通运输主管部门应当建立健全交通运输突发事件应急培训制度，并结合交通运输的实际情况和需要，组织开展交通运输应急知识的宣传普及活动。

交通运输企业应当按照交通运输主管部门制定的应急预案的有关要求，制订年度应急培训计划，组织开展应急培训工作。

第二十一条 交通运输主管部门、交通运输企业应当根据本地区、本单位交通运输突发事件的类型和特点，制订应急演练计划，定期组织开展交通运输突发事件应急演练。

第二十二条 交通运输主管部门应当鼓励、扶持研究开发用于交通运输突发事件预防、监测、预警、应急处置和救援的新技术、新设备和新工具。

第二十三条 交通运输主管部门应当根据本级人民政府财政预算情况，编列应急资金年度预算，设立突发事件应急工作专项资金。

交通运输企业应当安排应急专项经费，保障交通运输突发事件应急工作的需要。

应急专项资金和经费主要用于应急预案编制及修订、应急培训演练、应急装备和队伍建设、日常应急管理、应急宣传以及应急处置措施等。

第三章　监测与预警

第二十四条　交通运输主管部门应当建立并完善交通运输突发事件信息管理制度，及时收集、统计、分析、报告交通运输突发事件信息。

交通运输主管部门应当与各有关部门建立信息共享机制，及时获取与交通运输有关的突发事件信息。

第二十五条　交通运输主管部门应当建立交通运输突发事件风险评估机制，对影响或者可能影响交通运输的相关信息及时进行汇总分析，必要时同相关部门进行会商，评估突发事件发生的可能性及可能造成的损害，研究确定应对措施，制定应对方案。对可能发生重大或者特别重大突发事件的，应当立即向本级人民政府及上一级交通运输主管部门报告相关信息。

第二十六条　交通运输主管部门负责本辖区内交通运输突发事件危险源管理工作。对危险源、危险区域进行调查、登记、风险评估，组织检查、监控，并责令有关单位采取安全防范措施。

交通运输企业应当组织开展企业内交通运输突发事件危险源辨识、评估工作，采取相应安全防范措施，加强危险源监控与管理，并按规定及时向交通运输主管部门报告。

第二十七条　交通运输主管部门应当根据自然灾害、事故灾难、公共卫生事件和社会安全事件的种类和特点，建立健全交通运输突发事件基础信息数据库，配备必要的监测设备、设施和人员，对突发事件易发区域加强监测。

第二十八条　交通运输主管部门应当建立交通运输突发事件应急指挥通信系统。

第二十九条　交通运输主管部门、交通运输企业应当建立应急值班制度，根据交通运输突发事件的种类、特点和实际需要，配备必要值班设施和人员。

第三十条　县级以上地方人民政府宣布进入预警期后，交通运输主管部门应当根据预警级别和可能发生的交通运输突发事件的特点，采取下列措施：

（一）启动相应的交通运输突发事件应急预案；

（二）根据需要启动应急协作机制，加强与相关部门的协调沟通；

（三）按照所属地方人民政府和上级交通运输主管部门的要求，指导交通运输企业采取相关预防措施；

（四）加强对突发事件发生、发展情况的跟踪监测，加强值班和信息报告；

（五）按照地方人民政府的授权，发布相关信息，宣传避免、减轻危害的常识，提出采取特定措施避免或者减轻危害的建议、劝告；

（六）组织应急救援队伍和相关人员进入待命状态，调集应急处置所需的运力和装备，检测用于疏运转移的交通运输工具和应急通信设备，确保其处于良好状态；

（七）加强对交通运输枢纽、重点通航建筑物、重点场站、重点港口、码头、重点运输线路及航道的巡查维护；

（八）法律、法规或者所属地方人民政府提出的其他应急措施。

第三十一条　交通运输主管部门应当根据事态发展以及所属地方人民政府的决定，相应调整或者停止所采取的措施。

第四章　应 急 处 置

第三十二条　交通运输突发事件的应急处置应当在各级人民政府的统一领导下进行。

第三十三条　交通运输突发事件发生后，发生地交通运输主管部门应当立即启动相应的应急预案，在本级人民政府的领导下，组织、部署交通运输突发事件的应急处置工作。

第三十四条　交通运输突发事件发生后，负责或者参与应急处置的交通运输主管部门应当根据有关规定和实际需要，采取以下措施：

(一)组织运力疏散、撤离受困人员，组织搜救突发事件中的遇险人员，组织应急物资运输；

(二)调集人员、物资、设备、工具，对受损的交通基础设施进行抢修、抢通或搭建临时性设施；

(三)对危险源和危险区域进行控制，设立警示标志；

(四)采取必要措施，防止次生、衍生灾害发生；

(五)必要时请求本级人民政府和上级交通运输主管部门协调有关部门，启动联合机制，开展联合应急行动；

(六)按照应急预案规定的程序报告突发事件信息以及应急处置的进展情况；

(七)建立新闻发言人制度，按照本级人民政府的委托或者授权及相关规定，统一、及时、准确的向社会和媒体发布应急处置信息；

(八)其他有利于控制、减轻和消除危害的必要措施。

第三十五条　交通运输突发事件超出本级交通运输主管部门处置能力或管辖范围的，交通运输主管部门可以采取以下措施：

(一)根据应急处置需要请求上级交通运输主管部门在资金、物资、设备设施、应急队伍等方面给予支持；

(二)请求上级交通运输主管部门协调突发事件发生地周边交通运输主管部门给予支持；

(三)请求上级交通运输主管部门派出现场工作组及有关专业技术人员给予指导；

(四)按照建立的应急协作机制，协调有关部门参与应急处置。

第三十六条　在需要组织开展大规模人员疏散、物资疏运的情况下，交通运输主管部门应当根据本级人民政府或者上级交通运输主管部门的指令，及时组织运力参与应急运输。

第三十七条　交通运输企业应当加强对本单位应急设备、设施、队伍的日常管理，保证应急处置工作及时、有效开展。

交通运输突发事件应急处置过程中，交通运输企业应当接受交通运输主管部门的组织、调度和指挥。

第三十八条　交通运输主管部门根据应急处置工作的需要，可以征用有关单位和个人的交通运输工具、相关设备和其他物资。有关单位和个人应当予以配合。

第五章　终止与善后

第三十九条　交通运输突发事件的威胁和危害得到控制或者消除后，负责应急处置的交通运输主管部门应当按照相关人民政府的决定停止执行应急处置措施，并按照有关要求采取必要措施，防止发生次生、衍生事件。

第四十条　交通运输突发事件应急处置结束后，负责应急处置工作的交通运输主管部门应当对应急处置工作进行评估，并向上级交通运输主管部门和本级人民政府报告。

第四十一条 交通运输突发事件应急处置结束后，交通运输主管部门应当根据国家有关扶持遭受突发事件影响行业和地区发展的政策规定以及本级人民政府的恢复重建规划，制定相应的交通运输恢复重建计划并组织实施，重建受损的交通基础设施，消除突发事件造成的破坏及影响。

第四十二条 因应急处置工作需要被征用的交通运输工具、装备和物资在使用完毕应当及时返还。交通运输工具、装备、物资被征用或者征用后毁损、灭失的，应当按照相关法律法规予以补偿。

第六章 监督检查

第四十三条 交通运输主管部门应当建立健全交通运输突发事件应急管理监督检查和考核机制。

监督检查应当包含以下内容：

（一）应急组织机构建立情况；

（二）应急预案制订及实施情况；

（三）应急物资储备情况；

（四）应急队伍建设情况；

（五）危险源监测情况；

（六）信息管理、报送、发布及宣传情况；

（七）应急培训及演练情况；

（八）应急专项资金和经费落实情况；

（九）突发事件应急处置评估情况。

第四十四条 交通运输主管部门应当加强对辖区内交通运输企业等单位应急工作的指导和监督。

第四十五条 违反本规定影响交通运输突发事件应对活动有效进行的，由其上级交通运输主管部门责令改正、通报批评；情节严重的，对直接负责的主管人员和其他直接责任人员按照有关规定给予相应处分；造成严重后果的，由有关部门依法给予处罚或追究相应责任。

第七章 附 则

第四十六条 海事管理机构及各级地方人民政府交通运输主管部门对水上交通安全和防治船舶污染等突发事件的应对活动，依照有关法律法规执行。

一般生产安全事故的应急处置，依照国家有关法律法规执行。

第四十七条 本规定自 2012 年 1 月 1 日起实施。

附录 B　应急救援装备

目　　录

B1 土石方机械类

B1.1 挖掘机

用途特点：用铲斗挖掘高于(或低于)承机面的物料(主要是土壤、煤、泥沙以及经过预松后的土壤和岩石)，并装入运输车辆(或卸至堆料场)的土方机械(图 B1-1)。挖掘机按驱动方式可分为内燃机驱动式、电力驱动式；按行走方式可分为履带式、轮式；按传动方式可分为液压式、机械式；按用途可分为通用、矿用、船用、特种；按铲斗可分为正铲、反铲、拉铲、抓铲。

重要参数：工作质量、发动机功率、铲斗斗容(表 B1-1)。

a)小松PC2000-8超大型挖掘机

b)日立超长前端工作装置

c)普通常用型挖掘机

图 B1-1 挖掘机

挖掘机主要技术参数 表 B1-1a

项 目	单位	型 号(小松)					
		PC2000-8	PC850-8	PC450-8	PC360-7	PC220-8	PC56-7
工作质量	kg	200 000	78 700	45 125	33 000	23 100	5 300
额定功率	kW(PS)	713(970)	363(494)	257(350)	180(245)	125(170)	34.6(47)
标准斗容	m^3	12.0	3.4	2.1	1.6	1.0	0.2
发动机排量	L	30.48	15.24	11.04	8.27	6.69	2.434
发动机额定转速	r/min	1 800	1 800	1 900	1 900	2 000	2 300

续上表

项目		单位	型号(小松)					
			PC2000-8	PC850-8	PC450-8	PC360-7	PC220-8	PC56-7
尺寸	全长	mm	17 030	13 995	12 040	11 140	9 885	5 935
	全宽	mm	6 240	4 110	3 580	3 190	2 980	1 960
	全高	mm	7 135	4 850	3 660	3 280	3 055	2 550
工作范围	最大挖掘高度	mm	13 410	11 955	10 925	10 210	10 000	5 850
	最大挖掘深度	mm	9 235	8 445	7 790	7 380	6 920	3 800
	最大挖掘半径	mm	15 780	13 660	12 005	11 100	10 180	6 120

超长前端工作装置主要技术参数 表 B1-1b

项目	单位	型号(日立)	
		ZX200LC-3	ZX240LC-3
最大挖掘半径	mm	15 330	18 250
地面上最大挖掘距离	mm	15 220	18 150
最大挖掘度	mm	11 980	14 350
最大切削高度	mm	13 500	15 810
最大卸载高度	mm	11 100	13 410
最小回转半径	mm	4 720	5 400
铲斗容量(PCSA 满斗)	m^3	0.45	0.4
铲斗挖掘力	kN(kgf)	83.7(8 540)	83.6(8 520)
斗杆挖掘力	kN(kgf)	47.5(4 840)	48.1(4 900)

主要生产厂家:小松、日立、徐工、三一、临工、住友、沃尔沃、卡特彼勒、中联重科、厦工、柳工、鼎盛天工、中国龙工、山河智能、斗山、凯斯、卡特重工、神钢、阿特拉斯、力士德、利勃海尔、久保田、奥泰重工、竹内、邦立重机、恒天九五、德尔重工、福田雷沃、盖尔、格瑞德、恒特重工、鸿达建工、JCB、江西南特、劲工、力士德、彭浦、山猫、石川岛、山东愚公、特雷克斯、徐挖、詹阳重工、山重建机(原众友)。

B1.2 装载机

用途特点:广泛适用于公路、铁路、建筑、水电、港口、矿山等建设工程的土石方施工,用于铲、装、运、卸散状物料(主要指土壤、砂石、石灰、煤炭等),也可对矿石、硬土等作轻度铲挖,还可推运土壤、刮平地面和牵引其他机械等;在公路施工中主要用于路基工程的填挖,沥青和水泥混凝土料场的集料、装料等作业,具有作业速度快、机动性好、操作轻便等优点,已成为土石方施工中的主要机械(图 B1-2)。装载机按发动机功率可分为小型(小于 74kW)、中型(74~147kW)、大型(147~515kW)、特大型(大于 515kW)。

图 B1-2 装载机

重要参数:工作质量、发动机功率、铲斗斗容(表 B1-2)。

装载机主要技术参数　　表 B1-2

项　目	单位	型　号(柳工)				
		CLG888-8t	CLG862-6t	CLG842-4t	CLG835-3t	CLG816-1.6t
工作质量	kg	28 500	19 200±500	13 700	10 900	5 300±300
额定载质量	kg	8 000	6 000	4 000	3 000	1 600
额定功率	kW	231	179	125	92	47
标准斗容	m^3	3.5～6.5	3.5	1.8～3.0	1.5～3.0	0.78～1.0
最大挖掘力	kN	260	198	125	93.5±3	42±5
最大牵引力	kN	260	171.3	119	100±3	42±5

主要生产厂家:柳工、三一、日立、小松、沃尔沃、斗山、现代、神钢、卡特彼勒、徐工、玉柴、山河智能、力士德、山东临工、中联重科、住友、福田雷沃、利勃海尔、久保田、龙工、厦工、卡特重工、加藤、恒特、凯斯、山重建机、洋马、竹内、詹阳动力、愚公、徐挖、阿特拉斯、邦立、石川岛中骏、特雷克斯、中国现代、沃得、九五恒天、劲工、JAC、鼎盛天工、北方重工、成工、宜工。

B1.3　挖掘装载机

用途特点:俗称"两头忙",由动力总成、装载端、挖掘端组成的单一装置,动力总成是其核心结构;主要用于城市和农村的公路建设及养护、电缆铺设、电力和机场工程、市政建设、农村住宅建设、开山取石等各种建筑施工工程(图 B1-3)。

重要参数:发动机功率、铲斗斗容、挖斗斗容(表 B1-3)。

图 B1-3　挖掘装载机

挖掘装载机主要技术参数　　表 B1-3

项　目		单位	型　号(徐工)		
			XT876	XT870	WZ30-25
整机工作质量		kg	8 400	8 400	9 500
外形尺寸(长×宽×高)		mm	5 900×2 300×3 450	7 650×2 366×3 600	8 000×2 200×3 350
最高车速(前进/后退)		km/h	40.2/48.6	23/23	—
轴距		mm	2 180	2 290	2 600
转弯半径		mm	4 428	5 000	—
工作油泵	额定压力	MPa	21	18	—
	流量	L/min	2 200	150	—

续上表

项　　目		单位	型　　号(徐工)		
			XT876	XT870	WZ30-25
发动机	额定功率	kW	82	60	65
	额定转速	r/min	2 200	2 400	2 400
	最低燃油消耗率	g/(kw·h)	213	224	—
装载装置	铲斗容量	m^3	0.8～1.2	0.8～1.2	1.0
	最大卸载高度	mm	2 825	2 500	2 650
	最大卸载距离	mm	745	745	930
	挖掘力	kN	42	—	—
挖掘装置	挖斗容量	m^3	0.20～0.35	0.2～0.25	0.3
	最大挖掘深度	mm	4 100	4 290	4 400
	最大挖掘半径	mm	—	5 450	5 471

主要生产厂家:徐工、福田雷沃、柳工、杰西博、凯斯、山东临工、厦工、常宁、成工、宇通重工、朝工、金正神力、山河智能、愚公、烟工。

B1.4　推土机

用途特点:一种工程车辆,前方装有大型的金属推土刀,使用时放下推土刀,向前铲削并推送泥、沙及石块等,推土刀位置和角度可以调整,能单独完成挖土、运土和卸土工作,具有操作灵活、转动方便、所需工作面小、行驶速度快等特点;主要适用于季节性较强、工程量集中、施工条件差的施工环境,主要用于50～100m短距离作业,如路基修筑、基坑开挖、平整场地、清除树、推集石渣等(图B1-4)。推土机一般分为通用型、湿地型、高原型三种,生产能力按发动机功率可分为小型(小于59kW)、中型(59～103kW)、大型(118～235kW)、特大型(大约235kW)。

重要参数:发动机功率、铲刀容量、整机重量(表B1-4)。

图B1-4　推土机

推土机主要技术参数　　表B1-4

项　　目	单位	型　　号(山推)						
		SD52-5	SD42-3	SD32	SD22	SD16	SD11	SD08
整机质量	kg	67 500	53 000	37 200	23 400	17 000	10 500	7 650
发动机功率	kW	392	310	235	162	120	78	59
铲刀容量	m^3	18.5	16	10	6.4	4.5	2.9	2.02
铲刀宽度×高度	mm	—	—	—	—	—	—	2 553×890

注:小松履带式推土机有13个系列(D21-D575),最小的为D21,柴油机飞轮功率为29.5kW,最大的为D575A-3SD,柴油机飞轮功率达858kW,它是当前世界上最大的推土机。

主要生产厂家:山推、宣工、移山、小松、日立、中联重科、柳工、徐工、卡特彼勒、利勃海尔、强力重工、彭浦、厦工、凯斯、鼎盛天工、三一重工、玉柴、宇通重工、翰迪尔、纽荷兰、德瑞斯塔、一拖、天津建机。

B1.5 平地机

用途特点:主要用于路基、路面、砂砾的切削、刮送、整平和土方工程中场地的整形、平地作业,还可用于从两侧取土填筑不高于1m的路堤、修整路基的横断面,修刮路堤和路堑边坡、开挖边沟和路槽等,也可用来搅拌路面混合料、摊铺材料、养护土路和碎石路、推土、松土、回填、清楚杂草和积雪等工作(图B1-5)。平地机按铲刀大小和发动机功率可为分轻型(3m,44～66kW)、中型(3～3.7m,66～110kW)、重型(3.7～4.2m,110～220kW)。

重要参数:发动机功率、铲刀长度、外形尺寸(表B1-5)。

图B1-5 平地机

平地机主要技术参数 表B1-5

项目		单位	型号(鼎盛天工)			
			PY350M	PY220M	PY160M	PY120M
外形尺寸(长×宽×高)		mm	10 800×3 140×3 650	9 100×2 600×3 500	8 500×2 600×3 500	7 800×2 400×3 245
整机工作质量		kg	27 500	16 500	14 000	10 650
最小转弯半径		mm	≤9 300	7 800	7 500	6 700
最大牵引力		kN	—	88.6	73.5	47
推土板	宽×高	mm	—	2 740×920	2 450×820	2 350×775
	最大入地深度	mm	—	205	205	115
松土器	松土宽度	mm	2 860	2 000	2 000	1 750
	松土齿最大入地深度	mm	460	315	315	275
发动机	额定功率	kW	275/350	169/230	125/170	100/136
	额定转速	r/min	2 100	2 200	2 200	2 200
铲刀	长×弦高	mm	4 920×695	4 275×650	3 660×650	3 355×570
	最大入地深度	mm	470	470	500	450
	最大倾斜角(左/右)	°	65	90	90	76/117

主要生产厂家:鼎盛天工、徐筑、常林、三一、卡特彼勒、沃尔沃、徐工、山工、柳工、万邦股份、龙工、中联重科、山东临工、成工、山推、厦工、凯莫尔、洛建、凯斯、华通动力、移山、斗山。

B1.6 铲运机

用途特点:一种综合铲土、松土、运土、推土、卸土、填筑、整平等功能于一体的机械(图B1-6)。铲运机按行走机构的不同可分为拖式铲运机和自行式,按操作系统的不同分为液压式和索式。一般按铲斗容积分小型(小于 5m³)、中型(5～15m³)、大型(15～30m³)和特大型(大于 30m³)四种。小型和中型的合理运距为 100～350m,大型和特大型的合理运距为 800～1 500m。不宜在干燥的粉砂土和潮湿的黏性土中作业,更不宜在地下水位高的潮湿地区和沼泽地带以及石类地区作业。

重要参数:铲斗容量、发动机功率(表 B1-6)。

图 B1-6 铲运机

铲运机主要技术参数 表 B1-6

项　目	单位	型　号		
		宇通重工 CTY9A	宇通重工 CL9A	瑞龙重工
铲斗容量	m³	平装 9,堆中 11	9	12
长×宽×高	mm	9 510×3 378×2 675	10 038×3 380×3 050	6 372×3 480×4 215
空载质量	kg	10 500	17 700	20 000
满载质量	kg	20 500	27 300	29 800
最大切土深度	mm	300	—	487
最大切削宽度	mm	2 700	—	1 920

主要生产厂家:宇通重工、瑞龙重工、北方重工、特雷克斯、厦装、抚挖、小松、柳工、戴纳派克、方圆、鼎盛天工、郴筑、日立、华通动力、朝工、中联重科、三宝、北京加隆、山河智能、卡特彼勒、阿特拉斯。

B1.7 凿岩机

用途特点:是石质隧道和石料开采等石方工程钻凿炮眼的主要工具,也可改作破坏器,用来破碎混凝土之类的坚硬层;公路机械化施工中,气动凿岩机和空气压缩机为必备的设备,是石方工程施工的关键设备,主要用于硬岩上钻凿炮孔(图 B1-7)。

重要参数:钻孔直径、钻孔速度(表 B1-7)。

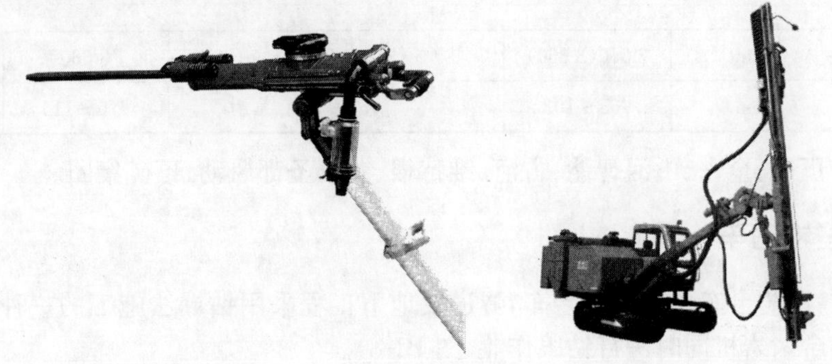

图 B1-7 凿岩机

凿岩机主要技术参数　　　表 B1-7

<table>
<tr><td rowspan="2">项　目</td><td rowspan="2">单位</td><td colspan="5">型号(山河智能)</td></tr>
<tr><td>SD-700II</td><td>SD-1000II</td><td>SD-1000E</td><td>SD-1300E</td><td>JD-800</td></tr>
<tr><td>总重量</td><td>kg</td><td>10 200</td><td>10 900</td><td>12 000</td><td>13 500</td><td>10 400</td></tr>
<tr><td>全长</td><td>mm</td><td>8 300</td><td>8 400</td><td>8 900</td><td>9 200</td><td>9 070</td></tr>
<tr><td>全宽</td><td>mm</td><td>2 490(2 870)</td><td colspan="2">2 490(2 870)</td><td>2 490(2 870)</td><td>2 490(2 870)</td></tr>
<tr><td>全高</td><td>mm</td><td>2 860</td><td colspan="2">2 860</td><td>2 940</td><td>2 860</td></tr>
<tr><td colspan="7">功　能</td></tr>
<tr><td>钻孔直径</td><td>mm</td><td>ϕ65～102</td><td colspan="2">ϕ65～102</td><td>ϕ75～115</td><td>ϕ65～102</td></tr>
<tr><td>挖掘深度</td><td>m</td><td>15</td><td>15</td><td>18</td><td>25</td><td>25</td></tr>
<tr><td>爬坡能力</td><td>°</td><td>30</td><td colspan="2">30</td><td>30</td><td>30</td></tr>
<tr><td>行走速度</td><td>km/h</td><td>0～3.8</td><td colspan="2">0～3.8</td><td>0～3.5</td><td>0～3.8</td></tr>
<tr><td colspan="7">柴　油　机</td></tr>
<tr><td>型号</td><td></td><td>B5.9C</td><td>B5.9C</td><td>6BTAA5.9</td><td>6CTAA8.3</td><td>B5.9C</td></tr>
<tr><td>功率</td><td>kW</td><td>116</td><td>116</td><td>123</td><td>153</td><td>116</td></tr>
<tr><td colspan="7">空气压缩机</td></tr>
<tr><td>压力</td><td>kg/cm^2</td><td>10.5</td><td colspan="2">10.5</td><td>10.5</td><td>10.5</td></tr>
<tr><td>容量</td><td>m^3/min</td><td>5</td><td colspan="2">5</td><td>5</td><td>5</td></tr>
<tr><td>储箱容量</td><td>m^3</td><td>0.035</td><td colspan="2">0.035</td><td>0.035</td><td>0.035</td></tr>
<tr><td colspan="7">钻　孔　器</td></tr>
<tr><td>型号</td><td></td><td>JET-7</td><td colspan="2">JET-7</td><td>JET-9</td><td>JET-9</td></tr>
<tr><td>重量</td><td>kg</td><td>220</td><td colspan="2">220</td><td>270</td><td>270</td></tr>
<tr><td>打击数</td><td>次/min</td><td>2 400～3 000</td><td colspan="2">2 400～3 000</td><td>2 100～3 000</td><td>2 000～3 000</td></tr>
<tr><td>旋转</td><td>r/min</td><td>220</td><td colspan="2">220</td><td>190</td><td>0～190</td></tr>
<tr><td>打击力</td><td>kW(hp)</td><td>16(21.44)</td><td colspan="2">16(21.44)</td><td>20(26.8)</td><td>20(26.8)</td></tr>
<tr><td>打击压力</td><td>kg/cm^2</td><td>130～210</td><td colspan="2">130～10</td><td>130～220</td><td>170</td></tr>
<tr><td>旋转压力</td><td>kg/cm^2</td><td>150</td><td colspan="2">150</td><td>180</td><td>130</td></tr>
<tr><td colspan="7">钻　　杆</td></tr>
<tr><td>杆长度</td><td>mm</td><td>3 050(3 660)</td><td colspan="2">3 050(3 660)</td><td>3 660</td><td>3 660</td></tr>
<tr><td>钻头直径</td><td>mm</td><td>ϕ65～102</td><td colspan="2">ϕ65～102</td><td>ϕ75～115</td><td>ϕ65～102</td></tr>
</table>

主要生产厂家:全进、山河智能、古河、维特根、曲阜圣都风动、枣矿集团。

B1.8　凿岩台车

用途特点:凿岩台车也称钻孔台车,隧道及地下工程采用钻爆法施工的一种凿岩设备,能移动并支持多台凿岩机同时进行钻眼作业(图 B1-8)。

重要参数:钻孔深度、发动机功率、覆盖面积(表 B1-8)。

图 B1-8　凿岩台车

凿岩台车主要技术参数　　表 B1-8

项目名称		单位	型号(徐工)
覆盖面积		m^2	180
钻臂	推进梁补偿	mm	1 800
	钻臂延伸	mm	1 600
	推进梁翻转	°	360
	钻臂举升角度	°	+70/−30
	钻臂摆动角度	°	±45
	自重	kg	≤3 000
推进梁	钻孔深度	m	4～6
	推进力	kN	20
	系统压力	MPa(bar)	21(210)
	油箱容积	L	755/470
电气系统	总装机功率	kW	200
	主电机	kW	3×55
	工作电压	V	400～690
	频率	Hz	50～60
	电动机	kW	7.5
	最大流量	L/min	300
	最小进口压力(300L/min)	MPa(bar)	0.2(2)
	出口压力	MPa	≥2
	电动机功率	kW	≥15
底盘	发动机	kW	180
	燃油箱	L	150
	冲击功率	kW	16/20/22
	冲击频率	Hz	60/73
	回转速度	r/min	0～340
	回转扭矩	N·m	640

主要生产厂家:徐工、山河智能、华泰、唐山东方。

B1.9 破碎机

用途特点:广泛运用于矿山、冶炼、建材、公路、铁路、水利和化学工业等众多部门,用于破碎石块或矿块等(图 B1-9)。破碎机按机构特征分颚式、锥式、锤式、反击式、辊式等。

重要参数:生产能力、功率、进出料粒径(表 B1-9)。

图 B1-9 破碎机

破碎机主要技术参数　　表 B1-9

型号(三宝)	进料口尺寸(mm)	最大进料粒度(mm)	出料口调整范围(mm)	生产能力(t/h)	功率(kW)	重量(t)
PE-150×250	150×250	130	10～40	0.96～4.8	5.5	0.81
PE-250×400	250×400	210	20～80	5～21	15	2.8
PE-400×600	400×600	340	40～100	16～64	30	6.5
PE-500×750	500×750	425	50～100	45～100	55	10.3
PE-600×900	600×900	500	65～160	48～120	55/75	15.5
PE-750×1 060	750×1 060	630	80～140	115～208	110	27.02
PE-800×1 060	800×1 060	650	100～200	136～228	110	28.4
PE-870×1 060	870×1 060	670	200～260	290～384	110	30.5
PE-900×1 200	900×1 200	750	100～200	144～304	132	50
PE-1 000×1 200	1 000×1 200	850	195～265	315～342	132	50.6
PE-1200×1 500	1 200×1 500	950	150～350	300～800	220	83
PE-1500×1 800	1 500×1 800	1 200	220～350	450～1 000	355	122
PEX-150×750	150×750	120	18～48	8～25.6	15	3.5
PEX-250×1 000	250×1 000	210	25～60	16～51.2	37/30	6.5
PEX-250×1 200	250×1 200	210	25～60	20～60	37	7.7
PEX-300×1 300	300×1 300	250	20～90	20～104	75	11

主要生产厂家:三宝、美卓、山河智能、山特维克、黎明、东泷、山美、日立、博洋、三秦力、克林曼、华重、新宇、上海威力特、夏洲重工、一帆机械、百力克、高达、世邦、郑州鼎盛、阿特拉斯、一鼎重工、方圆、嵩山重工、豫弘、海天路矿、上海建冶、中誉鼎力、远华机械、上海西芝、德工、凯兴、东蒙机械。

B1.10 自卸车

用途特点：通过液压或机械举升而自行卸载货物的车辆，又称翻斗车；由汽车底盘、液压举升机构、货厢和取力装置等部件组成；在公路工程中与挖掘机、装载机、带式输送机等工程机械联合作业，构成装、运、卸生产线，进行土方、砂石、散料的装卸运输工作(图 B1-10)。

重要参数：发动机功率、额定载质量(表 B1-10)。

图 B1-10 自卸车

自卸车主要技术参数 表 B1-10

项目	单位	型号(东风)				
		DFL3120B	DFL3120B1	DFL3241A7	DFL3251A7	DFL3258AX6A
外形尺寸	mm	705×2 500×2 960	8 000×2 500×2 960	9 090×2 500×3 450	8 890×2 500×3 450	8 450×2 500×3 450
总质量	kg	11 835	11 920	24 050	25 000	25 000
额定载质量	t	4.99	4.99	11.965	12.5	12.96
最大功率	kW	118	155	215	250	276
驱动		4×2	4×2	6×4	6×4	6×4
最大扭距/转速	kN·m/r	550/1 400～1 700	700/1 500	1 200/1 100～1 600	1 460/1 100～1 600	1 480/1 400
排量	mL	6 494	5 900	9 839	9 839	8 900
最大输入扭矩	kN·m	850	1 180	1 190	1 500	1 600
轴距	mm	3 800	4 500	4 250+1 350	4 250+1 350	3 800+1 450
最高车速	km/h	90	90	85	85	75

主要生产厂家：东风、陕汽、徐工、山东临工、星马、凯斯、北方重工、沃尔沃、特雷克斯、宇通重工、山河智能、解放、欧曼、重汽斯太尔、红岩、重汽王牌、中通集团、中国重汽、重庆铁马集团。

B1.11 拆除机

用途特点：用于不同建筑物(包括高层建筑物、一般高度建筑物、基础建筑等)的拆除、破碎作业(图 B1-11)。

重要参数：最大作业高度、最大作业半径、工作质量(表 B1-11)。

主要生产厂家:日立、三一、徐工、山河智能、卡特、小松、现代重工、柳工、厦工、龙工、力特达、立星。

图 B1-11　拆除机

拆除机主要技术参数　　表 B1-11

项　　目	单　　位	型　　号(日立)			
		ZX250LCK-3	ZX350LCK-3	ZX450LC-3	
前端工作装置形式		3 段	3 段	3 段	
前端工作装置型号		HL250	HL350-E	HL450-D	
最大作业高度	mm	16 000	21 000	25 000	26 000
最大作业半径	mm	8 730	12 000	13 800	14 000
工作质量	kg	30 300	41 000	59 200	59 800
破碎器最大质量	kg	2 500	2 500	2 500	2 500

B2 起重机械类

B2.1 汽车起重机

用途特点:主要用于交通运输业、建筑业、工业、矿业等各种工程建设领域,如大型建筑构件与设备的安装、大量工程材料的垂直运输与装卸等,此外也广泛用于公路应急救援(图B2-1)。汽车起重机按起重量可分为轻型(起重量5t以下)、中型(起重量5~15t)、重型(起重量5~50t)、超重型(起重量50t以上)。

重要参数:最大额定总起重量、最长主臂(表B2-1)。

图B2-1 汽车起重机

汽车起重机主要技术参数 表B2-1

尺寸参数	单位	型号(徐工)					
		QY160K	QY100K	QY60K	QY35K5	QY50B.5	QY8B.5
整机全长	mm	—	—	13 500	12 620	13 890	9 450
整机全宽	mm	—	—	2 800	2 500	2 800	2 400
整机全高	mm	—	—	3 510	3 350	344	3 180
行驶状态整机质量	kg	54 900		41 000	36 930	42 000	10 490
百公里油耗	L	—	—	—	30	40	25.5
最大额定起重量	t	160	100	60	35	50	8
最长主臂	m	61.4	48.8	42	39.6	42.58	19

主要生产厂家:徐工、中联重科、三一重工、利勃海尔、柳工、长江、北方交通、东岳、北起多田野、抚挖锦重。

B2.2 轮胎起重机

用途特点:通常用于装卸重物和安装作业,起重量较小时,可不打支腿作业,甚至可带载行走;具有机动性好、转移方便的特点,适用于流动性作业,应用广泛;与汽车式起重机相比有轮距较宽、稳定性好、车身短、转弯半径小、可在360°范围内工作的优点(图B2-2)。

重要参数:额定起重量、整机自重(表B2-2)。

图 B2-2 轮式起重机

轮式起重机(DLQ 系列)主要技术参数

表 B2-2

额定起重量(t)	起重臂长度	工作幅度及起重量			起升高度(m)		起升速度(m/min)		变幅速度(m/min)	旋转速度(m/min)	尾部旋转半径(m)	装机容量(kW)	
					支承面以上	支承面以下						吊钩	抓斗
3	基本臂长9m	起重量(t)	3	0.65	8	6	27		6.5	1.3	3	18	26
		工作幅度(m)	3.6	6.4									
5		起重量(t)	5	2	12	6	单索 30	三素 10	10.5	1.5	3.2	24.5	31.5
		工作幅度(m)	4	11.9									
8		起重量(t)	8	2	12	6	单索 36	三素 12	10.5	1.5	3.2	40.5	55.5
		工作幅度(m)	4	11.9									
16		起重量(t)	16	2	12	6	单索 46	四素	10.5	1.6	3.6	70	92
		工作幅度(m)	4	11.9									
25		起重量(t)	25	8	16	7.22	8.3		6.53	1.32	4.3	90	112
		工作幅度(m)	3.12	7.98									
40		起重量(t)	40		7.84	3.65	7.2		5.75	1.25	4.8	100	122
		工作幅度(m)	3.38										

主要生产厂家:徐工、中联重科、三一重工、利勃海尔、柳工、长江、北方交通、东岳、北起多田野、抚挖锦重。

B2.3 履带式起重机

用途特点:一种利用履带行走的动臂旋转起重机;履带接地面积大,通过性好,适应性强,可带载行走,适用于建筑工地的吊装作业;可进行挖土、夯土、打桩等多种作业(图 B2-3)。

图 B2-3 履带式起重机

重要参数:最大起重量、最大起重力矩、工作半径、起吊高度(图 B2-3)。

履带式起重机主要技术参数 表 B2-3

项　　目	单位	型　　号(徐工)				
		QUY500W	QUY500W	QUY350	QUY35-Ⅰ	QUY75
最大起重量	t	1250	500	350	35	75
最大起重力矩	t·m	15510	—	2370	140	280
整机质量	t	53×2	415	325	45	61
行走速度	km/h	0.8	0.95	1.0	1.3	—
最大单件运输尺寸(长×宽×高)	m	—	11.6×3.4×3.4	10.36×3.4×3.0	7.65×3.5×3.3	12.6×3.32×3
回转速度	r/min	0.9	1.0	1.0	1.5	2.4
最大单件(主机)运输质量	t	59	60	55	30	39

主要生产厂家:徐工、中联重科、三一重工、利勃海尔、柳工、长江、北方交通、东岳、北起多田野、抚挖锦重。

B2.4 随车起重机

用途特点:指安装在汽车底盘上,在一定范围内垂直提升和水平搬运重物的多动作起重机械,又称随车吊,属于物料搬运机械(图 B2-4)。随车起重机可以装在各种车辆上实现车辆的自装自卸,配上不同的取物装置能吊运不同形状物品,因而有着广泛的用途。例如:用于林业部门的集材、建筑部门的混凝土构件和材料的运输、小型集装箱的装卸等。

重要参数:最大起升质量、最大起升力矩、转动角度(表 B2-4)。

图 B2-4　随车起重机

随车起重机主要技术参数 表 B2-4

起重机型号	单　　位	型　　号	
		SQ2SK1Q/SQ2SK2Q	SQ4ZK2
最大起升质量	kg	2 100	4 000
最大起重力矩	t·m	4.2	8.4
推荐功率	kW	9	14
液压系统最大流量	L/min	20	25
液压系统额定压力	MPa	16	26
油箱容积	L	25	60
起重机自重	kg	1172/758/1316	1200
安装空间	mm	850	850
吊机可匹配的汽车底盘型号(整车有国家公告,可上牌照)		EQ1092FJ1 东风;EQ1092FJ 东风;NKR77PLLWCJAY 庆铃;EQ1060GJ20D3 东风;JX1060TSG23 江铃;JX1050-TGB23 江铃;HFC1065KRT 江淮	

主要生产厂家：徐工、湖南中天、石煤、韶关、长春神骏、中联重科、欧曼重卡、东风、宇通重工、三一、北起多田野、天地重工、森源、特雷克斯、古河。

B2.5 全地面起重机

用途特点：全路面起重机是一种兼有汽车起重机和越野起重机特点的高性能产品，能像汽车起重机一样快速转移、长距离行驶，又可满足在狭小和崎岖不平或泥泞场地上作业的要求，具有行驶速度快、多桥驱动、全轮转向、三种转向方式、离地间隙大、爬坡能力高、可不用支腿吊重等功能，但价格较高，对使用和维护水平要求较高(图 B2-5)。

重要参数：额定起重量、整机自重(表 B2-5)。

图 B2-5 全地面起重机

全地面起重机主要技术参数 表 B2-5

型号(徐工)	整机自重(kg)	额定起重量(t)	最小转弯直径(m)	最长主臂(m)
QAY1200	96 000	1 200	30	106
QAY800	96 000	800	30	85
QAY260	72 000	260	23	70
QAY220	72 000	220	23	64
QAY180	60 000	180	20	62

主要生产厂家：徐工、中联重科、三一重工、利勃海尔、柳工、长江、北方交通、东岳、北起多田野、抚挖锦重。

B2.6 塔式起重机

用途特点：动臂装在高耸塔身上部的旋转起重机，作业空间大，主要用于房屋建筑施工中物料的垂直和水平输送及建筑构件的安装(图 B2-6)。

重要参数：额定力矩、最大起重量、最大幅度(表 B2-6)。

图 B2-6 塔式起重机

塔式起重机主要技术参数　　表 B2-6

项目		单位	型号(绿野建筑机械)			
			QTZ400D	QT2630	QTZ80	QTZ125
额定力矩		kN·m	400	630	800	1 250
最大起重量		kN	40	60	80	125
最大幅度		m	45	54	57	60
起升高度	独立式	m	31	40	40	50
	附着式		120	140	180	200
起重速度	倍率=2	m/min	50/25/5	80/40/8.5	80/40/8.5	100/50/10
	倍率=4		—	40/20/4.25	40/20/4.25	50/25/10
回转速度		r/min	0.62	0.65	0.65	0.65
变幅速度		m/min	30	43/21.5	53/27/9	60/31/12
顶升速度		m/min	0.6	0.6	0.6	0.6
总功率		kW	26.7	37.2	45.7	67
平衡率		kN	60	130	154	168

主要生产厂家:中联重科、川建、浙江建机、利勃海尔、永茂、科瑞、方圆、江麓、鸿达、腾达、绿野建筑机械。

B2.7 龙门起重机

用途特点:水平桥架设置在两条支腿上构成门架形状的一种桥架型起重机(图 B2-7)。这种起重机在地面轨道上运行,主要用在露天储料场、船坞、电站、港口和铁路货站等地进行搬运和安装作业,一般可分为普通龙门起重机、水电站龙门起重机、集装箱龙门起重机、造船龙门起重机。

重要参数:起重量、起升高度、跨度(表 B2-7)。

图 B2-7　龙门起重机

龙门起重机主要技术参数　　表 B2-7

型号	起重量(t)	起升高度(m)	跨度(m)	运行速度(m/min)	
				大车	小车
MG 型 10t	10	12	30	2×13	3.7
MG 型 16t	16	11	22	2×13	5.5
MG 型 50t	50	7	30	10	15

主要生产厂家:中原圣起、沧州风泰、北京联合、合肥泰然。

B2.8 施工升降机

用途特点:建筑中经常使用的载人载货施工机械,也称建筑用施工电梯(图 B2-8)。其特点在于驱动系统置于笼顶上方,减小笼内噪声,使吊笼内净空增大,同时也使传动更加平稳、机构振动更小;在传统施工升降机基础上加装钢筋运送装置和混凝土运送装置,可运送钢筋、混凝土及施工人员,大大提高施工效率。

重要参数:额定载质量、额定乘员、提升速度(表 B2-8)。

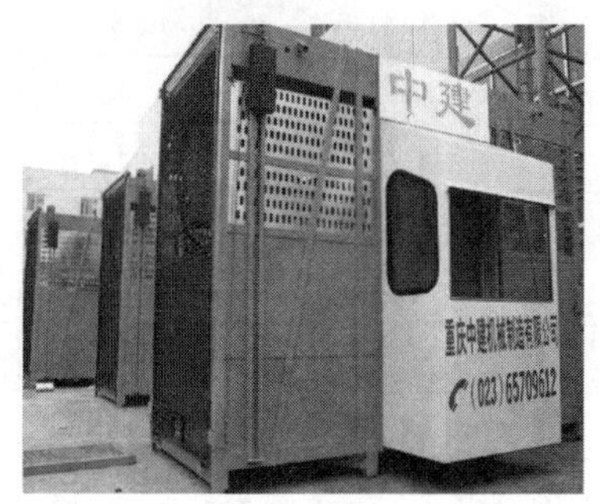

图 B2-8 施工升降机

施工升降机主要技术参数 表 B2-8

项　　目	单位	产品型号(中建)		
		SC100/100	SC200	SC200/200
出厂标准配置高度	m	100	100	100
额定载质量	kg	1 000×2	2 000	2 000×2
额定乘员	人	10×2	20	20 * 2
额定提升速度	m/min	33	33	33
最大附着高度	m	200	200	200
电机功率	kW	11×2×2	11×3	11×3×2
吊笼内部尺寸(长×宽×高)	m	3.2×1.5×2.5	3.2×1.5×2.5	3.2×1.5×2.5
吊笼自重	kg	1 500×2	1 500	1 500×2

主要生产厂家:中建、方圆、中联重科、三一重工、徐工、柳工、北方交通。

B2.9 高空作业车

用途特点:广泛用于电力、路灯、市政、通信、机场、造(修)船、交通等高空作业领域(图 B2-9)。

图 B2-9 高空作业车

重要参数:工作斗额定载荷、最大作业高度、乘员人数(表 B2-9)。

高空作业车主要技术参数　　表 B2-9

型　　号	单位	型　　号(爱知)		
		HYL5073JGKA	HYL5038JGK	HYL5078JGK
整车外形尺寸(长×宽×高)	mm	5 730×1 900×3 200	7 100×2 000×3 150	6 100×2 150×3 600
工作斗额定载质量	kg	1 000	200	200
最大作业高度	m	11.6	14	16.6
最大工作平台高度	m	9.9	12.3	14.9
最大作业半径	m	7.2	6.2	11.3
发动机功率	kW	96	85	96
乘员人数	人	2	5	2

主要生产厂家:爱知、海伦哲、北方交通、徐工、天地重工、中联重科、金进、东风。

B3 桩基和桥梁装备类

B3.1 旋挖钻机

用途特点：一种适合各种高速公路、铁路等交通设施桥梁的桥桩，大型建筑、港口码头承重结构桩，高架桥桥桩，建筑基础工程中成孔作业的施工机械，主要适于砂土、黏性土、粉质土等土层施工，在灌注桩、连续墙、基础加固等多种地基基础施工中得到广泛应用(图 B3-1)。

重要参数：扭矩、发动机功率、钻孔直径、钻孔深度、钻机整机质量(表 B3-1)。

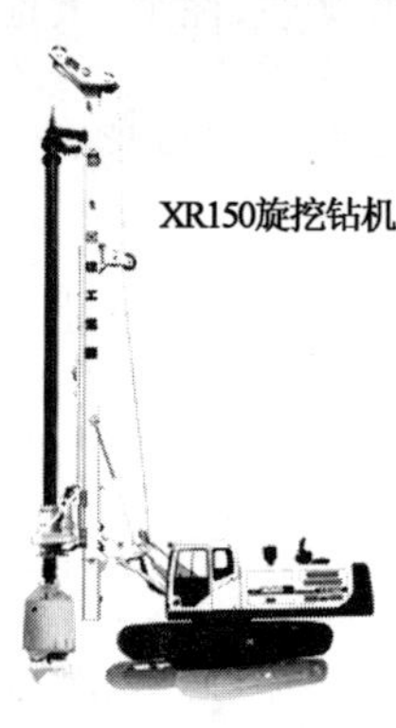

图 B 3-1 旋挖钻机

旋挖钻机主要技术参数 表 B3-1a

项目		单位	型号(徐工)		
			XR360	XR280	XR220
工作状态外形尺寸		mm	11 000×4 800×24 586	10 670×4 800×23 146	10 200×4 400×20 850
运输状态外形尺寸		mm	—	17 380×3 500×3 494	15 700×3 500×3 350
整机工作质量		t	92	82	70
额定功率		kW	298	298/2 050	246/2 100
最大输出扭矩		kN·m	360	280	220
转速		r/min	6～25	7～22	7～22
最大钻孔直径		mm	ϕ2 000(带套管) ϕ2 500(不带套管) ϕ3 000(不带小钻桅)	ϕ2 000(带套管) ϕ2 500(不带套管)	ϕ1 500(带套管) ϕ2 000(不带套管)
最大钻孔深度		m	特配 102(摩阻 6 节),92(摩阻 6 节),78(摩阻 5 节),62(机锁 4 节)	选配 87(摩阻 6 节),选配 58(机锁 4 节)标,配 73(摩阻 5 节)	标配 64(摩阻 5 节),选配 51(机锁 4 节)
加压缸	最大压力	kN	240	210	180
	最大提升力	kN	220	220	180
	最大行程	m	6.0	6.0	5.0

续上表

项目		单位	型号(徐工)		
			XR360	XR280	XR220
主卷扬	最大提升力	kN	320	260	200
	最大卷扬速度	m/min	72	≥60	≥60
副卷扬	最大提升力	kN	100	100	80
	最大卷扬速度	m/min	≥65	≥65	≥60
底盘	最大行走速度	km/h	1.5	1.5	1.5
	最大爬坡度	%	35	35	35
	最小离地点间隙	mm	445	445	468
	履带宽度	mm	800	800	800
	履带间距	mm	3 500～4 800	3 500～4 800	3 500～4 400

旋挖钻机主要技术参数 表 B3-1b

项目		单位	型号(徐工)		
			XR200	XR150	XR135
工作状态外形尺寸		mm	10 200×4 400×20 850	7 700×4 100×18 150	7 360×4 000×17 725
运输状态外形尺寸		mm	15 700×3 500×3 350	12 800×3 050×3 240	13 858×3 200×3 210
整机工作质量		t	68	43.5	42
额定功率		kW	246/2 100	138	125
最大输出扭矩		kN·m	200	150	120
转速		r/min	7～22	6～25	6～30
最大钻孔直径		mm	ϕ1 500(带套管) ϕ2 000(不带套管)	ϕ1 500	ϕ600～1 500
最大钻孔深度		m	标配 59(摩阻 5 节), 选配 47(机锁 4 节)	标配 56(组合 5 节)	50
加压缸	最大压力	kN	180	114	100
	最大提升力	kN	180	148	100
	最大行程	m	5.0	3.5	3.5
主卷扬	最大提升力	kN	180	155	150
	最大卷扬速度	m/min	≥60	≥65	60
副卷扬	最大提升力	kN	80	60	50
	最大卷扬速度	m/min	≥60	≥70	50
底盘	最大行走速度	km/h	1.5	2.0	20
	最大爬坡度	%	35	40	40
	最小离地点间隙	mm	468	352	
	履带宽度	mm	800	800	
	履带间距	mm	3 500～4 400	3 050～4 100	

主要生产厂家：徐工、三一、重工、德国宝峨、天津宝峨、宇通重工、土力机械、山河智能、福

田雷沃、中联重科、北方交通、建研、卡萨阁蓝地、南车、圆友重工、北方重工、特雷克斯、鼎盛天工、首钢泰晟、利勃海尔、移山、鸿达、金泰、金菱机械、奥盛特、新钻、玉柴、北京经纬巨力、山推、桩工。

B3.2 打桩锤

用途特点：利用冲击力将桩贯入地层的桩工机械，用于完成预制桩的打入、沉入、压入、拔出作业的预制桩施工机械，按桩锤运动的动力来源可分为落锤、汽锤、柴油锤、液压锤、振动锤、静力锤等(图 B3-2)。

重要参数：冲击部分质量、冲击动能、冲击频率(表 B3-2)。

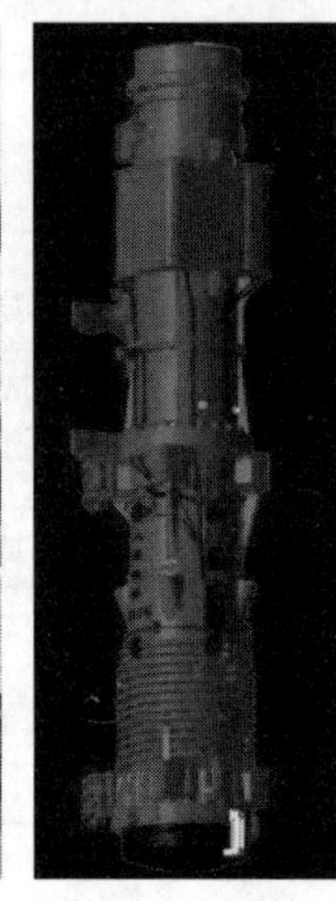

图 B3-2 筒式柴油打桩锤

筒式柴油打桩锤主要技术参数 表 B3-2

项目		单位	型号(金陵机械)							
			D8-22	D46	D80-23	D128	D138	D160	D180	D220
上活塞质量		kg	800	4 600	8 000	12 800	13 800	16 000	18 000	22 000
每次最大打击能量		N·m	23 940～12 790	145 305～70 850	266 830～171 085	426 500	459 800	533 000	590 000	733 000
打击次数		次/min	38～52	37～53	36～45	36～45	36～45	36～45	36～45	36～45
作用于桩上的最大爆炸力		kN	505	1 695	2 600	3 600	3 900	4 500	5 000	6 200
适宜最大打桩规格		kg	2 500	15 000	30 000	70 000	80 000	120 000	150 000	220 000
起落架导向滑轮钢丝绳最大直径		mm	ϕ20	ϕ38	ϕ30	ϕ32	ϕ32	ϕ37	ϕ37	ϕ42
油耗	柴油	L/h	4	16	55	36.6	40.5	46	54	70
	润滑油	L/h	1	2	2.9	2.9	2.9	4.5	4.5	6.5
柴油箱容积		L	6	89	155	200	200	240	240	360
润滑油箱容积		L	1	17	32	28.6	28.6	40.3	40.3	100

续上表

项目		单位	型　号(金陵机械)							
			D8-22	D46	D80-23	D128	D138	D160	D180	D220
质量	柴油锤	kg	1 950	8 800/9 190	16 365/16 805	26 300	27 300	35 000	37 500	45 400
	起落架	kg	100	400	750	770	770	1 700	1 700	2 400
	搬运托架/支架	kg	11	315	135	950	950	—	—	—
	工具箱	kg	75	100	125	125	125	125	125	125
外形尺寸	柴油锤高	mm	4 700	5 285	6 454/7 200	7 600	7 600	8 020	8 150	7 900
	下活塞外径	mm	350	660	820	960	960	1 070	1 070	1 200
	导向板螺钉外侧间距	mm	560	880	1 110	1 260	1 260	—	—	—
	柴油锤宽	mm	410	785	890	1 040	1 040	1 160	1 160	1 335
	连接导向板的宽度	mm	320	640	800	910	910	1 020	1 020	1 100
	柴油锤中心到油泵保护装置的距离	mm	315	445	550	625	625	700	700	820
	柴油锤中心到导向板螺钉中心的距离	mm	245	275	720	420	420	465	465	500

主要生产厂家:金菱机械、永安、上海振中、中联重科、海天路矿、长江。

B3.3　压桩机

用途特点:利用静压力将桩压入地层的桩工机械,用于软土层压桩,如地下铁道、海港、桥梁、水库电站、海上采油平台和国防工程等的桩工施工,分机械式和液压式两种(图 B3-3)。作业时具有不损坏桩头、桩身不受弯、无噪声、无振动冲击、对周围环境和建筑物影响小、不破坏土地结构等优点,同时在压桩过程中可从压力表直接读得桩的承载能力,不需另做试验。工作平稳,能压能拔,但设备笨重,不能压设斜桩,使用有局限性。

重要参数:工作质量、最大扭矩、最大推/拉力、发动机功率(表 B3-3)。

图 B3-3　压桩机

压桩机主要技术参数　　表 B3-3

项　　目	单　　位	型　　号(利勃海尔)			
		LRB 125	LRB 155	LRB 255	LRB 400
工作质量	t	40	67	80	120
最大导架长度	m	12.5	24	30	42
最大扭矩	kN·m	120	220	300	400
最大推力/拉力	t	20	30	45	60
发动机输出功率	kW	450	450	670	670

主要生产厂家:利勃海尔、三一、山河智能、海天路矿、恒天九五、方圆、振中、中升、浙江建机、宇通重工、徐工、合力、玛连尼、北方交通、JCB、特雷克斯。

B3.4　潜孔钻机

用途特点:主要用于露天矿山开采,建筑基础开挖,水利、电站、建材、交通及国防建设等多种工程中的凿岩钻孔;具有钻孔深、钻孔直径大、钻孔效率高、适应范围广等特点,是当前通用的大型凿岩钻孔设备;可在中硬或中硬以上(普氏 $f \geqslant 8$)的岩石中钻孔,与凿岩机一样有冲击、转动、排渣和推进的凿岩成孔过程(图 B3-4)。

重要参数:钻孔直径、钻孔深度(表 B3-4)。

图 B3-4　潜孔钻机

潜孔钻机技术参数　　表 B3-4

项　　目	单位	型　　号(山河智能)				
		SWDB90	SWDB138	SWDA165/SWDB165	SWDA200/SWDB200	SWDE165
钻孔直径	mm	90～120	90～150	152/165/180	152～255	133～180
钻孔深度	m	20	24	27	30	36
钻孔方向	°	60～90	60～90	60～90	60～90	60～90
适应岩石	普氏	$f \geqslant 8$	$f \geqslant 8$	$f \geqslant 8$	$f \geqslant 8$	$f \geqslant 8$
钻具转速	r/min	10～60	10～60	10～60	10～50	10～53
推进轴压	N	4 000～20 000	4 000～25 000	4 000～30 000	5 000～50 000	40 000
推进行程	m	4.38	4.38	9	10.5	6.5
回转扭矩	N·m	2 500	3 000	4 000	6 000	4 000
提升速度	m/min	25	25	25	25	25

续上表

项目	单位	型号(山河智能)				
		SWDB90	SWDB138	SWDA165/SWDB165	SWDA200/SWDB200	SWDE165
提升能力	kN	32	40	40	75	125
钻杆直径	mm	76	89/102	110/133	133/152	110
钻杆长度	m	4×5	4×6	8.5×3	10×3	6×6/6×3
行走速度	km/h	~2	~2	~1.5	~2	1.5
爬坡能力	°	25	25	25	25	25
工作风压	MPa	1.05~1.4	1.05~1.4	1.38	1.05~2.4	1.38
压气总耗量	m^3/min	12	17	21.2/21	28	21.2
装机总容量	kW	170	217	299/250	317	224
工作状态尺寸	m	4.8×3.05×7.3	6.3×3.6×7.3	6.9×3.54×1.15	8.03×4.15×1.26	
运输状态尺寸	m	7.3×3.05×3.2	7.3×3.2×3.4	6.9×3.1×3.34	7.63×3.35×3.45	1.1×3.2×3.6
总质量	t	12.5	17	23	27	23

主要生产厂家:山河智能、英格索兰、阿特拉斯、日本古河、汤姆诺克、四通重工、宣化邦达、中海恒通、宣化恒泰、华大、泰安腾翔、开山、东平吉宏、徐工、海天路矿、上海振中、小松、三一、海格力斯、南阳市卧龙区钻井设备机械加工厂。

B3.5 锚杆钻机

用途特点:具有向顶板或巷道两帮钻孔并安装锚杆功能的钻机,在改善支护效果、降低支护成本、加快成巷速度、减少辅助运输量、减轻劳动强度、提高巷道断面利用率等方面有着十分突出的优越性(图 B3-5)。

重要参数:发动机功率、最大扭矩、钻孔直径(表 B3-5)。

图 B3-5 锚杆钻机

多功能全液压钻机主要技术参数 表 B3-5a

项目	单位	型号	
		宝峨—克莱姆 KR909-1	宝峨—克莱姆 KR805-2
发动机功率	kW	129	129
动力头可配置		顶驱动力头、回转单动力头、回转双动力头、顶驱+回转动力头	顶驱动力头、回转单动力头、回转双动力头、顶驱+回转动力头
推荐顶驱动力头		KD1828R	KD1828R

续上表

项　目	单位	型　号	
		宝峨—克莱姆 KR909-1	宝峨—克莱姆 KR805-2
动力头最大扭矩	kN·m	18	18
动力头冲击功	N·m	900	900
给进/起拔力	t	4.8/9.7	10/10
整机工作质量	t	14	15
主要用途		锚杆孔、高压旋喷、注浆孔、管棚孔、隧道超前探孔、旋喷引孔等	

锚杆钻机主要技术参数　　表 B3-5b

项　目	单　位	参数(MQT-130/3.2 系列)		
额定压力	MPa	0.4	0.5	0.63
额定转矩	N·m	110	130	140
额定转速	r/min	220	240	260
空载转速	r/min	650	700	750
耗气量	m^3/min	4.2	4.3	4.4
动力启动转矩	N·m	170	210	260
动力失速转矩	N·m	180	230	270
冲洗水压力	MPa	0.6～1.2		
噪　声	dB(A)	≤95		
型　号		A	B	C
整机最小高度	mm	1 150	1 300	1 450
整机最大高度	mm	2 470	3 070	3 670
机器质量	kg	54.0	56.0	58.0
钻孔直径	mm	32		

主要生产厂家：宝额、山西广名、宇通重工、土力机械、建研、徐工、福田雷沃、山河智能、山推桩工、阿特拉斯。

图 B3-6　山地伴随桥

B3.6　山地伴随桥

用途特点：GQL321 型伴随桥是平推式山地轻型伴随桥，每套器材由一辆桥车组成，主要适用于山地高原地区机动作战时，保障履带式荷载 220kN、轮式荷载抽压力 100kN 以下的转型武器装备、车辆等快速通过 20.5m 以内的小江河、沟谷等障碍(图 B3-6)。其特点是机动性能好、作业人员少、机械化程度高、架设与撤收迅速可靠、便于隐蔽和伪装、适应性能好，既可单独架设，又可与其他桥梁器材混合架设，也可用于桥梁抢修；取消发动机增压器和调整少数油料品种后，该器材亦可作为平原和水网地区的轻型伴随桥。

重要参数：设计载荷、最大跨径、器材质量(表 B3-6)。

山地伴随桥主要技术参数 表 B3-6

项目		单位	技术参数
设计荷载	履带式荷载总重力	kN	220
	轮式荷载轴压力		100
	谨慎通过履带式荷载总重力		250
桥梁长度		m	22.5
最大跨径(硬实岸边)		m	20.5
桥梁车行道宽度		m	3.20
每条车辙宽度		m	1.16
桥节长度		m	7.50
中桥节高度		m	0.70
边桥节小斜端部高度		m	0.28
作业人员		名	3
架设作业时间		min	10
撤收作业时间		min	10
架设时允许最大纵坡度		%	±10
架设时允许最大横坡度		%	±5
架设时允许最大扭度		%	5
两岸允许高差		m	±2.0
行军状态外形尺度(长×宽×高)		m	10.96×3.20×3.64
器材质量	桥车总质量	t	21.8
	桥跨结构质量		6.5
	底盘车质量		15.3
进入角		°	34
离去角		°	31
底盘车型号			铁马 XC2200/6×6 型越野车
轴距		mm	4 750+1 450
前轴负荷		kg	6 800
中、后轴负荷		kg	7 500
轮胎			14.00—20
发动机型号			BF8L413(增压)或 F8L413F

主要生产厂家：华舟重工、中船重工。

B3.7 重型机械化桥

用途特点：GQL110 型重型机械化桥全套器材由 5 辆载有桥跨、桥脚构件的桥车组成；可克服宽 50m、深 3.5m 以内的江河、沟渠等障碍，保障履带式荷载 500kN、轮式荷载轴压力 130kN 以下的各种坦克、火炮、车辆和人员迅速通过(图 B3-7)。其具有机械化程度高、机动性能好、架设速度快、通载稳定可靠、桥面调整方便、作业人员少和劳动

图 B3-7 重型机械化桥

强度低等特点；既可单独架设，也可与其他重型舟桥器材进行混合架设。

重要参数：外形尺寸、架设长度、通过最大吨位（表 B3-7）。

重型机械化桥主要技术参数 表 B3-7

项目		单位	技术参数
器材总重力（含乘员 3 人）		kN	210
运行状态外形尺寸（长×宽×高）		mm	8 960×3 150×3 465
最大通载吨位	履带式荷载	kN	500
	轮胎式荷载轴压力		130
行车道宽度		m	3.8
架设长度	单跨	m	10.5
	全套器材		52.5
克服障碍最大深度		m	3.5
架设时间	单跨	min	6～8
	全套器材		45～60
桥面调整高度（础板到桥面）		m	2.2～3.8
最大适应流速		m/s	2.0
作业人员	单跨	人	7
	全套器材		12

主要生产厂家：华舟重工。

B3.8 轻型机械化桥

用途特点：GQL120A 型轻型机械化桥全套器材由 8 辆载有桥跨、桥脚构件的桥车组成；主要用于克服小江河、沟渠等障碍，保障履带式荷载 200kN、轮胎式荷载轴压力 95kN 以下的轻型坦克、车辆及汽车牵引的各种技术兵器迅速通过（图 B3-8）。该器材桥跨为车辙式，桥脚为框架式，结构简单、操作方便、架设和撤收迅速、机动性能良好、桥面高度调整容易。

图 B3-8 轻型机械化桥

重要参数：设计载荷、架设长度、器材重量（表 B3-8）。

轻型机械化桥主要技术参数 表 B3-8

项目		单位	技术参数
设计荷载	履带式车辆总重量	kN	200
	轮胎式车辆轴压力		95
全套器材桥车数		辆	7
架设长度	单跨	m	7
	全套器材		49
克服障碍深度		m	1～3.5
车行道宽度		m	3.0

续上表

项目		单位	技术参数
最大适应流速	低水桥	m/s	不大于1.5
	水面下桥		不大于0.5
作业人员	单　跨	人	5
	全套器材		5×(2～3)
架设全桥所需平均时间	白　天	min	70
	夜　间		120
器材重量	桥车总重	kN	83
	两个车辙重		14
	桥脚重		5
运输状态外形尺度(长×宽×高)		m	7.883×2.5×3.3
底盘车型号			EQ2081E型越野载货汽车

主要生产厂家:华舟重工。

B3.9 架桥机

用途特点:是将预制好的梁片放置到预制好的桥墩上去的设备(图B3-9)。架桥机属于起重机范畴,因为其主要功能是将梁片提起,然后运送到位置后放下。但其与一般意义上的起重机有很大的不同。其要求的条件苛刻,并且要在梁片上走行,或者叫纵移。架桥机分为架设公路桥、常规铁路桥、客专铁路桥等几种。

重要参数:最大起升重量、使用桥梁跨径、适应斜桥角度(表B3-9)。

图B3-9　架桥机

架桥机主要技术参数

表B3-9

项目		单位	型号			
			YJH150	YFH100	YJH80	YJH60
最大起升重量		t	150	100	80	60
适用桥梁跨径		m	30～50	30～40	20～35	20～30
适用最大桥梁纵坡		%	≤3			
速度	起升	m/min	0.7			
	起重小车行走	m/min	0.55			
	主梁(横)向行走	m/min	0.55			

续上表

项目		单位	型号			
			YJH150	YFH100	YJH80	YJH60
单支点反力	主梁前台车	t	110	75	47	38
	主梁中部台车	t	135	100	62	52
	主梁后部台车	t	70	30	30	25
适应弯桥半径		m	350	300	250	200
适应斜桥角度		°	0～45	0～45	0～50	0～50
总重量		t	160～190	150～180	140～160	140～150

主要生产厂家：徐工、卫华起重、安阳旺起、江苏中建、北恒、霸州格林。

B3.10 轻型门桥

用途特点：轻型门桥主要用于结合漕渡门桥，保障16t以下的轻型装备和人员克服中小江河障碍，也可架设浮桥或结构水上作业平台(图B3-10)。桥脚舟可作为冲锋舟使用。

重要参数：承载能力、最大航速(表B3-10)。

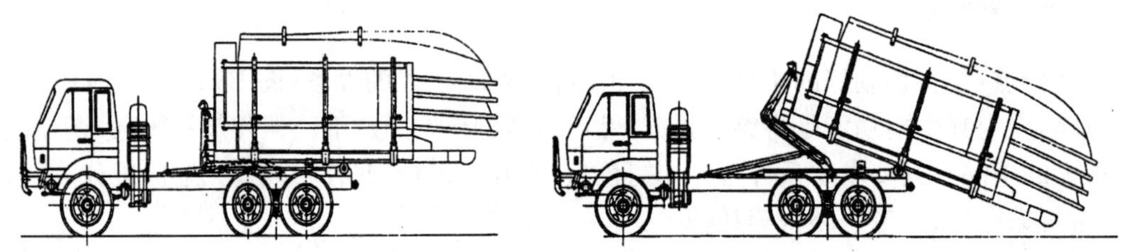

图B3-10 轻型门桥

轻型门桥技术参数 表B3-10

项目		单位	型号
			GZQ411
承载能力	履带式荷载全重	kN	160
	轮式荷载最大轴压力	kN	70
车行部宽度		m	3.32
满载时最大航速		km/h	11.5
适应最大流速		m/s	2.0
作业人员		人	9
结合作业时间		min	19
撤收作业时间		min	18
平均故障间隔时间		h	108

主要生产厂家：华舟重工。

B3.11 应急快速桥

用途特点：一种用汽车载运，并由单车完成架设和撤收作业的制式机械化桥梁装备，应用于各类车辆、工程机械等重型装备实施公路运输保障(图B3-11)。

重要参数:履带式荷载、桥梁重量、架设桥梁长度(表 B3-11)。

图 B3-11　应急快速桥

应急快速桥主要技术参数　　表 B3-11

项　　目	单　位	型　　号	
		21m 应急快速桥	24m 应急快速桥
底盘车		陕汽 SX1380A	陕汽 SX2300 系列改进型
履带式荷载	t	60	55
轮式荷载轴压力	t	17	13
整车装载外形尺寸	mm	13 000×3 300×3 600	13 000×3 300×3 850
整车总重	t	约 32	约 32.5
最小转弯直径	mm	约 24 000	约 24 000
桥梁重量	t	约 11	约 12
架设桥梁长度	mm	21 000	24 000
架设桥梁宽度(展开)	mm	3 300	3 300
作业人数	人	2	2
作业时间	min	约 10	约 10

主要生产厂家:华舟重工。

B4　隧道装备类

B4.1　盾构机

用途特点：一种隧道掘进的专用工程机械（图 B4-1）。现代盾构掘进机集光、机、电、液、传感、信息技术于一体，具有开挖切削土体、输送土渣、拼装隧道衬砌、测量导向纠偏等功能，涉及地质、土木、机械、力学、液压、电气、控制、测量等多门学科技术，而且要按照不同的地质进行

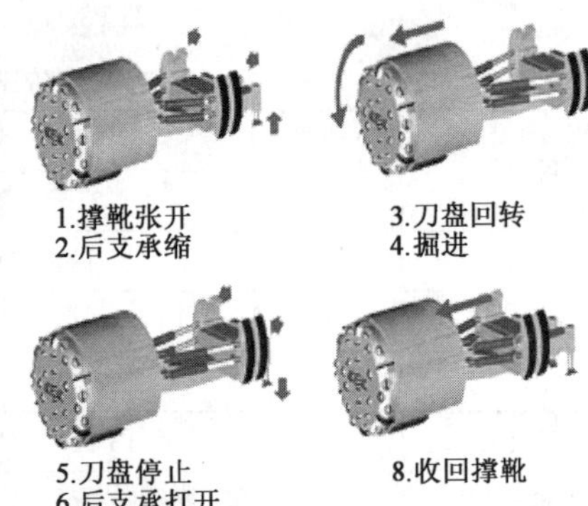

a）敞开式盾构机

地下对接用直径5 750mm泥水盾构

地下对接用直径5 100mm泥水盾构

刀盘伸出时的状态

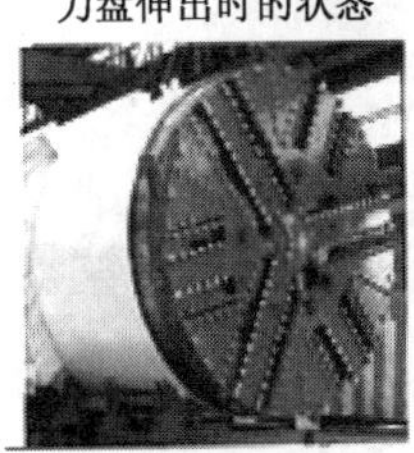

（伸出侧）　（缩进侧）

刀盘缩进时的状态

说明：使用2台盾构在地下对接工法，则可以省略到达井的工作。

b）地下对接盾构机

图 B4-1　盾构机

"量体裁衣"式的设计制造，可靠性要求极高。盾构掘进机已广泛用于地铁、铁路、公路、市政、水电等隧道工程。用盾构机进行隧洞施工具有自动化程度高、节省人力、施工速度快、一次成洞、不受气候影响、开挖时可控制地面沉降、减少对地面建筑物的影响和在水下开挖时不影响水面交通等特点，在隧洞洞线较长、埋深较大的情况下，用盾构机施工更为经济合理。根据工作原理一般分为手掘式盾构、挤压式盾构、半机械式盾构(局部气压、全局气压)、机械式盾构(开胸式切削盾构、气压式盾构、泥水加压盾构、土压平衡盾构、混合型盾构、异型盾构)几种。

重要参数:隧道掘进直径、日掘进尺度。

主要生产厂家:小松、徐工、三一、海瑞克、维尔特、罗宾斯、罗浮特、塞里、日立造船、大连重工、石川岛播磨重工、三菱重工、川崎重工、上海隧道、中铁隧道装备、中国铁建重工、北方重工、北京华隧通掘进、中交天和、成都南车隧道、无锡巨力重工、湖北天地重工、天城隧道。

B4.2 掘进机

用途特点:用于开凿平直地下巷道的机器(图 B4-2)，可分为开敞式掘进机和护盾式掘进机；主要由行走机构、工作机构、装运机构和转载机构组成；随着行走机构向前推进，工作机构中的切割头不断破碎岩石，并将碎岩运走；有安全、高效和成巷质量好等优点，但造价大，构造复杂，损耗也较大，价格一般在上亿元人民币。

重要参数:切割电机功率、截割硬度、定位截割范围(表 B4-1)。

图 B4-2 掘进机

掘进机主要技术参数

表 B4-1

项 目	单位	型 号(徐工)		
		EBZ135	EBZ160	EBZ200
切割电机功率	kW	135	160/80	200/110
油泵电机功率	kW	75	75	90
截割硬度	MPa	≤70	≤70	≤80
定位截割范围	m	高度:4.74	高度:4.8	高度:4.46
		宽度:4.84m	宽度:5.4	宽度:5.67
整机质量	t	40	48	58
外形尺寸(长×宽×高)	m	8.9×2.8×1.5	9.3×2.9×1.6	10.4×3.2×2.13
最大不可拆卸件尺寸(长×宽×高)	m	3.53×1.54×1.38	3.6×1.66×1.54	3.57×1.8×1.56
最大不可拆卸件质量	kg	7 625	8 348	8 577
截割头转速	r/min	44	48/24	46/23
星轮转速	r/min	33	33	33
装载能力	m^3/min	3.4	4.2	4.2

续上表

项　　目	单位	型　　号(徐工)		
		EBZ135	EBZ160	EBZ200
第一运输机速度	m/min	61	61	61
行走速度	m/min	0～6.6	0～6	0～7
爬坡能力	°	±18	±16	±18
龙门高度	mm	420	400	400
井下供水压力	MPa	3～8	3～8	3～8
油箱容积	L	500	500	600
接地比压	MPa	0.14	0.14	0.14
卧底深度	m	0.2	0.216	0.2
地　　隙	m	0.18	0.25	0.25

主要生产厂家：北方交通、徐工集团、冀中能源、鞍山强力重工、山河智能、特雷克斯、沈阳山河、卡特重工、江麓。

B4.3　混凝土喷射机

用途特点：也叫喷浆机，主要利用压缩空气将混凝土经过料腔进入沿输料管道连续输送，并喷射到施工面上去的机械(图 B4-3)。混凝土喷射机分干式(PZ 型)喷射机和湿式(SP 型)喷射机两类，前者由气力输送干拌搅拌，在喷嘴处与压力水混合后喷出；后者由气力或混凝土泵输送混凝土混合物经喷嘴喷出。广泛用于地下工程、水电工程、井巷、隧道、涵洞等喷射混凝土施工作业。

重要参数：喷射能力、最大输送距离、最佳输送距离(表 B4-2)。

图 B4-3　混凝土喷射机

混凝土喷射机主要技术参数　　表 B4-2

项　　目	单位	型　　号(华光)			
		HPZ-5B 型	HPC-VB 型	转Ⅱ型	转Ⅴ型
生产能力	m^3/h	5～5.5	5～7	5～7	4～5
最大输送距离	m	200	200	200	150
最佳输送距离	m	≤60	≤60	≤60	≤60
适用材料配比		水泥：砂石＝1：(3～5)	水泥：砂石＝1：(3～5)	水泥：砂石＝1：(3～5)	水泥：砂石＝1：(3～5)
适用材料水灰比		≤0.4～0.45	≤0.4～0.45	≤0.4～0.45	≤0.4～0.45
最大骨料粒径	mm	20	25	25	19
工作压力	MPa	0.2～0.4	0.15～0.20	0.15～0.20	0.12～0.40
耗风量	m^3/min	7～8	5～8	5～8	5～8
旋转体转数		11	11	11	18

续上表

项目		单位	型号(华光)			
			HPZ-5B 型	HPC-VB 型	转Ⅱ型	转Ⅴ型
电动机	功率	kW	5.5	5.5	5.5	4
	转速	r/min	960	960	960	960
	电压	V	380 或 660	380 或 660	380 或 660	380 或 660
轨轮轨距		mm	600、762、900	600、762、900	600、762、900	600、762、900
外形尺寸		mm	1 520×820×1 180	1 570×755×1 228	1 570×755×1 228	1 255×754×1 276
机重		kg	700	1 160	1 160	900

主要生产厂家:郑州科明、泰安华光、河南宏力、成都杰瑞达。

B4.4 注浆机

用途特点:适用于建筑、地下、水利、环保、市政、地铁、隧道、涵洞等工程的止渗堵漏施工和裂缝补强的专业设备(图 B4-4)。

重要参数:传动速度、吸浆量、最大注浆压力(表 B4-3)。

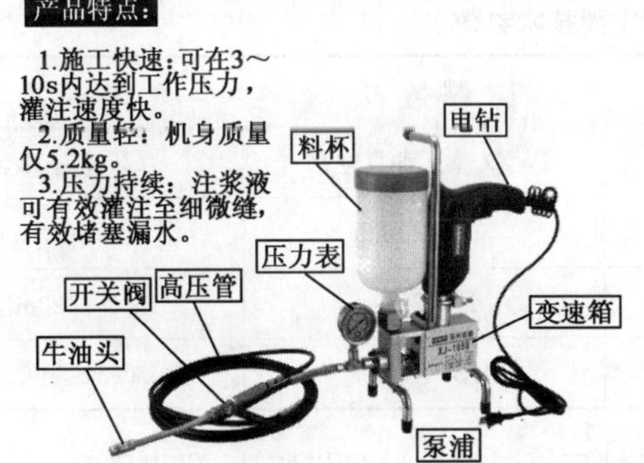

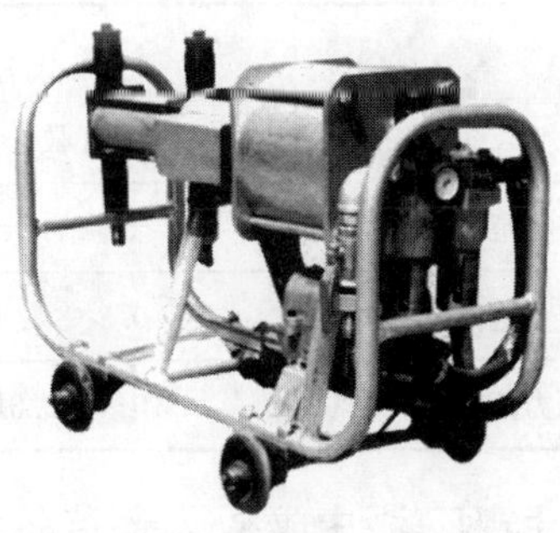

图 B4-4 注浆泵

注浆泵主要技术参数 表 B4-3

泵型号	传动速度	吸浆量(L/min)	最大注浆压力(MPa)	配用电机(kW)	质量(kg)	外形尺寸(mm)		
						长	宽	高
2TGZ－60/210	1 速	16	21	7.5	1 050	1 750	945	1 120
	2 速	19	18					
	3 速	36	9.5					
	4 速	60	6					
2TGZ－90/140	1 速	24	14	7.5	1 060	1 750	980	1 200
	2 速	29	12					
	3 速	54	6					
	4 速	90	4					
2TGZ－120/105	1 速	32	10.5	10	1 070	1 750	945	1 120
	2 速	38	9					
	3 速	72	5					
	4 速	120	3					

主要生产厂家:葫芦岛力拓机械厂、佳辉建材、郑州旭达、郑州科明、上海宝路。

B4.5 真空泵

用途特点:广泛用于塑料机械、砖瓦机械、低温设备、造纸机械、医药化工、食品机械、工业电炉、电子行业、真空设备、冶金、石油、矿山、地基处理等领域,按其工作原理可分为气体输送泵和气体捕集泵两种类型(图 B4-5)。

重要参数:口径范围、流量范围、压力范围(表 B4-4)。

图 B4-5 真空泵

真空泵主要技术参数 表 B4-4

项 目	型 号		
	XZ 型直联真空泵	WXZ 型无油真空泵	SK 水还真空泵
口径范围	6～20mm	5.5～20mm	70～300mm
流量范围	0.2～2L/s	1～12L/s	1.35～120m³/min
压力范围	10～133.3Pa	1.5×10^4Pa	−0.093～−0.091MPa

主要生产厂家:中成泵业、葫芦岛力拓机械厂、佳辉建材、郑州旭达、郑州科明、上海宝路。

B4.6 空压机

用途特点:将原动机(通常是电动机)的机械能转换成气体压力能的装置,是压缩空气的气压发生装置(图 B4-6)。空压机主要用于:①风洞实验、地下通道换气、金属冶炼;②轮胎充气;③高压空气爆破采煤。

重要参数:工作压力(表 B4-5)。

图 B4-6 空压机

空压机主要技术参数　　表 B4-5

型号(阿特拉斯)	单　位	小　型	中　型	大　型
正常有效工作压力	MPa(bar)	0.7～1.4(7～14)	0.86～1.4(8.6～14)	0.7～2.5(7～25)
气流(FAD)	L/s	151～185	310～400	328～753
气流(FAD)	m^3/min	9.1～11.1	18.6～24	19.7～45.2
声功率级	dB(A)	71～99	76～100	100
质　量	kg	1 705～1 883	3 400	5 580～6 150
长　度	cm	394.1～435.6	507～550.8	490～565
宽　度	cm	170.1	198.8	210～215
高　度	cm	161.1	209.2～209.4	248～250

主要生产厂家：阿特拉斯·科普柯、博莱特、英格索兰、寿力、复盛、汉钟精机、优耐特斯、康普艾、伯格、昆西、日立、艾高、开山、美的正力、聚才、百坚。

B4.7 通风机

用途特点：广泛用于工厂、矿井、隧道、冷却塔、车辆、船舶和建筑物的通风、排尘和冷却，锅炉和工业炉窑的通风和引风，空气调节设备和家用电器设备中的冷却和通风，谷物的烘干和选送，风洞风源和气垫船的充气和推进等(图 B4-7)。

重要参数：额定转速、风量(表 B4-6)。

图 B4-7　空压机

空压机主要技术参数　　表 B4-6

机　号	装机功率(kW)	额定转速(r/min)	风量(m^3/min)	全风压(Pa)	最高全压效率(%)	比 A 声级(dB)	外形尺寸 长×宽×高(mm)	质量(kg)
FBDNo4.0	2×2.2	2 850	110～55	530～1 850	≥75	≤30	1 940×540×710	240
FBDNo4.5	2×5.5	2 900	165～115	440～2 290	≥75	≤30	1 940×560×800	360
FBDNo5.0	2×7.5	2 900	225～155	850～3 150	≥75	≤30	1 940×610×845	450
FBDNo5.6	2×11	2 930	320～200	920～4 280	≥80	≤25	2 395×670×910	635
FBDNo6.0	2×15	2 930	450～290	850～4 900	≥80	≤25	2 450×690×945	710
FBDNo6.0	2×18.5	2 930	460～300	870～5 000	≥80	≤25	2 450×690×945	735
FBDNo6.3	2×22	2 940	580～350	1 000～5 600	≥80	≤25	2 530×740×975	870
FBDNo6.3	2×30	2 950	600～380	1 050～5 800	≥80	≤25	2 530×740×975	1 030

续上表

机　号	装机功率(kW)	额定转速(r/min)	风量(m^3/min)	全风压(Pa)	最高全压效率(%)	比A声级(dB)	外形尺寸 长×宽×高(mm)	质量(kg)
FBDNo6.7	2×37	2 950	670～435	1 250～6 800	≥80	≤25	2 650×780×1 015	1 420
FBDNo7.1	2×45	2 970	710～460	1 000～7 100	≥80	≤25	2 890×850×1 085	1 510
FBDNo8.0	2×55	2 970	950～600	1 400～7 400	≥80	≤25	3 050×916×1 160	1 860
FBDNo8.0	2×75	2970	1 000～700	1 550～7 800	≥80	≤25	3 050×960×1 195	2 080

主要生产厂家：泰安福通、北京优尼可尔、得耐尔、徐州捷豹、上海信然、北京复盛、北京耐力、京城环保。

B4.8　混凝土衬砌台车

图 B4-8　混凝土衬砌台车

用途特点：是隧道施工二次衬砌中必须使用的专用设备，用于对隧道内壁的混凝土衬砌施工，属于非标产品，主要有简易衬砌台车、全液压自动行走衬砌台车和网架式衬砌台车(图 B4-8)。全液压衬砌台车又可分为边顶拱式、全圆针梁式、底模针梁式、全圆穿行式等。衬砌台车主要分为台车部分和模板部分。台车的作用是支、拆模板，拆下后的钢模板在台车的承托下自动行走至前方支模部位，再通过液压传动系统将钢模板支撑入位。

重要参数：规格、最大衬砌长度。

主要生产厂家：江苏鼎天、海城兴达、成都天博、福建聚隆、江苏银旭。

B5 路面机械类

B5.1 压路机

用途特点:广泛用于高等级公路、铁路、机场跑道、大坝、体育场等大型工程项目的填方压实作业,可以碾压砂性、半黏性及黏性土壤、路基稳定土及沥青混凝土路面层(图 B5-1)。常见的有单钢轮压路机、双钢轮压路机、轮胎压路机、光轮压路机、三轮压路机、冲击压路机、羊脚压路机、振动压路机。

重要参数:工作质量、线压力、额定功率、振动频率(表 B5-1)。

图 B5-1 压路机

压路机主要技术参数

表 B5-1

项目	单位	型号(徐工)				
		XD31 手扶式	XS122	XS162	XS202	XS302
工作质量	kg	3 000	12 000	16 000	20 000	30 000
前轮分配质量	kg	—	6 700	9 900	13 500	18 000
静线载荷	N/cm	116/110	308	464	621	845
速度范围	km/h	0～10	0～10.4	0～12	0～10	0～10
理论爬坡能力	%	30	45	55	50	40
最小转弯外半径	mm	2 800/4 000	6 800	6 415	6 500	7 180
转向角	°	30	±30	±33	±33	±33
摇摆角	°	10	±10	±10	±10	±10
振动频率(低/高)	Hz	60	30/35	28/35	28/33	27/33
名义振幅(高/低)	mm	0.4	1.80/0.9	1.86/0.88	1.86/0.93	2.0/1.0
激振力(高/低)	kN	34	290/180	320/235	370/255	520/390
振动轮直径	mm	1 200	1 523	—	—	—
振动轮宽度	mm	750	2 130	2 130	2 130	2 130
额定功率	kW	22	93	125	132	179
发动机油耗	g/(kW·h)	220	—	232	232	229
液压油箱容积	L	55	—	240	240	290
燃油箱容积	L	80	—	240	240	290
洒水箱容积	L	150	—	—	—	—

主要生产厂家：鼎盛天工、徐工、一拖、三明、柳工、中联、三一、常林、洛建、中联重科、龙工、沃尔沃、卡特彼勒、宝马格、维特根、戴纳派克、酒井重工、山东临工、达宇重工、科泰重工、道辰格、山工、万邦股份、厦工、阿特拉斯、凯斯。

B5.2 沥青摊铺机

用途特点：主要用于沥青混合料的摊铺作业，将沥青混合料均匀摊铺在道路基层上，并进行初步振实和整平的机械（图 B5-2）。按行走方式可分为自行式和拖式两种，自行式分为履带式、轮胎式和复合式三种。以其最大摊铺宽度分为小型（小于 3.6m，主要用于路面养护和城市街道路面修筑工程）、中型（4～6m，主要用于一般公路路面的修筑和养护）、大型（6～10m，主要用于高等级公路路面工程）、超大型（大于 10m，主要用于业主有要求的高速公路路面施工）四类。

重要参数：料斗容量、摊铺宽度、最大摊铺厚度、工作速度（表 B5-2）。

图 B5-2 沥青摊铺机

沥青摊铺机主要技术参数 表 B5-2

项目	单位	型号（带纳派克）				
		F4C	F6C	F121C	F161W	F181C
基本宽度	m	1.20	1.70	2.55	2.50	2.55
无级调整工作宽度	m	3.10	4.40	8.10	—	5.10/6.00
最大摊铺宽度	m	—	4.40	—	9.00	—
最小摊铺宽度	mm	300～600	—	—	—	—
最小工作宽度带挡料靴	m	0.60	—	5.10	—	2.55/3.00
摊铺厚度	mm	0～200	0～270	0～300	0～300	0～300
工作速度	m/min	0～20	0～32	0～23	0～26.7	0～20
行走速度	km/h	0～5	0～3.8	0～4.5	0～16.5	0～3.8
理论摊铺能力	t/h	200	300	600	650	800
重量（含标准熨平板）	t	4.9	9.6	18.2	18	19.2
发动机输出功率	kW(hp)	29.9(40.5)	50(68)	120(163)	145(197)	153(208)
料斗容量	m^3(t)	2.3(5.0)	4.7(10.1)	6.0(13.0)	5.7(12.5)	6.0(13.0)
螺旋布料器直径	mm	360	360	—	380	380

主要生产厂家：戴纳派克、徐工、三一、陕建、福格勒、华通动力、中联重科、沃尔沃、鼎盛天工、中交西筑、德玛格、宝马格、柳工、住友、新筑、卡特皮勒、凯莫尔、万邦股份、酒井、常林、山河智能、林泰阁、北方交通、华山、金正神力、华强京工。

B5.3 沥青拌和站

用途特点:在规定的温度下将干燥加热的不同粒径集料、填料和沥青按设计配合比混合搅拌成均匀的混合料,广泛应用于高等级公路、城市道路、机场、码头、停车场等工程施工(图B5-3)。它是沥青路面施工的第一关键设备,其性能直接影响沥青路面的质量。按生产工艺分为间歇式和连续式;按运输方式分为固定式、可搬迁式和移动式。

重要参数:生产率、设计容量、工作周期、装机功率、排放标准(表B5-3)。

图B5-3 沥青搅拌站

沥青搅拌站主要技术参数 表B5-3

项目	单位	型号(三一)				
		LB2 000	LB3 000	LB4 000	SLB3 000	LB5 000
额定生产能力	t/h	160	240	320	240	400
装机功率	kW	465	650	680	560	1000
冷料仓数量	个	5	5	6	5~6	6~8
冷料仓容积	m^3	13	13	13	13	15
上料宽度	m	3.6	3.6	3.6	3.6	3.6
烘干筒长度	m	8	10	11	9	12
烘干筒直径	m	2.2	2.5	2.75	2.5	2.9
烘干筒驱动	kW	4×11	4×22	4×22	4×18.5	4×30
燃烧器	MW	13.9	18.6	24.0	18.6	35.0
燃料	轻油、重油、天然气、煤气、液化气、煤粉					
引风量	$N\cdot m^3/h$	54 000	85 000	98 000	75 000	120 000
引风机功率	kW	110	160	185	132	185
过滤面积	m^2	600	900	1 200	884	1 500
振动筛		5层1 840	5层2 050	5层2 256	5层2 050	5层2 656
热集料仓	m^3	30	40	65	42	65
额定搅拌能力	kg	2 000	3 000	4 000	3 000	5 000
搅拌功率	kW	2×30	2×37	2×45	2×37	2×75
成品仓	t	旁置式160	旁置式160	旁置式200	水平式160	水平式200
卷扬机功率	kW	45	55	75	—	—

续上表

项　目	单位	型　号(三一)				
		LB2 000	LB3 000	LB4 000	SLB3 000	LB5 000
添加粉料仓	m^3	50	50	60	60	80
回收粉料仓	m^3	30	40	45	60	80
柴油罐	L	30 000	30 000	30 000	30 000	30 000
沥青罐	L	2×50 000	3×50 000	4×50 000	3×50 000	6×50 000
重油罐	L	30 000	2×30 000	3×50 000	2×30 000	2×30 000
导热油炉	W	870	870	870	870	870

主要生产厂家：三一、中交西筑、陆德、马连尼、华通动力、北京加隆、无锡雪桃、无锡华通、徐工、南方路基、中联重科、安迈、亚龙、德基、吉公、辽筑、林泰阁、江苏意玛、北方交通、江苏路通、泉筑、郴筑、西安路帮、海华筑机、博纳地、建友机械。

B5.4　灌缝机

用途特点：主要用于沥青路面、水泥路面、场地的表面裂缝处理，属于路面机械类型，一般与开槽机、吹风机（或热喷枪）配套使用（图 B5-4）。

重要参数：开槽宽度、开槽深度、加热釜容积、融化能力（表 B5-4）。

a）森远 AD5071TGF 型

b）市政路通 ZGF－220 型

c）市政路通 ZGF－45 型

图 B5-4　灌缝机

灌缝机主要技术参数　　表 B5-4

项　目		单位	型　号		
			森远 AD5071TGF	市政路通 ZGF－220	市政路通 ZGF－45
外形尺寸		mm	—	3 100×1 300×1 900	1 100×700×1 000
质　量		kg	—	980	120
流　量		m^3/h	—	1.1	—
搅拌方式		—	—	—	手动
底　盘	发动机功率	kW	103	—	—
	最高行驶速度	km/h	80	—	—
灌缝装置	柴油燃烧器	kW	81	—	—
	加热釜容积	L	400	220	45
	密封胶填充量	L	350	—	—
	融化能力	L/h	340	—	—

续上表

项目		单位	型号		
			森远 AD5071TGF	市政路通 ZGF－220	市政路通 ZGF－45
空压机	电机功率	kW	2.2	—	—
	压力	kg/cm^2	≤6	—	—
	气罐容积	L	45	—	—
发电机组	发动机功率	kW	17.5	—	—
	发电机功率	kW	12	—	—
升降机	额定载重	kg	300	—	—
	尽升高度	m	6	—	—
	升降平台尺寸	mm	1 400×900	—	—
开槽机	电动机功率	kW	18	—	—
	开槽宽度	mm	12～40	—	—
	开槽深度	mm	0～35	—	—
照明系统	功率	W	1 600	—	—
	照明数量	个	4	—	—

主要生产厂家：辛美来亚、市政路通、森远、辛姆莱、山推格林、亿龙机械、凯联、北方交通、英达、高远圣工、海誉科技、山河、路星、法亚集团、西尔玛、恒润高科、易山重工、百灵。

B5.5 混凝土搅拌机

用途特点：把水泥、砂石集料和水混合并拌制成混凝土混合料的机械，主要由拌筒、加料和卸料机构、供水系统、原动机、传动机构、机架和支承装置等组成(图 B5-5)。按工作性质分间歇式(分批式)和连续式；按搅拌原理分自落式和强制式；按安装方式分固定式和移动式；按出料方式分倾翻式和非倾翻式；按拌筒结构形式分鼓筒式、双锥、圆盘立轴式和圆槽卧轴式等。影响搅拌质量的主要因素：搅拌机的结构形式、加料容量、拌筒几何容积的比率、混合料的加料程序和加料位置、搅拌叶片的配置和排列的几何角度、搅拌速度和叶片衬板的磨损状况等。

重要参数：进料容量、出料容量、生产率(表 B5-5)。

图 B5-5 混凝土搅拌机

混凝土搅拌机主要技术参数 表 B5-5

项目		单位	型号(方圆)					
			JS500	JS750-3.8	FJS1000-3.8	JS1000-3.8	FJS1500-3.8	JS1500-3.8
进料容量		L	800	1 200	1 600	1 600	2 400	2 400
出料容量		L	500	750	1 000	1 000	1 500	1 500
理论生产率		m^3/h	25	35	50	50	75	75
集料粒径(卵/碎)		mm	80/60	80/60	80/60	80/60	80/60	80/60
搅拌叶片	数量	个	2×7	2×8	2×8	2×8	2×10	2×4
搅拌电机	型号		Y180M-4	Y200L-4	Y2-200L2-6E	Y225S-4	Y200L-4	Y225M-4
	功率	kW	18.5	30	2×22	37	2×30	45
卷扬电机	型号		YEZ132S-4	YEZ132M-4-B5	YEZ160S-4	YEZ160S-4	YEZ180M-4	YEZ180M-4
	功率	kW	5.5	7.5	11	11	18.5	18.5
水泵	功率	kW	0.75	1.1	3	3	3	3
外型尺寸	运输	m	3.03×2.3×2.68	4.15×2.25×2.28	5.25×2.25×2.35	5.25×2.25×2.35	5.65×2.25×2.51	5.65×2.25×2.51
	工作	m	4.486×3.03×5.28	8.32×3.58×9.55	8.89×3.6×10.12	8.89×3.6×10.12	9.73×3.63×9.73	9.73×3.63×9.73
卸料高度		m	1.5(2.7/3.8)	(1.5/2.7)3.8	(2.7)3.8	(2.7)3.8	(2.7)3.8	(2.7)3.8

主要生产厂家:方圆、柳工、仕高玛、浙江建机、上海华建、中联重科、青岛科尼乐、天宇、建友、银锚、鸿达、北山、双丰、路通、科尼尔重工、中国现代、园友重工、海州、佳一、海诺、泉工、施维英、华骐、博得、世联、新型、沧田重工、东风、永安。

B5.6 混凝土搅拌站

用途特点:生产混凝土的主要设备,用来集中搅拌混凝土的综合机械装备,也称为混凝土工厂(图 B5-6)。具有机械化自动程度高、生产率高、搅拌混凝土均质、粉尘浓度和噪声低、物料计量准确度高的特点。常用于混凝土工程量大、施工周期长、施工地点集中的大中型工程。按作业形式可分为周期式和连续式;按搅拌机平面布置形式可分为巢式和直线式;按工艺布置形式可分为单阶式和双阶式。主要由搅拌主机、物料称量系统、物料输送系统、物料储存系统和控制系统等 5 大系统和其他附属设施构成。

重要参数:生产率、料仓容量、集料粒径(表 B5-6)。

a)混凝土搅拌站实物图

图 B5-6

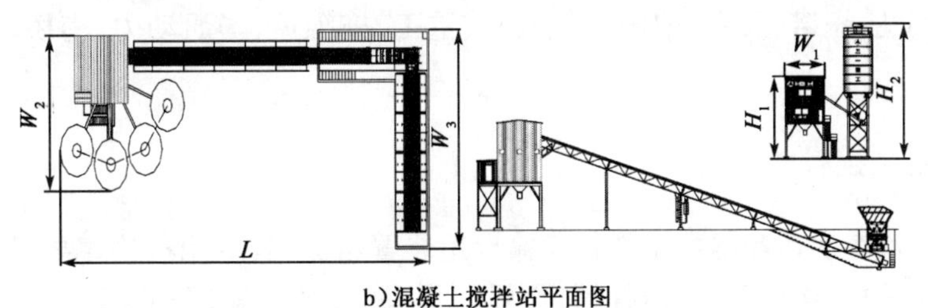

b)混凝土搅拌站平面图

图 B5-6　混凝土搅拌站

混凝土搅拌站主要技术参数　　表 B5-6

项　　目	单位	型号(三一)		
		HZS210	HZS240	HZS270
理论生产率	m^3/h	210	240	270
搅拌机型号		JS3500	JS4500	JS4500
搅拌电机功率	kW	2×55	2×75	2×75
理论循环周期	s	60	60	60
搅拌机公称容量	L	3 500	4 500	4 500
集料最大颗粒	mm	120	80	80
粉料仓容量	t	4×200	4×300	4×300
配料站配料能力	L	5 600	6 400	7 200
集料仓容量	m^3	4×25	4×30	4×35
集料种类		4	4	4
集料皮带输送机生产率	t/h	900	1 000	1 200
螺旋输送机最大生产率	t/h	100	110	150
卸料高度	m	3.8	3.8	3.8
装机容量	kW	270	300	350
集料称量大范围及精度	kg	4 000±2%	4 500±2%	6 000±2%
水泥称量大范围及精度	kg	1 800±1%	2 500±1%	2 500±1%
粉煤灰称量最大范围及精度	kg	1 000±1%	1 200±1%	1 200±1%
水称量最大范围及精度	kg	800±1%	1 000±1%	1 000±1%
外加剂称量最大范围及精度	kg	80±1%	100±1%	100±1%

平面尺寸		型　　号						
项目	单位	HZS90	HZS120	HZS180	HZS150	HZS210	HZS240	HZS270
L	mm	46 547	50 630	54 000	50 622	53 400	56 100	56 200
W_1	mm	6 000	6 200	7 600	6 000	4 450	7 000	7 000
W_2	mm	12 680	14 000	14 460	14 000	14 719	15 960	15 600
W_3	mm	15 830	18 900	19 300	18 900	19 300	22 700	21 300
H_1	mm	13 270	13 340	14 320	13 340	15 439	15 215	15 000
H_2	mm	22 800	21 500	21 500	21 500	23 500	23 850	23 850

主要生产厂家：三一重工、珠海志美、上海华建、南方路基、中联重科、方圆、新型、利勃海

尔、建友、陆德、鸿达、海诺、天宇、中国现代、圆友重工、施维英、华通动力、南桥、中建、海华筑机、世联。

B5.7 混凝土搅拌运输车

用途特点:由汽车底盘和混凝土搅拌运输专用装置组成,其专用机构主要包括取力器、搅拌筒前后支架、减速机、液压系统、搅拌筒、操纵机构、清洗系统等(图 B5-7)。工作原理是,通过取力装置将汽车底盘的动力取出,并驱动液压系统的变量泵,把机械能转化为液压能传给定量马达,马达再驱动减速机,由减速机驱动搅拌装置,对混凝土进行搅拌,使它在一定的时间内(最长不超过 90min)不产生凝固现象,从而使搅拌运输车到达工地后还能满足使用要求。

重要参数:罐体搅拌容量、额定载质量、发动机功率、外形尺寸(表 B5-7)。

图 B5-7 混凝土搅拌运输车

混凝土搅拌运输车主要技术参数 表 B5-7

东风大力神 10m³			
外形尺寸(mm)	长:9 200 宽:2 500 高:3 880		
总质量(kg)	25 000	整备质量(kg)	13 200
额定载质量(kg)	11 660	最高车速	80km/h
车身型号	D310 驾驶室	后桥	13T 双后桥
轴距(mm)	3 650+1 350	罐体搅拌容积(m³)	10
轮胎规格	11.00 斜交胎(可选 11.00 钢丝胎)		
发动机型号	(康明斯 250kW340 马力),可选装 276kW(375 马力)		
上装配置	变量泵、定量马达、减速机均采用进口件,水箱容积 400L		
东风华神 10~12m³			
外形尺寸(mm)	长:9 200,9 500,9 700,9 950 宽:2 500 高:3 880		
总质量(kg)	25 000	整备质量(kg)	13 200
额定载质量(kg)	11 805	最高车速(km/h)	80
轴距(mm)	4 000/4 200+1 350	罐体搅拌容积(m³)	10~12
轮胎规格	11.00R20,12.00R20		
发动机型号	WD615-95E,L340-33		
车身型号	T360/D916v(可选装空调)		
上装配置	变量泵、定量马达、减速机均采用进口件		

续上表

东风 DFD5254GJB 8～10m³			
外形尺寸(mm)	长:8 910,9 200,9 650　宽:2 500　高:3 760		
总质量(kg)	25 000	整备质量(kg)	11 815
额定载质量(kg)	12 990	轴数(个)	3
轴距(mm)	3 650/3 800/400+1 350	罐体搅拌容积(m^3)	8～10
轮胎规格	12.00-2104PR(可选装 12.00R2014PR)		
发动机型号	YC6M290-33,SC9DK270Q3B1,sc9DK290Q3b1		
车身型号	T360/D916v(可选装空调)		
上装配置	变量泵、定量马达、减速机均采用进口件		
供水方式	气压式	操作方式	拉杆式
东风华神 6m³			
外形尺寸(mm)	长:7 950　宽:2 500　高:3 610		
总质量(kg)	16 000	整备质量(kg)	6 905
额定载质量(kg)	8 900	最高车速(km/h)	90
轴距(mm)	4 200	罐体搅拌容积(m^3)	6
轮胎规格	11.00-2018PR(可选装 10.00R2018PR)		
发动机型号	WD615-95E,L340-33		
上装配置	变量泵、定量马达、减速机均采用进口件		
供水方式	气压式	操作方式	拉杆式

主要生产厂家:东风、三一、中联重科、上海华建、亚特重工、重汽豪沃、斯太尔、东风日产、解放、华菱、红岩、欧曼、星马汽车、海诺、福田雷萨、中集凌宇、宇通重工、唐山鸿达、利勃海尔、徐工、东风、柳工、巴里巴、方圆、陕汽、华通动力、鸿达、通亚汽车、北方汽车、中建、川建。

B5.8　混凝土泵车

用途特点:利用压力将混凝土沿管道连续输送的机械,由泵体和输送管组成(图 B5-8)。按结构形式分为活塞式、挤压式、水压隔膜式。泵体装在汽车底盘上,再装备可伸缩或屈折的布料杆,就组成泵车。混凝土泵车的动力通过动力分动箱将发动机的动力传送给液压泵组或者后桥,液压泵推动活塞带动混凝土泵工作。然后利用泵车上的布料杆和输送管,将混凝土输送到一定的高度和距离。按其臂架高度可分为短臂架(13～28m)、长臂架(31～47m)、超长臂架(51～62m);按其理论输送量可分为小型(44～87m^3/h)、中型(90～130m^3/h)、大型(150～204m^3/h);按工作时混凝土泵出口的混凝土压力即泵送混凝土压力可分为低压(2.5～5.0 MPa)、中压(6.1～8.5MPa)、高压(10.0～18.0MPa)和超高压(22.0MPa);按臂架节数可分为2、3、4、5 节臂;按其驱动方式可分为汽车发动机驱动、拖挂车发动机驱动和单独发动机驱动;按臂架折叠方式可分为:Z 形折叠、卷折式。

重要参数:臂架高度、臂架长度、臂架深度、理论输送量(表 B5-8)。

图 B5-8　混凝土泵车

混凝土泵车主要技术参数　　表 B5-8

<table>
<tr><th colspan="2" rowspan="2">项　　目</th><th rowspan="2">单位</th><th colspan="6">型　　号</th></tr>
<tr><th>SY5190
THB 25E</th><th>SY5230
THB 32E</th><th>SY5271
THB 37E</th><th>SY5331
THB 43E</th><th>SY5419
THB 52</th><th>SY5502
THB 62E</th></tr>
<tr><td rowspan="4">整车参数</td><td>全　　长</td><td>mm</td><td>10 000</td><td>10 600</td><td>11 800</td><td>11 820</td><td>13 850</td><td>15 980</td></tr>
<tr><td>总　　宽</td><td>mm</td><td>2 500</td><td>2 500</td><td>2 500</td><td>2 500</td><td>2 500</td><td>2 500</td></tr>
<tr><td>总　　高</td><td>mm</td><td>3 860</td><td>3 850</td><td>3 990</td><td>3 990</td><td>4 000</td><td>4 000</td></tr>
<tr><td>自　　重</td><td>kg</td><td>18 900</td><td>23 700</td><td>27 495</td><td>32 200</td><td>41 380</td><td>50 760</td></tr>
<tr><td rowspan="6">臂架支腿参数</td><td>臂架垂直高度</td><td>m</td><td>25.0</td><td>32.0</td><td>37.0</td><td>43.0</td><td>52.0</td><td>62.0</td></tr>
<tr><td>臂架水平长度</td><td>m</td><td>21.0</td><td>28.1</td><td>33.0</td><td>38.8</td><td>48.0</td><td>57.6</td></tr>
<tr><td>臂架垂直深度</td><td>m</td><td>10.8</td><td>16.6</td><td>21.3</td><td>27.0</td><td>33.6</td><td>42.0</td></tr>
<tr><td>最小展开高度</td><td>m</td><td>6.4</td><td>7.4</td><td>8.3</td><td>12.2</td><td>12.7</td><td>16.2</td></tr>
<tr><td>前支腿展开宽度</td><td>mm</td><td>5 200</td><td>6 000</td><td>6 200</td><td>8 820</td><td>9 300</td><td>11 350</td></tr>
<tr><td>后支腿展开宽度</td><td>mm</td><td>2 240</td><td>5 000</td><td>7 160</td><td>8 540</td><td>11 670</td><td>12 300</td></tr>
<tr><td rowspan="8">泵送系统参数</td><td>理论排量低压</td><td>m^3/h</td><td>100</td><td>120</td><td>140</td><td>140</td><td>170</td><td>170</td></tr>
<tr><td>理论排量高压</td><td>m^3/h</td><td>60</td><td>70</td><td>100</td><td>100</td><td>120</td><td>120</td></tr>
<tr><td>输送缸内径</td><td>mm</td><td>200</td><td>230</td><td>260</td><td>260</td><td>260</td><td>260</td></tr>
<tr><td>油箱容积</td><td>L</td><td>600</td><td>600</td><td>900</td><td>900</td><td>700</td><td>650</td></tr>
<tr><td>水箱容积</td><td>L</td><td>600</td><td>600</td><td>600</td><td>600</td><td>600</td><td>600</td></tr>
<tr><td>发动机功率(转速)</td><td>kW
(r/min)</td><td>240
(2 100)</td><td>265
(1 800)</td><td>265
(1 800)</td><td>280(2 100)
294(1 900)</td><td>300
(1 800)</td><td>324(1 400～
1 800)</td></tr>
<tr><td>燃料箱容积</td><td>L</td><td>400</td><td>380</td><td>380</td><td>400</td><td>400</td><td>410</td></tr>
<tr><td>最大速度</td><td>km/h</td><td>80</td><td>80</td><td>80</td><td>80</td><td>80</td><td>80</td></tr>
</table>

主要生产厂家:三一、中联重科、徐工、普茨迈斯特、福田雷斯、三菱重工三协建设、楚天、鸿得利、斯维英、全进、上海华建。

B5.9　稳定土拌和机

用途特点:将稳定土材料和稳定剂均匀拌和的机械设备,主要用于公路、城乡道路、机场、码头、停车场、运动场、大坝工程的基层、底基层稳定土的现场就地拌和作业(图 B5-9)。

重要参数:拌和宽度、拌和深度、工作行进速度(表 B5-9)。

图 B5-9　稳定土拌和机

稳定土拌和机主要技术参数

表 B5-9

项　目	单　位	型　号(徐工)			
		XL210	XL230Z	XL250	XLZ250
拌和宽度	mm	2 100	2 300	2 500	2 450
最大拌和深度	mm	400	400	400	450
发动机功率	kW	298	298	313	448
转子转速	r/min	0～160	0～153	0～160	0～140
离地间隙	mm	460	350	460	400
最小转弯半径	m	7.1	7.2	7.1	7.5
爬坡度	%(°)	≥20(11.3)	≥20(11.3)	≥20(11.3)	≥20(11.3)
燃油箱容积	L	400	400	400	800
行驶速度	km/h	0～24.5	0～18.5	0～24.5	0～10
作业速度	km/h	0～3	0～2.5	0～3	0～2.5
整机质量	kg	15 400	16 500	16 200	29 000
整机外形尺寸	mm	8 654×3 240×3 522	9 083×2 890×3 487	8 748×3 036×3 522	9 963×3 231×3 539

主要生产厂家:徐工、陕建、宝马格、华山、德工、三一、卡特皮勒、路星、鼎盛天工、移山、万邦股份、华通动力、洛建、带纳派克、新筑。

B5.10　稳定土拌和站

用途特点:(用石灰、水泥、粉煤灰等结合料与土、砂砾或其他集料)生产稳定土的机器设备集合,对各种混合料进行搅拌制成稳定土,包括水泥罐体,计量输送设备,搅拌设备,用于高等级公路、城市道路、广场、机场稳定层基料的拌和施工(图 B5-10)。

重要参数:生产能力、生产功率(表 B5-10)。

图 B5-10　稳定土拌和站

稳定土拌和站主要技术参数

表 B5-10

项　目	单位	型　号					
		WBS400E	WBS500E	WBS600E	WBS700E	WBS800E	WBSC300
生产能力	t/h	400	500	600	700	800	300
生产功率	kW	127	151	164	198.5	208.5	97.2
主电机功率	kW	75	90	2×45	2×55	2×55	55
上料高度	m	3.63	3.63	3.68	3.68	3.88	3.2
卸料高度	m	3.5	3.52	3.52	3.52	3.52	3.5
集料仓容量	m^3/只	10	10	10	10	15	6
粉仓容量	t	可选 50、80	可选 50、80	可选 50、80	可选 50、80	可选 50、80	可选 80
控制方式		计算机控制，自动、手动操作，报表打印，空调、控制室					

主要生产厂家：华通动力、徐工、方圆、南方路机、陆德、无锡华通、亚龙、泉筑、无锡雪桃、鸿达、鼎盛天工、新筑、华山、辽筑、北京加隆、南桥、岳首、东南机械、海华筑机、天宇、江苏路通、山东路达。

B5.11　路面冷再生机

用途特点：路面冷再生机主要适用于乡村公路旧沥青路面的就地冷再生作业和各种等级公路的稳定土拌和，一机两用，是传统后置式稳定土拌和机的更新换代产品(图 B5-11)。

重要参数：工作宽度、再生深度、工作质量(表 B5-11)。

图 B5-11　轮式、履带式冷再生机

冷再生机主要技术参数

表 B5-11

型号(维特根)	工作宽度(mm)	工作深度(mm)	发动机功率[kW(PS)]	工作质量(kg)
2200 CR	2 200	0～250	708(963)	46 200
3800 CR	3 800	0～150	708(963)	59 870
WR 4200	3 000～4 200	0～200	2×433(2×589)	约 77 000
WR 2000	2 000	0～500	315(428)	22 900
WR 2000XL	2 400	0～500	315(428)	24 750
WR 2400	2 400	0～500	420(571)	26 500
WR 2500S	2 438	0～500	500(680)	32 000

主要生产厂家：青岛博源铸造机械有限公司、徐州锐马重工、福建铁拓、中联重科、徐工、维特根、南方路基、中远交筑。

B5.12 机械化路面

用途特点:机械化路面是一种可快速铺设、撤设并反复使用的制式路面器材,主要用于在沙滩、泥泞、雪地、沼泽、岸滩等低载能力的地段铺设临时路面,保障轮式或履带式装备顺利通过,保障车辆快速机动(图 B5-12)。

重要参数:路面宽度、路面载重量(表 B5-12)。

图 B5-12 机械化路面

机械化路面主要技术参数 表 B5-12

项 目	单位	型 号	
		GLM121	GLM120A
单车铺设长度	m	16.2	80(1×33.5+2×23.1)
路面宽度	m	3.5	4.0
路面载重量		履带式 LD-60(总重 600kN) 轮式 LT-20(最大轴压力 130kN)	履带式 LD-60(总重 600kN) 轮式 LT-20(最大轴压力 130kN)
单车作业速度		10min 内完成铺设	不大于 10min
作业人员	人	3(含驾驶员)	3(含驾驶员)
适应地基条件		软土深 0.5m 以内, 地基允许承载力不小于 70kPa	软土深 0.5m 以内, 地基允许承载力不小于 45kPa
适应坡度		纵坡不大于 15%,横坡不大于 5%	纵坡不大于 25%,横坡不大于 6%

主要生产厂家:华舟重工。

B5.13 软地面铺路车

用途特点:主要用于在海岸滩涂地域铺设可撤收路面,快速铺设近岸卸载水域到海岸硬质路面之间的连岸通道,以保障车辆克服滩涂障碍。也可用于泥泞、雪地、沙滩等低承载能力的地段,快速铺设临时应急通道,为车辆、装备迅速通过提供应急保障(图 B5-13)。

重要参数:涉水深度、路面器材长度、路面器材宽度(表 B5-13)。

图 B5-13 软地面铺路车

软地面铺路车主要技术参数 表 B5-13

项　　目	单　　位	技 术 参 数
底盘车		WQ2101J. 201
总质量	kg	11 000
最高车速	km/h	75
最大爬坡度	%	60
外形尺寸(运输状态)	mm	8 250×2 500×2 850
续驶里程	km	600
路面器材宽度	m	4. 2
路面器材长度	m	100
轮式载荷轴压力	t	13
作业时间	min	30
作业人员(含驾驶员)	人	4
地基承载能力	MPa	0. 08
涉水深度(铺设时)	m	0. 5
作业环境温度	℃	＋40～＋46
作业环境湿度	%(℃)	95(＋25)
腐蚀气氛		盐雾腐蚀

主要生产厂家:华舟重工。

B6 小型机械装备类

B6.1 液压钳

用途特点:具有剪、破拆等功能,应用于各种抢险救援等工作(图 B6-1)。液压钳分为分离式、整体式电缆液压钳、机械电缆接线钳、钢芯电缆液压钳、手动液压钳、电动液压钳等几大类。

重要参数:压接范围、质量(表 B6-1)。

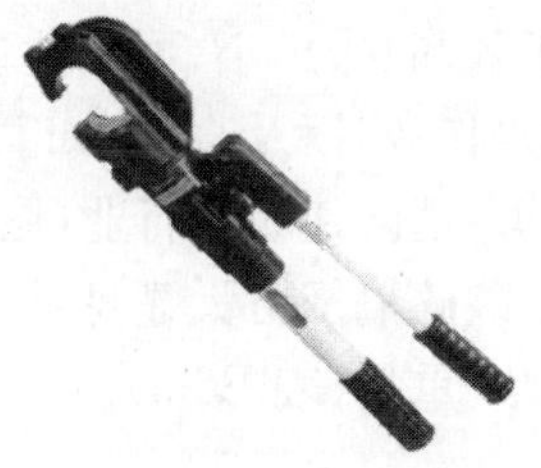

图 B6-1 充电式液压钳

液压钳主要技术参数 表 B6-1

项 目	单 位	型 号	
		PK45C	EP-510B
压接范围	mm^2	120～1 000	16～400
质 量	kg	10.3	4

主要生产厂家:北京联合兴辰机电、浙江永丰电动、济宁鑫隆、徐州彭力。

B6.2 手持镐

用途特点:主要用于破碎混凝土、岩石或采石,完成多种破碎工作(图 B6-2)。

重要参数:镐钎尺寸、质量、流量(表 B6-2)。

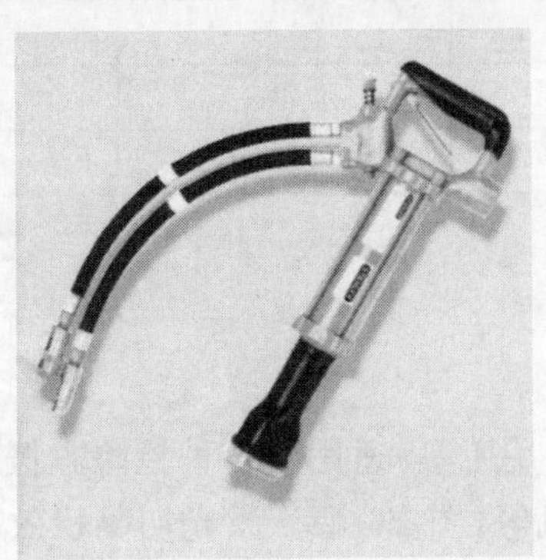

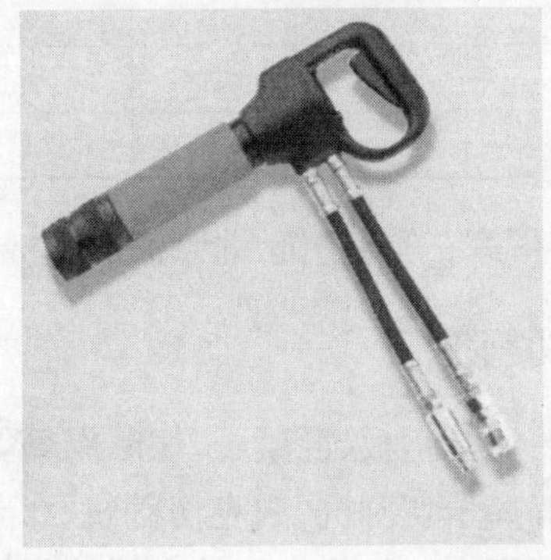

图 B6-2 手持镐

手持镐主要技术参数　　表 B6-2

型　号	单　位	型号(史丹利)	
		CH15	CH18
镐钎尺寸		580 六方椭圆领钢镐钎	580X2-1/2 六方圆领钢镐钎
流　量	L/min	15～23 或 26～34	26～34
质　量	kg	7.25	11
长　度	cm	43	51
宽　度	cm	8	8

主要生产厂家：史丹利、丹麦海空、泰亚赛福、上海浦量元、深圳希德。

B6.3　液压破碎镐

用途特点：液压破碎镐具有工效高、噪声小、可靠性强、体积小、重量轻的优点，适用于沥青路面、水泥路面、钢筋混凝土的破碎作业，以及直径 1m 以下大体积石料的破碎解体，广泛应用于公路、市政、燃气、电力电信、铁道、消防建筑等行业(图 B6-3)。所有需要高效、快速、强力破碎的场合(如抢险救援现场)，液压破碎镐都可大显身手。

重要参数：输出流量、外形尺寸、重量(表 B6-3)。

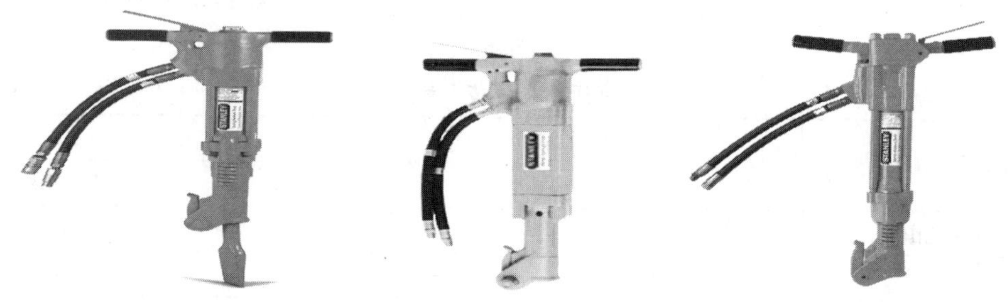

图 B6-3　液压破碎镐

液压破碎镐主要技术参数　　表 B6-3

型　号	单　位	型　号(麦哲伦)		
		BR37	BR72	BR87
流量范围	L/min	15～24	26～34	26～34
重　量	kg	17	27	37.7
长　度	cm	57	71	73.5
宽　度	cm	36	36	41

主要生产厂家：筑邦建机、北京凌天。

B6.4　切割机

用途特点：切割钢板、混凝土，切断钢筋等的专用工具，适用于各种抢险救援工作，可分为火焰切割机、等离子切割机、激光切割机、水切割机等(图 B6-4)。激光切割机效率最快，切割精度最高，切割厚度一般较小。等离子切割机切割速度也很快，切割面有一定的斜度。火焰切割机针对于厚度较大的碳钢材质。

重要参数:最大切割厚度、最佳切割厚度(表 B6-4)。

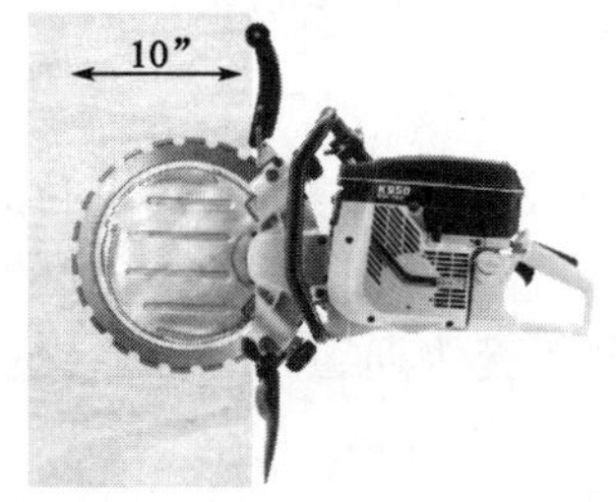

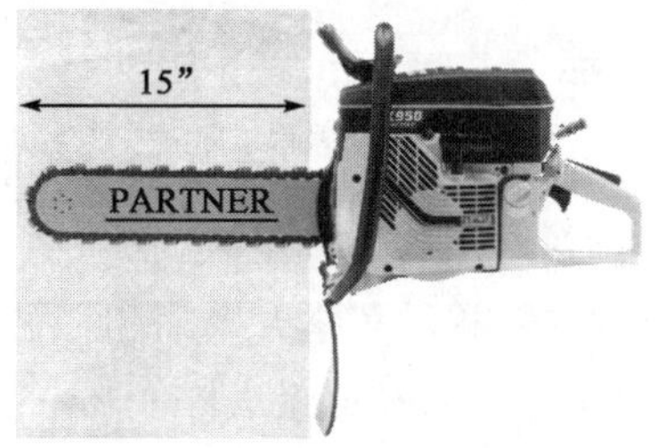

图 B6-4 切割机

切割机主要技术参数 表 B6-4

项 目	单 位	型 号	
		EXACT170	ExactV1000
电 压	V(Hz)	220～240(50～60)	20～240(50～60)
功 率	W	1 010	1 010
转 速	r/min	4 000	4 000
锯片中心孔	mm	62	62
锯片直径	mm	140	155
使用范围	mm	15～170	75～1 000
最大管壁	mm	钢 6	3

主要生产厂家:派腾、锐龙、奥拓福、中涛、汉唐永昌、德硕、道顿、赛宝、奔腾楚天。

B6.5 冲击扳手

用途特点:主要用于市政建设、冶金、建筑装配或制造、铁路、造船、汽车、化工等行业。电动冲击扳手不能用于高热量的环境;冲击扳手用于在金属模具上拧紧或拆卸夹具;高扭矩精度的冲击用于发动机和轮胎维修中(图 B6-5)。

重要参数:最大扭矩(表 B6-5)。

图 B6-5 冲击扳手

冲击扳手主要技术参数 表 B6-5

型 号	W040P3/8	气动 2130
最大扭矩	54N・m(40lbf・ft)	814N・m(600lbf・ft)
质 量	2.7 磅	1.9kg

主要生产厂家:凯利森、途泰、译恩、沃施莱格。

B6.6 扩张器

用途特点:具有抢险救援工具中最强有力的扩张、撕裂和牵拉功能,可进行高负荷救援操作;采用高强度轻质合金制造,重量轻,扩张力大(图 B6-6)。适用于交通事故救援、地震等灾害救援、意外事故救援;移动和举升障碍物,撬开缝隙并扩充为通道;使金属结构变形,撕裂车体表面钢板;配合牵拉链清除道路上障碍物。

重要参数:扩张力、扩张距离(表 B6-6)。

图 B6-6 扩张器

扩张器主要技术参数 表 B6-6

项目	单位	SP510 扩张器
扩张力	kN	62～230
扩张距离	mm	800
挤压力(用封管附件)	kN	70.4
牵拉距离	mm	665
牵拉力	kN	55
液压油量	cm^3	425
外形尺寸	mm	900×380×215
质量	kg	25
可选附件		牵拉链组套 KSV11、KSS20

主要生产厂家:泰亚赛福、乐凯、欧盾、朗仕特。

B6.7 千斤顶

用途特点:一种用刚性顶举件作为工作装置,通过顶部托座或底部托爪在行程内顶升重物的轻小起重设备(图 B6-7)。按结构特征可分为机械式和液压式两种。机械式又有齿条式与螺旋式两种,一般只用于机械维修工作,在修桥过程中不适用。液压式千斤顶结构紧凑,工作平稳,有自锁作用,故使用广泛,其缺点是起重高度有限,起升速度慢。

重要参数:额定工作吨位、额定工作行程、额定工作压力(表 B6-7)。

图 B6-7 千斤顶

千斤顶主要技术参数　　表 B6-7

承载能力（t）	行程（mm）	重量（kg）	本体高度（mm）	最大高度（mm）	内径（mm）	外径（mm）	活塞杆径（mm）	工作压力（MPa）
5～10	40	1.4	151	191	45	63	40	63
	80	2.8	181	261				
	200	7.1	311	511				
	350	12.3	461	811				
30	40	4.1	160	200	80	100	70	63
	80	8.4	200	280				
	200	19.3	320	520				
	350	32.1	482	832				
80	40	9.5	176	216	140	176	100	65
	80	18.5	216	296				
	200	46	336	536				
	350	80.5	492	842				
100	40	8.5	178	218	140	176	65	100
	80	17	218	298				
	200	41	338	538				
	350	75.5	491	841				

主要生产厂家：江苏力扬、泰州力霸、山东宏力、京晟鼎力、上海力顶。

B6.8　液压动力站

用途特点：可用来运工具、设备和碎石；此外，可在任何工矿下驱动液压工具（图 B6-8）。操作简单，应用广泛。辅助液压工具驱动回路为长时间使用设计，而且具备高效冷却性能。

重要参数：输出流量（表 B6-8）。

图 B6-8　液压动力站

液压动力站主要技术参数　　表 B6-8

项　目	单　位	型　号（史丹利）	
		MHP1	GT18
输出功率	kW(PS)	14.7(20)	13.2(18)
输出流量	L/min(gal/min)	8(30)	8(20)
输出压力	MPa(psi/bar)	13.8(2 000/138)	14(2 000/140)

主要生产厂家:史丹利、筑邦建机、路德维、劲元、靳仕、和讯、艾西伊。

B6.9 抽水机

用途特点:俗称“水泵”,是利用大气压的作用,将水从低处提升至高处的水力机械,由水泵、动力机械与传动装置组成(图 B6-9)。它广泛应用于农田灌溉、排水以及工矿企业与城镇的给水、排水。

重要参数:进出口直径、规定点流量、转速(表 B6-9)。

图 B6-9 抽水机

抽水机主要技术参数 表 B6-9

项目		单位	型号(嘉陵本田)	
			2 寸	3 寸
水泵	进/出口直径	mm	50	80
	规定点扬程	m	16.8	17.3
	自吸时间	s	≤110	≤150
	规定点流量	m^3/h	20	35
	转速	r/min	3 600	
尺寸与质量	长	mm	458	512
	宽	mm	385	385
	高	mm	409	437
	净重	kg	24.5	27

主要生产厂家:嘉陵本田、上海凯泉、山东博山、广州广一、格兰富、凯泉、熊猫、博泵。

B6.10 潜水泵

用途特点:深井提水的重要设备(图 B6-10)。使用时整个机组潜入水中工作,把地下水提取到地表,是生活用水、矿山抢险、工业冷却、农田灌溉、海水提升、轮船调载的取水工具,可用于喷泉景观,热水潜水泵可用于温泉洗浴,可用于从深井中提取地下水,也可用于河流、水库、水渠等提水工程。主要用于农田灌溉及高山区人畜用水,亦可供中央空调冷却、热泵机组、冷泵机组、城市、工厂、铁路、矿山、工地排水使用。

图 B6-10 潜水泵

重要参数:扬程、流量、功率(表 B6-10)。

潜水泵主要技术参数

表 B6-10

潜水泵型号	流量(m^3/h)	扬程(m)	功率(kW)	电压(V)	口径(寸)
QDX1.5-17-0.37	1.5	17	0.37	220	1
QDX3-20-0.55	3	20	0.55	220	1
QDX10-12-0.55	10	12	0.55	220	1.5
QDX15-7-0.55	15	7	0.55	220	2

主要生产厂家:北京蓝鲸、上海汉舱、徐州立新、新星泵业、博山万国、上海宏东。

B6.11 污水泵

用途特点:主要用于输送城市污水、粪便或液体中含有纤维、纸屑等固体颗粒的介质,通常被输送介质的温度不大于 80℃(图 B6-11)。抗堵性和可靠性是评价污水泵优劣的重要指标。

重要参数:扬程、泵送能力(表 B6-11)。

图 B6-11 污水泵

污水泵主要技术参数

表 B6-11

型　号	单　位	型　号(史丹利)	
		sm21	sm20
流量范围	L/min	15~34	15~34
泵送能力	L/min	1125	946
质　量	kg	11.34	6.3
长　度	cm	40.6	19
宽　度	cm	15.9	24

主要生产厂家:史丹利、丹麦格兰富、嘉陵本田、新界水泵、上海凯泉、山东博山、广州广一、格兰富、凯泉、熊猫、博泵。

图 B6-12 发电机

B6.12 发电机

用途特点:将其他形式的能源转换成电能的机械设备(图 B6-12)。它由水轮机、汽轮机、柴油机或其他动力机械驱动,将水流、气流、燃料燃烧或原子核裂变产生的能量转化为机械能传给发电机,再由发电机转换为电能。发电机在建筑工程、工农业生产、国防、科技及日常生活中有广泛的用途。

重要参数:油箱容量、输出功率(表 B6-12)。

发电机主要技术参数　　　　表 B6-12

型　号			SH3200EX
发动机型号(本田)			GX160
排　量		mL	163
输出功率	3 600r/min	kW(PS)	4(5.5)
点　火			无触点晶体管
类　型			空气冷却 4 冲程 OHV 发动机
交流输出(kW)	额　定	50Hz	2.2
		60Hz	2.5
	最　大	50Hz	2.6
		60Hz	3.2
邮箱容量(L)			17
外形尺寸(mm)		长	623
		宽	438
		高	491
质　量(kg)			44
噪声(dB)(距 7m 远)		50Hz	64
		60Hz	68
连续工作时间(h)		50Hz	13
		60Hz	12
启动方式			手拉启动

主要生产厂家:英杰尔、本田、西门子、上柴、无锡动力、济柴、东风康明斯、潍柴、玉柴、河柴、通柴、康明斯、道依茨、沃尔沃、劳斯莱斯、奔驰、大宇、博尔特。

B6.13　发电机组

用途特点:能将机械能或其他可再生能源转变成电能的一种小型发电设备(图 B6-13)。发电机组可作为备用电源,既能起到应急电源的作用,又能通过低压系统的合理优化,将一些平时比较重要的负荷在停电时使用,在工程中得到了广泛的应用。

重要参数:最大输出功率(表 B6-13)。

图 B6-13　发电机组

电机组主要技术参数　　表 B6-13

型号（潍柴）	额定功率（kW）	发动机型号	缸数（L）	缸径（mm）	行程（mm）	排量（L）	燃油消耗[(g/kW·h)]	机油容量（L）	机组质量（kg）	机组尺寸（mm）
GF-20	26.5	495D	4	95	115	3.26	258.4	13	650	1 600×600×1 000
GF2-30	33	K4102D	4	102	115	3.76	258.4	13	750	1 600×600×1 000
GF1-40	42	K4100ZD1	4	100	115	3.62	251.6	13	750	1 850×700×1 200
GF-55	56	R4105ZD	4	107	125	6.49	231	13	1 035	2 350×900×1 600
GF-75	84	R6105ZD	6	108	125	6.49	224	17	1 200	2 300×700×1 500
GF-100	110	R6105AZLD	6	109	130	6.75	218	18	1 440	2 400×700×1 500
GF-120	132	R6105IZLD	6	110	135	7.01	218	19	1 640	2 450×700×1 500
GF-150	155	R6113ZLD1	6	113	125	7.518	218	20	2 200	2 800×900×1 500
型号（小松）	额定功率（kW）	发动机型号	缸数（L）	缸径（mm）	行程（mm）	排量（L）	燃油消耗（L/h）	机油容量（L）	机组质量（kg）	机组尺寸（mm）
KM280S	260	SAA6D-125-P380	6	125	150	11	81	62	2 700	3 600×1 405×1 850
KM360S	330	SAA6D-140-P460	6	140	165	15	81	74	3 600	3 600×1 405×1 850
KM440S	400	SAA6D-140-P580	6	140	165	15	105	77	3 800	3 600×1 410×1 780
KM580S	530	SAA6D-170-P800	6	170	170	23	140	147	5 350	4 000×1 450×1 945
KM800S	720	SAA12V140-P1030	12	140	165	30	180	151	6 700	4 150×1 705×2 200
KM880S	800	SAA12V140-P1150	12	140	165	30	206	151	7 600	4 250×2 000×2 500
KM1000S	900	SAA12V140-KP21	12	140	165	30	230	151	7 600	34 350×2 000×2 500

主要生产厂家：英杰尔、康明斯、沃尔沃、上柴、道依茨、里卡多、威尔逊、奔驰、依维柯、小松、宝马、强鹿、科勒、三菱、斗山大宇、帕金斯。

B6.14　照明设备

B6.14.1　固定照明

用途特点：平台灯主要用于加油站、铁路、厂矿、电站、车间等室内外场所作应急泛光照明，投光灯适用于广场、码头、厂区、车间、工程施工等场所作大面积泛光照明，应急低顶灯广泛适用于加油站、铁路、厂矿、电站、车间等室内外场所作应急泛光照明(图 B6-14)。

重要参数：额定功率(表 B6-14)。

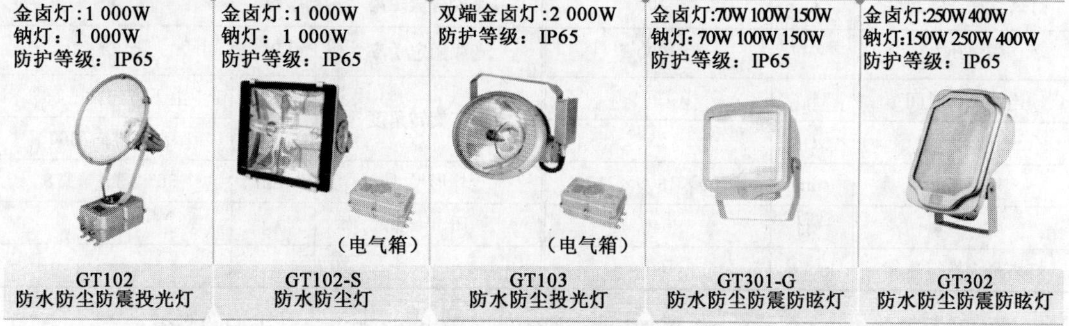

图 B6-14　固定照明设备

固定照明设备主要技术参数　　表 B6-14

型　号	单　位	NFC9112 平台灯	NFC9131 投光灯	NFE9100 应急低顶灯
额定电压	V	220AC 50Hz	250W/400W 220AC 50Hz	220AC 50Hz
外壳防护		IP65	IP65	IP65
绝缘等级		I	MH 气体放电灯	I
防腐等级		WF2	WF2	WF2
引入电缆	mm	ϕ8～10		>30min(70W)/>80min(35W)
距高比		2.5	1.8	0.8(A 型)1.3(B 型)
外形尺寸	mm	ϕ255×191	589×391×160	300×300×205
总质量	kg	5.3	14.5	4.5

主要生产厂家:华荣、海洋王、奥普、奇辰照明、荣泰节能、旺奇、星太月、隆鑫。

B6.14.2　移动照明

用途特点:主要适应各种作业、事故抢修、异常情况处理等现场对大范围移动照明灯具的需要(图 B6-15)。

重要参数:额定功率(表 B6-15)。

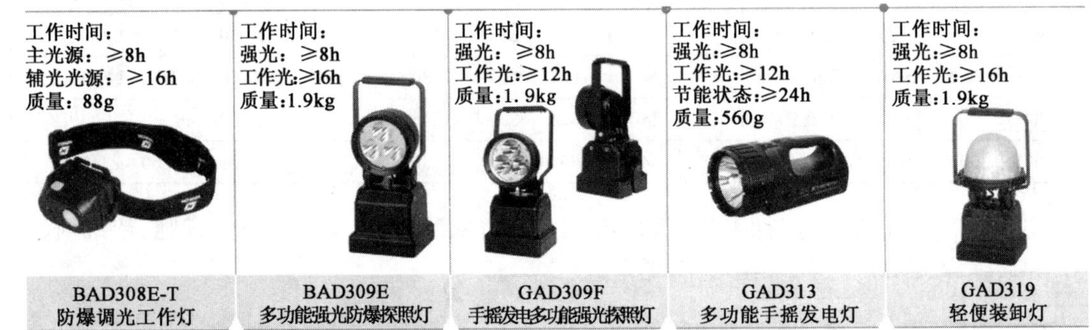

图 B6-15　移动照明

主要技术参数　　表 B6-15

全方位移动灯塔			遥控探照灯		
项　目	单位	参　数	项　目	单位	参　数
额定电压	V	220AC	额定电压	V	DC12/DC24
灯塔最高升降高度	m	10	遥控有效距离	m	30
额定功率	W	4000	光源额定功率	W	70
连续工作时间	h	9	调节旋转角度	°	上下方向:0～180
燃油箱容量	L	23			水平方向:360
外形尺寸	mm	5100×1800×1870	外形尺寸	mm	365×303×178
质　量	kg	840	质　量	kg	3.5
灯塔最大拖行速度	km/h	60			

主要生产厂家:华荣、海洋王、奥普、奇辰照明、荣泰节能、旺奇、星太月、隆鑫。

B6.14.3 防爆照明

用途特点：主要用于易燃易爆、振动强、雨水多等恶劣场所的移动照明(图 B6-16)。

重要参数：额定功率(表 B6-16)。

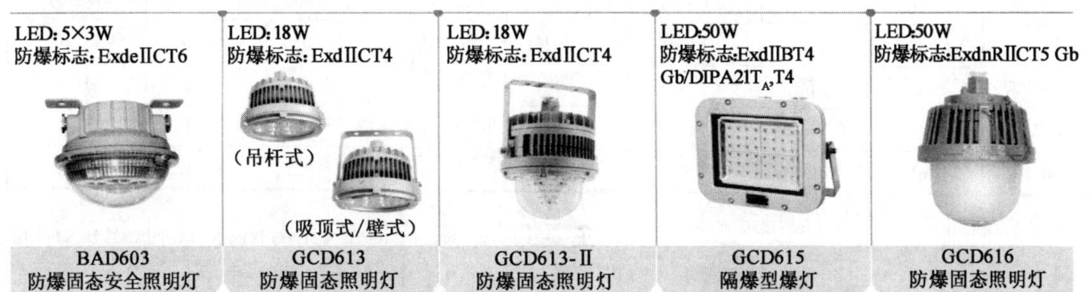

图 B6-16　防爆工作灯

防爆工作灯主要技术参数　　表 B6-16

项　　目	单　　位	型　　号	
		FW6320 防爆行灯	FW6102GF
额定电压	V	AC36	AC24
外形尺寸	mm	87×379(直径×长)	271×227×568(长×宽×高)
质　　量	kg	0.8	14.8

主要生产厂家：华荣、海洋王、奥普、奇辰照明、荣泰节能、旺奇、星太月、隆鑫。

B6.15　破碎器

用途特点：又称为破碎锤、液压破碎锤等，是挖掘机的一个重要属具(图 B6-17)。主要用于对土石方、路面、建(构)筑物等的拆除、破碎。

重要参数：总质量、钎杆直径、打击数(表 B6-17)。

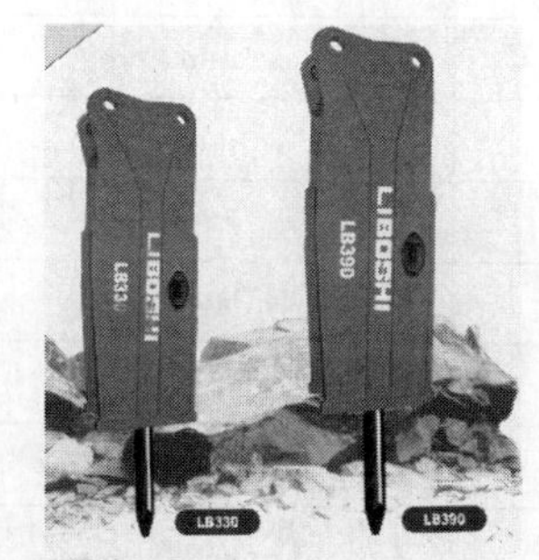

图 B6-17　破碎器

破碎器主要技术参数　　表 B6-17

项　　目	单　　位	型　　号(力博士)						
		LB10	LB20	LB50	LB80	LB160	LB260	LB390
总质量	kg	134	157	268	460	1 000	1 750	2 590
驱动油压	0.1MPa	80～110	90～120	95～130	130～150	150～170	160～180	160～185
驱动油量	L/min	20～35	24～60	34～60	45～85	100～120	120～150	190～250

续上表

项　目	单　位	型　号(力博士)						
		LB10	LB20	LB50	LB80	LB160	LB260	LB390
打击数	次/min	650～1 100	550～1 100	450～1 100	480～850	420～700	320～660	280～370
全　长	mm	1 200	1 220	1 401	1 768	2 260	2 366	2 820
钎杆直径	mm	53	60	70	85	125	140	165
配用车质量	t	0.8～3.0	1.5～4.0	2.5～7.5	6.0～11.0	13.0～20.0	20.0～32.0	32.0～48.0
配用斗容	m^3	0.06～0.12	0.08～0.15	0.15～0.25	0.25～0.45	0.5～0.7	0.8～1.1	1.1～1.7

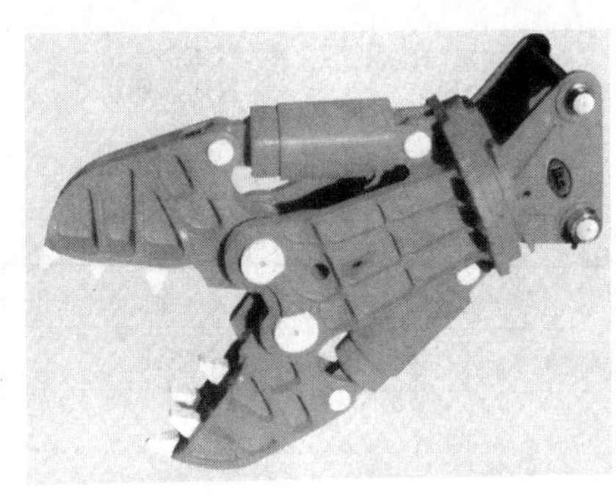

图 B6-18　液压破碎剪

主要生产厂家：力博士、克虏伯、史丹利、锐猛、阿特拉斯、蒙特贝、水山、D&A、广韩、韩宇、斗山、大模、工兵、猛士、工马、高力、世进、卡特彼勒、英得柯、古河、甲南、东空、亚力士、小松、艾迪精密、惊天液压。

B6.16　液压破碎剪

用途特点：挖掘机的一个重要属具(图 B6-18)，主要用于各种建筑物的拆除、破碎。

重要参数：适用挖掘机、开启度、长宽尺寸、输出动力(表 B6-18)。

液压破碎剪主要技术参数　　表 B6-18

项　目	单　位	型　号(力博士)	
		LB850R	LB100R
适用挖掘机	t	17～25	25～23
质　量	kg	1 750	2 400
长	mm	1 750	2 420
宽	mm	1 350	1 350
开启度	mm	850	950
输出动力	t	2×90	2×120
需用油压力	MPa(bar)	28(280)	30(300)
回转马达需用油压	MPa(bar)	21(210)	21(210)
需用液压油流量	L/min	80～200	120～250
回转马达需用油量	L/min	10～30	10～40

主要生产厂家：力博士、古河、史丹利、水川、永立达、柳工、曼托瓦尼、小松、艾迪精密、惊天液压、卡特彼勒。

B6.17　粉碎铲斗

用途特点：挖掘机的一个重要属具(图 B6-19)，掘起原材料就地粉碎，适用于拆除工作、建筑作业、挖掘产品处理、土木工程、道路作业、采矿、疏浚、岩石作业。

重要参数：建议挖掘机质量、体积(表 B6-19)。

图 B6-19 粉碎铲斗

粉碎铲斗主要技术参数 表 B6-19

项 目	单位	型 号(MB)			
		BF60.1	BF70.3	BF90.3	BF120.4
建议挖掘机质量	t	≥8	≥14	≥20	≥28
体 积	m^3	0.50	0.6	0.75	1.00
铲斗本身宽度和最大可容积度	mm	L.600/H.450	L.700/H.550	L.9 000/H.450	L.1 200/H.450
铲斗调整	mm	20～100	20～120	20～120	20～120
质 量	t	1.5	2.25	3.5	4.9

主要生产厂家:MB。

B7　保障车辆类

B7.1　炊事车

用途特点：炊事车是为了适应在新时期战略方针指导下的新形式，能满足在城市、高原区作业的需求而提供的一项快速机动能力强、炊事设备齐全、技术性能完善的机动保障系列后勤装备新车种(图 B7-1)。主要用于运载炊事后勤作业所需要的设备和部分消耗性物质、运载炊事后勤作业人员及含驾驶员在内的个人野外作业携带的物品；在驻车状态下吊装扩展炊事舱体或不进行吊装舱体为炊事人员提供工作条件。炊事车的使用状态分为两种：地面使用及车载使用。

重要参数：保障能力、整车尺寸、箱体外部尺寸(表 B7-1)。

图 B7-1　炊事车

炊事车主要技术参数　　表 B7-1

型　　号	保障能力	整车外形尺寸(mm)	箱体外部尺寸(mm)	整车质量(kg)
苏州航天 SJH5080XCS	150～300 人份/h	9 040×2 500×3 360	4 500×2 200×2 195	9 900
神州牌 YH5070XBZ-C	150 人份/h，四菜一汤的主副食供应	7 100×2 300×3 120	5 000×2 200×2 000	6 480

主要生产厂家：苏州江南航天、东风汽车、圣路、康飞、神州、迪马、陆平机器、东风。

B7.2　宿营车

图 B7-2　宿营车

用途特点：宿营车用于运载宿营后勤作业所需要的设备和部分消耗性物质，运载宿营后勤作业人员及含驾驶员在内的个人战时携行物资，在驻车状态下扩展折叠舱体为宿营提供生活条件(图 B7-2)。

重要参数：外形尺寸、宿营人数(表 B7-2)。

宿营车主要技术参数 表 B7-2

项　目	单　位	型　号	
		SJH5160TSY	SJH5120TSY
外形尺寸	mm	8 700×2 500×3 600	7 995×2 500×3 280
总质量	kg	16 000	12 000
整备质量	kg	15 805	11 805
轴　荷	N	6 000/10 000	3 830/8 170

主要生产厂家:航天、齐星、圣路、东风。

B7.3 淋浴车

图 B7-3 淋浴车

用途特点:供遭受严重放射性沾染和经消毒后的人员进行全部洗消的技术车辆,运用淋浴法对人员进行全面洗消和卫生处理的一种军用技术车辆,军用洗消车辆的一种(图 B7-3)。车厢分设脱衣间、淋浴间、穿衣间及动力间。主要设备包括:热水锅炉、水泵、发电机组、淋浴设备、暖风机及其他附属设备。

重要参数:外形尺寸、水箱储水量(按可供沐浴人数确定)(表 B7-3)。

淋浴车主要技术参数 表 B7-3

项　目	单　位	型　号	
		SLT5140XLYV(圣路)	DFA5073XLY(东风)
外形尺寸	mm	9 800×2 490×3 715	5 800×2 200×3 150
总质量	kg	14 395	7 200
整备质量	kg	12 000	5 500
轴　荷	N	5 395/9 000	2 600/4 600
轮胎数	个	6	6
前轮距	mm	1 880	1 750

主要生产厂家:东风、圣工、圣路、神州、航天。

B7.4 救护车

用途特点:救护车的内部比较宽敞,使救护人员有足够的空间在去往医院的途中对患者进行救护处理(图 B7-4)。现代救护车内还携带了大量的绷带和外敷用品,可以帮助止血、清洗伤口、预防感染。车上还带着夹板和支架用来固定病人折断的肢体,并避免病人颈部和脊椎的伤害加重。车上也备有氧气、便携式呼吸机和心脏起搏除颤器等。大多数救护车上还带有病人监护仪,可以在前往急诊室的路上监测患者的脉搏和呼吸,检测数据可以通过无线电发送到医院。

重要参数:额定载客人数、外形尺寸(表 B7-4)。

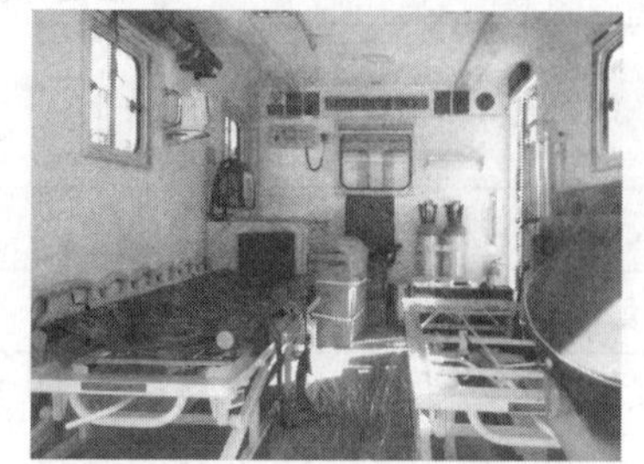

图 B7-4 救护车

救护车主要技术参数 表 B7-4

项 目	单 位	型号(九州)	
		SYC5036XJH	SYC5045XJH
外形尺寸	mm	4 666×1 974×2 390	5 990×2 000×3 010,2 820,2 740,2 490
总质量	kg	2 880	4 280
整备质量	kg	1 950	3 500
额定载客	人	5～9	5～7

主要生产厂家:九州、金徽、依维柯、江淮、畅达、凯福莱、金龙、长庆、福田、东风、新凯、恒乐、金陵、中汽、金杯、凌扬、中意。

B7.5 通信车

用途特点:应急机动指挥通信系统是一个快速反应的通信系统与信息系统有机集成的平台,能综合各种应急服务资源,统一指挥,联合行动,为公民提供快速、及时的应急救助服务,为社会公共安全提供强有力的保障(图 B7-5)。已广泛应用于人防、部队、银行、气象,地震等行业。

重要参数:外形尺寸、通信能力(表 B7-5)。

图 B7-5 通信车

通信车主要技术参数 表 B7-5

项 目	单 位	型号(载通)
外形尺寸	mm	6 945×1 993×3 250
总质量	kg	5 000
整备质量	kg	4 870

主要生产厂家:载通、圣路、秦岭、铜江、新桥、航天、中意、雨花、迪马、奥赛、诚志、田野、南马。

B7.6 运兵车

用途特点:主要用于处置突发事件时人员的临时输送(图 B7-6)。

重要参数:额定载客数、外形尺寸、车厢内部尺寸(表 B7-6)。

图 B7-6 运兵车

运兵车主要技术参数 表 B7-6

项目		单位	型号(东风)	
			EQ1118GA	EQ1118GAY
驱动形式			4×2	4×2
总质量		kg	11 300	12 450
额定载质量		kg	6 000	6 000
整备质量		kg	5 100	6 250
最高车速		km/h	90	98
外形尺寸	长	mm	7 220	7 220
	宽	mm	2 470	2 470
	高	mm	3 347(篷布顶)/2 790(驾驶室顶)	3 347(篷布顶)/2 790(驾驶室顶)
车厢内部尺寸	长	mm	4 800	4 800
	宽	mm	2 294	2 294
	高	mm	550/900	550/900
轴距		mm	3 950	3 950
燃油箱		L	145+70	145+70

主要生产厂家:东风、江陵、宇通、全顺、天兴华泰。

B7.7 小型客货车

用途特点:也称为皮卡,通常兼有运载人员和货物的双重功能(图 B7-7)。

重要参数:载客量、载重量(表 B7-7)。

图 B7-7 小型客货车

小型客货车参数表 表 B7-7

项目		型号(江铃宝典)							
		汽油 07 款规格配备表对比			柴油 07 款规格配备表对比			07 款柴油超值版	
		标准型	豪华型	豪华型	标准型	豪华型	豪华型	经济型	经济型
驱动		4×2		4×4	4×2		4×4	4×2	4×4
总体规格	座位数(个)	5	5	5	5	5	5	5	5
	全长(mm)	5 005	5 005	5 185	5 005	5 005	5 185	5 005	5 185
	全宽(mm)	1 690	1 690	1 720	1 690	1 690	1 720	1 690	1 720
	全高(mm)	1 645	1 645	1 710	1 645	1 645	1 710	1 645	1 710
	轴距(mm)	3 025	3 025	3 025	3 025	3 025	3 025	3 025	3 025
	整备质量(kg)	1 520	1 520	1 670	1 520	1 520	1 670	1 520	1 670
	排气量(mL)	—	1.997	2.351	2.771	2.771	2.771	2.771	2.771
	百公里油(L/100km)	—	7	7	6	6	6	6	6
	最大功率(kW)	—	84/5 500	91/5 250	68	68	68	68	68
	最大扭矩 (N·m)/(r/min)	—	163/3 500	163/3 500	210	210	210	210	210
	最高车速(km/h)	120	120	120	120	120	120	120	120
	油箱容量(L)	53	53	53	53	53	53	53	53

主要生产厂家:江铃、郑州日产、沈阳雪弗兰、东风、长城、扬子、中兴、田野、哈轻、庆铃、北汽福田、吉利、牡丹集团。

B7.8 牵引车

用途特点:前面有驱动能力的车头叫牵引车,后面没有牵引驱动能力的车叫挂车,挂车是被牵引车拖着走的。牵引车和挂车的连接方式有两种:第一种是挂车的前面一半搭在牵引车后段上面的牵引鞍座上,牵引车后面的桥承受挂车的一部分重量,这就是半挂(图 B7-8);第二种是挂车的前端连在牵引车的后端,牵引车只提供向前的拉力,拖着挂车走,但不承受挂车的向下的重量,这就是全挂。

重要参数:总质量、外形尺寸(表 B7-8)。

图 B7-8 半挂牵引车

半挂牵引车主要技术参数　　表 B7-8

项　目	单　位	参　数	项　目	单　位	参　数
外形尺寸	mm	6 895×2 500×3 200	前悬/后悬	mm	1 410/1 085
总质量	kg	24 000	轮胎数	个	8
整备质量	kg	7 000	前轮距	mm	1 937/1 937
挂车质量	kg	35 005/38 805	轴距	mm	1 700+2 700
接近角/离去角	°	16/40	最高车速	km/h	110
轴荷	N	6 250/6 250/11 500	轴数	个	3

主要生产厂家:北方奔驰、长征、乘龙、楚风、川路、春兰、春威、大运、东风、东尼、福德、福田、格奥雷、豪瀚、豪泺、豪曼、豪运、红岩、华凯、华菱之星、华神、黄河、汇众、集瑞联合、江淮、解放、金卡、精功、凯马、力帆、凌河、凌野、柳特神力、南骏、欧曼、奇瑞、青年曼、轻骑、日野、陕汽、汕德卡、神野、神宇、十通。

B7.9 洒水车

用途特点:又称为喷洒车、多功能洒水车、园林绿化洒水车、水罐车、运水车(图 B7-9)。洒水车适合于各种路面冲洗,树木、绿化带、草坪绿化,道路、厂矿企业施工建设,高空建筑冲洗。具有洒水,压尘,高、低位喷洒,农药喷洒,护栏冲洗等功能。

重要参数:罐体有效容积、外形尺寸、额定载质量(表 B7-9)。

图 B7-9　洒水车

洒水车主要技术参数　　表 B7-9

项　目	单位	型　号(东风)		
		DFEQSZD5070GSS 型	DFHYS5080GPSE 型	DFEQ5041GPS 型
外形尺寸	mm	6 900×2 320×2 450	7 750×2 300×2 350	5 250×1 990×2 200
总质量	kg	7 490	8 495	4 495
整备质量	kg	4 315	4 000	2 875
额定载质量	kg	2 980	4 300	1 490
发动机功率	kW	88~103	88~103	66~76
最高车速	km/h	95	90	95
罐体有效容积	m^3	3.1	4.51	1.56
罐体外形尺寸(长/长轴/短轴)	mm	3 800/1 450/840	5 000×1 500×900	2 700×1 200×720

主要生产厂家:东风、福龙马、福田、程力威、亚洁、炎帝、野驼、玉柴专、神狐、久龙、长安、汽尔福、棕南。

B7.10 油罐车

用途特点:又称流动加油车,主要用作石油的衍生品(汽油、柴油、原油、润滑油及煤焦油等油品)的运输和储藏(图 B7-10)。根据不同的用途和使用环境有多种加油或运油功能,具有吸油、泵油,多种油分装、分放等功能。

重要参数:罐体有效容积、外形尺寸、额定载重量(表 B7-10)。

图 B7-10 油罐车

油罐车主要技术参数 表 B7-10

项目	单位	型号(东风)		
		DFHLQ5317GJYZ 型	DFCSC5251GYYC 型	DFCSC5310GJYZ 型
外形尺寸	mm	11 995×2 495×3 650	10 750×2 490×3 250	11 990×2 500×3 650
总质量	kg	31 000	25 000	31 000
整备质量	kg	13 870	11 805	15 870
额定载重量	kg	17 000	13 000	15 000
发动机功率	kW	196/213/213	136/162/136/162	196/213/213
排量	mL	9 726/9 726/9 726	6 618/6 618/6 740/6 740	9 726/9 726/9 726
罐体有效容积	m^3	25.5	19.5	22.5
罐体外形尺寸	mm	9 200×2 470×1 640	7 850×2 400×1 450	9 100×2 350×152

主要生产厂家:东风、解放、福田、重汽、北奔、江淮、陕汽、华菱、五十铃、庆铃、江铃。

B7.11 除雪车

用途特点:主要用于清除道路上的冰雪,通常使用自动倾卸卡车的底盘作为基础,外加装配专门除雪设备的改装(图 B7-11)。而不少政府机构也会利用较小型的车辆来清除人行道、小路与自行车径的积雪。温带或是极地区域负责道路维护的管理机构和承包商往往拥有若干除雪车,这样可以在冬季期间投入它们来确保道路上冰雪的清除以及行车的安全。

重要参数:外形尺寸、总质量、前伸长度、后伸长度(表 B7-11)。

图 B7-11 除雪车

除雪车主要技术参数

表 B7-11

项　　目	单　　位	型　　号	
		EQ5251TCXT(东风)	FYS5151TCX(辽工)
外形尺寸	mm	9 230×2 500×3 380	9 930×2 500×3 155
总质量	kg	25 000	15 000
前　　伸	mm	1 830	1 340
后　　伸	mm	950	1 250

主要生产厂家:东风、解放、中联、辽工。

B7.12　平板运输车

用途特点:又名工程机械运输车,主要用于运输一些如挖掘机、装载机、推土机一样的不可拆卸物体,广泛用于各种大宗货物的短途运输(图 B7-12)。

重要参数:总质量、外形尺寸(表 B7-12)。

图 B7-12　平板运输车

平板运输车主要技术参数

表 B7-12

楚风前四后八平板运输车　产品主要技术资料			
产品名称	楚风前四后八平板运输车	外形尺寸(mm)	11 750×2 495×3 460,3 110
底盘型号	HQG1311GD3	接近/离去角(°)	32/14
总质量(kg)	31 000	前悬/后悬(mm)	1 160/1 990
额定质量(kg)	19 015	最高车速(km/h)	90
整备质量(kg)	11 790	排放标准	GB3847-2005,GB17691-2005 国Ⅲ

主要生产厂家:东风、一汽、解放、楚风。

B8 国内外机械装备主要生产厂家

国内外机械装备主要生产厂家的详细地址、销售联系电话、主要产品类型见表 B8-1。

国内外机械装备主要生产厂家 表 B8-1

序号	厂家名称	简称	详细地址	销售联系电话	主要产品类型	备注
1	徐州工程机械集团有限公司	徐工	徐州经济技术开发区工业一区	0516-87739106	桩基、土方、混凝土、路面、养护、起重	
2	中联重工科技发展股份有限公司	中联重科	湖南省长沙市银盆南路 361 号	0731-88923897	混凝土、起重、养路、桩工、土方、隧道	
3	三一重工科技有限公司	三一	湖南长沙市长沙路 9 号	0731-8736112	桩基、养护、路面、混凝土、隧道、起重	
4	广西柳工机械股份有限公司	柳工	广西柳州柳太路 1 号	0772-3886001	土方、混凝土、压实、养护、路面、起重	
5	沃尔沃建筑设备(中国)有限公司	沃尔沃	上海市浦东新区金京路 2095 号	021-61829888	公路、桥梁、隧道、建筑、林业、港口	
6	小松(中国)投资有限公司	小松	上海市浦东新区陆家嘴环路 1000 号恒生银行大厦 33F	021-6841-4567	土方、港口、工业、矿山、隧道、物流	
7	日立建机(上海)有限公司	日立	上海市浦东外高桥保税区泰谷路 65 号	021-58668686	矿山、林业、港口、土方	
8	利勃海尔机械服务(上海)有限公司	利勃海尔	上海市外高桥保税区马吉路 88 号 1 号楼	021-50461988	起重、混凝土、土方、桩工、矿山、港口	
9	山东临工工程机械有限公司	临工	山东省临沂经济开发区临工工业园	0539-8785678	土方、混凝土、压实、路面、矿山	
10	中国龙工控股有限公司	龙工	上海市松江工业区新桥民益路 26 号	021-37602000	土方、工业、路面、压实、物流	
11	山河智能装备集团	山河智能	湖南长沙星沙漓湘中路 16 号山河智能产业园	8008786230	桩工、土方、工业、起重、隧道、港口	
12	卡特彼勒(中国)投资有限公司	卡特彼勒	北京市朝阳区望京街 8 号卡特彼勒大厦 1601 室	4008180030	养护、土方、路面、压实、矿山、工装	
13	郑州宇通重工有限公司	宇通重工	河南省郑州西站路 99 号	4006621888	桩工、混凝土、土方、环卫、起重、压实	
14	斗山工程机械(中国)有限公司	斗山	北京市朝阳区东三环北路霞光里 18 号佳程广场 B 座	010-84547000	工程机械、空气压缩机、照明、发电机	
15	厦门厦工机械股份有限公司	夏工	厦门市灌口南路 668 号之八	0592-6389333	土方、工业、路面、压实、环卫、养护	

续上表

序号	厂家名称	简称	详细地址	销售联系电话	主要产品类型	备注
16	成都神钢工程机械(集团)有限公司	神钢	四川省成都汽车城大道 666 号	028-88412188	建机、土方、压实	
17	山推工程机械股份有限公司	山推	山东省济宁市 327 国道 58 号山推国际事业园	0537-2909999	土方、混凝土、压实、路面、起重、工业	
18	方圆集团有限公司	方圆	山东省海阳市方圆工业园	0535-3221111	起重、混凝土、路面、桩工	
19	福田雷沃国际重工股份有限公司	福田雷沃	山东省潍坊市坊子区北海南路 192 号	022-86998618	桩工、土方、压实、物流、农业、车辆	
20	戴纳派克压实摊铺设备有限公司	戴纳派克	北京王府井大街 138 号	010-58177180	压实、养护、路面	
21	住重中骏(厦门)建机有限公司	住友	厦门市湖里区高崎南五路 210 号	0592-5207968	土方、路面	
22	湖北随州市东风专用汽车销售中心	东风	湖北随州市南郊汽车工业园	0722-3817209	起重、混凝土、养护、专用车辆、工业车辆	
23	鼎盛天工工程机械股份有限公司	鼎盛天工	天津新技术产业园区华苑产业区海泰南北大街 5 号	022-58396212	路面、土方、桩工、养护、混凝土、压实	
24	沈阳北方交通重工集团	北方交通	沈阳市经济技术开发区中央大街 16 号	024-31819999	桩工、养护、路面、起重、混凝土、隧道	
25	江苏华通动力重工有限公司	华通动力	江苏省镇江市矿机路 6 号	0511-84423116	路面、混凝土、养护、建筑	
26	现代建设装备(中国)	现代	江苏省常州市河海西路 288 号	0519-85199888	土方、液压机械、电气设施	
27	广西玉柴重工有限公司	玉柴	广西玉林市天桥路 168 号	0775-3106518	土方、桩工、矿山	
28	力士德工程机械股份有限公司	力士德	山东省临沭县常林西大街 112 号	0539-6260800	土方、路面	
29	四川成都成工工程机械股份有限公司	成工	四川省成都汽车城大道 668 号	028-88452327	土方、路面、切割	
30	山东省卡特重工有限公司	卡特重工	山东省临沂市临沭经济开发区	0539-7191222	土方、汽油机	
31	泰安鲁能机械有限公司	鲁能	山东省泰安市	0538-8365616	土方、工业	
32	凯斯工程机械(上海)有限公司	凯斯	上海市浦东新区外高桥保税区德堡路 376 号 29 号厂房	021-50481352	土方、工业、路面、压实	
33	杰西博工程机械(上海)有限公司	JCB	上海南汇康桥工业区秀沿路 3698 号	021-38113000	土方	
34	朝阳朝工机械有限公司	朝工	辽宁省朝阳市文化路五段 106 号	0421-3815016	土方、路面	
35	愚公机械股份有限公司	愚公	山东滕州愚公机械产业园	0632-5857777	土方、起重	
36	河北宣化工程机械股份有限公司	宣工	河北宣化	0313-3186097	土方	
37	天津建筑机械厂	移山	天津南口路 28 号	022-86663883	土方、路面、桩工、压实	

续上表

序号	厂家名称	简称	详 细 地 址	销售联系电话	主要产品类型	备注
38	辽宁抚挖重工机械股份有限公司	抚挖	辽宁省抚顺市顺城区双阳路 2 号	024-57644001	起重、土方	
39	全进重工(天津)建筑机械有限公司	全进	天津塘沽海洋高新技术开发区东江路 5635 号	022-25216381	混凝土、起重、矿山	
40	古河凿岩机械(上海)有限公司	古河	上海奉贤区金汇镇迎金路 125 号	021-57486636	矿山机械、液压设备	
41	维特根机械(廊坊)有限公司	维特根	河北省廊坊经济技术开发区创业路 99 号	0316-6073232	养护、路面、矿山、压实	
42	曲阜圣都风动工具公司	圣都	山东曲阜市曲阜经济开发区有朋路东首	0537-4998838	矿山、地基工程、地质勘探、建筑、破碎	
43	枣矿集团新远大矿用机械分公司	新远	枣庄市市中区仙台东路 11 号	0632-4070251	矿山、气动设备	
44	上海建设路桥机械设备有限公司	山宝	上海市奉贤区金汇镇工业路 188 号	021-51393836	矿山	
45	美卓(中国)投资有限公司	美卓	北京市朝阳区建国路乙 118 号	010-6566-6600	矿山、建筑	
46	山特维克集团	山特维克	北京市朝阳区酒仙桥路 10 号	010-65399888	矿山机械、刀具、材料技术	
47	河南黎明重工科技股份有限公司	黎明	郑州国家高新技术产业开发区科学大道 169 号	0371-67996989	矿山、建材、公路、桥梁、化工	
48	上海山美矿山机械有限公司	山美	上海浦东新区东方路 899 号	021-58205268	矿山、干燥设备	
49	上海东泷重型机械有限公司	东泷	上海市奉贤区德丰路 299 号	021-57546761	矿山破碎机械、制砂磨粉机械	
50	河南博洋重工机械设备有限公司	博洋	郑州市须水镇天王寺工业园	0371-68592888	矿业、建材、公路、桥梁	
51	洛阳大华重型机械有限公司	华重	河南省洛阳市洛龙区关林路 280 号	0379-62669999	矿山	
52	陕西现代公路机械工程有限公司	三秦力	陕西省西安市东郊康宁路 6 号	029-82623523	矿山、路面、养护	
53	洛阳百力克矿山机械有限公司	百力克	洛阳洛新工业园双湘路 12 号	0379-65190660	水电、矿山、耐火材料	
54	上海威力特重型矿山机械有限公司	上海威力特	上海市嘉定区春浓路 555 号	021-69591618	电力、冶金、矿山	
55	韶关新宇建设机械有限公司	新宇	韶关市十里亭	0751-8831250	矿山、混凝土、起重、土方	
56	陕西汽车集团有限责任公司	陕汽	陕西省西安市	8008409818	混凝土、土方	
57	安徽星马汽车股份有限公司	星马	安徽省马鞍山市经济技术开发区红旗南路	0555-8323020	混凝土、土方、环卫	
58	内蒙古北方重工业集团有限公司	北方重工	内蒙古包头市青山区	0472-3386114	桩工、混凝土、土方、养护	
59	四川长江工程起重机有限责任公司	长江	四川泸州	0830-3581954	起重	

续上表

序号	厂家名称	简称	详细地址	销售联系电话	主要产品类型	备注
60	北起多田野(北京)起重机有限公司	北起多田野	北京市顺义区林河大街 36 号	010-89498713	起重	
61	马尼托瓦克东岳重工有限公司	东岳	山东省泰安市高新开发区龙潭路 12777 号	4001117008	起重	
62	石家庄煤矿机械有限责任公司	石煤	河北省石家庄市跃进路 111 号	4000311396	起重、煤矿	
63	徐州天地重型机械制造有限公司	天地重工	江苏省徐州市铜山经济开发区黄山路 24 号	0516-83310507	混凝土、起重、环卫	
64	牡丹江专用汽车制造有限公司	牡丹江	牡丹江市海浪路 81-5 号	0453-6443198	起重	
65	四川建设机械(集团)股份有限公司	川建	成都市金牛区古柏路 54 号	028-83115334	起重、混凝土	
66	浙江省建设机械集团有限公司	浙江建机	浙江省杭州市朝晖路 175 号联锦大厦 A 座	0571-28972201	起重、混凝土、桩工、环卫	
67	抚顺永茂建筑机械有限公司	永茂	辽宁省抚顺市顺城区瑗大路 3 号	024-57648899	起重	
68	克瑞集团	克瑞	北京市中关村科技园区石景山园	010-57551166	起重	
69	江麓机电集团有限公司	江麓	湖南湘潭市解放北路	0731-58295734	压实、起重、土方	
70	山东鸿达建工集团有限公司	鸿达	山东省莱阳市龙门东路 26 号	0535-7287521	桩工、混凝土、起重、路面、压实、土方	
71	泰州市腾达建筑工程机械有限公司	腾达	泰州海陵区工业园区	0523-86299010	起重	
72	中原圣起有限公司	中原圣起	河南省长垣县位庄工业区	010-83775216	起重	
73	沧州凤泰有限公司	沧州凤泰	沧州西环经济开发区	0317-4870388	起重	
74	北京中韩联合起重机械有限公司	北京联合	北京市顺义区李遂镇	010-89483188	起重	
75	合肥泰然起重机有限公司	合肥泰然	肥东县新区公园路北侧	0551-7701796	起重	
76	杭州爱知工程车辆有限公司	杭州爱知	浙江省杭州市江干区 5 号大街	4008268338	起重、港口、建筑	
77	徐州海伦哲专用车辆有限公司	徐州海伦哲	江苏省徐州经济开发区螺山路 19 号	0516-87987788	起重机械	
78	德国宝峨机械设备有限公司	德国宝峨	北京建国门外大街 19 号国际大厦 2101 室	010-65068899	桩工	
79	土力(吴江)机械有限公司	土力机械	江苏省吴江市经济开发区云梨路 1268 号	0512-63165838	桩工、隧道	
80	上海工程机械厂有限公司	金菱机械	上海市汶水路 400 号	021-56651055	桩工、压实、桥梁	
81	瑞安市永安机械有限公司	永安	瑞安市塘下镇海安海阳工业区青岙山头 88 号	0577-65278666	桩工	

续上表

序号	厂家名称	简称	详细地址	销售联系电话	主要产品类型	备注
82	福格勒机械有限公司	福格勒	河北廊坊	0591-88205555	养护、路面、矿山、压实	
83	秦皇岛市海天路矿工程机械有限公司	海天路矿	秦皇岛经济技术开发区太和寨	0335-6565902	路面、桩工、混凝土、养护	
84	上海振中机械制造有限公司	上海振中	上海临港新城重装备产业区	021-58285557	桩工	
85	北京建研机械科技有限公司	建研	北京市安定门内方家胡同 21 号	010-84018483	桩工、混凝土	
86	湖北华舟重工应急装备股份有限公司	华舟重工	武汉市江夏庙山开发区阳光大道	027-87970261	起重、路面、应急装备	
87	中国船舶重工集团公司	中船重工	北京市海淀区昆明湖南路 72 号	010-88598000	桥梁、船舶	
88	卫华集团有限公司	卫华	河南省长垣县卫华大道西段	0373-8887646	起重、港口	
89	安阳旺起起重设备有限公司	安阳旺起	河南省安阳市滑县新区南环路中段	0372-8705333	起重、桥梁	
90	中建国际建设有限公司	中建	江苏省镇江市丹徒区沿江公路丹徒新城段 83 号	0511-84522866	桥梁、起重、运输	
91	北恒集团福建有限公司	北恒	辽宁省沈阳市大东区建设路 106 号	024-88095919	桥梁、起重、隧道	
92	大连重工起重集团有限公司	大连重工	辽宁省大连市西岗区八一路 169 号	0411-86427779	隧道、土方	
93	上海隧道工程股份有限公司	上海隧道	上海市大连路 118 号	021-64592644	隧道	
94	中国中铁隧道装备制造有限公司	中铁隧道装备	河南省郑州市经济开发区第六大街 99 号	0371-60608666	隧道	
95	中国铁建重工集团有限公司	中国铁建重工	湖南省长沙经济技术开发区东七路 88 号	0731-84071802	隧道、轨道	
96	中交天和机械设备制造有限公司	中交天和	江苏省常熟经济开发区高新技术产业园义虞路 75 号	0512-52035288	隧道	
97	成都南车隧道装备有限公司	成都南车隧道	四川省成都市龙泉经济技术开发区成龙路	0288-4645034	隧道	
98	郑州科明支护设备有限公司	郑州科明	郑州市西流湖工业园	0371-63953248	混凝土	
99	泰安市华光煤矿机械厂	泰安华光	山东泰安市岱岳区堰北	0538-8579788	煤矿、输送、混凝土	
100	河南省宏力路桥有限公司	河南宏力	河南长垣县宏力大道北段 23 号	0373-8888618	建筑、混凝土、路面	

续上表

序号	厂家名称	简称	详细地址	销售联系电话	主要产品类型	备注
101	成都杰瑞达工程机械有限公司	成都杰瑞达	成都市金府路555号	028-86799119	工程机械	
102	葫芦岛市连山区力拓机械厂	力拓机械	辽宁省葫芦岛市连山区塔山乡三义庙村周流河屯西	0429-2261600	混凝土	
103	河南佳辉建材有限公司	佳辉建材	郑州市经济技术开发区	0371-60969681	隧道	
104	郑州旭达机器制造有限公司	郑州旭达	河南郑州市惠济区绿源路9号	0371-63657070	混凝土、液压机具	
105	上海宝路机电有限公司	上海宝路	上海市黄浦区卢湾蒙自路169号	021-5265387	混凝土	
106	上海中成泵业制造有限公司	中成泵业	共和新路3088弄祥腾财富广场7栋9楼	021-66519999	泵业	
107	阿特拉斯科普柯上海贸易有限公司	阿特拉斯	上海南京西路819号中创大厦16楼	021-62551331	机电设备	
108	博莱特(上海)压缩机有限公司	博莱特	上海市嘉定区劳动路528号	021-59949888	机电设备	
109	上海英格索兰压缩机有限公司	英格索兰	上海市遵义路100号虹桥上海城	021-22081299	机电设备	
110	寿力压缩技术(苏州)有限公司	寿力	江苏省苏州市工业园区长阳街262	0512-85188500	机电设备、海洋设备	
111	北京复盛机械有限公司	复盛	北京市昌平区国际信息产业基地	010-69732555	机电设备	
112	浙江开山压缩机股份有限公司	开山	浙江省衢州市经济开发区凯旋西路9号	0570-3662777	机电设备	
113	泰安市福通矿用电气有限公司	泰安福通	山东泰安市大汶口镇	0538-8712376	矿业	
114	北京优尼可尔压缩机有限公司	优尼可尔	北京市丰台区嘉业大厦306室	010-67926631	机电设备	
115	常州得耐尔泵业有限公司	得耐尔	常州市武进区湖塘镇东华科技创业园	0519-86709833	泵业	
116	徐州市捷豹机电设备有限公司	徐州捷豹	徐州市环城路199号	0516-82183506	机电设备	
117	上海信然压缩机有限公司	上海信然	上海市闵行区鲁汇老街2号甲	021-66580602	机电设备	
118	海城市兴达模板脚手架工程有限公司	海城兴达	海城市东四方台温泉管理区	0412-8301699	混凝土、隧道	
119	成都天博机械有限公司	成都天博	四川省成都市温江区海峡工业园科林路	028-82688695	混凝土、隧道	
120	福建省闽清聚隆路桥设备公司	福建聚隆	福建省福州市闽清县白樟镇云渡工业区	0591-22541789	隧道、桥梁	
121	江苏银旭隧道机械有限公司	江苏银旭	江苏省吴江市八拆大桥西侧	0512-63173888	隧道	
122	中交西安筑路机械有限公司	中交西筑	西安经济技术开发区泾渭新城泾高南路西段8号	029-86966618	路面、养护	

续上表

序号	厂家名称	简称	详细地址	销售联系电话	主要产品类型	备注
123	河南陆德筑机股份有限公司	陆德	河南省南阳市新能源产业集聚区	0377-66088113	筑路、养护	
124	福建南方路面机械有限公司	南方路基	福建省泉州市丰泽区高新产业园区	0595-22903333	路面、养护	
125	西安路邦交通科技有限公司	西安路帮	西安三桥工业技术开发区	029-84366208	混凝土、养护	
126	泉州市海华筑路机械有限公司	海华筑机	福建泉州市	0595-8749969	路面、养护、混凝土	
127	辛美来亚科技实业有限公司	辛美来亚	广东省中山市石岐区湖滨北路西二大街 15 号	0760-88722777	养护、路面	
128	北京市政路通商贸有限责任公司	市政路通	北京市朝阳区大郊亭中街 2 号院华腾国际 4 号楼 09A 室	010-87952306	养护、压实	
129	鞍山森远路桥股份有限公司	森远	辽宁鞍山市	0412-5223218	养护、沥青	
130	美国辛姆莱集团	辛姆莱	大连市会展路 67 号百年汇 703/704 室	0411-82520068	养护	
131	河南亿龙机械设备有限公司	亿龙机械	郑州市中牟县九龙工业园区	0371-55810818	养护、沥青	
132	大连凯联贸易有限公司	凯联	大连市会展路 67 号百年汇 703/704 室	0411-82520068	养护、沥青	
133	英达科技有限公司	英达	江苏省南京市苜蓿园大街 77 号紫金名门 15 楼	025-84861010	养护、沥青、压实	
134	河南省高远公路养护设备有限公司	高远圣工	河南省新乡市高新开发区新一街 367 号	0373-5068666	养护、沥青	
135	上海华东建筑机械厂有限公司	上海华建	上海市浦东新区衡安路 1058 号	021-50675858	混凝土	
136	普茨迈斯特机械(上海)有限公司	普茨迈斯特	上海市松江工业区洞泾路 39 号	021-57741000	混凝土、隧道	
137	广州市宝马星机械有限公司	宝马格	广州市东风中路 418 号华以泰国际大厦 803 室	020-8136179	压实、路面、养护	
138	湖南筑邦建设机械有限公司	筑邦建机	湖南省长沙市韶山南路雨花机电市场 b 区 9 栋 115 号	0731-84512758	养护、建筑	
139	史丹利科技(深圳)有限公司	史丹利	深圳市宝安区石岩宏发科技园 A 区 E 栋首层	0755-29833111	液压工具、五金	
140	嘉陵本田发动机有限公司	嘉陵本田	重庆市经济技术开发区南坪白鹤路 45 号	023-62810931	发动机	
141	北京联合兴辰机电设备有限公司	联合兴辰机电	北京大兴旧宫吉佰利路 1 号	010-57492058	液压工具、电动工具、切割工具	
142	浙江黄岩永丰电动液压厂	永丰电动	浙江黄岩	0576-84190796	电动工具、液压工具	
143	济宁鑫隆工矿机械厂	济宁鑫隆	济宁市市中区王母阁路 168 号	0537-2349168	风动、泵、建筑、矿山	

续上表

序号	厂家名称	简称	详细地址	销售联系电话	主要产品类型	备注
144	徐州力机械科技有限公司	徐州彭力	江苏省徐州市经济开发区金水路 1 号	0516-87797618	液压工具	
145	上海浦量元精密机电有限公司	上海浦量元	浦东大道 2515 号金茂花园南楼 803	021-38710616	仪器、刀具、电子设备	
146	深圳市希德电子	深圳希德	华强北华强电子世界 3 号楼 2 楼	0755-83030249	电子工具	
147	北京凌天科技有限公司	北京凌天	北京市通州区中关村科技园区	010-51652021	液压工具、电子设备	
148	昆山杰坤贸易有限公司	锐龙	江苏省昆山市长江北路 198 号	0512-57755757	切割设备	
149	沈阳奥拓福科技有限公司	奥拓福	辽宁省沈阳市浑南东路 15-1 号出口加工区 10B	024-24699057	切割设备	
150	奔腾楚天激光设备有限公司	奔腾楚天	武汉市东湖高新技术开发区高新二路特 1 号	027-87455825	激光切割设备	
151	永康市切割机厂	汉唐永康	浙江永康城北工业区十里牌	0579-87307636	电动工具、切割设备	
152	济南德硕数控机械有限公司	德硕	北京市海淀区长春桥路 5 号	010-82564060-225	切割设备	
153	北京凯利森机电设备有限公司	凯利森	北京市朝阳区成寿寺路 131 号	010-51312005	气动工具	
154	上海途泰工业工具有限公司	途泰	上海上海市闵行区曹建路 45 号	021-24037594	气动工具、工业工具	
155	上海译恩机械设备有限公司	译恩	上海市江场一路 18 号华瑞大厦 520 室	021-56033048	液压工具	
156	沃施莱格（天津）国际贸易有限公司	沃施莱格	天津新技术产业园区海泰发展六道 6 号	022-83726299-8015	五金、切割、液压	
157	北京神州鑫创科技有限公司	乐凯	大兴工业开发区	010-69298476	液压工具	
158	欧盾（杭州）机电有限公司	欧盾	浙江杭州市滨江区	0571-88830425	液压工具	
159	北京朗仕特科技发展有限公司	朗仕特	北京市海淀区高梁桥斜街上园饭店丙 40 号	010-60115568	仪器、液压工具	
160	泰州力扬机械工具有限公司	江苏力扬	江苏省泰州市塘湾工业区 4-12 号	0523-86860853	千斤顶、液压工具	
161	泰州市力霸机械制造有限公司	泰州力霸	江苏省泰州市泰州市凤凰街道太白路 45 号	0523-86866656	千斤顶、汽车维护工具	
162	德州洪雨液压设备厂	德州洪雨	山东德州商贸开发区七西工业园	0534-8940283	千斤顶、液压工具	
163	德州市德城区宏力液压机具厂	山东宏力	山东省德州市德城区新华街道城苑社区	0534-2697108	液压工具、泵业	
164	上海艾西伊建筑设备贸易有限公司	艾西伊	上海市闵行区莘建东路 58 弄 2 号楼 1814 室	021-34688990	动力站	
165	北京软银科技开发有限责任公司	派腾	北京市朝阳区百子湾路 16 号	010-87766210	动力切割	

续上表

序号	厂家名称	简称	详细地址	销售联系电话	主要产品类型	备注
166	格兰富水泵(上海)有限公司	格兰富	上海市虹莘路618号	021-61225222	泵业	
167	上海凯泉泵业集团有限公司	上海凯泉	上海市汶水路857号	021-56519932	泵业	
168	北京蓝鲸水泵厂	北京蓝鲸	北京市朝阳区管庄西里65号楼C-301室	010-65775647	供水设备、泵业	
169	上海潜水泵有限公司	上海汉舱	上海沪青平公路2933弄10号	021-59756666	泵业	
170	徐州立新潜水泵厂	徐州立新	江苏省沛县工业园区沛丰路16号	0516-89691808	泵业	
171	山西新星泵业有限公司	新星泵业	山西省运城市临猗县三管镇	0359-4191378	泵业	
172	深圳海洋王照明有限公司	海洋王	深圳市南山区南海大道海王大厦A座22楼	0755-26492666	照明设备	
173	保定奥普节能科技开发有限公司	保定奥普	河北保定市新市区	0312-3321696	照明设备	
174	济南奇辰照明电器有限公司	奇辰照明	山东济南无影山北路1-1号	0531-85864966	照明设备	
175	中国华荣防爆电器有限公司	华荣	江苏省无锡市崇安工业区	0510-82457458	照明设备	
176	常州荣泰节能灯具有限公司	荣泰节能	江苏溧阳市上兴镇沛民村	0519-87612828	照明设备	
177	苏州江南航天机电工业有限公司	江南航天	苏州市木渎镇中山东路14号	0512-66261991	汽车业	
178	潍坊华信柴油机有限公司市场部	里卡多	山东潍坊市潍城区外商投资开发区腾飞路北首	0536-8163911	发电机组	
179	道依茨(北京)发动机有限公司	道依茨	北京市朝阳区建外大街19号	010-85262533	发动机	
180	广州广一泵业有限公司	广州广一	广州市科韵南路133号	020-66834613	泵业	
181	重庆金冠汽车制造有限公司	圣路	重庆市璧山县河西工业园区	023-41547189	汽车业	
182	镇江康飞机器制造有限公司	康飞	江苏镇江市镇江大港新区五峰山路66号	0511-83177916	汽车业	
183	云南美的客车制造有限公司	美的	云南昆明市高新开发区	0871-8357288	汽车业	
184	湖北省齐星汽车车身股份有限公司	齐星	随州市经济开发区十里铺	0722-3587029	汽车业	
185	南京依维柯汽车有限公司	依维柯	南京玄武区黑墨营100号	025-58009996	汽车业	
186	宁波凯福莱特种汽车有限公司	凯福莱	宁波市江北投资创业园区C区金山路666弄16号	0574-87311362	汽车业	
187	徽江淮汽车股份有限公司	江淮	安徽省合肥市东流路176号	0551-2296666	汽车业	

续上表

序号	厂家名称	简称	详细地址	销售联系电话	主要产品类型	备注
188	金杯汽车股份有限公司	金杯	沈阳市沈河区方南路 6 号	024-24823523	汽车业	
189	北京载通视音频广播技术有限公司	载通	北京市大兴区西红门镇星光工业区 E 区	0722-3336608	汽车业	
190	北汽福田汽车股份有限公司	福田	北京市昌平区沙河镇沙阳路	4008199199	汽车业	
191	新凯汽车集团有限公司	新凯	河北涿州市开发区工业园区新凯汽车工业园	0312-3628525	汽车业	
192	长城汽车股份有限公司	长城	河北省保定市朝阳南大街 2266 号	0312-2197855	汽车业	
193	江铃汽车股份有限公司	江铃	江西省南昌市迎宾北大道 509 号	0791-85266000	汽车业	
194	一气解放青岛汽车厂	一汽解放	山东省青岛市李沧区重庆中路 868 号	0532-84913576	汽车业	
195	重庆迪马工业有限责任公司	迪马	重庆市南岸区茶园工业园园长店路 8 号	023-89021612	汽车业	
196	浙江吉利汽车有限公司	浙江吉利	浙江宁波北仑区经济开发区恒山路 1528 号	0574-86853301	汽车业	
197	包头北奔重型汽车有限公司	北方奔驰	内蒙古包头市	8008050118	汽车业	
198	河北长征汽车制造有限公司	长征	河北省邢台市钢铁南路 131 号	0319-2621308	汽车业	
199	湖北新楚风汽车有限公司	楚风	湖北随州市明珠北路客车厂内	13997882358	汽车业	
200	成都大运汽车集团有限公司	川路	成都市龙泉驿区西河镇明珠西路一号	028-66606536	汽车业	
201	成都大运汽车集团有限公司	大运	宁波奉化市经济技术开发区尚桥工业园区金海东路 58 号	0574-88660666	汽车业	
202	湖北程力专用汽车有限公司	程力	随州市南郊平原岗程力汽车工业园	0722-3811056	汽车业	
203	福龙马环卫装备股份有限公司	福龙马	福建省龙岩市经济开发区	0597-2293758	汽车业	
204	北京市清洁机械厂有限公司	亚洁	北京丰台区南四环中路 10 号	010-67215520	汽车业	
205	重庆长安汽车股份有限公司	长安	重庆市江北区建新东路 260 号	4008886677	汽车业	
206	杭州三三美通机械有限公司	美通	杭州江城路 887 号	0571-87177008	路面	
207	天津市恒博科技发展有限公司	恒博	天津市西青区潘楼北道一号	022-12784629	养护	
208	郑州一帆机械设备有限公司	一帆机械	郑州市演武路东段	0731-64626911	破碎筛分设备、洗选设备、耐磨材料	
209	杭州市政机械制造有限公司	杭州市政	杭州市拱墅区湖州街 22 号	0571-85376587-808	路面、混凝土	

续上表

序号	厂家名称	简称	详 细 地 址	销售联系电话	主要产品类型	备注
210	西安筑路机械有限公司	西安筑路	西安长缨西路 163 号	029-82510055	压实、混凝土、沥青设备	
211	山东大山路桥工程有限公司	大山	山东省济南市历城区遥墙临港开发区临港西路 17 号	0531-88113668	沥青设备	
212	泰安恒大机械有限公司	泰安恒大	山东省泰安市粥店办事处小堰堤	0538-8579438	路面、桩工	
213	上海威宇机电制造有限公司	上海威宇	上海市天目西路 547 号	021-63170061	沥青设备	
214	东莞市建华机械制造有限公司	东莞建华	广州省东莞市大岭山镇	0769-85636303	路面、起重	
215	濠泰控股集团	濠泰	浙江省诸暨市次坞大桥工业区	0575-87860880	土石方(滑移式装载机)	
216	北京软银科技开发有限责任公司	软银	北京市南四环东路 100 号	010-67615767	养护机具	
217	深圳市善恒事实业有限公司	善恒	深圳市福田区香梅路天明居大厦	0755-83140195	路面、压实	
218	山东路达机械有限公司	路达	山东省青岛市城阳区玉皇岭工业园	0532-7750999	路面、养护、混凝土	
219	总后建筑工程研究所北京办事处	总后建筑	北京市海淀区太平路丁 23 号	010-68213135	野战装备	
220	泰安岳首筑路机械有限公司	泰安岳首	山东省泰安市泰安东部新区	0538-8629687	混凝土、路面、养护	
221	西安达刚公路机电科技有限公司	西安达刚	西安高新技术产业开发区科技三路 60 号	029-88313378	沥青设备	
222	法亚(中国)机械有限公司	法亚	上海市虹桥路 2272 号	021-62376487	混凝土	
223	大连凯联贸易有限公司	凯联	大连市友好路 158 号	0411-82520068	混凝土	
224	潍坊市路通机械电子有限公司	路通路机	山东省安丘市经济开发区	0536-2269075	混凝土、沥青设备	
225	湖南天立工程机械有限公司	天立机械	长沙经济技术开发区东十线 39 号	0732-2567066	养护、沥青设备	
226	中国兵器工业集团公司	中国兵工	北京市西城区三里河路 44 号	010-55889999	后勤装备	

参 考 文 献

[1] 中华人民共和国交通运输部,等.汶川地震公路震害图集[M].北京:人民交通出版社,2009.

[2] 武警水电第三总队.应急抢险救援实践与探索[M].成都:西南交通大学出版社,2011.

[3] 张冠洲,张小伟,凌亮.堰塞湖松散介质中微震爆破技术研究[J]//多样化军事任务中的工程保障技术论文集(抗震救灾篇).2009.

[4] 中国科学院兰州冰川冻土研究所.雪崩及其防治[M].北京:科学出版社,1979.

[5] 杨文渊,徐犇.简明公路施工手册(3版)[M].北京:人民交通出版社,2010.

[6] 孔福利.爆破技术在地质灾害处理中的应用[J]//多样化军事任务中的工程保障技术论文集(抗震救灾篇).2009.

[7] 李东涛,王书平,尉泽辉.高速公路在自然灾害下的风险防范与救援[J]//公路应急和风险管理国际研讨会论文集.2010.

[8] 中华人民共和国铁道部.铁路线路抢建(建)技术规程(试行)[S].1996.

[9] 陈发智,沈昌礼.交通保障学[M].天津:中国人民解放军军事交通学院,1996.

[10] 朱峰.公路工程施工[M].北京:机械工业出版社,2010.

[11] 深圳航天科技创新研究院企业标准.Q/TJ0003—2011 无机聚合物混凝土施工及验收规范[S].2011.

[12] 中国人民解放军总参谋部军训和兵种部.军用道路[M].北京:解放军出版社,2005.

[13] 翟可为,刘亚文.军用道路桥梁装备[M].南京:解放军理工大学工程兵工程学院,2009.

[14] 铁路抢修专业教材.铁路桥梁抢修.中国人民解放军铁道兵司令部,1973.

[15] 喻忠权.装配式公路钢桥使用手册.中交公路规划设计院有限公司,2006.

[16] 胡业平.军用桥梁设计理论与方法.解放军理工大学工程兵工程学院,2008.

[17] 李志刚.舟桥装备与运用.解放军理工大学工程兵工程学院,2006.

[18] Γ Ε 格恩里采,Л Φ 楚尔西拉.简单木桥的建筑[M].徐澄清,译.北京:人民交通出版社,1956.

[19] 崔可为.军用桥梁装备.解放军理工大学工程兵工程学院,2009.

[20] 黄植初,柳呈祥.铁路战备业务手册.铁道部战备局,1989.

[21] 刘建永,赵启林,等.汶川大地震中的工程抢险[M].南京:江苏人民出版社,2010.

[22] 铁道第三勘察设计院.铁路桥梁抢修(建)技术规程(试行)[S].中华人民共和国铁道部,2012.

[23] 胡兆同.公路结构物抗震加固改造——桥梁.长安大学公路学院桥梁系,2008.

[24] 张劲泉,王克海,李健.震后公路桥梁快速检测评估与应急保通修复技术[R]// 交通基础设施抗震减灾技术研讨会交流材料.

[25] 谌润水,胡钊芳.危旧桥梁的加固方法选择与适用范围.江西省交通科学研究院.

[26] 吴洪朗,曹瑞,刘晓波,等.都汶路彻底关321钢桥抢险施工技术[J].西南公路,2008,4.

[27] 蒋建军,蒋劲松.321战备钢桥在彻底关大桥打通抢通工程中的应用[J].西南公路,2008,4.

[28] 周明昌.天险抢通方案浅析//武警交通部队工程技术论文集(第三辑),2003.

[29] 铁道部隧道工程局.铁路隧道抢修(建)技术规程(试行)[S].北京:1998.
[30] 梅志荣,韩跃.隧道结构火灾损伤评定与修复加固措施的研究[J].世界隧道,1999.
[31]《应急救援系列丛书》编委会.应急救援案例精选与点评[M].北京:中国石化出版社,2007.
[32] 黄成光.公路隧道施工[M].北京:人民交通出版社,2001.
[33] 孟祥连.宝成铁路109隧道震灾特征及抢险整治措施[J].铁道工程学报,2009.
[34] 吴有铭.公路交通应急管理体系构建理论与方法[M].北京:人民交通出版社,2011.